de Gruyter Lehrbuch

Martin Honecker

Einführung in die Theologische Ethik

Grundlagen und Grundbegriffe

Walter de Gruyter · Berlin · New York
1990

Die wissenschaftliche Leitung der theologischen Lehrbücher im Rahmen der „de Gruyter Lehrbuch"-Reihe liegt in den Händen des ord. Prof. der Theologie D. Kurt Aland, D. D., D. Litt. Diese Bände sind aus der ehemaligen „Sammlung Töpelmann" hervorgegangen.

∞ Gedruckt auf säurefreiem Papier,
das die US-ANSI-Norm über Haltbarkeit erfüllt.

CIP-Titelaufnahme der Deutschen Bibliothek

Honecker, Martin:
Einführung in die theologische Ethik / Martin Honecker. — Berlin ; New York : de Gruyter, 1990
   (De-Gruyter-Lehrbuch)
   ISBN 3-11-008146-6
   ISBN 978-3-11-017634-6

© Copyright 1990 by Walter de Gruyter & Co., D-1000 Berlin 30
Dieses Werk einschließlich aller seiner Teile ist urheberrechtlich geschützt. Jede Verwertung außerhalb der engen Grenzen des Urheberrechtsgesetzes ist ohne Zustimmung des Verlages unzulässig und strafbar. Das gilt insbesondere für Vervielfältigungen, Übersetzungen, Mikroverfilmungen und die Einspeicherung und Verarbeitung in elektronischen Systemen.

Printed in Germany

Satz und Druck: Arthur Collignon GmbH, Berlin 30
Buchbinderische Verarbeitung: Lüderitz & Bauer, Berlin 61

Vorwort

I.

Der Schwierigkeit, eine „Einführung" in die evangelische Ethik zu verfassen, wird man erst ganz inne, wenn man sich daran macht, ein solches Vorhaben selbst zu verwirklichen. „Einführen" — introducere, auch importare oder invehere — heißt eine Sache vorstellen, sie bekanntmachen, mit ihr vertraut machen. Wer einführt, will einen Überblick über ein Thema, einen Gegenstand, einen Sachverhalt geben. Einführen heißt aber auch: „einarbeiten". In diesem doppelten Sinne hat eine Einführung also sowohl einen Überblick über Fragestellungen der Ethik zu geben wie eine Anleitung zur ethischen Argumentation zu leisten. Aber was ist die „Sache", in welche theologische Ethik einführen soll? Wenn es um Aufgabe und Zielsetzung theologischer Ethik geht, so ist in der evangelischen Theologie der Gegenwart keineswegs klar und unumstritten, um was es denn überhaupt dabei gehen soll. Man kann verschiedene Intentionen mit einer theologischen Ethik verbinden.

(Einmal) kann man erwarten, daß eine „theologische Ethik" eine *theologische Begründung* der Ethik, des Handelns der Christen gibt. In einer zugespitzten Fassung hat dann theologische Ethik die theologischen Aussagen der Dogmatik oder der Bibel auf das Handeln von Christen und auf Lebensfragen anzuwenden. Theologische Aussagen dienen dann vor allem der Begründung im Sinne einer Legitimation. Nun kann man freilich schon bei A. Schopenhauer lesen: „Moral predigen ist leicht, Moral begründen ist schwer". „Moral predigen" meint hier: zu einem moralischen Leben aufrufen, Moral propagieren. Aber wissen wir wirklich immer, was das moralisch Geforderte und sittlich Richtige tatsächlich ist, was verantwortbar ist?

Daher kann man (zum zweiten) von einer theologischen Ethik erwarten, daß sie über ethisch bedeutsame Sachverhalte *informiert* und *ethische Argumentationen* vorstellt. Ethik wird dann eher deskriptiv, beschreibend, analytisch verstanden. Zum zentralen Problem einer solchen Auffassung von Ethik wird dann die Vermittlung zwischen Sachdarstellung, allgemeinen ethischen Bewertungen und theologischer Beurteilung. Was ist dann aber das besondere Christliche, das christliche Proprium der Ethik, und wie ist dieses Proprium angemessen zur Geltung zu bringen? Eine solche Auffassung von Ethik fordert nicht notwendig den Verzicht auf theologische Perspektiven. Aber die Begründungsfrage stellt sich hier anders. „Begründen" bedeutet hier nicht legitimieren, sondern Gründe nennen, Argumente darlegen und abwägen. Begründen im Sinne von überzeugen bedeutet dann, erklären, warum man zu bestimmten Wertungen und Vorschlägen kommt.

Und (schließlich) kann man theologische Ethik als Ethik für Theologen im kirchenleitenden Amt verstehen. Dabei ist „Kirchenleitung" im Sinne Schleiermachers als Ausübung einer kirchlichen Berufstätigkeit zu verstehen. In der Tat gibt es nicht nur eine Ethik, welche *aus* der Theologie folgt, sondern ebenso eine Ethik *für* Theologie und Kirche, eine Bewertung theologischer Aussagen, kirchlicher Forderungen und kirchlichen Handelns anhand ethischer Kriterien und Maßstäbe. Theologische Ethik ist häufig auch als Pastoralethik, als Anleitung für die Berufsausübung des Pfarrers verstanden worden. Es geht beispielsweise um die Glaubwürdigkeit christlicher Ansprüche, die mit der eigenen Praxis in der Kirche, aber auch mit der Universalisierbarkeit zu tun hat. Menschenrechte, Toleranz, sogar die Forderung der Glaubensfreiheit, der Umgang mit dem Pluralismus und die Fähigkeit zur Verständigung, zum Kompromiß sind auch innerkirchlich bedeutsam und ein Prüfstein für die Glaubwürdigkeit von Forderungen, die man nach außen hin erhebt.

Der Ansatz der Überlegungen in diesem Studienbuch versucht allen drei Intentionen im Kern gerecht zu werden. Zurückhaltend bin ich freilich gegenüber allen emphatischen Postulaten einer (absoluten) theologischen Begründung. Denn alle derartigen Begründungsansprüche können leicht zum Zweck ideologischer Sanktion und Legitimation mißbraucht werden. Deshalb suche ich vor allem das Handlungsfeld der Ethik zu beschreiben und zu vermessen.

Nach einer Aufgabenbeschreibung (Kapitel 1) werden „Theologische Voraussetzungen der Ethik" (Kapitel 2) vorgestellt. Das Wort „Voraussetzungen" ist dabei in dem Sinne gemeint, daß es um theologische Grundlegungen geht, die ebenso in der Fundamentaltheologie, der theologischen Anthropologie, der Dogmatik erörtert werden können.

Das 3. Kapitel behandelt „Ethische Grundbegriffe". Daran wird deutlich, daß ich nicht eine bestimmte ethische Methode und Theorie als allein gültig übernehmen kann. Der Pluralismus ethischer Ansätze und Methoden ist ein Faktum, dem ein Lehr- und Studienbuch Rechnung zu tragen hat. Man kann allenfalls den Versuch zu einer Integration unterschiedlicher Ansätze und Fragestellungen machen. Bemängeln mag man, daß dieser Entwurf keine ausgeführte Methodenlehre enthält. Aber ich versuche in dieser „Einführung" Sachfragen so zu verdeutlichen, daß die ethischen Argumentationsverfahren indirekt zu erschließen sind. Aber ich bin mir durchaus bewußt, daß diese Einführung keine Methodenlehre der Ethik enthält.

Das 4. Kapitel „Normen und Werte" greift ein besonders umstrittenes Thema evangelischer Ethik auf. Während katholische Moraltheologie traditionell, nicht zuletzt aufgrund des Naturrechts und in Form einer kasuistischen Gesetzesauslegung, von vorgegebenen Maßstäben, „Normen" ausgeht, ist evangelische Ethik oftmals entweder nur an der Konstitution des ethischen Subjekts, an der existentiellen Forderung ausgerichtet; oder sie wird bewußt situationsethisch konzipiert. Die Frage nach den Normen und Werten ist freilich inzwischen unübersehbar geworden. Gibt es einen „evangelischen" Zugang zu und einen „evangelischen" Umgang mit Normen und Werten? Die bloße Orientierung an der Bibel als Norm reicht hier noch nicht zu. Zwischen biblischer Exegese und ethischer Reflexion besteht ja eine Kluft, die nicht zu übersehen ist. Beide sprechen ja durchaus auch eine verschiedene Sprache.

Das 5. Kapitel „Quellen christlicher Ethik" benutzt deshalb bewußt das Wort „Quellen". Es erinnert damit an den Ursprung christlichen Glaubens und Lebens. Anders als eine fundamentalistische Auffassung von der Bibel als Norm der Ethik kann historisch-kritische Exegese den Wortlaut der Bibel nicht als zeitlos gültige Autorität und Norm anerkennen. Die formale Berufung auf die biblische Norm kann daher kein Ersatz für eine sachlich begründete Argumentation sein. Dazu kommt, daß zwischen Bibel und Gegenwart eine Geschichte der Aufnahme und Auslegung der Bibel als Heilige Schrift zu bedenken ist. Darauf will die Berücksichtigung der Geschichte christlicher Ethik aufmerksam machen. In diesem Zusammenhang kann auch die spezifisch konfessionelle Prägung evangelischer Ethik Platz finden, namentlich der Ansatz der Ethik beim Reformator Martin Luther.

Das 6. Kapitel „Sozialethische Grundfragen" leitet zum 2. Band über, der eine materiale Sozialethik enthalten soll. Diese „Sozialethik" steht unter dem Leitbegriff einer Verantwortungsethik. Sie soll die Ethik der verschiedenen menschlichen Lebensbereiche als Güterethik entfalten. Leben und Gesundheit (medizinische Ethik), Ehe, Familie und Sexualität, Natur als Umwelt, Politik und Staat, Wirtschaft und Kultur sind dem Menschen als Güter vorgegeben und anvertraut, die er in Verantwortung zu erhalten, zu gestalten und zu fördern hat. „Theologische Weltdeutungen" (wie Zweireichelehre oder Königsherrschaft Christi) entschlüsseln die mit dem menschlichen Dasein und dem Leben insgesamt gegebenen, geschichtlich vermittelten Güter. Als Abschluß der Sozialethik ist dann die Aufgabe der Kirche in der Gesellschaft zu bedenken.

Die vorliegende Einführung beendet im Kapitel 7 ein Ausblick auf „Grenzen der Ethik". Damit soll unterstrichen werden, daß Ethik nicht der Inbegriff schlechthin wahrhaft menschlichen Lebens ist, sondern nur ein wichtiger *Aspekt* menschlicher Existenz. Nach evangelischer Überzeugung lebt der Mensch nicht kraft eigener Leistung, sondern er ist Geschöpf Gottes und lebt von Gottes Gnade. Dessen ist sich der Christ in besonderer Weise bewußt: „Iustus ex fide vivit".

II.

Eine eigene Überlegung verdient der Argumentationsstil der Ethik. Unübersehbar besteht ein „Bedarf an Ethik"; der Verlag hat auch deshalb den Verfasser zur Veröffentlichung gedrängt. Ethik und Ethiker sind als Partner im gesellschaftlichen Diskurs angesprochen. Die Frage nach dem Beitrag oder gar nach der Antwort der Ethik wird oftmals gestellt. „Ethik" hat derzeit Konjunktur. Die Nachfrage nach einem Beitrag der Ethik (oder der Ethiker) zu kontroversen gesellschaftlichen Diskussionen ist groß.

Wie kann die Ethik freilich diese Nachfrage befriedigen? Um diese Frage überhaupt beantworten zu können, ist zunächst einmal zu klären, worin denn überhaupt ein „Bedarf" an Ethik besteht. Wer einen Bedarf anmeldet, erweckt den Eindruck eines Mangels und erhebt den Wunsch, diesem Mangel abzuhelfen; er fühlt sich bedürftig, er hat ein „Bedürfnis". Eine solche Nachfrage nach Ethik kann freilich recht subjektiv begründet werden. Man mahnt oft mehr ein Defizit an ethischer Orientierung an, als daß man diesen Mangel objektiv — zumindest ansatzweise — aufzeigen und aufweisen will. Der Ruf nach Ethik ist dann auch reichlich rhetorisch. Nun ist zweifellos unbestreitbar, daß es ein Bedürfnis nach Ethik, oder sagen wir es vorsichtiger, nach moralischen Aussagen gibt.

In der Diskussion um die Folgenabschätzung der Gentechnologie beispielsweise war der Vorwurf zu hören, auch die Theologen wüßten nicht, was in Zukunft auf diesem Gebiet richtig sei und sein werde. Dieser Vorwurf beklagt, daß es in der heutigen Gesellschaft keine Instanz und keine moralische Autorität mehr gebe, die so eindeutig und unumstritten anerkannt sei, daß sie sagen könne, was moralisch richtig oder falsch sei. Ein Verlangen an Ethik entspringt also zunächst häufig einer allgemeinen Verunsicherung. Verunsicherung muß freilich nicht immer dasselbe sein wie Ratlosigkeit. Theologie und Kirche werden häufig von den Politikern und Repräsentanten der öffentlichen Meinung als Hüter der Moral angesprochen. Die Themen, zu denen die Ethik gefragt wird, sind jeweils vielfältig. Nicht nur die Gentechnologie oder die ethische Verantwortbarkeit der Kernenergie stehen zur Debatte; auch bei der Friedenspolitik, etwa der Abschreckungstheorie, der ethischen Bewertung des Asylrechts, dem politischen Umgang mit Problemen der Ausländer und Aussiedler melden sich die Kirchen mit Stellungnahmen zu Wort. Aus Anlaß der Gesundheitsreform wurde beispielsweise die Frage aufgeworfen, was die christliche Ethik und die kirchliche Erziehung denn zu Mündigkeit, Eigenverantwortung und Solidarität sage. Gewerkschaften und Arbeitgeber wollen die kirchliche Wertung des Sonntags mit in ihre eigene Interessenlage einbeziehen, wenn es um die Ausweitung der Wochenendarbeit geht. Genug der Beispiele! Der Anlässe sind somit mehr als genug, bei denen die Frage gestellt werden kann: Und was sagt die (christliche) Ethik dazu?

Man hat freilich zu prüfen, welchem Zweck dieser Beitrag zur Ethik dient. Wollte man von der Ethik (bzw. den Ethikern oder den Vertretern der Kirche) das alle Probleme lösende Wort erwarten, so würde man sie überfordern. Denn in allen Sachfragen hat der Ethiker kein höheres Wissen und keine bessere Einsicht in das Notwendige als sie jeder vernünftige und verständig Denkende haben kann, der sich die Mühe macht, über die Sachverhalte und die Streitfragen sich zu informieren und kundig zu machen. Häufig will man jedoch gar keinen Rat haben, der die eigene Meinung und Position zu überdenken nötigen könnte, sondern man sucht die Autorität der Kirche oder der Ethik für den eigenen Standpunkt und die eigenen Interessen zu gewinnen und zu beanspruchen. Die Nachfrage nach Ethik dient dann vor allem der Legitimation oder, falls die eigene Position in der Minderheit sein sollte, der Bestärkung der abweichenden Meinung und der Kritik. Die Inanspruchnahme eines höheren *moralischen* Rechts stützt die eigenen politischen Forderungen ab. Ein Bedürfnis nach Legitimation und ein Interesse an Moralisierung sind oft der Anlaß, die Forderung zu erheben, daß es einen „Bedarf an Ethik" gebe. Denn wer das moralische Recht für sich und seine Sache ins Feld führen kann, hat es leichter, politische Akzeptanz geltend zu machen. Ethik wird dadurch zum Mittel, zum Instrument, um für Akzeptanz zu werben. Das Bedürfnis nach Ethik wird damit instrumentalisiert; es wird für andere Zwecke instrumentalisiert als dies die Suche nach dem meint, was im Einzelfall richtig oder falsch im

Handeln und gut oder schlecht im Leben ist. Ethik, die sich auf den so ermittelten Bedarf oder auf ein so artikuliertes Bedürfnis einläßt, wird zur Ideologie. Die Nachfrage nach Ethik verführt dann dazu, daß man als Ethiker mehr sagt an Rat und Empfehlung, an Anweisung und Normierung, als man verantwortlich und sachlich „eigentlich" vertreten und begründen kann. Keine Ethik verfügt nämlich über einen Vorrat an abrufbaren Einsichten für alle Lebenslagen. Sie teilt vielmehr die Ratlosigkeit und Verlegenheit der von neuen Herausforderungen, neuen Situationen und neuen Aufgabenstellungen Betroffenen. Sie kann allenfalls versuchen, zu klären, *wie* man mit derartigen Verlegenheiten und Ratlosigkeiten verständig und vernünftig umgehen kann.

Versteht man die Aufgabe der Ethik als die eines Dialogpartners im Orientierungsprozeß der Gesellschaft, so besteht allerdings in der Tat ein echter Bedarf an Ethik. Die Aufgabe der Ethik besteht dann nicht darin, definitive Antworten zu geben, sondern übersehene, unbequeme Aspekte zur Sprache zu bringen, Stimme der Sprachlosen und zum Schweigen Gebrachten zu werden, den Blick über den Horizont der nächsten Zeit und des unmittelbaren Lebensraumes hinaus zu weiten, auf übergreifende Zusammenhänge aufmerksam zu machen — kurz, mitzudenken, Nachdenken und Aufeinanderhören zu fördern. Der Argumentationsstil der Ethik muß deshalb dialogisch sein. Toleranz und Offenheit für unterschiedliche Argumente sind notwendig. Man muß bereit sein, sich auf Einwände einzulassen, abzuwägen, Gegengründe gelten zu lassen. Kurzum: Die Ethik selbst wird abwägend, pluralistisch, vorläufig.

III.

Eine derartige offene, dialogische Auffassung von der ethischen Aufgabe setzt sich freilich dem *Verdacht der Unverbindlichkeit* und des *Relativismus* aus. Einer solchen toleranten, „liberalen" Sicht von Ethik wird der Vorwurf gemacht, sie scheue die Anerkennung absoluter Normen und verwische den Unterschied zwischen richtig und falsch, gut und böse. Der Verweis auf die Komplexität von Entscheidungslagen dient dann nur dazu — so der Einwand —, der Eindeutigkeit der ethischen Forderung auszuweichen.

Ein Bedürfnis nach absoluter Verbindlichkeit, nach Autorität kommt damit ins Spiel. Die katholische Moraltheologie mag in ihren gegenwärtigen Konflikten mit der Autorität des römischen Lehramtes dafür paradigmatisch sein. Seit der Enzyklika „Humanae vitae" Papst Pauls VI.

gibt es Konflikte um die Sexualmoral, die zur Verweigerung kirchlicher Lehrbefugnis — des „Nihil obstat" — für Moraltheologen geführt haben. In diesen Kontext gehört auch die Auseinandersetzung um eine „autonome Moral". Ein weiteres Beispiel ist der Streit um die „Theologie der Befreiung". Man spricht deswegen von einer 3. „Modernismuskrise" in der katholischen Kirche. Die erste Modernismuskrise entzündete sich an den Folgen der Französischen Revolution und führte zum Konflikt zwischen dem politischen Liberalismus und der traditionell konservativen Theorie des Papsttums und der Hierarchie. Konfliktfelder waren Staatsverständnis, Menschenrechte, vor allem die Religionsfreiheit. Die zweite Modernismuskrise war eine Folge der Anwendung der historisch-kritischen Methode in Bibelauslegung und Dogmengeschichte (Enzyklika „Pascendi", 1907). Es ist kein Zufall, daß die dritte Modernismuskrise nicht bloß eine Folge des 2. Vatikanischen Konzils ist, sondern sich gerade an der Ethik manifestiert. Als Folge der nachkonziliaren Entwicklung befürchtet man eine Aufweichung der Moral und sucht den Weg zurück zu einer kasuistischen Anwendung absoluter Normen. Die Autorität des Lehramts wendet sich gegen eine Moraltheologie, die auf Evidenz und rationale Überzeugung setzt und die Autonomie, die Eigenverantwortung des ethischen Subjekts freigibt und respektiert. Kommunikationsfähigkeit, Toleranz und Offenheit sind die Merkmale einer solchen dialogischen Ethik, welche die Selbstverantwortlichkeit höher stellt als den Gehorsam gegen das Lehramt.

Aber nicht nur in katholischer Moraltheologie gibt es ein Verlangen nach einer unanfechtbaren Autorität. Protestantischer Fundamentalismus beruft sich auf die Autorität der Bibel als der absoluten Norm. Eine Begründung der Ethik auf das Bekenntnis führt zu Programmformeln wie „status confessionis" oder „ethische Häresie". An die Stelle des Argumentes tritt dann der Bekenntnisvollzug oder das demonstrative Handeln, das ein „prophetisches" „Zeichen setzen" will. Man meint dann, die schwierige, oft nur Annäherungsaussagen erreichende vernünftige Abwägung ethischer Urteilsbildung abkürzen oder ganz vermeiden zu können. Evangelischer Theologie liegt es nahe, dafür auf das „fundamentum inconcussum" der Christologie sich zu gründen. Nun ist zwar unbestreitbar die Orientierung des Glaubens und Lebens von Christen an Botschaft und Geschichte Jesu von Nazareth und das Bekenntnis zu Jesus von Nazareth als Christus, Erlöser, das Besondere, Spezifische christlicher Theologie. Aber die lehrhafte Darstellung des Bekenntnisses zu Jesus Christus in Form einer Christologie ist wiederum kritisch zu reflektieren und führt zur Erkenntnis unterschiedlicher christologischer Aussagemöglichkeiten und Lehrformulierungen. „Christologie" kann somit nur den Bezugspunkt bezeichnen, auf die hin alles Denken und Handeln von Christen sich ausrichten soll; sie gibt aber kein universales Erkenntnisprinzip für alle ethischen Sachfragen an die Hand. Der Rekurs auf die Christologie kann nicht an die Stelle des ethischen Diskurses und vernünftig nachvollziehbarer Normfindungs- und Urteilsbildungsverfahren treten.

Dazu kommt außerdem für die evangelische Ethik, wie für jede Ethik, eine weitere Schwierigkeit. Konkrete ethische Entscheidungen haben es mit „gemischten" Sachverhalten zu tun. „Gemischt" meint dabei, daß empirische Gegebenheiten, Fakten einerseits, ethische Bewertungen andererseits zu beachten sind. Häufig sind die Gegebenheiten strittig; das zeigt sich besonders deutlich bei der Bewertung neuer Technologien wie der Kernenergie, der Informationstechnik oder der Gentechnik; Grenzwerte, Risiken, Risikoakzeptanz, Folgeabschätzungen sind strittig. Diese Strittigkeit fällt jedoch bei neuen Techniken, an die man sich noch nicht gewöhnt hat, nur stärker auf; Gewöhnung und Gewohnheit lassen manchmal übersehen, daß die Frage nach der Verbindung von Sachgerechtem und Situationsgerechtem mit dem Menschengerechten sich bei allen materialethischen Überlegungen stellt. Die oben erwähnte Wiederentdeckung eines Bedarfs an Ethik beruht gelegentlich darauf, daß angesichts der Ungewißheit der Realität Ethik als Garant und Vermittler von Gewißheit beansprucht wird. Theologische Ethik sucht diesem Bedürfnis gelegentlich dadurch Rechnung zu tragen, daß sie assertorisch spricht, einen absoluten Anspruch bekräftigt, etwa den Anspruch der Herrschaft Christi. Daraus folgt dann für diesen Argumentationstypus der Aufweis schroffer Alternativen, die Proklamation eines klaren, aber rein programmatischen Entweder-Oder, z. B.: entweder Gott oder die Atombombe, entweder Gott oder der Kapitalismus (oder was immer man nennen mag). Diese assertorische Redeweise endet schließlich leicht bei bloßer Polemik.

Will man dieser Reduktion theologischer Ethik auf Polemik und bloße Zeitkritik entgegensteuern, so muß man dem Problem einer Vermittlung zwischen Sachgerechtem und Menschengerechtem besondere Beachtung widmen. Es empfiehlt sich daher nicht, von theologischen Gewißheiten ausgehend deduktiv rigorose, absolute ethische Ansprüche zu formulieren; sondern es ist von den Ungewißheiten auszugehen, die zur ethischen Reflexion herausfordern. Ethisches Nachdenken wird deswegen immer ein Element der Selbstkritik und Skepsis mitenthalten. So stehen alle ethischen Überlegungen in dieser „Einführung" unter dem Vorbehalt besserer Einsicht und Belehrung; die Wirklichkeit der Lebensverhältnisse kann sie genauso überholen wie der Aufweis einer besseren Plausibilität anderer Überlegungen. In diesem Sinne verstehe ich meinen Ansatz bewußt als kontextuell, bezogen auf eine bestimmte Diskussionslage und auf eine bestimmte Zeiterfahrung. Wesensaussagen liegen mir fern. Zur Redlichkeit ethischer Überlegungen gehört es auch, daß man sich und anderen eingesteht, daß man an den Ungewißheiten und Ratlosigkeiten der Gegenwart teilhat.

IV.

Wenn am Ende das Manuskript des Buches entgegen meiner eigenen Skepsis fertiggestellt wurde, so ist dies mancherlei unterschiedlicher Mithilfe zu verdanken: Herr Professor Dr. Wenzel vom Verlag de Gruyter hat mich immer wieder inständig bedrängt. Neben Frau Erna von Gallera und Frau Christiane Günther haben − angesichts der eingeschränkten Arbeitsmöglichkeit am Institut für Sozialethik der evangelisch-theologischen Fakultät der Universität Bonn − viele fleißige studentische Hände die Schreibarbeiten und Korrekturen mitübernommen. Herrn Dr. Hartmut Kreß habe ich für tatkräftige Unterstützung und guten Rat in vielen Fragen und Problemen zu danken. Ihm und Herrn stud. theol. Tobias Schlingensiepen ist auch für tatkräftige Unterstützung beim Korrekturlesen zu danken. Nicht zuletzt hat mich meine Frau ermutigt und sich bemüht, Skepsis und Resignation bei mir nicht überhandnehmen zu lassen und beides zu überwinden.

Dennoch bleibt ein Rest an Zweifel. „Des Büchermachens ist kein Ende" (Prediger 12, 12); die entscheidenden Einsichten für ein eigenverantwortliches Leben gewinnt man gewiß nicht aus Büchern, sondern durch Lebenserfahrung und am Beispiel gelebter sittlicher Verantwortung. Aber vielleicht können Bücher doch etwas dazu beitragen, daß man über die uns gestellten Aufgaben nachdenkt. Nachdenklichkeit verdankt sich weithin der Erinnerung. So ist es die Absicht dieser Einführung, an Einsichten christlicher Überlieferung zu erinnern und dadurch zur Erhellung der gegenwärtigen Herausforderungen an die Ethik beizutragen.

Bonn, den 1. Januar 1990   Martin Honecker

Inhaltsverzeichnis

Vorwort	V
1. Kapitel: Einleitung. Ethik. Begriff und Fragestellung	1
§ 1. Ethik, Ethos, Moral	3
1. Begriffsklärungen	3
2. Differenzierungen	4
3. Das Thema der neuen Moral	7
4. Einteilungen der Ethik	8
4.1. Individualethik und Sozialethik	8
4.2. Situationsethik und Prinzipienethik	11
4.3. Gesinnungs- und Verantwortungsethik	15
4.4. Paränese und normative Ethik	16
§ 2. Ethik als theologische Disziplin	20
1. Das Verhältnis von Dogmatik und Ethik — eine Grundfrage evangelischen Ethikverständnisses	20
2. Die Beziehung zwischen christlicher und nichtchristlicher Ethik in der Theologiegeschichte	22
3. Die theologische Begründung der Ethik in evangelischer Sicht	23
4. Unterschiedliche Zuordnungen von Ethik und Dogmatik	25
5. Theologie und Ethik in der neueren Diskussion	28
§ 3. Ethik als Wissenschaft	33
1. Der positivistische Einwand	33
2. Was heißt Wissenschaft?	35
3. Ethik und Wissenschaftstheorie	36
4. Die Forderung nach einer Wissenschaftsethik	37
2. Kapitel: Theologische Voraussetzungen der Ethik	41
§ 1. Die christliche Freiheit	43
1. Die Fragestellung	43
2. Dimensionen des Freiheitsbegriffs	43
3. Freiheit in theologischer Deutung	46
Exkurs: Imago Dei	48

§ 2. Das christliche Verständnis von Sünde 50
  1. Sünde als Thema theologischer Ethik 50
  2. Theologische Aspekte des Sündenbegriffs 51
  3. Die ethische Bedeutung der Sündenlehre 57

§ 3. Gesetz und Evangelium 60
  1. Die Fragestellung 60
  2. Zum theologischen Begriff „Gesetz" 61
  3. Gesetz und Evangelium bei Luther 62
  3.1. Der Problemhorizont bei Luther 62
  3.2. Die allgemein-menschliche Bedeutung des Gesetzes nach
       Luther 65
  3.3. „Gesetz und Evangelium" statt „Natur und Gnade" . . 69
  4. Karl Barth: Evangelium und Gesetz 70
  4.1. Die Position Barths 70
  4.2. Gesichtspunkte der Kritik an Barth 73
  5. Tertius usus legis als Problem des Gesetzesverständnisses 75
  6. Die Bedeutung der Unterscheidung von Gesetz und Evangelium für die theologische Ethik 77
  6.1. Die Problemstellung 77
  6.2. Das „Gesetz" in der Ethik 80

§ 4. Rechtfertigung und Heiligung 83
  1. Probleme der Rechtfertigungslehre 83
  2. Heiligung 86
  3. Kritische Gesichtspunkte zum Heiligungsverständnis . . . 88

§ 5. Askese und christliche Ethik 90
  1. Begriff und Begriffsgeschichte 90
  2. Neuzeitliche und moderne Problemaspekte 91

§ 6. Gute Werke 94
  1. Die reformatorische Fragestellung 94
  2. Exegetische Gesichtspunkte 101
  3. Systematische Erwägungen 103
  Exkurs: Quietismus 105

§ 7. Das Naturrecht 107
  1. Die Problemstellung und neuere Diskussion 107
  2. Eindeutigkeit des Naturrechts? 109
  3. Die Ideologieanfälligkeit des Naturrechts 110
  4. Die Geschichte des Naturrechts 111

4.1. Das antike Naturrecht	111
4.2. Das christliche Naturrecht	114
4.3. Das aufgeklärte, profane Naturrecht	117
5. Das Naturrecht in der Sicht der Reformation	119
6. Zur Bewertung des Naturrechts	120
7. Ausblick	123

§ 8. Das Gewissen 126
    1. Die Strittigkeit des Gewissens 126
    2. Der Begriff Gewissen 128
    3. Gewissen im Neuen Testament 129
    4. Gewissen in der Theologie des Mittelalters 131
    5. Gewissen im reformatorischen Verständnis (Luther) 133
    6. Das idealistische Verständnis des Gewissens 136
    7. Der Zerfall des Gewissensverständnisses 137
    8. Die Notwendigkeit des Gewissensbegriffs 138
    9. Kriegsdienstverweigerung aus Gewissensgründen 140

§ 9. Nachfolge 145
    1. Die Fragestellung 145
    2. Biblische Grundlage 145
    3. Reformatorische und neuzeitliche Sicht 146
    4. Systematische Aspekte 148

§ 10. Das Liebesgebot 152
    1. Begriff und Probleme 152
    2. Biblische Grundlagen 153
    3. Philosophische und theologische Deutungen 154
    4. Gegenwärtige Fragestellungen 156

3. Kapitel: Ethische Grundbegriffe 159

§ 1. Tugend 161
    1. Aristoteles 161
    2. Der Tugendbegriff in der christlichen Ethik 164
    3. Neuzeitliche Gesichtspunkte 164

§ 2. Gesetz und Norm 166
    1. Begriff und Fragestellung 166
    2. „Gesetz" in christlicher Sicht 166
    3. Neuzeitliche Deutungen des Gesetzes 167
    4. Der Normbegriff 168

§ 3. Kasuistik ... 170
1. Begriff und Probleme ... 170
2. Kasuistik im Recht ... 170
3. Kasuistik im Neuen Testament ... 171
4. Kasuistik in der katholischen Ethik ... 172
5. Evangelisch-theologische Stellungnahme ... 174

§ 4. Pflicht ... 176
1. Der Begriff ... 176
2. „Pflicht" bei Kant ... 176
3. Die Kritik an Kant ... 177

§ 5. Autonomie ... 179
1. Begriff ... 179
2. Philosophische Interpretationen ... 179
3. Autonome Moral in der Katholischen Moraltheologie ... 180

§ 6. Utilitarismus ... 184
1. Begriff ... 184
2. Probleme des Utilitarismus ... 185
3. Der Eudämonismus ... 186

§ 7. Gerechtigkeit ... 188
1. Begriff ... 188
2. Theologiegeschichtliche Aspekte ... 189
3. Probleme in der gegenwärtigen ethischen Diskussion ... 189

§ 8. Menschenwürde und Humanität ... 192
1. Begriff und Probleme ... 192
2. Menschenwürde und christliche Ethik ... 194
3. Humanität ... 195

§ 9. Erfahrung, Vernunft und Entscheidung ... 197
1. Quellen der Ethik ... 197
2. Das Problem ethischer Entscheidung ... 198
3. Die Erfahrung in der Ethik ... 198
4. Die Vernunft in der Ethik ... 201

§ 10. Deontologische und teleologische Argumentation ... 203
1. Begriffe ... 203
2. Zuordnung zur Theologie ... 204
3. Zur Bewertung ... 205
4. Ausblick ... 206
Exkurs: Zur Methode ethischer Urteilsfindung ... 208

4. Kapitel: Normen und Werte 211

§ 1. Werte 213
    1. Begriff 213
    2. Geschichte der Wertethik 214
    3. Probleme der Wertethik 216
    4. Die Diskussion zur Normenbegründung 217
    5. Die Geltung von Werten 219
    6. Wertethik aus theologischer Sicht 221

§ 2. Universalismus und Relativismus der Werte 223

§ 3. Zur Grundwertedebatte 225
    1. Der parteipolitische Hintergrund 225
    2. Die Grundwertedebatte von 1976: das Staatsverständnis angesichts der Wertfrage 226
    3. Freiheit, Gerechtigkeit, Solidarität 228
    4. Wertekrise in der Gegenwart? 230
    5. Werte in theologischer Sicht 231
    6. Die evangelisch-katholische Grundwerteerklärung von 1979 233

§ 4. Kompromiß und Güterabwägung im Normenkonflikt 234
    1. Problementfaltung 234
    2. Theologische Deutungen des Kompromisses 236
    Exkurs: Grenzmoral 244

5. Kapitel: Quellen christlicher Ethik 247

§ 1. Zur Geschichte christlicher Ethik 249
    1. Biblische Voraussetzungen der christlichen Ethik 249
    2. Ethik in der Alten Kirche und im Mittelalter 251
    3. Reformation und Neuzeit 253

§ 2. Der Dekalog 256
    1. Der Dekalog als Thema der christlichen Katechetik 256
    2. Der Dekalog im Alten Testament 257
    3. Die zehn Gebote in ihrer heutigen Bedeutung 258
    4. Ausblick 265

§ 3. Die ethische Deutung der Bergpredigt 267
    1. Das Problem 267
    2. Inhalt und Aufbau 268

3. Zur Auslegungsgeschichte der Bergpredigt 270
3.1. Das perfektionistische Verständnis 270
3.2. Die mittelalterlich-katholische Auslegung 272
3.3. Das reformatorische Verständnis 273
3.4. Die Deutung der Bergpredigt als Gesinnungsethik im Kulturprotestantismus 274
3.5. Die eschatologische Deutung 275
3.6. Die existentiale Deutung 276
3.7. Die christologische Auslegung 276
3.8. Erwägungen zur Auslegungsgeschichte 278
4. Zur Exegese der Bergpredigt 278
5. Zur aktuellen ethischen Diskussion 282

§ 4. Der Ansatz der Ethik bei Martin Luther 285

6. Kapitel: Sozialethische Grundfragen 289

§ 1. Die Aporien einer „Theologie der Ordnungen" 291
1. Der Ordnungsgedanke bei Luther und im Luthertum . 291
2. Probleme der Ordnungstheologie 295
3. Alternative Denkansätze 298
4. Zur Beurteilung der Ordnungstheologie 302

§ 2. Institutionentheorien 304
1. Die unterschiedlichen Theorien 304
1.1. Soziologisch 304
1.2. Der juristische Institutionenbegriff 308
1.3. Der rechtstheologische Institutionenbegriff 309
2. Institutionen in sozialethischer Sicht 311

§ 3. Die sozialethische Grundfrage der Eigengesetzlichkeit 314
1. Problemaspekte 314
2. Neuere Positionen zur Eigengesetzlichkeit 316
3. Der geistesgeschichtliche Hintergrund der Fragestellung 318
4. Zwischenüberlegung: Zur Bewertung der „Eigengesetzlichkeit" als sozialwissenschaftliche Leitidee 320
5. Sozial- und wirtschaftsethische Konkretion 321
6. Theologische Sozialethik und Eigengesetzlichkeit 324

§ 4. Sozialethik als Verantwortungsethik 327
1. Die Fragestellung 327
2. Deutungen der Verantwortungsethik 328

2.1. Walter Schulz 328
2.2. Max Weber 329
2.3. Dietrich Bonhoeffer 331
2.4. Georg Picht 331
2.5. Hans Jonas 334
2.6. „Verantwortliche Gesellschaft" 335
3. Ausblick 336

§ 5. Katholische Soziallehre 338
1. Die sozialphilosophische Grundlage 338
   1.1. Das Personalitätsprinzip 340
   1.2. Solidaritätsprinzip 340
   1.3. Subsidiaritätsprinzip 341
   1.4. Gemeinwohl 343
2. Die Sozialenzykliken 344
   2.1. Leo XIII. 345
   2.2. Pius XI. 346
   2.3. Pius XII. 348
   2.4. Johannes XXIII. 349
   2.5. Paul VI. 349
   2.6. Das 2. Vatikanische Konzil 352
   2.7. Johannes Paul II. 352

7. Kapitel: Grenzen der Ethik 357

§ 1. Handeln und Erleiden 357

§ 2. Das Ende des Lebens 360

§ 3. Der Sinn des Lebens 364

§ 4. Das Leiden und die Theodizeefrage 366

§ 5. Schuld und Vergebung 370

Bibliographie 377

Sachregister 412

Personenregister 419

1. Kapitel

Einleitung
Ethik. Begriff und Fragestellung

§ 1. Ethik, Ethos, Moral

1. Begriffsklärungen

Ethik kann man als etwas ganz Selbstverständliches betrachten. Denn ist nicht als gemeinsamer Grundsatz jeder Ethik anerkannt, das Gute sei zu tun und das Schlechte, Böse sei zu unterlassen? Die Unterscheidung von gut und böse gilt als Grundlage der Ethik. Für die theologische Ethik ist dann erläuternd vorauszusetzen, daß das Gute das dem Willen Gottes Entsprechende, das Böse das Gottes Willen Widersprechende ist. *Friedrich Theodor Vischer* meinte lapidar: „Das Moralische versteht sich von selbst". Dagegen meinte *Arthur Schopenhauer*: „Moral predigen ist leicht, Moral begründen ist schwer" (Preisschrift über die Grundlagen der Moral, Werke, ed. P. Deussen, 3. Bd. 1912, S. 573). Und *Karl Marx* stellte fest (in: „Die Heilige Familie"): „Die Kommunisten predigen keine Moral". „Die Moral, wohlverstanden, die in Bezug auf einen idealen Wert gerechtfertigte Moral ist die Impotenz in Aktion". Für Marx tritt an die Stelle der Forderung der Moral das ökonomische Bewegungsgesetz der Geschichte: Geschichtstheorie ersetzt Ethik. Die Frage nach einer marxistischen Ethik ist so verstanden die Frage nach der Tragfähigkeit einer Geschichtsdeutung und der ökonomischen Gesellschaftstheorie (vgl. als Beispiele: Leszek Kolakowski, Milan Machovec).

Leszek Kolakowski, Der Mensch ohne Alternative. Von der Möglichkeit und Unmöglichkeit, Marxist zu sein, München 1964; ders. Hauptströmungen des Marxismus, München 1977/79, 1981, 2. Auflage; Milan Machovec, Vom Sinn des menschlichen Lebens, München 1964.

Der Begriff und die Disziplin *Ethik* gehen auf *Aristoteles* zurück, der als erster von ethischer Theorie spricht (ἠθικῆς θεωρίας) (Anal. post 89 b 9). Mit dem Wort „ethisch", das von ἦθος (gewohnter Ort des Wohnens, Gewohnheit, Sitte, Brauch) herzuleiten ist, greift Aristoteles ein von Sokrates und Platon in der Auseinandersetzung mit der Sophistik aufgenommenes Problem auf, wie Sitte und Institutionen der Polis zu legitimieren sind. Ethik fragt seit Aristoteles nach dem Grunde des in Nomos, Sitte und Gewohnheit verfaßten Lebens der Polis (Arist. Ethik. Nic. 1180 b 3; vgl. W. Kluxen, Ethik des Ethos, 1974). Ethik stützt sich

seitdem nicht mehr allein auf die Autorität des Herkömmlichen und Überlieferten, sondern wird zu einer Aufgabe theoretischen Nachdenkens. Ethik bedenkt das für den Menschen im Leben und Handeln (πρᾶξις) tätig erreichbare und verfügbare höchste Gut. Dieses höchste Gut ist nach Aristoteles das Glück (εὐδαιμονία), das um seiner selbst willen gewollt werden soll (Ethik. Nic. 1097 a 34 ff.); solches „Glück" besteht inhaltlich in der „Verwirklichung der Seele gemäß der Tugend" (ψυχῆς ἐνέργεια κατ' ἀρετήν).
Voraussetzung ist die Einsichtsfähigkeit des freien Bürgers in der Polis kraft seiner vernünftigen Natur. Ethik ist Lehre von der *Tugend*; und, weil Tugend ein praktisches Verhalten ist, wird Ethik zur praktischen Philosophie. Sie hat zur Aufgabe, diejenige Haltung (ἕξις) zu bedenken und einzuüben, durch welche der Mensch gut wird. Mit Tugend bezeichnet Aristoteles also ein eigentümliches Werk des Menschen, das ihn als Menschen vor anderen Lebewesen auszeichnet. Ethik ist Tugendlehre. Sie ist theoretische Besinnung darauf, was gutes Leben, gutes Handeln, richtiges Verhalten meint.

Ethos, ein Wort, das von demselben Wortstamm wie Ethik (ἦθος), aber auch von ἔθος (Gewohnheit, Gewöhnung) abgeleitet wird, kennzeichnet eine moralische Grundhaltung. Im modernen Sprachgebrauch kann das Wort Ethos auch dazu dienen, das Ganze der persönlichen moralischen Einstellung oder des moralischen Verhaltens eines Menschen oder eines Typus der Sittlichkeit zu bezeichnen. Während Ethik im heutigen Sprachgebrauch die theoretische Reflexion auf das angemessene Handeln und Verhalten meint, verweist Ethos auf eine Lebenshaltung oder Gesinnung eines Einzelnen oder einer Gemeinschaft.

Der Ausdruck *„Moral"* gibt ursprünglich in der lateinischen Sprache nichts anderes wieder als das griechische Wort ἠθική. *Cicero* (De fato 1) prägt den Terminus philosophia moralis. Das Wort Moral ist abgeleitet von mos, mores (Sitten). Unter „Moral" versteht man heute im allgemeinen Sprachgebrauch die Gesamtheit akzeptierter und durch Tradition stabilisierter Verhaltensnormen einer Gesellschaft oder Gruppe. „Moral" nennt man das, was „man" üblicherweise tut. Während Ethik kritische Reflexion und argumentative Begründung einfordert, genügt zur Beschreibung von Moral der Verweis auf den faktisch gelebten Konsens.

2. Differenzierungen

Mit der sprachlichen Unterscheidung von Ethik, Ethos und Moral ist ein erster Schritt zur Differenzierung getan. Um die ethische Fragestellung weiter zu präzisieren, kann man — im Anschluß an *Henry David*

Aiken (zit. bei James M. Gustafson, Situation contra Prinzipien, ZEE 13, 1969, S. 16) vier Ebenen moralischer Betrachtungsweisen unterscheiden, nämlich (a) die expressiv-evokative, (b) die moralische, (c) die ethische und (d) die meta-ethische Ebene.

(a) Auf der *expressiv-evokativen* Ebene nehmen wir impulsiv, unreflektiert, spontane moralische Bewertungen vor. Wir empören uns; wir äußern Gefühle der Ablehnung oder Zustimmung. Man erklärt unmittelbar: „So etwas geht nicht". Allerdings sind solche impulsiven, spontanen Äußerungen in der Gefahr, die direkte Betroffenheit nicht mehr kritisch zu befragen. Man kann sich aus solcher lebensbezogenen Betroffenheit heraus täuschen oder irren. Beispielsweise kann man aus der Atmung eines in Agonie liegenden Menschen folgern, wer so atme, müsse schwer leiden und Schmerzen haben — eine Vermutung, die wahrscheinlich unzutreffend ist, weil der in Agonie liegende Mensch nicht mehr bei Bewußtsein ist.

(b) Auf der *moralischen* Ebene stellt sich dem Menschen angesichts konkreter Aufgaben die Frage: Was muß ich in diesem oder jenem konkreten Fall tun? In einer bestimmten Situation bricht unmittelbar die Frage auf: Ist das, was ich tue oder tun will, auch wirklich gut?

Auf der moralischen Ebene stehen wir vor der Aufgabe, für einzelne ethische Entscheidungen Begründungen, eine Legitimation zu geben und zu finden. Herkömmlicherweise erfolgt die Rechtfertigung ethischer Urteile und Entscheidungen durch die Berufung auf Grundsätze. In der Moral erfolgt die Rechtfertigung ethischer Urteile im wesentlichen „praktisch"; die Legitimation bezieht sich auf das konkrete ethische Urteil, auf die jeweilige Entscheidung. Dabei wird vornehmlich nach dem gefragt, „was geht", was menschlich vertretbar erscheint.

Das Verhalten des barmherzigen Samariters (Lk. 10,25 ff.) repräsentiert eine solche vorreflexive Moralität. Der Samariter stellt keine grundsätzlichen Erwägungen an, wer denn sein Nächster sei, sondern er hilft spontan.

(c) Erst auf der *ethischen* Ebene werden die Argumente kritisch reflexiv betrachtet, mit deren Hilfe ein bestimmtes ethisches Urteil gerechtfertigt wird. Auf der Ebene der Ethik wird geprüft, ob Argumente, Begründungen, Normen wirklich haltbar und tragfähig sind, auf die sich ein Urteil stützt und begründet. Die zunächst vorreflexive Begründung einzelner Handlungen und Urteile auf der moralischen Ebene wird auf der ethischen Ebene zum prinzipiellen Thema.

(d) Schließlich stellt sich auf der *meta-ethischen* Ebene die Frage, was überhaupt ein ethisches Urteil ist und wozu es notwendig sei. Die Frage nach dem Unterschied zwischen einem ästhetischen und einem ethischen Urteil wird auf der meta-ethischen Ebene diskutiert. Auf dieser Ebene wird erörtert, welches die Kriterien ethischer Urteile sind und wie sich diese Urteile von anderem Sprachgebrauch unterscheiden lassen, der die Worte gut und schlecht ebenfalls wertend benutzt. Was unterscheidet einen Satz wie diesen: „einem Mitmenschen helfen, ist gut", von Sätzen wie: „dieser Fisch schmeckt gut"; „dieses Bild ist gut gemalt"; „dieses Auto fährt gut"?

Die meta-ethische Diskussion ist vornehmlich im angelsächsischen Sprachraum geführt worden.

Vgl. z. B.: Hans Biesenbach, Zur Logik der moralischen Argumentation. Die Theorie Richard M. Hares und die Entwicklung der Analytischen Ethik, Düsseldorf, 1982. Werner Schwartz, Analytische Ethik und christliche Theologie. Zur metaethischen Klärung der Grundlagen christlicher Ethik, Göttingen 1984. Friedrich Kaulbach, Ethik und Metaethik. Darstellung und Kritik metaethischer Argumente, Darmstadt 1974. Besonders zu beachten ist: Annemarie Pieper, Ethik und Moral. Eine Einführung in die praktische Philosophie, München 1985.

Die angelsächsische Diskussion befaßt sich prinzipiell mit der Wissenschaftlichkeit der Ethik. Seit George Edward Moore (Ethics 1914; Lebensdaten Moores: 1873—1958) wird diese Fragestellung unter dem Stichwort des „naturalistischen Fehlschlusses" erörtert: Ist es zulässig, von einem Sein auf ein Sollen zurückzuschließen („from is to ought")? Darf man folgern: „Weil X nützlich ist, deshalb soll man X tun"? Beispielsweise: Lügen kann nützlich sein — also kannst und sollst du lügen. Oder: Abtreibung ist nützlich (weil sie z. B. das Bevölkerungswachstum verlangsamt), also ist Abtreibung erlaubt. Moore bestreitet grundsätzlich die Zulässigkeit des Übergangs von deskriptiven Seinsaussagen zu normativen Sollensaussagen.

Die *theologische Diskussion* ist weithin auf die zweite Ebene bezogen: Sie sucht nach praktischen Antworten auf die konkrete Frage: was soll ich tun? Die Unterscheidung der Ebenen ist jedenfalls außerordentlich wichtig für die Klärung von verschiedenen Fragestellungen. Ob eine sogenannte „christologische Begründung" der theologischen Ethik auf der moralischen oder auf der ethischen Ebene (oder gar auf der meta-ethischen Ebene!) zu erörtern ist, ist von bedeutendem Gewicht. Auf diese Fragestellung ist im Zusammenhang der theologischen Einordnung der Ethik zurückzukommen.

Im Unterschied zur Ethik ist *„Moral"* vonhause aus konventionell. Sie beruft sich auf Sitte und Konvention. Sitten und Konventionen sind vorethisch. Man orientiert sich an dem, was jedermann tut; deshalb spricht man von einer „Durchschnittsmoral". Von der üblichen Moral kann es Abweichungen nach oben wie nach unten geben. Moral kann man ferner soziologisch beschreiben, in Form einer „Moralstatistik" (Selbstmord-, Ehescheidungsziffern). Reflektierte ethische Verantwortung ist hingegen empirisch nicht aufweisbar. *Ethik ist als kritische Prüfung immer auch Moralkritik.* Sie fragt nach einer „vernünftigen" menschlichen Praxis, „rechtem" Verhalten. Ihr Ziel ist es, die Autonomie, Freiheit und Verantwortlichkeit des ethischen Subjekts zu stimulieren und in Kraft zu setzen.

Allerdings ist Visser't Hoofts Beobachtung zu bedenken:

„Eines hat mich in den letzten Jahren während meiner Gespräche in vielen Ländern der Welt besonders bewegt: Immer, wenn irgend etwas Neues beginnt, sei es eine neue Religion oder eine neue Politik, entsteht sofort auch eine neue Moral. Die alte Ethik wird als erstes attackiert, und man versucht, sich dadurch durchzusetzen, daß man eine neue Ethik propagiert, und zwar häufig derart mit Nachdruck, als hinge davon das Wohl und Wehe der Welt ab".

3. Das Thema der neuen Moral

Die jüngere Diskussion um eine *neue Moral* befaßt sich mit sehr vielschichtigen Themen. Den Begriff „neue Moral" gebrauchte erstmals die römische Congregatio sancti officii am 2. Februar 1956. *Papst Pius XII.* nannte eine Situationsethik, eine „situative" Moral, also eine existentielle und situationsbezogene Ethik „neue Moral". Diese „neue Moral" wirkte sich zuerst in der Sexual- und Ehemoral aus. Papst Pius XII. sah in der neuen Moral ausschließlich die Gefahr der Zügellosigkeit und Bindungslosigkeit, also eine „Unmoral" am Werk. Dagegen schärfte in den 50er Jahren das kirchliche Lehramt die unbedingte Geltung der Normen tradierter katholischer Morallehre ein. Inzwischen wird die Thematik der „neuen Moral" nicht auf die Sexualmoral eingeschränkt diskutiert, obwohl im sexuellen Verhalten sich zuerst und am auffälligsten der Wandel der Wertvorstellungen zeigte. Vielmehr wird sehr viel umfassender die Thematik des „Wertewandels" bedacht und die Zukunftsethik als Suche nach „neuen Werten" verstanden.

Zur Diskussion der Anwendung der „neuen Moral" in der Sexualmoral vergleiche neben H. Ringeling, Theologie und Sexualität, 1968: Guyla Barczay, Revolution der Moral? Die Wandlung der Sexualnormen als Frage an die evangelische Ethik, Zürich 1967. In der allgemeinen Diskussion sind besonders beachtet worden: Alex Comfort, Der aufgeklärte Eros, 1964; H. J. Gamm/F. Koch (Hg.), Bilanz der Sexualpädagogik, 1977.

Die allzu einfache Gleichsetzung der „neuen" Moral mit dem Wandel der Sexualnormen ist freilich fragwürdig. Denn zunächst legt sich das Mißverständnis nahe, als sei Moral lediglich mit Sexualmoral gleichzusetzen und als ob Unmoral daher sich vornehmlich in Gestalt eines Verstoßes gegen Sexualnormen manifestiere. Die Emanzipation von der bürgerlichen Sexualmoral wäre dann ein erster Schritt zur Selbstbefreiung — eine Ansicht, die genauso fragwürdig ist, wie die Identifikation von Moral mit Sexualmoral.

Darüber hinaus legt die Einengung der Moral auf die Sexualmoral das weitere Mißverständnis nahe, als betreffe die Moral nur den Bereich des persönlichen, privaten Verhaltens. Moral wird dann rein individualethisch verstanden, wohingegen in der Gesellschaft „Eigengesetzlichkeit" und „Sachzwang" bestimmend seien.

Dazu kommt schließlich das Problem der Akzeptanz. Moral wird zur gelebten Moral durch die persönliche Lebensführung des Einzelnen. Die Lebensführung, die Gestaltung der „Moral" ist Aufgabe und Sache des verantwortenden Subjekts, der Person. Eine Diskrepanz zwischen offiziell vertretener und geforderter Moral und persönlicher Lebensführung macht freilich Moral selbst fragwürdig. Im Begriff „Doppelmoral" wird genau dieses Glaubwürdigkeitsdefizit angesprochen und diskutiert.

Die „neue Moral" verweist also auf die Aufgabe, das Verhältnis von Normen und Situationen zu klären ebenso wie das Verhältnis von ethischer Theorie und gelebtem praktischem Ethos. In der Forderung nach einer „neuen Moral" verbinden sich drei Motive: (a) Die „neue Moral" schließt die Kritik an einer „alten Moral" ein. (b) Die neue Moral bekämpft die Zurückdrängung von Moral auf den Bereich des persönlichen, individuellen Verhaltens. (c) Die programmatische Forderung nach einer neuen Moral bezieht ihre Kraft aus der Spannung zwischen faktischem Verhalten und tradierter Forderung.

Gerade die Suche nach einer „neuen Moral" nötigt zur ethischen Reflexion und Theoriebildung. Das Paradigma der neuen Moral ist Indiz einer moralischen Verunsicherung.

4. Einteilungen der Ethik

4.1 Individualethik und Sozialethik

Die Unterscheidung von Individualethik und Sozialethik stellt eine gängige Unterscheidung der Ethik dar. Statt von Individualethik und Sozialethik spricht man auch von Personalethos und Sachethos. Bereits die Unklarheit der Terminologie verweist auf einen strittigen Sachverhalt.

§ 1. Ethik, Ethos, Moral

Hinter der Unterscheidung von Individualethik und Sozialethik steht die neuzeitliche bürgerliche Trennung von privater und öffentlicher Sphäre (vgl. J. Habermas, Strukturwandel der Öffentlichkeit, 1962). Während im 16. Jahrhundert das Schwergewicht auf der Individualethik lag und Ethik als Tugendlehre, Dekalogauslegung, Darstellung guter Werke behandelt wurde, verlagerte sich in der deutschen evangelischen Theologie im 20. Jahrhundert das Gewicht auf die *Sozialethik*. Die Individualethik orientiert sich an der Subjektivität und der Autonomie der sittlich handelnden Personen. Ihr Inhalt sind vor allem Tugenden und Pflichten. Sozialethik orientiert sich an der gesellschaftlichen Bedingtheit und Verpflichtung sittlichen Handelns.

Eine schroffe *Entgegensetzung* von Individualethik und Sozialethik führt zur Konsequenz einer Doppelmoral: Was im privaten Verhalten als ethisch verwerflich bewertet wird, wird im öffentlichen Handeln toleriert oder — scheinbar — legitimiert. Die *Zuordnung* von Individualethik und Sozialethik wird heute in der evangelischen Ethik kontrovers diskutiert. Die Auflösung der Individualethik in Sozialethik führt zur Vernachlässigung des verantwortlichen Subjekts: An die Stelle der ethisch verantwortlichen Person tritt dann eine anonyme Größe — die Gesellschaft, die Technik, der Zeitgeist, ein unfaßbares „Man". Das Absehen von Sozialethik verkennt die sozialen und gesellschaftlichen Bedingungen ethischen Handelns. Ethische Entscheidungen sind im konkreten Einzelfall immer abhängig vom sozialen Kontext. Die *Unterscheidung* (freilich nicht Trennung!) von Individualethik und Sozialethik ist jedoch keineswegs überholt. Den Gesichtspunkt dieser Unterscheidung artikuliert auf ihre Weise auch die reformatorische Zweireichelehre in der Unterscheidung von Christperson und Weltperson, von Person für sich und Person für andere.

Arthur Rich (z. B. Mitbestimmung in der Industrie, Zürich 1983, S. 50 ff. u. a.) hat einen klärenden begrifflichen Vorschlag gemacht. Er unterscheidet zwischen Individualethik, Personalethik und Sozialethik. *Individualethik* thematisiert die Verantwortung des Menschen für sich selbst. Individualethisch hat jeder Mensch z. B. die Sorge für seine eigene Gesundheit wahrzunehmen, den privaten, individuellen Umgang mit Eigentum zu verantworten. In der *Personalethik* geht es um die Verantwortung für andere Menschen. Die Personalethik bedenkt die Ich-Du-Beziehung, personale Bezüge. Eltern sind, stellvertretend, verantwortlich für die Gesundheit ihrer Kinder. Ein Familienvater oder ein Vormund hat den Umgang mit dem Eigentum ihm anvertrauter Menschen zu übernehmen und zu tragen. Die *Sozialethik* bedenkt ebenfalls die Verantwortung für andere: Diese Verantwortung ist jedoch in der Sozialethik vermittelt durch gesellschaftliche Institutionen, durch Strukturen. Sozialethik ist damit Sozial*strukturen*ethik. In der Sozialethik geht es beispielsweise um die menschenwürdige politische Verfassung des Staates oder um eine möglichst gerechte Eigentumsverteilung oder um die Klärung von Grundsatzfragen und der Organisation des Gesundheitswesens. Die Sozialethik blickt auf die institutionellen Voraussetzungen und Vermittlungen ethischen Handelns.

Aufgrund solcher Differenzierungen in der Fragestellung wird die fragwürdige Antithese von Bekehrung der Person oder Veränderung von Strukturen überwunden.

Vgl. dazu z. B. Eberhard Müller, Bekehrung der Strukturen, Konflikte und ihre Bewältigung in den Bereichen der Gesellschaft, Zürich/Hamburg, 1973.

Im Lichte der Unterscheidung von Individualethik und Sozialethik ist auch das Schlagwort von der „Liebe durch Strukturen" kritisch zu überprüfen. *Max Kohnstamm* forderte 1966 auf der Weltkirchenkonferenz in Genf die Erweiterung der tradierten christlichen Ethik mit ihrer Berufung auf das Liebesgebot im Blick auf die Strukturen. Diese Ethik hat demzufolge auch für die Gestaltung und Veränderung von Strukturen Sorge zu tragen. Ihr kann es nicht nur um die Sorge für die Einzelperson gehen. Aber im Blick auf die Forderung einer Liebe durch Strukturen oder einer „Bekehrung der Strukturen" (*Eberhard Müller*) ist anzumerken, daß Liebe Geschehen zwischen Personen ist: Sie ist eine personalethische Kategorie. Liebe kann daher nicht durch Strukturen vermittelt werden. Hingegen können Strukturen Gerechtigkeit und Gleichheit fördern oder Freiheit sichern und gewähren. Man kann von einer gerechten, freiheitlichen Gesellschaft sprechen – aber schwerlich von einer liebenden oder Liebe vermittelnden Gesellschaft. Die Gesellschaft ist der Ort oder das Bezugsfeld eines der Gerechtigkeit verpflichteten Handelns. Aber sie ist nicht Ursprung der Bewegung zu ethischem Handeln im Sinne des Ursprungs von Liebe. Sie kann deshalb weder Liebe schenken noch Liebe fordern.

Kurzum: Bessere Menschen können nicht eine menschenwürdige Gesellschaft oder eine humane Staatsform entbehrlich machen. Umgekehrt zehren Strukturen in der Gesellschaft vom Ethos der Bürger und vom Engagement und dem Einsatz von Menschen. Zwischen Individualethik und Sozialethik besteht also ein Wechselverhältnis: Verantwortliche Menschen und menschenwürdige und menschengerechte Strukturen sind aufeinander angewiesen.

§ 1. Ethik, Ethos, Moral   11

Als Ergebnis dieser Überlegungen ist hervorzuheben: Mit der Differenzierung zwischen Individualethik und Sozialethik ist die herkömmliche Einteilung nach allgemeiner Ethik, welche die Grundprinzipien oder auch dogmatischen Grundlagen der Ethik erörtert, und spezieller Ethik, welche die Prinzipien auf den Einzelfall anwendet, in Frage gestellt. Die jeweilige konkrete ethische Urteilsbildung spricht gegen solche Unterscheidung von abstrakt begriffenen Prinzipien und konkreter Wertung.

Im folgenden erfolgt ein Blick auf die neuere Ethikdebatte in Bezug auf das Verständnis ethischer Prinzipien und der ethischen Situation.

4.2 Situationsethik und Prinzipienethik

In der ethischen Diskussion wird seit 1952 eine Kontroverse um Situationsethik oder Prinzipienethik ausgetragen. Der Terminus „Situationsethik" begegnete bereits im Zusammenhang mit dem Begriff „neue Moral". Vertreter der Situationsethik sind z. B. *Joseph Fletcher* oder *John A. T. Robinson*. Die Situationsethiker berufen sich freilich nicht ganz zu Recht auf das Wort Augustins „Dilige, et quod vis fac." (MPL 35, 2533, In 1. epist. Johannis)

Im Blick auf die Situationsethik kann man idealtypisch drei Auffassungen von „Situationen" unterscheiden:

(1) *Situation als Analyse der tatsächlichen Ereignisse und Verhältnisse in der jeweiligen Welt.* „Situation" bezeichnet dann den sozialen und politischen Kontext eines Verhaltens. Situationsanalyse ist in diesem Fall eine Aufgabe der sachgerechten Beschreibung und Darstellung faktischer Gegebenheiten. Situationsethisch argumentieren heißt hier, die realen Verhältnisse zu berücksichtigen.

(2) *Situation als Kontingenz des Handelns Gottes.* In diesem Sinne betont *Karl Barth* die Kontingenz, die Unverfügbarkeit, den Ereignischarakter von Gottes Handeln: Gottes Gebot ist nicht allgemein und abstrakt. Es ergeht als konkretes Gebot zu einer bestimmten Zeit an einem bestimmten Ort an bestimmte Personen.

Vgl. KD II, 2, S. 739 f.: „Je eine und nur eine Möglichkeit und diese in aller nur denkbaren Bestimmtheit ihrer inneren und äußeren Modalität, also je eine Entscheidung und diese mit Inbegriff aller der Gedanken, Worte und Bewegungen, in denen wir sie vollziehen, ist das uns in jedem Augenblick gegebene Gebot Gottes. Es begegnet uns so, daß gar nichts, im Äußeren so wenig wie im Inneren, in dem relativen Geheimnis unserer Absicht ebensowenig wie in dem eindeutig feststellbaren Vollzug unserer Handlungen dem Zufall oder uns selbst überlassen bliebe – so viel mehr, daß er in jede sichtbare oder unsichtbare Einzelheit hinein je genau das und nichts Anderes von uns haben will und uns genau daran mißt und danach beurteilt, ob wir dies genau von ihm Gewollte in derselben Genauigkeit tun oder nicht tun."

Hinter dieser Auffassung von der Kontingenz, Einmaligkeit und Unverfügbarkeit der Situation steht eine bestimmte Vorstellung von *Gottes Handeln* und dessen Kontingenz. Der Mensch soll in seinem Handeln Gottes Handeln entsprechen. Allerdings kommt Barth von da aus nicht zu Sätzen normativer Ethik, sondern zu Paränesen.

Auf die Frage: Was sollen wir tun? antwortet Barth beispielsweise: „Wir sollen Antwort geben auf die Existenz Jesu Christi und seines Volkes. Wir sollen mit unserem Tun Rechenschaft ablegen dieser Gnade gegenüber" (KD II, 2, S. 640). Oder: „Wir sollen es uns recht sein lassen und leben als solche, die es sich recht sein lassen, daß sie nicht sich selbst gehören, daß sie also ihr Leben nicht in ihrer Hand und zu ihrer Verfügung haben, daß sie in Jesus Christus vielmehr zu Gottes Eigentum gemacht sind." (KD II, 2, S. 645). „Wir sollen es uns recht sein lassen, daß Gott unsere Gerechtigkeit ist." (KD II, 2, S. 646).

„Situation" meint hier die freie Gnade, die Freiheit der Erwählung, welcher der Glaube antwortet. Die „Situation" des Christen ist von Jesus Christus geschaffen; das ist eine Glaubensaussage, eine dogmatische Feststellung. In ähnlicher Weise wie Karl Barth sind *Dietrich Bonhoeffer* oder *Paul L. Lehmann* „Situationsethiker", wenn sie auf die Besonderheit des Christseins als Gabe, Begnadetsein hinweisen.

(3) *Situation als Erfahrung mitmenschlicher Verantwortung.* Während die erste Auffassung mit „Situation" den sozialen Kontext meint, die zweite Auffassung Situation als die Besonderheit von Gottes Handeln begreift, meint diese dritte Auffassung mit „Situation" die Erfahrung personaler Begegnung. *Martin Bubers* Ich-Du-Philosophie hat die Begegnung mit dem Mitmenschen als die Ursituation sittlicher Verpflichtung begriffen. Diese Begegnung mit dem Nächsten beansprucht unbedingt und radikal.

Auch im Umkreis *Rudolf Bultmanns* oder bei *Knud E. Løgstrup* (Die ethische Forderung, Tübingen, 1959) meint Situation die Begegnung, in welcher der Anruf des Anderen Antwort fordert. Der personalen Herausforderung in der Situation entsprechen personale Verhaltensweisen wie Vertrauen oder Liebe. Vertrauen und Liebe gelten nicht wahllos jedem, sondern sie gelten dem Nächsten, dem konkreten Mitmenschen, mit seiner Eigenart, seinen Bedürfnissen und Nöten, seinen Fehlern und Schwächen.

Diese idealtypische Einteilung zeigt, wie Situationsethik ganz verschiedenen Intentionen zugeordnet werden kann.

Nicht anders steht es mit der *Prinzipienethik*. Hier ist die Spannweite eher noch größer und weiter. Neben den Vertretern der Naturrechtsidee ist hier im deutschen Sprachbereich vor allem an die Vertreter einer Ordnungsethik zu denken. Lutheraner wie *Paul Althaus, Werner Elert, Walter Künneth, Helmut Thielicke*, aber auch der reformierte Theologe *Emil Brunner* haben — gegen Karl Barths Konzentration der Ethik auf die christologische Kontingenz und das konkrete Gebot — die Konstanz von Schöpfungsgegebenheiten, Ordnungen geltend gemacht.

Aber auch *Oldhams* in der ökumenischen Bewegung (seit 1948) als Beurteilungsmaßstab eingeführtes „mittlere Axiom" der „Verantwortlichen Gesellschaft" („responsible society") ist ein „Prinzip". Prinzipien können Maßstäbe, Werte, Normen, Urteilskriterien sein — kurzum Bewertungen, die einer Position des Relativismus widerstehen. „Prinzipien" können ferner als abstrakte, zeitlose Axiome verstanden werden („ewige" Werte), aber ebenso als aus geschichtlicher Erfahrung gewonnene und damit auch veränderbare relative Maßstäbe.

Demzufolge gibt es in der ethischen Anwendung von Prinzipien große Unterschiede.

Man kann ferner Prinzipien als starre Regeln begreifen, die dann nur mit Hilfe einer kasuistischen Methode auf konkrete Fälle, „Situationen" hin anzuwenden sind. Man kann aber Prinzipien auch als Orientierungshilfen, Wegweiser begreifen. In diesem Fall steht die Autorität und Geltung von Normen, Prinzipien zur Debatte.

Die einfache Alternative von Situationsethik oder Normenethik, Prinzipienethik ist allerdings unhaltbar. Eine überzeugende ethische Urteilsbildung hat beides zu berücksichtigen, Situation und Prinzipien. Ohne Prinzipien, Normen ist eine Deutung und Bewertung von Situationen nicht möglich. Wer sich grundsätzlich nicht an Maßstäben orientieren will, kann in Entscheidungs- und Konfliktsituationen nur blind, irrational und dezisionistisch entscheiden. Er kann sein Handeln nicht *begründen*. Umgekehrt kann man aus Prinzipien nicht existentielle Situationen ableiten. Zwischen Situationserfahrung und Prinzipienerkenntnis besteht also ein Wechselverhältnis: Normen ohne Situationen sind leer, Situationen ohne Normen sind blind.

Eine erste Folgerung aus dieser Einsicht ist die Erkenntnis der Komplexität des Bezugssystems eines ethischen Urteils. Ein ethisches Urteil hat zu berücksichtigen:

(a) den *sozialen Kontext*. Zur Erfassung des gesellschaftlichen Kontextes bedarf es empirischer (empirisch-kritischer) Analyse.

(b) *fundamentale Prinzipien*. Die Analyse selbst gibt noch keinen Maßstab an die Hand, um Situationen zu verstehen und zu beurteilen. Situationsanalyse macht Normen nicht überflüssig und ersetzt sie nicht.

(c) Gesondert zu erörtern ist der *Zusammenhang von ethischen Maßstäben, Normen, Wertungen und theologischen Aussagen*. Und schließlich ist für ein konkretes Urteil notwendig die *Vermittlung von Situationsanalyse und Norm*, anders gesagt, die Herstellung einer adäquaten Beziehung zwischen Sein und Sollen, einer Verknüpfung von Fakten und Wertung.

Für die Normenbegründung sei an dieser Stelle nur ein knapper Hinweis gegeben (vgl. unten Kap. IV).

Normen entstehen aufgrund geschichtlicher Erfahrungen. Als Beispiel kann hier genannt werden die Einschätzung der Sklaverei, der Folter und der Todesstrafe. Nicht zu allen Zeiten war allgemein anerkannt, daß ein derartiges Handeln sittlich nicht zu legitimieren sei; man hielt z. B. die Sklaverei, die Leibesstrafen und die Todesstrafe für sittlich legitimiert.

Analog zu *Max Webers* drei Typen der Legitimation politischer Herrschaft, nämlich der traditionellen, der charismatischen und der rationalen Legitimation, kann man eine dreifache Begründung ethischer Normen ansetzen. Ethische Prinzipien gelten traditional aufgrund von Sitte und Gewohnheit, charismatisch in Form prophetischer (oder auch ideologischer) Überzeugungskraft und rational kraft Evidenz.

R. Descartes hat den Grundgedanken einer provisorischen Moral aufgestellt (im „Discours de la méthode", Kap. 3). In der theoretischen Philosophie ist der Zweifel grundlegend. Im praktischen Handeln ist man aber — so Descartes — gezwungen zu handeln, bevor man alle Folgen geprüft hat. Man kann das Handeln nicht suspendieren, bis alle Zweifel behoben sind. Da es keine absolute moralische Gewißheit gibt, empfiehlt Descartes dem Handelnden die Beachtung folgender Regeln:

(1) Man soll sich an dem orientieren, was sich bisher bewährt hat, den Landesgesetzen, der ererbten Religion, den besonnensten Menschen in der eigenen Umgebung.

(2) Ein einmal eingeschlagener Weg ist bis zum Erweis seines Gegenteils entschieden weiterzugehen. Denn so wie ein Wanderer, der sich im Wald verirrt hat, nicht aus dem Wald herausfindet, wenn er im Kreise geht, so wäre es töricht, eine eingeschlagene Richtung nicht einzuhalten.

(3) Descartes mahnt ferner, lieber die eigenen Wünsche ändern zu wollen, als die gesamte Weltordnung zu verändern. Descartes' Ethik eignet hier ein eindringlicher Realismus: Provisorische Moral kann zwar moralische Gewißheit, nicht aber absolute Sicherheit geben.

In der Verallgemeinerung von Descartes' Sicht läßt sich festhalten, daß alle ethischen Urteile so gesehen nur vorläufig sein können: Letzte Sicherheit kann das ethische Urteil nicht beanspruchen. Auch Prinzipien garantieren nicht solche Sicherheit. Sie sind also, wenn man den provisorischen Charakter von Moral beachtet, ihrerseits geschichtlich, damit auch in ihrer Anwendung situationsbezogen zu begreifen und gegebenenfalls auch zu verändern.

Auf eine andere Perspektive der ethischen Reflexion verweist die Unterscheidung von Gesinnungsethik und Verantwortungsethik.

4.3 Gesinnungs- und Verantwortungsethik

Die Unterscheidung von Gesinnungsethik und Verantwortungsethik hat *Max Weber* ursprünglich als polemische Formel geprägt. Sie hat von Hause aus eine politische Spitze. Max Webers Absicht war es 1919 (in seinem Vortrag „Politik als Beruf"), eine politische Ethik zu stärken, die pragmatische Folgen bedenkt und die Mittel der Durchsetzbarkeit einkalkuliert. Die Gesinnungsethik orientiert sich für M. Weber hingegen allein an der Bewahrung der Reinheit der eigenen Gesinnung ohne Rücksicht auf mögliche Folgen. Inbegriff der Gesinnungsethik ist ihm die „absolute Ethik des Evangeliums", wie sie in der Bergpredigt enthalten ist. Weber schreibt:

„Mit der Bergpredigt — gemeint ist: die absolute Ethik des Evangeliums — ist es eine ernstere Sache, als die glauben, die diese Gebote gern zitieren. Mit ihr ist nicht zu spaßen. Von ihr gilt, was man von der Kausalität in der Wissenschaft gesagt hat: sie ist kein Fiaker, den man beliebig halten lassen kann, um nach Befinden ein- und auszusteigen. Sondern: ganz oder garnicht, das gerade ist ihr Sinn, wenn etwas anderes als Trivialitäten herauskommen soll".

Diese absolute Ethik verpflichtet zu unbedingter Wahrhaftigkeit, zum Gewaltverzicht. Dagegen bezieht eine Ethik der Verantwortung die vorhersehbaren Folgen in ihre Überlegungen mit ein; sie bedenkt die Realisierbarkeit. Hingegen gilt für den Gesinnungsethiker:

„Verantwortlich fühlt sich der Gesinnungsethiker nur dafür, daß die Flamme der reinen Gesinnung, die Flamme z. B. des Protestes gegen die Ungerechtigkeit der sozialen Ordnung, nicht erlischt".

Der Gesinnungsethiker — so Max Weber — erträgt die Irrationalität der Welt nicht. Er ist „kosmisch-ethischer ›Rationalist‹".

Für Max Weber enthält Handeln immer ein Wagnis, ein Risiko. Es fordert Entscheidung. Max Weber konstruiert dazu eine Alternative: Ein ethisch handelnder Mensch kann sich entweder nur gesinnungsethisch oder nur verantwortungsethisch, d. h. pragmatisch und zweckorientiert, verhalten. Freilich schränkt er ein:

"Nicht daß Gesinnungsethik mit Verantwortungslosigkeit und Verantwortungsethik mit Gesinnungslosigkeit identisch wäre. Davon ist natürlich keine Rede. Aber es ist ein abgrundtiefer Gegensatz, ob man unter der gesinnungsethischen Maxime handelt — religiös geredet —: ›Der Christ tut recht und stellt den Erfolg Gott anheim‹ oder unter der verantwortungsethischen, daß man für die (voraussehbaren) Folgen seines Handelns aufzukommen hat".

In ähnlicher Weise stellt *Max Scheler* Gesinnungsethik und „Erfolgsethik" einander gegenüber. Die Gesinnungsethik repräsentiert nach Scheler Kant, für den allein ein guter Wille, also eine subjektive Gesinnung „gut" zu nennen ist. Für die Erfolgsethik ist nicht die „Qualität" des sittlichen Wollens der Maßstab der Wertung, sondern die Ziele, die man erreichen will. Die Erfolgsethik steht also dem Utilitarismus nahe.

Nun kann man prinzipiell fragen, ob diese schroffe Alternative von Verantwortungsethik oder Gesinnungsethik überhaupt vertretbar ist. Kann man das Wollen und das Gebot der „Sachlichkeit" grundsätzlich als Gegensatz sehen?

Max Webers Ziel ist eine Paraklese gegen das Moralisieren in der Politik. Er übt Kritik an einer absoluten Moral, die grundsätzlich die Zulässigkeit von Kompromissen und Güterabwägungen und das Bestehen von Wertkonflikten und Pflichtenkollisionen ableugnet. Der Gesinnungsethiker reduziert nach ihm die Komplexität der Wirklichkeit des Lebens auf Gesinnungsforderungen. Max Weber geht es — wie Descartes mit seiner „Provisorischen Moral" — um die Einsicht in die Relativität aller Moral. Aber er bildet dazu einen Idealtypus, der jede rein gesinnungsethische Überlegung und Argumentation immer schon als verantwortungslos erscheinen läßt.

In Wahrheit beruht jedoch jede Ethik auf Verantwortung. Die Alternative lautet nicht, ob ein Mensch aus Gesinnung oder aus Verantwortung handelt, sondern die Frage ist, *welche* Verantwortung aus *welcher* Gesinnung heraus wahrgenommen wird. Diese Frage ist erneut aufzugreifen, wenn es um die Grundlegung der Sozialethik als Verantwortungsethik geht. Man kann freilich vorläufig festhalten, daß „Verantwortung" einem doppelten Kriterium entsprechen muß, einmal dem Kriterium der Sachlichkeit, der „Sachgemäßheit", zum anderen der Vereinbarkeit eines Handelns mit der eigenen Gewissensüberzeugung.

4.4 Paränese und normative Ethik

Die Besonderheit und Eigenart normativer Ethik besteht darin, daß diese *argumentiert*: „Normative Ethik ... hat zwei miteinander verschränkte Aufgaben zu erfüllen; sie soll den Inhalt sittlicher Vorschriften bestimmen und sich der Gründe vergewissern, die deren Verbindlichkeit stützen". (Bruno Schüller, Die Begründung sittlicher Urteile, 1980², S. 15; vgl. S. 15 ff. den Abschnitt: „Ermahnen, verurteilen, argumentieren"). Argumentieren heißt, Inhalte begründen und Verhaltensweisen und Regeln aufweisen. Das ist die *eine* Aufgabe normativer Ethik. Die *andere* Aufgabe besteht darin, die Geltung von Normen zu *begründen*: Eine solche Begründung hat die Universalisierbarkeit, die Verallgemeinerungsfähigkeit (I. Kant) von Normen aufzuweisen. Normative Ethik stützt sich auf die Evidenz von Argumenten.

Neben der Argumentation normativer Ethik hat freilich auch die Erinnerung an das Selbstverständliche ihr Recht. Das Gute, das unbestritten gilt und dessen Inhalte wie Geltung nicht bestritten wird, muß eingeschärft werden. Man nennt solche ermahnende Erinnerung Paränese, genauer *Paraklese*.

Parakaleo heißt: ermuntern, auffordern, ermahnen, zusprechen, trösten. Paraklese ist ethische Mahnrede. Sie findet sich vielfach im NT, aber auch in der Stoa (z. B. bei Seneca, Ad Lucilium Epistulae 94,95). Der bekannteste parakletische Text findet sich bei Paulus in Römer 12,1 f.: „Ich ermahne euch nun, liebe Brüder, durch die Barmherzigkeit Gottes, daß ihr eure Leiber hingebt als ein Opfer, das lebendig, heilig und Gott wohlgefällig ist. Das sei euer vernünftiger Gottesdienst. Und stellt euch nicht dieser Welt gleich, sondern ändert euch durch die Erneuerung eures Sinnes, damit ihr prüfen könnt, was Gottes Wille ist, nämlich das Gute und Wohlgefällige und Vollkommene".

Paraklese ist bei Paulus Verkündigung. Sie spricht Gottes Erbarmen zu, ruft die Christen auf zum Dankopfer des Lebens und beansprucht das Handeln. Paraklese ist Anrede. Als solche ist sie in Predigt und Katechismusunterricht unentbehrlich. Aber sie argumentiert nicht methodisch. (Auch Nietzsches „Zarathustra" ist Paränese!).

Beispiele für solche Paränesen sind zahlreich.

(a) Im *AT* ist der Dekalog in seiner „faszinierenden Prägnanz" (B. Schüller) eine hervorstechende Form der Paränese. Komplexe Sachverhalte, wie Güterabwägungen oder Pflichtenkollisionen, sind freilich nicht mit Paränesen, sondern mit Argumenten zu lösen.

(b) Im *NT* sind die Tugend- und Lasterkataloge parakletisch formuliert (vgl. Gal. 5,19—21). Man darf freilich die einzelnen Worte nicht überinterpretieren. Was unterscheidet z. B. in Gal. 5,19 f. „Unkeuschheit" von „Unzucht"? Auch die Haustafeln (Kol. 3,18 ff.; Eph. 5,25—32) sind Paraklese; ihre Parallelen sind die antiken Haustafeln (z. B. bei Epictet, Diatriben II, 10), in denen Pflichten beschrieben werden, die man als Mensch, als Bürger, als Sohn, als Bruder, als Berater, als Vater wahrzunehmen und zu erfüllen hat. Bei vielen parakletischen Aufforderungen handelt es sich im Grunde um Selbstverständlichkeiten, die keiner besonderen Erwähnung bedürfen sollten:

„Legt die Lüge ab und redet die Wahrheit, jeder mit seinem Nächsten. Zürnt und sündigt nicht. Gebt dem Teufel keinen Raum. Der Dieb soll nicht mehr stehlen". Eph. 4,25—28. Das sind gewiß Trivialitäten — aber dennoch höchst wichtige Mahnungen.

(c) Ein besonders eindrückliches Beispiel von Paraklese findet sich in *Platons Apologie* (29 d), wo Sokrates seine Lebensaufgabe erläutert:

„Ich werde niemals aufhören zu philosophieren und euch zu ermahnen und jedem, dem ich begegne, es klarzumachen, indem ich in meiner gewohnten Art also spreche: Mein bester Mann, du bist ein Athener, ein Bürger der größten und an Weisheit und Macht berühmtesten Stadt, und schämst dich nicht, für dein Vermögen und seine stetige Vermehrung zu sorgen, und für dein Ansehen und deine Ehre, doch für die Erkenntnis dessen, was gut und wahr ist, und für deine Seele, daß sie so gut wie möglich wird, sorgst du nicht und bist unbekümmert um sie? Und wenn einer von euch das bestreitet und behauptet, er sorge ja dafür, werde ich ihn nicht sogleich loslassen und meiner Wege gehen, sondern ihn fragen und prüfen und widerlegen, und wenn er mir keine Arete zu besitzen, sondern es nur zu behaupten scheint, werde ich ihn schelten, daß er das, was am meisten wert ist, am geringsten achtet und das Geringste höher schätzt. Das werde ich so machen mit jung und alt, wem immer ich begegne, mit Fremden und Einheimischen, aber vor allem mit den Menschen dieser Stadt, da ihr mir der Abstammung nach nahesteht. Denn wisset, so befiehlt es mir der Gott; und ich glaube, daß es in unserer Stadt noch kein größeres Gut für euch gegeben hat als diesen meinen Gottesdienst. Denn ich treibe nichts anderes als umherzugehen und jung und alt unter euch zu überreden, nicht zuerst und nicht so sehr für euren Körper zu sorgen und für euer Vermögen wie für die Vollkommenheit eurer Seele".

So wichtig Paraklese unter Menschen ist, so sollte sie gleichwohl von der Aufgabe normativer Ethik unterschieden werden. Paraklese ist in vielen Fällen erforderlich, um für Einsicht in die sittliche Forderung zu werben. Diese Aufforderung zum moralisch guten Leben ist Ansporn zum Tun des Guten. In diesem Sinne rief Zwingli einmal aus: „Tut in Gottes Namen etwas Tapferes." Aber was das Gute im konkreten Fall ist, worin das Tapfere besteht, das läßt Paraklese als solche noch nicht erkennen. Man kann sich das Problem verdeutlichen, wenn man das 5. Gebot im einzelnen entfaltet (vgl. Schüller S. 25). Folgende Interpretationen sind denkbar:

1. Du sollst nicht morden.
2. Du sollst nicht rechtswidrig töten.

3. Du sollst nicht töten, falls du dazu nicht ausnahmsweise berechtigt sein solltest.
4. Du sollst nicht töten, es sei denn, du tötest in Notwehr, im gerechten Krieg oder im Vollzug der Todesstrafe.

Den Eindruck der Radikalität und Entschiedenheit vermittelt allein die erste apodiktische Fassung. Für das alte Israel waren freilich die 1. und die 4. Fassung inhaltlich identisch. Normative Ethik präzisiert: Was heißt morden? Was heißt rechtswidrig? Gibt es sittlich zulässige Ausnahmen vom Gebot (im AT: Notwehr, Krieg, Todesstrafe)? Was heißt „unschuldiges Leben"? Vergleichbar ist die Präzisierung des Begriffs Ehebruch im 6. Gebot oder des Eigentums im Diebstahlverbot (7. Gebot).

Man hat sich ferner vor „Werturteilserschleichungen" durch „persuasive Benennung" zu hüten (Schüller, S. 281). So kann man Feten im frühesten Zustand „Präimplantationsprodukte" oder Zerstörungswaffen „Friedensmacher" („Peacemaker"), Friedensstifter nennen, um durch sprachliche Benennung eine Legitimation zu erzielen. Die Gefahr der Paraklese ist, daß sie überredet, statt argumentativ zu überzeugen, daß sie sich semantischer Okkupationen von Begriffen bedient und nicht Sachargumente, sondern Sprachregelungen benutzt.

Die Problematik wird noch verwickelter, wenn die parakletische Sprache zur „Ausdruckshandlung" gesteigert wird (vgl. Schüller, S. 295—297). In Mk. 14,3 ff. zerbricht eine Frau eine Alabasterflasche, um Jesus zu salben. Judas wendet ein, man hätte dieses wertvolle Produkt um 300 Denare verkaufen und damit Arme unterstützen können. Unter einer Zweck-Nutzen-Prüfung ist diese moralisch sinnlose Tat bloße Vergeudung. Als „Ausdruckshandlung" ist sie freilich ein „Zeichen der Liebe" und Ausweis der Echtheit eines Verhaltens. Für die Moralität sind Echtheitsfragen, Authentizität durchaus von Belang. Erinnert sei an Zeichenhandlungen der Propheten im AT oder an den Lebenseinsatz von Märtyrern. Die Unmittelbarkeit des Engagements ist menschlich überzeugend, entbindet aber normative Ethik nicht von ihrer Aufgabe. Die Aufgabe normativer Ethik ist es, Sprachgebrauch und Redeweise ethischer Ansprüche kritisch zu prüfen (Sprachkritik) und Argumente zu wägen (Sachkritik).

Die Bedeutung der Argumentation und der Vernunft als Mittel der Verständigung ist in besonderer Weise bedeutsam für eine Sozialethik als Verantwortungsethik. Die Rationalität und Plausibilität moralischer Gründe ist wichtig für die Grundlegung einer Sozialethik, die allgemeingesellschaftliche Anerkennung, Akzeptanz anstrebt. Die Sprachkritik, als ethische Aufgabe, ist im Rahmen der Ethik der Kultur aufzunehmen (z. B. Ideologiekritik, Ethik der Massenkommunikation und Information).

§ 2. Ethik als theologische Disziplin

1. Das Verhältnis von Dogmatik und Ethik — eine Grundfrage evangelischen Ethikverständnisses

Einer Darlegung der Ethik als theologischer Disziplin sind vorab drei Klarstellungen vorauszuschicken: (a) Es gibt keine besondere und spezifisch theologische *Methode* der Ethik. Auch theologische Ethik kann in ihren Methoden nur die Arbeitsformen und das Vorgehen jeder anderen Ethik übernehmen. (b) Die *Grundbegriffe* der Ethik sind in der Regel keine spezifisch christlichen Begriffe (z. B. Norm, Pflicht, Tugend usw.). (c) Auch die Paraklese als solche ist noch keine spezifisch christliche *Redeweise*.

Dennoch ist die theologische Ethik herkömmlicherweise ein Teil der systematischen Theologie und wird innerhalb der evangelischen Theologie ein enger Zusammenhang von Dogmatik und Ethik behauptet. Die Frage, ob Ethik eine theologische Disziplin ist, ist somit nicht nur abhängig vom Selbstverständnis der Ethik — das ist sie gewiß auch —, sondern zunächst einmal bestimmt von der Auffassung von systematischer Theologie und Dogmatik überhaupt.

Man kann das Wort *Dogmatik* auslegen als Lehre von den Dogmen, den Lehrnormen (so erstmals F. L. *Reinhardt* 1659). Der Unterschied von Dogmatik und Ethik wäre dann folgendermaßen zu beschreiben: Die Dogmatik ist Lehre vom Dogma, die Ethik befaßt sich dagegen mit Lebensvollzügen. Der Unterschied von Dogmatik und Ethik wäre dann der von Lehre und Leben.

Man könnte in der Beschreibung der Aufgabe von Dogmatik auch den Nachdruck darauf legen, daß diese die Dogmen, die offizielle Lehre der Kirche auszulegen hat. Dogmatik wäre dann kirchliche Lehre, während die Ethik es mit dem Handeln des Menschen, des Christen zu tun hätte. In der Dogmatik werden dann grundlegend die Fragen nach Lehrnormen, Lehrautorität und der Verbindlichkeit von Glaubenslehren für den Bestand und Konsens kirchlicher Gemeinschaft erörtert.

Man kann Dogmatik freilich nicht nur vom Substantiv Dogma ableiten, sondern auch vom Verb dogmatizein. G. *Ebeling* weist der Dogmatik die Aufgabe zu, die Gewißheit des Glaubens, das begründete „Meinen" darzulegen. Dogmatik ist dann nicht einfach und bloß systematische Darlegung kirchlicher Lehre, sondern Entfaltung des Glaubens im Verhältnis zur Lebenserfahrung.

Gerhard Ebeling, Theologie und Verkündigung, Tübingen 1962, S. 105 ff.: Zum Begriff Dogmatik; ders., Dogmatik des christlichen Glaubens, Band I, Tübingen 1979, S. 11 ff.

Je nach Auffassung von Dogmatik, als Interpretation von Dogmen als Lehrsätzen oder als Thematisierung des Lebensbezugs des Glaubens, ergibt sich ein unterschiedliches Verständnis des Verhältnisses von Dogmatik und Ethik.

Dieselbe Fragestellung zeigt sich, wenn man in der Neuzeit drei mögliche Grundauffassungen von systematischer Theologie unterscheidet:

Man kann systematische Theologie zunächst verstehen als geordnetes System des gesamten Glaubenswissens. Das System hätte dann das Ganze christlichen Glaubens zu bedenken, etwa wie *Karl Barth* das System der kirchlichen Dogmatik von einem Grundaxiom her entfaltet hat: von der Offenbarung, von dem Wort Gottes her. Von dem Entwurf eines theologischen Systems zu unterscheiden ist die systematische, geordnete Darlegung von Lehrstücken. Verglichen mit der Errichtung eines theologischen Systems hat dieses Vorgehen den Vorzug, daß auch theologische Themen sachgerecht erörtert werden können, welche sich der Einordnung in ein System entziehen. Dazu gehört das Phänomen der Sünde oder die eschatologische Unabgeschlossenheit des Heils. Sündenlehre und Eschatologie stehen grundsätzlich quer zum Systemdenken. Schließlich kann man unter systematischer Theologie auch die Aufgabe verstehen, theologische Fragen allgemein systematisch zu durchdenken und sie hermeneutisch zu reflektieren.

Es liegt auf der Hand, daß eine Ethik, die Lebensfragen thematisiert und nicht einfach Lehrsätze anwendet, nur vereinbar ist mit einer „offenen" Auffassung von Dogmatik und systematischer Theologie. Theologische Ethik ist nicht die praktische Anwendung von kirchlicher Dogmatik. Für sie ist der christliche Glaube nicht Voraussetzung in dem Sinne, daß dieser als unbefragbare Lehrnorm hinzunehmen wäre.

Damit stellt sich die Frage nach dem Verhältnis von Dogmatik und Ethik als Frage nach der Möglichkeit einer christlichen oder theologischen Ethik überhaupt. Es ist dies die seit etwa 20 Jahren so außerordentlich intensiv und kontrovers diskutierte Frage nach dem christlichen oder theologischen *Proprium* der Ethik, der Eigenart oder „Spezifik" christlicher Ethik. Diese Eigenart kann in der Ethik nach evangelischer Auffassung nicht normativ und autoritativ in Gestalt dogmatischer Sätze festgelegt werden. Dies trifft sich mit der These von einer „autonomen Moral" oder der „Autonomie der Moral" in der katholischen Moraltheologie. *Alfons Auer* betont beispielsweise: „Der Christ ist Mensch wie jeder andere auch, es gibt für ihn kein anderes ethisches Alphabet. Das Menschliche ist menschlich für Heiden wie für Christen. Aber der Christ steht aufgrund seines Glaubens in einem neuen Sinnhorizont."

Alfons Auer, Ein Modell theologisch-ethischer Argumentation. ‚Autonome Moral', in: A. Auer (u. a.), Moralerziehung im Religionsunterricht, 1975, S. 42.

„Der Christ ist Mensch wie jeder andere auch" — das heißt: christliche und nicht-christliche Ethik begegnen sich auf dem Boden der Anthropologie. In der Anthropologie wird jedoch die Auslegung des Menschseins strittig. In diesem Sinne sind Grundaussagen christlicher Anthropologie wie Geschöpfsein, Sünde, Rechtfertigung als Befreiung, Gnade, Glaube auch Themen der Ethik. Die christliche Anthropologie ist ein Teil der Dogmatik, wenn sie den Menschen als imago dei, simul iustus simul peccator, homo fide iustificandus versteht und auslegt. Sie gehört aber zugleich zur Ethik. Grundfrage einer theologischen Ethik ist somit (einmal) der Bezug des Handelns des Christen auf den Glauben an den dreieinigen Gott als Beweggrund. Es ist dies die Motivation des Lebens und Entscheidens. Diese Motivation ist auch ethisch relevant und zu thematisieren. Zum anderen impliziert jede Ethik eine Wirklichkeitsdeutung, eine Gesamtsicht von Mensch, Welt und Gott. Die Lebensdeutung ist in einen Sinnhorizont gestellt. Die christliche Lebensanschauung orientiert sich an einem durch das biblische Zeugnis und die Botschaft und das Geschick Jesu von Nazareth als des Christus definierten Sinnhorizont. Motivation und Sinnhorizont bilden den übergreifenden Rahmen theologischer Ethik.

2. Die Beziehung zwischen christlicher und nichtchristlicher Ethik in der Theologiegeschichte

In der Tradition christlicher Ethik ist unsere Fragestellung auch unter der Frage erörtert worden, wie sich Humanität und christlicher Glaube zueinander verhalten. Dabei wird im allgemeinen die Besonderheit christlicher Ethik nicht im Normenbestand als solchem gesucht und gefunden. *Augustin* hat als erster Theologe ausdrücklich die Frage nach dem Verhältnis von christlicher und nichtchristlicher Ethik gestellt. Er verband die antike Lehre von den Kardinaltugenden dadurch mit dem neutestamentlichen Liebesgebot, daß er die Tugenden als „Formen der Liebe" verstand. Die antike Tugendlehre wurde auf diese Weise in die christliche Ethik eingeschmolzen, daß Augustin diese Tradition korrigierte. Außer bei der Aufnahme des Liebesgebotes wird diese Korrektur faßbar in der Deutung des summum bonum, des höchsten Gutes. Gott selbst ist das summum bonum — und nicht ein Ideal der Glückseligkeit, der Gerechtigkeit. Ziel der Ethik ist es, zur vita beata, zum „frui deo" anzuleiten.

An dieser Aufnahme eudämonistischer Argumentation aus antiker Tradition wurde Kritik geübt mit der Begründung, damit habe Augustin den Gottesgedanken verdorben. Wenn das Ziel der Ethik sei die Seligkeit im Gott-genießen, im „frui deo" bestehe, so werde ein religiöser Eudämonismus vertreten. (So Karl Holl, Augustins innere Entwicklung, 1922, in: K. Holl, Gesammelte Aufsätze III, 1928, S. 54—116, S. 85 f.). Bestritten wird ferner, daß eine Synthese von griechischer Tugendlehre und biblischem Liebesgebot überhaupt möglich sei: *Anders Nygren*, Eros und Agape (2 Bände, Band 1, 1930, Band 2, 1937), hat die gesamte Dogmengeschichte anhand des Gegensatzes von menschlichem Eros und christlicher Agape dargestellt. Mit dieser Diskussion, inwieweit eine Aufnahme antiken Ethos' in den christlichen Glauben hinein, wie sie Augustin vornahm, theologisch überhaupt zulässig sei, stellt sich historisch das große Thema der Möglichkeit einer Verbindung von christlichem und humanem Ethos.

Bei *Thomas von Aquin* treten natürliche Tugendlehre und übernatürliches christliches Handeln zueinander in ein Ergänzungsverhältnis. Gemäß dem Grundsatz „gratia non destruit, sed supponit et perficit naturam" findet sich eine Stufung von allgemeinverbindlicher Moral (Naturrecht) und christlichem Sonderethos. Träger des christlichen Sonderethos sind die Kleriker und Ordensleute, welche im status perfectionis die evangelischen Räte (Armut, Gehorsam, Keuschheit) befolgen.

3. Die theologische Begründung der Ethik in evangelischer Sicht

Die entscheidende Frage an die evangelische Ethik in ihrer Beziehung zur allgemeinen Ethik ist nicht die mittelalterlich-traditionelle, ob christliche Ethik die natürliche Ethik korrigiert (Augustin) oder ergänzt (Thomas), sondern was überhaupt Ethik theologisch begründet. Hier befindet man sich bis heute in einer Grundsatzdiskussion. Diese Grundsatzdiskussion betrifft die gesamte theologische Grundlage der Ethik. Sie greift auch weit über die Ethik hinaus in die Fundamentaltheologie. Der Gegenstand dieser Kontroverse sei nur kurz umrissen. Die Streitfrage lautet: Kann christliche Ethik in ihrem Inhalt etwas anderes sein als eine allgemeingültige Verbindlichkeit beanspruchende Auslegung der sittlichen Forderung? Dazu werden heute zwei Grundpositionen idealtypisch vertreten: Von der einen Position wird Ethik im strengen Sinne aus der Theologie ausgeklammert und auf die lex naturae begründet. Diese Position vertrat schon *Melanchthon* (Epitome philosophiae moralis 1538, CR 1, 21 ff.; Ethicae doctrinae elementa, 1550, CR 16, 165 ff.). Damit wurde bis zur Aufklärung die antike Tradition der Morallehre Grundlage des akademischen Unterrichts in der Ethik.

Die Gegenposition hat nachgerade schon wieder klassisch *Karl Barth* formuliert: Christliche Ethik ist Auslegung des Anspruchs der Gnade Gottes. Sie hat das Evangelium als Gebot Gottes, wie es in Jesus Christus offenbar ist, auszulegen und autoritativ geltend zu machen. In der Reihenfolge von Evangelium und Gesetz, von Zuspruch und Anspruch, von Indikativ und Imperativ wird diese Position formelhaft zusammengefaßt. *Paul L. Lehmann* (Ethik als Antwort, Methode einer Koinonia-Ethik, 1966, S. 19) erklärt programmatisch: „Christliche Ethik als theologische Disziplin ist die Reflexion über die Frage und über die Antwort auf die Frage: Was soll ich als an Christus Glaubender und als Glied seiner Kirche tun?"

Die Problemgeschichte zeigt, daß in dieser Grundsatzdiskussion die „Begründungsproblematik" von Theologie überhaupt angesprochen ist.

(Vgl. dazu: Hans-Joachim Birkner, Zum Verhältnis von Dogmatik und Ethik, in: Handbuch der Christlichen Ethik, Band 1, 1978, S. 281–296).

Die Klärung des Verhältnisses von Theologie und Ethik anhand der Zuordnung von Dogmatik und Ethik ist nicht einfach bloß eine Frage der Arbeitsteilung und Stoffabgrenzung. Es geht vielmehr fundamental und grundsätzlich um die Frage der Zuordnung von Menschlichem und Christlichem, von Schöpfung und Erlösung. Das Aufkommen einer selbständigen theologischen Ethik (und damit auch Dogmatik!) ist freilich ein spezifisch neuzeitliches Phänomen. In der mittelalterlichen Theologie wurde in den Summen christlicher Lehre der Dekalog oder die Tugenden als Teil der Lehrüberlieferung behandelt.

Auf katholischer Seite haben zunächst die Jesuiten die Moraltheologie als selbständige theologische Disziplin ausgebaut. Die Aufgabe der Moraltheologie ist die Erörterung von casus conscientiae (Gewissensfällen) für die Beichtpraxis. Alfons von Liguori (1696–1787, Theologia moralis, 1748) begründete die Moraltheologie als „pastoraltheologisch-kirchenrechtlich orientierte Disziplin" (Birkner S. 283). Der Begründer des Redemptoristenordens wurde 1839 heiliggesprochen, 1871 zum Kirchenlehrer erhoben (als „doctor zelantissimus", der Seeleneifrige) und 1950 kirchenoffiziell zum Patron der Beichtväter und Moralisten erklärt. A. von Liguori, ein großer Marienverehrer, hat der Moraltheologie in Form der Kasuistik für die Beichtstuhlmoral Gestalt gegeben.

In der evangelischen Lehre und Kirche sind viele ethische Themen in der theologischen Gesamtdarstellung enthalten.

Als Beispiel sei lediglich auf das grundlegende reformatorische Bekenntnis, das Augsburgische Bekenntnis verwiesen. Die Confessio Augustana enthält folgende ethische Themen: Art. 6: De nova oboedientia; Art. 20: De fide et bonis operibus; Art. 16: De rebus civilibus. Art. 23 erörtert im Rahmen von Priesterehe und Zölibat das Eheverständnis insgesamt. Art. 18: De libero arbitrio behandelt ebenfalls die Frage der sittlichen Freiheit. Art. 27, Von den Klostergelübden, geht auch auf die Frage der Verbindlichkeit von Versprechungen und Gewissensbindungen ein. Art. 28: De potestate ecclesiastica unterscheidet im Zusammenhang der Frage geistlicher und politischer Zuständigkeit und Autorität mit Hilfe der Zweireichelehre die Aufgaben von geistlicher und weltlicher Gewalt, von Kirche und Staat.

Melanchthon (Loci praecipui theologici, 1559) und *Calvin* (Institutio Christianae religionis, 1559) befassen sich dergestalt mit Ethik, daß sie die praecepta, die einzelnen Gebote des Dekalogs auslegen.

Als erster Vertreter einer selbständigen Ethik wird — in der Wissenschaftsgeschichte — *Georg Calixt* mit seiner „Epitome theologiae moralis", 1634, genannt. Calixts Absicht war freilich gar nicht die Loslösung der Ethik von der Dogmatik, sondern der Einbezug philosophischer Ethik in die Dogmatik, also im Grunde ein Neuansatz der Dogmatik. Im 18. Jahrhundert bürgert sich dann als Nomenklatur die Unterscheidung von theologia dogmatica und theologia moralis ein, zu der gleichsinnig theologia theoretica und theologia practica gebraucht werden. Ende des 18. Jahrhunderts tritt an die Stelle der lateinischen Terminologie das Begriffspaar Glaubenslehre und Sittenlehre, das dann im 19. Jahrhundert durch die Begriffe Dogmatik und Ethik abgelöst wurde. Damit ist die Zuordnung von Dogmatik und Ethik und die theologische Grundlegung der Ethik überhaupt strittig geworden.

4. Unterschiedliche Zuordnungen von Ethik und Dogmatik

Idealtypisch kann man (im Anschluß an Birkner, S. 287 ff.) drei Typen der *Verhältnisbestimmung von Ethik* und Dogmatik skizzieren:

(1) Ethik als Anwendung von Dogmatik. Die Dogmatik wird als fundierend für die Ethik verstanden. Verschiedenheit und Zusammengehörigkeit von Dogmatik und Ethik werden mit den Begriffen bezeichnet: credenda — agenda, Glaube — Handeln, Gabe — Aufgabe, Indikativ — Imperativ, Zuspruch — Anspruch.

(2) Ethik als Teil der Dogmatik. *Martin Kähler* (Die Wissenschaft der christlichen Lehre, 1887) und *Karl Barth* (Die kirchliche Dogmatik, Bde. I–IV, 1932 ff.) sind Vertreter dieser Position.
(3) Ethik statt Dogmatik. *Paul Tillich* hat 1919 (Der Sozialismus als Kirchenfrage, Ges. II, 1962, S. 13) das Bewußtsein der epochalen Wende auf die Formel gebracht: „Es war die dogmatische Fragestellung, welche bislang die Kirche bewegte; von nun an wird es die ethische sein." In *Trutz Rendtorffs* Programm einer „ethischen Theologie" hat diese Position heute ihren hervorragendsten Vertreter.

Die Sachlage ist freilich komplizierter, als die drei idealtypisch umrissenen Fundierungsverhältnisse erkennen lassen. Das macht zunächst *Schleiermacher* klar. In seiner „Kurzen Darstellung des theologischen Studiums", 1811, 1830² findet sich die Ethik in einer doppelten Funktion.

„Ethik" begegnet (a) als Grundwissenschaft, als „Wissenschaft der Prinzipien der Geschichte" (2. Aufl. § 29). Die „philosophische" Theologie gibt eine ethisch-religionsphilosophische Grundlegung der gesamten Glaubenslehre. „Ethik" ist also sozusagen das Fundament von Theologie.

Zum anderen (b) wird Ethik zu einer Einzeldisziplin im Rahmen der historischen Theologie (§ 195). Sie wird als Sittenlehre neben die Glaubenslehre gestellt und ist in dieser Koordination Darstellung der praktischen Seite des Lehrbegriffs, während die Glaubenslehre Darstellung der theoretischen Seite ist. Auf die Frage, wie sich Glaubenslehre und Sittenlehre zueinander verhalten, geht Schleiermacher gar nicht ein, mit der Begründung, daß „die Trennung nicht als wesentlich angesehen werden kann, wie sie denn auch weder überhaupt noch in der evangelischen Kirche etwas Ursprüngliches ist" (§ 223). Schleiermacher gilt aufgrund dieser Aussage als Protagonist einer Einheit von Dogmatik und Ethik. Tatsächlich verbirgt sich aber bei ihm die Frage der Zuordnung von Dogmatik und Ethik in der „Einleitung" der Glaubenslehre, wenn er mit Hilfe von „Lehnsätzen aus der Ethik" das „Wesen des Christentums" bestimmt als der „teleologischen Richtung der Frömmigkeit zugehörig" (Glaubenslehre, 2. Ausg. § 11, vgl. § 9). Das Christentum ist „ethische Religion". Seit Schleiermacher ist für die evangelische Theologie die Frage der theologischen Begründung der Ethik ein Problem evangelischer Fundamentaltheologie.

Daraus ergeben sich hinausgehend über die von Birkner genannten Verhältnisbestimmungen von Dogmatik und Ethik drei weitere Möglichkeiten, und zwar aufgrund des Denkanliegens einer kritischen Reflexion christlicher Dogmatik.

(1) Ethik wird zur Dogmenkritik und Dogmatikkritik. Ethik ersetzt Dogmatik. *Richard Rothe,* „Theologische Ethik" (3 Bde. 1845—1848, 2. Aufl. 5 Bde., 1867—1871), hat die Dogmatik der Historischen Theologie, der Dogmengeschichte zugewiesen. Sie ist „Wissenschaft von den Dogmen". Der Ethik fällt hingegen die Aufgabe zu, die gegenwärtige „Theorie des Christentums" zu formulieren. Denn das Christentum befindet sich in einem weltgeschichtlichen Übergang vom kirchlich-dogmatischen in das weltlich-sittliche Zeitalter. Das Christentum hat nicht theoretische Wahrheiten zu verkünden; nicht eine „theologische Doktrin", sondern Lebensbewältigung im Praktischen ist ihre Aufgabe.

(2) Ethik ist Fundamentaltheologie. In diesem Sinne hat *Wilhelm Herrmann* seine „Ethik" (1901^2, 1921^6) als Fundamentaltheologie konzipiert. Der Mensch findet heute Zugang zur Wirklichkeitserfahrung der Religion nur über die Ethik. „Um den christlichen Glauben und die geistigen Vorgänge, in denen er sich entfaltet, zu verstehen ... muß man von dem Verständnis des Sittlichen ausgehen" (W. Herrmann, Ethik, 1913^5, S. 6). Die „Evidenz des Ethischen" (G. Ebeling) weist den Weg zu Gott. Demgemäß gliedert sich Herrmanns Ethik in zwei Teile: „Natürliches Leben und sittliches Denken" und „Das christlich sittliche Leben." Die Fragestellung W. Herrmanns wird heute z. T. von *G. Ebeling* aufgegriffen, unter Betonung der Erfahrung.

(3) Im Widerspruch zu dieser „neuprotestantischen Sicht" postuliert *Karl Barth* programmatisch „Dogmatik als Ethik" (KD I, 2, S. 875—890). Die Überführung der Dogmatik in Ethik ist nach ihm Kennzeichen der Anthropologisierung der Theologie; die Autonomie des Menschen hat Gott abgesetzt. Die Theologie ist demgegenüber grundsätzlich als Dogmatik, nämlich ausschließlich als Aussage über Gottes Handeln und Reden zu entwerfen, dem das menschliche Reden und Handeln nur nachfolgen und entsprechen kann. Eine methodisch selbständig reflektierende Ethik kann Barth allenfalls als „Hilfswissenschaft" (KD I, 2, S. 889) technischer Art hinnehmen.

Mit Karl Barths offenbarungstheologischer (oder christologischer) „Begründung" der Ethik ist eine sehr weitreichende theologische Fragestellung angesprochen. Beantwortet werden kann diese Frage nur in der Anthropologie. In der Tat kann evangelische Ethik nichts anderes sein wollen als im Hören des Evangeliums entstandene „Ethik der Gnade". Fundamentaltheologisch ist die Frage zu stellen, ob das Evangelium durch Handeln des Menschen überhaupt verwirklicht werden kann. Es ist dies die hermeneutische Frage nach dem Zusammenhang von Hören und Handeln, von Glaube und Handeln, Glaube und Werken (und von Gesetz und Evangelium). Zugleich steht bei der Diskussion des Verhältnisses von Dogmatik und Ethik die Frage kirchlicher Lehrautorität im Blick auf ethische Fragen zur Debatte.

Um die bei Karl Barths Neubestimmung des Verhältnisses von Dogmatik und Ethik mögliche theologische Alternative zu erörtern, bedarf es freilich einiger grundsätzlicher Überlegungen. Karl Barth hat durch die Umkehr der Reihenfolge von Gesetz und Evangelium in Evangelium und Gesetz die Einheit beider mit Nachdruck unterstrichen.

5. *Theologie und Ethik in der neueren Diskussion*

Gerhard Ebeling betont im Gegensatz zu Barths Einheitsdenken die Notwendigkeit von Fundamentalunterscheidungen. Die Zweireichelehre mit ihren fundamentalen Unterscheidungen von „vor Gott" und „vor den Menschen" (coram deo und coram hominibus, coram mundo), von Gesetz und Evangelium ist dabei nicht als politische Theorie zu verstehen, in der es lediglich um die Klärung der Zuständigkeit, der Kompetenz von Staat und Kirche gehen müßte. Vielmehr hat die fundamentaltheologische Unterscheidung zweier Bezüge den Sinn, die Spannung zwischen Glauben und Leben, zwischen sittlicher Erfahrung und Vertrauen in Gottes Heil zu formulieren. Die Ethik hat zum Gegenstand das „rein Menschliche, das allgemein Menschliche und das konkret Menschliche". (G. Ebeling, Studium der Theologie, 1976, Kap. 11, „Ethik", Zitat S. 146).

Das Phänomen des Ethischen ist ein Grundphänomen des Menschseins. Jeder Mensch steht vor der Notwendigkeit ethischer Entscheidung. Solche Entscheidungen orientieren sich an vorgegebenen Verhaltensmustern, an Konvention, Sitte, Recht. Diese im Blick auf die These ewiger, überzeitlicher ethischer Normen relativierende Einsicht bedeutet allerdings gerade keine Auflösung der Moral. In Wirklichkeit treten auf diese Weise Aporien der Ethik überhaupt erst zutage: Zunächst einmal ist jede Ethik, die nicht nur Konventionen widerspiegelt, bestimmt von einer Grundspannung: Die Unbedingtheit der ethischen Forderung widerspricht der Lebenserfahrung, welche um die Unerfüllbarkeit *absoluter* Forderungen weiß. Solche Erfahrung der unbedingten Beanspruchung verstärkt sich sodann in der Erfahrung von Schuld, durch die Erkenntnis zerstörten Vertrauens, des Scheiterns in Konfliktsituationen. Und schließlich zieht das Schicksal allem ethischen Handeln und Wirken von außen Grenzen.

§ 2. Ethik als theologische Disziplin 29

Daraus folgt nach Ebeling im Blick auf die Zuordnung von Theologie und Ethik wie für das Verhältnis von philosophischer und theologischer Ethik, daß nicht in den konkreten Inhalten als solchen letztlich der Unterschied zwischen allgemeiner und christlicher Ethik anzusetzen ist. Gemeinsam ist jeder Ethik der Bezug auf das Leben und die Einsicht in die Vielfalt der Lebensäußerungen. Ethik hat menschliches Handeln zu verantworten und die Gesamtproblematik des Lebens zu bedenken. Im Blick auf die Gesamtdeutung des Lebens tritt dann das Profil theologischer Ethik im Unterschied zu nicht-theologischer Ethik zu Tage. Diese Differenz kann man in zweifacher Hinsicht feststellen:

Grundsätzlich spricht evangelische Theologie der Ethik jede soteriologische Wirksamkeit ab. Ethik wird hierdurch relativiert. Christliche Theologie als solche ist nicht Ethik. Sie unterscheidet — vor allem in der reformatorischen Theologie — zwischen Person und Werk, zwischen Täter und Tat, zwischen Glauben und Handeln. Die Ethik spricht den Menschen auf sein Tätersein an. Sie will ihn aktivieren. Vor dem Evangelium ist der Mensch rein Empfangender, passiv, Hörer. Für eine der lutherischen Tradition verpflichtete theologische Ethik ist deswegen die Unterscheidung von Gesetz und Evangelium konstitutiv.

Darüber hinaus verschärft die Theologie das Phänomen des Ethischen aufgrund eines beispiellosen Wissens um die Radikalität der Macht der Sünde. Am Sündenverständnis scheiden sich theologische und philosophische Ethik. Die theologische Deutung identifiziert allerdings Sünde nicht mit Unmoral. Gerade die ethischen Hochleistungen des Menschen können nach dem Urteil des Neuen Testaments Sünde sein.

Vgl. Lk. 18,9 ff. das Gleichnis vom Pharisäer und Zöllner im Tempel. Paulus nennt den Selbstruhm, das καύχημα Sünde (Röm. 3,27; 4,2; 1. Kor. 9,15 f.; 2. Kor. 11,10.17; 12,1 ff.; Gal. 6,13).

Die Theologie setzt Sünde mit fehlendem Gottvertrauen gleich („sine fiducia erga deum") (CA II).

Daraus ergibt sich für Ebeling eine Unterscheidung von Dogmatik und Ethik, aber keine Trennung. Kurzschlüssig wäre es, das Ethische zu verchristlichen, um damit den Glauben moralisch zu beweisen und zu legitimieren: Eine solche Verchristlichung der Ethik verführt zur Werkgerechtigkeit. Kurzschlüssig wäre es freilich auch, den Glauben gegenüber dem Handeln zu isolieren und die Werke als Früchte losgelöst vom Baum, dem Glauben, zu betrachten. Nach Ebeling liegt die theologische Differenz zwischen humaner und christlicher Ethik in der Befreiung des Ethischen von soteriologischer Überforderung. Der Glaube setzt zum Werk frei, aber zu einem Werk, das ohne Absicht auf Heilsverwirklichung geschieht.

Ebelings Einsicht in die Grenze der Ethik — Ethik ist von Heilsansprüchen scharf abzusetzen — sollte gerade deshalb beachtet werden, weil die neuzeitliche Ethik den Anspruch der Ethik, verglichen mit der antiken Tradition, gesteigert und damit die Möglichkeit eines Konflikts zwischen philosophischer und theologischer Ethik auch von der philosophischen Ethik her verschärft hat.

Kennzeichen der neuzeitlichen Ethik sind:
(a) *Emanzipation*, Befreiung von konventioneller Autorität, und darin eingeschlossen eine Moralkritik,
(b) *Autonomie*, die Gründung sittlicher Verantwortung in der Selbstbestimmung der Person, unter Ablehnung jeder Fremdbestimmung als Heteronomie, sowie
(c) der Anspruch ethischer Argumentation auf *Rationalität, Evidenz*.

Diesen Anspruch neuzeitlicher Ethik greift *Trutz Rendtorff* auf (Ethik. Grundelemente, Methodologie und Konkretionen einer ethischen Theologie, Bd. 1, 1980, Bd. 2, 1981). Er verdichtet diesen Anspruch in der Programmformel einer „ethischen Theologie". Mit Richard Rothe und Ernst Troeltsch geht Rendtorff davon aus, daß das Christentum in sein ethisches Zeitalter eingetreten ist. Daraus folgt, daß anders als bei Karl Barth nicht die Dogmatik, sondern die Ethik „Grundwissenschaft" ist. „Ethik ist die Theorie menschlicher Lebensführung" (I, 11). Ethik ist Theorie, Reflexion, nicht Handlungsprogramm. Ethik ist weiterhin Theorie der Lebensführungspraxis. Ihr Thema ist damit die Verfassung der Lebenswelt selbst. Ethik ist als Theorie des Lebens „Wirklichkeitswissenschaft" (I, 15). Diese weit ausgreifende und umfassende Auffassung von Ethik führt zu der These:

> „Ethik ist eine Steigerungsform von Theologie, weil sie in gesteigerter Weise die für jede Theologie elementare Frage nach der Grundstruktur unseres Wirklichkeitsverständnisses thematisiert. Ethik löst darum Theologie nicht ab, sondern macht sie in neuer und erneuter Weise nötig." (I, 16).

Diese Auffassung von Ethik als Theorie der Lebensführungspraxis setzt faktisch die Aufgabe der Ethik mit der der Fundamentaltheologie ineins. Denn das Thema der Ethik wird der Wirklichkeitsbezug des Glaubens insgesamt. In diesem Sinne muß man wohl den Satz verstehen, Ethik sei eine „Steigerungsform" von Theologie.

Die Gefahr bei diesem Ansatz ist, daß alle theologischen Themen, die sich nicht in ethische Fragestellungen überführen lassen (Frömmigkeit,

Gebet, Gottesgedanke), entweder ganz ausgeklammert oder faktisch neu formuliert werden müssen.

Im Unterschied zu Rendtorffs These von einer „ethischen Theologie" wird im folgenden Ethik nicht als Wirklichkeitswissenschaft und Theorie des Lebens insgesamt verstanden, sondern als Besinnung auf das menschliche *Handeln*, dessen Bedingungen, Voraussetzungen und Folgen. Darum haben in den weiteren Überlegungen normative Fragen nach Kriterien, Maßstäben und Bedingungen menschlichen Handelns Vorrang.

Rendtorffs Denkansatz macht allerdings auf die Grundlagenproblematik heutiger evangelischer Ethik prägnant aufmerksam. Denn seine Position ist in bewußtem Gegensatz zu Karl Barths christologischer Grundlegung der Ethik und zu dessen Fundierungsverhältnis von Dogmatik und Ethik entworfen. Anders als Barth geht Rendtorff methodisch bei der Grundlegung der Ethik nicht von der Christusoffenbarung aus, sondern von der phänomenologischen Erfassung der Lebenswirklichkeit. Karl Barth begründete hingegen die evangelische Ethik sowohl formal wie material christologisch. „Formal" ist die Aufgabe der christlichen Ethik nur in und an Jesus Christus zu erkennen. „Material" sind die Weisungen christlicher Ethik nur als Entsprechung, in Analogie zum Christusgeschehen zu ermitteln.

Die Diskussion und Kritik am Ansatz Barths hat verschiedene Einwände geltend gemacht.

(a) Einwände werden gegen die Beanspruchung der Christologie, der Christusoffenbarung erhoben, sofern darin auch die Erkenntnis der Wirklichkeit eingeschlossen sein soll. Epistemologisch wird also die Herleitung von ethischer Einsicht aus der Offenbarung kontrovers diskutiert.

(b) Neben der Offenbarungslehre Barths wird vor allem die Leistungsfähigkeit und Stringenz der Methode der Analogie, der „analogia fidei" in Zweifel gezogen: Kann man aus biblischen oder christologischen Aussagen mit Hilfe des Verfahrens der Analogie, der „Glaubensentsprechung" inhaltliche ethische Forderungen gewinnen und herleiten?

Analogien können vielleicht entschlüsseln, illustrieren, interpretieren, Einsicht vermitteln, verdeutlichen, aber Analogien können Handlungen nicht begründen, legitimieren. Außerdem ist ideologiekritisch zu bedenken, daß Analogien den Standpunkt dessen widerspiegeln, der solche Analogien entdeckt und findet.

Der Maßstab für einzelne Handlungen kann im konkreten Fall immer nur die Frage sein, ob das jeweilige Handeln situationsgerecht und ethisch richtig ist. Der Aufweis von Analogien kann keine überprüfbaren Einzelargumente ersetzen. Die Frage der „Analogie" ist theologisch nochmals aufzugreifen im Zusammenhang der Zuordnung von „Gesetz und Evangelium" und „Evangelium und Gesetz" (Kap. II, § 3). Dabei stellt sich dann die Frage der Entsprechung, der Analogie von Evangelium und Gesetz. Man muß freilich ergänzend hinzufügen, daß eine Kritik an Karl Barths Begründung der Ethik auf die Dogmatik nicht notwendig den grundsätzlichen Verzicht auf eine theologische Begründung der Ethik zur Folge hat. Es verlagert sich freilich bei einem anderen theologischen Ansatz die theologische „Begründung" der Ethik auf die Themen der Anthropologie (und Soteriologie, der „Lehre vom Heil"), und sie stützt sich weniger auf eine Offenbarungslehre oder auf eine exklusive „Theologie", wenn diese in Gegensatz und Widerspruch zur Anthropologie gestellt wird.

§ 3. Ethik als Wissenschaft

Die Aufgabe der wissenschaftlichen Ethik wurde bislang als die einer methodischen Reflexion menschlichen Handelns bestimmt. Der *wissenschaftliche* Charakter der Ethik besteht dann in der *methodischen* Reflexion moralischer Fragen. Gerade dieser Anspruch wird freilich in der neueren philosophischen und wissenschaftstheoretischen Diskussion bestritten, und zwar in mehrfacher Hinsicht. Zunächst einmal hat Ethik es zu tun mit Themen der Lebenswelt. Damit stellt sich prinzipiell die Frage nach dem Verhältnis von Lebenswelt und Wissenschaft, von gelebter Praxis und wissenschaftlichem Denken.

1. Der positivistische Einwand

Der Neopositivismus läßt Ethik als Wissenschaft nur in sehr eingeschränktem Sinne gelten. Denn der Neopositivismus akzeptiert als wissenschaftlich nur exakte, eindeutige Aussagen. Sätze sind nur wissenschaftlich, sofern sie empirisch nachprüfbar sind oder logisch verifiziert werden können. Ethische oder religiöse Aussagen können also gar nicht wissenschaftlich sein, weil sie eine Deutung, ein Werturteil aussprechen. *Ludwig Wittgenstein* (1889–1951), einer der führenden Theoretiker des Wiener Kreises, hat diese These im „Tractatus logico-philosophicus" (erstmals 1922 veröffentlicht) vertreten. Gemessen am Kriterium der Nachprüfbarkeit sind nach ihm nur Sätze der Naturwissenschaft und Logik wissenschaftlich, wohingegen Sätze der traditionellen Philosophie – dazu zählt auch die Ethik – und der Theologie wissenschaftlich nicht sinnvoll sind. In seiner Spätphilosophie („Philosophische Untersuchungen", 1953) befaßt sich Wittgenstein mit der Vielfalt der Welt und der Sprache und gibt nur *Beschreibungen* von „Sprachspielen", des Sprachgebrauchs wieder.

Wittgenstein stellt im Tractatus (zit. nach ed. suhrkamp 12, 1963) die These auf: „Es ist klar, daß sich die Ethik nicht aussprechen läßt. Die Ethik ist transzendental" (6.42). Warum aber läßt sich eine Ethik nicht aussprechen? Weil der Sinn der Welt „außerhalb ihrer liegen" muß (6.41):

„In der Welt ist alles, wie es ist und geschieht alles, wie es geschieht; es gibt in ihr keinen Wert – und wenn es ihn gäbe, so hätte er keinen Wert. Wenn es einen Wert gibt, der Wert hat, so muß er außerhalb alles Geschehens und Soseins liegen" (6.4). „Darum kann es auch keine Sätze der Ethik geben. Sätze können nichts Höheres ausdrücken" (6.42). Die Aufgabe der Sprache ist es, so Wittgensteins Ausgangspunkt im „Tractatus logico-philosophicus", die Welt abzubilden. Diese Aufgabe kann die Sprache — als Wissenschaft — nur in der Naturwissenschaft und in der Logik leisten. Ethik hat es aber nicht einfach mit der semantischen Beziehung zwischen Tatsachen zu tun. Wittgenstein formuliert im Vorwort den Grundsatz: „Was sich überhaupt sagen läßt, läßt sich klar sagen; und wovon man nicht reden kann, darüber muß man schweigen". An diesem Grundsatz gemessen, verfällt die Ethik dem Verdikt, Unsinn zu produzieren. Sie ist nämlich nicht logisch von den Tatsachen her zu begreifen (vgl. 1.1). Sie will etwas „Höheres". Aber dieses Höhere läßt sich nicht aussprechen. Daraus zieht Wittgenstein den Schluß: „Wie die Welt ist, ist für das Höhere vollkommen gleichgültig. Gott offenbart sich nicht in der Welt" (6.432). In der Tat: Wenn logischer Positivismus die Welt als „Gesamtheit der Tatsachen" (1.1) verstehen will und den Gedanken als Bild der Tatsachen (3) begreift, dann bleibt kein Raum für ethische und theologische Sätze und Fragestellungen. Wert- und Sinnfragen sind folglich nicht wissenschaftsfähig.

An dieser Stelle ist jedoch eine Kritik am verengten Wissenschaftsbegriff des logischen Positivismus erforderlich. Wenn Philosophie und Theologie etwas „Höheres" wollen, also „transzendental" sind, dann sind sie nicht allein schon deswegen unwissenschaftlich. Die Frage, ob Ethik Wissenschaft ist, nötigt also zur Klärung des Wissenschaftsbegriffs. Ethik und Theologie behandeln gerade nicht nur subjektive Fragen des Geschmacks. Sie wollen ihrerseits sehr wohl wissenschaftlichen Ansprüchen entsprechen. Wittgenstein selbst hat sich persönlich keineswegs nur ablehnend zur Religion verhalten. Dies wird von Wittgensteinianern, aber auch von Russel, dem Agnostiker verschwiegen. Wittgensteins Äußerungen zur Religion finden sich in den Tagebüchern. Das „Höhere" ist für ihn freilich nicht sagbar. Religion ist für ihn nur als „mystische" Erfahrung möglich. Über solche Erfahrungen kann man nicht reden. Wittgenstein: „Die Probleme werden gelöst, nicht durch Beibringen neuer Erfahrungen, sondern durch Zusammenstellung des längst Bekannten. Die Philosophie ist ein Kampf gegen die Verhexung unseres Verstandes durch die Mittel unserer Sprache" (Philosophische Untersuchungen, Schriften 1, 1960, S. 342).

Das Höhere, Religiöse kann man daher gar nicht aussprechen, sondern nur schweigend aufnehmen. Wie der Spätnominalismus (Wilhelm Ockham) kennt Wittgenstein eine doppelte Erfahrung, doppelte Wahrheit, nämlich eine logisch sagbare und eine mystisch erfahrbare Wahrheit. Wittgenstein übt von da aus Kritik an der Dogmatik, die affirmativ spricht, z. B. an Karl Barth, also Kritk an der Theologie als Wissenschaft. Die Religion als solche ist für ihn zwar nicht Unsinn. Aber „die Theologie, die auf den Gebrauch gewisser Worte und Phrasen dringt, und andere verbannt, macht nichts klarer (Karl Barth). Sie fuchtelt sozusagen mit Worten, weil sie etwas sagen will und es nicht auszudrücken weiß. Die Praxis gibt den Worten ihren Sinn" (L. Wittgenstein, Vermischte Bemerkungen, hg. von G. H. von Wright, 1977, S. 161). Wittgensteins Sicht fordert auf jeden Fall dazu heraus, näherhin nach der Bedeutung des Begriffs Wissenschaft zu fragen. Wittgenstein vertritt selbst faktisch eine „negative Theologie", keinen Atheismus. Damit bleibt freilich für ihn die praktische — nicht logische — Begründung von Ethik auf Religion offen und möglich.

2. Was heißt Wissenschaft?

Zunächst ist der Begriff des „Wissens" zu bedenken. *Wissen* ist begründete Erkenntnis (episteme), im Unterschied zur bloßen Vermutung, Meinung (doxa), aber auch zum Glauben. Man kann mit *Max Scheler* (Die Formen des Wissens und die Bildung, 1925) Leistungswissen, das der äußeren Daseinsgestaltung dient, von Bildungswissen, das die Persönlichkeit formt, und von Heils- und Erlösungswissen, das religiöse Existenz begründet, unterscheiden. Wissen ist damit stets auf größere Zusammenhänge ausgerichtet: Es übergreift die bloße Kenntnis von Einzeltatsachen. Systematisch betriebenen Wissenserwerb nennt man Wissenschaft.

Wissen verleiht ferner Einfluß, Geltung, Macht. Wissen war deshalb oftmals Privileg bestimmter Gruppen, Stände, Schichten; im Mittelalter hatten die Mönche ein Bildungsprivileg. Wissen gewinnt damit eine sozialethische Dimension: Insofern verknüpfen sich die Phänomene Wissenschaft und Ethik in der Frage — und Forderung! — nach einer Wissensethik, Wissenschaftsethik. Ihr Thema lautet: Wie wird Wissen, Wissenschaft gebraucht? Besteht gleicher Zugang für jeden zum Wissen oder wird ein Herrschaftswissen den Experten vorbehalten? Dabei geht es dann auch um die Organisation, Institutionalisierung von Wissen und Wissenschaft: Eine freiheitlich-demokratische Gesellschaft fordert Öffentlichkeit, allgemeine Zugänglichkeit des Wissens.

Wissenschaft (lat. scientia, griech. ebenfalls episteme) ist näherhin als Ergebnis, Inbegriff dessen zu verstehen, was aufgrund von Forschung, Lehre und Literatur überlieferter Bestand des Wissens ist. Wissenschaft entsteht im Prozeß methodisch betriebener, prinzipiell intersubjektiv nachvollziehbarer Erkenntnisarbeit. „Wissenschaft" nennt man gehaltvolle Aussagen, wobei es auf den logischen, empirischen, normativen Gehalt ankommt. Kriterium von Wissenschaft ist traditionell nicht die gesellschaftliche Akzeptanz, der Nutzen, sondern ein sachbezogener Wissensdrang, die Wahrheitssuche. Wissenschaft ist zugleich mehr als eine Sammlung von Fakten. Ihre Aufgabe ist die Erklärung, Deutung, Begründung von Gegebenem. Sie verfährt dabei methodisch. Daher gibt es in den Wissenschaften (im Plural) eine Vielfalt von Methoden, einen Methodenpluralismus. Der Methodenpluralismus und wissenschaftstheoretische Überlegungen (Definition; Hypothesenbildung; Zusammenfassung von Beobachtungen, Hypothesen, Gesetzen zu einer Theorie) sind auch für die Ethik zu beachten. Fragwürdig ist allerdings die Annahme einer Hierarchie der Wissenschaften, von Überordnungs- oder Unterordnungsverhältnissen der wissenschaftlichen Disziplinen, selbst wenn man Wissenschaften auch klassifikatorisch einteilen kann in theoretische, experimentelle und beschreibende Wissenschaften.

3. Ethik und Wissenschaftstheorie

Auf die Ethik ist die Wissenschaftstheorie hauptsächlich in den angelsächsischen Ländern angewandt worden. Man nennt diese Ethik „Analytische Ethik". Zutreffender wäre freilich die Bezeichnung: Analyse der Sprache der Moral. Denn analytisch ist über den eingeschränkten Begriff der Sprachanalyse hinaus hinaus ein Denkstil, der etwa von dogmatischem oder kerygmatischem oder hermeneutischem Denken zu unterscheiden wäre. Analytisch ist ein Vorgehen — nicht aber ein bestimmtes inhaltliches Thema. Die angelsächsische Ethik geht anders vor als die in der deutschen Tradition übliche und eingebürgerte Überlegung.

Literatur: Hans Biesenbach, Zur Logik der moralischen Argumentation. Die Theorie Richard M. Hares und die Entwicklung der Analytischen Ethik, 1982. Biesenbach geht kurz auf die philosophische Tradition analytischer Ethik ein (griechische Antike, Hume und Kant, 19. Jahrhundert).

Als eigentlichen Beginn der Analytischen Ethik kann man *George Edward Moore* (1873—1958) mit seinem Hauptwerk „Principia Ethica" 1903 ansehen (deutsch: Stuttgart, Reclam 1970). Moores Frage war, wie ein Sein ein Sollen begründen kann, also das Is-Ought-Problem. Eine naturalistische Ethik leitet aus einem Sein ein Sollen ab (naturalistischer Fehlschluß). Sprachanalyse zeigt jedoch, daß das Prädikat „gut" keine Seinsbeschaffenheit ausdrückt, sondern eine Wertung. In der Folgezeit wird dann gefragt, worauf beruht überhaupt diese Wertung „gut"? Auf Gefühlen (Emotivismus), auf Einsicht (Kognitivismus), auf Zustimmung, Akzeptanz („schlecht" wäre dann Nicht-Zustimmung, disagreement, Ablehnung)?

Die analytische Ethik kann durchaus zur Klärung der ethischen Sprache und für die Verständigung von Nutzen sein. Es geht um eine bessere Erfassung der Probleme und Argumente, um Versachlichung der Diskussion.

Vgl. ferner: Werner Schwartz, Analytische Ethik und christliche Theologie. Zur metaethischen Klärung der Grundlagen christlicher Ethik, 1984, gibt ebenfalls einen Überblick über die Diskussion in England. Anders als Biesenbach bedenkt Schwartz ausdrücklich die Bedeutung der analytischen Ethik für die christliche Ethik. Deshalb bezieht er nicht nur die übliche Frage der Rechtfertigung ethischer Urteile, sondern auch religionsphilosophische Fragen ein: Wie verhalten sich Moral und Religion zueinander? Was sind religiöse Sätze? Welche Funktion haben religiöse Sätze für die Ethik? Religiöse Sätze sind Ausdruck einer Sicht der Welt. Diese angelsächsische Deutung verbindet H. Schwartz mit einem „Story" Konzept, wie es Dietrich Ritschl vertritt. Christliche Ethik beruht auf den stories einer Glaubensgemeinschaft.

Die Frage ist, ob es wissenschaftlich zureichend ist, nur meta-ethisch die Sprachformen und Argumente einer Ethik zu untersuchen, ob also lediglich die Sprachlogik von Ethik Wissenschaft sein kann. Auch normative Ethik ist insofern wissenschaftlich möglich, als sie einzelne Entscheidungen für besser begründet hält, überzeugender legitimiert darlegt. Das Ziel wissenschaftlicher Ethik kann nicht bloß die Untersuchung der *Bedeutung* moralischer Sätze sein, sondern muß die Möglichkeit einer *Begründung* ethischer Urteile und sittlicher Entscheidungen aufgreifen. Ethik soll sachlich Gründe und Gegengründe wahrnehmen und prüfen: Sie ist als Wissenschaft der Sachlichkeit verpflichtet. Sie soll die eigenen Vorurteile und Bindungen kritisch prüfen und reflektieren und hat sich daher um Nachprüfbarkeit ihrer Argumente zu bemühen. Das nötigt zur Evidenz, Vernunft. In diesem Sinne ist auch die Ethik sehr wohl eine Wissenschaft: Kritische Ethik beruht auf spezifischen Argumentations*methoden*. Eine wissenschaftliche Betrachtung von Ethik fordert überdies eine wissenschaftliche Haltung: Sachlichkeit, Nüchternheit, Kritikfähigkeit, Offenheit für neue Argumente.

4. Die Forderung nach einer Wissenschaftsethik

Sind diese Anforderungen an Ethik nicht angesichts der Interessenbindung und der gesellschaftlichen Abhängigkeit der Wissenschaft ein hohes, jedoch unerreichbares Ideal? Damit ergibt sich die Frage eines Ethos der Wissenschaft, einer „Wissenschaftsethik". Dieses Thema ist nicht nur ein Problem, eine Aufgabe der individuellen, persönlichen

Verantwortung des Wissenschaftlers, sondern eine Frage an die Wissenschaft (auch die Naturwissenschaften!) als Institution. Das Problem der Verflechtung von Wissenschaft und Gesellschaft liegt in der Gegenwart auf der Hand. Verwiesen sei nur auf Bekanntes:

a) Grundlagenforschung hat gesellschaftliche *Folgen*: Bekannte Beispiele sind: *O. Hahns* Entdeckung der Spaltbarkeit des Atomkerns führt zur Atombombe, zur Kernenergie; die Entschlüsselung des genetischen Kode des Menschen (DNA) ermöglicht genetische Eingriffe. Kann man also noch im Sinne des Postulats der Wertfreiheit von Wissenschaft (*Max Weber*) sagen: Schlecht sind nur die Atomwaffen, die Anwendung der Biotechnik auf den Menschen (genetische Manipulation), die Menschenzüchtung; das Wissen als solches hingegen ist und war gut bzw. wertneutral? Oder müßte nicht auch der „reine" Wissenschaftler, der Grundlagenforscher über seine Forschung hinausdenken und die politischen und gesellschaftlichen Folgen seiner Entdeckungen und Erkenntnisse mitbedenken? Verantwortung besagt doch: an die Folgen denken. Von daher werden die Aufgaben einer Wissenschaftsethik dringlich: Wozu dient das Wissen? Was macht man mit diesem Wissen?

Wissen ist nicht an sich wertneutral (vgl. Gen. 3,5: wissen, was gut und böse ist) — besonders unter dem Gesichtspunkt, daß Wissen nicht mehr rückgängig gemacht werden kann. Es gibt zwar *Er*findungen, aber keine „Entfindungen".

b) Die Wissenschaft und ihre Anwendung *durchdringt* die ganze Kultur und Gesellschaft. Man spricht von der „wissenschaftlich-technischen Zivilisation" (*Helmut Schelsky*). Es kommt dadurch zur *Verwissenschaftlichung der Lebensführung*. Wissenschaft ist heute faktisch eine gesellschaftliche Macht und politische Kraft. In der Großforschung, „big science" (Weltraumforschung, Atomphysik, Meeresforschung etc.) kann man die Trennung von Theorie und Praxis faktisch gar nicht durchhalten. *Großforschung* wird abhängig von staatlichen und wirtschaftlichen Auftraggebern.

So gesehen wird aber auch umgekehrt die Gesellschaft abhängig von der Wissenschaft: Wissenschaft wird zu einem wichtigen Produktionsfaktor und beeinflußt die Lebensführung und Politik. Beispiele sind dafür: Kernenergie, Verkehrsinnovation; Flugzeug; Telekommunikation, Computer; neue Medien (Verkabelung). Sind gesellschaftliche Veränderungen infolge von Wissenschaft nur eine Frage der Akzeptanz? Ist nicht der wissenschaftliche Fortschritt ambivalent und daher auch ein ethisches Thema?

Dazu kommt die Macht des Herrschaftswissens von Experten. „Expertokratie" droht Demokratie zu verdrängen.

Aus diesen Gesichtspunkten ergibt sich:

(a) Die Folgen wissenschaftlicher Erkenntnisse betreffen jedermann und sind daher generell ethisch zu bedenken.

(b) Transparenz, gesellschaftliche Kontrolle wissenschaftlich-technischer Eingriffe sind geboten. Wissenschaft steht nicht außerhalb der Gesellschaft, sie ist nicht völlig autonom. Das verpflichtet Wissenschaft, sich (1) der Gesellschaft verständlich zu machen und (2) Rechenschaft zu geben über die Folgen.

(c) Wissenschaftliche Erfolge können zu einer Überschätzung der Leistungsfähigkeit der Wissenschaft führen.

Technisches Handeln, wissenschaftliche Objektivität kann keineswegs eo ipso ethische Probleme lösen. Es gibt im Gegenteil eine Wissenschaftsgläubigkeit. Wissenschaft und Technik werden zur Heilsveranstaltung, zum Religionsersatz (vgl. Jürgen Habermas: Wissenschaft und Technik als Ideologie, Frankfurt, 1968). Die Besinnung auf ethische Verträglichkeit von Wissenschaft wird damit ein Aspekt von Ideologiekritik. Ein Beispiel dafür ist die Technokratiedebatte: Technokratie meint die Herrschaft des Sachzwangs der Technik, statt demokratischer Entscheidung, statt gesellschaftlichen Konsens, statt ethischer Verantwortung. Die Behauptung, Ethik sei „unwissenschaftlich", kann oftmals Teil einer Abschirmungs- und Abwehrstrategie werden: Unter Berufung auf wissenschaftliche Objektivität geschieht eine Immunisierung gegen ethische Einwände. Wissenschaft kann sich jedoch gar nicht a priori aus dem ethischen Diskurs heraushalten.

(d) Schließlich: Neomarxistische Wissenschaftstheorie macht auf den Zusammenhang von Erkenntnis und Interesse nachdrücklich aufmerksam. Wissenschaft ist gerade nicht interesselos, wertfrei. Damit wird Max Webers Postulat einer Wertfreiheit der Wissenschaft vom Neomarxismus grundsätzlich in Frage gestellt. *Max Weber* forderte: Der Wissenschaftler muß die Fakten für sich sprechen lassen, er hat sie vollständig und ohne ideologische Interpretation darzustellen. Die Werturteilsfreiheit verlangt wissenschaftliche Objektivität. In diesem Sinne ist diese Forderung freilich nach wie vor gültig und aktuell. Wissenschaft darf sich nicht selbst zur Weltanschauung machen. Sie muß ihrem Gegenstand entsprechen, kritisch, selbstkritisch, sachlich bleiben. In diesem Sinne ist das Postulat der Werturteilsfreiheit nach wie vor ein zutreffendes und wichtiges Regulativ wissenschaftlicher Forschung. Nur wäre es eine Illusion, zu behaupten, Wissenschaft als „reine" Wissenschaft stehe immer außerhalb des Streites gesellschaftlicher Mächte. (So aber z. B.: Ernst Topitsch, Die Freiheit der Wissenschaft und der politische Auftrag der Universität, 1968). Aufgabe der Wissenschaftsethik ist es daher auch, sich mit den gesellschaftlichen Voraussetzungen von Wissenschaft auseinanderzusetzen.

Man kann darüber hinaus heute fragen, ob die Einheit der Wissenschaft heute überhaupt noch über eine universale Erkenntnistheorie, eine Wissenschaftstheorie erreicht werden kann. Über ein Universalwissen, ein enzyklopädisches Wissen ist jedenfalls die Einheit der Wissenschaften nicht mehr herzustellen. Vielmehr sollte Wissenschaft heute ihre Einheit neu in einem Ethos finden: in den wissenschaftlichen Tugenden der Sachbezogenheit, Offenheit für neue Einsichten, der Kritikbereitschaft und auch der Verantwortung für die vorhersehbaren Folgen wissenschaftlichen Handelns. Ethik — und damit auch die Reflexion theologischer Ethik — wird so gesehen konstitutiv für die Grundlegung von Wissenschaft. Man kann die Frage dahingehend zuspitzen, ob es universale Rationalitätsnormen gibt. Das alte Dilemma ethischer Rationalität verbindet sich hier mit der neuen Frage der Universalisierbarkeit von Wissenschaft.

(Vgl. zu Einzelfragen näherhin: Ethik der Kultur, in der „Sozialethik".)

2. Kapitel

Theologische Voraussetzungen der Ethik

Jede Ethik setzt eine Anthropologie, ein Grundverständnis des Menschen voraus. Die Voraussetzung einer theologischen Ethik ist das Verständnis des Menschen vor Gott. Es ist dies eine Auffassung vom Menschen, die sich an dem orientiert, was dem Menschen durch Gott zuteil wird. Gott hat sich — so der christliche Glaube — dem Menschen zugewendet in der Geschichte des Volkes Israel, in Botschaft und Geschick Jesu von Nazareth, dem Christus, in der Geschichte des Evangeliums, in der Verkündigung der Kirche. Die Botschaft von Schöpfung, Erlösung und Versöhnung ist der Inhalt des Evangeliums und der Grund christlichen Glaubens. Diese Botschaft auszulegen und auf gegenwärtige Fragen zu beziehen, ist primär die Aufgabe der Dogmatik und Fundamentaltheologie. Theologische Ethik bezieht sich in diesem umfassenden Sinne auf Dogmatik. Vor allem aber ist es Aufgabe der Ethik, die Grundfragen der Anthropologie ausdrücklich zu thematisieren. Solche Grundfragen sind:

Was ermächtigt den Christen zur ethischen Verantwortung? Diese Frage führt zum Thema der christlichen Freiheit.

Was nötigt den Christen zu ethischer Verantwortung? Dies ist die Erfahrung des Bösen, der Sünde.

Gibt es theologische Maßstäbe, an denen sich das Verhalten von Christen orientieren kann? Hierher gehören die Unterscheidung von Gesetz und Evangelium, das Verhältnis von Rechtfertigung und Heiligung, die guten Werke, das Naturrecht, das Gewissen, die Nachfolge Christi. Als Summe christlicher Ethik kann man auf das Liebesgebot verweisen. Das Liebesgebot ist freilich nicht oberste Norm, sondern Meta-Norm. Damit wird schon deutlich, daß die theologischen Voraussetzungen der Ethik nicht nur Werte und Normen für das Handeln, sondern sehr viel umfassender eine Deutung und Sicht der menschlichen Lebenswirklichkeit sind.

2. Kapitel: Theologische Voraussetzungen der Ethik

Ausgangspunkt christlicher Ethik ist die Erfahrung der Freiheit. Der Christ wird frei zum Tun des Guten und Gerechten. Das Evangelium ist „Ruf der Freiheit" (Ernst Käsemann). Die Wahrheit Christi macht frei (Joh. 8,32). Freiheit ist freilich nicht nur ein christliches Losungswort, sondern von jeher ein Thema philosophischer Reflexion und ein neuzeitlicher Grundbegriff. Im Freiheitsverständnis konvergieren exemplarisch theologisch-christliche und allgemein-anthropologische Grundsatzüberlegungen.

Die Vergewisserung der theologischen Voraussetzungen spitzt sich für *evangelische* Ethik zu auf die Frage nach den Grundlagen eines evangelischen Verständnisses der Zuordnung von Leben und Glauben. Das *reformatorische* Verständnis von Sünde, Gesetz und Evangelium, Rechtfertigung und Heiligung ist eine wichtige Grundlegung einer evangelischen Ethik. Für deren Verständnis sind theologische Grundentscheidungen Luthers in der Anthropologie und Soteriologie zu bedenken. Das Bedenken dieser Grundentscheidungen orientiert sich vornehmlich an Aussagen Luthers, soweit und sofern diese für eine spezifisch evangelische Sicht des Verhältnisses von Glaube und Ethos wesentlich sind. Dabei werden andere konfessionelle Überlieferungen und Formulierungen nur beiläufig dargelegt, so wichtig diese auch für eine ökumenische Verständigung sein mögen. Ebenfalls nur hingewiesen wird hier auf biblische Bezüge; es muß freilich auch die Theologie Luthers der Kritik des biblischen Zeugnisses standhalten. Die Absicht der folgenden Darstellung ist es lediglich, die *Eigentümlichkeit* reformatorischer Voraussetzungen der Ethik herauszuarbeiten und damit die Besonderheit einer „evangelischen" Ethik im Sinne einer spezifischen theologischen Denkform zur Geltung zu bringen.

§ 1. Die christliche Freiheit

1. Die Fragestellung

Freiheit ist die Voraussetzung ethischen Handelns und Verhaltens. Ohne die Möglichkeit freier Selbstbestimmung gibt es keine Verantwortung. Der transzendentale Ansatz der Ethik geht davon aus, daß allein und erst Freiheit Sittlichkeit ermöglicht. So hat *Kant* Freiheit als Grundlage der Ethik bestimmt und begriffen. Freiheit ist ein Postulat der praktischen Vernunft: „Du kannst, denn du sollst". „Sollen impliziert Können". Aber es ist gerade strittig, *inwiefern* der Mensch frei ist. Das Wort Freiheit weist eine „begriffliche Tiefenstruktur" auf. Es gilt, die unterschiedlichen Aspekte des Freiheitsbegriffs wahrzunehmen, um den ethischen Stellenwert dieses Begriffs zu erfassen.

2. Dimensionen des Freiheitsbegriffs

(a) Äußerlich gesehen ist Freiheit zunächst einmal *Unabhängigkeit*, politische Freiheit. In diesem Sinne wird beispielsweise im Mittelalter von libertas ecclesiae, von Immunität, „Freiheiten" (im Plural) von Städten, Ständen, Korporationen, auch bei Einzelpersonen, gesprochen. Freiheit bedeutet in diesem Zusammenhang: Privilegien, wie Burgfreiheit, Marktfreiheit, Gerichtsbarkeitsfreiheit, wie z. B. in dem Satz „Stadtluft macht frei".

(b) Freiheit ist sodann das relative und sittlich konkret zurechenbare Wählenkönnen: nämlich die *Entscheidungsfreiheit*, die Handlungsfreiheit. Ohne Willensfreiheit gäbe es keine Sittlichkeit. Dieses Problem der Willensfreiheit, der sittlichen Zurechenbarkeit, der Verantwortlichkeit hat philosophische und religiöse Ethik von jeher beschäftigt, positiv gewendet als Indeterminismus: der Mensch ist frei; aber auch negativ als Determinismus: der Mensch ist unfrei. Einen objektiven Beweis für die Freiheit des Menschen kann man freilich nicht führen. Auch psychologische Erklärungen der Handlungsfreiheit vermögen dies nicht zu leisten. Gleichwohl ist die innere Freiheit ein anthropologisch und ethisch fundamentales Phänomen. „Sein eigener Herr sein" bedeutet mehr als nur äußere Freiheit, nämlich innere Autonomie, Auf-sich-selbst-gestellt-sein.

Der Verlust der Polisfreiheit hatte bereits in der hellenistischen Antike zur Folge, daß sich die philosophischen Überlegungen immer mehr auf die innere Freiheit des Individuums richteten. So sah es die Stoa: Freiheit ist Autarkie, sittliche Selbstbestimmung, Selbstbeherrschung. *Epiktet* definiert Freiheit als innere Unabhängigkeit: „Ein Freier ist der, der lebt, wie er will, der weder genötigt, noch gehindert, noch gezwungen wird, dessen Triebe unbehindert sind, dessen Bestrebungen erfolgreich sind, und der dem, was er vermeiden will, nicht verfällt" (Diss. VI, 1.1). Freiheit ist Wahlfreiheit im Sinne von Überlegenheit über das eigene Wollen, die Leidenschaften, die Triebe. Epiktet betont: „Ich bin noch niemals, wenn ich nicht wollte, gezwungen worden. Aber wie ist das möglich? Ich habe meinen Lebensdrang Gott unterstellt. Er will, daß ich Fieber habe; ich auch. Er will nicht; ich auch nicht ... Wer kann mich noch hindern oder zwingen gegen mein Gutdünken?" (Diss. IV, 1,89 f.).

Die Fähigkeit zur sittlichen Selbstbestimmung ist die Grundvoraussetzung verantwortlichen Lebens, also in diesem Sinne ein „Grundwert". Freiheit schafft die Bedingung, daß der Mensch als sittliche Person angesprochen werden kann. Man kann die Geschichte der ethischen Reflexion darum geradezu anhand des Leitfadens der Thematik der Freiheit darstellen. Die Frage lautet dann: Was konstituiert den Menschen als ethisches Subjekt? Diese Frage bewegte schon die Antike (Stoa, *Epiktet*), sie wird dann das zentrale Thema der Aufklärung und des deutschen Idealismus (*Kant, Fichte*). Ethik begreift Freiheit als Erweis des Subjektseins. Bei *Hegel* gipfelt dieses Freiheitsverständnis des Idealismus in dem Satz: „Die Weltgeschichte ist der Fortschritt im Bewußtsein der Freiheit". Staat, Gesellschaft, Kunst und Wissenschaft sind dann Erscheinungsformen, Verwirklichungsgestalten von Freiheit.

Bereits *Aristoteles* reflektierte anthropologisch die Handlungsfreiheit: Frei ist, wer nicht gezwungen, sondern freiwillig, aus innerem Antrieb handelt. Die Stoa verinnerlicht dieses Verständnis von Freiheit noch: Frei ist, wer sich selbst unabhängig vom Schicksal macht (Seneca, Epiktet: αὐτεξούσιον).

(c) Der christliche Glaube verschärft diese Thematik: Die Stoa ging davon aus, daß der Mensch sich selbst in die Hand bekommen kann, indem er sich selbst beherrscht, seine innere Unabhängigkeit erstrebt und erlangt, Herr seiner Triebe und Strebungen wird. Genau dies aber bestreitet *Paulus*: Der Mensch ist gerade nicht aus sich heraus frei; er wird erst frei durch Gottes Handeln: Er wird frei aus Gnade.

Damit ist die Thematik von *Freiheit und Sünde* sowie die Frage nach der *Vereinbarkeit von Gottes Willen* und Wählen *und menschlichem Handeln* und Entscheiden gestellt. *Augustin* hat in seiner Prädestinations-, Sünden-

und Gnadenlehre die Freiheitsthematik daher mit dem biblischen Gottesgedanken verknüpft. Die Freiheit bekommt eine transzendente, eine metaphysische Dimension. Die Leitfrage lautet nicht: Wovon oder wozu bin ich frei, sondern: Wodurch bin ich frei, was ermächtigt den Menschen zur Freiheit, was macht Gewissen frei?

So fragte auch *Luther* und die Reformation. Neuzeit und Aufklärung lenken mit ihrer Ablehnung des Sündenverständnisses und der Prädestinationsfrage zur antiken Tradition, zur Stoa, zurück: Freiheit wird zum Thema der sittlichen Selbstbestimmung, der Autonomie. Sie ist ein ausschließlich anthropologisches Thema. Freiheit ist nicht mehr Gottesprädikat wie in Luthers Schrift: „De servo arbitrio", 1525. Für Luther ist allein Gott frei. Der Name „liberum arbitrium" im strikten Sinne gebührt nur Gott. Noch *Schleiermacher* beschreibt phänomenologisch (in der Glaubenslehre, § 4), daß der Mensch zwar ein Gefühl schlechthinniger Abhängigkeit, aber keine schlechthinnige Freiheit und also kein Gefühl schlechthinniger Freiheit haben kann. Gerade diese Bedingtheit der Freiheit durch den Gottesglauben wird seit der Aufklärung bestritten. Freiheit ist Entwurf des Menschen kraft eigenen Vermögens: Bei *Sartre* („Ist der Existentialismus ein Humanismus?", 1946) ist diese Anschauung gesteigert zur Paradoxie: Der Mensch ist zur Freiheit „verdammt". Er ist durch nichts und in nichts in der Welt gehalten. Bei Sartre ist zwar schlechthinnige Freiheit realisiert. Der Mensch muß sich selbst wählen. Er ist in die Entscheidung gestellt. Aber die Freiheit ist zugleich Last und Verhängnis.

Die verschiedenen Deutungen von Freiheit berühren sich unverkennbar: Gesellschaftliche, sittliche und metaphysische Freiheit überschneiden sich.

Sozialethisch gesehen sollte beachtet werden, daß Freiheit konkret von der jeweiligen Gesellschaftsordnung abhängt: daraus ergibt sich die Forderung nach einer freiheitlichen Gesellschaft, der Anerkennung von Menschenrechten als Grundfreiheiten. Selbstverständlich entstehen hier dann auch neue Probleme: Wie frei und unabhängig ist der Bürger gegenüber der Bürokratie? Wie achtet der Sozialstaat die Freiheit des mündigen Bürgers? Freiheit hat es also zu tun mit der Gesellschaftsordnung: Freiheit ist stets bedingte – nicht unbedingte – und begrenzte – nicht unbegrenzte – Freiheit.

Damit stellt sich zugleich die Frage nach der Verfassung der Freiheit. Allerdings kann in repressiven Gesellschaftsformen Unfreiheit kompensiert werden beispielsweise durch Freiheit der Konsumwahl. Das ist der Einwand *Herbert Marcuses* gegen die liberale Freiheitsidee: Repressive Toleranz verwandelt nach ihm Freiheit als Selbstbestimmung in fremdbestimmte Freiheit.

Freiheit hat es schließlich vor allem mit dem humanen Selbstverständnis zu tun: Die Freiheit der Person, des Gewissens ist noch mehr und anderes als politische, gesellschaftliche Freiheit. Hier geht es um die innere Freiheit des Menschen vor sich selbst.

3. Freiheit in theologischer Deutung

Die genannten Aspekte stellen sich letztlich als die theologische Frage: Wie frei ist der Mensch Gott gegenüber, coram deo? Der Sünder ist vor Gott der Unfreie. Der Glaube des Christen wird geschenkt, nicht errungen. Dagegen sind die politische oder sittliche Freiheit, Unabhängigkeit Aufgaben menschlichen Handelns.

Wie aber kommt theologisch dann der Gottesgedanke im Blick auf das Freiheitsverständnis ins Spiel? Entsteht nicht zwischen der Freiheit Gottes und der Freiheit des Menschen ein Konkurrenzverhältnis? Ist Gott der Feind menschlicher Freiheit? In diesem Sinne wurde die Prädestinationslehre als psychologische Determination des Menschen gedeutet. Neuzeitliche Denker erklären deshalb, der Mensch könne nur frei sein, wenn es keinen Gott gibt. Der Atheismus wird zur Bedingung von Freiheit (so z. B. *Sartre, Camus*).

Dagegen ist der christliche Glaube davon überzeugt, daß Gott der Ursprung und Grund menschlichen Lebens in Freiheit ist. Menschliche Freiheit ist von Gott gewährte Freiheit. Sie ist produktive, schöpferische, weltgestaltende Freiheit. Diese Sicht von Freiheit wird in der Gottebenbildlichkeit des Menschen (Gen. 1,26) formuliert.

In *Luthers* Schrift „Von der Freiheit eines Christenmenschen", 1520, ist diese christliche Deutung von Freiheit in der Dialektik von Herrschaft und Knechtschaft, von Freiheit und Bindung in der Liebe unübertrefflich formuliert: „Ein Christenmensch ist ein freier Herr über alle Dinge und niemand untertan im Glauben". „Ein Christenmensch ist ein dienstbarer Knecht aller Dinge und jedermann untertan in der Liebe". Gerade Luthers Freiheitsschrift arbeitet die Vielfalt der Bezüge im Freiheitsverständnis heraus: Innere und äußere Freiheit, Glaube und Liebe, Macht und Freiheit beschreiben ein Spannungsfeld.

Der christliche Glaube beruft sich also nicht, wie die transzendentalphilosophische Interpretation, auf ein unableitbares Gegebensein menschlicher Freiheit. Er beruft sich vielmehr auf ein Geschehen der Befreiung des Menschen von den Zwangsmächten der Welt und aus der Selbstverschlossenheit. Dieses Geschehen bezeugt die biblische Botschaft vom Heil, von der Schöpfung und von der Erlösung. Mit *Karl Barth* kann man Gott den „in Freiheit Liebenden" nennen und darum vom Glauben als „Geschenk der Freiheit" sprechen. Gerade die Einsicht in die ambivalenten Freiheitserfahrungen der Menschheit führt den christlichen Glauben vor die Frage nach dem *Grund* menschlicher Freiheit. Die ethische Thematik der Freiheit als Voraussetzung des Handelns geht damit freilich über in die religiöse Frage, die Frage des *Glaubens*, was den Menschen frei macht.

Die Erkenntnis der Sünde radikalisiert und verschärft die Frage nach den Bedingungen und der Ermöglichung von Freiheit: Gibt es eine Freiheit zum Bösen? Wie ist das Phänomen eines radikalen Bösen zu erklären? Die Aporie der Freiheit als Voraussetzung der Ethik nötigt die Theologie zu Rückfragen nach dem Verständnis von Sünde und Gesetz.

Exkurs: Imago Dei

Die Gottebenbildlichkeit des Menschen (imago dei) ist vornehmlich ein exegetisches und dogmatisches Thema. Für die Ethik wichtig ist, daß Gottebenbildlichkeit nicht mit der sittlichen Persönlichkeit gleichgesetzt und diese eben gerade nicht inhaltlich mit der Freiheit zum Guten identifiziert wird. Denn wenn Gottebenbildlichkeit mit der Freiheit gleichgesetzt wird, so stellt sich die irreführende Frage, ob der Sünder noch die Freiheit besitzt, ob er seine Gottebenbildlichkeit verloren hat oder nicht. Es stellt sich ferner die Frage, ob es zeitlich vor dem Fall einen status integritatis mit einer „natura incorrupta" gegeben habe. Mit Hilfe einer heilsgeschichtlichen Abfolge von Sünde und Fall sucht man dann das *wahre* Wesen des Menschen (vor dem Fall) von seiner *faktischen* Existenz als Sünder (nach dem Fall) zu unterscheiden. Diese heilsgeschichtliche Periodisierung ist ein Versuch, das faktische Dasein des Sünders mit den biblischen Aussagen über die imago dei in Einklang zu bringen.

Die biblischen Stellen zur Gottebenbildlichkeit — vor allem Gen. 1,26 f., dann Gen. 5,3; 9,6 b — sind im AT spärlich. Im NT wird die imago dei teils anthropologisch (1. Kor. 11,7; Jak. 3,9), teils christologisch (2. Kor. 4,4; Kol. 1,15; 3,10; 4,24) gedeutet. Entscheidend ist die Grundstelle Gen. 1,26 f. Von *Irenäus* bis hin zu *Karl Barth* wurde die Auslegung dieser Stelle in der Dogmatik, nicht primär in der Exegese des AT erörtert. (Vgl. als Überblick: Leo Scheffczyk, Der Mensch als Bild Gottes, WdF CCXIV, 1969).

Die einzelnen Interpretationen sind hier nicht darzustellen. Irenäus unterschied die imago dei von der similitudo, in irreführende Exegese des Hendiadyoin „zelem we demut" in Gen. 1,26. Damit ist die klassische Unterscheidung von Natur und durch den Fall verlorener Übernatur eingeführt. *Philo von Alexandrien* sah die imago dei in den geistigen Vorzügen des Menschen (Opificium mundi 69). Erst die Exegese des 19. Jahrhunderts wandte sich von der Interpretation dogmatischer Anthropologie ab und deutete aufgrund religionsgeschichtlicher und sprachlicher Vergleiche die imago dei neu: Der Mensch ist in seinem Leib, in seiner äußeren Gestalt und in seiner Stellung in der Natur (dominium terrae) imago dei. Die Gottebenbildlichkeit drückt sich aus im aufrechten Gang.

In der Theologiegeschichte war das Verständnis der imago dei immer abhängig sowohl vom Gesamtverständnis des Menschen (von der Frage: was ist das Besondere am Menschen: die Geistigkeit, die Sprache, die Weltbeherrschung?), als auch von der Gesamtsicht des Verhältnisses von Gott, Welt und Mensch. Einverständnis bestand im allgemeinen aber darüber, daß imago dei eine Aussage über den Menschen und nicht bloß über den Christen ist. Dabei wurde seit *Augustin* und vor allem bei *Luther* im Blick auf den Sünder erörtert, ob der Sünder, weil er imago dei ist, noch das liberum arbitrium, die Wahlfreiheit hat. Aufgrund der Deutung der Freiheit als kommunikativem Geschehen kann man freilich heute diese Überlegung nicht mehr mit substanzontologischen und naturhaften Kategorien klären. Vielmehr konstituieren Relationen, Bezüge das Menschsein. Der Mensch lebt in mitmenschlichen Relationen. Er ist als sprachliches Wesen auf die Sprachbeziehungen angewiesen. Und er wird im theologischen Verständnis immer schon durch die Gottesbeziehung angesprochen.

Die im Symbol „imago dei" aufgeworfene Frage, was der Mensch ist, läßt sich letztlich also nicht ethisch, sondern nur fundamentaltheologisch beantworten. Die Überlegungen zum Gottesbild (wie kann der Mensch sich Gott überhaupt denken und anschaulich vorstellen?) und zum Menschenbild verschränken sich zudem in der Formel imago dei. Diese Verschränkung von Anthropologie und Gottesfrage ist gewiß auch für die Ethik belangvoll, aber doch eine vor-ethische Voraussetzung ethischer Überlegungen. Es ist somit nicht sinnvoll, die Gottebenbildlichkeit des Menschen auf die Freiheitsthematik zu reduzieren.

§ 2. Das christliche Verständnis von Sünde

1. Sünde als Thema theologischer Ethik

Das Reden von Sünde und damit unmittelbar verbunden der Glaube an die Vergebung der Sünden, die Rechtfertigung, unterscheidet christliche, theologische Ethik von humaner Ethik. *Martin Heidegger* (Sein und Zeit, 1949[6], S. 306) erklärt, daß „philosophisches Fragen grundsätzlich nichts von der Sünde weiß". Christliche Ethik hat es freilich nicht mit dem Menschen an sich, sondern mit dem Menschen als Sünder, und nicht mit Gott als solchem, sondern mit dem Gott, der dem Gottlosen die Treue hält, der dem Sünder gnädig ist, zu tun. Nun besteht freilich im Blick auf das Reden von der Sünde eine große Unsicherheit − nicht nur in der Theologie, aber gerade auch in ihr. Die Ethisierung des Gottesgedankens hängt zusammen mit dem Verlust des Redens von Sünde. Nach *Luther* ist das Thema der Theologie der „homo peccati reus ac perditus" und der „deus iustificans" (WA 40 II, 328,1 f.). Die Verlegenheit heutiger Theologie angesichts der Sünde betrifft Wort und Sachverhalt. Das *Wort* Sünde als solches ist bereits weithin unverständlich und mißverständlich geworden. Man nennt Sünde eine Übertretung, eine unmoralische Handlung, vor allem eine sexuelle Verfehlung. Der Sündenbegriff wird moralisiert.

Dagegen muß Theologie darauf bestehen, daß Sünde nicht einfach ein moralischer Fehlgriff ist, auch wenn moralische Fehlgriffe Indizien, Folge von Sünde sein können. Sünde hat es stets mit dem Gottesverhältnis zu tun. Sündenerkenntnis erfolgt, wenn der Mensch Gott begegnet. Sünden werden erkannt allein *vor* dem heiligen und gerechten Gott. Und Sünden können nur persönlich bekannt werden. Das Bekenntnis der Sünde ist eine existentielle Aussage, ein Akt der Homologie, der confessio. Man kann nicht an der Stelle anderer deren Sünden bekennen. Man kann nur die eigenen Sünden aussprechen. Die Sünden anderer kann man anklagen, verurteilen, anprangern. Vergebung der Sünden ist jedoch ein Geschehen, das jeder nur persönlich für sich empfangen kann − sofern man Sünde als persönliche Schuld und nicht dinghaft als Makel, Regelverstoß begreift.

Das Reden vom Sündersein ist damit eine Glaubensaussage. Die Frage dessen, der seine Sünden bekennt, lautet: Wer bin ich − vor Gott?

Zugleich ist Sünde freilich eine innerweltliche, allgemein beobachtbare Realität. Wir machen Erfahrungen mit dem Bösen. Es gibt empirische Hinweise, Indizien für das Böse. Die Aggressionsforschung hat die Rätselhaftigkeit und Wirklichkeit der Aggression entfaltet. Psychoanalyse deckt im Unbewußten Neigungen zum Bösen auf. Friedlosigkeit, Angst, Neid, Haß, Feindschaft gehören offenkundig zum Menschsein. Wie verhält sich nun diese allgemein einsichtige Neigung des Menschen zu einem „radikalen Bösen" (*Kant*), die Friedlosigkeit, zur Deutung der Sünde im Licht des christlichen Glaubens als Unglaube, Lieblosigkeit, Hoffnungslosigkeit? Dies ist eine grundlegende Frage theologischer Urteils- und Sprachbildung. Das Böse, in dem sich Sünde zeigt, ist Lebensentzug, fundamentale Lebensbeeinträchtigung, Lebenszerstörung. Das kann man phänomenologisch beschreiben anhand von Mord und Lüge. Der Mord vernichtet Leben. Die Lüge zerstört Vertrauen und entzieht dadurch Leben.

Es ist aufgrund der skizzierten Verlegenheit im theologischen Umgang mit dem Sündenverständnis des allgemeinen Sprachgebrauchs verständlich, daß heutige Theologen oft das Wort Sünde meiden. *Rudolf Bultmann* legt Sünde als Uneigentlichkeit, Verfehlung der eigentlichen Bestimmung menschlichen Daseins aus. *Karl Barth* nennt Sünde das „Nichtige", das, was von Gott verneint, verworfen ist — und gerade nur als Verneintes, „Nichtiges" da ist. *Paul Tillich* umschreibt Sünde mit Entfremdung und stellt Sünde dar als Entfremdung des Menschen von Gott als dem Grund seines Seins, vom Mitmenschen, und vom Ich selbst, also als Selbstentfremdung.

Es ist nicht Aufgabe der Ethik, die Sündenlehre insgesamt darzustellen und die schwergewichtige dogmatische Tradition des theologischen Sündenverständnisses zu erörtern. Wohl aber sind einige Grundfragen des Sündenverständnisses aufzugreifen und zu klären.

2. Theologische Aspekte des Sündenbegriffs

(1) Zunächst einmal ist festzustellen, daß strittig ist, wo die Sündenlehre überhaupt in der Theologie ihren legitimen Ort hat. Die Frage der Einordnung der Sündenlehre in den theologischen Aufriß, in das theologische System wird oftmals so diskutiert, als ob das Lehrstück von der Sünde vor oder nach der Lehre von der Rechtfertigung, der Versöhnung Gottes mit dem Menschen einzuordnen sei: Ist Erkenntnis der Sünde Voraussetzung, Vorbedingung oder Folge der Erkenntnis der Rechtfertigung? Oder anders gefragt: Ist Sündenerkenntnis erst aufgrund des

Glaubens möglich? Diese Frage ist freilich nur dann eindeutig zu beantworten, wenn man übersieht, daß die Sünde in kein Schema, kein System einzugliedern ist und damit die große Störung, die Beunruhigung jeder Theologie bleibt. Die Sündenlehre begleitet jede theologische Aussage: Sie steht in Beziehung zur Gotteslehre, wenn Gott als heilig und gerecht bekannt wird; sie ist mit der Lehre von Gnade und Heil, von Erlösung und Versöhnung, mit der Soteriologie untrennbar verknüpft. Sie hat auch mit der Christologie insofern unmittelbar zu tun, als die christliche Gemeinde bekennt, Jesus Christus sei „um unserer Sünden willen" gestorben. In der Schöpfungslehre besteht eine unlösbare Verbindung von Schöpfung und Fall, von Gottebenbildlichkeit und Sündersein. In der Ekklesiologie kommt die Sünde ebenso vor, nämlich unter dem Stichwort „Kirche der Sünder", wie in der Eschatologie mit der endgültigen Überwindung, Besiegung des Bösen. Die Sünde ist somit in der Theologie „ort-los" und zugleich allgegenwärtig, „omnipräsent". Man kann nicht christliche Theologie so betreiben, als gäbe es die Sünde nicht („etsi peccatum non daretur").

Das gilt auch für die Ethik. Gäbe es keine Sünde, so würden die Menschen selbstverständlich das Gute tun, so stellte sich die Aufgabe der Unterscheidung von gut und böse nicht, und so wäre Ethik entbehrlich, überflüssig. Nicht die Unterscheidung von gut und böse trennt allerdings bereits christliche und nichtchristliche Ethik. Diese Unterscheidung verbindet und eint beide vielmehr. Wohl aber ist die Besonderheit der Theologie, daß sie das Böse als Sünde vor *Gott* (coram deo) deutet und auf Gott bezieht.

(2) Die Verlegenheit des Redens von Sünde und der Schwund des Gottesgedankens stehen in einem Wechselverhältnis zueinander. Je weniger der Mensch seiner Gottesferne inne ist, desto weniger meint er, Gott zu benötigen. Die Gott-losigkeit des Lebens ist Folge des Verlustes der Gottesbeziehung. Auf der anderen Seite wird damit die Erlösung von der Sünde als menschliche Handlungsaufgabe begriffen. Die Ethisierung der Theologie ergibt sich dadurch, daß die Einsicht fehlt, daß allein Gott die Tiefe der Gottesferne zu überwinden vermag. Daran zeigt sich dann, daß Sünde nicht bloß Mangel, Defekt, „privatio boni", sondern Abkehr von Gott (aversio) ist, oder mit Confessio Augustana Art. 2, „sine fiducia erga deum", Verlust des Gottvertrauens. Sünde kann nicht einfach als Negation beschrieben werden.

(3) Es ist theologisch strittig, wie bereits angedeutet, ob die menschliche Erfahrung des Bösen bereits Sündenerkenntnis ist oder ob Sündenerkenntnis allein Glaubensaussage ist. *Martin Luther* stellte pointiert fest:

§ 2. Das christliche Verständnis von Sünde 53

„Sola fide credendum est, nos esse peccatores" (WA 56,231.9 f.). Die Frage der Sündenerkenntnis kann nur geklärt werden, wenn es gelingt, zwischen Lebenserfahrung und Glaube zu differenzieren. Dies bedeutet, das „Wesen" der Sünde von ihren Wirkungen zu unterscheiden. Das Wesen der Sünde zu verstehen, ist Aufgabe des Glaubens. Die Wirkungen der Sünde kann auch menschliche Einsicht und Vernunft wahrnehmen.

(4) Mit dieser Differenzierung wird theologisch grundlegend die Unterscheidung von Sünder sein und Sünden tun. Die traditionelle Dogmatik unterscheidet zwischen Tatsünden, Aktualsünden (im Plural) und der Grund-, Ur-, Personsünde, der „Erbsünde". Diese Unterscheidung ist für die Sündenlehre fundamental. Die konkreten sündigen Taten sind allgemein menschlich zu beschreiben und zu erkennen. Dennoch ist die Wurzel der Sünde, das peccatum radicale, substantiale, originale damit nicht erfaßt. Der Ursprung sündiger Taten ist das Sündersein des Menschen. *Augustin* hat diesen Ursprung im Begriff der concupiscentia (Begierde, „Gier") psychologisch einsichtig zu machen versucht. Der Mensch „begehrt"; und in diesem Verlangen kehrt er sich von Gott ab. Der Zwiespalt zwischen menschlichem Wollen und Vollbringen, wie ihn der Apostel Paulus in Römer 7 schildert, wird im epithymein (ἐπιθυμεῖν) faßbar. Problematisch ist freilich Augustins Gleichsetzung der concupiscentia mit der sexuellen Begierde, der libido.

Es gibt nämlich auch eine gnoseologische concupiscentia, ein intellektuelles Begehren, das in Gottes Wissen und Erkenntnis übergreift. Zur Last augustinischen Erbes gehört freilich die Gleichsetzung von Sünde mit Sinnlichkeit und Sexualität und die daraus folgende Leibverachtung. Augustinische Sündenlehre hat einen neuplatonischen Dualismus von Leib und Geist eingeübt. Dazu trug auch Augustins biologische rationale Herleitung der Erbsünde bei, die nach ihm durch die Zeugung, propagatio weitergegeben wird. Die augustinische Exegese vom Röm. 5,12 (in quo, id est: in Adam omnes peccaverunt) hat die Erbsünde mit der Natur des Menschen gleichgesetzt und die Erbsünde mit der Abstammung aller Menschen von Adam rational erklärt. In diesem Sinne ist die Erbsünde freilich kein biologisches Faktum. Die Unterscheidung von Sünden tun und Sünder sein weist vielmehr darauf hin, daß die einzelnen Sünden Taten des Menschen sind, auf die der Sünder ansprechbar und für die er haftbar ist. Damit ist freilich nicht erklärt, wieso der Mensch unter der Macht der Sünde steht und ihr ausgeliefert ist. Die Herkunft der Sünde kann man nicht genetisch ableiten.

(5) Das Sündenverständnis entspricht dem jeweiligen Gottesbild:

Erkennt man in Gott den Grund menschlichen Vertrauens, so ist der Unglaube, das Nicht-Vertrauen („sine fiducia erga deum") die Grundsünde (d. h. „Erbsünde").

Wird Gott als Träger einer umfassenden Ordnung gesehen, so ist die Sünde transgressio legis, Gesetzesverstoß. So hat die Schultheologie im Anschluß an 1. Joh. 3,4 Sünde definiert: ἡ ἁμαρτία ἐστὶν ἡ ἀνομία. Diese Definition der Sünde als Gesetzesverstoß zieht freilich in der Regel eine quantifizierende Betrachtung der Sünden und ein Moralisieren der Sündenlehre nach sich.

Ist Gott zu verstehen als Garant der Vernünftigkeit des Ganzen — gemäß *Hegels* Satz „Das Wahre ist das Ganze" —, so ist Sünde Torheit, Dummheit.

Diese Interpretationen und Beschreibungen von Sünden haben freilich ihre Grenze daran, daß Gott mit dem menschlichen Reden über Gott nicht ineinszusetzen ist. Der Unbegreiflichkeit Gottes, des „Geheimnisses der Wirklichkeit", entspricht die Rätselhaftigkeit der Sünde. Sie ist das mysterium iniquitatis.

(6) Der einfache Rückschluß aus den Sündenfolgen auf das Wesen der Sünde ist problematisch. Man kann nicht aus Phänomenen wie Entfremdung, Aggression, Neid oder auch „strukturell Bösem" in ungerechten Verhältnissen in einem essentialistischen Sinne auf Sünde schließen. Diese Unzulässigkeit eines Rückschlusses von den Folgen auf den Grund der Sünde ist nicht dahingehend mißzuverstehen, als sei es unzulässig, bestimmte Verhaltensweisen und Haltungen wie Neid, Ungerechtigkeit u. ä. böse und schlecht zu nennen. Aber daß dieses Böse Sünde ist, wird in der Tat nur infolge vorgegebener Sündenerkenntnis, aufgrund der iustificatio sola fide sagbar. Sündenerkenntnis und Sündenbekenntnis sind Werk des Glaubens. Luthers Betonung: „Totus homo caro est" (WA 56,343,23 ff.) macht diese Aussage begreiflich; es gibt nichts am Menschen und im Menschen, das ihn befähigen würde, von sich aus, aus eigener Kraft den Schein der Verblendung und die Macht der Sünde zu durchbrechen. Die Entmächtigung der Macht der Sünde ist Werk, Tat Gottes. Die Vergebung der Sünden zu bewerkstelligen, ist nicht Aufgabe der Ethik. Daraus folgt freilich kein ethischer Quietismus: Aufgabe des Menschen ist die Bekämpfung der Folgen der Sünden, nicht die Abschaffung der Sünde, der concupiscentia.

(7) Wegen der dem Menschen entzogenen Beherrschung der Sünde ergibt sich ein Dilemma, eine doppelte Gefahr. Der Mensch kann versucht sein, die Macht der Sünde zu verkleinern und zu bagatellisieren. Die Sünde wird dabei um ihren Ernst gebracht. Es scheint im Ermessen des

Menschen zu liegen, die Sünde abzuschaffen. Die Überwindung der Sünde wird dann zur menschlichen Aufgabe und zum Ergebnis menschlichen Bemühens, menschlichen Wollens, menschlicher Anstrengung. Die Zusage der in Jesus Christus vollbrachten Vergebung der Sünden verwandelt sich in die Aufforderung zum Kampf gegen die Herrschaft des Bösen in der Welt. Der Kampf gegen die Sünde wird zum Kreuzzug.

Die andere Gefahr besteht dagegen darin, daß man die Macht der Sünde so groß macht und für so total und umfassend hält, daß es zwecklos wird, dagegen anzugehen. Die totale Verderbnis der Menschen und der Welt lassen dann eine Beseitigung von Bösem und Übel nicht zu. Wenn die ganze Welt im Argen liegt und der Teufel der Herr der Welt ist, dann ist jeder christliche Versuch zum Scheitern verurteilt, dem Bösen zu wehren. Ein Sündenpessimismus hindert dann an der Weltverantwortung. Die Sündenlehre führt zur ethischen Resignation. Ethik wird als menschliche Aufgabe unmöglich. In der Nacht der Erbsünde sind alle Katzen grau und werden alle konkreten Bewertungen nach gut und böse gleich-gültig. Dieses Dilemma ist unbefriedigend und irreführend.

(8) Um dem Dilemma zu entgehen, hat reformatorisches Sündenverständnis zwischen der Person und den Werken, den Taten des Sünders unterschieden. Für die Person des Sünders gilt: „Totus homo caro est". Im Blick auf die Taten des Sünders ist sehr wohl zwischen guten Werken und zu unterlassenden oder sogar wiedergutzumachenden bösen Taten zu unterscheiden. In diesem begrenzten Sinne hat der Plural „Sünden" und die Klassifizierung nach 7 Todsünden oder Hauptsünden ihr begrenztes Recht. Außerdem ist das Personsein des Sünders zu unterscheiden von den strukturellen Ausformungen und Gestalten sündigen Tuns von Menschen: Es kann gesellschaftlich, ökonomisch, auch ökologisch ein strukturell Böses durchaus Folge menschlicher Untaten sein.

An der Beseitigung dieses strukturell Bösen und objektivierter Schuld kann coram hominibus, vor den Menschen gearbeitet werden. Es gibt die Möglichkeit, die Welt zu verbessern, Verhältnisse zum Guten hin zu verändern. Ein radikales Ernstnehmen der Sünde kann nicht im Fatalismus enden. Luthers Unterscheidung von peccatum regnans und peccatum regnatum (WA 8,88 f.) ist hier unverändert aktuell.

Vgl. Rudolf Hermann, Luthers These „Gerecht und Sünder zugleich", 1930[1], 1960[2]; Wilfried Joest, Paulus und das Luthersche simul iustus et peccator, Kerygma und Dogma 1, 1955, S. 269–320.

Luther bildete diese Unterscheidung anhand von Röm. 6,12: „Non ergo regnet peccatum in vestro mortali corpore".

Die Unterscheidung von peccatum regnans und peccatum regnatum hat den Zweck, gegen die Scholastik die concupiscentia, die nach der Taufe bleibt, als wirkliche Sünde, und nicht nur als „fomes peccati", „Zunder" für die Sünde zu bezeichnen. Die concupiscentia bleibt für Luther auch nach der Taufe und Vergebung Sünde.

(9) Damit wird der Sinn der reformatorischen Formel „simul iustus, simul peccator" verständlich. Der genaue Wortlaut der Formel lautet: „peccatores in re, iusti autem in spe" (WA 56,269,27 ff.). Damit wird betont, daß die Gerechtigkeit des Christen eine iustitia externa ist: Die Gerechtigkeit wird dem Christen zugesprochen, „imputiert" (imputative Gerechtigkeit); sie ist keine Veränderung des Seins des Christen (effektive Gerechtigkeit). Der Christ ist zwar zur Abkehr von der Sünde aufgerufen. Aber es ist ihm kein Zustand der Sündlosigkeit, der Vollkommenheit zugesagt. Das Verständnis des „simul iustus, simul peccator" als „Seinsformel" (W. Joest) scheint dagegen eine statische Gleichgewichtsdialektik zwischen dem Rechtfertigungshandeln Gottes und dem Sündersein des Menschen herzustellen. Die Gefahr ist dann, daß der Eindruck entsteht, als könne dem Glaubenden die Sünde nicht mehr schaden und er dürfe deshalb ruhig in der Sünde verharren.

So äußert sich Luther einmal: „Ita vides, quam dives sit homo Christianus, qui etiam volens non potest perdere salutem suam quantiscumque peccatis nisi nolit credere" (WA 6,528,24 ff., De captivitate Babylonica). Oder: „Ich glaube, das do sey yn der selben gemeyne und sonst nyrgend vorgebung der sund, das außer der selben nit helff wie vill und groß die gute werck ymmer seyn mugen, tzur sund vorgebung, aber ynner der selben nit schade, wie vill groß ind offt gesundiget werden mag" (WA 7,219,17 ff., Eine kurze Form der 10 Gebote).

Derartige Sätze von der Unschädlichkeit der Sünde wollen zwar die Glaubensgewißheit bezeugen. Aber sie sind ethisch betrachtet fragwürdig: Ist denn das Tun und Lassen des Christen belanglos?

Verständlich sind diese Sätze allenfalls aus der Polemik gegen die mittelalterlich-scholastische Gnadenlehre: Der Mensch als ganzer ist Sünder. Er hat keine Möglichkeit zur Selbsterlösung, kein liberum arbitrium der Entscheidung zum Heil (vgl. CA 18). Es gibt keinen Rest im Menschen, welcher zum Guten geneigt und fähig wäre.

Vielmehr ist um des forensischen Charakters der Rechtfertigung willen zu bekennen: „Totus homo caro est". Daraus folgt ein radikalisiertes Sündenverständnis. Es ergeben sich paradoxe Aussagen: „Beides ist wahr; kein Christ hat Sünde und jeder Christ hat Sünde". (Enarratio zu Psalm 51, WA 40 II, 352). Christen sind „reputative totaliter iusti — revera totaliter peccatores" (WA 39 I, 564,3 ff.). Diese Aussagen interpretiert dann Luther so: „Die Heiligen (Christen) sind innerlich (intrinsece) immer Sünder, deshalb werden sie extrinsece (vor einem Forum außerhalb ihrer selbst) immer gerecht gesprochen" (WA 56,268,27 ff.). Luthers Formel soll also das „allein aus Gnaden" der Rechtfertigung sicherstellen, aber nicht die Sünde verharmlosen. Die „simul iustus, simul peccator"-Formel wird nämlich als ontologische Definition mißdeutbar. Es geht in ihr nicht um die Erklärung des Menschen, sondern um eine Beschreibung des Handelns Gottes. Damit kann diese Formel gerade nicht den Kampf gegen Ungerechtigkeit und Bösem in der Welt lähmen. Wohl aber zwingt sie zur Nüchternheit. Die Auseinandersetzung mit dem Bösen ist eine un-endliche, eine nie endende Aufgabe. Gerade Luther hob dies hervor: „wir glauben, daß die Vergebung aller Sünden geschehen sei ohne Zweifel, aber wir haben täglich zu tun und warten darauf, daß auch geschehe die Vernichtung aller Sünden und ihre vollständige Ausräumung. Und diejenigen, die daran arbeiten, die tun gute Werke" (WA 8,96). Der Mensch bedarf auch als Glaubender der Vergebung. Die reformatorische Anschauung von der Sünde enthält damit eine Absage an die Utopie des „neuen", vollkommenen Menschen und an eine heile Welt.

(10) Die Herkunft und die Radikalität der Sünde sind nicht rational, vernünftig zu erklären. Das Sündersein des Menschen ist auch nicht als anthropologisch notwendig zu begreifen.

Alle Bemühungen der Theologie können daher nur darauf gerichtet sein, das unerklärliche Faktum der Sünde als Phänomen einsichtig zu machen. Sünde ist aufgrund dieser Deutung zeitbezogen zu erschließen und situativ konkret zu benennen. Die Beschreibung von Sünde hat sowohl eine personal-individuelle Dimension wie eine soziale, eine gesellschaftliche Dimension.

3. Die ethische Bedeutung der Sündenlehre

Unter personaler Betrachtung zeigt sich Sünde als Selbstverfehlung, als Bruch in der Identität.

Die „Theologie der Befreiung" hat mit Recht — gegen individualistische Blickverengung — auf die soziale Dimension der Sünde hingewiesen. Sünde steht hinter der Situation institutionalisierter Ungerechtigkeit, der Unterdrückung. Sünde wird als durch die gesellschaftliche, wirtschaftliche, kulturelle Situation vermittelte Macht des Bösen und Erfahrung der Ohnmacht wahrgenommen. Es gibt objektive Situationen der

Sünde, welche das durch Unrecht verursachte materielle Elend als „himmelschreiende Sünden" (so eine Formulierung seit dem hohen Mittelalter), Verstoß gegen das Menschsein erscheinen lassen.

Ohne die Deutung von wirtschaftlichen und politischen Verhältnissen als „strukturelle Sünde" aufgrund gesellschaftlicher, sozialwissenschaftlicher Analyse hier anhand konkreter Beispiele zu prüfen — eine solche Situationsanalyse und deren kritische Prüfung ist im konkreten Fall Aufgabe der Sozialethik —, ist jedenfalls festzuhalten, daß Sünde als überindividuelle Macht begegnet. So sah es bereits *Schleiermacher*, wenn er die Sünde, die Erbsünde so deutet: Sie sei „Gesamttat und Gesamtschuld des menschlichen Geschlechts" (Glaubenslehre, 2. Ausg. § 71), und wenn *A. Ritschl* von einem „Reich der Sünde" statt von Erbsünde spricht. Sie ist mehr als individuelles Versagen und personale, persönliche Schuld. Gerade in industriell entwickelten Gesellschaften mit ihrem Rationalisierungsprozeß wird Sünde in einer überindividuellen Realität erfahren. Das alte Symbol der „Erbsünde" erhält damit ungeahnte Aktualität. Erbsünde ist dabei freilich nicht biologisch, sondern geschichtlich zu verstehen.

Bei der Interpretation der Phänomene der Sünde ist freilich eine doppelte Gefahr zu sehen: Einmal kann Sünde in fataler Weise individualisiert, spiritualisiert, verinnerlicht werden: Sie ist dann nur im Herzen verankert. Man kann diese Verinnerlichung der Sündenlehre analog zu einem Spiritualismus in der Christologie „Monophysitismus" (der Sündenlehre) nennen. Zum anderen kann Sünde aber auch so veräußerlicht und mit sozialen Strukturen identifiziert werden, daß sie nur noch ein gesellschaftliches Defizit bezeichnet. Zu solcher Veräußerlichung der Sündenlehre wird häufig marxistische Gesellschaftskritik benutzt. Es wäre dies, um in Begriffen der Dogmengeschichte aus den christologischen Streitigkeiten zu sprechen, die Häresie des Arianismus und Nestorianismus.

Insgesamt ist freilich in der Neuzeit die Tendenz zu beobachten, das Böse zu verharmlosen oder zu bestreiten. Sündenbekenntnis ist aber nach christlicher Überzeugung Voraussetzung einer Umkehr, eines Umdenkens, einer meta-noia, einer Umbesinnung, conversio.

Zugleich freilich führt Sündenerkenntnis ohne Vergebung, ohne remissio peccatorum, ohne Freispruch in Resignation und Zynismus. Luther warnte vor der Verzweiflung, der desperatio diabolica, welche ohne das Evangelium von der befreienden Gnade Gottes den Menschen beherrscht und versklavt. Die Gnade Gottes befreit zum Leben. Daher verneint sie die Sünde und deren Gestalten: Hybris, Selbstüberhebung,

Lüge und Trägheit, Apathie. Denn die Sünde verweigert und verschließt sich Gottes Heilswillen. Die Erkenntnis der Sünde, des Sünderseins entsteht nach Luther an der Betrachtung des Kreuzes und Leidens Christi. Denn die Erkenntnis des Kreuzes und Leidens Christi macht „ex infelicibus et superbis Diis homines veros, i. e. miseros et peccatores" (WA 5,128).

Für die Ethik folgt aus der Erkenntnis der Sünde im Glauben die Befreiung zum Wagnis des Handelns. Luthers seelsorgerlicher Rat an Melanchthon: „pecca fortiter, sed crede fortius" (WA Br. 2,370—372: BoA 6,53—56), wird von ihm damit begründet: „Deus non fictos, sed veros peccatores salvos facit, non fictum, sed verum peccatum mortificare docet" (WA 8,107,35). Gott macht nicht eingebildete, sondern wirkliche Sünder heil; so hat der Mensch nicht eine eingebildete, sondern die wirkliche Sünde abzutöten, zu vernichten.

Die reformatorische Sicht der Sünde gehört zu den theologischen Voraussetzungen der Ethik. Der Gegensatz zur Sünde ist theologisch gesprochen allerdings nicht die Tugend, sondern der Glaube. Sünde meint darum nicht in erster Linie einen Gesetzesverstoß, eine Normverletzung, sondern beschreibt ein Grundverfaßtsein des Menschen. Eine Definition von Sünde, wonach Sünder ist, wer etwas Verbotenes tut oder ein göttliches Gebot, ein kirchliches Gesetz, Vorschriften übertritt, versteht Sünde gesetzlich, legalistisch. Einer legalistischen Sündenlehre entspricht eine legalistische, kasuistische Ethik. Wird hingegen Sünde umfassender als Lebenszerstörung verstanden, dann ist Sünde, im Sinne der Personsünde, der Grundsünde, eine Grundaussage über den Menschen, die über dessen Handeln und Verhalten hinausgreift. Sünde ist dann eine existentiale Grundbestimmung des Menschen. Es geht dann um die Grundsicht des Menschseins in der Welt. Der Mensch ohne Glaube und Liebe ist der „homo incurvatus in se ipsum" (WA 56,356,4; 40 II, 352,7), der in sich verschlossene Mensch, der Mensch in der Entfremdung. Glaubenslosigkeit, Lieblosigkeit, Friedlosigkeit sind Zeichen der Gottesferne. Die Gottesferne aber ist nach den Schmalkaldischen Artikeln (C I, 1) das peccatum originale, capitale, principale, die Erbsünde, Ursünde, Hauptsünde.

§ 3. Gesetz und Evangelium

1. Die Fragestellung

Die Unterscheidung von Gesetz und Evangelium ist eine das Gesamtverständnis der Theologie betreffende Grundsatzfrage. Die klassische Fassung des Themas stellt sich in der Reihenfolge von „Gesetz und Evangelium" dar. *Karl Barth* hat bewußt die Reihenfolge umgekehrt in die Abfolge von Evangelium und Gesetz. Die katholische Formulierung lautet: Gesetz und Gnade. In der Diskussion ist vor allem strittig, was „Gesetz" heißt. Die evangelische Ethik macht traditionell der katholischen Ethik den Vorwurf, diese sei gesetzlich, nomistisch. Katholischerseits wird ebenso oft der Verdacht gegen die evangelische Ethik geäußert, diese sei anti-nomistisch. Tatsächlich ist der Sachverhalt aber wesentlich verwickelter. Im Blick auf die Ethik lassen sich bei der Unterscheidung von Gesetz und Evangelium drei Fragestellungen unterscheiden.

(Einmal) geht es im theologischen Verständnis des Gesetzes um eine *Gesamtdeutung der Wirklichkeit*: Wie verhalten sich Wirklichkeitserfahrung als Gesetzeserkenntnis und Verkündigung des Evangeliums zueinander? Die Unterscheidung von Gesetz und Evangelium, wie die Zuordnung des Gesetzes zum Evangelium greifen damit das fundamentaltheologische Thema des Verhältnisses von *Offenbarung und Leben*, von Kerygma und Wirklichkeit auf.

(Zum anderen) geht es um die soteriologische Bedeutung des Gesetzes: *Was bewirkt Heil*, was macht vor Gott gerecht, was macht die Person des Menschen vor Gott gut, das Wirken des Menschen oder der Glaube? Es geht hier um den Zusammenhang von *Ethik und Rechtfertigung*.

(Und schließlich) kann man die Frage der Erkenntnis wie der Wirkung des Gesetzes darauf zuspitzen, welche konkrete *Bedeutung* das Gesetz Gottes für das weltliche Leben hat. Es ist dies die Frage nach dem bürgerlichen Gebrauch, dem usus politicus legis, und nach der Bedeutung allgemeinverbindlicher, menschlicher sittlicher Grundsätze auch für die theologische und die christliche Ethik.

Eine Klärung dieser theologischen Grundfragen ist deshalb schwierig, weil sich in der Unterscheidung von Gesetz und Evangelium die gesamte Vielfalt des Lebens widerspiegelt. In dieser Grundunterscheidung ver-

§ 3. Gesetz und Evangelium 61

dichten sich theologische „Fundamentalunterscheidungen" (*Gerhard Ebeling*). Evangelium ist das Wort, das Heil zuspricht. Als Heilswort ist das Evangelium eindeutig. Es gibt nur einen einzigen Umgang mit dem Wort, den Glauben. Der Glaube ist der einzige „usus evangelii". Das Gesetz faßt hingegen in sich die gesamte Spannweite von Lebenserfahrungen und Weltdeutungen: Geschöpflichkeit und Sündersein, der Mensch als creatura dei und als peccator sind im „Gesetz" gleicherweise angesprochen. Daher wird ein duplex usus legis notwendig, „politice" in Hinsicht auf das irdische Leben, „theologice" vor Gott. Es geht um einen duplex usus legis, einen zweifachen Umgang mit dem Gesetz, aber nicht um ein zweifaches Gesetz, eine duplex lex.

2. Zum theologischen Begriff „Gesetz"

Einig ist man sich in der evangelischen Theologie in der Ablehnung des „Nomismus", der Gesetzlichkeit. Gesetz, lat. lex, griech. νόμος, ist allerdings ein Wort, das in verschiedenen Kontexten vorkommt:

a) Das Wort Gesetz im Rechtssinn dient nicht nur deskriptiv Beschreibungen menschlichen Verhaltens, sondern es ist präskriptiv gebraucht. Gesetz bedeutet in diesem Fall: Rechtsnorm, Anspruch.

b) In der Neuzeit wird der Gesetzesbegriff in Naturwissenschaft und Philosophie (seit *Kepler* und *Galilei*) vorherrschend. Gesetz meint hier die Regel eines beobachtbaren Zusammenhangs, dessen regelhafte Struktur der menschliche Verstand in den Gegenständen der Natur und ihrer Ordnung erkennen kann (z. B. „Gesetz" der Planetenbewegung). Das Problem der erkenntnistheoretischen Begründung solcher Gesetze ist: Sind diese Gesetze Konstruktionen des erkennenden Subjekts oder objektive Gesetze der Wirklichkeit?

c) Vom Rechtsgesetz und Naturgesetz zu unterscheiden ist das moralische Gesetz: *Kant* hat die sittliche Forderung „Du sollst" als praktisches Gesetz begründet in Unterscheidung von den Gesetzen der Natur, der Empirie. Das Sittengesetz ist bei Kant gerade nicht Naturgesetz.

d) Die religiöse und theologische Begründung hat eine doppelte Wurzel, nämlich (I) die des Gesetzesverständnisses der Bibel, des νόμος, der Tora im AT, (II) die griechische Auffassung vom νόμος als kosmischer Ordnung. Auch die griechische, z. B. stoische Auffassung hat einen religiösen Hintergrund. Der Logos des Menschen hat teil an der göttlichen Weltvernunft. Das Welt-gesetz ist Inbegriff der Welt-vernunft. Im NT ist dagegen die paulinische Auseinandersetzung mit dem Nomos als Heilsweg zentral. Die Rechtfertigung des Christen erfolgt durch die πίστις Ἰησοῦ Χριστοῦ, nicht aufgrund der ἔργα νόμου (Römerbrief; Galaterbrief). Daraus ergibt sich nach Paulus die Frage: Ist das ganze AT nur lex (so Marcion)? (vgl. Röm. 3,10—19).

Wie ist somit das Gesetz theologisch zu begreifen? Auf jeden Fall nicht als Lehrsatz, als statutarisch fixierte Norm, aus der dann die Einzelweisungen abzuleiten wären. Was ist es aber dann, wenn es nicht feste Norm ist? Wie ist es inhaltlich zu bestimmen? Sodann: Welche „Funktion" hat es für das Leben der Christen? Funktion übersetzt das Wort usus. *Luther* lehrt einen duplex usus legis: Das Gesetz ordnet das äußere Zusammenleben der Menschen, und es überführt den Menschen seiner Sünde (usus politicus, civilis legis und usus theologicus, paedagogicus, elenchticus). Dabei wirkt das Gesetz in erster Linie Erkenntnis der Sünde.

„Lex occidit per impossibilitatem suam" (WA 39 I, 383,22). „Lex semper accusat" Apol. IV. Das Evangelium ist folglich abrogatio, negatio legis, Verneinung des Gesetzes.

Dagegen lehrt *Melanchthon* einen tertius usus legis: Das Gesetz dient ebenfalls als Anweisung für das Leben des Christen. Auch *Calvin* betont die didaktische Funktion des Gesetzes: Das Gesetz ist Lebensweisung für den Christen, Maßstab christlichen Lebens. Deswegen stellt sich die Frage nach der Verbindlichkeit des biblischen Ethos für den Christen (z. B. Sabbatheiligung).

3. Gesetz und Evangelium bei Luther

3.1 Der Problemhorizont bei Luther

Luther behauptete, die Unterscheidung von „Gesetz und Evangelium" sei eine „sehr hohe, die höchste Kunst in der Christenheit" (WA 36,9). Diese Unterscheidung freilich hängt aufs engste zusammen mit dem reformatorischen Verständnis der Rechtfertigung.

Luther hat bekanntlich kein Lehrsystem entworfen, in dem dann auch die Unterscheidung von Gesetz und Evangelium ihren bestimmten Platz hätte. Die Unterscheidung von Gesetz und Evangelium betrifft also kein spezielles einzelnes Lehrstück, sondern ist eine durchgängige Grundunterscheidung. Dabei spielt die Situation eine wichtige Rolle, in welche das Evangelium, die Christusverkündigung hineingesprochen werden soll. Luther hat 1520/21 während der Wittenberger Unruhen erstmals schärfer die Unterscheidung von Gesetz und Evangelium thematisiert. Ursprünglich ist diese Unterscheidung von der polemischen Auseinandersetzung mit der Werkgerechtigkeit des Mönchtums und mit der Vergesetzlichung des Evangeliums in der Lehre und kirchlichen Praxis des Papsttums bestimmt. Später kommt als neue Front die schwärmerische und antinomistische Bestreitung des Gesetzes, der Libertinismus hinzu. Luther selbst hat im Rückblick den Wandel der Situation so charakterisiert: In den Anfängen habe die Predigt des Evangeliums römischer Gesetzlichkeit zu wehren gehabt, welche die frohe Botschaft des Evangeliums den verängsteten, verwirrten und erschreckten Gewissen vorenthielt. Nach der reformatorischen Überwindung solcher Gesetzlichkeit seien die Menschen jedoch selbstsicher, unbußfertig, epikuräisch geworden und dazu übergegangen, die Verheißung des Evangeliums zur Rechtfertigung ihres schlechten Wandels und bösen Wesens zu mißbrauchen (3. Antinomerdisputation, WA 39 I, 571,10—572,14). Das Evangelium werde von solchen in „securitas" und „praesumptio" (39 I, 574,5 ff.) befangenen Christen mißbraucht zur leichtfertigen Besänftigung ihres Gewissens und nicht als Trost in Anfechtung empfangen. Luther fordert jetzt:

„Wenn du Angefochtene und Bedrängte siehst, denen predige Christus, predige die Gnade, so sehr du es vermagst, predige sie aber nicht den Sicheren, den Müssiggängern, den Huren, Ehebrechern und Lästerern" (WA 39 I, 574,8—11).

Es entsteht somit in dieser Aussage der Eindruck, als ob hinter Luthers Unterscheidung von Gesetz und Evangelium psychologische und pädagogische Erwartungen stehen. Die Unterscheidung wäre dann nur ein didaktisches Problem. Darauf ist nochmals zurückzukommen.

Mit dem Wandel der Situation vollzieht sich zugleich eine terminologische Klärung: Seit der Kirchenpostille *1522* verwendet Luther den Begriff duplex usus legis als feste Prägung (WA 10 I, 454 f.): Der usus verus, theologicus legis — secundus usus legis — dient der Sündenerkenntnis, der cognitio peccati. Der usus civilis — primus usus legis — steht im Dienste der Aufrechterhaltung der äußeren Ordnung, des cohercere peccata. Einen tertius usus legis kennt Luther hingegen nicht.

Ende der 40er Jahre haben dies unabhängig voneinander *Werner Elert* und *Gerhard Ebeling* nachgewiesen. Die einzige Stelle in der Antinomerdisputation in der Weimarer Lutherausgabe (39 I, 485,16—24), welche vom tertius usus legis spricht, ist melanchthonische Interpretation, „melanchthonische Fälschung" (Werner Elert). Für Luther wird das Gesetz nur dem Sünder gegeben. Der Gerechtfertigte bedarf keines Gesetzes mehr. Er lebt in der Freiheit eines Christenmenschen und tut spontan von sich aus das Gute. Anders lehren Melanchthon und Calvin.

Den Begriff *usus* legis bildete Luther wohl im Anschluß an 1. Tim. 1,8 (καλὸς ὁ νόμος, ἐάν τις αὐτῷ νομίμως χρῆται). Wichtig wird sodann nach 1521 für Luther die Auseinandersetzung mit den Schwärmern bei der Auslegung seiner Lehre vom Gesetz.

Die Schwärmer vertraten (a) eine unbedingte Geltung des mosaischen Gesetzes auch für den Christen (so *Karlstadt*). Der Streit spitzte sich auf die Bilderfrage zu. Denn im Bilderverbot des AT konkretisiert sich für Karlstadt die Verbindlichkeit des Zeremonialgesetzes. Luther verwirft ein gesetzlich-biblizistisches Schriftverständnis: Abgetan ist für ihn freilich nicht nur das Zeremonialgesetz, sondern das gesamte Gesetz des AT. Für Christen tritt an die Stelle des mosaischen Gesetzes das kaiserliche Recht (WA 18,81,14). Moses sei der „Juden Sachsenspiegel" gewesen und gehe den Christen nichts mehr an. Das mosaische Gesetz als solches hat für den Christen keine Offenbarungsdignität mehr.

Aber Luther hat deshalb gleichwohl nicht wie Marcion das AT als Buch der Kirche abgeschafft. Die Bedeutung des AT für den Christen liegt nach ihm jedoch nicht in den sittlichen und kultischen Vorschriften, sondern in den Verheißungen auf Christus hin und in den Exempeln des Glaubens, der Liebe und des Kreuzes. Es ist deshalb eine zu schlichte Lösung, wenn man bei Luther einfach das AT mit dem Gesetz, das NT mit dem Evangelium gleichgesetzt sieht. So lehnt beispielsweise Luther zwar eine offenbarungspositivistische Begründung und Legitimation des Dekalogs ab. Aber er sah dessen Gehalt als mit der Existenz des Menschen faktisch gegeben an. Der Dekalog ist lex naturalis (vgl. unten).

Luther hat also gegen gesetzlichen („positivistischen") Biblizismus und Nomismus die Freiheit des Evangeliums herausgestellt und das Eigenrecht der iustitia civilis, der bürgerlichen Rechtschaffenheit vertreten. Zu dieser iustitia civilis, zur sittlichen Verantwortung, die freilich vor Gott nicht rechtfertigt, ist der Mensch fähig.

Zu der Abgrenzung gegen die Gesetzlichkeit der Schwärmer kam sodann (b) die Abgrenzung gegen den Antinomismus hinzu. Der Antinomismus fordert den generellen Verzicht auf das Gesetz. Im antinomistischen Streit wie in der gleichzeitigen Galaterbriefvorlesung 1531 betont Luther die bleibende Bedeutung des Gesetzes für das Leben der Christen.

Freilich: Wie ist Luthers Position im Streit mit den Antinomern zu verstehen und zu werten?

Karl Barth erklärte (KD IV, 3, S. 428): „Den Luther des Streites gegen die Antinomer (der mir freilich auch in nicht wenigen früheren und späteren seiner Äußerungen erschreckend genug begegnet) verstehe ich sicher nicht — und das, was sich seither in dieser Sache als klassische ‚lutherische' Lehre entfaltet hat, erst recht nicht". Barth lehnt daher grundsätzlich Luthers Anschauung vom Gesetz ab. Hingegen ist für lutherische Theologen die in den Antinomerdisputationen eingeschärfte Unterscheidung von Gesetz und Evangelium der unverzichtbare theologische Ansatz. Die Grunddifferenz zwischen lutherischer und barthianischer Theologie, welche sowohl die Hermeneutik wie den ethischen Ansatz betrifft, kann man anhand der Formeln „Gesetz und Evangelium" oder „Evangelium und Gesetz" auf den Begriff bringen.

Veranlassung und Verlauf der antinomistischen Streitigkeiten, deren Urheber *Johann Agricola* (gest. 1566) war, sind nur knapp darzustellen. Erstmals 1527 lehnte Agricola die Gesetzespredigt als Bedingung der Buße ab, unter Berufung auf Luther selbst: Allein das Evangelium, nicht das Gesetz könne die Herzen wandeln. 1537 brach der Streit um die Bedingungslosigkeit der im Evangelium zugesprochenen Gnade neu auf. Mit einer Reihe Agricola zugeschriebenen Thesen setzte Luther sich in den Antinomerdisputationen auseinander. Ausgangspunkt der Kontroverse ist Agricolas Grundthese, die nach Luther lautet: „Poenitentia docenda est non ex decalogo, aut ulla lege Mosis, sed ex violatione filii per evangelium". Damit beruft sich Agricola auf Luthers eigene Aussage aus der Frühzeit der Reformation, wonach wahre Buße entstehe und anhebe „ex benignitate et beneficiis Christi" (WA 1,319.576; 2,421). Agricola fordert: „docendam poenitentiam ... ex memoria Christi, non ex lege" (Th. 6 WA 39 I, 342,20 f.). Motiv christlicher Buße sei deswegen nicht die violatio legis, sondern die violatio filii (Th. 3 WA 39 I, 342,15). Luther folgert als Konsequenz der Lehre Agricolas und damit als Kritik: Das Gesetz sei nicht Gottes Wort. „Lex non est digna, ut vocetur verbum Dei". „Bistu ein hure, bube, ehebrecher, oder sons ein sunder, gleubstu so bistu im wege der seligkeit". „Wenn du mitten in der sunden stickest auffs höchste und bist, Gleubstu, so bistu mitten in der Seligkeit". „Decalogus gehort auffs Rathaus, nicht auf den Predigtstuhl". „Wir sollen nicht die Menschen bereiten zum Evangelio durch die predigt des Gesetzes, Gott muß es thun, des werck sey es" (WA 39 I, 344,25 ff.).

3.2 Die allgemeinmenschliche Bedeutung des Gesetzes nach Luther

Es steht Agricola für den Idealtypus einer möglichen, theologisch, einseitigen Position: Der Glaube und die Kirche haben es danach *nur* mit dem Evangelium zu tun. Der Christ als Glaubender ist völlig frei vom Gesetz als Zwangsordnung. Er hat im Glauben bereits die Seligkeit, das Heil. Das Gesetz gehört als weltliche Ordnung nur ins Rathaus, nicht auf die Kanzel; es ist nur noch äußerliche Ordnung; das „Wohl" hat nichts mehr mit dem „Heil" zu tun.

Luther unterscheidet im Gegensatz zu dieser Position zwar auch eindeutig zwischen Evangelium und Gesetz. Evangelium definiert er folgendermaßen: „Evangelium propria definitione est promissio de Christo, quae liberat a terroribus legis, a peccato et morte, adfert gratiam, remissionem peccatorum, iustitiam et vitam aeternam" (WA 39 I, 387,2—4). Evangelium ist Gnadenzusage, promissio. Gesetz hingegen ist Forderung, praeceptum (WA 36,22,2; 7,50.53). Im Geschehen der Rechtfertigung erweist sich das Gesetz als lex damnans.

Das eigentliche Amt des Gesetzes ist somit „accusare et occidere", des Evangeliums „vivificare" (WA 39 I, 363,19). Luther kann erklären: „Lex non damnans est lex ficta et picta, sicut chimaera aut tragelaphus. Nec politica aut naturalis lex est quidquam nisi sit damnans et terrens peccatores" (WA 39 I, 358,26—29).

Gesetz im strengen theologischen Sinn ist für Luther immer Gerichtswort. Es trägt deswegen selbst nichts Positives bei zur Rechtfertigung. Luther unterstreicht in der 2. Thesenreihe zur Antinomerdisputation nachdrücklich: „Cum de iustificatione agitur, nihil potest satis dici contra legis impotentiam et pestilentissimam fiduciam in lege" (WA 39 I, 347,31 f.). Das Gesetz hat also keinerlei Heilsbedeutung. Aber es beschreibt eine Grundverfassung des Menschen.

Der irdische Mensch steht unter dem Gesetz, weil er unter Sünde und Tod steht. Die Trias „lex, peccatum, mors" beschreibt die Grundverfassung des Menschen: Sie stellt eine existentiale Grundstruktur des Menschseins dar. Der sterbliche Mensch ist und bleibt Sünder. Dem Sünder begegnen die Anforderungen und Ansprüche der Mitmenschlichkeit, der Nächstenliebe, des Grundvertrauens. Vor die Unausweichlichkeit ethischer Verantwortung gestellt, scheitert er aber an diesen Forderungen. Denn entweder versagt der Mensch sich dieser Forderung und wird dadurch schuldig; oder er erfüllt die ethische Forderung, mißbraucht sie aber zugleich zur Selbstbestätigung vor sich selbst und zur Selbstrechtfertigung vor Gott. Die als Gesetz erfahrene Forderung führt darum entweder zur Verzweiflung (desperatio) oder zur falschen Selbstgerechtigkeit und Sicherheit (praesumptio, securitas) (WA 39 I, 445,20; 441,10; 430,7).

Der *usus theologicus legis* legt somit theologisch das Verfallensein des Menschen unter das Gesetz als Folge des servum arbitrium aus.

Der *usus primus politicus legis* allerdings nötigt zur Frage: Gibt es eine *allgemeinmenschliche* Gesetzerfahrung? *Gerhard Ebelings* Definition legt dies nahe:

„Gesetz ist für Luther nicht eine statutarische geoffenbarte Norm, zu der sich nun der Mensch so oder so verhält, sondern Gesetz ist für Luther eine existentiale Kategorie, in der die theologische Interpretation des faktischen Menschseins zusammengeballt ist. Gesetz ist darum nicht eine Idee oder eine Summe von Sätzen, sondern die Wirklichkeit des gefallenen Menschen" (WuG I, S. 64 f.).

Erfahrungen der Realität des Menschseins konvergieren somit mit der Gesetzeserfahrung. Erst wenn Sünde und Tod aufgehoben sind, gilt auch das Gesetz nicht mehr (WA 39 I, 355,3 ff.).

Aufgabe der existentialen Interpretation des Gesetzes ist es daher, die Existenz des Menschen zu erhellen und „aufzudecken", an welche das Wort des Evangeliums (verbum externum) gerichtet war. Existentiale Interpretation heißt sodann: Auslegung des Gesetzes anhand der Erfahrung des Menschseins.

Um dieses universalen Geltungsanspruchs des Gesetzes willen lehrt Luther zugleich, daß das Gesetz, und zwar in Form des Dekalogs, in *alle* menschlichen Herzen und Gewissen eingeprägt ist (WA 39 I, 413,14 f.). Die lex moralis ist eine tendenziell jedem Menschen bekannte Forderung: „Decalogus ... haeret adhuc in conscientia. Nam sie deus nunquam tulisset legem per Mosen, tamen mens humana naturaliter habet hanc notitiam, Deum esse colendum, proximum diligendum" (39 I, 374,2—5).

Nun ist in der heutigen theologischen und philosophischen Diskussion und im Zeitalter des Atheismus die Denkmöglichkeit einer natürlichen Gotteserkenntnis, einer natürlichen Theologie strittig. Eine allgemein zugängliche Gotteserkenntnis bleibt eine unerledigte „offene" Frage. Luthers Meinung war jedenfalls: Das Gesetz ist „in facto" (39 I, 477,7 f.) gegeben mit der menschlichen Existenz als solcher. Die Gesetzespredigt erinnert also an vorgängig dem Menschen an sich mögliche Gesetzeserfahrungen. Mose war nicht der „autor decalogi", sondern lediglich gleichsam der „interpres et illustrator legum scriptarum in mentibus omnium hominum" (39 I, 454,4.14). Wenn die Menschen nicht Ungeheuer („monstrosi") sind, dann kennen sie eine Verpflichtung dem Gesetz gegenüber „ab ipsa nativitate seu creatione hominis". Das Gesetz begegnet in den Forderungen des Menschseins. Eine Gesetzes*predigt* kann die Forderung der Humanität daher nur einschärfen. Aber weil beim konkreten Menschen das Wissen ums Gesetz verdunkelt ist, aufgrund seines Sünderseins, bedarf es notwendig solcher Gesetzespredigt als Erinnerung. Die Predigt des Gesetzes hat die Wirklichkeit des Menschen als die Wirklichkeit eines Sünders freizulegen, nicht weil der Mensch dies nicht von sich aus weiß oder wissen könnte, sondern weil er es nicht wahrhaben will. Deswegen sendet Gott Moses, den Gesetzesprediger, als Herkules, der das Monstrum recht abrichten soll: Er soll die Bestie zähmen, die Bestie, die Luther „opinio iustitiae" nennt (WA 40 I, 481).

Das besagt aber auch: Luther fordert keine isolierte Gesetzespredigt: Bloße Gesetzespredigt bewirkt nur „desperatio diabolica" (WA 39 I, 441,10; 430,6); sie stürzt Menschen in Verzweiflung, wie einstmals Kain, Saul, Judas verzweifelten (WA 39 I, 445). Eine „desperatio salutaris" bewirkt allein das Evangelium. Erst das Evangelium macht das Gesetz aus einem Räuber (latro) zum Pädagogen, zum Wegweiser zu Christus hin (39 I, 445,11 f.; 446,3 f.). Reine Gesetzespredigt ist nach Luther ein Werk des Teufels. Denn „das sei die höchste Kunst des Teufels, daß er kann ex evangelio legem machen" (WA TR I, Nr. 590).

Die Betonung der Einheit der Predigt von Gesetz und Evangelium trennt Luther von jedem Moralisieren und Psychologisieren: Er empfiehlt keine Pädagogik, keine Didaktik des Predigers, wonach zuerst Gesetz, danach Evangelium zu predigen sei. Die Unterscheidung von Gesetz und Evangelium ist nämlich gar nicht pädagogische Aufgabe des Predigers, sondern Werk des Heiligen Geistes. Das Subjekt des usus legis ist folglich nicht der Mensch, sondern Christus oder der Teufel (Ebeling, WuG I, S. 65 f.). Der Mensch ist nicht autor legis, Subjekt, sondern „materia legis" (40 I, 535,1 ff.), nicht Urheber, sondern Gegenstand, Thema des Gesetzes.

Die Unterscheidung von Gesetz und Evangelium hat ihren richtigen Ort einzig in der Predigt. Luthers Gesetzeslehre ist an der Frage nach der Gestaltung menschlicher Lebenswirklichkeit ausgerichtet. Aufgabe des usus civilis ist es, die Ordnung in der Welt zu schützen: Er soll Übertretungen verhindern. Das Gesetz hat folglich einen dreifachen Zweck: es ist notwendig um des öffentlichen Friedens willen, sodann zur Erziehung der Kinder und allermeist, damit die Predigt des Evangeliums nicht gehindert werde (WA 40 I, 479 ff.). Der Christ soll sich also selbstverständlich in diese bürgerliche Ordnung schicken. Aber er darf die iustitia civilis nicht zur „iustitia spiritualis coram deo" mißbrauchen. Der Christ respektiert das Gesetz zwar als faktisches Gestaltungsprinzip der Welt, verfällt aber nicht dem abusus des Gottlosen (impius), der meint, mit Hilfe des Gesetzes „opinio iustitiae" zu gewinnen. Denn er weiß: Ein Christ bleibt auch im Glauben ein Sünder. Nach außen hin gibt es daher keinen großen Unterschied zu den profan, nicht christlich lebenden Menschen. Das „Gesetz" ist dasselbe für Christen und Nichtchristen. Nur seine Bedeutung, Wirkung, „Funktion" ist verschieden für Christen und Nichtchristen.

Vor allem ist aber zu beachten, daß Luther das Gesetz nicht statisch, starr deutet. Denn der Christ lebt nicht *nur* unter der *Forderung* des Gesetzes. Als Gerechtfertigter lebt er vielmehr zugleich in der Freiheit der Kinder Gottes, die spontan, von sich aus, ohne Nötigung des Gesetzes das Gute und Rechte tun. „Justificati ... facimus opera, imo Christus ipse in nobis facit omnia" (39 I, 46,18). Die Freiheit des Geistes ermächtigt die Christen daher dazu, selbst neue Gesetze zu entwerfen:

„Habito enim Christo facile condemus leges et omnia recte iudicabimus. Imo novos decalogos faciemus, sicut Paulus facit per omnes epistolas, et Petrus, maxime Christus in evangelio. Et hi decalogi clariores sunt, quam Mosi decalogus, sicut facies Christi clarior est quam facies Mosi" (2. Kor. 3) (WA 39 I, 47,25 – 37, These 52 – 54).

Der Christ („Christianus plenus spiritu") kann somit, nach Luther wie Paulus, einen Dekalog verordnen und alles recht beurteilen (decalogum quendam ordinare et de omnibus rectissime iudicare Th. 56).

Allerdings schränkt Luther ein: „Jedoch weil wir inzwischen von ungleichem Geist sind und das Fleisch dem Geist widerstreitet, so ist ferner wegen der Schwarmgeister notwendig den gewissen Weisungen und Schriften der Apostel zu folgen, damit nicht die Kirche zerspalten wird. Wir sind nicht alle Apostel, welche mit gewissem Befehl an uns als unfehlbare Doktoren gesandt sind".

Prinzipiell führt den Christen der Geist; er bedarf keiner Vor-Schrift; er ist nicht an das „alte" Gesetz gebunden; er kann „neue" Gebote entwerfen. Aber nicht jeder Christ hat im konkreten Fall dazu den Geist im erforderlichen Maße. Ferner hemmt das Fleisch den Geist. Dazu kommt der Versuchung der Schwarmgeisterei, private Offenbarungen und Erkenntnisse über die Schrift zu setzen und deren Urteil zu entziehen. Endlich: Es gibt die Nötigung zur Kommunikation mit anderen. Daher ist es notwendig, daß der Christ die Paränesen und Gebote der Schrift kennt und beachtet, damit die Einheit der Christenheit im ethischen Urteil nicht zerstört wird. Schon Luther entwirft deswegen die christliche Ethik als „kommunikative Ethik".

3.3 „Gesetz und Evangelium" statt „Natur und Gnade"

Die Unterscheidung von Gesetz und Evangelium ist insgesamt bei Luther soteriologisch orientiert am Geschehen der Rechtfertigung. Die Leitfrage lautet: Was macht den Menschen heil? Um diese Frage theologisch zu klären, bedarf es der Erkenntnis der Wirklichkeit des Menschen, nämlich daß er als Mensch Tod und Sünde unterworfen ist. Das Gesetz beschreibt diese Wirklichkeit des Menschen. Es enthält also eine theologische Auslegung des Menschseins; freilich erst in der Begegnung mit dem Evangelium wird der eigentliche Sinn der Gesetzeserkenntnis erkennbar. Diese soteriologische Auffassung von Gesetz und Evangelium ist in doppelter Hinsicht abzugrenzen.

(a) Die römisch-katholische Lehre spricht statt von Gesetz und Evangelium von Natur und Übernatur (Gnade). *Augustins* Satz: „Lex data, ut gratia quaereretur, gratia data, ut lex impletur" (De spir. et lit. 34; Ep. 145,3) ist dafür grundlegend. Gesetz und Gnade (nicht Evangelium), lautet hier die Formel. Die Gnade ermöglicht die Erfüllung des Gesetzes, die Übernatur vervollkommnet die Natur. Reformatorische Lehre schärft hingegen ein: Das Evangelium ermöglicht nicht eine vollkommene Erfüllung des Gesetzes, sondern hebt es auf. Der Mensch wird durch das Evangelium nicht vervollkommnet, er empfängt keinen neuen Zustand, habitus, sondern er wird in eine neue Gottbeziehung versetzt, in eine neue Relation der Gotteskindschaft. Dem Schema von Natur und Übernatur hingegen entspricht eine habitus-Lehre, in welcher es um eine Koordination des natürlichen Vermögens des Menschen, des liberum arbitrium, mit dem übernatürlichen Beistand Gottes geht. In dieser Hinsicht hat die Unterscheidung von Gesetz und Evangelium kontroverstheologische Bedeutung.

(b) Die andere Abgrenzung ist erforderlich gegenüber *Karl Barth*, der Evangelium und Gesetz in ein Entsprechungsverhältnis setzt.

4. Karl Barth: Evangelium und Gesetz

4.1 Die Position Barths

In der innerevangelischen, ethischen Diskussion stellt im 20. Jahrhundert die von K. Barth vertretene Gegenposition zu Luthers Lehre von „Gesetz und Evangelium" die Alternative dar. Barth fragt ursprünglich nicht nach der Wirkung, der Funktion des Gesetzes, nach dem usus legis, sondern nach der Erkenntnis des Gesetzes; er setzt offenbarungstheologisch-gnoseologisch, nicht soteriologisch an. Barths Grundfrage lautet nicht: Was *wirkt* das Gesetz am Menschen, nämlich entweder desperatio, praesumptio oder nur eine iustitia civilis, sondern: Wie *erkennt* der Mensch Gottes Gesetz? Die Antwort auf diese Frage lautet: im Evangelium, in der Offenbarung.

Barths Fragestellung ist also bereits im Ansatz eine andere als die Luthers. Gesetz ist darum für Barth die „Form des Evangeliums", eine geoffenbarte Norm. Dazu kommt sodann eine Nähe Barths zum *melanchthonisch* geprägten Luthertum und zu Calvin: Der tertius usus legis wird zum eigentlichen Gegenstand der Lehre vom Gesetz. Luther setzt eine Gesetzeserkenntnis, eine Ansprechbarkeit jedes Menschen auf das Gesetz einfach voraus. Das Luthertum erklärte später diese Ansprechbarkeit mit Hilfe der Lehre einer Schöpfungsoffenbarung vor der Heilsoffenbarung.

Gegen jede Offenbarung neben und unabhängig von der Christusoffenbarung erhebt Barth Widerspruch. Daher fordert er entschieden die Einheit von Evangelium und Gesetz.

Barths Vortrag „Evangelium und Gesetz" (1935), in dem er diese These erstmals vertrat, hat seinen historischen Ort im Kirchenkampf. Barth bestreitet darin indirekt, aber unverkennbar die Lehre von der Offenbarung Gottes in geschichtlichen Vorgängen, vor allem im Jahr 1933. Diese Anschauung, daß Gottes Wille offenbar wird und fordernd begegnet in gegenwärtigen geschichtlichen Ereignissen, vertraten nicht nur die Deutschen Christen, sondern auch Lutheraner, wenn sie von einer gratia historica, von einer „deutschen Stunde der Kirche" sprachen. Ein fatales Dokument dieses Gesetzesverständnisses ist der von den Erlanger Theologen *Paul Althaus* und *Werner Elert* verfaßte Ansbacher Ratschlag, 1934: Die völkische Ordnung wird hier zum Maßstab und zur Norm auch der christlichen Ethik.

Dagegen betont Barth: Die Wirklichkeit „offenbart" nicht Gott. Geschichte ist und bleibt immer zweideutig. Sie läßt sich daher nicht als Orakel für den Willen Gottes benutzen. Geschichte entzieht sich ferner letztlich unserem menschlichen Willen zum Durchblick, zur geschichtstheologischen Interpretation.

Theologisch ist Barths Ansatz davon bestimmt, daß der Bund Gesetz und Evangelium übergreift. Der Zuspruch geht dem Anspruch Gottes voraus (vgl. 2. Barmer These). Im Bund ist das Evangelium vor dem Gesetz da (KD II, 2, S. 567): „um zu wissen, was Gesetz ist (müssen wir) allererst um das Evangelium wissen, und nicht umgekehrt" (Evangelium und Gesetz = EuG S. 5). Die Erkenntnis des Gesetzes folgt also dem Evangelium. Oberbegriff für Evangelium und Gesetz ist daher das „Wort Gottes" (EuG S. 6). Das Wort Gottes, die Offenbarung Gottes ist freilich stets Gnade. „*Daß* Gott mit uns redet, das ist unter allen Umständen schon an sich Gnade" (EuG S. 6).

Von diesem Grundverständnis des Wortes Gottes als Gnade aus wird das Verhältnis von Evangelium und Gesetz bestimmt. Inhalt des Evangeliums ist Gottes Gnade. Jesus Christus (S. 7) ist die Kunde von Gottes freier, souveräner Gnade (S. 6). Aus der Verkündigung der Gnade folgt dann die Gehorsamsforderung an den Menschen (S. 12). Barth formuliert programmatisch: „das Gesetz ist nichts anderes als die notwendige Form des Evangeliums, dessen Inhalt die Gnade ist" (S. 13).

Barth verwendet folgende Vergleiche: Das Gesetz ist im Evangelium, wie die Tafeln vom Sinai in der Bundeslade sind (S. 13). Das Evangelium ist im Gesetz wie das Kind in der Krippe oder wie in den Windeln des Gebotes. Die Wahrheit des Evangeliums (der Indikativ) geht dem Gehorsam der Menschen (dem Imperativ) voran. Zuerst kommt der Glaube, dann das Handeln (S. 15). Barth sagt es im Leitsatz zu § 36 („Ethik als Aufgabe der Gotteslehre") in der kirchlichen Dogmatik" so: „Die Ethik als Lehre von Gottes Gebot erklärt das Gesetz als die Gestalt des Evangeliums, d. h. als die dem Menschen durch den ihn erwählenden Gott widerfahrende Heiligung. Sie ist darum in der Erkenntnis Jesu Christi begründet, weil dieser der heilige Gott und der geheiligte Mensch in Einem ist. Sie gehört darum zur Lehre von Gott, weil der den Menschen für sich in Anspruch nehmende Gott eben damit in ursprünglicher Weise sich selbst für diesen verantwortlich macht. Ihre Funktion besteht in der grundlegenden Bezeugung der Gnade Gottes, sofern diese dem Menschen heilsame Bindung und Verpflichtung ist" (KD II, 2 S. 564).

Barth kann sodann auch sagen, das Evangelium sei die „Kraft des Gesetzes" (KD II, 2 S. 628). Das Pathos von Barths Vorordnung des Evangeliums vor das Gesetz führt auf jeden Fall zur Ablehnung jeder Gesetzlichkeit (KD II, 2 S. 669): Das Gebot wird verstanden als Erlaubnis und Freiheit (S. 650). Wichtig ist für Barth die Betonung des „Dürfens" (S. 669). Das ist ein genuin paulinisches Motiv. Ein Christ handelt freiwillig in der Vollmacht (παρρησία) des Geistes; er handelt nicht gezwungen. In derselben Weise war ja für Luther die Freiheit des Christenmenschen, die Spontaneität der guten Werke grundlegend. Barth kann sich also durchaus auf Paulus und Luther berufen: Dies sollte angesichts lutherischer Kritik und Polemik gegen Barth nicht übersehen werden.

Zugleich ist terminologisch wichtig: Barth setzt „Gesetz" mit „Gebot" gleich. Das Gesetz ist das Gebot, sich das Evangelium gefallen zu lassen, das Gebot, im Evangelium zu leben, Gottes Tat anzunehmen. Die Funktion der lex accusans, die für Luther den Ausgangspunkt bildet, ist für Barth hingegen sekundär. Barth räumt am Ende seiner Schrift „Evangelium und Gesetz" zwar ein, daß auch die Reihenfolge Gesetz—Evangelium einen Sinn haben kann, weil sie die Reihenfolge Sünde—Gerechtigkeit beschreibt (S. 29 ff.). Aber diese Reihenfolge habe nur Sinn „remoto Christo" für den Ungläubigen. Diesen Standpunkt könne jedoch der Christ von vornherein nicht einnehmen. Denn er lebe unter der Gnade, nicht unter der Sünde und dem Zorn Gottes.

4.2 Gesichtspunkte der Kritik an Barth

Barths These hat vielfache und scharfe Kritik ausgelöst, vor allem bei lutherischen Theologen (z. B. *Paul Althaus, Werner Elert, Helmut Thielicke, Gerhard Ebeling* u. a.). Bereits sein Gebrauch des Begriffspaars „Form" und „Inhalt" ist in der Tat unklar. Denn einmal ist das Gesetz der „Inhalt" (es ist in der Bundeslade enthalten), zum anderen ist aber auch das Evangelium „Inhalt" der Krippe. Kritisiert wird sodann Barths Offenbarungsverständnis (*G. Wingren*). Es wird ihm der Vorwurf des „metaphysischen Monon" eines Gnadenmonismus gemacht (*H. Thielicke*), einer Deduktion aus einer „Idee der Gnade". *Hans-Joachim Iwand* hat bereits 1935 kritisch gefragt, ob die Unterscheidung von Gesetz und Evangelium mit der Dialektik von Gotteswort und Menschenwort gleichzusetzen sei.

Ein anderer Einwand wird von *Edmund Schlink* formuliert: „Gesetz und Paraklese". Schlink verweist darauf, daß Barth unter „Gesetz" die paulinische Paränese, nicht den νόμος, das Gesetz Moses versteht. Paulus kennt durchaus die Abfolge Evangelium – Paraklese, Indikativ – Imperativ. Aber die Paraklese ist nicht identisch mit dem Gesetz: Die Paraklese fordert nämlich keine Leistung, sondern ermöglicht die charismatische Existenz des Christen, sie schenkt Freiheit. Evangelium und Paraklese schließen sich nicht aus, wohl aber Evangelium und Gesetz. Bei Paulus sind Evangelium und Gesetz in der Heilsgeschichte scharf getrennt. Diese heilsgeschichtliche Unterscheidung ist das Thema des Galaterbriefes, auch das Thema von Römer 6–8: Man kann als Christ nicht zugleich unter dem Gesetz und unter der Gnade sein.

Dagegen kennt die Paraklese die Reihenfolge von Evangelium und Gesetz, weil in ihr Evangelium und Gebot eines sind. Barth beachtet, nach Schlink, jedoch die paulinische Grundstruktur Gesetz – Evangelium nicht. Er behandelt nur den tertius usus legis, die Weisungsfunktion des Gebotes für den Christen. In Barths theologischem Entwurf hat darum die Unterscheidung von primus und secundus usus legis keinen Platz; an ihrer Stelle steht die christologische Offenbarungslehre.

Unbefriedigend bleibt Barths Antwort auf Schlinks (u. a.) Einwand (KD IV, 3, S. 425 f.). Barth bekräftigt: Christus ist das eine Wort Gottes. Ein Gesetz als äußere Lebensordnung, eine allgemeine Ethik und eine lex accusans ohne Christus wären Naturrecht und natürliche Theologie (und als solche zu verwerfen). Sündenerkenntnis könne „ernstlich und präzis" nur das Evangelium bewirken (IV, 3, S. 428).

Abstrakt, zeitlos gesehen trifft dies gewiß zu: Erst das Evangelium qualifiziert Sünde vor Gott. Aber Sünde ist immer auch schon zuvor in der Wirklichkeit da. Wahre Gotteserkenntnis gibt zwar allein das Evangelium. Aber ist die Frage nach Gott nicht schon mit der Existenz des Menschen, sei es unausgesprochen, als solcher gegeben?

Vor Schlink hat *Paul Althaus* („Gebot und Gesetz", 1952) vorgeschlagen, zu differenzieren: Gebot ist der Wille Gottes an uns, und Gesetz sei die besondere Gestalt des Gebotes, nämlich das Gesetz für den Sünder. Althaus kommt darum zu einer „dreigliedrigen Formel": „Gebot, Gesetz, Evangelium".

Problematisch ist freilich Althaus' heilsgeschichtliche Periodisierung: Im Urstand ist Gottes Wille Gebot, nach dem Fall wird es „Gesetz"; die Erlösung, das Evangelium verwandelt das Gesetz wieder in das Gebot. Ein solches zeitlich gedachtes heilsgeschichtliches Schema ist mit historisch-kritischem Geschichtsverständnis unvereinbar. Anders als Luther selbst kennt Althaus ferner einen tertius usus legis.

In der Beurteilung des tertius usus legis bestehen unter den Lutheranern selbst Differenzen (vgl. *Wolfgang Berge*, Gesetz und Evangelium in der neueren Theologie, 1958). Abgelehnt wird der tertius usus legis von *Werner Elert, Gerhard Ebeling, Helmut Thielicke*. Aus solcher Ablehnung folgt: Es gibt inhaltlich keine besondere „christliche" Moral. Vertreter des tertius usus legis sind (neben Barth, Emil Brunner, H. N. Søe): *Paul Althaus, Edmund Schlink, Wilfried Joest*: Das Gesetz hat dann auch für den Christen ethische Bedeutung. Vor allem Wilfried Joest (Gesetz und Freiheit. Das Problem des tertius usus legis bei Luther und die neutestamentliche Paraenese, 3. Aufl. 1961) sucht nachzuweisen, daß Luther selbst den tertius usus legis lehrt, nämlich als ein Nachwirken des Gesetzes im Raume des Evangeliums. Joest setzt ferner den tertius usus legis der Reformation mit der Paränese des NT gleich: Christsein besteht nach Joest nicht nur in einem nie endenden Transitus („Übergang") vom Sündersein zum Gerechtsein vor Gott, der das ganze Leben des Christen begleitet, sondern bewirkt auch einen Progressus, ein Voranschreiten vom Mehr zum Weniger des Sünderseins: Das Gesetz dient dabei der Steuerung dieses Progressus (S. 71 ff., 129 ff.).

Unbestritten sei, daß Luther zwar durchaus einen Progressus des Christen kennt. Aber dieser Fortschritt wird gerade nicht durch das Gesetz, sondern durch Verheißung und Geist gesteuert. Luther selbst verwendet, wie Joest selbst einräumt (S. 78), in diesem Zusammenhang nirgends den Begriff „lex". Und wenn Joest statt von einem tertius usus legis von einem usus practicus evangelii (S. 132) sprechen will, dann ist auch diese Formulierung mißverständlich: Denn bei Luther hat das

Gesetz es mit dem Sündersein des Menschen zu tun, nicht mit seinem Christwerden. Joest hingegen wertet das Gesetz als Paraklese im Leben des Christen (S. 82 ff.) und begründet damit den tertius usus legis.

5. Tertius usus legis als Problem des Gesetzesverständnisses

Vom *tertius usus legis* spricht die *Konkordienformel* Artikel VI: „Vom dritten Brauch des Gesetzes". Voran geht in Art. V „Vom Gesetz und Evangelio" eine begriffliche Distinktion. Diese Distinktion soll die Streitfrage klären, ob das Evangelium nur reine Gnadenpredigt ist oder auch zugleich Predigt der Buße, also Strafpredigt sein kann. Die Konkordienformel schlichtet den Streit über diese Frage mit einer terminologischen Setzung, indem sie erklärt: Die Vokabel Evangelium werde in einem doppelten Sinn verwendet. Einmal bezeichnet sie generell die gesamte Lehre Jesu, einschließlich der Strafpredigt. Das ist die generalis definitio (SD V, 5). Zum anderen ist Evangelium im eigentlichen Wortsinn (proprissima significatione) reine Gnadenlehre.

Die Konkordienformel hat mit dieser Differenzierung einen formalen Oberbegriff über Gesetz und Evangelium gewonnen, nämlich Offenbarung, Lehre. Von da aus ergibt sich die Definition des Gesetzes, „quod lex proprie sit doctrina divina, in qua iustissima et immutabilis Dei voluntas revelatur" (SD V, 17). Das Evangelium hingegen ist die Lehre (doctrina); „quae docet, quid miserrimus ille peccator credere debeat, ut remissionem peccatorum apud Deum obtineat" (SD V, 20). Die Lehre des Evangeliums ist inhaltlich demzufolge Lehre von der stellvertretenden Versöhnung Christi, der durch sein Leben und Leiden das Gesetz erfüllt hat und stellvertretend für die Menschen die Sündenstrafen trug.

Bei Luther ist hingegen die Unterscheidung von Gesetz und Evangelium ein Geschehen. Die Konkordienformel unterscheidet zwei Lehrweisen. In ihr wird nicht zwischen der *Existenz* unter dem Gesetz bzw. dem Evangelium unterschieden, sondern zwischen zwei Lehrgehalten.

Dieses doktrinale Verständnis von Gesetz und Evangelium setzt sodann Artikel VI voraus. Während die *Gnesiolutheraner* nur einen duplex usus legis lehren, vertreten die Anhänger Melanchthons, die *Philippisten*, den tertius usus legis. Die Philippisten erklären die Gnesiolutheraner für Antinomisten. Denn diese argumentieren so: Der Christ bedarf zwar als Sünder und in der Welt Verstrickter nach wie vor des Gesetzes; er ist aber als Christ, als Gerechtfertigter frei vom Gesetz. Das Gesetz hat nur die äußere Ordnung zu wahren (disciplina externa et honestas) und den Sünder zur Erkenntnis seines Sünderseins zu führen (ad cognitionem peccati). Der Christ hingegen handelt frei, „sine admonitione, cohortatione, impulsu et coactione" (SD VI, 6). Dagegen betonen *Melanchthon* und auf ihn sich berufend später *Mörlin*: Das Gesetz gibt die Anleitung auch für das Leben des Christen. Die Konkordienformel (Epit. VI, 1) läßt das Gesetz gelten als „certa aliqua regula" auch für Christen „ad quam totam suam vitam formare possint et debeant". Das Gesetz sei der unwandelbare Wille Gottes (immota Dei voluntas FC Epit. VI, 7) und gilt deshalb auch für den Gläubigen, für den renatus. Er gibt Gottes Willen und Befehl kund, vermittelt aber nicht die Kraft und das Vermögen (facultas), diesen Willen zu erfüllen (SD VI, 11). Wie bei Augustin wird Gnade somit zur Kraft der Gesetzeserfüllung. Die Kraft zur Erfüllung des Gesetzes schenkt allein der Geist, den das Evangelium gibt.

Allerdings schränkt die Konkordienformel die Lehre vom usus legis in renatis am Ende ein: Eigentlich bedürfen ja die Christen, renati des Gesetzes nicht mehr; jedoch „der alte Adam, als der unstellig, streitig Esel, ist auch noch ein Stück an ihnen, das nicht allein mit des Gesetzes Lehre, Vermahnung, Treiben und Drauen, sondern auch oftmals mit dem Knüttel der Strafen und Plagen in den Gehorsam Christi zu zwingen, bis das Fleisch der Sünden ganz und gar ausgezogen und der Mensch in der Auferstehung erneuert, da er weder der Predigt des Gesetzes noch seiner Drohung und Strafen, wie auch des Evangeliums nicht mehr bedürfen wird, die in dies unvollkommene Leben gehören" (SD VI, 24).

Die Lehre vom usus legis in renatis wird also zurückgeführt auf Luthers These, der Christ sei „simul iustus, simul peccator".

In dieser modifizierten Form wurde Melanchthons Lehre vom tertius usus legis offiziell vom Luthertum rezipiert. Melanchthon vertritt einen tertius usus legis erstmals 1535 in der 2. Ausgabe der Loci, dann vor allem in der 3. Ausgabe (tertia aetas von 1559), die historisch wirksam wurde. Der Glaubende ist zwar frei von der Verdammnis des Gesetzes (a maledictione et damnatione seu ab ira dei); aber das Gesetz als ordinatio divina gilt weiterhin auch ihm.

Melanchthons Lehre vom tertius usus legis teilt ebenfalls *Calvin* (Institutio religionis Christianae II, 7,12−14). Nach Calvin lehrt das Gesetz, Gottes Willen zu erkennen; es stärkt den Gehorsam und ist Urbild der Gerechtigkeit. Der praecipuus usus legis ist der tertius usus (II, 7,12). Das Gesetz informiert den Gläubigen über Gottes Willen. Es bleibt folglich auch für den Christen als Ordnungsmacht in Geltung. Gott handelt im Gesetz legislativ. Gesetz und Evangelium sind keine Gegensätze, sondern unterscheiden sich im Grad der Deutlichkeit ihrer Manifestation (II, 10,4: Evangelium respectu dilucidae manifestationis tantummodo ab ea differe). Calvin kann man also durchaus als Vorläufer Barths und anderer reformierter Ethiker (A. de Quervain) ansehen.

Der tertius usus legis kann auch im Sinne einer bestimmten Deutung des Pietismus verstanden werden (vgl. dazu: Ragnar Bring, Luthers Lehre vom Gesetz und Evangelium als der Beitrag der lutherischen Theologie für die Ökumene, in: Ernst Kinder/Klaus Haendler, „Gesetz und Evangelium", WdF CXLXX, 1968, S. 76—123). „Pietismus" steht hier als Idealtypus für eine theologische Grundanschauung vom Menschen: Die Erneuerung erfolgt *im* Menschen selbst. Damit wird der wiedergeborene Mensch Subjekt einer spezifisch christlichen Ethik. Am „Gesetz" hat sich nicht nur das weltliche Leben zu orientieren, vielmehr dient das Gesetz auch der Vervollkommnung des bekehrten und wiedergeborenen Menschen.

Luther betont dagegen, daß das Christsein innerweltlich nicht aufweisbar ist. Die Unterscheidung von Gesetz und Evangelium enthält also in der Ethik die Frage nach einer besonderen christlichen Moral, einer spezifisch theologischen normativen Ethik.

Der theologiegeschichtliche Rückblick soll dazu dienen, die Bedeutung des theologischen Verständnisses des Gesetzes für die Ethik schärfer zu erfassen. In der Alternative von „Gesetz und Evangelium" oder „Evangelium und Gesetz" fällt die Entscheidung über den theologischen Ansatz der Ethik. Zugleich verknäueln sich in dieser Alternative eine Reihe grundlegender theologischer Fragestellungen. Das Thema „Gesetz und Evangelium" ist in sich vielschichtig.

6. Die Bedeutung der Unterscheidung von Gesetz und Evangelium für die theologische Ethik

6.1 Die Problemstellung

Die Frage nach der Abfolge von Gesetz und Evangelium oder von Evangelium und Gesetz ist ein grundsätzliches theologisches Thema. Sie hat exegetische, historische und dogmatische Aspekte.

Exegetisch wird vor allem nach der Schriftgemäßheit dieser Unterscheidung zu fragen sein. *Barth* wie vor ihm *Calvin* (Inst. II, 7,13) berufen sich für ihr Verständnis des Gesetzes als Form des Evangeliums auf das *Alte Testament*, vor allem auf Psalm 19 und 119. Im Deuteronomium ist die Paränese, der Imperativ, Folge des Bundes, des Indikativs. Martin Noth, Gerhard von Rad, Hans-Joachim Kraus u. a. stützen Barths These vom AT her exegetisch ab, wonach der Bund, die Gnade dem Gesetz, dem Gebot vorausgeht.

Die „Freude" an Gottes Gesetz wie die Bewertung einer Gesetzesfrömmigkeit ist in der alttestamentlichen Exegese freilich strittig. W. Zimmerli (Das Gesetz und die Propheten, 1963, S. 77 f. 93) kritisiert einen Gnadenmonismus, welcher das Element des Fluches, des Gerichtes eliminiere. Hartmut Gese (Das Gesetz, in: Zur biblischen Theologie, 1977, S. 55—84) unterscheidet Sinaitorah und Zionstorah. Die Sinaitorah, welche die Distanz Gottes zum sündigen Menschen, die Transzendenz Gottes betont, sei „Gesetz". Die Zionstorah hingegen, welche die Vergegenwärtigung Gottes vermittelt, ist „Evangelium". Hinter der hermeneutisch-exegetischen Frage nach dem Gesetzesverständnis im AT selbst (und nach dem Bundesverständnis) steht die sehr viel grundsätzlichere Frage nach der Geltung des Alten Testaments für den Christen sowie nach der Einheit biblischer Theologie, der Kontinuität oder Diskontinuität der Glaubensüberlieferung und damit nach dem Zusammenhang einer Heilsgeschichte.

Paulus, auf den sich Luther beruft, hat eindeutig den Nomos als Heilsweg abgelehnt. Damit verlagert sich die exegetische Frage auf das Paulusverständnis und die theologische Verbindlichkeit paulinischer Theologie. Dies verbindet sich mit der Frage nach dem Verhältnis von Jesus und Paulus und nach Jesu eigener Stellung zum Gesetz. Die Frage nach der Heilsbedeutung des Gesetzes ist zudem, neben der Christologie, einer der zentralen Streitpunkte im christlich-jüdischen Gespräch. Bei Paulus findet sich freilich an keiner Stelle ausdrücklich der Gegensatz von Evangelium und Gesetz, von εὐαγγέλιον und νόμος. Paulus spricht vom Widerspruch von ἐπαγγελία und νόμος, von Verheißung und Gesetz (Röm. 4,13; Gal. 3,18.21). Die Antithese lex und evangelium benutzt erst Marcion. Sodann meint bei Paulus heilsgeschichtlich Nomos die Torah des Alten Testaments, welche nach seinem Urteil die Juden falsch auslegen.

Bei Luther ist lex die Grundverfassung des Menschseins, eine existentiale Kategorie. Paulus ordnet den Nomos in die Heilsgeschichte ein. Abraham (Röm. 4; Gal. 3,6—16; 4,21—31) lebte noch ohne Gesetz. Erst Mose bringt das Gesetz (Gal. 3,17). Das Gesetz ist „Zwischenhineingekommenes" (Röm. 5,20; 7,9). Das Gesetz, das die Sünden aufdeckt, offenbart, ist ein Zwischenspiel in der Heilsgeschichte. Bei Paulus lösen sich νόμος und χάρις ab (Röm. 2,25; 6,14; 7,4).

Aus dieser zeitlichen Abfolge bei Paulus wird bei *Luther* ein andauernder Kampf von Gesetz und Evangelium, eine ständige dialektische Grundspannung. Aus der paulinischen Wende *zum* Neuen Bund wird bei Luther die Struktur der Existenz *im* Neuen Bund. Die Gesetzeserfahrung wird je neu in der Gewissenserfahrung vernommen. Die Formel „simul iustus, simul peccator" ist dafür Ausdruck. Luther kann sich für diese anthropologische Interpretation des Gesetzes zwar auf Paulus selbst berufen (Röm. 2,14; ferner die στοιχεῖα τοῦ κόσμου in Gal. 4,3; Kol. 2,8.20). Aber die Frage bleibt, ob Paulus nicht — anders als Luther — eine positive Bewertung des Gesetzes kennt, nämlich im Begriff des νόμος Χριστοῦ, des „Gesetzes Christi" (Gal. 6,2). Auch ist, für Paulus, die Liebe die Erfüllung des Gesetzes (Röm. 13,8 f.; Gal. 5,14). Dieses Problem kann man daraufhin zuspitzen, ob Paulus eine nova lex, ein vom Evangelium verwandeltes Gesetz kennt, das einerseits an die Torah anschließt, andererseits aber nicht Gesetzesfrömmigkeit wirkt. Die Paränese beruht bei Paulus nicht auf dem Gesetz, sondern auf der Gabe des Geistes, auf dem Charisma. Eines ist jedenfalls deutlich: Zwar beruft sich Luther mit seiner Unterscheidung von Gesetz und Evangelium zurecht auf Paulus. Aber er legt das Gesetz in einer neuen Situation neu aus: Aus dem heilsgeschichtlichen Gesetzesverständnis des Apostels Paulus wird ein existentiales, anthropologisches Verständnis.

Bis heute ist freilich die Lutherdeutung strittig. Ob Gesetz und Evangelium zwei Lehrinhalte, zwei „Worte Gottes" oder unterschiedliche Weisen der Existenz- und Wirklichkeitserfahrung des Christen meinen, wird kontrovers erörtert. Man wird freilich für Paulus und Luther festhalten müssen, daß Gesetz im *theologischen* Verständnis nicht in erster Linie eine ethische Anweisung oder offenbarungstheologische Lehre meint, sondern einen Heilsweg. Es geht um die soteriologische Relevanz des Gesetzes. Strittig ist ferner, ob das Gesetz in eine heilsgeschichtliche Gesamtschau von Gottes Handeln, z. B. wie bei *Karl Barth* in die Erwählungsgeschichte Gottes, einzuordnen ist, oder ob es eine anthropologische Grundbestimmung meint. Strittig ist schließlich, ob Karl Barths Neuansatz „Evangelium und Gesetz" mit der reformatorischen Unterscheidung von Gesetz und Evangelium vereinbar oder gar identisch ist. Um den Nachweis der Vereinbarkeit bemühten sich vor allem *Ernst Wolf, Gerhard Heintze, Berthold Klappert* (Promissio und Bund, Gesetz und Evangelium bei Luther und Barth, 1976). *Gerhard Ebeling* betont hingegen mit Nachdruck den Gegensatz zwischen Luther und Karl Barth (vor allem in: „Karl Barths Ringen mit Luther", G. Ebeling, Lutherstudien III, 1985, S. 428–573). Barth kennt nämlich, anders als Luther, einen usus politicus evangelii: Das Evangelium gibt dem Christen Handlungsanweisungen für seine politische Existenz. Die „Grunddifferenz" zwischen Barth und Luther ist an der Formel „Evangelium und Gesetz" festzumachen: Bei Barth entsprechen sich Christusverständnis und Wirklichkeitsverständnis. Die Grundfigur der Argumentation ist darum die der Analogie. Bei Luther bestimmt der Widerspruch von Christusverkündigung und Existenzerfahrung Glauben und Leben des Christen. Barth denkt, wie *Eberhard Jüngel* (Barthstudien, Ökumenische Theologie, Bd. 9, 1982, S. 200) aufgezeigt hat, die Begriffe Evangelium und Gesetz supralapsarisch. Die christologische Urgeschichte ist vor aller Zeit „ewige Gnadenwahl". Diese ewige Urgeschichte besteht dann auch in der postlapsarischen Situation nach dem Fall weiter. Deshalb ist das Gesetz „Form" des Evangeliums. Das meint nicht „bloße" Form, sondern erst durch die Form gewinnt das Evangelium in der Welt Gestalt.

Dies verweist überdies auf eine *anthropologische Grunddifferenz zwischen Barth und Luther*. Für Barth ist der Mensch Täter. Bei Luther ist der Mensch als Hörer des Evangeliums rezeptiv, passiv. Freilich ist dies eine höchst „kreative Passivität" (Jüngel, S. 205). Aber das Evangelium setzt den Menschen als Hörer des Evangeliums „außer sich" (WA 40 I, 589,8: „posit nos extra nos"). In Barths Anthropologie ist der Mensch per definitionem hingegen Handelnder und Sich-Selbst-Bestimmender. Bei Barth wird der Mensch, in Entsprechung zu Gott, als Täter verstanden, der sein Sein im Handeln hat. Diese anthropologische Wertung menschlichen Handelns führt folgerichtig zur Hineinnahme der Ethik in die Dogmatik. Der Umgang mit dem Gesetz als Handlungsnorm wird folgerichtig zu einer Frage des Gehorsams oder Ungehorsams. Barths Deutung des Menschen von seiner Handlungsaktivität her entspricht neuzeitlichem Selbstverständnis: Der Mensch wird Mensch durch sein Handeln. Die Passivität, das Widerfahrnis des Glaubens, das Verstummen und Nicht-mehr-handeln-können werden zur Störung, allenfalls zur „Unterbrechung" des Handelns. Weltgestaltung ist deshalb eine vornehme christliche Pflicht. Christliches Handeln geschieht als Anwendung des Glaubens, wird zum „politischen" Gottesdienst. Man kann aus dem Evangelium unmittelbar politische Handlungsanweisungen ableiten. Dagegen suchten Luthers Fundamentalunterscheidungen von Gesetz und Evangelium, von „vor Gott" und „vor der Welt" (coram deo und coram hominibus), von Glaube und Werk, von deus absconditus und deus revelatus die Verschiedenheit von Hören und Glauben auch anthropologisch zu wahren.

6.2 Das ‚Gesetz' in der Ethik

Die fundamentaltheologische Entscheidung der analogischen Zuordnung von Evangelium und Gesetz oder der Unterscheidung von Gesetz und Evangelium hat Folgen für die theologische Grundlegung der Ethik.

Man kann diese Folgen in die Frage fassen: Gibt es neben dogmatisch-theologischen Maßstäben anthropologische und ethische Kriterien der Anthropologie, oder läßt sich die ethische Forderung in dem einen Satz zusammenfassen, der Mensch habe in allem seinem Handeln Gottes Handeln zu entsprechen?

Aus der in diesem Entwurf vertretenen These, daß *das Gesetz eine theologisch erfaßte Wirklichkeitserfahrung* sei, ergibt sich für die Ethik somit an Aufgaben und Perspektiven:

(1) Das Gesetz ist immer schon in der Wirklichkeit gegeben. Konkrete Gesetzeserfahrungen wandeln sich freilich: Die Erfahrungen von Paulus mit der ihm überkommenen jüdischen Torah, die Erfahrungen Luthers mit der mittelalterlichen Werkfrömmigkeit und die Stellungnahme Karl Barths gegen die Ideologie vom verpflichtenden Charakter des Volksnomos sind recht unterschiedlich. Das Gesetz ist keine zeitlose, supranaturale und überweltliche Proklamation des Willens Gottes. *Die Forderung des Gesetzes erfährt der Mensch geschichtlich in seinem Menschsein, seinem Humanum*. Humane Wahrnehmung menschlichen Lebens ist damit das Ziel einer Erforschung des Gesetzes.

(2) Daraus folgt, *daß philosophische, allgemeine und theologische Ethik sich nicht aufgrund eines besonderen Offenbarungsverständnisses unterscheiden lassen*. Schon nach Luther kann auch die Philosophie das Gesetz verstehen, wohingegen ihr die Rechtfertigung des Sünders aus Gnaden unbegreiflich bleibt. Die Vernunft hat „cognitionem legalem", „daß sie weiß Gottes Gebot und was recht und unrecht ist" (WA 46,667). Die Qualifikation der Einsicht in die sittliche Forderung als „Gesetz" ist freilich ein theologisches Urteil.

(3) Die *Wandlungen der Gesetzeserfahrungen in der Geschichte* finden ihren Ausdruck in der geschichtlichen Vermittlung von Werten und Normen. Die jeweiligen Einzelnormen beruhen auf geschichtlicher Einsicht; allein die ethische Orientierungsbedürftigkeit des Menschen verweist auf einen anthropologischen Grundsachverhalt.

(4) *Die Zweideutigkeit, Ambivalenz aller menschlichen Wirklichkeitserfahrung wird erst durch das Evangelium ans Licht gebracht. Ein Bewußtsein ethischer Forderung gibt es aber auch ohne das Evangelium*. Daß ein Versagen gegenüber der ethischen Forderung „Sünde" ist, vermag freilich allein das Evangelium auszusagen. Und am Evangelium wird erst der Mißbrauch des moralischen Handelns zu Selbstbestätigung und Selbstrechtfertigung offenbar. Das heißt: Das Evangelium macht das mit dem Menschsein gegebene, das „natürliche" Gesetz zum Gesetz im theologischen Sinne.

(5) Das Evangelium schafft das Gesetz nicht ab. *Das Evangelium stellt die Letztgültigkeit der Wirklichkeitserfahrung des Gesetzes in Frage.* Gerade durch solche Relativierung ist das Evangelium ein Motiv zu sachgerechtem Handeln und gerade kein Quietiv, das Untätigkeit legitimiert.

(6) Die Spannung von Gesetz und Evangelium ist freilich nicht mit der Spannung von Realität, Wirklichkeit und Ideal zu verwechseln. Das Widerspiel von Gesetz und Evangelium kennzeichnet vielmehr die Situation des Menschen vor Gott. Der Anfechtung durch die Erfahrung von Wirklichkeit widerspricht die Verheißung der Nähe Gottes. *Die Realdialektik von Gesetz und Evangelium entspricht jedoch der Wirklichkeit der Welt:* Die Welt bedarf der Bewahrung und des Schutzes gegen die Macht des Bösen (primus usus legis) und ferner der Erkenntnis, daß der Mensch sich selbst nicht erlösen, sein Gewissen nicht gewiß machen kann (secundus usus legis).

Diese Erkenntnis versteht sich freilich nicht von selbst. Erst das Wort Gottes, das Evangelium führt zu dieser Wirklichkeitserkenntnis. Die Unterscheidung von Gesetz und Evangelium wird in der Anfechtung existentiell erfahrbar. Sie ist keine abstrakte Sache theologischer Theoriebildung. In der Anfechtung hat sich die Aussage des Glaubens zu bewähren, wonach ein Christ *nicht* mehr *unter*, wohl aber *mit* dem Gesetz lebt. Der Glaube hebt das „Gesetz", den ethischen Anspruch nicht auf. Aber es befreit vom Gesetz als Macht der Anklage und des Zwanges zum Wagnis freier und überlegter Verantwortung. Die Gnade Gottes ermächtigt zur Ethik gerade deswegen, weil kein ethisches Handeln, auch nicht das ethische Handeln der Christen, den Sinngrund des Lebens herzustellen hat. Zwar ist Gott das „Geheimnis der Wirklichkeit", aber dieses Geheimnis ist durch ethische Deutung und Analyse der Wirklichkeit nicht aufzudecken. Erst Gottes Wort im Evangelium bringt das Geheimnis zur Sprache. Daher bedarf es der Predigt des Evangeliums, um das „Gesetz" vernünftig und sachlich wahrzunehmen. In dieser Hinsicht prägt die Unterscheidung von Gesetz und Evangelium die gesamte theologische Argumentation. Gerade *eine bewußt rational, sachlich, vernünftig argumentierende Ethik ist in diesem Fall die Folge einer reflektierten, bewußten theologischen Grundentscheidung.* Diese Grundsatzentscheidung sperrt sich gegen eine Gleichsetzung des Handelns der Christen mit dem Handeln Gottes wie gegen eine Verwechslung des Evangeliums, der Heilsbotschaft von Jesus Christus, mit der Ethik, mit einem Handlungsauftrag.

§ 4. Rechtfertigung und Heiligung

1. Probleme der Rechtfertigungslehre

(1) Die klassische Formulierung des Verhältnisses von Dogmatik und Ethik in der evangelischen Theologie lautet: Rechtfertigung und Heiligung. Neuerdings wird diese Zuordnung auch mit den „Formeln" „Indikativ und Imperativ", „Zuspruch und Anspruch" beschrieben.

(Vergleiche dazu: Oswald Bayer, Aus Glauben leben. Über Rechtfertigung und Heiligung, 1984).

Man kann auch stattdessen von Evangelium und Ethik sprechen. Die Grundfrage ist dabei: Inwiefern ist das Evangelium von der rechtfertigenden Tat Gottes in Jesus Christus und die Botschaft von der freimachenden Gnade Gottes Voraussetzung, Grundlage evangelischer Ethik?

Man hat seit *August Twesten* das „sola scriptura" das Formalprinzip, das „sola gratia" das Materialprinzip evangelischer Theologie genannt. Der Ausweis evangelischer Ethik wäre danach formal die Orientierung am Zeugnis der Schrift und material die Beziehung auf die Rechtfertigung.

Was die formale Orientierung an der Schriftgemäßheit betrifft, so kann evangelische Ethik jedoch nicht einfach biblizistisch verfahren. Sie hat vielmehr die hermeneutische Aufgabe wahrzunehmen, das Schriftzeugnis *auszulegen*, gerade auch in seinen ethischen Weisungen. Die Orientierung am Materialprinzip hat sich sodann zu bewähren in der Unterscheidung von Glaube und Werken, von Gesetz und Evangelium, von Sünde und Freiheit.

Es ist außerdem nicht Aufgabe theologischer Ethik, das exegetische und dogmatische Verständnis der Rechtfertigung, der iustificatio impii und des Evangeliums zu entfalten. Was Heil heißt und Soteriologie mitteilt, ist im einzelnen in der Dogmatik näher zu entfalten. Evangelium ist im reformatorischen Verständnis der bedingungslose Zuspruch der Gnade. „Die Predigt von der Vergebung der Sünden durch den Namen Christi, das ist Evangelium" (M. Luther, WA 2,466,21 f.). Das Evangelium bewirkt den Freispruch, die Absolution der Gewissen: „Das Evangelium soll nichts anderes tun, als das Gewissen festigen, das Herz rühren und den Glauben stärken; die anderen Lehren sind nichts anderes als heidnische Statuten über den Leib" (WA 45,383,23 ff.).

Inwiefern betreffen Evangelium und Rechtfertigung also überhaupt die Ethik? Diese Frage wird im Zeitalter des Atheismus durchaus theologisch kontrovers beantwortet. Die Schwierigkeit besteht darin, daß ein rechtfertigendes Handeln Gottes im Zeitalter des Atheismus strittig wird.

„Rechtfertigung" ist zudem ein mißverständliches Wort. *Paul Tillich* spricht stattdessen von der bedingungslosen Annahme des Menschen, von der „Annahme des Unannehmbaren". Diese Annahme schließt die Entlastung von der Forderung an den Menschen ein, sein Heil selbst zu schaffen. Das rechtfertigende Handeln Gottes entlastet vom Druck der Selbstverwirklichung und Leistung. In der Sprache der Reformation: Rechtfertigung fordert nicht die iustitia propria, sondern läßt durch das Wort des Evangeliums das Leben als Gabe, Geschenk erfahren. Das Evangelium ermächtigt gerade darum zum freien Umgang mit der Welt; es ermächtigt, ermutigt zur Verantwortung. Die Rechtfertigung schließt also ein bestimmtes Grundverständnis von Mensch und Welt ein. Daraus folgt für die Ethik: Nach evangelischem Verständnis konstituiert nicht das ethische Handeln des Menschen dessen Lebensrecht, sondern der Mensch hat sein Lebensrecht *vor* Gott (coram deo) unabhängig von aller ethischer Aktivität. Die Menschlichkeit des Menschen wird möglich im Verzicht auf falsche Göttlichkeit. Darum betont reformatorische Theologie den Vorrang der Rechtfertigung als Tat Gottes vor dem Handeln des Menschen, den Vorsprung des Glaubens vor den Werken.

Allerdings sind Mißverständnisse auszuräumen:

(1) Entscheidend ist nicht die Vokabel, der Terminus „Rechtfertigung". Rechtfertigung ist auch kein spezifisch paulinisch-lutherisches Theologumenon. Das Geschehen der Rechtfertigung bezeugt z. B. ebenfalls die 1. Seligpreisung der Bergpredigt (Mth. 5,3); den Vorgang der Rechtfertigung veranschaulichen ferner Gleichnisse Jesu (Mth. 20,1 ff. Arbeiter im Weinberg; Luk. 15,4 ff. Verlorenes Schaf; 15,11 ff. Verlorener Sohn; Luk. 18,9 ff. Pharisäer und Zöllner).

(2) Der Begriff Rechtfertigung hat in der deutschen Sprache einen Bedeutungswandel durchgemacht. Rechtfertigung heißt heute: Entschuldigung, Erklärung. „Rechtfertigung Gottes" ist so verstanden die Theodizeefrage. Es geht aber nicht um Rechtfertigung Gottes vor den Menschen, sondern um die Rechtfertigung des Menschen, des Sünders vor Gott. Biblisch gesprochen: Rechtfertigung ist Erweis der Bundestreue Gottes am Gottlosen, am Sünder; sie ist Handeln Gottes, nicht Eigenschaft Gottes. Deshalb wird heute eine Neuinterpretation der Rechtfer-

tigung und der Rechtfertigungslehre notwendig. Eine bloß scholastische Formelorthodoxie in der Rechtfertigungslehre ist fragwürdig. Rechtfertigung ist vielmehr Inbegriff der Art und Weise, wie Gott überhaupt den Menschen in Jesus Christus begegnet. Das Reden von Rechtfertigung stellt somit vor die Frage: Wie begegnet uns gegenwärtig Gott im Menschen Jesus von Nazareth?

(3) Ein geläufiger Einwand gegen die evangelische Rechtfertigungslehre, der z. B. aus einer an Gemeinschaft und Volk Israel orientierten Perspektive jüdischer Theologie erhoben wird, lautet: Rechtfertigung sei individualistisch. Diese Kritik trifft zweifellos auf ein bestimmtes Verständnis von Rechtfertigung als individuellem, persönlichem Gewissenstrost zu. Rechtfertigung ist dann nur „Seelenrettung", aber nicht „Gnade für die Welt" (G. Gloege). Die Kritik trifft aber nicht das biblische Verständnis: Gott erweist sich in der Rechtfertigung als Schöpfer und Herr der Welt. Rechtfertigung proklamiert den Herrschaftsanspruch Gottes auf die Welt.

(4) Mit dem Vorwurf der individualistischen Verkürzung verbindet sich oft der Vorwurf, die Rechtfertigungslehre mache quietistisch — so z. B. *Max Scheler* —: Es ist dies der Vorwurf der „billigen Gnade" (*D. Bonhoeffer*), wie ihn *Thomas Müntzer* bereits gegen Martin Luther, das „sanftlebende Fleisch zu Wittenberg", erhoben hat. Der Glaube verleite die Menschen dazu, „auf Christi Kreide zu zechen", d. h. selbst nichts zu tun und alles Gott zu überlassen. So sah es auch das *Tridentinum* (can. 12, Decretum de iustificatione gratiae, Denz. 822): „Si quis dixerit, fidem iustificantem nihil aliud esse quam fiduciam divinae misericordiae peccata remittentis propter Christum vel eam fiduciam solam esse, qua iustificamur: Anathema sit". Das tridentinische Konzil erklärte dagegen: Gute Werke des Gerechtfertigten bewirken ein „augmentum gratiae" (Can. 16; Denz. 809; can. 32, Denz. 842).

Auch *Dorothee Sölle* (Stellvertretung. Ein Kapitel Theologie nach dem Tode Gottes, 1967⁵, S. 205) wendet sich im Namen der Ethik gegen die Passivität des Rechtfertigungsglaubens. „Als die Zeit erfüllt war (Gal. 4,4) hatte Gott lange genug etwas für uns getan. Er setzte sich selber aufs Spiel, machte sich abhängig von uns und identifizierte sich mit den Nichtidentischen. Es ist nunmehr an der Zeit, etwas für Gott zu tun".

Was aber kann der Mensch eigentlich *für* Gott tun? Nach reformatorischer Überzeugung kann der Mensch nicht Mitwirker am Heil, wohl aber Mitarbeiter Gottes in der Welt sein (1. Kor. 3,9 ff.). Nach Luther ist der Christ nicht con-creator, sondern cooperator dei. „Gott wirkt nicht ohne uns, weil er uns nämlich dazu erneuert hat und (als Erneuerte) erhält, damit er in uns wirke und wir mit ihm zusammenwirken" (WA 18,754,1–16, De servo arbitrio). Gute Werke sind daher Folgen, Früchte der Glaubensgerechtigkeit, aber nicht Voraussetzungen der Rechtfertigung.

Die Rechtfertigungslehre schärft ein, daß das Heil ohne unser Zutun *„umsonst"* (sola gratia) zuteil wird. Die Initiative zum Heil liegt allein bei Gott. Das meint die Aussage, die Rechtfertigung sei Urteil Gottes. Ist dann aber die Rechtfertigung bloße Gerechterklärung, eine forensische, imputative Gerechtsprechung, ohne daß sich an oder im Menschen selbst etwas verändert? In der dogmatischen Schulsprache lautet dann die Antithese: forensisches, imputatives oder effektives Verständnis der Rechtfertigung. Das tridentinische Konzil spricht von der Veränderung und Erneuerung des Menschen aufgrund der heiligmachenden Gnade. Aus dem Geschehen der Rechtfertigung als Handeln Gottes wird in der katholischen Lehre der anthropologische Vorgang der Neuschöpfung des Menschen. Dies betrifft das Thema der Heiligung.

2. Heiligung

„Heiligung" ist ein Begriff, der über die Ethik hinausgreift. Es gibt Heiligung vor allem auch als kultisches, religiöses Handeln. Die Tradition der alttestamentlichen Priesterschrift bezieht das Heilige hauptsächlich auf den Kultus. Heiligung ist dann ein „sakramentales" Geschehen. Die reformatorische Absage an die kultische, sakramentale Gnade macht aus der Heiligung allerdings ein personales Geschehen. „Geheiligt" werden Menschen, nicht Dinge. In der Neuzeit schließlich ist seit der Aufklärung das Heilige ortlos geworden. Der Begriff „Heiligung" verliert damit seinen Aussagegehalt. An die Stelle des Zusammenhangs von Rechtfertigung und Heiligung, der aufgrund des Bedeutungsschwundes von „heilig", „Heiligkeit" kaum noch verständlich zu machen ist, tritt heute die Frage nach dem Zusammenhang von Gotteslehre und Ethik, von Glaube und Handeln.

Die Thematik der Heiligung ist deshalb hier vornehmlich in *historischer Perspektive* zu bedenken. Reformatorische Theologie verwirft die Vorstellung von einer besonderen christlichen Heiligkeit, von „Heiligung" als einer christlichen Sondermoral. Christen haben im weltlichen Beruf ihren Glauben zu leben. Maßstäbe dafür setzt das alle Menschen beanspruchende Gesetz im usus politicus legis. Es gibt keine exklusiv christlichen Lebensregeln, an denen sich das Verhalten von Christen so auszurichten hätte, daß christliche Lebensführung sich von einer allgemein

§ 4. Rechtfertigung und Heiligung

humanen Lebensführung erkennbar innerweltlich unterscheidet und abhebt. Dennoch bewirkt die Rechtfertigung eine innere Veränderung des Menschen, beeinflußt seine Gesinnung und richtet die Affekte neu aus.

Was heißt aber dann *Heiligung?* Luthers Satz: „Die Rechtfertigung ist in Wahrheit eine Wiedergeburt zu neuem Leben" (regeneratio quaedam in novitatem, WA 39 I, 44 f. These 65) hebt ab auf die Identität von Rechtfertigung und Heiligung, Wiedergeburt. Ebenso lehrt *Melanchthon* (Apol. IV, 63 f.): Der Glaube als Trost sei zugleich eine „neu Geburt und ein neu Leben". Gerechtfertigtwerden („iustificari") bedeute nicht nur „iustos pronuntiari seu reputari" (also Rechtfertigung in der Imputationslehre), sondern „ex iniustos iustos effici seu regenerari" (Apol. IV, 72).

In der *altprotestantischen Orthodoxie* wird dann das Heilshandeln Gottes am Menschen in einen „ordo salutis" logisch aufgegliedert. Diese Abfolge kann als psychologische Entwicklung in Etappen gedeutet werden: Berufung (vocatio), Bekehrung (conversio), Rechtfertigung (iustificatio), schließlich: mystische Vereinigung mit Gott (unio mystica) und Erneuerung oder Heiligung (renovatio, sanctificatio) folgen einander. Daran kann der *Pietismus* dann anschließen. Wichtiger als der Anfang des Glaubens in der Rechtfertigung wird das neue Leben des Christen, die Wiedergeburt *(Spener),* die Heiligung. Luther freilich legte Nachdruck darauf, daß das ganze Leben der Christen eine Buße sein soll (Ablaßthesen 1517, These 1). Dagegen wird bei *August Hermann Francke* die Buße, der Bußkampf ein einmaliger Akt am Beginn des neuen Lebens der Christen. Danach folgt dann die Heiligung als Lebensgestaltung.

Sachlich stehen sich Aufklärung und Pietismus nahe. Denn die *Aufklärung* lehrt, Christentum sei praktische Frömmigkeit, gelebte Moral. Die Aufklärung findet freilich diese Moral in den bürgerlichen Tugenden, der Pietismus in der Heiligung als Leben nach „Regeln Christi" (Spener). Beidemale ist freilich eine Abkehr vom reformatorischen Verständnis der Rechtfertigung unverkennbar.

Besonders ist auf das historische Phänomen der sog. *Heiligungsbewegung* hinzuweisen. „Heiligungsbewegung" ist eine pietistische Form der Frömmigkeit. „Heiligung" wird nun häufig benutzt für die Selbsttätigkeit des Subjekts („Selbstheiligung") statt für das Handeln Gottes (Werk des Heiligen Geistes). Der Begründer des Methodismus, *Wesley,* forderte: Zur Rechtfertigung als „erster" Gnade müsse die Heiligung als „zweite" Gnade hinzukommen: Einem Christen sind und werden nicht nur die Sünden vergeben; er soll auch danach sündlos leben. Die Heiligungsbewegung — vor allem vom englischen Evangelisten *Robert Pearsall*

Smith, der 1875 in Deutschland evangelisierte, angestoßen — vertritt die Anschauung, ein Christ könne und müsse nach der Bekehrung sündlos leben: Der ethische Perfektionismus wird damit eine Forderung an „wahre" Christen. Diese Lehre wird nicht nur in Gemeinschaftskreisen, in extremer Form vor allem von der „Pfingstbewegung", sondern in säkularisierter Gestalt auch von der Moralischen Aufrüstung vertreten: *Frank Buchman*, der Begründer der Oxfordbewegung, kam aus der englischen Heiligungsbewegung.

Ansätze zum Perfektionismus finden sich freilich schon bei *Calvin*. Calvin ist unter den Reformatoren der Theologe der Heiligung. Denn er sieht in der Kirchenzucht ein Erziehungsmittel, eine pädagogische Maßnahme. Man kann freilich bei Calvin nur von einem „relativen" Perfektionismus sprechen. Die Heiligungsbewegung des *19. Jahrhunderts* vertritt dagegen eine gesteigerte Heiligungserfahrung. Ein Christ kann sündlos leben. In ihren Anfängen in den USA war die Heiligungsbewegung sehr stark politisch und sozial ausgerichtet: Sie setzte sich für die Gleichberechtigung von Negern und Frauen ein. Ihr Ziel war die Praxis eines „neuen", anderen, alternativen Lebens der Christen. Die Heiligungsbewegung war eine religiöse Emanzipationsbewegung. In Europa wurde sie zu einer rein religiösen Erweckungsbewegung (z. B. durch den Evangelisten *Elias Schrenk*, 1831—1913): Im religiösen Verständnis wird die persönliche Heiligung, die Selbstheiligung hervorgehoben. Dies führt zur Trennung und Unterscheidung zwischen vollkommenen Christen („Geheiligten") und unvollkommenen Christen („Sündern").

3. Kritische Gesichtspunkte zum Heiligungsverständnis

Kritische Einwände gegen solches Verständnis von Heiligung gelten einmal der Vorstellung von der Möglichkeit perfektionistischer Sündlosigkeit der Christen. Fragwürdig ist ferner die Forderung nach einer christlichen *Sonder*ethik: Man kommt hier zurück zur mittelalterlichen Zweistufenmoral, wonach für alle Menschen die praecepta, die Gebote des Naturrechts gelten, für sündlose Christen zusätzliche „consilia". Im Pietismus bestanden solche Verhaltensweisen bekehrter Christen z. B. im Verzicht auf die Beteiligung an weltlichen Lustbarkeiten (Theater, Tanz, Lektüre „schöner" Literatur, Kartenspiel u. ä.). Es gibt dann bestimmte Berufe, die ein Christ grundsätzlich nicht ausüben darf (z. B. Schauspieler, Künstler, in manchen Kreisen auch Polizist oder Soldat).

Mißverständlich ist bereits das Wort „Heiligung", wenn es verengt im Blick auf die Lebensführung von Christen benutzt wird. Heilig ist vielmehr von Hause aus ein Verhältnisbegriff. Er bezeichnet nicht eine Eigenschaft, Beschaffenheit des Menschen, sondern die Zugehörigkeit zu Gott. Da sich die Gottesgemeinschaft aber als Abkehr von der Sünde ereignet, bedeutet „heilig" zugleich eine der Gottesgemeinschaft entsprechende Lebensgestaltung. Das erste ist freilich die Voraussetzung des zweiten: Damit stellt sich erneut die Frage, ob das Begründungsgefälle von Glaube und Handeln, Evangelium und Werk, Verkündigung und Ethik umkehrbar ist. Die in der Geschichte des Christentums bisweilen vertretene Auffassung von Heiligung als *Selbst*heiligung macht solche Umkehrung möglich. Dagegen betont das Prädikat der „Heiligkeit" in fundamentaltheologischer Sicht gerade die Transzendenz Gottes. Heiligkeit kann dann nur religiös, sakramental erfahren, aber nicht durch menschliches Handeln und ethische Aktivität bewirkt werden.

Damit ergeben sich zwei *ethische Überlegungen* zum Verständnis von Heiligung.

(Einmal): Wie steht es um die Bewertung der Askese? „Askese" ist nämlich sowohl ein religiöses wie ein ethisches Phänomen.

(Zum anderen): Welche Bedeutung für die Beurteilung ethischen Handelns haben die allgemein erkennbaren Folgen dieses Handelns? Heiligung ist eine Ethik der inneren Überzeugung, der „Gesinnung", nicht eine Ethik der Folgen. Wie ist mit der Forderung nach Heiligung vereinbar die Bereitschaft zum ethischen Wagnis, zur freiwilligen Schuldübernahme? Kann der Satz aus Jakobus 1,27: „ein reiner und unbefleckter Gottesdienst ist es, sich von der Welt unberührt zu erhalten", Maxime christlichen Handelns sein, oder gilt nicht Luthers Aufforderung an den angefochtenen Melanchthon: „Pecca fortiter, sed crede fortius" (WA Br. II, Nr. 424, S. 372, 83 ff.)? Das „fortiter" meint freilich nicht „kräftig, stark, massiv, grob" sündigen, sondern „tapfer", getrosten Gewissens handeln.

Die Frage nach dem Verhältnis von Rechtfertigung und Heiligung führt damit zurück zu den bereits erörterten Themen der Voraussetzungen theologischer Ethik, nämlich Sünde und Gesetz und Evangelium, und weist voraus auf die Thematik der guten Werke.

§ 5. Askese und christliche Ethik

1. Begriff und Begriffsgeschichte

Askese ist ein allgemein religiöses, kein spezifisch christliches Phänomen. Askese hat ihren Sitz im Leben eher in der Spiritualität als in der Ethik. Sie ist vor allem Frömmigkeitspraxis. In der Askese kommt insgesamt die religiöse Einstellung gegenüber der Welt zum Vorschein. Man kann unterscheiden zwischen moralischer, kultischer und mystischer Askese. Zweck der *moralischen Askese* ist eine Selbstvervollkommnung durch Anstrengung und Selbstbeherrschung. Die *kultische Askese* dient dazu, kultische Reinheit zu erreichen. *Mystische Askese* soll den Menschen auf die Begegnung mit dem Göttlichen vorbereiten.

Askese wird vom griechischen Wort ἀσκέω abgeleitet und meint im klassischen und hellenistischen Griechisch die Übung, das technische oder künstlerische Bearbeiten, Verfertigen. Zugleich wird Askese synonym mit leiblicher Übung, Ertüchtigung gebraucht. Ferner meint Askese die geistige Übung und Zucht. Eine allgemein anerkannte Definition von Askese gibt es zwar nicht. Sie ist jedoch immer in irgendeiner Form selbstgewählte Enthaltsamkeit. Eine dualistische Anthropologie sieht in der „echten", strengen Askese den Weg der Selbstabtötung. Religionsgeschichtlich verbreitet ist Askese als Enthaltung oder Einschränkung von Speise und Trank, Wohnung und Schlaf, vor allem auch sexuelle Enthaltsamkeit. Für kultische Zwecke wird temporäre Askese geübt. Den ausgeprägten Asketen kennzeichnen freier Entschluß, heroischer Verzicht und persönliches Opfer. In der Weltabsage können Religionen prinzipiell asketisch werden (vgl. Gnosis, Manichäismus als dualistische Religionen). Dualistische Religionen fordern von ihren Bekennern, daß diese „Gewalt gegen sich selbst" üben, um des Heils teilhaftig zu werden.

Die Askese findet sich freilich auch außerhalb der Religionen. Nach *Platon* bedarf es zum Erwerb der Tugenden Gerechtigkeit oder Weisheit der Übung (Euthyd. 283). Die Stoa kennt Askese als Enthaltung und Verzicht im Dienst der Beherrschung der Triebe und Gedanken. *Epiktet* behandelt in einem eigenen Kapitel περὶ ἀσκήσεως („Über das Bemühen") die Stufen der ethischen Schulung des Willens (Diss. III, 12).

Bei *Philo* und den *Essenern* ist die Entsagung, die Askese ein geistlicher Weg zu Kontemplation und Gottesschau.

§ 5. Askese und christliche Ethik 91

Asketische Fragestellungen sind auch im Neuen Testament angesprochen: Im Unterschied zum asketischen Lebensstil Johannes des Täufers wird Jesus vorgeworfen, er lebe nicht wie ein Asket (vgl. Mk. 2,18). Der Ruf in die Nachfolge ergeht freilich unbedingt (Mth. 19 reicher Jüngling). In den paulinischen Gemeinden erheben Gnostiker asketische Forderungen (Kol. 2,21 ff.: Nahrungsaskese, vgl. 1. Tim. 4,1 — 1. Tim. 4,3: sexuelle Askese). Der aus dem AT überkommene Schöpfungsgedanke schloß freilich eine prinzipielle Askese als Weltverneinung aus. Nur im gnostischen Ägypterevangelium konnte Jesus die Selbstaussage in den Mund gelegt werden: „Ich bin gekommen, die Werke des Weiblichen aufzulösen".

Die paulinische Kreuzestheologie trägt freilich zweifellos asketische Züge. Diese kann dann die griechische Theologie, v. a. die alexandrinische Schule (*Clemens von Alexandria, Origenes*) aufnehmen und mit hellenistischen Vorstellungen der Abtötung des Fleisches verbinden. Vor allem das Mönchtum wird zum Träger asketischer Motive. Seit *Antonius* besteht Mönchsein in der Weltverneinung. Der Mönch wird zum Urbild des Asketen. (Auch der Buddhismus kennt mönchische Askese.) Im Mönchtum verbindet sich die Radikalität des Rufes in die Nachfolge Jesu mit dualistischer, weltverneinender Haltung. Im Westen verknüpfen sich überdies Vorstellungen von der Werkgerechtigkeit mit dem Mönchsideal. Der Semipelagianismus wertet die Askese als frommes Werk.

Diese *mittelalterliche* Askese, wie sie sich vornehmlich im Mönchtum darstellte, lehnte die Reformation kompromißlos und entschieden ab. Die mönchische Askese ist die exemplarische Form der Werkgerechtigkeit. Das Verlassen des weltlichen Berufs verleugnet den Auftrag an den Christen, Gott in der Welt zu dienen. An die Stelle des Mönchsethos tritt die Entäußerung im weltlichen Beruf. Das Leben des Christen ist in der Welt verborgen; es „gleißt" nicht. Gegen asketische Bestrebungen tritt *Luther* für die unbefangene Würdigung der Schöpfung und des Natürlichen ein. Askese führte zu einem „creationem mutare".

2. Neuzeitliche und moderne Problemaspekte

Die gnostische, buddhistische und christliche Askese war eine spezifische Form der Glaubensübung. Sie sollte in Meditation einüben, dazu anleiten, zu suchen „was droben ist" (Kol. 3,1). Unter dem Einfluß der Regula Benedicti wurde im Westen asketisches Leben mit mönchisch-asketischem Leben gleichgesetzt. Auch die Ostkirche kennt eine Eremitenaskese. Die Einschätzung der Askese schließt damit immer zugleich eine Einstellung zum Mönchtum ein. Insofern ist die Einschätzung der Askese in der Tat ein Testfall für die jeweilige Grundorientierung christlicher Ethik.

Max Weber hat die neue Form der Weltzuwendung in der Reformation „innerweltliche Askese" genannt. Vor allem der Calvinismus mit der Forderung nach rastloser Berufsarbeit und Sparsamkeit verkörpert nach ihm auch ein asketisches Ideal. Da das Handlungsziel innerweltlich ist, spricht Max Weber von „innerweltlicher" Askese, in Entsprechung zu außerweltlicher, weltflüchtiger und innerweltlicher Mystik. Diese innerweltliche Askese ist nach M. Weber im Calvinismus verknüpft mit der Frage nach der persönlichen Heilsgewißheit und gibt damit eine Antwort auf die Theodizeefrage: Durch Verzicht, Askese wird dem persönlichen Leben ein Sinn gegeben. Wird diese Askese profan, innerweltlich verstanden und säkularisiert, so wird aus einer religiösen Haltung die Rationalisierung der Lebensführung, die — so M. Webers geistes- und sozialgeschichtliche These — Voraussetzung des Ethos des neuzeitlichen Kapitalismus ist: Denn der „Geist" des Kapitalismus erfordert eine Lebensführung und einen Wirtschaftsstil, der — rational und konsequent — an monetärem Profit auf der Basis persönlicher Sparsamkeit und Bescheidenheit ausgerichtet ist.

In anderer Weise als Max Weber hat *Arthur Schopenhauer* eine neuzeitliche Interpretation von Askese vertreten: Askese wird zur Konsequenz einer Philosophie der Resignation und Entsagung. Bei Schopenhauer ist Askese, welche die Verneinung, die Mortifikation des Willens bewirkt, Vorbedingung der Sittlichkeit. Ähnlich wertet *Nietzsche* ἐγκράτεια (Beherrschung) und ἄσκησις (Bemühung) als Stufen zur Höhe, zur „goldenen Natur". *Sigmund Freud* konstatiert, Kultur beruhe auf Askese, auf Triebverzicht. Was zu Jahrhundertbeginn als Ausdruck einer elitären Haltung erscheinen mochte, wird unter dem Eindruck der Umweltkrise und der Ressourcenerschöpfung heute jedoch zum allgemeinen Postulat. Die Suche nach einer „asketischen Weltkultur" (C. F. von Weizsäcker), die Einsicht in die Notwendigkeit des Verzichts als Bedingung des Überlebens, eines sorgsamen und sparsamen Umgangs mit der Natur, das Gebot der „Frugalität" führt zu einer Neubewertung der Askese. Dies kann sich verdichten zur Forderung nach einem „alternativen Lebensstil" (seit der Weltkirchenkonferenz in Nairobi 1975).

Der Verzicht, welchen ein neuer Lebensstil praktizieren soll, wird freilich mit ethischen, vernünftigen Gründen gefordert. Verzicht, so das Argument, sei (einmal) geboten um der Persönlichkeitsbildung willen, zur Einübung der Frustrationstoleranz. Es ist dies im Grunde das alte

§ 5. Askese und christliche Ethik   93

Argument der Einübung der Tugend, wie es sich schon bei Platon und in der Stoa findet. (Dabei stellt sich dann freilich die psychoanalytische Frage der Einschätzung des Triebverzichts und der Triebunterdrückung).

(Zum anderen) wird der Verzicht begründet, weil er zugunsten anderer, notleidender Menschen oder der Umwelt willen notwendig sei. Die Wahrnehmung der Grenzen des Wachstums mache Verzicht notwendig. Verzicht auf Luxus oder auf Umweltverbrauch sei Zeichen von Realitätssinn. Solche Argumentation ist plausibel. Askese wird hier nicht als Heilsweg empfohlen, sondern als Mittel, das rechte Maß im Umgang mit den Gütern zu finden.

Die Forderung nach Konsum- und Zivilisationsaskese kann freilich auch als Instrument der Repression benützt werden: Mit der Notwendigkeit des Verzichtes wird dann die Unterdrückung anderer legitimiert.

Die Frage der Askese wird jedenfalls zur Frage des vertretbaren, menschlichen, „gerechten" Maßes. Aktuell diskutiert wird das Thema Askese in der ökologischen Ethik (Naturschutz durch Verzicht), in der medizinischen Ethik (Wieweit sollen medizinische Maßnahmen angewandt werden, z. B. bei der Lebensverlängerung? Ist ein Kinderwunsch um jeden Preis zu erfüllen?), aber auch in der Wirtschaftsethik. Selbstbeschränkung, Verzicht, Askese bleibt dabei nicht nur ein Thema der religiösen Ethik, sondern wird zum Gegenstand der Überlegungen in einer rational orientierten Ethik.

Im Wandel der christlichen Einstellung zur Askese bei den verschiedenen Konfessionen spiegelte sich das jeweilige Weltverständnis wieder. Aus der Askese um der Frömmigkeit willen wird in der Neuzeit die Forderung nach Verzicht aus Einsicht. Askese wird zunehmend rational, vernünftig, und nicht mit dem Erlösungsgedanken begründet. Selbstbeschränkung kann sinnvoll, rational sein, sowohl als Form der Selbstformung, der Selbsterziehung, der Persönlichkeitsbildung, als auch, um das rechte Maß im Umgang mit der Natur und mit den Gütern der Erde zu wahren und zu finden. Mit derselben Begründung erklärte auch Martin Luther im Kleinen Katechismus, daß „Fasten und leiblich sich bereiten eine feine äußere Zucht ist". Askese ist dann freilich kein Privileg einer spezifisch christlichen Ethik. Damit sei nicht bestritten, daß Askese auch in religiöser Praxis fundiert ist. Aber der Zweck der Askese ist unter ethischer Perspektive nicht ausschließlich religiös zu erklären. Die Fähigkeit zum selbstgewählten Verzicht ist auch Ausdruck menschlicher Freiheit.

§ 6. Gute Werke

Die Zuordnung von Rechtfertigung und Heiligung stellt sich erneut unter dem Stichwort der „Guten Werke". Luther verwahrte sich leidenschaftlich gegen eine Lehre und Frömmigkeit, die offen oder verborgen gute Werke als heilsnotwendige Leistungen forderte. Die Auseinandersetzung der Reformatoren mit den „guten" Werken ist von Polemik geprägt. Zugleich haben die Reformatoren ebenso entschieden den Vorwurf bestritten, sie würden gute Werke verbieten. Die theologische Beurteilung der guten Werke ist daher „eine der empfindlichsten und schwierigsten Materien der evangelischen Ethik" (F. Lau, RGG³ II, 1915 f.).

Das Thema Glaube und Werke ist nicht ohne weiteres auf ethische Fragestellungen der Gegenwart anzuwenden. Es bedarf also hermeneutischer Überlegungen. Denn in der Reformation hatte die Antithese von Glaube und Werk soteriologischen Sinn: Es geht um Heil oder Unheil. Die Heilsfrage stellt sich angesichts des Verdammungsurteils im jüngsten Gericht. Die Gnadenbotschaft (Evangelium, Glaube) wird in der Kontrasterfahrung zur Gerichtsangst verkündet. Wird diese Kontrasterfahrung des Gerichts in der Neuzeit vergessen, so reduziert sich die lutherische Rechtfertigungslehre auf einen inhaltsleeren Imperativ, Humanität zu leben (vgl. Rolf Schäfer, Glaube und Werke nach Luther, in: Luther, 58. Jg., 1987, S. 75−85). Um dieses Mißverständnis zu vermeiden, ist zunächst die reformatorische Fragestellung darzustellen.

1. Die reformatorische Fragestellung

1. *Luther* hat 1520 in einem theologischen Entscheidungsjahr einen „Sermon von den guten Werken" verfaßt (vgl. Clemen I, 227 ff.). Dieser Sermon interpretiert den Dekalog. Aber Luther legt freilich nicht kasuistisch die einzelnen Gebote aus, sondern stellt grundsätzlich den Satz an die Spitze, daß der Glaube das *einzige* wirklich gute Werk sei. Kritisch wendet er gegen die mittelalterliche Empfehlung guter Werke als verdienstlicher Leistungen ein:

> „Siehe da, alle dieselben guten Werke gehen außerhalb dem Glauben. Darum sind sie nichts und ganz tot. Denn wie ihr Gewissen gegen Gott steht und glaubt,

so sind die Werke auch, die daraus geschehen. Nun ist da kein Glaube, kein gut Gewissen zu Gott, darum so ist den Werken der Kopf ab, und all ihr Leben und Güte nichts" (Cl. I, 230,1 ff.).

Bei Luther ist folglich der Glaube das einzige gute Werk (Werk im Singular). Denn der Glaube ist Gottes Werk an und in uns, er ist nicht menschliche Leistung und Verdienst. Deswegen sind nicht Almosengeben, Fasten, Wallfahrten an sich gute Werke, sondern alles Handeln des Christen ist ein gutes Werk allein, sofern es im Glauben geschieht, getan wird:

„Hier kann nun ein jeglicher selbst merken und fühlen, wenn er Gutes und nicht Gutes tut. Dann findet er sein Herz in der Zuversicht, daß es, wenn er Gott gefalle, so ist das Werk gut, wenn es auch so gering wäre, als einen Strohhalmen aufheben. Ist die Zuversicht nit da, oder zweifelt dran, so ist das Werk nit gut, ob es schon alle Toten aufweckt und sich der Mensch verbrennen ließ" (Cl. I, 231,3 ff.).

Luther kann den Glauben nicht genug als Ursprung aller Werke rühmen: Der Glaube ist das „Hauptwerk" (I, 231,11), das Haupt der Gliedmaße (231,34), der Werkmeister und Hauptmann in allen guten Werken (238,5 f.), der Ring, welcher die goldene Kette zusammenhält. Der Glaube unterscheidet auch nicht zwischen kleinen und großen Werken:

„Denn der Glaube läßt sich an kein Werk binden, so läßt er sich auch keines nehmen ... Also ein Christenmensch, der in der Zuversicht gegen Gott lebt, weiß alle Ding, vermag alle Ding, vermisset sich aller Ding, was zu tun ist, und tut alles fröhlich und frei, nicht um viel guter Verdienst und Werk zu sammeln, sondern daß ihm eine Lust ist, Gott also wohl gefallen und läuterlich umsunst Gott dienet, damit sich begnügt, daß es Gott gefällt" (Cl. I, 232,6 f.; 21 ff.).

Die guten Werke sollen freilich nicht die Rechtfertigung des Menschen bewirken; sie geschehen vielmehr aus Dankbarkeit für Gottes Werk. Sie erhalten in reformatorischer Deutung also einen anderen *Ort* im Leben des Christen angewiesen: Aus verdienstlichen Leistungen zum Erwerb des Seelenheils werden unscheinbare, spontane Taten der Liebe um des Nächsten willen. Luther betont nachdrücklich, daß die guten Werke nicht „gleißen", d. h. nicht besonders außergewöhnliche, auffallende, spektakuläre Taten sein sollen (z. B. Cl. I, 235,14 ff.; 243,37 ff.). Entscheidend ist daher auch nicht, *was* inhaltlich als gutes Werk getan wird – ob dies in Luthers Sprache ein Kind wickeln, die Straße fegen oder eine Wallfahrt ins Heilige Land ist sondern –, daß ein gutes Werk nur ein aus Glauben getanes Werk sein kann. Die guten Werke, welche am Nächsten getan werden, sind Taten der Hilfe und der Liebe, alltägliche Werke und gut nur, sofern sie eben im Glauben geschehen.

Darum behandelt der „Sermon von den guten Werken" die Frage, wie der Christ zum Glauben kommt, in der Auslegung der ersten drei Gebote: Beim guten Werk geht es um den Glauben an Gottes schöpferisches und rechtfertigendes Wort (1. Gebot), um die Ehre und Anerkennung des Namens und Wirkens Gottes (2. Gebot), die allen menschlichen Selbstruhm verbietet, und um den Gottesdienst und die Achtung der Predigt des Glaubens (3. Gebot).

Diese 3 Gebote gehen wie ein hübscher Ring ineinander (272,23): „das erst werk ist glaube, ein gut hertz und zuversicht zu got haben. Auß dem fleußt das ander gute Werk, Gottes Namen preisen, seine Gnad bekennen, ihm alle Ehre geben allein. Darnach folget das drit, gottes dienst üben, mit Beten, Predigthören, Dichten und Trachten nach Gottes Wohltat, dazu sich Kasteien und sein Fleisch zwingen" (272,26—31). Erst dieser Glaube befähigt zur Liebe gegen den Nächsten, welche die Gebote der 2. Tafel des Dekalogs (4.—10. Gebot) gebieten.

Eine Mittelstellung nimmt freilich zwischen 1. und 2. Tafel bei Luther die Auslegung des 4. Gebotes ein: Im 4. Gebot wird nicht nur die Achtung vor den Eltern, sondern die Anerkennung einer vierfachen Obrigkeit in Familie (Eltern), Kirche (Prediger), Staat (Fürsten, Amtleute) und Beruf (Meister) geboten. Durch diese extensive Auslegung des 4. Gebotes sanktioniert Luther — auf fragwürdige Weise — eine patriarchalische Gesellschaftsordnung. Die folgenden Gebote (5.—10.) werden schon 1520 von Luther derartig verinnerlicht ausgelegt, wie dies klassisch in seiner Auslegung im Kleinen und Großen Katechismus geschieht: Nicht nur grobe Vergehen (Totschlag, Diebstahl, Ehebruch), sondern schon böse Regungen und Gelüste sind verboten; und statt solcher bösen Regungen werden positiv Sanftmut, Keuschheit, Mildtätigkeit, Wahrheit als Früchte des Glaubens erwartet und verheißen.

Soweit Luthers reformatorische Interpretation der Lehre von den guten Werken: Der Christ hat solche Werke nicht aufgrund eines Zwangsgesetzes abzuleisten, sondern sie sollen als spontane, selbstverständliche Taten geschehen. In ihnen hat sich der Glaube unter den Anfechtungen und Bedrängnissen des Alltags zu bewähren.

Durch die Vorordnung des Glaubens vor die Werke ergibt sich für Luthers ethischen Grundansatz, daß der Christ nicht aus der Furcht der Gesetzlichkeit, sondern in der Zuversicht des Glaubens handelt; er ist frei zum ethischen Wagnis.

§ 6. Gute Werke

2. Wie stark Luther auf den Vorrang des Glaubens Gewicht legt, sei anhand von Spitzensätzen aus einer 1520 disputierten Thesenreihe „ob die Werke zur Gnade beitragen" (WA 7,231 f.) belegt.

These 1 lautet: „Gleichwie nichts gerecht macht (iustificat) denn der Glaube, also sündigt nichts denn der Unglaube". These 2: „Die Rechtfertigung ist dem Glauben wesentlich (propria) ... gleich wie die Sünde dem Unglauben". Daraus folgt für das Verhältnis von Glaube und Werken in These 3: „So der Glaube nicht ohne Werke ist, und seien es auch die geringsten, macht er nicht gerecht, ja, er ist nicht Glaube". 4: Es ist unmöglich, daß der Glaube sei ohne unablässige viele und große Werke. Der Glaube ist also nie „allein", solitaria, einsam — ohne Werke. 5. „Weder machen die Werke, so nach der Rechtfertigung getan sind, gerecht, wiewohl sie Gerechtigkeiten in der Schrift heißen. 6. Noch machen die Werke, so vor der Rechtfertigung getan sind, schuldig, wiewohl sie Sünden in der Schrift heißen." Nach Luther sind die Werke schlechthin von Glaube und Rechtfertigung abhängig. Sie haben ihren Wert nicht in sich selbst. Das wird noch deutlicher in den folgenden zugespitzten Thesen: „9. Wieviel die Früchte zum Wesen des Baumes beitragen, soviel tragen die Werke zur Rechtfertigung und Schuldverhaftung bei (ad iustificationem et reatum)" (nämlich: nichts). „10. So ein Ehebruch im Glauben geschehen könnte, wäre er keine Sünde. 11. So du in Unglauben Gott anbeten willst, wirst du einen Akt des Götzendienstes vollbringen. 12. Der Glaube zerstört von Grund auf sowohl das Vertrauen auf die guten Werke wie auch die Verzweiflung über die bösen. 13. Der Glaube mindert das böse Gewissen in den Sünden und mehrt das böse Gewissen in den Verdiensten." Bei den guten Werken hängt somit alles ab vom „sola fide", nicht vom eigenen Vermögen, „ex propriis viribus". Luther kommt es ausschließlich auf diese Abhängigkeit der Werke vom Glauben an: These 20: „Der Glaube oder die Gerechtigkeit kommen nicht aus den Werken, sondern die Werke aus dem Glauben und der Gerechtigkeit".

Die guten Werke sind Früchte des Glaubens, nicht Bedingungen des Heils.

Er drückt dies bildlich einmal so aus: „Wir gestehen, daß die guten Werke dem Glauben folgen sollen, vielmehr nicht folgen sollen, sondern von selber folgen, gleichwie ein guter Baum nicht gute Früchte bringen soll, sondern von selber bringt. Und gleichwie gute Früchte nicht einen guten Baum machen, also machen die guten Werke die Person nicht gerecht. Sondern die guten Werke geschehen von einer Person, die schon zuvor gerecht geworden ist durch den Glauben, gleichwie die guten Früchte von einem Baum kommen, der schon zuvor gut ist von Natur" (Disputation über Röm. 3,28; WA 39 I, 44 ff.; These 34—36; vgl. Mth. 7,16—20).

Gute Werke geschehen freiwillig, „sponte", nicht erzwungen. Nicht die Werke machen die Person gerecht, sondern die gerechtfertigte Person vollbringt gute Werke. Das soll das Bild vom Baum und den Früchten veranschaulichen. Da aber erst der Glaube gute Werke hervorbringt, sind letztlich die Werke nicht Tat des Menschen, sondern Wirkung, Frucht des Geistes. Glaube und Geist sind Gabe, Geschenk, nicht Leistung. Daher kann der Christ nur gute Werke spontan hervorbringen, aber sie sich nicht abzwingen. Was ihn zum Werk nötigt, ist nicht eine Forderung nach Werken, sondern die Not, die Bedürftigkeit seines Nächsten.

3. Ebenso lehrt *Melanchthon* von den guten Werken in der Confessio Augustana. Artikel 6 „Vom neuen Gehorsam":

„Auch wird gelehrt, daß solcher Glaube gute Frucht und gute Werk bringen soll (fides illa debeat bonos fructus parere), und daß man müsse gute Werke tun, allerlei so Gott geboten hat (mandata) um Gottes willen, doch nicht auf solche Werke zu vertrauen, dadurch Gnad fur Gott zu verdienen. Denn wir empfangen Vergebung der Sunde und Gerechtigkeit durch den Glauben an Christum, wie Christus selbst spricht: ‚So ihr dies alles getan habt, sollt ihr sprechen: wir sind untüchtige Knechte'" (Luk. 17,10).

Dieser Artikel entfaltet positiv das sola gratia der Rechtfertigung und begreift die Werke als Früchte des Glaubens. Artikel 20 „Vom Glauben und guten Werken" (De fide et bonis operibus) setzt sich dann mit dem Mißbrauch der guten Werke in der Frömmigkeitspraxis der katholischen Kirche auseinander: Rosenkränze beten, Heiligenverehrung, Mönchsstand, Wallfahrten, Fasten, Bruderschaften werden als unnötige Werke verworfen; dagegen ist die Erfüllung des Dekalogs im Alltag als „nötiges" gutes Werk zu preisen. Jede Werkgerechtigkeit sei von der Rechtfertigung fernzuhalten (Eph. 2,8; Röm. 5,1). Dem Gewissen bringe nur der Glaube Trost, nicht die eigenen Werke. Die Werkgerechtigkeit hingegen führt in Gewissensnot. Allerdings bewirkt der Glaube dem Gewissen nicht als „notitia historiae" (XX, 23), sondern nur als „fiducia" Trost. Gute Werke sind folglich Gabe des Heiligen Geistes; der Mensch bringt sie nicht aus eigener Kraft zuwege: „Denn außer dem Glauben und außerhalb Christo ist menschliche Natur und Vermögen viel zu schwach, gute Werke zu tun, Gott anzurufen, Geduld zu haben im Leiden, den Nächsten lieben, befohlene Ämter fleißig auszurichten, gehorsam zu sein, böse Lust zu meiden usw." (CA XX, 36–37). Melanchthon teilt in der CA Luthers Verständnis der guten Werke.

4. Später ist Melanchthon freilich davon abgerückt. 1536 stellte er den Satz auf: die bona opera seien „in articulo iustificationis" die „conditio sine qua non". „Novam oboedientiam, bona opera esse necessaria ad

vitam aeternam". Melanchthon hat nunmehr, anders als Luther, ein selbständiges Interesse an der sittlichen Tätigkeit des Menschen. Daher betont er das Vermögen des freien Willens, die aktive Buße zu wirken, und darum erneut die Unerläßlichkeit guter Werke. Gleichzeitig entwikkelt Melanchthon ein starkes Interesse am tertius usus legis. Melanchthon lehrt in seiner Spätzeit, es gebe für den Christen drei Gründe, gute Werke zu tun: (1.) Weil sie Gott befohlen hat („propter mandatum dei"). (2.) Weil zum Glauben die (aktive) Buße gehört und derjenige nicht glaubt, der seinen Glauben nicht übt (propter dignitatem vocationis), und (3.) wegen der Belohnung (CR 23,181). Nunmehr sagt er: „in den Versöhnten verdienen (merentur) die guten Werke, da sie durch den Glauben um des Mittlers willen gefallen, hinterher geistliche und leibliche Belohnungen, in diesem Leben wie nach diesem Leben" (CR 21,177 f.). Damit verbindet Melanchthon die guten Werke erneut mit dem Lohn- und Verdienstgedanken.

5. Im Gegensatz zwischen Luther und Melanchthon selbst haben die Streitigkeiten der *Gnesiolutheraner* und *Philippisten* über die Notwendigkeit guter Werke ihren Ursprung, die mit dem Kompromiß der Konkordienformel Art. 4 „De bonis operibus" endeten:

Die Philippisten *Major* und *Menius* vertraten 1552 und 1554 den Satz, gute Werke seien notwendig zur Seligkeit („necessaria ad salutem"). Dagegen stellte der Gnesiolutheraner *Amsdorf* den Satz auf: gute Werke seien schädlich zur Seligkeit („noxia ad salutem"). Amsdorf zur Seite trat *Flaccius*. Melanchthon wollte vermitteln: Die „sola fides" rechtfertigt; aber: „fides non est sola".

Die Debatte um Notwendigkeit oder Schädlichkeit guter Werke ist freilich bereits im Ansatz falsch, weil sie die Werke auf das Heil (ad salutem) bezieht und deren Ort innerhalb der reformatorischen Theologie verkennt: Gute Werke sind Früchte des Glaubens, absichtsloser Dienst der Liebe.

Die *Konkordienformel* will darum ausgleichen (Art. IV der Epitome). Die guten Werke sind nach ihr gänzlich auszuschließen aus dem Artikel der Rechtfertigung vor Gott (Affirmation 2). Aber der wahrhaftige Glaube ist kein toter, sondern ein lebendiger Glaube, und deshalb folgen die Werke so unbezweifelbar, wie die Früchte an einem guten Baum wachsen. Die Christen sind darum verpflichtet, gute Werke zu tun. Es ist also daher legitim zu sagen, Christen *sollen* oder *müssen* gute Werke tun. Die Notwendigkeit (necessitas, necessarium) ist aber nicht Zwang, sondern schuldiger Gehorsam (Aff. 5). Glaube und Seligkeit schafft freilich nur der Heilige Geist, nicht das Werk des Menschen (Aff. 10).

Sowohl die Redeweise, gute Werke seien nötig zur Seligkeit, wie die andere, sie seien schädlich zur Seligkeit, wird folglich als theologisch unsachgemäß verboten und verworfen. Vielmehr wird den Predigern empfohlen, „die Leute zu christlicher Zucht und guten Werken zu vermahnen und zu erinnern, wie nötig es sei, daß sie zur Anzeigung ihres Glaubens und Dankbarkeit bei Gott sich in guten Werken üben".

Die Konkordienformel will also von Melanchthon zurück zu Luther lenken. Gute Werke haben nicht mit der Rechtfertigung zu tun. Aber anders als Luther hat sie ein eigenständiges Interesse an der Erziehung des Volkes. Man muß die Leute zu einem christlichen Leben ermahnen. Darin spürt man Melanchthons Einfluß, wonach Theologie eine pädagogische Aufgabe hat. Es tritt bei ihm Luthers Spontaneität und Freiheit als Grund christlichen Lebens zurück.

6. Auf reformierter Seite beantwortet der *Heidelberger Katechismus* im 3. Teil „Von der Dankbarkeit" in Frage 86, warum der Christ gute Werke tun soll: Einmal aus Dankbarkeit gegen Gottes Wohltaten; sodann „dass wir bei uns selbst unseres Glaubens aus seinen Früchten gewiss seien". Das ist ein Ansatz für einen Syllogismus practicus: Aus Leben und Werken wird ein Rückschluß auf den unfaßbaren Glauben möglich. Endlich, daß wir „mit unserem gottseligen Wandel unsere Nächsten auch Christo gewinnen". Sodann betont der Heidelberger Katechismus in Frage 91, daß gute Werke nach dem Gesetz Gottes ihm zu Ehren geschehen und nicht auf eigenes Gutdünken oder Menschensatzungen gegründet sind.

7. In dieser Tradition definiert dann *Karl Barth* gute Werke als solche, „die Gottes Wohlgefallen für sich haben und also seines Lobes teilhaftig sind, die aber auch ihrerseits dem Lobe Gottes dienen" (KD IV, 2 S. 662). Er redet vom „Lob der Werke" (IV, 2 § 65,5 S. 660) und trifft sich hier mit Luther, der gleichfalls aufs stärkste einschärfte, daß die Werke nicht „gleißen" dürfen, also niemals dem Selbstlob von Menschen dienen können. Gute Werke sind solche, die Gott selbst wirkt und die Menschen tun, welche Gott an sich und durch sich wirken lassen. Sie geschehen darum zu Gottes Lob.

8. Das reformatorische Verständnis der guten Werke verwirft das *Tridentinum*. Statt dessen lehrt das Tridentinum, daß die gerechtfertigten Christen sich mit Hilfe von „bona opera" ein „augmentum gratiae" verdienen und zu seinem ewigen Leben und zur eigenen Verherrlichung beitragen können (Sessio VI, can. 32, Denz. 842).

9. Zusammenfassung: Nach reformatorischer Lehre sind gute Werke Frucht des Glaubens, nicht Werk, Verdienst, Leistung des Menschen.

Schon der Begriff Gute Werke (im Plural) ist deswegen mißverständlich: Er scheint das Leben des Christen in Einzelleistungen aufzuspalten. Bei den guten Werken geht es aber nicht um eine Summe von Leistungen, sondern um die Person und deren Glauben. Luther hat ferner zutreffend beobachtet, daß der Mensch gerade mit seinen Werken (opera bona, bzw. opera speciosa) besonders für die Grundsünde der superbia anfällig wird. Deshalb kann er gute Werke geradezu eine Todsünde des Menschen nennen, weil und sofern der Mensch aus ihnen und nicht aus Gottes Rechtfertigung leben will (WA 1,350 ff.). Anderseits erwartet aber gerade auch das NT vom Christen gute Werke. Auf derartige neutestamentliche Aufforderungen zum Tun guter Werke berufen sich sowohl Melanchthon wie das Tridentinum.

2. Exegetische Gesichtspunkte

Exegetisch strittig ist die Wertung der guten Werke im Neuen Testament. Dabei ist nicht in erster Linie auszugehen vom Jakobusbrief (vor allem Jak. 2,14—26) und von Matthäus (vgl. Mth. 3,10—12; 7,16—23; 12,39—43; 21,28—32; vor allem Mth. 25,14—30), Schriften, die in der Exegese als Antipoden zur paulinischen Rechtfertigungslehre und Vertreter der Werkgerechtigkeit genannt werden.

1. Exegetisch auszugehen ist vielmehr davon, daß auch Paulus ein Gericht nach den Werken kennt (2. Kor. 5,10; vgl. Röm. 14,10; 1. Thess. 5,23; 1. Kor. 3,8.12 ff.). Besteht also bei Paulus selbst zwischen der Gerichtsparänese und der Rechtfertigungslehre ein Gegensatz und Widerspruch? Nur dann läßt sich allerdings ein solcher Widerspruch behaupten, wenn man die eschatologische Spannung zwischen „schon" und „noch nicht" mißachtet. Die Gerichtsparänese ist Korrektiv eines Schwärmertums, das der irdischen Anfechtung enthoben zu sein wähnt. (Auf die exegetische Kontroverse um das paulinische Verständnis der Werke ist hier nicht näher einzugehen.)

2. In den Synoptikern findet sich die Forderung nach Werken in Gestalt des Lohngedankens (Mth. 5,12.46; 6,1; 10,41 f.; Luk. 6,23.35; 14,11; 18,14). Jesus verheißt denen Lohn, die Gottes Willen tun. Aber er schließt gerade jeden menschlichen Anspruch darauf aus. Dies betont das Gleichnis von den Arbeitern im Weinberg (Mth. 20,1 ff.; vgl. auch Luk. 17,1 ff.). Wenn Jesus sagt, der Vater „belohne" seine Kinder (Mth. 6,1.4.6.18; 25,34), dann sprengt diese Redeweise die Gleichwertigkeit von Lohn und Leistung. Wenn Paulus wiederum in seiner Paränese an der Entsprechung von Saat und Ernte festhält (Gal. 6,7 ff.), so macht auch er auf das Ausstehen einer letzten Entscheidung aufmerksam.

3. In der nachpaulinischen Theologie verselbständigt sich freilich das paränetische Motiv der paulinischen Briefe (vgl. auch Röm. 6,21 ff.; Phil. 1,10 ff.; 2,12 ff.) zur Erwartung einer doppelten Vergeltung. Paulus fordert nur ἔργα, Werke. Die Pastoralbriefe bringen in die Kirchensprache den Begriff gute Werke (1. Tim. 2,10), „schöne" Werke (1. Tim. 5,10.25; 6,18; Tit. 2,7−14) ein. Gute Werke erlangen Lohn, böse Werke entsprechende Strafe. Vor allem der Jakobusbrief (Jak. 1,2 ff.12.25; 2,12 f.; 5,4 f.7 ff.) arbeitet mit dem Motiv von Lohn und Strafe. Aus dem paränetischen Gebrauch wird dann die Verdienstlehre. Die Verdienstlehre trübt jedoch, so *Kant*, die Reinheit der sittlichen Gesinnung. In Anspielung auf Mth. 19,16: die Frage des reichen Jünglings an Jesus, meint er, die Frage nach dem Verdienst sei eine zutiefst unsittliche Frage: „Die Eudämonie ist die Euthanasie aller echten Sittlichkeit" (Metaphysik der Sitten, Tugendlehre, Vorr. III). Reformatorische Verwerfung der altkirchlichen und katholischen Verdienstlehre verbindet sich hier mit dem Pathos der Kant'schen Pflichtethik und der Ablehnung jeder Heteronomie.

(Zur exegetischen Diskussion vgl. G. Bornkamm, Der Lohngedanke im Neuen Testament, in: Studien zu Antike und Urchristentum, Ges. Aufs. II, 1959, S. 69−92).

Der Lohngedanke enthält im NT drei Grundmotive: (a) die Indienstnahme des Menschen, eine radikale Beanspruchung, (b) die Bezogenheit der zeitlichen irdischen Existenz des Menschen auf ein letztes Urteil, das Gericht Gottes, (c) das Angewiesensein der geschöpflichen Existenz des Menschen auf Gottes Güte.

4. Man verkehrt diese paränetische Intention, wenn man den Hinweis auf ein Gericht nach den Werken, wie in spätjüdischen und katholischen Erwägungen, zu einer Theorie einer gerechten Vergeltung, der Proportion von Leistung und Lohn ausgestaltet. Paränetische Erwägungen ermahnen im Namen der Gnade (Röm. 12,1 f.), Paränese ruft zum christlichen Handeln als charismatisches Geschehen auf. Sie normiert aber nicht kasuistisch mit Hilfe von Einzelvorschriften konkrete gute Werke. Wie Paulus das Handeln des Christen als charismatischen Dienst begreift, so lehrt Luther, daß ein Christ „sponte et hilariter" handelt, und ebenso zeichnet sich nach Karl Barth christliches Handeln aus durch ein „Gernetun" (KD III, 2, S. 318 ff.).

5. Zwischen der paulinischen Begründung der Paränese und Luthers Auffassung von den guten Werken gibt es auffallende Gemeinsamkeiten. Die paulinische Paränese beschreibt die charismatische Existenz des Christen; jeder Christ wirkt in seinem gesamten Tun als Charismatiker. Dieses

§ 6. Gute Werke   103

Tun ist „Gottesdienst im Alltag der Welt" (E. Käsemann). Dabei ist Maßstab des Handelns das charismatische Erkennen des Notwendigen. Die reformatorische Auffassung der Guten Werke sieht in diesen Werken Früchte der Gnade. Es gibt unter den Werken keine Stufung nach Wertigkeit und Würde. Gute Werke sollen nicht selbstgewählte Leistungen sein, sondern im Beruf geübt werden und das Notwendige aufgreifen und tun.

Die Frage nach dem Unterschied zwischen Paränese und normativer Ethik ist damit freilich noch nicht geklärt. Die theologische Qualifikation von guten Werken als menschliches Handeln, das im Glauben und aus Glauben geschieht, beantwortet ferner noch nicht die Frage nach den Normen richtigen Verhaltens.

3. Systematische Erwägungen

Die reformatorische Interpretation der Guten Werke hat ihre theologische Bedeutung darin, daß sie zwischen Person und Werk, Täter und Tat, Glaube und Liebe zu unterscheiden anhält. Das Begriffspaar „Person und Werk" ist bei Luther freilich nicht im romantischen Sinn zu verstehen. „Werk" ist im romantischen Verständnis der Ausdruck der schöpferischen Persönlichkeit. Das Kunstwerk läßt die schöpferische Persönlichkeit sichtbar werden. Der Künstler entäußert sich im Werk, gegebenenfalls im „Lebenswerk". Das Werk läßt die Subjektivität seines Schöpfers lebendig werden. Es gilt, dabei das eigene Leben als Kunstwerk, als Lebenswerk zu gestalten. Das Ziel des Wirkens ist die Selbstverwirklichung der Person. Luther lag solches romantische Verständnis des Werkes als Kunstwerk und die Würdigung der schöpferischen Persönlichkeit noch völlig fern. Er ist deswegen nicht nach den Maßstäben neuzeitlicher „bürgerlicher" Innerlichkeit zu deuten.

„Werk" ist bei Luther zu verstehen (einmal) auf dem Hintergrund des vulgär-mittelalterlichen Verständnisses der guten Werke als frommer Leistungen. Diese mittelalterliche Werkfrömmigkeit ist gerade nicht Ausdruck der Subjektivität, sondern objektives Handeln: Werke sind wirksam „ex opere operato".

(Zum anderen) ist Luther beeinflußt vom biblischen Bild vom Baum und den Früchten (Mth. 7,18), das auf die Beziehung von Person und Werken hin ausgelegt wird: Luther fragt danach, was die Person theologisch konstituiert: Nicht der eigene Zustand, sondern Gottes freisprechendes Wort macht die Person aus. Luthers Verständnis von Person orientiert sich nicht ontologisch an der inneren Beschaffenheit, am habitus des Menschen, sondern verweist auf eine Relation: Das Wort, in dem Gott den Menschen anspricht, macht die Person.

Diese Konstitution der Person durch Gottesbeziehung und Wortgeschehen führt daher zur Unterscheidung von Glaube und Liebe. So betont Luther: „Wie wir oft gesagt haben: Glaube und Liebe muß man also scheiden, daß der Glaube auf die Person und die Liebe auf die Werke gerichtet sei. Der Glaube vertilgt die Sünde und macht die Person angenehm und gerecht. Wenn aber die Person angenehm und gerecht geworden ist, so wird ihr der Heilige Geist und die Liebe gegeben, daß sie Gutes tut mit Lust" (WA 17, II, 97,7—11). Ganz knapp, prägnant und präzise formuliert, heißt es folglich: „Also bleibt der Glaube der Täter und die Liebe bleibt die Tat" (WA 17, II, 98,5).

Eine Unterscheidung von Person und Werk, Liebe und Glaube hat freilich nicht eine durchgängige Trennung zur Konsequenz, sondern die differenzierte Zuordnung beider in ihrer Verschiedenheit. Vor allem kann man aber aus der Beschaffenheit eines Werkes nicht auf die Person zurückschließen. Die Person untersteht in ihrem Personsein, ihrem Gewissen allein Gottes Urteil. Die Selbstbeurteilung des Menschen in seinem Gewissen ist dem Urteil anderer Menschen unzugänglich. Die Unterscheidung von Person und Werk schützt die Unverfügbarkeit des Gewissens. „Fides facit personam" (WA 39 I, 282,16) — das heißt nach Luther, die Glaubensaussage als Aussage von „innen" her kann nicht objektivierbarer Maßstab sein. Die Folgerung: „Wo gute Werke sind, ist die Person gut" wie der Umkehrschluß sind theologisch unzulässig. Für die Beurteilung des Gutseins von Werken gibt es keinen nach außen hin aufweisbaren *theologischen* Maßstab. Kriterien dafür, welche Werke „gut", „richtig" und welche „schlecht", „falsch" sind, hat darum die Ethik zu benennen. Solche Kriterien nennt man Werte, Normen (vgl. Kap. IV). Die reformatorische Herausnahme der guten Werke aus der Heilsvermittlung, aus dem Rechtfertigungsgeschehen ermöglicht so gerade eine vernünftige Reflexion des richtigen Handelns in der Ethik und führt zur Frage nach Maßstäben, Werten, Normen und deren Begründung und Geltung.

Exkurs: Quietismus

Das Wort Quietismus (von lateinisch: quies = Ruhe) bezeichnet das passive Geschehenlassen im religiösen Leben. Im Quietismus soll das individuelle Wollen ausgeschaltet werden. Man läßt sich völlig von der Gnade führen oder auch willenlos treiben. Der Mensch ergibt sich in das göttliche Sein und den göttlichen Willen. Diese Ergebung in den göttlichen Willen ist ein allgemeines religiöses Phänomen, vor allem in der Mystik. Quietismus als Lebenshaltung findet sich u. a. in der jüdischen Kabbala oder im Buddhismus. Im Christentum findet sich der Quietismus bei den mittelalterlichen Brüdern vom freien Geist, sowie in den Moralprinzipien des Spaniers *M. von Molinos*, der mit Hilfe einer Technik der vita contemplativa zur passiven Lebenshaltung anleitete. Molinos wurde 1687 von Rom wegen der angeblich aus seiner Lehre folgenden moralisch verwerflichen Esoterik verurteilt. Auch die französischen Kreise um Madame *J. M. Guyon* und *Fénelon* wurden von diesem Verbot betroffen. Diese französische Herzensfrömmigkeit wirkte auf deutsche Pietisten (*G. Tersteegen, G. Arnold, Ph. J. Spener, N. Zinzendorf, M. Claudius*) und gestaltete deren Streben nach Christuseinheit und Ruhe in Gott. In der Ostkirche fand der Quietismus im Mönchtum des 13./14. Jahrhunderts eine besondere Ausprägung, im Hesychasmus.

In der Philosophie trägt *A. Schopenhauers* pessimistische Metaphysik mit ihren Kennzeichen der Askese, Resignation und Weltentsagung deutlich quietistische Züge. Nur in einer Absage an die Welt findet der Mensch Freiheit, inneren Frieden und Erlösung, weil nur so der Mensch zur Ruhe gelangt und sich von sich selbst löst. Aus einer resignativen Weltabsage ergibt sich keine aktive Weltgestaltung.

Die reformatorische Auffassung von Rechtfertigung und guten Werken ist nicht quietistisch. Der Glaube ist kein „Quietiv", sondern Beweggrund („Motiv") zum Handeln. Die Passivität des Menschen vor Gott begründet gerade keine ethische Passivität, Gleichgültigkeit (das ist freilich der Vorwurf jüdischer Denker wie *G. Scholem* und M. Buber gegen das Christentum, von Max Scheler und Thomas Mann gegen das Luthertum). Dem Vorwurf des Quietismus und damit des ethischen Versagens vor

2. Kapitel: Theologische Voraussetzungen der Ethik

den Aufgaben der Welt kann reformatorische Theologie nur begegnen, wenn sie zwischen Glaube und Werken, dem nicht durch eigene Aktivität herstellbaren existentiellen Grundvertrauen und der Sinnvergewisserung einerseits und den durch die Herausforderungen der Zeit gestellten Aufgaben der Verantwortung andererseits zu unterscheiden vermag. Der Glaube, als Werk Gottes, entlastet den Christen vom Zwang der Selbstverwirklichung; er wird jedoch nicht mehr auf die Lebensführung bezogen, wenn er einen Rückzug von den Aufgaben der Weltverantwortung auf die eigene Innerlichkeit, das private Seelenheil legitimieren soll. Die Betonung der *Passivität* des *Glaubens* ist ein Korrektiv gegen eine verfehlte Selbstdeutung des Menschen, der sich als absolutes Subjekt begreift und mißversteht; dieser Passivität des Glaubens entspricht jedoch im Blick auf die Kommunikation mit den Mitmenschen und die Verantwortung für die Welt eine *Aktivität* des *Handelns*.

Literatur: Art. Quietismus, Wörterbuch des Christentums, S. 1020 f., H. Kreß. Dort auch weitere Literatur.

Die Frage nach dem *Inhalt* der dem Menschen gebotenen Werke wird im folgenden § aufgenommen.

§ 7. Das Naturrecht

1. Die Problemstellung und neuere Diskussion

Das Naturrecht ist ein außerordentlich vielschichtiges Gebilde. In der Thematik des Naturrechts überschneiden sich sehr unterschiedliche Fragestellungen: Inwieweit ist das Naturrecht überhaupt Recht und nicht nur ethisches Postulat? Wie verhalten sich antike Auffassungen vom Natürlichen zur biblisch-christlichen Orientierung am Gebot Gottes, an Gottes Willen? Gibt es in der Deutung des Naturrechts konfessionelle Differenzen zwischen katholischer und evangelischer Deutung?

Jean Paul hat einmal gesagt, jede Messe (= Buchmesse) und jeder Krieg liefere ein neues Naturrecht. Der Satz richtete sich damals polemisch gegen die philosophische Naturrechtsidee bei Kant und Fichte. Aber er macht zugleich erkennbar, was für ein schillerndes Gebilde das Naturrecht ist. In der deutschen Rechtsphilosophie, Rechtsprechung und Ethik läßt sich in der Beurteilung des Naturrechts ein steter Wandel beobachten. Galt um die Jahrhundertwende und bis zum Ende des 2. Weltkrieges das Naturrecht als Thema der Vergangenheit, so kam es nach 1945 zu einer „Wiedergeburt des Naturrechts". Bis dahin herrschte weithin ein Rechtspositivismus, der als Recht nur anerkannte und akzeptierte, was vom Staat gesetztes, positiviertes Recht war. Die Macht des Staates galt als einzige Rechtsquelle.

Das „Dritte Reich" hat die Problematik eines verabsolutierten Rechtspositivismus zur Genüge aufgewiesen. Der Staat setzt eben nicht nur Recht, sondern ebenso häufig auch Unrecht. Darum brachte der Zusammenbruch nach 1945 eine Rückwendung in Philosophie, Theologie und Rechtsprechung zum Naturrecht.

Man spricht von der „ewigen Wiederkehr des Naturrechts" (Heinrich Rommen, München 1947², 1. Aufl. 1936). Die Diskussion nach 1945 ist dokumentiert in dem von Werner Maihofer herausgegebenen Band „Naturrecht oder Rechtspositivismus?" 1962.

Allerdings ist inzwischen schon wieder ein Wandel eingetreten. Man hat sehr viel deutlicher, als dies in der ersten Begeisterung nach 1945 der Fall war, die Schwäche und die Grenze des Naturrechts erkannt und erfahren. Denn das Naturrecht kann nur in Ausnahmefällen klare Rechtsnormen ersetzen; die Argumentation mit dem Naturrecht kann daher die Rechtssicherheit sogar gefährden.

Dennoch ist festzuhalten: Die Erneuerung des Naturrechtsgedankens nach 1945 ist aus den geschichtlichen Erfahrungen zu begreifen: Nach den Erfahrungen des nationalsozialistischen Unrechtsstaates forderte *Gustav Radbruch* programmatisch eine zweifache Erneuerung des Rechts: Sowohl die verlorene Rechtssicherheit wie die verletzte Gerechtigkeit müßten wiederhergestellt werden. Dies ist nach Radbruch aber nur möglich, wenn man sich an die Wahrheit der Naturrechtsidee erinnert:

„Die Rechtswissenschaft muß sich wieder auf die jahrtausendalte gemeinsame Weisheit der Antike, des christlichen Mittelalters und des Zeitalters der Aufklärung besinnen, daß es ein höheres Recht gebe als das Gesetz, ein Naturrecht, ein Gottesrecht, ein Vernunftrecht, kurz ein übergesetzliches Recht, an dem gemessen das Unrecht Unrecht bleibt, auch wenn es in die Form des Gesetzes gegossen ist — vor dem auch das auf Grund eines solchen ungerechten Gesetzes gesprochene Urteil nicht Rechtssprechung ist, vielmehr Unrecht, mag auch dem Richter, eben wegen seiner positivistischen Rechtserziehung, solches Unrecht nicht zur persönlichen Schuld angerechnet werden" (G. Radbruch, Die Erneuerung des Rechts, in: Naturrecht oder Rechtspositivismus in: W. Maihofer, S. 2).

Solcher Theorie folgte damals die Praxis der Rechtsprechung. So hat der amerikanische Generalankläger Jackson in den Nürnberger Prozessen sich auf die über allen positiven Rechtsnormen stehende Gerechtigkeitsidee des Naturrechts berufen: Auch wenn die in den Nürnberger Prozessen Angeklagten nach dem im NS-Staat geltenden Recht nichts Unrechtes getan haben sollten, seien sie darum zu verurteilen, weil sie gegen ein naturrechtliches Recht sich vergangen haben. Ebenso hat der Bundesgerichtshof in der Rechtsprechung sich auf das Naturrecht berufen, wenn es galt, über nationalsozialistisches oder auch in der Nachkriegszeit geschehenes Unrecht zu urteilen und dieses zu ahnden. Aber es zeigte sich auch rasch eine Grenze des Naturrechtsgedankens, z. B. wenn das Naturrecht die ewige Sittenordnung der Ehe schützen sollte oder zur Verteidigung einer bestimmten katholischen Lehre von der Ehe und Sittenmoral herangezogen wurde. Die Berufung auf das Naturrecht wie die Kritik der Naturrechtsidee nach 1945 zeigten die Ambivalenz des Naturrechts: Einerseits ist nicht zu bestreiten, daß es ein überpositives Recht, eine Gerechtigkeit gibt, an der die staatliche Rechtssetzung zu messen ist.

Andererseits ist das Naturrecht nur in Ausnahmefällen *unmittelbar* anwendbar: Nur dann, wenn das Unrecht offenkundig ist, überzeugt der direkte Rückgriff auf das Naturrecht; es kann dadurch Naturunrecht aufgedeckt werden. Das war nach 1945 der Fall. Aber wenn eine Rechtsordnung in ihrer Grundausrichtung der Gerechtigkeit verpflichtet ist, versagt das Naturrecht als Rechtsnorm. Denn eine Berufung auf das Naturrecht vorbei am kodifizierten Recht gefährdet in diesem Fall die Rechtssicherheit. Das Naturrecht ist evident, soweit es Kritik des Unrechts leistet. Aus einer nicht kodifizierten Naturrechtsidee lassen sich aber keine anwendbaren Rechtssätze ableiten. Solche Rechtssätze müssen als positive Rechtsnormen in einem Verfahren gesetzt und kodifiziert werden, soll die Berufung auf ein übergesetzliches Naturrecht nicht die Rechtsordnung insgesamt in Frage stellen und die Rechtssicherheit gefährden. Dies zeigt ein Blick auf Typen des Naturrechtsverständnisses.

2. Eindeutigkeit des Naturrechts?

Nach Ursprung und Inhalt ist das Naturrecht vieldeutig. Der Mangel an Eindeutigkeit in der Naturrechtsidee erweist sich besonders deutlich dadurch, daß es zwei Typen in der Geschichte des Naturrechts, ein konservatives und ein revolutionäres Naturrecht gibt. Den Typus des *konservativen Naturrechts* repräsentiert heute vornehmlich die traditionelle katholische Ethik. Das Naturrecht schützt hierbei die Einehe als gottgewollte Lebensordnung und das Eigentum. Daraus ergibt sich ein klar umrissenes gesellschaftspolitisches Programm: Konfessionsschule, ständische Gesellschaftsgliederung, Schutz des Privateigentums gegen Enteignung; lediglich eine Beschränkung des Gebrauchs zugunsten des Gemeinwohls ist zulässig.

Dafür sei als Beispiel *Adolf Süsterhenn* zitiert: „Für den Naturrechtler war die Familie vor dem Staate da. Daher steht für ihn das natürliche Recht der Eltern, über die Erziehung ihrer Kinder zu bestimmen und demgemäß die religiösweltanschauliche Schulform für ihre Kinder zu wählen, außerhalb jeder Diskussion. Der Naturrechtler ist Anhänger der politischen und berufsständischen Selbstverwaltung, deren Rechte nicht erst vom Staate verliehen und deshalb auch nicht vom Staate entzogen werden können ... Als wesentliche Garantie für die Freiheit der Person und der Familie anerkennt der Naturrechtler die Institution des Privateigentums. Die Rechte der Staatsgewalt werden als naturrechtlich begründet anerkannt. Aber neben den Rechten des Staates stehen prinzipiell gleichwertig, weil auch im Naturrecht begründet, die Rechte des einzelnen und der zahlreichen engeren Lebenskreise, die der Staat umschließt. Für den Naturrechtler ist die Staatstätigkeit immer subsidiär, d. h. der Staat darf erst dann und insoweit eingreifen, als die Einzelperson oder die kleineren Gemeinschaften nicht in der

Lage sind, die im Interesse des Gemeinwohls liegenden Aufgaben zu erfüllen" (bei Maihofer, S. 23 f.).

Diese Auffassung des Naturrechts kann durch zahlreiche Äußerungen der Pius-Päpste belegt werden.

Andererseits kann das Naturrecht in *gesellschaftskritischer Absicht* beansprucht und benutzt werden. Das geschieht beispielsweise in einem utopisch ausgerichteten Marxismus, wie ihn *Ernst Bloch* in seinem Werk „Naturrecht und menschliche Würde" vertritt. Darin nimmt Ernst Bloch das Erbe der Sozialrevolutionäre, z. B. eines Thomas Müntzer auf, die das Naturrecht als das für den Menschen erst zu erringende natürliche Recht auf Leben, Freiheit und Selbstentfaltung deuten.

Die Verwirklichung des Naturrechts in diesem Sinn liegt demgemäß in der Zukunft. Das Naturrecht ist der noch nicht abgegoltene Anspruch auf menschliche Würde. Ähnliche Gedanken finden sich bei *Herbert Marcuse*, vor allem in seinem Essay „Ethik und Revolution" (in: Kultur und Gesellschaft 2, ed. suhrkamp 135, 1967[4], S. 130—146). Diese „Ethik der Revolution" beruft sich auf ein Naturrecht zum Widerstand.

3. Die Ideologieanfälligkeit des Naturrechts

Der Dualismus von konservativem und progressivem, von reaktionärem und revolutionärem Naturrecht, also die inhaltliche Un-Eindeutigkeit, ist der Naturrechtsidee von Beginn an eingestiftet. Doch als weiteres Grundproblem des Naturrechts sei vorab herausgestellt, daß das Naturrecht ideologisch mißbraucht werden kann.

Ein extremes Beispiel ist die völkerrechtliche Anwendung naturrechtlicher Argumente in einem der spanischen Spätscholastik (16. Jahrhundert) zuzurechnenden Traktat *Francisco de Vitoria's* (1485—1546).

Darin finden sich folgende Gedankengänge: Nach dem Naturrecht steht es jedem Volk frei, mit einem anderen Volk Handel zu treiben. Verweigert nun ein Volk die Aufnahme von Handelsbeziehungen, so ist es naturrechtlich erlaubt, diese Beziehungen zu erzwingen. Damit wurde die spanische Kolonialpolitik in Südamerika naturrechtlich legitimiert: Wenn sich die Indianer gegen die Ausplünderung durch Weiße wehren, so sind sie mit Gewalt zur Vernunft zu bringen.

Auch die Oberherrschaft des christlichen Kaisers über die Indianer wurde naturrechtlich begründet: Es ist nämlich ein naturrechtlicher Grundsatz, wonach der Beste herrschen soll. Da der christliche Kaiser aber aufgrund seines christlichen Glaubens über jedem indianischen

Heidenfürsten steht, haben die Indianer um des Naturrechts willen dessen Herrschaft anzuerkennen.

Dieses Beispiel zeigt, wie eine Naturrechtsideologie zur Rationalisierung der Macht und zur Rechtfertigung imperialistischer Gewaltmaßnahmen benutzt werden kann. Dies sollte auch dazu veranlassen, eine Ableitung der Ethik aus dem Naturrecht kritisch zu prüfen. Das Naturrecht als solches ist nach seinen Inhalten eben nicht eindeutig bestimmt und darüber hinaus nicht geschützt vor ideologischem Mißbrauch. Das belegt die gesamte Geschichte des Naturrechts.

4. Die Geschichte des Naturrechts

Insgesamt lassen sich in der Geschichte des Naturrechts drei Etappen unterscheiden: das antike, das christlich-mittelalterliche und das aufgeklärte Naturrecht.

4.1 Das antike Naturrecht: Die christlich-abendländische Naturrechtsidee entstammt nicht biblischer, sondern antiker Wurzel. Das Griechentum hat den Gesetzesbegriff mit dem Naturrechtsgedanken verbunden (nomos und physis). Erstmals belegen läßt sich diese Verbindung bei *Heraklit*:

„Die größte Tugend und die wahre Weisheit ist es, in Reden und Handeln der Natur (κατὰ φύσιν), d. h. dem gemeinsamen Logos zu gehorchen, weshalb sich alle Gesetze nähren und nähren sollen von diesem gemeinsamen göttlichen Gesetz" (Fragment 112).

Dieses konservativ-aristokratisch gedachte Naturrecht der jonischen Naturphilosophie wird von den Sophisten sodann revolutionär-kämpferisch aufgegriffen und zugespitzt. Sie unterscheiden zwischen Verbindlichkeiten, die von Natur (φύσει) gelten, und solchen, die nur auf Übereinkunft und menschlicher Satzung beruhen (θέσει) (z. B. der Sophist *Hippias* in Platons Dialog Protagoras 337 cd). Das Recht der Natur wird kritisch gegen den bestehenden νόμος der Polis zur Geltung gebracht und ins Feld geführt. Naturrecht ist für die Sophisten das „Recht der Stärkeren" (*Kallikles*). Dabei kann Hippias an die Anschauung von einem ewigen ungeschriebenen νόμος ἄγραφος anknüpfen, der als Norm dem Nomos der antiken Polis übergeordnet ist.

Bereits am Anfang der Verbreitung der Naturrechtsidee durch die Sophisten zeigt sich also ein Doppeltes: (a) Schon die Griechen kannten den *Gegensatz zwischen konservativem und revolutionärem Naturrecht*. Er findet sich in der Spannung zwischen dem Verständnis des von Natur Rechten in der jonischen Naturphilosophie und bei den Sophisten. (b) *Die Zeit des Naturrechts ist immer eine Zeit des Umbruchs.* Mit seiner Hilfe soll entweder Bestehendes erhalten oder Neues begründet werden. Das Naturrecht wird dann für die Begründung der Ethik notwendig und bedeutsam, wenn die überlieferten geschichtlichen Normen und Werte fraglich und brüchig werden. Einen solchen Umbruch erlebten die Griechen zur Zeit der sophistischen Aufklärung. Man könnte auch auf die „Antigone" des Sophokles verweisen, welche die Frage thematisiert, was gelten soll — der Befehl eines Königs oder das ungeschriebene Gesetz der Pietät. Ähnlich erlebte das Naturrecht in der europäischen Aufklärung zwischen 1648 und 1814 eine Blütezeit. Auch hier zeigt die Naturrechtsdiskussion einen Umbruch der Werte an.

Im Vergleich zur Sophistik kann man *Aristoteles* nur sehr eingeschränkt den „Vater des Naturrechts" nennen. Dieser Ehrentitel geht doch eher auf die Hochschätzung des Aristoteles in der Scholastik zurück, als daß er tatsächlich die Leistung des Aristoteles kennzeichnet. Der Begriff der Natur, φύσις, ist für ihn nicht zentral. Wichtiger ist sein Begriff der Billigkeit, der ἐπιείκεια, aequitas, den freilich die Scholastik in das Naturrecht völlig eingeschmolzen hat. Für Aristoteles ist aber die Forderung nach Billigkeit eine formale Forderung: Sie ist nicht in materialen Grundsätzen festgelegt — wie das Naturrecht. Das Prinzip der Billigkeit dient vielmehr gerade dazu, die geschichtliche Kontingenz der Rechtsprechung zu wahren: Das kodifizierte Recht kann dadurch situationsethisch praktikabel gemacht werden.

Für die Tradition des material-kodifizierten Naturrechts wurde die *stoische Philosophie* wichtiger als Aristoteles. Der stoische Kosmopolitismus entwarf eine universale Ethik: Jedem Menschen gebührt sein Anteil an der Gerechtigkeit (suum cuique): Gerechtigkeit beruht weder auf Nützlichkeitserwägungen noch nur auf menschlicher Vereinbarung. Sie entspringt aus dem innersten Wesen des Menschen, und zwar deshalb, weil er als Vernunftwesen an der Weltvernunft, am universalen Logos teilhat. Das stoische Naturrecht ist Vernunftrecht. Die gleiche Natur, φύσις aller Menschen vermittelt ihnen die Anteilhabe am gleichen λόγος und darum den Anspruch auf ein allen zustehendes gleiches δίκαιον, Gerechtes.

Die stoische Idee von einem natürlichen Vernunftrecht hat vor allem auf Rom gewirkt. Vornehmlich *Cicero* hat aus der stoischen Philosophie mit Hilfe der Rechtsphilosophie eine praxisbezogene Rechtslehre gewonnen. Auch die Ausdehnung des römischen Imperiums nötigte zum Übergang vom römischen ius civile zum universalen ius gentium. Man konnte das Recht anderer Völker mit Hilfe der universalistischen Lehre der Stoiker begreifen und erweitern, wonach alles menschliche Recht in einer objektiven, in der einen menschlichen Natur begründeten Rechtsordnung verankert ist.

Cicero schreibt in „de republica": „Das wahre Gesetz ist die richtige Vernunft in Übereinstimmung mit der Natur. Es erfaßt alle, ist ständig gleichbleibend und ewig. Es befiehlt die Pflichterfüllung und hält durch seine Verbote vom Bösen ab. Dieses Gesetz kann nicht abgeschafft werden. Man kann nichts von ihm wegnehmen, noch ihm etwas entgegensetzen. Kein Senatsbeschluß und keine Volksabstimmung kann seine Verbindlichkeit aufheben. Es braucht keinen Erklärer und keinen Ausleger. Es ist dasselbe in Rom und Athen, heute und später. Es umspannt alle Völker und Zeiten als ewiges und unveränderliches Gesetz. Es spricht zu uns gleichsam der Lehrer und Herrscher der Welt: Gott. Er hat dieses Gesetz erdacht, ausgesprochen und gegeben. Wer ihm nicht gehorcht, wird sich selbst untreu und verleugnet seine Menschennatur". Für Cicero ist entscheidend, daß das Recht der Willkür der Menschen entzogen ist und überpositiven Charakter hat: „Wäre alles das, was durch Beschlüsse der Völker, durch Verordnungen der Fürsten und durch Urteilssprüche der Richter geschaffen wird, Recht, so wären Raub, Ehebruch und gefälschte Testamente, wenn unterschrieben, Recht, sobald dies durch Zustimmung und Beschlußfassung der Menge genehmigt wird" (Cicero, De legibus).

Aus der stoisch-ciceronischen Tradition stammt denn auch die Formulierung der *maßgeblichen Prinzipien des Naturrechts: neminem laedere, suum cuique, honeste vivere, deum colere, pacta sunt servanda*. So überzeugend diese Prinzipien als abstrakte Formeln klingen, so schwierig ist es freilich, sie konkret anzuwenden. Was ist das „suum cuique" in einer bestimmten gesellschaftlichen und wirtschaftlichen Situation? Die Frage nach „gerechtem" Preis, „gerechtem" Lohn, „gerechter" Eigentumsverteilung wird hier dann unvermeidlich Streitfall. Oder was heißt: „honeste", ehrbar, anständig leben?

Die klassischen Juristen der Kaiserzeit haben das ius naturale einfach mit dem ius gentium gleichgesetzt, so *Gaius*:

(Dig. I, 1,9): „quod naturalis ratio inter omnes homines constituit, id apud omnes pereaque custoditur vocaturque ius gentium".

Stoischen Einfluß verrät auch die für das gesamte Mittelalter höchst wegweisend gewordene Definition der Gerechtigkeit durch *Ulpian*:

„iustitia est constans et perpetua voluntas ius suum cuique tribuendi: iuris praecepta sunt haec: honeste vivere, alterum non laedere, suum cuique tribuere" (Dig. I, 1,10).

Zum antiken Naturrecht ist *zusammenfassend* festzuhalten: Römische Rechtslehre und stoische Philosophie, welche das Recht aus der überall gleichen, universalen Vernunftnatur herleiten, haben den antiken Naturrechtsgedanken formuliert. Hinter diesem Naturrechtsgedanken steht die stoische Metaphysik, nach welcher der universale λόγος, die Weltvernunft, Welt, Mensch und Gottheit vereint und das umfassende Prinzip nicht nur des Erkennens, sondern auch des Wollens und Handelns sein soll. Scholastisch formuliert lautet der Grundsatz: agere sequitur esse. Man darf nicht verkennen, daß diese stoische Metaphysik mit ihrem Anspruch auf allumfassende rationale Welterkenntnis und eine universale Weltordnung etwas Faszinierendes an sich hat.

4.2 Das christliche Naturrecht: Die nachkonstantinische Kirche hat nicht nur das römische Rechtsdenken, sondern auch die stoische Metaphysik in hohem Ausmaße rezipiert. Der stoische Naturgedanke wurde dabei mit dem biblischen Schöpfungsverständnis verbunden, und daraus wurde geschlossen, der Kosmos sei die Ordnung Gottes. Dazu kommt die Aufnahme der spätantiken Anthropologie mit ihrem Verständnis des Menschen als eines vernünftigen, auf Sozialität angelegten Wesens.

Folgerichtig wird die „evangelische" Ethik, d. h. die neutestamentliche Ethik, mit der stoischen natürlichen Ethik verbunden, indem man sich zum einen auf die goldene Regel (Mth. 7,12; vgl. Acta 15,2 a: Was ihr wollt, daß euch die Leute tun sollen, das tut ihr ihnen auch), zum anderen auf die paulinische Bezugnahme auf ein natürliches Sittengesetz beruft (Röm. 1 und 2, vgl. Acta 17). Die stoische Naturrechtslehre wird, mit Hegels Terminus gesagt, in eine „Schöpfungsordnungsontologie" hinein „aufgehoben". Derartige Erwägungen finden sich schon vor Augustin bei *Cyprian, Laktanz* und besonders bei *Ambrosius*.

Die erste entscheidende Systematisierung des Naturrechtsgedankens hat jedoch *Augustin* vollzogen. Er ist deshalb als „Vater" eines „christlichen" Naturrechts zu bezeichnen. Die stoische Lehre vom λόγος κοινός, der universalen Weltvernunft, wird von ihm gleichgesetzt mit den biblischen Aussagen von Gottes Gesetz. Gottes Wille, seine lex aeterna ist an der Ordnung, dem Frieden, der Schönheit der Schöpfung ablesbar. „Lex vero aeterna est ratio divina vel voluntas dei ordinem naturalem conservari iubens, perturbari vetans" (C. Faust, Manich XXII, 27; MPL 42,418). Rechtsordnung und Seinsordnung fallen zusammen. Die lex aeterna wird bei Augustin mit Gottes sapientia und voluntas gleichgesetzt. Da jedoch die Schöpfung gut ist, ist auch die Naturordnung gut. Das gilt allerdings nur für das absolute, primäre, vor dem Sündenfall geltende Naturrecht! Davon zu unterscheiden ist das relative, sekundäre Naturrecht in der gefallenen Schöpfung. Dieses ist zwar „naturaliter insita" und „in litteris promulgata". Aber während die lex aeterna die

§ 7. Das Naturrecht 115

Summe der ewigen Ideen ist, ist das relative Naturrecht als „lex temporalis" dem Menschen immer nur partiell bekannt. Zwar ist es, besonders als goldene Regel, dem menschlichen Herzen eingeschrieben. Aber die „lex cordis" bedarf nach dem Fall der erneuten Einschärfung durch die lex Mosis und die lex Christi.

Der Gedanke einer natürlichen Rationalität der sittlichen und rechtlichen Ordnung wird auf diese Weise von Augustin mit der biblischen Sündenlehre verbunden. Bedeutsam wurde für die mittelalterliche Staats- und Gesellschaftsauffassung, Politik und Ethik vor allem aber der augustinische Gedanke einer vernunftgemäßen und schöpfungsgewollten Ordnung Gottes, der Ordo-Gedanke. Allerdings blieb manches bei Augustin noch unscharf. So wurde beispielsweise im Anschluß an Augustin in der mittelalterlichen Kanonistik vielfach die Frage behandelt, ob das Privateigentum oder das Gemeineigentum naturrechtlich legitimiert sei. Die Frage wurde so gelöst (im Decretum Gratiani), daß im Paradies der Gemeinbesitz naturrechtlich geboten gewesen sei, nach dem Sündenfall aber das Privateigentum naturrechtlich geschützt werde.

Die klassische Gestalt dieses Naturrechtsverständnisses hat die katholische Naturrechtslehre durch *Thomas v. Aquin* erhalten (Traktate „de legibus" STh 1/II q 10—108 und „de iustitia" 2/II q 57). Das augustinische Erbe wurde ausgestaltet durch die Aufnahme aristotelischen, römischrechtlichen, kanonistischen und biblischen Materials. Nach Thomas von Aquin ist allen Dingen teleologisch eine Hinordnung auf die Weltordnung immanent. Er beruft sich auf den aristotelischen Entelechiegedanken. Somit kann Thomas erklären: „lex aeterna nihil aliud est quam ratio divinae sapientiae secundum quod est directiva omnium actuum et motionum" (1/II q 93 a 1). Es gibt also eine „lex aeterna", ein ewiges Weltgesetz, das nicht einmal Gott selbst in Frage stellen und aufheben könnte. Gott kann beispielsweise auch sich selbst nicht vom Sittengesetz dispensieren und deshalb Lüge als Wahrheit ausgeben, Diebstahl, Totschlag erlauben u. ä.

Das ewige Weltgesetz prägt sich in der Struktur der Schöpfung aus. Die Dinge sind objektiv auf das Weltgesetz hingeordnet. Dies kann der Mensch als vernünftiges Wesen erkennen. Deswegen wird das Naturrecht definiert als „Teilnahme am ewigen Gesetz in einem vernünftigen Wesen" „lex naturalis nihil aliud est quam participatio legis aeternae in rationali creatura" (1/II q 11 a 2). Der Mensch hat an der lex aeterna Anteil aufgrund der „irradiatio", der „Einstrahlung" der göttlichen Weisheit in die menschliche Vernunft (oder der „cognitio insita"; d. h. die Vernunft hat eine angeborene Erkenntnis Gottes und seiner Weltordnung). Durch die Vernunft ist die lex aeterna — als lex naturalis — selbst im Menschen präsent. „Das Naturrecht ist Vernunftrecht, aber ontologisch gegründet, d. h. die naturrechtlichen Grundbegriffe sind nicht bloß Gedankengebilde (Entwürfe des Menschen), sondern Ausdrucksformen objektiver Wesensverhältnisse" (E. Wolf, Peregrinatio I, S. 187). „Im menschlichen Geist gewinnt die lex aeterna als Vernunftvorschrift verpflichtende Kraft" (E. Wolf, RGG³ IV, 1361).

Die Inhalte des Naturrechts sind somit objektive Werte, Inbegriff der natürlichen Sittlichkeit. Diese Werte entsprechen den Seinsschichten der menschlichen Person in organischer Ordnung. In den sittlichen Werten kommt eine natürliche Ordnung zum Vorschein: Dabei handelt es sich um Gebote des natürlichen Gesetzes aufgrund des Triebes der Selbsterhaltung, des Rechts auf Leben, um Gebote aufgrund der animalischen Natur, welche die Erzeugung und Aufzucht der Nachkommen regeln. Besonders wird die Monogamie naturrechtlich begründet. Ferner gibt es Gebote aufgrund der Vernunftnatur des Menschen (wie z. B. die Erziehungsaufgabe der Familie).

Das Naturrecht schützt also menschliche Grundrechte auf Leib und Leben, ferner Eigentum, Arbeit, Nachkommenschaft. Ein Naturrecht der physischen Freiheit kennt Thomas allerdings nicht. Die Sklaverei läuft ihm zufolge dem Naturrecht nicht zuwider; vielmehr hat sie sich im ius gentium nach dem Sündenfall durchaus als Einrichtung um ihres praktischen wirtschaftlichen Nutzens willen bewährt.

Im Prinzip ist das Naturrecht für Thomas zwar unveränderlich. Die Unveränderlichkeit gilt aber nur für die obersten Prinzipien, nicht aber für die konkreten Folgerungen aus ihnen. (So hält beispielsweise die katholische Soziallehre fest, daß das Privateigentum an sich naturrechtlich sanktioniert ist; aber der Gebrauch, der usus, kann vom Gesetzgeber sehr weitgehend eingeschränkt werden).

Dieses thomistische Naturrecht wurde für die katholische Naturrechtslehre offiziell bis heute verbindlich. Das Naturrecht dieser Rechtsmetaphysik ist ausgesprochenermaßen Vernunftrecht: „Es ist das dirigierende Sichselbstaussprechen der Weltvernunft Gottes in der Wesenheit der Dinge gegenüber der vernunftgemäßen Rezeptivität und Aktivität der creatura rationalis und für sie" (E. Wolf, S. 191). Katholischer Sicht zufolge wird dieses Naturrecht durch die Bibel bestätigt, obwohl es faktisch wenig von biblischen Inhalten geprägt ist. Hinter der thomistischen Konzeption des Naturrechts stehen jedenfalls weitreichende theologische Entscheidungen, die es einem evangelischen Theologen fragwürdig erscheinen lassen.

(a) Vorausgesetzt ist die Stufung der Weltordnung in Natur und Übernatur, in Vernunft und Offenbarung, in allgemeingültiges Naturrecht und spezifisch christliches Gebot. Das ermöglicht auch die Begründung einer verdienstlichen christlichen Sondermoral.

(b) Der Mensch kann kraft seiner „Natur" aufsteigen von der lex humana über die lex naturalis zur Erkenntnis der lex aeterna. Die Prinzipien der lex aeterna sind überhaupt nur deshalb erkennbar, weil der Mensch objektiv an ihnen teilhat kraft seiner Vernunftnatur. Es ist das Prinzip der „Analogia entis", das Karl Barth (KD I, 1, S. VIII) die „Erfindung des Antichristen" nennt. Die Offenbarung schenkt also nicht erst Gotteserkenntnis, sie bestätigt und reinigt nur eine dem Menschen schon immer zugängliche Gotteserkenntnis. Naturrecht und „natürliche" Theologie sind in dieser klassischen ontologischen Begründung aufs engste verbunden.

(c) Das thomistische Naturrecht lehrt eine unveränderliche Ordnung. Nicht einmal Gott selbst kann nämlich die lex aeterna aufheben, deren Abbild die lex naturalis ist. Das thomistische Naturrecht stabilisiert und sanktioniert daher die bestehende Ordnung. „Ordo" ist der Kernbegriff. Der Mensch kann diese Ordnung nicht radikal ändern. In Thomas' konkreten Ausführungen ist daher dieses thomistische Naturrecht ein Abbild der ständisch-feudalistischen Hierarchie mittelalterlicher Gesellschaft. Daß das katholische Naturrecht vornehmlich rückwärts gewandt ist, hat seinen Grund in der hypothetischen, nicht aufrecht zu erhaltenden Voraussetzung einer ewig gleichen Gesellschaftsordnung.

4.3 Das aufgeklärte, profane Naturrecht: Eine Neuorientierung und Neubegründung des Naturrechts nahm die Philosophie der Aufklärung vor. Während katholische Kirche und Theologie vom mittelalterlichen Ordogedanken der Gesamtgesellschaft ausgehen, betont das aufgeklärte Naturrecht das *vernünftige Recht des Individuums*. Katholische Kritik bezeichnete dieses Naturrecht deshalb gerne abwertend als „individualistisch-rationalistisch". Es ist dies ein profanes, auf die Personwürde sich berufendes Vernunftrecht. Es entstand im 17. Jahrhundert, als Juristen und Philosophen den konfessionellen Hader und die Religionskriege zu überwinden suchten. Da die verschiedenen Glaubensrichtungen sich im Namen des wahren Glaubens bekämpften, Glaube und Offenbarung also keine Garantien von Friede und Recht waren, suchte man die autonome Vernunft als Wahrerin des Rechts zur Geltung zu bringen. *Hugo Grotius* hat in seiner 1625 (also während des 30jährigen Krieges) veröffentlichten Schrift „De iure belli ac pacis" ein Recht zu begründen sich bemüht, das über den streitenden Parteien steht. Er wurde damit einer der Begründer eines modernen Völkerrechts. Auch wenn die bürgerlichen Gesetze im Krieg schweigen, darf nach ihm das Naturrecht nicht schweigen: Denn es hätte Geltung, auch wenn es — hypothetisch — keinen Gott gäbe, „etsi deus non daretur".

Diese Argumentation markiert den Übergang von einem Naturrecht, das auf die Ordnung der Vorsehung, die lex aeterna gegründet ist, zu einem Naturrecht, das universale Ordnungsaufgabe der Menschen ist. Genauso argumentieren in Deutschland die Philosophen und Juristen *Samuel Pufendorf* (1632—1694) und *Christian Thomasius* (1655—1728), die nicht mehr ein christliches, sondern ein rationales System des Naturrechts vertreten. Die Gesellschaftsordnung muß natürlich-sittlich begründet sein. Sie ist aus der praktischen Sozialvernunft des Menschen zu gewinnen. Denn sie muß für die Menschheit im ganzen, nicht nur für einen Orbis Christianus oder gar nur eine einzelne Konfession Geltung beanspruchen. Pufendorf betont: „haec disciplina non solos Christianos, sed universum mortalium genus spectet". Das Naturrecht muß also aus der Substanz des Menschlichen gewonnen sein.

Ähnliche Gedanken finden sich bei *John Locke, Christian Wolff und Jean Jacques Rousseau*. Das aufgeklärte Naturrecht hat später zur Formulierung der Menschenrechte geführt, auf die jeder Mensch wegen seines Menschseins Anspruch hat, nämlich Glaubens- und Gewissensfreiheit, Gleichheit vor dem Gesetz, Sicherung des Eigentums. Diese aufgeklärten Menschenrechte wollen dem Individuum einen Handlungsspielraum sichern. Sie vertreten die liberale Freiheitsidee, sind aber noch nicht vom Gedanken einer sozialen Verantwortung bestimmt.

Die katholische Theologie hat dieses vernünftige Naturrecht zunächst als individualistisch und — weil auf bloße Vernunft des Menschen zurückgeführt — als gottlos verworfen. In der jüngsten Zeit hat sich aber eine Aussöhnung des katholischen Naturrechts mit dem profanen Vernunftrecht angebahnt: Die Pastoralkonstitution des 2. Vaticanums „Über die Kirche in der Welt von heute", „Gaudium et spes" hat nicht nur die Parole der französischen Revolution „Freiheit, Gleichheit, Brüderlichkeit" programmatisch aufgenommen und damit die Verwerfung des Liberalismus (im 19. Jahrhundert) revidiert. Sie hat auch die „Würde der menschlichen Person" (Gaudium et Spes Nr-12-22) zum Ausgangspunkt ihrer ethischen Überlegungen erhoben: An die Stelle des scholastischen Naturrechts, das einen ewigen Ordo der Natur und ihrer Ordnung fordert, tritt damit ein anthropologisches Personrecht. Dieses Personrecht, das die „Würde der menschlichen Natur" schützen soll, kann geschichtlich variabel sein. Damit vollzieht sich ein Abrücken sogar der offiziellen katholischen Lehre vom scholastischen Naturrecht.

5. Das Naturrecht in der Sicht der Reformation

Im Blick auf eine evangelisch-theologische Bewertung des Naturrechts ergibt sich die Frage: Wie haben die Reformatoren das Naturrecht beurteilt? Diese Frage ist in der Forschung nach wie vor umstritten und nur teilweise einvernehmlich geklärt: Zweifellos ist, daß für sie ein „christliches" Naturrecht nicht integrierender Bestandteil ihrer Theologie war, so wie dies bei Thomas von Aquin der Fall war. Da sie überdies den Willen Gottes als geschichtliches Gebieten verstehen, ist es ihnen unmöglich, eine zeitlos gültige Naturrechtsmetaphysik und Naturrechtsontologie zu erstellen. Eine Naturrechtsmetaphysik widerstreitet dem Ansatz reformatorischer Theologie mit ihrem Ausgangspunkt bei der Rechtfertigung und mit ihrem Sündenverständnis.

Auf der anderen Seite ist aber Naturrecht als „Inbegriff von Grundsätzen vernünftiger Billigkeit, gesunden Gerechtigkeitsgefühls, praktischen Rechtsverstandes" (Erik Wolf, RGG³ IV, 1362) auch den Reformatoren keineswegs unbekannt und fremd. Sie lehren zwar kein metaphysisches oder programmatisches Verständnis des Naturrechts. Aber auch für *Luther* gibt es ein natürliches Gesetz ethischen Verhaltens, nämlich die Billigkeit, die er mit dem Liebesgebot identifiziert. Dieses natürliche Rechtsgefühl kann außerdem Rezeptionshilfe der biblischen Forderung werden.

Melanchthon hat wesentlich stärker als Luther unter Berufung auf Aristoteles die Bedeutung des Naturrechts für die Ethik betont. Er entfaltet eine naturrechtlich begründete, selbständige philosophia moralis. Dieser melanchthonische Aristotelismus hat die Naturrechtslehre der lutherischen Orthodoxie (*Oldendorp, Alberti, Reinking*) beeinflußt, die dadurch zur Vorbereiterin des späteren aufgeklärten Naturrechts wurde.

Bei *Luther* ist der Sachverhalt komplizierter: Daß er ein Phänomen des Naturrechts kannte und anerkannte, ist unbestreitbar. Das natürliche Recht, wie es in der goldenen Regel (Mth. 7,12) oder im für jedermann verbindlichen Liebesgebot faßbar ist, gilt jedermann und kann als jedermann bekannt vorausgesetzt werden (so der Schluß in „Von weltlicher Obrigkeit", 1523). Er setzt voraus, jedermann könne wissen, was Recht ist und was recht sein soll, und habe auch eine Ahnung davon, daß dieses Recht Gottes Willen entspricht. Aber er schränkt ein: „Das edle Kleinod, so natürlich Recht und Vernunft heißt, ist ein seltsam Ding unter Menschenkindern" (WA 51,211,36). Die Menschen können zwar wissen, was Recht ist, aber sie wollen dieses Wissen nicht erkennen, wahrnehmen und verwirklichen — nach Luther —, weil sie Sünder sind.

Deshalb kann man sich Luther folgend zwar auf die *Evidenz* des Naturrechtsphänomens berufen, aber man muß zugleich hinzusetzen, daß die *Realisierung* dieser Erkenntnis nicht gerade häufig erfolgt. Weiterhin unterscheidet sich Luther vom naturrechtlichen Ordo-Gedanken des Mittelalters. Das Mittelalter findet im Naturrecht ein universales System der Weltordnung vor, das statisch-zeitlos feststeht. Luther dagegen betont den dynamischen Charakter natürlichen Rechts. Ein Recht, das „aus der Kraft der Natur geschieht, das gehet frisch hindurch auch ohne alles Gesetz, reißt auch wohl durch alle Gesetze" (WA 51,214,14 f.). Das natürliche Recht hat bei Luther daher gerade nicht die Funktion, die Ordnung zu bewahren, sondern es soll verkrustete Verhältnisse aufbrechen. Der Gegensatz zu natürlich (im Sinn von richtig) ist für ihn nicht, wie für Thomas, übernatürlich, sondern naturwidrig, unnatürlich. Von daher ist die Gleichsetzung von natürlich mit billig zu verstehen. Luther ist also kein Anwalt eines Naturrechtssystems, sondern Pragmatiker natürlichen Rechtsempfindens.

Anmerkungsweise sei bemerkt: Bis heute ist die biblische Begründung des Naturrechts strittig. Die Kernstelle für die katholische Auffassung ist Römer 2,14–16. Danach haben die Heiden zwar das Gesetz, die Torah nicht. Aber sie sind sich selbst Gesetz. Paulus benutzt in Röm. 2,14–16 stoische Begriffe und Wendungen. Auch sind die Heiden nicht als Heidenchristen zu verstehen, wie Augustin (De spiritu et litera 26–28) und Karl Barth (KD I, 2, S. 232. IV, 1, S. 437) auslegen. Paulus argumentiert freilich nicht mit der Absicht, ein positives Naturrecht systematisch zu begründen. Vielmehr geht es ihm darum, daß jeder Mensch, Heide wie Jude gleichermaßen vor Gott unentschuldbar ist. Es geht ihm um die Unausweichlichkeit des Gerichts. Dieser paulinische Skopos wird freilich von einer naturrechtlichen Auslegung eingeklammert. Darin hat Karl Barths Kritik am Naturrecht von der Christologie her ihre Berechtigung. Aber das „Christusrecht" des Evangeliums enthält inhaltlich keine Alternative zum Naturrecht. Die radikale Ablehnung des Naturrechts bei Barth führt damit in eine Aporie. Es ist sachlich verständlich, daß in der ökumenischen Diskussion die radikale Verwerfung des Naturrechts sich nicht allgemein durchgesetzt hat, sondern ein modifizierter und pragmatischer Umgang mit dem Naturrecht (vor allem unter angelsächsischem Einfluß) üblich wurde.

6. Zur Bewertung des Naturrechts

Mögliche Einwände gegen ein Naturrechtsprinzip sind bereits angeklungen. Das Wort „Naturrecht" ist in seinem Sprachgebrauch sowohl in philosophischer wie in theologischer als auch in juristischer Hinsicht kontrovers. Es ist zudem ein emotional besetzter Begriff. Daher steht die Berufung auf das Naturrecht häufig unter Ideologieverdacht. Die wechselvolle Geschichte des Naturrechts zeigt im übrigen, daß ein zeitloses Naturrecht in Widerspruch gesehen werden kann zur „Geschichtlichkeit des Menschen". Alle historischen Theorien des Naturrechts sind wandelbar, ebenso seine konkreten historischen Ausprägungen. Man kann von einem „Naturrecht mit wechselndem Inhalt" sprechen (R. Stammler). Das hat seine Ursache in der Unschärfe und Vieldeutigkeit des Naturbegriffs wie der angewandten Methode.

(a) Unter *Natur* kann man eine *„Wesenseigenart"* (essentia) verstehen, eine ursprüngliche „Urordnung", also das Echte, Unverfälschte, Unverdorbene. Natur in diesem Sinne ist dann das Ursprüngliche, der Naturzustand als „status integritatis". Den Gegensatz bildet dann der verdorbene Zustand, die Kultur. So versteht *Rousseau* die Kultur als Entfremdung. Natur kann man aber auch objektiviert, *naturwissenschaftlich* auffassen: Dann ist Natur die Summe der biologischen Gesetzmäßigkeiten im Gegensatz zum geschichtlich Wandelbaren. „Natur" kann weiterhin rein formal das *Sachgerechte*, Sachgemäße meinen („Natur der Sache"). Und schließlich kann Natur mit *Macht*, mit dem „Recht des Stärkeren" gleichgesetzt werden.

Ebenso unbestimmt wie der Begriff Natur ist das Wort *Recht*: Was heißt „Recht" — ein mit Sanktionen durchzusetzendes Recht oder nur ein sittlicher Grundsatz? Eine objektive Rechtsordnung oder subjektive Rechtsansprüche der Person?

Die wechselvolle Geschichte des Naturrechts hat ihre Ursache weitgehend in der Unbestimmtheit des Naturbegriffs wie des Rechtsbegriffs.

(b) Undeutlich ist auch, mit welcher *Methode* allgemein anerkannte naturrechtliche Erkenntnis gewonnen werden kann: Die Frage der Methode schließt die Frage nach dem Grund der Verbindlichkeit des Naturrechts ein. Kennt der Mensch das Naturrecht aufgrund einer Offenbarung, der „Schöpfungsoffenbarung"; ist das Naturrecht also theologisch begründet und verbindlich? Oder beruht das Naturrecht auf einer ethisch-rationalen Weltbetrachtung kraft allgemein-menschlicher Vernünftigkeit? Oder hat es zum Ausgangspunkt eine empirische Beobachtung menschlichen Verhaltens mit objektiven naturwissenschaftlichen Methoden? Oder ist das Naturrecht ein Teil der Tradition, der Geschichte?

Gegenpositionen zum Naturrecht. Das Naturrecht wird grundsätzlich abgelehnt vom *Rechtspositivismus*, von einem *offenbarungstheologischen Ansatz der Ethik* (Dialektische Theologie), vom *kritischen Rationalismus und Positivismus* (Ernst Topitsch' Vorwurf, das Naturrecht sei eine „Leerformel"), und von einem *historistischen Relativismus*. Diese Gegenpositionen machen folgende Einwände geltend:

(a) Der *theologische Einwand* wendet sich gegen die theologische Voraussetzung des Naturrechts. Das Naturrecht setzt voraus, daß der Mensch kraft seiner Natur Einsicht in Gottes Willen haben kann (Analogia entis). Das vom Naturrechtsprinzip vorausgesetzte Menschenbild ist, so der Einwand, zu optimistisch: Der Mensch ist nicht durch und durch Sünder; er verfügt über ein natürliches intaktes Gottesverhältnis. Diesen vom katholischen Naturrechtsgedanken vorausgesetzten „anthropologischen Optimismus" und die darauf begründete theologische Erkenntnislehre kritisiert reformatorische Theologie. Für sie ist die Natur als solche keine brauchbare und zureichende Erkenntnisquelle des Willens Gottes.

(b) Der *geschichtliche Einwand* richtet sich dagegen, daß das Naturrecht eine zeitlose, ewiggültige Ordnung errichten will. Das Naturrecht trägt nach diesem Einwand der geschichtlichen Wandelbarkeit nicht Rechnung. Das prinzipiell konservative Naturrecht sei daher häufig zu einem Hemmnis des Fortschritts und der Reform geworden. In der Tat widerstreitet die Geschichtlichkeit menschlicher Existenz einem überzeitlich gedachten Naturrechtsprinzip, also einem „Essentialismus". Die „Natur" des Menschen, auf welche sich das Naturrecht beruft, ist nicht zeitlos gleichbleibend.

(c) Die *juristische Kritik* verweist auf die fehlende Praktikabilität des Naturrechts. Seine Grundsätze sind formale, abstrakte Axiome, aber gerade nicht auf konkrete Entscheidungen anwendbare Rechtsnormen. *August M. Knoll* (Katholische Kirche und scholastisches Naturrecht, Luchterhand, Neuwied 1968) zeigt beispielsweise anhand einer Fülle von Material, wie das theologische Naturrecht zur Legitimierung für die kapitalistische und sozialistische Wirtschaftsordnung, für Sklaverei und das Recht auf physische Freiheit, für Demokratie und Monarchie, für Monogamie und Polygamie, ja sogar für die Kastration der päpstlichen Sänger verwendet wurde (32 Päpste von Sixtus V. (1590) bis Leo XIII., gest. 1903, der die Einstellung von Kastratensängern verbot, begünstigten den Kastratengesang mit der Begründung, die Kastraten würden zu Gottes Lob süßer singen!). Das scholastische Naturrecht als solches ist inhaltsleer. Es muß seine konkreten Inhalte von außen gewinnen. Das Naturrecht enthält ferner keine faßbaren Regeln.

Die katholische Kirche hat diesen Mangel des Naturrechts zwar dadurch zu beheben versucht, daß sie die Auslegung und Anwendung der Jurisdiktion dem kirchlichen Lehramt überträgt: Praktikabel wird das Naturrecht daher durch die autoritative Auslegung des Lehramtes. Wer die traditionelle katholische Naturrechtskonzeption akzeptiert, kann dies nur tun, wenn er zugleich die auslegende Instanz des kirchlichen Lehramts mit anerkennt. Ohne diese Zustimmung zum Lehramt wird das Naturrecht nicht praktikabel. Freilich ist eine solche autoritative Bindung des Naturrechts an die Äußerungen des Lehramts weder für juristische noch für evangelisch-theologische Sicht verbindlich und nachvollziehbar.

(d) Die *erkenntniskritische Kritik* wendet ein, der Naturrechtsgedanke beruhe auf einem Zirkelschluß: Aus den natürlichen Abläufen werde auf eine Wertordnung geschlossen. Die Natur aber sei nicht eindeutig. Sie könne nur etwas aussagen, wenn zuvor eine Wertung in sie hineingelegt werde. In der Tat ist strittig, was die „Natur" des Menschen ist (vgl. oben S. 104). Hat *Seneca* mit seinem Grundsatz recht: „Homo homini sacra res" (Ep. 15,333) — ist also das Naturrecht Grundlage der Menschenwürde? Oder trifft *Thomas Hobbes'* Satz zu: „Homo homini lupus" (Leviathan II, 17)? Diesen Satz kennt auch schon die Antike! Ist der Mensch von Natur eine Bestie, ein rücksichtsloser Egoist, den man nur mit Gewalt vom Chaos, Bösen abhalten kann und den dann das Naturrecht zu zähmen hätte?

7. Ausblick

Die Diskussion des Naturrechts und seiner Geschichte führt zurück auf die anthropologische Grundlegung der Ethik. Denn im Naturrecht stellt sich die Frage nach der Natur des Menschen. Da freilich die Natur des Menschen nicht definitiv gegeben und nicht einfach wertneutral beschrieben werden kann, ist es nicht möglich, ein essentialistisches und ontologisches Naturrecht zur Grundlage der Ethik zu machen.

Dies schließt aber nicht aus, sich in der Ethik einer sachlogischen Argumentation zu bedienen, sich also auf die „Natur der Sache" zu berufen.

Sodann sollte auch die Kritik an einem essentialistischen Verständnis des Naturrechts, an einem Naturrechts*prinzip*, nicht dazu führen, das *Phänomen* des Naturrechts zu übersehen. Daß es das Naturrecht als Phänomen gibt, haben weder *Paulus* noch *Luther* noch *Karl Barth* bestritten. Die Frage nach einem Naturrecht, nach dem von Natur Richtigen kann nicht verstummen. Sie bleibt ein existentielles Anliegen des Menschen. Die Funktion des Naturrechts besteht dann vornehmlich darin, einer bestehenden gesellschaftlichen Ordnung Schranken zu setzen. Es hält die Frage nach einem Naturunrecht offen. Das Naturrecht als Limitierung und kritische Legitimierung von Ordnung beinhaltet eine Frage und Aufgabe für menschliches Handeln.

Damit läßt sich ferner der Gegensatz zwischen Naturrechtsdenken und Rechtspositivismus mildern. Das Naturrecht gilt als katholisches Prinzip, der Rechtspositivismus als protestantisch. Diese Sicht ist nicht ganz falsch: Luther verstand Gottes Handeln voluntaristisch und kam von da aus zur Betonung der geschichtlichen Kontingenz ethischer Entscheidungen. Das Phänomen des Naturrechts wird ihm zum Inbegriff der Billigkeit. Die lex naturalis hat ihren Ort im weltlichen Regiment. *Calvin* betont in seiner Auslegung von Römer 13 (Comm. epist. Pauli ad Romanos CR 77 (1892), 250) noch zugespitzter, daß allein der Staat Recht setzen und der zerstörerischen Kraft der gefallenen Natur wehren kann.

Melanchthon dagegen sieht die Grundlagen der Ethik in der göttlichen Schöpfungsordnung vorgegeben: „Legem naturae esse notitiam legis divinae naturae hominis insitae" (Loci theologici, CR 21,712). Die philippistische Tradition im Luthertum fand die Grundlage der Ethik im Naturrecht. Das positive Recht ist für Melanchthon nur Festlegung, Fixierung („determinatio") des Naturrechts, welche die Verhältnisse, „circumstantiae" berücksichtigt. Ein positives Recht, das dem Naturrecht widerspricht, ist darum nichtig (Philosophiae moralis epitome CR 16,583). Diese Auffassung vom Naturrecht gibt dann auch einen Ansatz für das Widerstandsrecht. Die philippistische Tradition hat zur Folge, daß im Luthertum die Juristen (*Samuel Pufendorf, Christian Thomasius*) Anwälte des Naturrechts wurden. Karl Barths fundamentale Ablehnung des Naturrechts wurzelt dagegen in der Tradition Calvins. *Ernst Wolf* (Naturrecht oder Christusrecht, 1960) hat freilich mit Recht die bloße Alternative von Naturrecht oder positivem Recht, von Naturrecht oder Christusrecht als scheinbar bezeichnet. Das Naturrecht wirft die Frage nach dem „richtigen" Recht, nach der Gerechtigkeit auf. Es kann aber angesichts des Rechtes Gottes, des „Christusrechtes" nicht letztes Wort, letzte Instanz sein. Dies eröffnet den Weg zur irdischen Suche nach Recht und Ordnung. Das Naturrecht ist bei solcher Suche als regulative Idee nützlich, welche Ungerechtigkeit sichtbar und benennbar macht. In diesem allgemeinen Sinn spricht *Max Weber* vom Naturrecht als „Inbegriff der unabhängig von allem positiven Recht und ihm gegenüber präeminent geltenden Normen" (Wirtschaft und Gesellschaft, 1922, S. 496). Ein Naturrecht verhindert den absoluten Relativismus in der Ethik und repräsentiert die „naturale Unbeliebigkeit der normativen Vernunft" (*Wilhelm Korff, Franz Böckle*). In diesem pragmatischen Verständnis des Naturrechts als Bezugsgröße einer „Vernunftmoral" kann sich heute evangelische Ethik mit katholischer Moraltheologie verständigen. Denn auch *Luther* kennt unverfügbare Voraussetzungen ethischen Handelns im

„ius naturae seu ratio humana" (WA 20,8,21). Dieses natürliche Recht ist der „Brunnenquell, draus alle Rechte kommen und fließen" (WA Tr. VI, Nr. 5955).

Die Thematik des Naturrechts wird konkret bei der Frage nach universal geltenden Menschenrechten, beim Gleichheitsgrundsatz, bei Überlegungen zur Gerechtigkeit, zu Verteilungsfragen (Eigentum, Arbeit). Dabei ist dann die Anwendungsfähigkeit naturrechtlicher Grundsätze zu prüfen.

In der thomanischen Tradition wird die Thematik der objektiven Norm des Naturrechts, eines allgemeinen „Gesetzes", bezogen auf die Aneignung dieser Maßstäbe durch das Individuum. Diese Aneignung erfolgt im *Gewissen*.

§ 8. Das Gewissen

1. Die Strittigkeit des Gewissens

Die Frage nach Naturrecht und Gesetz galt dem *Inhalt* der sittlichen Forderung. Das Gewissen enthält im wesentlichen die Frage nach dem *Subjekt* der ethischen Forderung. Gesetz und Gewissen, Norm und Verantwortlichkeit fordern und bedingen sich wechselseitig. Das Gewissen ist freilich nicht für jede theologische Ethik fundamental. Vom Gewissen reden außerdem ebenso Philosophen und Psychologen, Pädagogen und Dichter auf sehr verschiedene Weise. „Gewissen" ist kein spezifisch theologischer Begriff. Man muß sich im Gegenteil fragen, ob der Begriff Gewissen überhaupt brauchbar ist für eine wissenschaftlich konzipierte Ethik, da sein Verständnis vielfach schillert. *Karl Barth* beispielsweise verwendet diesen Begriff nicht, und zwar nicht nur wegen seiner Ablehnung einer anthropologisierenden Theologie, sondern weil das Wort in der Tat unscharf, unpräzise ist. Dagegen ist für *G. Ebeling* die Orientierung am Gewissen theologisch grundlegend. Und *Karl Holl* erklärte: „Luthers Religion ist Gewissensreligion im ausgeprägtesten Sinne dieses Wortes" (K. Holl, Luther, 1948[4], S. 35). Überdies spielt es in der Alltagssprache eine große Rolle, u. a. im Begriff des „schlechten" Gewissens.

Der Begriff sagt m. E. für die Ethik Unverzichtbares aus: Vom Gewissen kann man nur reden, wenn man den Menschen für verantwortlich hält, wenn man ihm also die Freiheit zur ethischen Entscheidung zumutet und zugesteht. Gewissen ist also so verstanden der Inbegriff verantwortlicher Personalität und Freiheit. Wer dem Menschen diese Fähigkeit zur Freiheit und Verantwortung abspricht und ihn für ein psychisch und sozial vollkommen determiniertes und manipulierbares Wesen hält, kann im Wort Gewissen nur eine kluge Verschleierung der Manipulation und der ethischen Unfreiheit sehen. So hat *Friedrich Nietzsche* das Gewissen als künstliches Produkt des Ressentiments, als „Krankheit" (Werke ed. Schlechta, II, 829) diffamiert und zu entlarven getrachtet: Der Gewissensbiß ist eine „Dummheit" (I, 897), ein „Mittel, die seelische Harmonie zu zerstören" (III, 905), „Zeichen, daß der Charakter der Tat nicht gewachsen ist" (III, 910).

§ 8. Das Gewissen

Im Gegensatz dazu haben die *christliche Tradition* wie *Kant* das Phänomen des Gewissens als Stimme Gottes im Menschen gedeutet. Im Phänomen des Gewissens konzentriert sich das in jeder Ethik vorausgesetzte Verständnis des Menschen; deshalb ist dieses Phänomen auch so vieldeutig, so vielschichtig wie der Mensch selbst. Die Möglichkeit des Gewissens setzt generell voraus, daß der Mensch von sich selbst Abstand nehmen und sich als Beurteiler seiner eigenen Gedanken und Taten gegenübertreten kann. *Friedrich Hebbel* hat dies in einem Epigramm formuliert: „Kein Gewissen zu haben, bezeichnet das Höchste und Tiefste. Denn es erlischt nur in Gott, doch es verstummt auch im Tier". (Epigramme und Verwandtes 2, Gnomen, Das Höchste und Tiefste).

Im Gewissen ist sich der Mensch seiner ethischen Aufgabe wie seiner ethischen Verantwortungsmöglichkeit bewußt.

Man bezeichnet deshalb Gewissen üblicherweise als „Bewußtsein des Sein-Sollenden, des Pflichtgemäßen bzw. von dessen Gegenteil". „Das Gewissen ist der aus einer Tiefe jenseits des eigenen Willens und der eigenen Vernunft sich zu Gehör bringende Ruf der menschlichen Existenz zur Einheit mit sich selbst", so *Dietrich Bonhoeffer* (Ethik, 1949, S. 188 = 1984, 10. Aufl., S. 257). Das Gewissenserlebnis läßt sich allerdings nicht allein und ausschließlich von der Erfahrung des Sollens, also im Rahmen der Begriffe Norm und Pflicht beschreiben. Es umfaßt auch den Zusammenhang von Selbstbewußtsein und Schuld. Unter dem Gesichtspunkt von Schuld und Ichbewußtsein beschreibt *Shakespeare* in Richard III. dieses Phänomen:
„O feig' Gewissen, wie du mich bedrängst! ...
Was fürcht ich denn? Mich selbst? Sonst ist hier niemand.
Richard liebt Richard; das heißt, ich bin ich.
Ist hier ein Mörder? Nein — Ja, ich bin hier.
So flieh. — Wie vor mir selbst? Mit gutem Grund:
Ich möchte rächen. Wie? Mich an mir selbst?
Ich liebe ja mich selbst. Wofür? Für Gutes,
Das ja ich selbst hätt' an mir selbst getan?
O, leider, nein! Vielmehr haß' ich mich selbst ...
Hat mein Gewissen' doch viel tausend Zungen, ...
... rufend: Schuldig', Schuldig' ".

Richard übertäubt diesen Ruf des Gewissens, indem er sich in das Getümmel der Schlacht, das kollektive Wir stürzt, und feststellt:
„Gewissen ist ein Wort für Feige nur,
zum Einhalt für den Starken erst erdacht:
uns ist die Wehr Gewissen, Schwert Gesetz" (Richard III., 5,3)

Die Flucht in die Masse und in die Tat kann dazu dienen, das Gewissen zu übertäuben. Shakespeares Richard III. entwirft eine Beschreibung des existentiell durchlittenen, anklagenden und zeugenden Gewissens. Das Gewissen erinnert an die Schuld. Als zweite Funktion des Gewissens wird daneben für gewöhnlich die Gesetzgebung genannt. Zeugnisgeben und Gesetzgebung sind die beiden ethischen Funktionen des Gewissens. Es wird sich freilich im Folgenden zeigen, daß das Gewissen keineswegs nur ein moralisches Phänomen ist, sondern in den Bereich des Transmoralischen reicht. *Paul Tillich* hat darum zutreffend den Begriff eines „transmoralischen Gewissens" geprägt.

2. Der Begriff Gewissen

Das Wort „Gewissen" hat eigentlich erst *Martin Luther* in der deutschen Sprache eingebürgert. Es ist Übersetzung von Syneidesis, lateinisch conscientia. Syneidenai heißt: „mitwissen", „Zeuge seiner selbst sein". Die deutsche Übersetzung von Syneidesis mit einerseits „Bewußtsein", andererseits „Gewissen" unterscheidet zwischen einer theoretischen Bedeutung des Wortes und der praktischen. Genauso wird diese Unterscheidung im Englischen (consciousness und conscience) und im Französischen (connaissance und conscience) vollzogen. Vor Luther bezeichnete man mit „Gewissen" im Deutschen vielfach das allgemeine Bewußtsein, außerdem das „Mitwissen", nicht jedoch das Mitwissen mit Gott, sondern mit der Handlung im Sinne des sich selbst vergewissernden und beurteilenden Selbstbewußtseins. Erst Luther hat dem Wort Gewissen in der deutschen Sprache die terminologische Prägung gegeben.

Gleichwohl ist es nur teilweise richtig, Luthers Glauben als „Gewissensreligion" (Karl Holl) zu bezeichnen, weil der Glaube für ihn nicht durch das Gewissen, sondern durch Christus und das rechtfertigende Wort bestimmt wird.

Der Begriff Syneidesis ist ursprünglich ein Produkt späthellenistischer Philosophie, wohl eher der epikuräischen als der stoischen. Im Spätgriechischen bezeichnet Syneidesis häufig nur das Bewußtsein. Nachweisbar ist das Gewissensphänomen natürlich längst, bevor es einen Gewissensbegriff gab. Ägyptische Texte kennen bereits eine anklagende, kritische Instanz im menschlichen Herzen. Auch das AT, welches ein Wort für Gewissen nicht kennt, redet vom Phänomen des inneren Zwiespaltes im Herzen. Nach 1. Sam. 24,6; 2. Sam. 14,10 schlägt David das Herz. Es gerät ihm zum „Stolpern und Schwanken des Herzens", ohne Ursache Blut vergossen zu haben (1. Sam. 25,31). Allerdings kann nach dem AT das Herz nur deswegen Selbstanklage erheben, weil es von Gott angerufen wird: Richtende Instanz ist letztlich nicht das eigene Gewissen, sondern der Bundesgott. Das großartige Zeugnis dessen ist Psalm 139: „Herr, du erforschest mich und kennst mich". Gewissen gibt es nach dem AT nur im Hören auf Gott, in Konfrontation mit seinem Wort.

„Die alttestamentliche Reflexion des Ich über sich selbst ist somit das gehorsame Hören auf Gott. Damit wird auch das in sich widerstreitende Ich zu einer einheitlichen Person, die dem redenden Gott gegenübersteht. Das Ge-wissen wird zum Ge-hören im Sinn des willentlichen Angehören. Die Stimme Gottes und die eigene Stimme fallen zusammen nicht im Sinne einer Vernunfteigenmächtigkeit, sondern im Sinne der Übereinstimmung des eigenen Ichs mit dem Willen Gottes" (ThWB VII, 906,42—907,6, G. Maurer).

Die Septuaginta übersetzt Herz, hebr. leb, gelegentlich mit Gewissen. Die klassische Antike kennt das Gewissensphänomen in der mythischen Personifikation psychischer Vorgänge. Die Erinnyen verkörpern als Furien der Nemesis das böse, die Eumeniden das gute Gewissen. *Cicero* (De legibus) identifiziert ausdrücklich das Gewissen, die conscientia mit den Furien. *Sokrates'* Daimonion (Apologie 31 C/D) kann man gleichfalls als abmahnende Stimme im Sinne des Gewissens deuten. Aber erst die Spätantike hat ausdrücklich die Vorstellung von Gewissen als Gottesstimme im Menschen oder als „Interpret" Gottes, vor allem in seiner anklagenden Funktion, entwickelt. Nach stoisch-synkretistischer Lehre ist das Gewissen der Wächter des Menschen, sein ἐπίτροπος, der ihn zu moralischen und intellektualen Leistungen befähigt. Das Gewissen gilt als „Gott im Menschen". Es wird also betont religiös verstanden. *Seneca* lehrt: „Es wohnt in uns ein heiliger Geist, ein Beobachter und Wächter alles Guten und Bösen in uns" (Seneca ep. 41,1).

Systematisch durchgeführt ist allerdings auch dieser hellenistische Gewissensbegriff noch nicht. In der volkstümlichen Vorstellung herrscht der Gedanke einer conscientia consequens vor, die es mit der Beurteilung und Verurteilung vergangener Taten zu tun hat. *Philo* entfaltet als erster eine theologisch durchdachte Lehre vom Gewissen, indem er alttestamentliche mit hellenistischen Gedanken verbindet: Das Gewissen ist der innere Gerichtshof. Es hält zur Selbsterkenntnis und zum Bekenntnis der Sünden an. Es hat die Aufgabe des Überführens (elenchein). Als Elenchos wird das Gewissen zum Interpreten Gottes, vor allem als moralischer Warner (vgl. Decal. 87).

3. Gewissen im Neuen Testament

Diese populäre Gewissensvorstellung findet sich auch im NT.

Die LXX benutzt das Wort Syneidesis nur 3mal (Sap. 17,11; Prd. 10,20; Sir. 42,18). Im NT kommt das Wort 18mal im Corpus Paulinum, 5mal im Hebräerbrief, 3mal im 1. Petrusbrief, 2mal in Acta im Mund des Paulus vor (Acta 23,1; 24,6).

Es ist zum Verständnis des Gewissens im NT allerdings nicht von der singulären Stelle Röm. 2,15 auszugehen. Dieses Pauluswort ist Anknüpfungspunkt der katholischen Naturrechtslehre und Gewissensontologie, welche Syneidesis auslegt als unmittelbares Selbstbewußtsein, das die Wahrheit über sich selbst kennt, also als göttliche Stimme im Menschen. Aber in Röm. 2,15 hat das Gewissen die „(ungriechische) eschatologische Funktion der bestätigenden Vergegenwärtigung des nomos Gottes im Blick auf sein Gericht" (G. Bornkamm, Das Ende des Gesetzes, 1952, S. 25, Anm. 52). Für Paulus ist das Gewissen nicht selbständige ethische Instanz, sondern der Ort, an dem der Gehorsam gegen Gott eingeübt, praktiziert wird.

Die ausführlichsten Stellen zum Thema Gewissen sind: 1. Kor. 8,7−12 (Götzenopferfleisch essen) und 1. Kor. 10,23−30. Syneidesis meint in diesen Stellen das „erkennende und handelnde Selbstbewußtsein" (ThWB, VII, 913,8), das der Christ in Gehorsam und Freiheit betätigt.

Das Wort beschreibt die individuelle, persönliche Verantwortung des Glaubensgehorsams. Eine Grenze hat die im Glauben gewonnene Freiheit des Gewissens an der Verantwortung vor Gott und an der dem Nächsten geschuldeten Liebe. Für den Christen fällt das Urteil des Gewissens mit seinem Glauben zusammen. Das zeigt die Unterscheidung von *befreitem* und *schwachem* Gewissen (1. Kor. 8,7 ff.; 10,23 ff.) bzw. von stark und schwach im Glauben (Röm. 14,1 ff.). Römer 14 sagt Paulus statt Gewissen Glaube (pistis). *Luther* hat deshalb zutreffend schon 1515/1516 in der Auslegung des Römerbriefes und später auch in seiner Bibelübersetzung die „diakrisis dialogismon" mit Gewissen (Röm. 14,1) und das „sich nicht selbst beurteilen" mit „sich kein Gewissen machen" (Röm. 14,22) wiedergegeben. Das Gewissen ist für Paulus die Selbstbeurteilung des Menschen vor Gott unter Gottes Anruf. Das gute Gewissen ist deswegen identisch mit dem Glauben bzw. mit dem Heiligen Geist (vgl. Röm. 9,1, ähnlich: Hebr. 9,14; 10,22 und 1. Petr. 1,21). Das böse Gewissen entspricht dem Unglauben. Entscheidend ist, daß das Phänomen des Gewissens der Verheißung und dem Gericht des Christusglaubens untergeordnet und von der Rechtfertigung bestimmt wird. Paulus nimmt dabei die volkstümliche Gewissensanschauung, die jüdisch-hellenistische Vorstellung von einem Elenchos auf, um dadurch hervorzuheben, daß Gott den Menschen als Ganzes, in seiner Eigentlichkeit, in seiner Personalität anspricht.

In der nachpaulinischen Theologie wird dann der Terminus gutes Gewissen (1. Tim. 1,5.19 bzw. „reines" Gewissen, 1. Tim. 3,9; 2. Tim. 1,3; vgl. 1. Tim. 4,2;

Tit. 1,15) in den Pastoralbriefen eine gängige Formel. Die Herkunft dieser Formel ist unsicher; sie entstammt zweifellos der populären, vulgären hellenistischen Sprache. Die Formel soll das Gewissen als „Eigenschaft" „christlicher Bürgerlichkeit" kennzeichnen (Martin Dibelius). Der Christ ist ein vorbildlicher, ein „anständiger" Mensch. Das betont vorläufige Weltverhältnis bei Paulus (vgl. 1. Kor. 7) wird jetzt ersetzt durch den Wunsch, die Christen möchten „ein ruhiges und stilles Leben führen" „in aller Gottseligkeit und Ehrbarkeit" (1. Tim. 2,2). Unbestreitbar tritt in den Pastoralbriefen die Eschatologie zurück. Aber es ist wohl doch zu einfach, wenn man das „gute Gewissen" ausschließlich als Zeichen christlicher Bürgerlichkeit deutet und wertet. Es ist mindestens genauso das bewußte Echo der paulinischen Rechtfertigungsbotschaft. Die Pastoralbriefe suchen in einer veränderten theologischen Situation (Ausbleiben der Parusie) die paulinische iustificatio impii festzuhalten — freilich im Vergleich mit Paulus in kleinbürgerlicher Form.

Im Neuen Testament hat das Gewissen keine pädagogische Funktion. Deshalb ist vom „schlechten" Gewissen nicht die Rede. Das Phänomen des Gewissens wird in den übergreifenden Zusammenhang der Rechtfertigung des Sünders gestellt. Die Rechtfertigung spricht auch die Tiefenschicht des Menschen an.

4. Gewissen in der Theologie des Mittelalters

Der nicht philosophisch festgelegte Gebrauch des Begriffs Gewissen wird erst im Mittelalter zu einer Ontologie des Gewissens entfaltet. Die Patristik spricht in der Bildrede vom „Stachel oder Wurm" des Gewissens (*Origenes*). *Augustin* veranschaulicht das Phänomen des Gewissens psychologisch. Bei *Alexander von Hales* (1175—1240) in der älteren Franziskanerschule wird dann Gewissen ontologisch interpretiert als „lumen naturae semper inclinans ad bonum".

Veranlaßt wurde diese Gewissensethik vor allem durch das *Beichtwesen*. Die Beichte befaßt sich mit casus conscientiae. Man kann die mittelalterliche Gewissensontologie verstehen als Übernahme des von *Seneca* stammenden, bereits zitierten Satzes: „Es wohnt in uns ein heiliger Geist, ein Beobachter und Wächter alles Guten und Bösen in uns" (Ep. 41,1). Diese philosophische Deutung wird verbunden mit Röm. 2,14f. und definiert das Gewissen als den durch den Sündenfall nicht verdorbten Rest des natürlichen Seelenvermögens, der eine ständige und willentliche Neigung zum Guten besitzt. Dieser natürliche, gute Rest wird Synteresis genannt.

Die sprachliche Herkunft wie die sachliche Bedeutung des Wortes Synteresis sind umstritten. Man nimmt an, daß es aus einer Verschreibung von Syneidesis im Ezechielkommentar von *Hieronymus* entstand (MPL 25,22). Die Verschreibung hänge zusammen mit 1. Thess. 5,23 (τηρεῖν) und mit Jesus-Sirach 15,15 (ἐάν θέλης συντηρήσεις ἐντολάς). Eine andere Ableitung bringt Synteresis mit συνθηρεῖν, d. h. conservatio sui bei Seneca zusammen.

Doch wiewohl die Herkunft des Begriffs unklar ist, die sachliche Aussage läßt sich eindeutig klären: Die Scholastik bezeichnet mit Synteresis den naturhaften, auch nach dem Sündenfall im Wesentlichen intakt gebliebenen Kern des Gewissens, die apriorische erkenntnis- und strebensmäßige Grundlage jeder Gewissenstätigkeit. Ihr entspricht bei den Mystikern (z. B. *Meister Eckhart*) das Seelenfünklein, die scintilla animae, der göttliche Seelengrund. Dieses Seelenfünklein ist Subjekt der Kundgabe des göttlichen Willens. Bei *Thomas Müntzer* heißt es später „inneres Licht", beim Quäker *John Fox* „innere Stimme".

Thomas von Aquin hat terminologisch zwischen Synteresis und conscientia unterschieden. Synteresis, auch „scintilla conscientiae" (innerster Kern) genannt, ist das Grundvermögen sittlichen Erkennens, die Gewissensanlage, ein habitus conscientiae. Conscientia ist dann die Fähigkeit, das Sittengesetz auf den konkreten Einzelfall anzuwenden, also die Betätigung der personalen aktuellen Gewissens, der actus conscientiae. Die Synteresis ist sittliche Grunderkenntnis, als solche irrtumsfrei und zeitlos unwandelbar. Sie bewirkt ein „remurmurare malo et inclinare ad bonum". Die conscientia dagegen vollzieht die praktische Anwendung der Synteresis mit Hilfe des Urteils der Vernunft. Sie kann sich irren. Gleichwohl ist auch dem Ruf der conscientia unbedingt Folge zu leisten.

Die katholische Moraltheologie hat mit der Lehre vom irrenden Gewissen von Thomas wichtige Anstöße erhalten. Allgemein hält sie an dessen Schema fest, wobei es nebensächlich ist, ob man das Gewissen mit *Thomas* der Vernunft oder mit *Bonaventura* dem Willen zuordnet. Nach katholischer Lehre ist das Gewissen eine natürliche Anlage im Menschen, die ihn zur Erkenntnis und Verwirklichung des Sittlichen, zur Anerkennung von Gottes Willen befähigt. Als conscientia consequens vertritt es Gott als Richter, als conscientia antecedens vertritt es Gott als Gesetzgeber im Menschen. Man kann es deshalb mittelbar „Gottes Stimme" im Menschen nennen. „Das Gewissen leistet Aufnahme und innere Aneignung der objektiv gegebenen sittlichen Norm für die konkrete Entscheidung" (LThK, Bd. 4, 863). Die katholische Morallehre ruht somit auf zwei Grundpfeilern: Den objektiv gegebenen sittlichen Normen, den naturrechtlich erkennbaren Werten, und der subjektiven

Anlage, dem Vermögen des Menschen, das Gute zu erkennen, d. i. dem Gewissen. Das Gewissen ist der autonome sittliche Wesenskern im Menschen.

5. *Gewissen im reformatorischen Verständnis (Luther)*

Gegen dieses Verständnis des Gewissens hat sich *Luther* gewandt. Das ist erstaunlich, wenn man bedenkt, daß gerade er das Wort Gewissen in der deutschen Sprache eingebürgert hat. Luther kannte die scholastische Synteresislehre aus *Gerson*. Er bestreitet, daß durch die Rechtfertigung nur eine Veränderung eines konstanten Wesenskerns im Menschen geschieht. Nicht das durch Gnade geformte Gewissen, nicht eine übernatürlich qualifizierte Synteresis stellt die Kontinuität zwischen altem und neuem Menschem im Rechtfertigungsgeschehen her. Diese Kontinuität sichert allein das schöpferische Handeln Gottes, auf welches der Glaube vertraut. Luthers „Gewissensreligion" besteht daher in seiner Bindung an das Wort. Das besagt auch die berühmte Antwort auf dem 2. Verhör zu Worms (1521):

„Da eure Majestät und eure Herrlichkeiten eine schlichte Antwort von mir heischen, so will ich eine solche ohne alle Hörner und Zähne geben: Wenn ich nicht durch Zeugnisse der Schrift und klare Vernunftgründe überzeugt werde — denn weder dem Papst noch den Konzilien glaube ich, da es am Tage ist, daß sie öfter geirrt und sich selbst widersprochen haben —, so bin ich durch die Stellen der Hl. Schrift, die ich angeführt habe, überwunden in meinem Gewissen und gefangen in dem Worte Gottes (capta conscientia in verbo Dei). Daher kann und will ich nichts widerrufen, weil wider das Gewissen zu tun weder sicher noch heilsam ist (cum contra conscientiam agere neque tutum neque integrum sit)" (WA 7,838,1 ff.).

Das Zitat beleuchtet sehr schön Luthers Verständnis von Gewissen: Gewissen ist nicht primär ein Bewußtseinsphänomen, eine Gegebenheit der Seelenmetaphysik, sondern existentiell von seinen Bezügen her zu verstehen. Es steht entweder in der Korrelation, in Beziehung zu Gesetz, Tod, Satan, oder in der Korrelation zum Evangelium.

„Das Gesetz macht ein blödes Gewissen, Christus ein fröhliches seliges Gewissen" (WA 10, III, 207). Das Evangelium macht das Gewissen frei und macht den Menschen dadurch frei: „Est ... libertas christiana seu Evangelica libertas conscientiae, qua solvitur conscientia ab operibus, non ut nulla fiant, sed ut in nulla confidat. Conscientia enim non est virtus operandi, sed virtus iudicandi, quae iudicat de operibus" (WA 8,606; De votis monasticis).

Das Gewissen wird immer bestimmt von den Mächten, die über es herrschen — entweder von den Anfechtungsmächten Gesetz, Tod, Satan, oder von Christus und dem Evangelium als Macht der Erlösung. Das Gewissen ohne Christus ist das „blöde, verzagte, erschrockene, furchtsame, schuldige Gewissen". Das Gewissen in Christus ist das „getröstete, friedsame, stille, mutige, sichere Gewissen". Allein Christus als Überwinder schafft das freie Gewissen:

„Est libertas a lege, peccatis, morte, a potentia diaboli, ira dei, extremo iudicio. Ubi? in conscientia. Ut sic iustus sim, quod Christus sit liberator et reddat liberos non carnaliter, non politice, diabolice, sed theologice, id est tantum in conscientia" (WA 40, II, 3,5 ff.). Der Glaube befreit das Gewissen: „conscientia liberata est, id quod abundantissime est liberari" (WA 8,575,27 f.).

Das Gewissen kann nach Luther nicht kraft eigener Autonomie frei werden, es wird erst durch das Evangelium frei. Getröstetes Gewissen ist also nichts anderes als das durch das schöpferische Wort des Evangeliums bewirkte Glaubensverhältnis des Menschen zu Gott. Luther versteht das Gewissen nicht moralisch, sondern theologisch. Für ihn fallen conscientia und coram deo in eins.

Charakteristisch sind daher Wendungen wie: „inwendig gegen Gott im Gewissen" (WA 10, I, 1,90,8), „nach dem Gewissen vor Gott" (WA 10, I, 2,137,8). Das Gewissen ist der Ort der Gotteserfahrung. In ihm wird sogar schon das jüngste Gericht vorweggenommen. Das Gewissen ist somit der Spannung von Gesetz und Evangelium ausgesetzt. Dieses Verständnis des Gewissens von der Rechtfertigung her sprengt und transzendiert notwendig moralische Kategorien. Das Gewissen ist kein selbständiges Aufnahmeorgan für die Offenbarung, sondern Ausdruck der Unvertretbarkeit des Menschen vor Gott. Daher kann der Mensch Gewissen nur haben entweder in Relation zum Gesetz als Macht der Bedrohung oder in Beziehung zu Gott. Das bedeutet aber zugleich die Absage an das „selbstherrliche" Gewissen eines moralischen Idealismus, und zwar als Absage an die Werkgerechtigkeit. *Gogarten* sagt dazu sehr richtig: „Das Gewissen wie Luther es versteht und wie es in seiner Theologie einen zentralen Platz einnimmt, ist gerade die Stelle, an der der Glaube seinen Kampf gegen das Ethische als den Versuch, das Gottesverhältnis unter die Verfügungsgewalt des Menschen zu bringen, bestehen muß. Es geht beim Gewissen um den Menschen selbst. Aber nicht um ihn, wie er im ethischen Selbstverständnis Herr seiner selbst ist und der Welt autonom gegenübersteht, sondern wie er der Gewalt der die Welt beherrschenden Mächte ausgeliefert ist" (Fr. Gogarten, Die Verkündigung Jesu Christi, 1948, S. 295).

Luther hat dieses Verständnis des Gewissens vornehmlich in Auseinandersetzung mit dem Mönchtum und den Mönchsgelübden entwickelt:

Das Mönchtum beruht auf Gewissensbindung im Gelübde und hält zur Gewissensforschung an. Dagegen vertritt Luther, daß christliche Freiheit „Gewissensfreiheit", libertas conscientiae sei. Das Gewissen ist für ihn als Ort der Gotteserfahrung zugleich der Ort der Erfahrung der Freiheit der Person.

Wenn das Gewissen „theologisch" befreit ist, dann wird es auch „moralisch" möglich: „Die erste Reinigung im Reiche Christi ist die der Gewissen, die zweite ist die der bürgerlichen Angelegenheiten" (WA TR 2 Nr. 2127). Luther unterscheidet beim Gewissen zwei coram-Relationen: Coram deo ist das gute Gewissen, der Rechtfertigungsglaube, coram hominibus ist das Bewußtsein bürgerlicher Rechenschaft. Beidemal hat das Gewissen nicht aus sich selbst einen Inhalt — sondern einmal im Zuspruch des Heils im Evangelium, zum anderen in der äußerlichen Ordnung des menschlichen Zusammenlebens, im usus civilis legis.

Das moralische Gewissen ist aber nicht Bedingung der Rechtfertigung. Nicht weil der Mensch im Gewissen verantwortlich und autonom ist, wird er von Gott angenommen und hat er sein Menschsein, sondern er gewinnt seine Menschlichkeit, indem Gott das Gewissen vom Gesetz zum Glauben befreit.

Genauso wie Luther reden die *Bekenntnisschriften* vom Gewissen unter 3 Hauptgesichtspunkten:
1. In der Korrelation von Gesetz (bzw. Satan), im Zusammenhang mit der Anfechtung, oder in der Beziehung zu Christus, zum Wort Gottes wird vom angefochtenen oder getrösteten Gewissen gesprochen.
2. Die Berufung auf das im Evangelium gefangene Gewissen dient der Abwehr fremder, äußerer Autoritäten (päpstliche Gesetze, Mönchsgelübde).
3. Das Gewissen ist angesprochen im Bemühen um eine „evangelische" Unterweisung des Gewissens, wie der Christ sich im bürgerlichen Leben, im Alltag, verhalten soll.

Von diesem reformatorischen Verständnis des Gewissens ist zu unterscheiden der Gewissensbegriff des ethischen Idealismus. Das reformatorische Verständnis des Gewissens bindet dieses an Gottes Wort. Nicht verschwiegen werden soll freilich, daß damit zwei Voraussetzungen gemacht sind, die heute strittiger sind als im 16. Jahrhundert.

(a) Vorausgesetzt ist die unbestrittene Klarheit und Autorität der Schrift als Wort Gottes. Luther kann nur deshalb das Gewissen des Christen so ohne weiteres absolut und unbedingt an die Schrift binden, weil diese ihm in sich selbst klar, deutlich, eindeutig ist. Luther versteht zwar den Glauben nicht als Gewissensreligion, wohl aber als Vertrauen auf die Wahrheit des Schriftwortes. Wenn diese fraglos vorausgesetzte

Klarheit und Eindeutigkeit des Schriftwortes durch die historisch-kritische Exegese in Frage gestellt ist, wird auch die theologische Berufung auf das Gewissen schwieriger.

(b) Luther kann sich eigentlich einen gewissenlosen Menschen, einen Menschen, der weder vom Gesetz noch vom Evangelium beansprucht und umgetrieben ist, nicht vorstellen. Der Verlust des Gewissens wäre für ihn Verlust des Menschseins. Dem modernen Menschen ist jedoch das Schweigen und Verstummen des Gewissens eine eindrückliche Erfahrung geworden. Die Interpretation des Menschseins unter dem Aspekt des angefochtenen und getrösteten Gewissens ist deswegen vielfach ferngerückt.

6. Das idealistische Verständnis des Gewissens

Die idealistische Persönlichkeitsidee erneuert Elemente der scholastischen Gewissensanschauung. Das Gewissen als Stimme des inneren Richters ist Zeichen der sittlichen Autonomie des Menschen. Nach *Kant* ist es eine „ursprüngliche intellektuelle und moralische Anlage" (Metaphysik der Sitten, Tugendlehre § 13). Der Herzenskündiger muß „als subjektives Prinzip einer vor Gott seiner Taten wegen zu leistenden Verantwortung gedacht werden" (ibid.). Solches autonome Gewissen ist freilich rein formal, also inhaltsleer. „Das Gewissen ist ein Bewußtsein, das für sich selbst Pflicht ist" (Religion innerhalb der Grenzen der bloßen Vernunft, 4. Stück, 2. Teil § 4 = Werke ed. Weischedel (= W) IV, 859). Es ist „die sich selbst richtende moralische Urteilskraft" (IV, 860). Inhaltlich orientiert Kant das Gewissen am Kategorischen Imperativ. Das Gewissen ist der Ausdruck der sittlichen Autonomie.

So sieht es auch *Goethe* in der Iphigenie: „Ganz leise spricht ein Gott in unserer Brust". *Fichte* hat Kants moralisches Verständnis des Gewissens durch eine mystische Deutung noch überhöht: Das Gewissen ist „Orakel aus der ewigen Welt". Oder wie Fichte in der „Bestimmung des Menschen" formuliert: „Die Stimme des Gewissens, die jedem seine besondere Pflicht auflegt, ist der Strahl, an welchem wir aus dem Unendlichen ausgehen, und als einzelne, und besondere Wesen hingestellt werden ... sie also ist unser wahrer Urbestandteil, der Grund und Stoff alles Lebens, welches wir leben" (Werke, Auswahl in 6 Bänden, ed. Medicus, 1910, III, 395 f.).

Hegel war, im Unterschied zu Kant und Fichte, sich der Schwierigkeit bewußt, die entsteht, wenn man das subjektive Gewissen als Grundlage schlechthin der Ethik nimmt. Er unterschied deshalb zwischen dem subjektiven, irrtumsfähigen, „formellen" Gewissen und dem „wahrhaften" Gewissen, das inhaltlich bestimmt ist durch das Gesetz des wahrhaft Guten. Das wahrhaft Gute fand Hegel nicht zuletzt und am ausgeprägtesten in der sittlichen Forderung des Staates (Grundlinien der Philosophie des Rechts § 137).

7. Der Zerfall des Gewissensverständnisses

Dieses moralisch-idealistische Verständnis des Gewissens als des transzendentalen Vermögens des sittlichen Subjekts verfällt im 19. Jahrhundert der Kritik naturalistischer und soziologischer Gewissenstheorien. Diese bringen das schlechte Gewissen in Zusammenhang mit dem Triebleben, sehen im Gewissen die Verinnerlichung des Gesamtwillens oder ein Produkt der Erziehung.

Herbert Spencer (1820—1903) erklärte das Phänomen des Gewissens sozialpsychologisch als Verinnerlichung der Ordnungskraft der Gesellschaft, ein Gedanke, der negativ gewendet auch bei *Nietzsche* („Zur Genealogie der Moral") erscheint: Nach Nietzsche ist das Gewissen eine Erkrankung des ursprünglich durch vitale Instinkte gesteuerten, jetzt aber domestizierten Menschen. Ähnlich interpretiert *Sigmund Freud* das Gewissen psychoanalytisch. Das Gewissen ist Repräsentant des Über-Ich („Das Ich und das Es", 1923). Gewissen entsteht als Schuldgefühl aus der angstvollen Spannung zwischen den Wünschen der Libido, des Eros oder des Todestriebs des Ich einerseits, den Anforderungen des Über-Ich andererseits. Das Gewissen ist der Anwalt des Über-Ich: Es wacht über die Befolgung der moralischen Tabus. Es sorgt dafür, daß unerlaubte Instinkte der Sexualität, des Aggressionstriebs, der Todessehnsucht verdrängt werden. Deshalb funktioniert es nur solange, wie die Verdrängung gelingt. Mit diesem Argument lehnt Freud Kants Gewissensauffassung ab:

„In Anlehnung an einen bekannten Ausspruch Kant's, der das Gewissen in uns mit dem gestirnten Himmel zusammenbringt, könnte ein Frommer wohl versucht sein, diese beiden als die Meisterstücke der Schöpfung zu verehren. Die Gestirne sind gewiß großartig, aber was das Gewissen betrifft, so hat Gott hierin ungleichmäßige und nachlässige Arbeit geleistet, denn eine große Überzahl von Menschen hat davon nur ein bescheidenes Maß oder kaum so viel, als noch der Rede wert ist, mitbekommen ... Es ist eine sehr merkwürdige Erfahrung, die Moralität, die uns angeblich von Gott verliehen und so tief eingepflanzt wurde, als periodisches Phänomen zu sehen. Denn nach einer gewissen Anzahl von Monaten ist der ganze moralische Spuk vorüber, die Kritik des Über-Ich schweigt, das Ich ist rehabilitiert und genießt wieder alle Menschenrechte bis zum nächsten Anfall." (Freud, Gesammelte Werke, Bd. 15, 3. Aufl. 1961, S. 67).

Gewissen ist danach eine naturbedingte oder erworbene, gestaltungsfähige Anlage, in der sich der Mensch der Spannung zwischen seinen Trieben und den Ansprüchen des Über-Ich bewußt wird. In ihm manifestiert sich ein sozialer oder endopsychischer Konflikt. Diese psychoanalytische Interpretation stürzt die Autorität des Gewissens: Denn das Gewissen ist im Grunde ethisch machtlos, weil es nur Indiz, Reflex der inneren Gespaltenheit, eines Schuldgefühls ist. Nach Freud ist dieses Schuldgefühl „der Preis für den Kulturfortschritt".

8. Die Notwendigkeit des Gewissensbegriffs

Die Vielfalt der Deutungen des Phänomens Gewissen legt es nahe, auf den Gebrauch des Wortes Gewissen zu verzichten.

A. Schopenhauer (Über die Grundlage der Moral, 1840, § 13) meinte ironisch: „Mancher würde sich wundern, wie sein Gewissen das ihm ganz stattlich vorkommt eigentlich zusammengesetzt ist: etwa aus 1/5 Menschenfurcht, 1/5 Deisidämonie, 1/5 Vorurteil, 1/5 Eitelkeit und 1/5 Gewohnheit".

Das Phänomen als solches ist mehrdeutig. Wer durch das Gewissen spricht — Gott, die Gesellschaft, das Gefühl eigener Insuffizienz, das ideale, bessere Ich — und was das Gewissen inhaltlich sagt, ist durchaus offen. Das Gewissen als solches eignet sich nicht als zureichende Grundlage der Moral. Das Gewissen wirkt erst in einem ethischen und anthropologischen Bezugsrahmen. Die mittelalterlich-scholastische und die idealistische Gewissensdeutung wertet das Gewissen als unbedingte sittliche Instanz. Dagegen versteht *Luther* das Gewissen relational. *Heideggers* existentiale Analyse der Sprachlichkeit der Existenz versteht in ähnlicher Weise das Gewissen als Ruf des Selbst, des Daseins aus Verlorenheit zur Eigentlichkeit. Ein Gewissen haben heißt sonach Mensch sein. *Gerhard Ebeling* redet ebenfalls davon, daß der Mensch nicht Gewissen *hat*, sondern Gewissen *ist*.

Die theologische Interpretation der Gewissenserfahrung sprengt dann aber die Grenze des Moralischen. Das Gewissen ist der Ort der Schulderfahrung und der Identitätsbildung. Das Gewissen hat also nicht primär die Kundgabe moralischer Normen zu erbringen. Es ist nicht nur Instanz der sittlichen Selbstbeurteilung. Vielmehr ist es transmoralisches Gewissen. Nach Luther wird das Gewissen erfahren in der Anfechtung und gerade nicht in der sittlichen Selbstverwirklichung. Heideggers Analyse geht ebenfalls aus vom Zusammenhang zwischen Gewissen und Schuld. Das Gewissen offenbart nach ihm, daß die Existenz als solche schuldig ist.

Luthers Frage lautete angesichts dieser Erkenntnis nicht: Wie bewahre ich ein reines Gewissen? (so fragt Kant), sondern: Wie empfange ich ein getröstetes Gewissen? *Paul Tillich*, der den Begriff „transmoralisches Gewissen" geprägt hat, betont zurecht: „Nur Selbsttäuschung kann ein gutes moralisches Gewissen verleihen, da es unmöglich ist, nicht zu handeln, und da jede Tat Schuld in sich schließt". „Das gute, transmoralische Gewissen besteht in der Annahme des schlechten moralischen Gewissens, das unvermeidlich ist, wo immer Entscheidungen getroffen und Taten getan werden".

Dieser Hinweis auf die Transmoralität des Gewissens ist zweifellos gefährlich: Er kann in ethische Bindungslosigkeit führen, wie bei Nietzsche. Luther konnte die Transmoralität des Gewissens nur vertreten, weil das Gewissen von Gottes Rechtfertigungshandeln umgriffen, umschlossen und getragen ist. Der Glaube an die Rechtfertigung des Gottlosen beendet auch eine selbstquälerische Skrupulosität. Nicht nur die Gewissenslosigkeit, auch übertriebene Gewissensbedenken können jedes ethische Handeln verhindern und lähmen. Indem Luther das Evangelium dem Gewissen vorordnet, macht er es gerade frei von der Anfechtung aus dem eigenen Herzen und damit frei zum Handeln.

Das unerlöste Gewissen bleibt im Zwiespalt zwischen Selbstanschuldigung und Selbstrechtfertigung. Allein die Verheißung der Rechtfertigung macht wahrhaft frei. *Bonhoeffer* hat daran erinnert, daß der Mensch nicht selbst die Einheit des Gewissens herstellen kann. Niemand kann selbst das eigene Gewissen trösten und freisprechen. Eine Gewissensautonomie, welche das eigene Gewissen zur letzten entscheidenden, sittlichen Instanz erklärt und die coram-deo-Relation, welche das Wort vermittelt, ausklammert, vermag letztlich das Gewissen nicht gewißzumachen. Dadurch wird der Mensch aber auch unfähig, „um des Nächsten willen Schuld zu tragen". (Bonhoeffer, Ethik[1] S. 190; 10. Aufl. S. 260).

Das im Glauben freie Gewissen ist jedoch nicht frei von allen Bindungen, vom „Gesetz". Die Hingabe des Ich im selbstlosen Dienst darf nicht mit der Vernichtung des ethischen Subjekts bezahlt werden (vgl. Bonhoeffers Engagement in der Widerstandsbewegung). Es gilt eine Grenze der Schuldübernahme, des Verantwortenkönnens zu erkennen und zu respektieren.

Die Vielzahl ethischer Entscheidungsmöglichkeiten wie der Fall der Ausnahmesituation machen es freilich unmöglich, solche Grenzen kasuistisch zu fixieren. Man wird die Grenze im Bedenken der Situation wie der Norm aktuell finden müssen. Darauf verweist mit Nachdruck *Hegels* Unterscheidung von formellem und wahrem Gewissen. Das formelle Gewissen, die subjektive Gewissensentscheidung des Einzelnen steht immer in der Gefahr des Irrtums. Die Beziehung auf objektive Gehalte macht das Gewissen nicht nur subjektiv wahrhaftig, aufrichtig, ehrlich, sondern objektiv wahr. Das Gewissen ist zwar ein „Heiligtum, welches anzutasten Frevel wäre" (Hegel, Rechtsphilosophie § 137 Anm.). Aber die subjektive Autonomie des Gewissens darf nicht dahingehend mißverstanden werden, als eröffne die Berufung auf das Gewissen den Freiraum individuellen Beliebens. Die Berufung auf das Gewissen ersetzt nicht die Darlegung von Gründen und Gegengründen. Eine Gewissensentscheidung muß den anderen einsichtig gemacht werden. Es ist daher unzulässig, das Urteil des Gewissens gegen die rationale Argumentation der Vernunft auszuspielen. Man kann nicht sagen: „mein Gewissen sagt mir, was gut und richtig ist, Sitte und Gründe interessieren mich nicht". Diese Argumentation macht nämlich das Gewissen ununterscheidbar von privaten Launen und Idiosynkrasie. Über meine eigenen Handlungen kann ich Gewissensurteile und ‚moralische' Urteile aussprechen. Die Handlungen anderer kann ich nur moralisch beurteilen. Zwar hat das Gewissen seine Eigentümlichkeit in der affektiven Bindung. Es hat einen Bezug zum Selbst, zur Tiefenschicht der Person. Man kann es eine Urteilskraft des Gemüts oder des Gefühls nennen. Aber diese Beziehung zum Selbst schließt vernünftige Rechenschaft nicht aus.

9. *Kriegsdienstverweigerung aus Gewissensgründen*

Das Gewissen ist ein „unjuristisch Ding". Gleichwohl hat das Grundgesetz die Möglichkeit der Verweigerung des Wehrdienstes aus Gewissensgründen eingeräumt. Daraus ergab sich die Praxis der Gewissensprüfung. Im Zusammenhang der Wehrdienstverweigerung spielt nicht nur das Gewissensverständnis eine Rolle. Gleichermaßen wichtig sind Fragen des Friedensverständnisses, Motive der Wehrdienstverweigerung und der Entscheidung für einen Zivildienst sowie Gesichtspunkte der Gleichbehandlung und der Wehrgerechtigkeit.

Grundlage des Rechts der Wehrdienstverweigerung ist die verfassungsrechtliche Norm im Grundgesetz (Art. 4 III). Diese Rechtsnorm steht im Kontext der gesamten Verfassung. Die Präambel drückt den Willen des deutschen Volkes aus, dem Frieden in der Welt zu dienen. Des weiteren verbietet Art. 26 den Angriffskrieg. GG Art. 4 I sichert die

§ 8. Das Gewissen   141

Unverletzlichkeit der Freiheit des Glaubens, des Gewissens und die Freiheit des religiösen und weltanschaulichen Bekenntnisses. Art. 4 III lautet: „Niemand darf gegen sein Gewissen zum Kriegsdienst mit der Waffe gezwungen werden. Das Nähere regelt ein Bundesgesetz".

Das Kriegsdienstverweigerungsrecht hat eine Vorgeschichte: Ausnahmerechte vom Kriegsdienst für bestimmte religiöse Gruppen gab es seit längerem (in England 1757 für Quäker; das preußische Gnadenprivileg für Mennoniten; 1830 Kabinettsordre für Quäker). In den USA gelten seit 1917 ebenfalls Ausnahmerechte. Die USA erkennen bis heute (Gesetz vom 24. Juni 1948) freilich nur religiöse Bedenken gegen einen Waffendienst im Kriege als Grund der Kriegsdienstverweigerung an. Die Weimarer Reichsverfassung enthielt in Art. 133 Abs. 4 nur Bestimmungen hinsichtlich der Wehrpflicht. Dagegen enthielten einige vor dem Grundgesetz entstandene Länderverfassungen eine Kriegsdienstverweigerung ohne Gewissensvorbehalt.

Wie ist GG Art. 4 III zu interpretieren, dieser Satz, in dem man nicht zu Unrecht einen „Orakelspruch" sieht? Es gibt ja bis heute keine allgemein akzeptierte Interpretation dieser Verfassungsnorm. Enthält dieser Satz ein „Ausnahmerecht"? Ist der Wehrdienst der Normalfall? Es geht hier um die Frage: Was hat Vorrang, das individuelle Grundrecht, das Freiheitsrecht oder die Autorität des Staates? Geht es nur darum, daß der Staat die Gewissensentscheidung des Wehrdienstverweigerers achtet, indem er ihm eine Ausnahme von der gesetzlichen Pflicht gewährt, auch wenn der Staat sie nicht billigt?

Man muß zur Auslegung dieses Rechts zurückgehen auf die Entstehungsgeschichte von GG Art. 4 III im Parlamentarischen Rat: Die SPD-Fraktion beantragte, ein Recht auf Kriegsdienstverweigerung ins GG aufzunehmen. „Jedermann ist berechtigt, aus Gewissensgründen den Kriegsdienst mit der Waffe zu verweigern". Dagegen sprach sich der Abgeordnete *Heuss* aus mit der Forderung, den Artikel ersatzlos zu streichen. Er benutzte dazu zwei Argumente: Einmal dürfe man bei der Schaffung des Grundgesetzes als der Verfassung eines demokratischen Gemeinwesens die allgemeine Wehrpflicht nicht durch Schaffung eines Rechts auf Kriegsdienstverweigerung konterkarieren: Zur Demokratie gehöre wie das allgemeine Wahlrecht so auch die allgemeine Wehrpflicht. Dieses Argument trifft historisch freilich nicht zu. England und die USA konnten für lange Zeit auf eine allgemeine Wehrpflicht verzichten, ohne an ihrer demokratischen Ordnung Schaden zu nehmen. Das andere Argument war: Heuss forderte, statt ein Recht der Kriegsdienstverweigerung aus Gewissensgründen für jedermann im Grundgesetz zu verankern, ein einfaches Gesetz zu beschließen, das für genau bezeichnete Gruppen wie Mennoniten, Quäker, also die klassischen Pazifisten, eine Ausnahme von der allgemeinen Wehrpflicht einräumt. „Aber wenn wir jetzt hier einfach das

Gewissen einsetzen, werden wir im Ernstfall einen Massenverschleiß des Gewissens verfassungsgemäß festlegen."
Die Anwendung des Verfassungsrechtes wurde erst im Wehrpflichtgesetz vom 21. Juli 1956 § 26 geregelt durch die Einführung eines Anerkennungsverfahrens. Die entscheidende Frage blieb strittig: Ist eine Gewissensentscheidung überhaupt rechtlich feststellbar? „Ist das Gewissen justiziabel? Was ist Norm einer Gewissensentscheidung?" Im Urteil des Bundesverfassungsgerichts vom 21. Dezember 1960 (BVerfGE 12,45 ff.) war die Frage zu entscheiden: Ist eine Verweigerung mit politischen Argumenten zulässig (z. B. Verweis auf die Teilung Deutschlands)? Ist ein solches politisches Argument eine Gewissensentscheidung oder nicht? Das Gericht entschied salomonisch: An sich ist dies keine Gewissensentscheidung. Aber die Motive für eine Gewissensentscheidung können aus der historisch bedingten Situation entnommen werden; und solche situationsbezogene Haltung ist auch Gewissensentscheidung. Das Bundesverfassungsgericht unterscheidet sehr subtil „situationsbezogene" Argumente und „situationsbedingte" Argumente; erstere sind nach GG Art. 4 III geschützt, letztere nicht. Offen blieb dabei, wer die Beweislast dafür trägt, daß es eine Gewissensentscheidung ist — der Antragsteller oder der Prüfungsausschuß. Trägt der Antragsteller die Beweislast für eine Gewissensentscheidung, dann ist Wehrdienstverweigerung praktisch unmöglich, trägt der Staat die Beweislast, dann ist praktisch der Wehrdienst unmöglich. Dagegen urteilte das Bundesverwaltungsgericht (Urteil vom 3. Oktober 1958), eine Gewissensentscheidung sei im Sinne von Art. 4 Abs. III GG „jede ernste sittliche, d. h. an den Kategorien von ‚Gut' und ‚Böse' orientierte Entscheidung, die der Einzelne in einer bestimmten Lage als für sich bindend und unbedingt verpflichtend erfährt, so daß er gegen sie nicht ohne ernste Gewissensnot handeln könnte": Zum Merkmal des Gewissens wird der innere Zwang, die emotionale Bindung. Gewissen ist also letztlich etwas Irrationales („Gewissensnot"). Von dieser Deutung gedeckt sind dann nur sittliche Überzeugungen und religiöse Vorstellungen, nicht aber rationale und politische Argumente. Nach dieser juristischen Definition des Gewissens ist zwar die Tradition der klassischen, ethisch oder religiös gefärbten Kriegsdienstverweigerung geschützt, nicht aber Wehrdienstverweigerung aufgrund politischer Argumente. Es kommt darum darauf an, eine Gewissensentscheidung, den Gewissensnotstand glaubhaft zu machen.

Dagegen betont die Thesenreihe der EKD „Der Friedensdienst der Christen" 1970 im Teil V „Seelsorge an Wehrpflichtigen", man dürfe bei der Wehrdienstverweigerung Vernunft und Gewissen nicht trennen. Über der Sorge um die „Gewissenhaftigkeit" einer Entscheidung dürfe man die Information nicht vernachlässigen. „Nach evangelischem Verständnis ist eine politische Entscheidung von Gewicht immer zugleich eine Gewissensentscheidung und umgekehrt erfordert eine Gewissensentscheidung im Falle politischer Alternativen gerade das Abwägen der Ziele und Mittel." Die Thesenreihe tritt folgerichtig für den Wegfall des besonderen Prüfungsverfahrens als sauberste Lösung ein, weil „in den Beratungen derartiger Verfahren ... kaum geklärt werden (kann), wieweit politische Sachargumente für den Betroffenen Gewissensfragen sind: Die Behauptung einer Gewissensentscheidung ist für den Außenstehenden aus dem Wesen des Gewissens heraus im Kern unzugänglich". Ferner wird betont: Eine verantwortliche Entscheidung dürfe nicht nur der Salvierung des eigenen Gewissens dienen, sondern müsse die anderen mitbedenken, die mitbetroffen sind.

Die Gefahr ist, daß eine „intuitive" Gewissenstheorie nicht mehr deutlich werden läßt, daß das Gewissen einer Bildung und Belehrung zugänglich sein muß. Wird das Gewissensurteil von der Argumentation der praktischen Vernunft scharf getrennt, so droht die Ethik insgesamt irrational, zum bloßen emotionalen Engagement zu werden. Das Urteil der Vernunft ist aber nicht loszulösen von einer Beurteilung von Lagen und Situationen. Eine Gewissensbindung besteht nicht nur dann, wenn das Gewissen sich auf unveränderliche Grundsätze und objektive Normen beruft. Nachzuprüfen ist nicht das Gewissen, wohl aber die Gewissenhaftigkeit der Urteilsbildung. Die Gewissenhaftigkeit der Urteilsbildung und die unbedingte Verpflichtung zu einer Entscheidung kann man glaubhaft machen. Zwar bleibt auch dann noch eine gewisse Spannung zwischen „subjektiver Dringlichkeit" und „objektiver Gültigkeit" bestehen. Aber andere Widersprüche, die gelegentlich mit der Berufung auf das Gewissen verbunden werden, sind nicht überzeugend und notwendig. Die Berufung auf das Gewissen begründet nicht einen Gegensatz zwischen Vernunft und Emotion, zwischen rational und irrational; denn es geht dabei um das Urteil des informierten Gewissens.

Weiterhin eignet das Gewissen jedem Menschen. Es gibt kein spezifisch „christliches", sondern nur ein humanes, ein „menschliches" Gewissen; wohl aber gibt es spezifisch christliche Urteile und Entscheidungen des Gewissens im Horizont des christlichen Glaubens. Und schließlich kann es Fehlbildungen und Irrtümer des Gewissens geben. Vom „irrenden" Gewissen hatte die Tradition stets Kenntnis. Die Psychologie hat den Unterschied zwischen autoritärem, fremdbestimmtem (heteronomem) und autonomem Gewissen herausgearbeitet. Wenn man das Gewissen mit dem Selbst, der Identität der Person ineinssetzt und das Menschsein durch das Gewissenhaben ausgezeichnet sein läßt, dann kann man der Frage nach der Bildung und Erziehung des Gewissens nicht ausweichen. Ein personales, reifes Gewissen bildet sich nur in der Auseinandersetzung mit der ethischen Forderung und im Innewerden eines letzten Beanspruchtseins vor Gott.

Literatur: *Theologische Versuche IX, hg. von Joachim Rogge und Gottfried Schille*
Gewissen
- S. 145 ff. Peter Hilsberg, Das Gewissen im Neuen Testament. Über die Anwendung und Nichtanwendung des Wortes Gewissen im Neuen Testament.
- S. 161 ff. Rudolf Schottlaender, Der Begriff ‚Gewissen' in philosophischer Sicht.
- S. 177 ff. Rudolf Mau, Gebundenes und befreites Gewissen. Zum Verständnis von conscientia in Luthers Auseinandersetzung mit dem Mönchtum.

Art. Gewissen (H. Reiner) HWPh III, 574—592

§ 9. Nachfolge

1. Die Fragestellung

Die Orientierung an der Nachfolge Christi gilt im Unterschied zu den Leitbegriffen Naturrecht und Gewissen als Begründung einer spezifisch christlichen Ethik. Dabei stellt sich eine doppelte Frage: Inwiefern ist der Gedanke der Nachfolge gerade ethisch zu verstehen? Ist die Vorstellung von einer „Nachfolge" eine christliche Eigentümlichkeit?

Reiner Strunk, Nachfolge Christi. Erinnerungen an eine evangelische Provokation, 1981, stellt die Vielfalt der Erscheinungsformen von Nachfolge dar: Der Aufbruch Abrahams, die Nachfolge der Jünger, die altkirchlichen Asketen und Märtyrer, der Nachfolgegedanke im Kreuzzug, Bernhard von Clairvaux, Passionsfrömmigkeit, das franziskanische Armutsideal und Dietrich Bonhoeffer sind Vertreter des Nachfolgegedankens. R. Strunk folgert aus der inflationären Verwendung des Nachfolgemotivs, daß die allgemein gewordene Aufforderung zur Nachfolge Jesu das praktische Ende einer wirklichen Nachfolge Christi bedeutet: „Es gibt kaum einen zweiten Begriff in der kirchlichen Frömmigkeitssprache und in der Theologie, der ebenso beliebt und zugleich ebenso verdorben ist wie der Begriff ‚Nachfolge Christi'" (Strunk, S. 242).

Nachfolge lebt davon, daß sie geschichtlich und situativ bestimmt ist. Nach Strunk ist Nachfolge zu verstehen als „christliches Symbolhandeln". Solches Symbolhandeln läßt sich nicht in allgemeine Regeln fassen und institutionalisieren. Es ist jeweils einmaliges, persönliches Verhalten und nicht auf generelle Grundsätze zurückzuführen. Faßt man Nachfolge in feste Regeln, so macht man sie zum Gesetz und bricht der Provokation die Spitze ab. Der Grundgedanke der Nachfolge soll vielmehr für neue, konkrete ethische Einsichten offenhalten.

Es ist zum Verständnis des Nachfolgegedankens erforderlich, einen Blick auf die biblischen Aussagen und auf die Geschichte zu werfen.

2. Biblische Grundlagen

Nachfolge ist in den meisten Religionen ein Leitbegriff religiöser Sprache und Praxis, vor allem in theistischen Religionen. Sachlich verwandt ist der Begriff Nachahmung, Mimesis, imitatio. Nachfolge muß freilich von Nachahmung unterschieden werden. Nachfolge richtet sich auf eine Person; Nachahmung orientiert sich an einem Vorbild, einem Beispiel, einer „Idee".

Im *Alten Testament* dürfte der Sitz im Leben des Redens von Nachfolge ein doppelter sein: Entweder geht man hinter einem Kultbild einher (Kultprozession), oder man folgt Gott wie einem König oder Stammeshaupt auf der Wanderschaft (Nomaden, Exodus).

Da das Alte Testament das Kultbild ablehnt, ist das Hinter-einem-Gott-hergehen, etwa hinter Baal, Götzendienst (vgl. 1. Kön. 18,18; Jer. 7,6; 8,2 u. ö.). „Nachfolgen" kann geradezu zum Entscheidungsakt des Glaubens werden (1. Kön. 18,21). Es geht also bei Nachfolge nicht um ein ethisches Verhalten und um sittliches Handeln, sondern um Glauben.

Auf diesem Hintergrund ist das Reden vom Nachfolgen im *Neuen Testament* zu verstehen. Jesu Ruf in die Nachfolge entspricht Gottes heiliger Forderung im Alten Testament, im 1. Gebot. Es geht hierbei — bei aller formalen Analogie — nicht um ein Lehrer-Schüler-Verhältnis, wie beim Rabbi, sondern um Glaubensvollzug angesichts der hereinbrechenden Gottesherrschaft. Bezeichnenderweise findet sich im Neuen Testament nie das Substantiv Nachfolge, sondern höchstens bildhaft die Wendung „nachfolgen" (ἀκολουθεῖν als Verb), „nachgehen". Es geht nicht um die griechisch-philosophische μίμησις (Mimesis), die imitatio, das später geschichtlich wirksam gewordene imitari. Zunächst meint „nachfolgen" das konkrete Hinterhergehen hinter dem irdischen Jesus.

Die nachösterliche Kirche sah sich dann vor die Aufgabe gestellt, dieses Nachfolgen in eine neue Situation zu übertragen. Bereits in der *Alten Kirche* bildeten sich die Haupttypen des Nachfolgeverständnisses heraus. Es sind dies:

Nachfolge als Vollzug der Passion und des Sterbens Jesu Christi (Mk. 8,23), das *Martyrium*. Bereits Paulus spricht von der Nachahmung des Leidens Christi (1. Kor. 4,16; 11,1; 1. Thess. 1,6; Phil. 3,7).

Nachfolge als Ideal eines armen Lebens (Mth. 19,27; Lk. 9,58): Das Armutsideal wurde vor allem in der mönchischen Reformbewegung wie bei *Franz v. Assisi* wirksam. Die Katharer nannten sich als Opfer großkirchlicher Unterdrückung unter Berufung auf Mth. 10,16—20 „vere imitatores Christi".

Schließlich: *Nachfolge als radikaler Appell zur Veränderung,* als „Provokation" (*Arnold von Brescia, Thomas Müntzer,* politische Theologie).

3. Reformatorische und neuzeitliche Sicht

Die Reformation ging von der Mystik eines *Thomas a Kempis* („Imitatio Christi") aus und deutete Nachfolge als „mortificatio carnis". Ablehnung erfährt freilich die Vorstellung von der Verdienstlichkeit: „Non imitatio fecit filios, sed filiatio fecit imitatores" (WA 2,518). Die theologia crucis *Luthers* schloß also eine Nachfolge im Sinne des Nachahmens aus. Das Heil erlangt der Christ allein im „seligen Tausch". Damit ist freilich mehr eine bloße Abgrenzung gegen ein gesetzliches Mißverständnis von Nachfolge vollzogen, weniger eine positive Orientierung („mortificatio carnis"). Im Luthertum rückte das Thema Nachfolge folglich an den Rand. Christus ist nicht vornehmlich exemplum, Vorbild, sondern sacramentum, Heilsgabe.

Hingegen haben die Schwärmer ihre Ethik an der Nachfolge orientiert. Bei *Thomas Müntzer* wird der Nachfolgegedanke ins Politisch-Apokalyptische gewendet, bei den Mennoniten wird er zur Anleitung für eine Gemeindeethik. Im Pietismus erhält die Nachfolge einen mystischen weltflüchtigen Charakter. (Vgl. J. Scheffler, „Mir nach, spricht Christus unser Held ... Verleugnet euch, verlaßt die Welt", EKG 256).

Für *Kant* ist Jesus der Lehrer des sittlichen Guten und Vorbild zum wahren Menschsein. Das sittliche „Ideal" kann freilich niemals vollkommen in einem irdischen Menschen Gestalt annehmen. Die Nachfolge wird daher ausschließlich in die Gesinnung verlegt. Für Kant ist Jesus die „personifizierte Idee des guten Prinzips", das „Ideal der moralischen Vollkommenheit", nämlich weil er „Urbild der sittlichen Gesinnung" ist (Religion innerhalb der Grenzen der bloßen Vernunft, 2. Stück, Werke ed. Weischedel, Bd. IV, S. 713). Nachfolge richtet sich bei Kant nicht an einer Person, sondern an einer Idee aus.

„Selbst der Heilige des Evangelii muß zuvor mit unserem Ideal der sittlichen Vollkommenheit verglichen werden, ehe man ihn dafür erkennt; auch sagt er von sich selbst: was nennt ihr mich (den ihr sehet) gut, niemand ist gut (das Urbild des Guten) als der einige Gott (den ihr nicht sehet)". (Grundlegung zur Metaphysik der Sitten, Werke ed. Weischedel, IV, S. 36).

Die Person Jesu tritt damit völlig zurück.

„Es bedarf also keines Beispiels der Erfahrung, um die Idee eines Gott moralisch wohlgefälligen Menschen für uns zum Vorbild zu machen, sie liegt als solche schon in der Vernunft" (IV, 715). „Diese Idee hat ihre Realität in praktischer Beziehung in sich selbst. Denn sie liegt in unserer moralisch gesetzgebenden Vernunft" (IV, 714).

Für den Philosophen bringt der Nachfolgegedanke nichts zur Einsicht der Vernunft hinzu. Er veranschaulicht diese lediglich.

Dagegen haben der religiöse Sozialismus, die beiden *Blumhardt*, *L. Ragaz*, *H. Kutter*, welche das „Reich Gottes für diese Welt" verkündeten, den Nachfolgegedanken sozialethisch aktualisiert. *D. Bonhoeffers*

Bergpredigtauslegung in seinem Buch „Nachfolge" ist allein aus der Situation und dem Kontext des Kirchenkampfes zureichend zu begreifen. Es geht ihm um den Gehorsam des Glaubens. Dabei spielt die Polemik gegen die „billige" und die Betonung der teuren Gnade eine zentrale Rolle. Nachfolge ist nichts anderes als die Bindung an Jesus Christus allein, d. h. gerade die vollkommene Durchbrechung jeder Programmatik, jeder Idealität, jeder Gesetzlichkeit. Bei Bonhoeffer verbindet sich der Glaube an die in Jesus Christus empfangene Rechtfertigung mit der Frage nach dem „Tun des Gerechten" in der konkreten geschichtlichen und gesellschaftlichen Situation. Das lutherische „filiatio fecit imitatores" führt so bei Bonhoeffer zur Frage nach der Aufgabe des Christen in der Welt. Freilich bleibt bei ihm, bei aller Betonung der Unbedingtheit der Nachfolge, offen, welche Bedeutung die Nachfolge für die materiale Ethik tatsächlich hat. Betrifft sie lediglich die Gesinnung oder prägt sie das konkrete Verhalten? Beansprucht sie den Einzelnen, das Individuum („persönliche" Nachfolge) oder bindet sie die gesamte Gemeinde (Kirche als ekklesiologisches und sozialethisches Subjekt)? Soll die Bergpredigt ethisch-politisches Modell sein?

In welche konkrete ethische und politische Richtung weist die Nachfolge Christi?

4. Systematische Aspekte

Die Frage nach der Nachfolge Christi enthält zunächst einmal einen *christologischen Aspekt*: Geht es um die Nachfolge des irdischen Jesus oder um die Nachfolge des Erhöhten? Entscheidend ist grundsätzlich das Christusverständnis, das Christusbild. Ist der irdische Jesus Vorbild für das Leben der Christen — etwa als Befreier, Anwalt der Armen, Asket —, so heißt „christusförmig" leben: „wie Jesus leben". Eine solche Sicht der Christologie ist in der Kirchengeschichte immer wieder subversiv, kritisch gegen das in der Kirche herrschende dogmatische Christusbild und Glaubensverständnis geltend gemacht worden: Christus ist Vorbild einer Kirchenkritik. Aus dem einzigartigen Erlöser kann das Beispiel eines geglückten Lebens, der Rebell, der Gescheiterte in der Solidarität mit den Armen werden.

Anders sah die Alte Kirche die Nachfolge Christi:
Bei *Origenes* und *Clemens von Alexandrien* findet sich der Gedanke der Nachfolge als Anleitung zur *Verähnlichung mit Gott*, zur Spiritualisierung, Vervollkommnung. Origenes (Contra Celsum VI, 68) führte aus: Die Nachfolge Christi bewirkt die Schau, die Vision des „Eingeborenen". Damit wird dann die Mystik zum vor-

nehmlichen Ort der Nachfolge Christi. Die Mönchsmystik im Osten will Nachfolge üben.

Eine problematische Wendung erfährt der Nachfolgegedanke, wenn er aufgrund des Motivs des „Vorbilds" Christi einem *Moralismus* anheimfällt. Als Beispiel des Moralismus sei *Pelagius* erwähnt: Christus ist der Lehrer der Vollkommenheit. *Augustin* nimmt dieses Problem als erster wahr und distanziert sich daher von Pelagius.

Nun hat es Nachfolge zweifellos mit Lebenspraxis zu tun. Aber vollzieht sich Lebenspraxis nur oder vornehmlich im ethischen Handeln? Diese *Ethisierung der Nachfolge* stellt vor zwei Fragen:

(a) Wird aus der soteriologischen Bedeutung der Christologie ein ethisches normatives Modell?, und

(b) wie verhält sich die Orientierung christlicher Ethik am Modell der Nachfolge Christi zu einer humanen, vernünftigen Ethik? Das war Kants Fragestellung. Ist die Nachfolgeethik eine Ethik nur für Vollkommene?

Letzteren kritischen Einwand hat die Reformation gegen die mittelalterliche Realisierung der Nachfolge Christi wie gegen eine schwärmerische Verwirklichung erhoben. Die Gefahr des Luthertums ist es dann freilich, daß die kritischen Impulse des Nachfolgemotivs stillgelegt wurden durch eine Überbetonung der Kritik von Werkfrömmigkeit, Verdienstlichkeit und gesetzlicher Auffassung von imitatio Christi.

D. Bonhoeffers Polemik gegen die „billige Gnade" und sein Ruf in die „Nachfolge" sind auf dem Hintergrund der Ratlosigkeit des Luthertums angesichts der Nachfolgeforderung zu begreifen: „Das sollte lutherisch heißen, daß man die Nachfolge Jesu den Gesetzlichen, den Reformierten oder den Schwärmern überließ, alles um der Gnade willen".

Vor Bonhoeffer hat in derselben Weise *Kierkegaard* die „Gleichzeitigkeit" mit dem erniedrigten Christus als Weise der Nachfolge eingeschärft. Es kann jedoch nicht darum gehen, daß der Nachfolger eine „Kopie" des Christus wird.

Sodann bleibt zu fragen: Kann man Gottes Tun „nachahmen", *gottgleich* leben? Gewiß ist Lernen — nach Aristoteles und Kant (Kritik der Urteilskraft, 1793[2], Werke V, S. 407) — nichts anderes als „Nachahmen". Kant hat freilich das Nachahmen unter einseitig moralischer Perspektive für fragwürdig gehalten: Er bezeichnete den Nachahmer im Sittlichen als Mann ohne Charakter und bloßen Nachäffer (Anthropologie in pragmatischer Absicht, Werke ed. E. Cassirer, 8,185). Erst in der freien, reflektierten, bewußten Übernahme eines Verhaltens handelt der Mensch sittlich. Unreflektierte, „automatische" Übernahme, im Sinne bloßer Nachahmung, ist noch nicht Wahrnehmung von Verantwortung (als Selbstverständlichkeit). Kant betont (Akad. Ausg. 4,409):

„Nachahmung findet im Sittlichen gar nicht statt, und Beispiele dienen nur zur Aufmunterung, d. i. sie setzen Thunlichkeit dessen, was das Gesetz gebietet, außer Zweifel, sie machen das, was die praktische Regel allgemeiner ausdrückt, anschaulich, können aber niemals berechtigen, ihr wahres Original, das in der Vernunft liegt, bei Seite zu setzen und sich nach Beispielen zu richten".

Mit zwei Argumenten läßt sich somit die Berufung auf die Nachfolge Christi in Frage stellen:

Einmal vom Heilsverständnis her. Das Heil wird dem Menschen sola fide und sola gratia, nicht durch eigenes Tun, die imitatio Christi zuteil.

Sodann von einer autonomen Moral her. Ethik hat sich auszuweisen mit Argumenten; sie kann nicht einfach einem Beispiel folgen, dieses „kopieren".

In der Tat kann man das Beispiel, das Vorbild Christi gerade nicht kopieren. Insofern kann eine Nachfolgeethik nicht Vorbild- oder Gesetzesethik sein. Sie könnte freilich gleichwohl ein Modell gelebten Glaubens geben! Dabei ist dieses „Modell" jedoch nicht vornehmlich auf die einzelne ethische Handlung bezogen, sondern auf die Lebensführung insgesamt. Die Vielgestaltigkeit, der Pluralismus solcher Modelle ist dann durchaus denkbar und legitim. *Ernst Wolf* spricht treffend von „schöpferischer Nachfolge". Das Motto stammt von Luther: „Dabo itaque me quendam Christum proximo meo ..." (aus: De libertate Christiana, 1520). Die Absicht ist dabei, die Nachfolge Christi — gegen eine bestimmte lutherische Tradition — durchaus als Grundbegriff reformatorischer Sozialethik zur Geltung zu bringen. Nachfolge Christi ist mehr als „Nachfolge-Gesinnung" (*A. Ritschl, W. Herrmann*). Nachfolge ist vielmehr „schöpferische Aufgabe", und zwar im Blick auf die Weltgestaltung. „Nicht das Handeln in einer wie immer intentionierten Nachfolge-Gesinnung, sondern ein das Nachfolgen übendes Tun bestimmt den Charakter des Verhaltens, die ‚Gestalt' christlichen Daseins in der Welt" (E. Wolf, Peregrinatio II, S. 241).

Luthers Freiheitstraktat enthält nach Ernst Wolfs Auffassung eine „ausgesprochene Nachfolgeethik, und zwar wesentlich als Sozialethik" (238). Nachfolge vollzieht sich „als Akt der Solidarität mit den Nöten der Welt, oder wie es hier formuliert wird, als das Besorgen dessen, was dem Nächsten nützlich, förderlich und heilsam ist" (S. 238). Nachfolge weist darum in den weltlichen Beruf ein.

So gesehen läßt sich Nachfolge in der Tat als „christliches Symbolhandeln" verstehen, wobei der Nachfolgegedanke dann gerade nicht in starrer gesetzlicher Weise Regeln und Normen vorgibt, sondern den Einzelnen zur eigenen ethischen Urteilsbildung auffordert.

§ 10. Das Liebesgebot

1. Begriff und Probleme

Das Gebot der Liebe gilt als Inbegriff christlicher Ethik. Auf die Frage, welches das höchste Gebot im Gesetz ist, antwortet Jesus mit dem Doppelgebot der Liebe: „,Du sollst den Herrn, deinen Gott lieben von ganzem Herzen, von ganzer Seele und von ganzem Gemüt' (Dtn. 6,5). Dies ist das höchste und größte Gebot. Das andere aber ist ihm gleich: ‚Du sollst deinen Nächsten lieben wie dich selbst' (Lev. 19,18). In diesen beiden Geboten hängt das ganze Gesetz und die Propheten" (Mt. 22,36—38).

Das Gebot der Gottes- und Nächstenliebe ist bereits im Alten Testament grundlegend. Freilich stellt sich die Frage, ob sich das Liebesgebot überhaupt als normative Grundlage und Prinzip christlicher Ethik eignet. Denn Liebe ist etwas Ursprüngliches. Man kann das Wort Liebe nicht definieren. Die Aufgabe einer „Dialektik" der Liebe besteht darin, die schwierige Balance zwischen „Sichbewahren und Sichverschenken" zu halten.

Ist zudem die Forderung der Liebe nicht allgemein-menschlich? Gibt es eine spezifisch christliche Auffassung von Liebe?

Sodann: Liebe ist sicher mehr als rationales Kalkül. Sie ist spontan, unmittelbar; man sagt, Liebe sei ein „Gefühl", ein Affekt. Man kann Liebe auch „Motivation" nennen. Motivation meint dabei einen Grundantrieb der gesamten Person. Liebe ist als Motivation mehr als eine einzelne Norm; sie ist „Meta-Norm". Der alte Begriff der Tugend als Haltung, habitus, ἕξις beschreibt ein Phänomen, dessen modernes psychologisches Äquivalent „Motivation" genannt wird. Es geht hier nicht nur um Reflexion auf der rational-kognitiven Ebene, sondern um Engagement auf der emotionalen Ebene, um eine Beeinflussung der Affekte. Diese Tiefenschicht der persönlichen Bindung kann man freilich gleichwohl vernünftig, rational analysieren und bedenken.

Gewiß kann — so *Max Horkheimer* — sozio-funktionell betrachtet Liebe so sinnvoll sein wie Haß. Auch der Haß kann große Leistungen bewirken. Aber ist der Haß genauso menschlich wie die Liebe? Liebe als menschliches Verhalten ist zunächst Hingabe, ein Für-andere-Dasein.

Liebe ist also nicht primär auf das eigene Ich zentriert, sondern richtet sich auf den anderen aus. Der Gegenbegriff zu Liebe ist der Egoismus.

Zum anderen wird Liebe durch Spontaneität bestimmt. Gefühl, Wille, Überlegungen und Handeln werden *unmittelbar* angesprochen. Liebe ist in dieser Hinsicht der Gegenbegriff zum berechnenden Handeln.

Ferner ist zu betonen: Liebe setzt Selbstwertgefühl voraus. Sie verdankt sich dem Erlebnis erfahrener Liebe. Nächstenliebe gibt es deshalb nicht ohne die vorgängige Erfahrung des Geliebtseins, des Angenommenseins. Liebe ist also kein individualistisches Gefühl, sondern kommunikatives Geschehen. In diesem Geschehen hat dann auch die Eigenliebe ihr Recht.

Insofern ist Liebe ihrer Herkunft wie ihrer Äußerung nach ein soziales Phänomen. Sie stiftet Gemeinschaft. In diesem Sinne verstanden ist „Liebe" die Grundkraft des Menschen schlechthin.

Der Begriff der Liebe hat in der Geschichte einen außerordentlich breiten Bedeutungsumfang erhalten: Sexuelles Verlangen, erotische Gefühle, gemeinsame geistige Interessen werden damit bezeichnet. Freundschaft, Fürsorge, Wohltätigkeit werden „Liebe" genannt. Liebe stiftet Einheit. Da einheitsstiftende Beziehungen durch eine Kraft, ein Streben bewirkt werden, ist das Wort Liebe verwandt mit Begehren, Verlangen, Erstreben. Das Wort läßt sich in seinem Sprachgebrauch nicht eingrenzen. Es kommt seit der antiken Tradition in Metaphysik und Kosmologie, in Anthropologie, Theologie, Psychologie, Ethik und Politik vor. Anhand des Begriffes Liebe kann man eine gesamte Geschichte der Welt-anschauung darstellen.

Im folgenden wird jedoch das Thema der Liebe nur im Blick auf die Ethik, das zwischenmenschliche Geschehen angesprochen. Das Thema der Gottesliebe wird damit ausgeklammert, obwohl für den Glauben das Bekenntnis „Gott ist die Liebe" (1. Joh. 4,18) erst menschliche Liebe, „Hingabe" ermöglicht.

2. Biblische Grundlagen

Das *Neue Testament* setzt die Praxis und Erfahrung der Liebe voraus. Dies wird im Gleichnis vom barmherzigen Samariter veranschaulicht. Nach Jesu Worten kann man voraussetzen, daß jeder Mensch wissen kann, was die Liebe erwartet und fordert. Der Schriftgelehrte stellt Jesus die Frage: Was ist Gottes Wille? Jesus antwortet auf diese Frage mit dem Doppelgebot der Gottes- und Nächstenliebe. Die Gegenfrage des Schriftgelehrten lautet: „Wer ist denn mein Nächster?" Jesus kehrt die Fragestellung um. Sie lautet in seinem Mund: Wem bin ich der Nächste? Jesus geht also von der Evidenz des Gebotes der Nächstenliebe aus. So heißt es auch: „Denn so ihr liebt, die euch lieben, was werdet ihr für Lohn haben? Tun nicht dasselbe die Zöllner?"

Das Neue Testament spricht von der Gottes- und Nächstenliebe (vgl. Mt. 22,35−40; Mk. 12,38−41; Lk. 10,25−28) und von Bruderliebe (1. Joh. 3,23; 4,7−21). In der Gemeinde wird das „einander lieben" zur „Bruderliebe" (Philadelphia) (vgl. Röm. 12,9 f.; 1. Thess. 4,9; 1. Petr. 1,22). Eine Steigerung erfährt das Gebot der Liebe in der Feindesliebe (Mt. 5,44; Röm. 12,14−20; Lk. 23,34; Acta. 7,59).

„Natürlich", menschlich und vernünftig einsichtig sind die Forderungen der Nächstenliebe und Bruderliebe. Liebe ist dabei die Voraussetzung menschlicher Gemeinschaft, der Kommunikation. Am Gebot der *Feindesliebe* zeigt sich exemplarisch der universale Geltungsanspruch des Liebesgebotes. Das Liebesgebot stellt dabei die faktische zwischenmenschliche Realität in Frage. Denn Liebe bringt damit einen Überschuß, einen „Mehrwert" in das Leben ein.

3. Philosophische und theologische Deutungen

In der Geschichte der Ethik begegnet man immer wieder dem Argument, die Liebe sei einer rationalen Ethik nicht förderlich. Die Unbedingtheit des Gesetzes dürfe nämlich nicht von einem Gefühl, einem Affekt abhängig gemacht werden.

Kant hat beispielsweise gegen die Berufung auf die Liebe als Neigung polemisiert. (Grundlegung zur Metaphysik der Sitten, 1. Abs. (Werke IV, S. 25 f.); Kritik der praktischen Vernunft, 1. Teil, 1 B 3 H (IV, S. 205 f.)). Liebe als Neigung, Empfindung nennt er eine „pathologische" Angelegenheit. „Praktische" Liebe handelt aus Achtung für ein Gesetz, das Liebe befiehlt. Der ethische Grundbegriff, welcher der Achtung gegenüber dem Gesetz und der Forderung des Gesetzes entspricht, ist für Kant die Pflicht. Die Pflicht fragt nicht nach Neigung, Sympathie. Sie handelt auch gegen Neigung, Sympathie. Kants Verständnis der Ethik ist gekennzeichnet von einem Rigorismus der Pflicht, in dem eigentlich kein Raum mehr für die Liebe ist. Sie ist ihrem Grundtypus nach Gesetzesethik, nicht Ethik vom Evangelium her, also gerade keine Liebesethik. Jedoch darf man gegen Kant das christliche Verständnis von Liebe gerade nicht als Sentimentalität, als bloßes Gefühl, Stimmung begreifen.

Die abendländische Geschichte des Liebesverständnisses ist geprägt von dem Gegensatz zwischen platonischem *Eros* und neutestamentlicher

§ 10. Das Liebesgebot

Agape. *Anders Nygren* hat den Gegensatz von „Eros und Agape" zum entscheidenden Motiv seiner Sicht der Theologiegeschichte gemacht (mitsamt ihrer Synthese in der augustinisch-scholastisch katholischen caritas). Das Griechentum kennt im wesentlichen 3 Ausdrücke für Lieben:

(a) Ἐρᾶν, ἔρως bezeichnet die leidenschaftliche Liebe, die einen anderen für sich begehrt.

Der Eros ist dämonisch, sinnenfroh. „Erotik" spielt auch im Kult eine Rolle. Der „Rausch" des Eros reißt den Menschen mit. Eros wird auch in der kultischen Ekstase erfahren (Mysterienkulte, Orphismus; Orpheus und Eurydike). Für das Abendland wurde *Platons* Verständnis des Eros im Dialog Phaedros leitend. Der Eros als Rausch reißt den Menschen über sich selbst, seine Vernünftigkeit hinaus.

Nach dem „Gastmahl" (Symposion 210 f.) ist der Eros, der sich an der körperlichen Schönheit entzündet, jedoch nur der Wegweiser zu dem an sich selbst Göttlichen, αὐτὸ τὸ θεῖον καλόν, dem ewig Seienden und wahrhaft Guten. Eros übersteigt das Sinnliche. Im Neuplatonismus *Plotins* ist die Liebe beispielsweise völlig entsinnlicht und sublimiert. Im Eros manifestiert sich das übermächtige Verlangen des Mystikers nach der Einung mit dem Einen, mit Gott: Es ist der Drang der Seele über Vernunft und Sinnenwelt hinaus. Dem wahren Eros eignet ein *Zug nach oben;* der Sinn alles Liebens ist die Übersteigerung und Übersteigung des eigenen Lebens. Seine Urform ist der Sinnenrausch, seine Hochform die geistige Ekstase.

(b) φιλεῖν, φιλία bezeichnet die Neigung, die fürsorgliche Liebe von Freund zu Freund, oder zu allem, das Menschenantlitz trägt.

Die Antigone des *Sophokles* sagt: Nicht zu hassen, sondern mitzulieben bin ich geschaffen. Auch bei *Aristoteles* ist die Freundschaftsliebe das eigentliche Thema — im Unterschied zum platonischen Eros. ἀγαπᾶν ist in der Profangräzität ein blasses Wort: es bedeutet empfangen, begrüßen, bevorzugen, schätzen, jemand gerne mögen, hochhalten vor anderen. Agapetos bedeutet: „er ist mir recht", „lieb", „willkommen". Geschichtlich bedeutsam wurde das Wort nur, weil die Septuaginta „aheb" mit agapan übersetzte.

(c) Agapan, agape ist bereits im NT von der alttestamentlich-jüdischen Tradition geprägt.

Philo als hellenistischer Jude verwendet das Wort Eros zwar im platonischen Sinn — und sieht sich deswegen genötigt, himmlischen und irdischen Eros voneinander zu unterscheiden. Der Grundunterschied zwischen Eros und Agape besteht aber darin: Eros hat die Tendenz, vom Niederen zum Höheren aufzusteigen, vom Unvollkommenen zum Vollkommenen, vom Ungeformten zum Geformten. Im Christentum findet eine Bewegungsumkehr der Liebe statt. Die Agape steigt nicht auf, sondern wendet sich „nach unten" (1. Kor. 13; Gal. 5,13: Durch die Liebe diene einer dem anderen).

Augustin unternimmt den Versuch einer Synthese zwischen Neuplatonismus und christlichem Liebesgebot im Begriff der caritas. Liebe ist zwar Gabe, aber aufgrund des eingegossenen, übernatürlichen Gnadenhabitus vermag der Mensch durch die Praxis der Liebe zu Gott aufzusteigen. Augustins Liebesverständnis bildet dann die Grundlage der mittelalterlichen Formel von der „fides caritate formata" (im Anschluß an Gal. 5,6: der Glaube, der in der Liebe wirksam ist). Dieser Glaube ist verdienstlich.

Gegen dieses katholische Verständnis, daß der in der Liebe tätige Glaube verdienstlich sein könne, hat die *Reformation* mit dem „sola fide" der Rechtfertigung Einspruch erhoben. Das besagt nun nicht, daß die reformatorische Theologie nichts von der Praxis der Liebe hält. Aber sie schließt die Liebe als Weg der Selbstrechtfertigung und Selbstvervollkommnung des Menschen aus. *Luther* betont den Vorrang des Ereignisses der Liebe Gottes: „Amor hominis fit a suo diligibili" (Heidelberger Disputation, 1518, Bo A 5,391,30–392,12). Gott dagegen liebt den Verlorenen, den Sünder: „Amor dei non invenit, sed creat suum diligibile."

Nach neutestamentlicher Sicht ist die Agape die christliche Form der Liebe. Das schließt gewiß nicht eine Absage an die Freundschaft, die philia ein, und fordert auch nicht die Verwerfung des Eros als unchristlich. Die einfache Entgegensetzung von Eros und Agape, von „natürlicher" Liebe und von dem Glauben durch Gott geschenkter Agape, also „christlicher" Liebe, ist zutiefst fragwürdig. Denn hat Gott als Schöpfer nicht auch das natürliche Verlangen nach Liebe geschaffen?

4. *Gegenwärtige Fragestellungen*

(a) Besonders *Arthur Rich* hat die ethische Bedeutung des Liebesgebots erörtert und dabei auf Phil. 1,9 verwiesen; Paulus betet darum, „daß eure Liebe immer noch reicher werde an Erkenntnis und aller Erfahrung, so daß ihr prüfen möget, was das Beste sei." Rich interpretiert: „Die Liebe ist ... ‚Krites', nicht ‚Kriterion', prüfende Instanz und nicht Prüfstein selbst."

Der Prüfstein ist das wirtschaftlich Rechte, das politisch Legitime, das medizinisch Vertretbare. Die Berufung auf das Gebot der Liebe ersetzt gerade nicht die ethische Argumentation und die Berücksichtigung von Normen. Augustins Satz „Dilige, et quod vis fac!" (In ep. Joannis 78, MPL. 35,2033) stellt die Aufgabe, das „quod", nämlich das Gute reflektierend, theoretisch zu bedenken und praktisch in Handlungen zu bewähren.

Die Fragestellungen einer normativen Ethik lassen sich demzufolge nicht auf das Liebesgebot reduzieren. Die Liebe ist *Voraussetzung*, aber nicht normativer *Maßstab* für konkrete ethische Entscheidungen. Allerdings gilt das Liebesgebot zu allen Zeiten ursprünglich und elementar, wohingegen Normen geschichtlich wandelbar, ja sogar pluralistisch sein können. In diesem Sinne ist die Liebe das dauernd Bleibende (1. Kor. 13,13).

(b) Der Testfall für das neutestamentliche Verständnis von Agape ist gerade aus heutiger Sicht das Gebot der Feindesliebe. Liebe ist an sich auf Reziprozität angelegt. Liebe wartet darauf, erwidert zu werden. Mt. 5,43—48 fordert dagegen die Nachfolger Jesu zur Feindesliebe auf. Die Frage ist, inwieweit das Gebot der Feindesliebe nicht nur auf die Privatsphäre beschränkt ist. Deutlich ist, daß das Gebot der Feindesliebe — im Unterschied zur Goldenen Regel (Mth. 7,12) — ein asymmetrisches Verhalten verlangt. Die reformatorische Deutung mit Hilfe der Zweireichelehre unterschied allerdings schroff zwischen dem persönlichen Gegner, der zu lieben ist, und dem politischen Feind, den es zu bekämpfen gilt.

Doch entgegen dieser einseitigen Sicht wird heute zunehmend die Frage aufgeworfen: Inwieweit gilt das Liebesethos auch für das politische Handeln? Darum wird im Blick auf die Friedenspolitik diese Frage gestellt. *Carl Friedrich von Weizsäcker* prägte die Formel von der „intelligenten Feindesliebe" (in: Der bedrohte Friede, 1981, S. 533 ff.). Gemeint ist damit ein Verhalten, das Interessen und Perspektiven des politischen Feindes in die eigene Wahrnehmung und Überlegung einbezieht. Im atomaren Zeitalter ist es angesichts gesteigerter Vernichtungs- und Selbstvernichtungspotentiale rational, im Konfliktfall die Interessen des Gegners mitzubedenken.

Dieses Mitbedenken der Interessen des Konfliktpartners hebt freilich den Konflikt zwischen Liebe und Rechtswahrung nicht auf. Das Problem des Feindes und der Feindschaft wird durch das Gebot nicht beseitigt. Ethik kann nicht eine Position „jenseits von Freund und Feind" einnehmen. Das Gebot der Feindesliebe erweitert nicht die Freundschaft zu einem universalen Prinzip. Vielmehr spricht die Bergpredigt in der rhetorischen Form der Hyperbole die Wirklichkeit menschlichen Zusammenlebens an. Sie stellt damit eine ethische Legitimation von Feindseligkeit in Frage und radikalisiert in Erinnerung an die Menschenfreundlichkeit Gottes, an Gottes zuvorkommende Liebe den Anspruch an die Verantwortung des Menschen. Was für das Liebesgebot im allgemeinen gilt, das gilt in erhöhtem Maße vom Gebot der Feindesliebe: Die Berufung auf das Gebot ersetzt nicht die konkrete ethische Überlegung und Argumentation.

3. Kapitel

Ethische Grundbegriffe

Der Überblick über Grundbegriffe der Ethik hat das Ziel, den Gebrauch und die Herkunft einiger fundamentaler Begriffe der Ethik darzustellen und zu klären. Dabei sollen diese Begriffe (einmal) Wirklichkeitserfahrung beschreiben und (sodann) Zielsetzungen ethischer Verantwortung angeben. Einzelne Begriffe sind bestimmten ethischen Ansätzen zuzuordnen. So ist Tugend ein klassischer Begriff der griechischen Tradition. Die Begriffe Pflicht und Autonomie sind zentral für Kants Ethik. Alle ethischen Grundbegriffe, die im folgenden erörtert werden, sind von Hause aus keine theologischen Begriffe. Sie können freilich in theologischem Horizont aufgegriffen und verwendet werden. In diesen Begriffen werden fundamentale Gemeinsamkeiten von christlicher und nichtchristlicher Ethik sichtbar. Eine solche grundsätzliche Gemeinsamkeit zwischen christlicher und nichtchristlicher Ethik ist auch im Blick auf die ethischen Argumentationsverfahren (z. B. Deontologie und Teleologie) festzuhalten. Ethische Argumentation beruht auf einem Methodenpluralismus. Die ethische Fragestellung läßt sich nicht auf ein einziges Prinzip zurückführen. Der Vielfalt der Lebenswirklichkeit entspricht eine Vielfältigkeit der Betrachtungsweisen wie der Argumentationsverfahren. „Konvergenzargumentation" nennt man seit *Henry Newman* ein Argumentationsverfahren, in dem einzelne Argumente sich gegenseitig stützen und ergänzen: Dementsprechend sollen am Ende der ethischen Reflexion unterschiedliche Gesichtspunkte ethischer Urteilsbildung in eine plausible Gesamtargumentation einmünden, so daß aufgrund dieser Konvergenz ein nachvollziehbarer, rational überprüfbarer Handlungsentscheid zustande kommt.

Den Rahmen einer theologischen Übernahme allgemeiner ethischer Begriffe bildet das Gesetzesverständnis: Das „Gesetz" enthält die Wirklichkeitserfahrung in ihrer Vielfältigkeit. Es wird im folgenden freilich nur eine Bestandsaufnahme und keine streng systematische Interpretation der einzelnen Fragestellungen vorgenommen.

§ 1. Tugend

1. Aristoteles

Tugend, griechisch ἀρετή, lateinisch virtus, „Tüchtigkeit", ist der Grundbegriff der Ethik des Aristoteles.

Aristoteles, 384–322 v. Chr., Schüler Platons, verfaßte die erste wissenschaftliche Ethik, die Nikomachische Ethik.

Methodisch geht Aristoteles von Beobachtungen aus: Der Ansatz seiner Ethik ist induktiv. Mit Hilfe der Induktion, εἰσαγωγή, sucht er Sachverhalte zu klären. Die Definition (ὁρισμός) soll sodann die Begriffsdeutung festlegen und damit den Ort der mit dem Begriff bezeichneten Sache im Gesamtsystem bestimmen.

Sokrates hatte die Annahme vertreten, daß derjenige, der das Gute kenne, dieses auch notwendig tun werde. Die Einsicht in das Gute bewirke notwendig das Tun des Guten. Gerade dies bestreitet nun Aristoteles. Am Handeln sind nämlich zwei verschiedene Faktoren beteiligt, einmal das Erkennen des Ziels, das erreicht werden soll, zum anderen die Kraft, die das Handeln in Gang setzt. Erkennen allein bewegt noch nichts. Aber auch die bewegende Kraft kann sich selbständig machen, ohne vom Erkennen gesteuert zu werden. In diesem Fall hat das Erkennen hemmend zu intervenieren. Ein Verhalten, das die bewegende Kraft ohne die Steuerung durch die Vernunft agieren läßt, nennt Aristoteles ἀκρασία, Unbeherrschtheit. Ihm gegenüber steht ein Verhalten, bei welchem die Einsicht die Aktion der bewegenden Kraft steuert. Dieses Verhalten nennt Aristoteles Selbstbeherrschung, ἐγκράτεια. Das richtige Verhalten ereignet sich somit dann, wenn das Erkennen steuert und die bewegende Kraft sich steuern läßt.

Das Logikon des Erkennenden und das Bewegende als das Alogon arbeiten dabei zusammen, und zwar so, daß das Alogon gehorcht „wie ein Kind seinem Vater". Zu diesem richtigen Verhalten ist der Mensch nicht von Natur, von Geburt an, ausgerüstet; er muß dazu erzogen werden. Im Erkennen geht es um die Einsicht in die drei fundamentalen Ziele des Edlen (καλόν), Guten (ἀγαθόν), Nützlichen (συμφέρον). Das Alogon wird jedoch nicht durch Erkenntnis, durch Belehrung, sondern durch Einübung (ἄσκησις) erzogen. Das Ergebnis dieser Einübung ist nicht ein Wissen, sondern eine Haltung, ein ἦθος. Damit wird Aristoteles der Begründer einer eigenen Wissenschaft, der Lehre von den Tugenden. „Ethik ist diejenige Disziplin, die nach den Formen und Entstehungsweisen des Ethos fragt" (O. Gigon, TRE Bd. III, 744,47 f.).

Tugend, ἀρετή, ist eine ἕξις, ein habitus (so der Begriff des Mittelalters). Die aristotelische Ethik fußt auf der aristotelischen Psychologie.

In seiner Tugendlehre nimmt Aristoteles die vier Kardinaltugenden auf, die Platon im „Staat" fixiert hat:

> Weisheit (σοφία), Tapferkeit (ἀνδρεία), Besonnenheit (σωφροσύνη). Diese drei Tugenden entsprechen bei Platon den drei Seelenvermögen: Die Sophia entspricht dem λογιστικόν, der erkennenden Seele, die Tapferkeit (andreia) dem θυμοειδής, die Beherrschung (sophrosyne) dem ἐπιθυμητικόν. Die Gerechtigkeit (δικαιοσύνη) ist das alle Tugenden vereinende Band.

Ziel allen Handelns ist die εὐδαιμονία. Eudämonie darf man bei Aristoteles freilich nicht als subjektives Glücksgefühl, happiness (= happy sein) mißverstehen. Vielmehr ist εὐδαιμονία das Gelingen des Lebens, das εὖ ζῆν, im Sinne der Verwirklichung der Möglichkeiten, auf die hin ein Mensch in seiner Entelechie angelegt ist; sie meint das „geglückte" Leben. Dabei weiß Aristoteles, daß bei der Verwirklichung selbst vieles dem Zufall und dem Glück (τύχη) überlassen bleibt; Schicksal und Verantwortung gehören zusammen.

„Aristoteles ist der erste Philosoph, der die Rolle der Tyche im Menschenleben sehr ernstgenommen hat" (TRE 3, 745,89 f.). Das „richtige Handeln" entsteht also aus der Kooperation der bewegenden Kraft, des Alogon mit dem Logos, mit der steuernden Vernunft.

Das vielgliedrige Schema der Tugenden bei Aristoteles ist im einzelnen nicht zu erörtern. Ohnehin kann Ethik Aristoteles zufolge nur allgemeine Richtlinien aufstellen, aber niemals eindeutig dem einzelnen, zum konkreten Handeln entschlossenen Menschen sagen, was er hier und jetzt tatsächlich konkret zu tun hat.

Von da aus bestimmt sich Aristoteles' Theorem des richtigen Handelns: Das richtige Handeln, die Tugend, ist als die *Mitte zwischen zwei Extremen* zu verstehen, einem „zu viel" und einem „zu wenig". Am Beispiel verdeutlicht: Um gesund zu bleiben, soll man weder zu viel noch zu wenig essen, weder zu viel noch zu wenig turnen. Die „Mitte der Sache" ist also eine „Mitte in Bezug auf uns". Die „Mitte zwischen den Extremen" meint nicht einen goldenen Mittelweg, das Mittelmaß, sondern die Individualisierung. Angestrebt ist dabei ein Maximum an Eindeutigkeit

§ 1. Tugend

und Exaktheit unter Berücksichtigung der Vielfalt in der Situation. Dabei sollte der Einzelne so handeln, „wie in seiner Situation der vollkommene Mensch handeln würde". Wo die generellen Regeln versagen, bleibt also nur die Orientierung am personalen Vorbild.

Trotz dieser Einschränkung hat Aristoteles die einzelnen Tugenden so weit als möglich beschrieben. *Die Tapferkeit* ist die Mitte zwischen Tollkühnheit und Feigheit, die *Selbstzucht* die Mitte zwischen Zügellosigkeit und Stumpfheit, Lethargie.

Entsprechend bestimmt Aristoteles das Verhalten gegenüber Geld und Ehre. Entscheidend ist das richtige Maß, nicht die Unterdrückung der Affekte (wie später im stoischen Ideal der Affektlosigkeit, der ἀπάθεια).

Weder völlige Gefühllosigkeit noch maßlose Trauer, Freude oder Begierde sind ethisch richtig.

Dieses Maßhalten im Affekt (μετροπάθεια) hat die aristotelische und peripatetische Ethik später dem römischen Weltmann besonders sympathisch gemacht.

Zwei Tugenden hebt Aristoteles besonders heraus:
Gerechtigkeit und Freundschaft.

Gerechtigkeit (δικαιοσύνη) konstituiert Institutionen, umschreibt das persönliche Verhalten in Bezug auf das soziale Zusammenleben. Gerechtigkeit will „das Gute für den anderen". Sie ist nicht einfach auf egoistische Interessenwahrung bezogen. Das politische Gesetz für alle zielt auf die Ausübung der Tugenden. Daher gilt: Dem Gesetz gehorchen, das ist Gerechtigkeit. Wo kein Gesetz existiert, gibt es folglich keine Gerechtigkeit.

Freilich sind die politischen Ordnungen (νόμοι) verschieden. Gibt es dann aber eine universale Gerechtigkeit von Natur aus? Diese Frage beantwortet Aristoteles noch nicht; eine Antwort versucht erst das stoische Naturrecht. Mit Hilfe der Distinktion von verteilender und korrigierender Gerechtigkeit, später iustitia distributiva und correctiva (commutativa) genannt, hat aber schon Aristoteles selbst eine wesentliche, die Folgezeit bestimmende Unterscheidung eingeführt. (Vgl. hierzu § 7 und auch Kap. IV § 3,3: Gerechtigkeit als Grundwert).

Bei der Gerechtigkeit tritt ferner ein Problem auf, das anderen Tugenden fremd ist. Nach der Tugendlehre könnte nur der ungerecht handeln, wer dies vorsätzlich, also mit Absicht tut. Aber gibt es nicht auch die ungerechte Tat ohne ungerechte Absicht? Aristoteles korrigiert deswegen die Gerechtigkeit mit Hilfe der Billigkeit, ἐπιείκεια, aequitas, der Epeikie. Diese nimmt Rücksicht auf die besonderen Umstände einer Tat.

Hier zeigt sich das Problem der Tugenden insgesamt: Ist bei der Tugend nur die innere Gesinnung bedeutsam, oder was bedeutet die äußere Tat für das ethische Urteil? Aristoteles meint, man könne von der äußeren Tat auf die innere Gesinnung zurückschließen. Denn man könne weder freiwillig Unrecht leiden wollen, noch sich ein Unrecht antun. Unrecht geschieht immer als Gewalttat, und zwar anderen Menschen gegenüber.

Sehr ausführlich äußert sich Aristoteles über die *Freundschaft* (φιλία), kaum über die Liebe. Freundschaft beruht auf Sympathie. Dauerhaft, solide ist sie nur, wenn die Sympathie der Tugend des Anderen gilt. Freundschaft zeigt den kommunikativen Zug in Aristoteles' Ethik.

Auffallenderweise fehlt bei Aristoteles jedoch jeder Hinweis auf Pflichtenkollisionen, etwa zwischen Freundschaft und Staatsbefehl.

Aristoteles hat die Ethik als Tugendlehre konzipiert. Im Unterschied zu *Platon*, der Tugend spekulativ als die Form der Teilhabe des Menschen am wahren Sein, an den Ideen verstand, definiert Aristoteles die Tugend pragmatisch.

2. Der Tugendbegriff in der christlichen Ethik

Die Rezeption des Tugendbegriffes durch die christliche Ethik konnte sowohl an die pragmatische Auffassung von Aristoteles wie auch an die metaphysische Deutung Platons anknüpfen. Im christlichen Mittelalter wurden daher die vier natürlichen, humanen Kardinaltugenden mit den drei übernatürlichen, „göttlichen" oder „theologischen" Tugenden Glaube, Liebe, Hoffnung (nach 1. Kor. 13,13) zur klassischen Siebenzahl verbunden. *Thomas v. Aquin* schuf die für die katholische Moraltheologie wegweisende Synthese von natürlichen Tugenden und christlichem Glauben: Die übernatürlichen Tugenden entstehen durch die sakramentale Eingießung der Gnade. Reformatorische Theologie bestreitet allerdings, daß es eine Ethik der Erlösten geben kann. Die Tugendlehre wird also von der Rechtfertigungslehre und von reformatorischer Sündenlehre insoweit in Frage gestellt, als die Synthese von natürlichem Tugendstreben und Glaube zerbrochen wird.

3. Neuzeitliche Gesichtspunkte

In der Neuzeit wird die Tugendlehre nicht nur aus theologischen Gründen in Frage gestellt. *Kant* ordnet den Pflichtbegriff dem Tugendbegriff über, weil er im Ziel der Tugend, dem Streben nach einem geglückten Leben, Eudämonismus sieht. Wesentlich schärfer wendet sich *Nietzsche* gegen die Tugend. Sie ist ihm eine „ehrwürdige Form der Dummheit" (Werke, ed. Schlechta, Bd. III, 835). Tugend ist kein Wert

§ 1. Tugend 165

an sich, sondern Mittel für den Mächtigen, sich zu behaupten. An die Stelle der Tugend setzt Nietzsche die „Tüchtigkeit, Tugend im Renaissance-Stil, virtu, moralinfreie Tugend" (II, 166). Gegen Aristoteles meint Nietzsche: „Zwischen zwei Lastern wohnt nicht immer die Tugend, sondern zu oft nur die Schwäche, die lahme Ohnmacht, die Impotenz" (II, 194). An die Stelle der Tugend tritt beim späten Nietzsche der Wille zur Macht. Nietzsche, als Künder des europäischen Nihilismus, fordert eine Umwertung aller Werte; die neuen Werte bleiben freilich inhaltlich unbestimmt.

„Glück und Tugend sind keine Argumente". Man dürfe nicht vergessen, „daß unglücklich-machen und böse-machen ebensowenig Gegenargumente sind. Etwas dürfte wahr sein: ob es gleich im höchsten Maße schädlich oder gefährlich wäre". (Jenseits von Gut und Böse, 1886, Nr. 39.)

Nietzsches Werk ist eine Paränese zur Umwertung angesichts der Diagnose des Wertezerfalls, des europäischen Nihilismus. Eine Alternative in Gestalt einer normativen Ethik findet sich bei Nietzsche jedoch nicht.

Nietzsches Kritik führte allgemein zur Ablehnung des Tugendbegriffs. Das Wort Tugend wird obsolet und ist emotional negativ besetzt. Dies wird verstärkt durch die Kritik sogenannter Sekundärtugenden (Fleiß, Disziplin, Pünktlichkeit, Gehorsam u. a.). Von Ausnahmen abgesehen (z. B. *Otto Friedrich Bollnow*, Wesen und Wandel der Tugenden, 1958), gehört das Wort „Tugend" der Vergangenheit an. Tatsächlich aber galt das Interesse der Tugendlehre der Selbsterziehung, Selbstverantwortung, der Charakterbildung der autonomen Persönlichkeit. Tugendlehre begreift das Ethos als Darstellung von Grundhaltungen. Heute wird der Tugendbegriff erneut aufgenommen bei der Frage des Maßhaltens im Umgang mit der Natur.

Eine grundsätzliche Neubesinnung auf die Bedeutung der Tugend stellt an: *Alasdair MacIntyre*, Der Verlust der Tugend. Zur moralischen Krise der Gegenwart (deutsch 1987, englisch: After Virtue. A Study in Moral Theory, 1981, 1984 2. Aufl.).

§ 2. Gesetz und Norm

Die Thematik des Gesetzes kam bereits ausführlich in der theologischen Grundlegung der Ethik zur Sprache. Dabei wurde die Notwendigkeit einer theologischen Fundamentalunterscheidung betont. „Gesetz" unter der ethischen Perspektive erörtert im folgenden den primus usus legis, den usus *politicus* legis. Es geht dabei um die Funktion des Gesetzes für die Regelung des Zusammenlebens von Menschen.

1. Begriff und Fragestellung

Ein grundlegender Begriff für die Orientierung ethischen Urteils und Handelns ist „Gesetz". Mit Gesetz (griech. νόμος, lat. lex) bezeichnet man die Ordnungsregel, die vorschreibt, was zu tun ist. Wird diese Regel von außen auferlegt, so kann man von Außensteuerung, Fremdbestimmung, Heteronomie sprechen. Außerdem ist zwischen Seinsgesetzen und Sollensgesetzen zu unterscheiden. Seinsgesetze sind z. B. Naturgesetze, etwa die Kausalität. Sollensgesetze sind Vorschriften für das Zusammenleben von Menschen. Bei Sollensgesetzen muß man zudem unterscheiden zwischen Rechtsforderungen, die mit Zwang durchgesetzt werden können, und sittlichen Imperativen. In der Ethik ist das Thema weder das Naturgesetz noch das Staatsgesetz, sondern allein das Sittengesetz. In manchen Auffassungen des Sittengesetzes begegnet die sittliche Forderung in Form einer starren Norm: Nur diese Gestalt der sittlichen Forderung kann man im eigentlichen Sinne „Gesetzesethik" nennen. Der Gesetzesforderung entspricht dann die Haltung, die „Tugend" des *Gehorsams*. Eine solche Gesetzesethik, welche dem Menschen Forderungen von außen her auferlegt, wird als nomistisch bezeichnet. Freilich ist darauf hinzuweisen, daß die Anerkennung einer sittlichen Regel, eines Gesetzes auch in freier Selbstbestimmung geschehen kann.

2. „Gesetz" in christlicher Sicht

Der Begriff eines moralischen Gesetzes, praeceptum morale, lex moralis, ist im Christentum von Anfang an theologisch bestimmt worden: Die im Gesetz gegebene Verpflichtung zum moralischen Handeln wird zurückgeführt auf die Autorität eines Willens Gottes als Grund der

§ 2. Gesetz und Norm 167

Geltung des Gesetzes. Der Kirchenvater *Irenäus* (Adv. haer. IV, 15,1) spricht als erster vom „praeceptum morale", *Augustin* (contra Faustum XXII, 27-MPL 42,418) von der „lex aeterna". Das Gesetz hat seine Autorität vom Gesetzgeber. Es stellt unter Sanktionen, weil ewige Strafen oder ewiger Lohn bei Gehorsam oder Ungehorsam folgen. In diesem Sinne war die christliche Ethik seit den Kirchenvätern bis zur Aufklärung Gesetzesethik, beruhend auf einer Lohnmoral.

Noch bei *Christian Wolff* ist die gesamte Ethik an der Verbindlichkeit des Naturgesetzes ausgerichtet: „Philosophia moralis ... est scientia practica, docens modum, quo homo libere actiones suas ad legem naturae componere potest". („Die Moralphilosophie ist die praktische Wissenschaft, die lehrt, auf welche Weise der Mensch seine Handlungen freiwillig mit dem Gesetz der Natur in Übereinstimmung bringen kann". Chr. Wolff, Philosophia moralis, 1753, Prof. § 1 – zit. HWPh III, 518). „Gesetz" ist die dem Menschen in der Natur vorgegebene Orientierung. Moralische Gesetze sind dem Menschen auferlegte Verpflichtungen.

3. Neuzeitliche Deutungen des Gesetzes

Kant hat in seiner kritischen Philosophie das Gesetz als dem Menschen von außen auferlegte autoritative Forderung destruiert. Das moralische Gesetz gilt nicht deshalb, weil es dem Menschen von außen heteronom auferlegt wird. Es hat seine Gültigkeit nur kraft der freien Selbstbindung des moralischen Subjektes. Dieses kantisch verstandene Gesetz ist nicht inhaltlich, material ausgefüllt, es beruht auf innerer Verbindlichkeit. Der kategorische Imperativ ist die „bloße Form" einer möglichen allgemeinen Gesetzgebung (Kritik der praktischen Vernunft). Sittlich gutes Handeln besteht allein in einem sittlich guten Willen. „Die Autonomie des Willens ist das alleinige Prinzip aller moralischen Gesetze". Das Sittengesetz gilt nach Kant kraft Selbstgesetzgebung. Es ist folglich inhaltsleer. Dies führt zum vieldiskutierten Formalismus der Ethik Kants. Kant stellt die Ethik allein auf die Subjektivität des moralischen Subjekts. „Und so ist die Achtung fürs Gesetz nicht Triebfeder zur Sittlichkeit, sondern sie ist die Sittlichkeit selbst, subjektiv als Triebfeder betrachtet" (KprV. Werke IV, S. 196). In der praktischen Philosophie Kants wird Gesetz also zu etwas anderem als zuvor: Es ist dies der Schritt von der Gesetzesethik zur Ethik der Gesinnung, der Willensbestimmung, des Gewissens. Die Autonomie, die „Selbstgesetzgebung" der Vernunft bildet den Gegensatz zur Heteronomie, zur Fremdgesetzgebung. Für die Heteronomie verweist Kant auf die statutarische Kirchenreligion, die keine vernünftige Begründung zuläßt, sondern sich allein auf Gottes Willen beruft, wohingegen die moralische Vernunftreligion Autonomie fordert und darum am Maßstab der Vernunft sich messen lassen muß.

Kritik an Kant üben bereits *Hegel* und *Schleiermacher.* Hegel erhebt den Einwand, Kants moralisches Gesetz sei abstrakt, formale Allgemeinheit ohne Bezug zur Wirklichkeit (Phänomenol., hg. Hoffmeister, 305). Zur substantiellen Moralität gehöre notwendig nicht bloß die subjektive Seite der „Überzeugung", sondern die Bindung an die objektive Sittlichkeit, an die sittlichen Mächte wie Familie, bürgerliche Gesellschaft und Staat.

Schleiermacher fordert ein *deskriptives* Verständnis des sittlich Aufgegebenen und stellt von daher Kants schroffe Antithese von Naturgesetz und Sittengesetz grundsätzlich in Frage.

Die Kritik an Kant vermag jedoch nicht die Einsicht zu entkräften, daß Kants Denken einen wesentlichen Einschnitt im philosophisch-ethischen Gesetzesverständnis markiert. Denn die *traditionelle* Gesetzesethik ist seit Kant erschüttert. Gegen sie wird der Vorwurf des Normativismus, der Kasuistik, der Gesetzlichkeit und Heteronomie erhoben.

4. Der Normbegriff

Eine auf materiale ethische Inhalte bezogene Ethik des „Gesetzes" muß sich im einzelnen auf die Reflexion von Handlungsnormen stützen. Was heißt aber „Norm" in der Ethik? Norma kann Regel, Maßstab, Vorschrift meinen. Klassifiziert man den Begriff „Norm", so kann dieser bedeuten:

(Einmal) den Durchschnittswert, die Normalität: „Man tut dies". Norm beschreibt hier eine faktische Gegebenheit.

(Sodann) Norm als Abstraktion: Was ist eigentlich das Reguläre? Norm ist dann ein ideativer Begriff, benennt einen „Idealtypus".

(Schließlich) Norm im moralischen, rechtlichen Sinn: „Norm" meint dabei einen generellen Imperativ: Man soll etwas Bestimmtes tun. Norm ist eine präskriptive Aussage, die menschliches Handeln auf Handlungsziele hin orientiert.

Handlungsorientierung heißt aber keineswegs eo ipso starre „Gesetzlichkeit". Normen können auch Orientierungshilfe bieten, indem sie Maßstäbe setzen. Ohne Normen gibt es zudem keine kommunikative Praxis. Sprach- und Verhaltensregeln, logische Normen ermöglichen überhaupt erst widerspruchsfreies Reden und Argumentieren. Technische Normen (DIN-Normen) sind dafür Beispiele. Unter *„praktischen"* Normen sind rechtliche und moralische Grundsätze zu verstehen. Ohne irgendwelche Maximen sittlichen Urteilens und Handelns ist eine normative Ethik überhaupt nicht möglich.

Besondere Probleme bereitet die *Normenbegründung*: Eine Letztbegründung konkreter einzelner Normen (etwa durch die Rückführung auf die Autorität eines göttlichen Gesetzgebers, auf Gottes Willen) ist aus philosophischen und erkenntnistheoretischen Gründen problematisch. Möglich ist lediglich eine Normenprüfung auf die Konsistenz, Praktikabilität von Normen hin. Normen beruhen nämlich zunächst einmal auf Tradition, Überlieferung, also auf Erfahrung; sie sind nicht Konstrukte reiner Vernunft.

Sittliche Normen gelten häufig als abstrakte Grundsätze von der Art: „Handle gut", „Achte die Würde deines Mitmenschen". Um konkret und praktisch wirksam zu werden, bedürfen Normen freilich der Vermittlung mit empirischen Gegebenheiten. Konkrete Normen sind folglich *„gemischte" Normen*. Sie sind „gemischt" aus sittlichen Forderungen und Ansprüchen und aus realen Gegebenheiten, aus Fakten. Sittliches Urteil beruht dabei zugleich auf einem Urteil über Tatsachen. Allein schon wegen dieses unerläßlichen Bezuges zur konkreten Realität ist ein an Normen ausgerichtetes sittliches Urteil notwendig situationsbezogen.

Heute ersetzt der erst im 19. und 20. Jahrhundert zum Leitbegriff der Ethik gewordene Begriff Norm häufig den tradierten Begriff Gesetz. Der Wechsel zum Begriff Norm ist Reaktion auf eine ungelöste Problematik der Ethik Kants. Da der kategorische Imperativ formal ist und Kants Grundnorm an sich inhaltsleer blieb, bleibt die Frage offen, wie man zu konkreten Urteilskriterien, Normen gelangt. Im 19. Jahrhundert versuchte man auf unterschiedlichen Wegen, zunächst objektivierend, deskriptiv, empirisch Normen und Werte zu ermitteln. Die Absicht war, eine materiale, inhaltlich gefüllte Ethik, eine „materiale Wertethik" (*Max Scheler*) zu erstellen.

Ein grundsätzlicher Einwand gegen Werte und Normen in der Ethik ist besonders aufzugreifen: Führt nicht jede Beachtung von Normen notwendig zu der — gerade für theologische, genauer: katholisch-theologische Ethik bedeutsamen — Problematik der Kasuistik?

§ 3. Kasuistik

1. Begriff und Probleme

Kasuistik ist die „Erörterung von Einzelfällen" besonders in der Morallehre und Rechtswissenschaft. Das Wort wird weithin als negative Bezeichnung verwendet, wenn es synonym zu „Haarspalterei" und „Spitzfindigkeit" verstanden wird. Kasuistik meint zunächst aber — sachlich durchaus begründet — die Anwendung von Regeln auf einen Einzelfall, also z. B. die Vorzugsregeln, Güterabwägungen im Falle der Pflichtenkollision.

Ein traditionelles Beispiel aus ethischen Lehrbüchern ist die Erörterung des rechten Verhaltens zweier Schiffbrüchiger, denen zur Rettung nur ein Brett zur Verfügung steht, das aber nur einen einzigen tragen kann. Es ist dies das sogenannte Rettungsbootdilemma, das erstmals von *Cicero* erörtert wird. („De officiis" III, 90).

Eine große Rolle spielt die Kasuistik auch z. T. im Judentum und in der katholischen Moraltheologie. Von einer reinen Situationsethik, aber auch in der evangelischen Ethik wird sie weithin abgelehnt.

Zu einer Klärung des Begriffs ist die Beachtung der Unterscheidung von Recht und Sittlichkeit wichtig. Das Problem der Kasuistik ist nämlich auch ein Problem der Verrechtlichung, der Juridifizierung der Ethik. Denn die Rechtswissenschaft als Normwissenschaft kommt ohne Kasuistik nicht aus. Nur so kann eine Anwendung der Rechtsnormen auf konkrete Fälle erfolgen. (Vgl. dazu: Joseph Klein, Ursprung und Grenzen der Kasuistik, in: Skandalon, 1958, S. 366—392).

2. Kasuistik im Recht

Keine Rechtsordnung kann denn auch auf Kasuistik vollständig verzichten. Denn den Ausgangspunkt der Rechtsentscheidung bildet der „casus", der Einzelfall. Vom Einzelfall her kommt es zur Generalisierung, Verallgemeinerung, zur Rechtsnorm (vgl. Numeri 27,1—11).

Das römische Recht entwickelte sich daher allmählich aus einer Sammlung von einzelnen Rechtsfällen. Die Rechtsnorm als solche droht freilich im Laufe der Zeit in Abstraktheit und Realitätsferne abzuheben (vgl.

z. B. die Realitätsferne des bundesrepublikanischen Eherechts, das in den Siebziger Jahren grundlegend reformiert werden mußte). Deshalb muß sichtbar gemacht werden, wie die Rechtsnorm auf Lebensverhältnisse bezogen bleibt. Sonst verleitet die Norm unter Mißachtung der vorausgesetzten konkreten Ordnung zur willkürlichen Interpretation und Applikation. Wenn die Norm zu abstrakt gefaßt wird, dann wird sie formal und inhaltlos. Die römischen Juristen hatten deshalb immer Vorbehalte gegen die Abstraktion der Norm:

„Omnis definitio in iure civili periculosa est; parum enim est, ut non subverti possit". (Zit. J. Klein, Skandalon S. 370)

Um der Abstraktion einer Definition zu entgehen, hielt deswegen das römische Recht an der Kasuistik als Methode fest. Die römischen Juristen sahen folglich in der Orientierung der Rechtsfindung an konkreten Fällen eine geringere Gefahr als in der Auslieferung des Rechts an abstrakte Formulierungen von Gesetzesparagraphen.

Fall-orientiert, kasuistisch ist bis heute das *englische case law* geblieben. Diese Art von Kasuistik soll einen lebensfremden Formalismus und Normativismus verhindern. Die Kasuistik enthält nämlich den Zwang zur Vergegenwärtigung konkreter Situationen. „Kasuistisches Denken ist also sachgebundenes konkretes Rechtsdenken, in dem die im Präzedenzfall erkannte und formulierte Norm der geforderten schöpferischen Rechtsfindung für den präsenten Fall dient" (Klein, S. 371).

Problematisch wird dieser Umgang mit Kasuistik freilich, wenn die Rechtskasuistik ihrerseits in den Bann des *Normativismus* gerät: An die Stelle der Sammlung von Fällen tritt dann die Kunst, mit Hilfe eines logischen Subsumtionsverfahrens, eines Schlußverfahrens für jeden Fall das gesetzlich einzig „Richtige" zu deduzieren. Diese Fehlentwicklung nahm die Kasuistik im *Rechtspositivismus*: Die kasuistische Anwendung der Norm verdrängt die jeweils konkrete menschliche Existenz mit ihrer persönlich verantworteten Ordnung. Zwischen die Kasuistik des Falls und die Kasuistik der Norm tritt dann die Abstraktion der *Gesetzlichkeit*. Hier wird der theologische Vorwurf gegen die Kasuistik relevant: Sie sei „gesetzlich", verleite zur Gesetzlichkeit.

3. Kasuistik im Neuen Testament

Damit stellt sich die Frage nach der Beurteilung der Kasuistik im Neuen Testament. Die Rabbinen machten Gebrauch von der Kasuistik bei der Auslegung des Gesetzes, der Torah. Diese Gesetzesauslegung wurde später im Talmud kodifiziert. Der skrupulöse Eifer um die genaue

Befolgung der göttlichen Gebote trägt in sich die Neigung zu immer subtilerer Zuspitzung.

Beispiele älterer rabbinischer Kasuistik im Neuen Testament sind Markus 2,23 ff. (Ährenausraufen am Sabbat); 3,1−5 (Heilung am Sabbat); 7,1−23 (über die levitische Reinheit, darin Mk. 7,11 das κορβᾶν).

Wie äußert sich nun *Jesus* zur rabbinischen Kasuistik? Mk. 2,27 heißt es programmatisch: „Der Sabbat ist um des Menschen willen gemacht, nicht der Mensch um des Sabbats willens". Das Gesetz ist also nicht Selbstzweck. Vielmehr muß gefragt werden, wozu das Gesetz gegeben ist, also nach dessen Intention.

Kasuistische Erfüllung des Wortlauts des Gesetzes kann dann geradezu zum Verstoß gegen den Sinn, den „Geist" des Gesetzes führen. Mk. 7,11: Man kann sich nicht durch die kasuistische Erfüllung einzelner Gebote vom Gesetz als ganzem loskaufen. Kasuistik hingegen droht in der Hand des „frommen" Menschen der Selbstrechtfertigung zu dienen. Dann aber wird die Liebe als Erfüllung des Gesetzes verfehlt (Röm. 13,10).

Jesus bekämpft solche ethische und religiöse Kasuistik, weil sie seiner Meinung nach zu Heuchelei, Gesetzlichkeit, Mißachtung und Verletzung der Liebe verleitet. Ihm geht es um die Unbedingtheit des Liebesgebots, nicht um die Aufsplitterung der unbedingten Forderung in einzelne religiöse und ethische Gebote.

Auch bei Paulus findet sich Kasuistik: Argumentiert der Apostel nämlich nicht in 1. Kor. 7; 8; 10,24 ff. in konkreten Ratschlägen an die korinthische Gemeinde kasuistisch, also nach Fällen differenziert?

Die ethische Argumentationsform der Kasuistik ist dann insbesondere in der katholischen Morallehre aufgegriffen worden.

4. Kasuistik in der katholischen Ethik

Wie kam es in nachneutestamentlicher Zeit zur Herausbildung einer Kasuistik in der christlichen Ethik?

Parallel zur Aufnahme des hellenistischen Logosbegriffs erfolgte die Aufnahme der stoischen Gesetzesvorstellung (Nomos). Diese läßt sich mit jüdischem Gesetzesverständnis verbinden: Der Christ erweist seinen Christenstand durch die Befolgung des Sittengesetzes; er übt einen „neuen" Gehorsam. Zur Einübung dieses neuen Gehorsams bildet sich ein institutionelles Bußwesen heraus. Die Bußdisziplin drängt zur Normierung der Bußbestimmungen: Welche Bußstrafen sind für welche Vergehen aufzuerlegen? Aus der Paränese wird durch die kirchliche

Institution der Buße die sakramentale Jurisdiktion. Für die Folgezeit wirksam wurde der Hirte des Hermas. Er unterscheidet zwischen *schweren* Sünden, die den Ausschluß aus der Gemeinde nach sich ziehen, und *leichten* Sünden, für die es unterschiedliche Bußmöglichkeiten gab (Mand. IV, 3,1—7).

Im Abendland vollzog sich dann die Verbreitung der Kasuistik durch die Poenitentialbücher der Iroschotten: Entsprechend zu den für die Beichtpraxis festgelegten Strafen für Einzelsünden entwickelte sich für jeden Gewissensfall (casus conscientiae) eine Pflichtenlehre mit einer klaren Norm.

In den Beichtsummen des Mittelalters (Summae confessorum; summae casuum) und den Moralhandbüchern des nachtridentinischen Katholizismus wurde die Kasuistik zur Perfektion entwickelt: Die Kasuistik breitete sich über die Beichte aus. Die Beichte besteht aus drei Stücken: „confessio oris, contritio cordis, satisfactio operis" (Tridentinum, Sessio XIV). Diese bilden die „Quasi"-„Materia" des Bußsakraments. Die „forma" ist die deklaratorische Lossprechungsformel der Absolution. Voraussetzung der Absolution ist nun dem Tridentinum zufolge, daß alle Todsünden gebeichtet werden; läßliche Sünden können verschwiegen werden. Auch die Umstände (circumstantiae) der Sünden müssen gebeichtet werden. Denn nur dann läßt sich die Schwere des Vergehens (gravitas criminum) und das Maß der satisfactio feststellen (die „poena, quam oportet pro illis poenitentibus imponere") (Tridentinum). Die Absolution ist ein jurisdiktioneller Akt (CIC 1917, can. 871 ff.).

Indem die Verrechtlichung des Bußwesens dazu nötigt, zwischen Todsünden und läßlichen Sünden zu trennen, führt die Kasuistik zum Normativismus: Denn nur die Tat, nicht die Person des Sünders ist kasuistisch zu erfassen. Darum konstruieren Handbücher kasuistisch das für jeden denkmöglichen Fall sittlich einwandfreie Verhalten.

Das eigentliche ethische und theologische Problem dieser Kasuistik besteht in der Verbindung von Kirchenrecht und Moral: Die „vorkonziliare" kirchenrechtliche Kasuistik macht häufig eine Entpersönlichung des Heils sichtbar. Das Heil wird verfehlt, wenn man den Rat des Priesters mißachtet oder einem Gebot nicht Folge leistet. Die ethischen Maximen sind im Kirchenrecht vorgegeben und sollen auf das richtige Verhalten deduktiv angewendet werden. Die Eindeutigkeit des Guten ist dabei vorausgesetzt. Ethik wird zum Legalismus, zur Gesetzlichkeit.

Ein grundsätzlicher Kampf gegen die Kasuistik wird im 19. Jahrhundert bereits von katholischen Ethikern wie *Sailer, Hirscher, Linsenmann* geführt. Heute spielt sie nach wie vor eine Rolle im Kirchenrecht, in der iurisprudentia divina, vor allem im ius canonicum, im Eherecht (z. B. bei der Entscheidung über Gültigkeit oder Ungültigkeit einer Ehe) und im Sakramentsrecht (Gültigkeit und Erlaubtheit der Spendung; Bußwerke; Dispens). Auch in der Liturgie spielt sie eine Rolle (und früher in der Dogmatik: Es gab eine Tafel theologischer Gewißheitsgrade und Zensuren: „sententia certa", „probabilis", „improbata" usw.). Diese Anwendung der Kasuistik ist Indiz der Verrechtlichung.

Nach dem 2. Vaticanum zeichnet sich jedoch ein grundsätzlicher Neuansatz katholischer Moraltheologie ab. Die theologische Anleitung zur Beichte verzichtet auf eine Deduktion aus Normen, in der dann das moralische Urteil zu einer objektiv vorgegebenen Aktmoral führt. Nicht eine Applikation von feststehenden Normen auf Fälle („casus"), sondern eine teleologische Orientierung an Handlungszielen wird nun vertreten. Man lehrt nicht ein Erfüllungsgebot, sondern ein Zielgebot.

5. Evangelisch-theologische Stellungnahme

Evangelische Ethik hat Kasuistik in aller Regel entschieden und radikal abgelehnt. Evangelischer Grundsatz ist die Verantwortung in Freiheit. Aber kann sie deshalb völlig auf Normen, Richtlinien verzichten? Auch *Kant* hat Kasuistik als ausgebaute Lehre abgelehnt, aber sie zugelassen als Erörterung, „wie eine Maxime in besonderen Fällen anzuwenden sei" (Metaphysik der Sitten, Werke IV, S. 543). Deshalb stellt sich die Frage, ob eine überzeugungsfähige evangelische Ethik tatsächlich bloße Situationsethik sein kann, die keinerlei Regeln kennt. Es stellt sich, unbeschadet der evangelischen Kritik an der tridentinischen Bußpraxis und der nachtridentinischen Kasuistik, in der Ethik die Frage nach der Möglichkeit einer „evangelischen" Kasuistik.

Einen Vorschlag dazu hat *Axel Denecke* gemacht: Wahrhaftigkeit. Eine evangelische Kasuistik. Auf der Suche nach einer konkreten Ethik zwischen Existenzphilosophie und katholischer Moraltheologie, 1972.

Denecke stellt prinzipielle Überlegungen zum Ansatz der Ethik dar und verbindet diese mit einer Fallanalyse (Notlüge, Wahrhaftigkeit am Krankenbett). Am vieldiskutierten Beispiel der „Notlüge" wird zunächst die Lösung mit Hilfe einer gesetzlichen Kasuistik dargestellt. Seit Augustin gilt das Beispiel der Notlüge als „magna quaestio". Allein von 1880 bis 1970 wurden 115 Schriften zum Thema verfaßt.

Für eine Beurteilung der Notlüge ist es Denecke zufolge erforderlich, sprachlich zu differenzieren: Wahrheit (objektiv) und Wahrhaftigkeit (subjektiv) sind zwei voneinander zu unterscheidende Ebenen. Man hat zu unterscheiden zwischen 4 Aspekten von Lüge und Wahrhaftigkeit. Nämlich

§ 3. Kasuistik   175

(a) logische Sach„Lüge", d. h. Irrtum, Fehlinformation
(b) ontologische Seins„Lüge", d. h. Schein, ideologische Verblendung
(c) äußere Lügenhaftigkeit, d. h. Diskrepanz von Denken und Reden, die objektiv feststellbar ist, und
(d) innerer Lügenhaftigkeit, d. h. Heuchelei (die aber nur subjektiver Selbstprüfung zugänglich ist).

Diese Differenzierung ermöglicht eine Präzisierung des Begriffs Notlüge mit Hilfe semantischer (kasuistischer) Unterscheidungen: „Notlüge ist eine im Sinne der inneren Wahrhaftigkeit notwendige äußere Unwahrhaftigkeit" (S. 228). Unwahrhaftigkeit zerstört Vertrauen. Die ethische Frage ist darum: Zerstört eine „Notlüge" Vertrauen, Gemeinschaft zwischen Menschen und zerstört sie damit die Ermöglichung der Liebe?

Dieses Beispiel erweist, daß auch evangelische Ethik auf Beurteilungsmaßstäbe, Kriterien, „Richtlinien" nicht verzichten kann.

Damit stellt sich das später zu erörternde Thema der Normen und Werte. Die Kasuistik verbindet sich mit der Frage der Güterabwägung und Pflichtenkollision und der Besinnung auf Beurteilungsmaßstäbe.

§ 4. Pflicht

1. Der Begriff

Der Begriff „Pflicht" betont das Verpflichtende in einem ethischen Anspruch. Das Wort „Pflicht" findet sich erstmals in der stoischen Ethik (τὸ καθῆκον, das Gebührende, Geziemende). Über *Cicero* fand der Begriff Officium Eingang in die christliche Ethik. Zentraler Begriff wurde Pflicht erst in der Ethik der Aufklärung, im Sinne von Obligatio = Verpflichtung. Für *Kant* und *Fichte* kennzeichnet Pflicht das Wesen der Sittlichkeit insgesamt. Kant begreift unter Pflicht den Anspruch der Verbindlichkeit unbedingten Sollens.

Kant und Fichte sprechen von Pflicht im Singular. Heute hat man eher Pflichten (im Plural) im Sinne von verbindlichen Aufgaben vor Augen. Solche Aufgaben erwachsen aus der Funktion einer Person, aus ihrer Rolle, z. B. Berufspflichten.

2. „Pflicht" bei Kant

Bei Kant ist die Pflicht die „praktisch unbedingte Notwendigkeit der Handlung". Pflicht geschieht aus Moralität als „Handeln aus reiner Achtung für dieses Gesetz". „Legalität" nennt Kant hingegen einen Gesetzesgehorsam ohne innere Pflichterfüllung, ohne Bindung.

Was begründet nun Pflichten? Pflicht ist für Kant jedenfalls unbedingte Selbstbindung, Wahrnehmung vernünftiger Freiheit, Autonomie. Kant preist die Pflicht nahezu hymnisch, emphatisch:

> „Pflicht! du erhabener großer Name, der du nichts Beliebtes, was Einschmeichelung bei sich führt, in dir fassest, sondern Unterwerfung verlangst, doch auch nichts drohest, was natürliche Abneigung im Gemüte erregte und schreckte, um den Willen zu bewegen, sondern bloß ein Gesetz aufstellst, welches von selbst im Gemüte Eingang findet, und doch sich selbst wider Willen Verehrung (wenn gleich nicht immer Befolgung) erwirbt, vor dem alle Neigungen verstummen, wenn sie gleich in Geheim ihm entgegen wirken, welches ist der deiner würdige Ursprung, und wo findet man die Wurzel deiner edlen Abkunft, welche alle Verwandtschaft mit Neigungen stolz ausschlägt, und von welcher Wurzel abzustammen die unnachlaßliche Bedingung desjenigen Werts ist, den sich Menschen

allein selbst geben können?" (Kritik der praktischen Vernunft, Analytik, ed. Weischedel, IV, S. 209).

Der Pflicht eignet nach Kant „moralische Notwendigkeit". Sie gilt unbedingt. Das ist der Ansatz einer strikt deontologischen ethischen Argumentation. Die Grundlage der Pflicht ist die Gesetzgebung der Vernunft, die Autonomie. Ihrer Form nach gilt die Pflicht a priori, vor aller Erfahrung. Handeln aus Pflicht (Moralität) entspringt allein der Achtung vor dem Sittengesetz. Dies führt zu den Formulierungen des Kategorischen Imperativs in 3 Fassungen:

(a) „Handle nur nach derjenigen Maxime, durch die du zugleich wollen kannst, daß sie ein allgemeines Gesetz werde". (Verallgemeinerungsfähigkeit)
(b) „Handle so, als ob die Maxime deiner Handlung durch deinen Willen zum allgemeinen Naturgesetz werden sollte". (Vernünftigkeit)
(c) „Handle so, daß du die Menschheit sowohl in deiner Person als in der Person eines jeden andern jederzeit zugleich als Zweck, niemals bloß als Mittel brauchst". (Keine Instrumentalisierung der Humanität).

Kategorisch ist diese Form des Imperativs, insofern er grundlegend gilt und nicht situativ von der Erreichung einzelner Ziele abhängig ist. Hypothetische Imperative sind hingegen Regeln der Geschicklichkeit oder Ratschläge der Klugheit (z. B.: „wenn du gesund bleiben willst, dann rauche, trinke usw. nicht". Es sind dies „Wenn ... dann"-Formulierungen).

Die Pflicht wird damit zur Aufgabe innerer Gesinnung. „Moralischen Wert" hat eine Handlung nur, wenn sie aus Pflicht, nicht aber, wenn sie aus Neigung geschieht (Neigungen sind z. B. Liebe, Mitleid) (IV, S. 24).

3. Die Kritik an Kant

An Kants Pflichtenrigorismus übte Schiller Kritik:

„Gern dien ich den Freunden,
doch tue ich es leider mit Neigung,
und so wurmt es mich oft,
daß ich nicht tugendhaft bin.
Da ist kein anderer Rat, du mußt suchen
sie zu verachten,
und mit Abscheu alsdann tun,
was die Pflicht dir gebietet".

Die Einwände gegen Kants Ethik lauten:
(a) Der Einwand gegen den Individualismus meint, Kants Ethik habe lediglich das einzelne Subjekt vor Augen.

(b) Ein weiterer Einwand kritisiert den Rigorismus und die Verinnerlichung einer Gesinnungsethik, die allein den guten Willen, aber nicht das Ergebnis, die Folgen eines Tuns beurteilt (*M. Weber*).
(c) Und schließlich wird im Namen einer materialen Werteethik Einspruch gegen den Formalismus von Kants Ethik erhoben (*Max Scheler*).
(d) Ferner ist kritisch anzumerken, daß es für Kant keine Pflichtenkollision gibt, weil die Pflicht immer einen absoluten Anspruch stellt.

Die stoische und ihr folgend die altkirchliche Tradition kennt hingegen eine Mehrzahl von Pflichten. Noch bei *Melanchthon* findet sich die Einteilung in Pflichten des Menschen gegen Gott, gegen den Nächsten, gegen sich selbst. Diese Pflichtenlehre enthält auch eine materiale Ethik. Sie ist erfahrungsbezogen. Denn Pflichten ergeben sich aus sozialen Vereinbarungen und orientieren sich an sozialen Regelsystemen. Es gibt Berufspflichten, Vertragspflichten, Pflichten eines Arztes, Freundes, Richters. Die Leitfrage ist: Wem schulde ich was? Wem bin ich verpflichtet? *W. D. Ross* (1877–1940, The Right and the Good, Oxford, ^{8}1973) spricht in diesem Sinne von „prima facie duties", von unmittelbar evidenten sittlichen Forderungen.

Diese erfahrungsbezogene Pflicht-Deutung ist von Kants Auffassung der Pflicht als Anspruch des unbedingten Sollens zu unterscheiden. So verstandene Pflichten sind nämlich an unterschiedlichen Lebenssituationen ausgerichtet. Ihr Maßstab ist nicht, wie bei der Pflicht im Singular, der absolute Unterschied von gut und böse, sondern die Unterscheidung zwischen richtig und falsch, sachgemäß und nicht sachgemäß im Einzelfall. Derartige Pflichten sind *bedingte* Pflichten.

> Sie gelten unter bestimmten Voraussetzungen, z. B.: wenn du Arzt bist, dann gilt für dich der hippokratische Eid; wenn du Richter bist, bist du zu Objektivität und Unparteilichkeit verpflichtet.

Bei der Abwägung zwischen einzelnen Pflichten gelten dann Güterabwägung und Wertvorzugsregeln. Es kann zur Wahl zwischen zwei Übeln, nämlich zur Frage: Was ist das geringere Übel?, und zu Pflichtenkollisionen kommen. Diese Auffassung von einer Mehrzahl von Pflichten resultiert aus der Frage nach Normen und Werten und nach institutionell bedingten Anforderungen.

§ 5. Autonomie

1. Begriff

Autonomie als Forderung der Ethik läßt sich in verschiedener Hinsicht interpretieren.

(a) Autonomie will Selbstbestimmung, vernünftige Freiheit; Gegenbegriff zur Autonomie ist dann die Heteronomie einer Gesetzesethik. So gesehen ist Autonomie als *Selbst*gesetzgebung ein Postulat der Aufklärung. Das sittliche Subjekt befreit sich aus religiöser, klerikaler, obrigkeitlicher Bevormundung. *Kant* beantwortet in diesem Sinne die Frage: Was ist Aufklärung?:

> „Aufklärung ist der Ausgang des Menschen aus seiner selbstverschuldeten Unmündigkeit. Unmündigkeit ist das Unvermögen, sich seines Verstandes ohne Leitung eines anderen zu bedienen."

(b) Autonomie kann sodann die methodische Verselbständigung der Ethik, die Sachgesetzlichkeit, „Eigengesetzlichkeit" der praktischen Vernunft bedeuten. „Autonomie" macht die Ethik erst eigentlich zur selbständigen Wissenschaft: Sie gilt der Unabhängigkeit ethischen Argumentierens von politischen, theologischen und ideologischen Vorgaben.

(c) Der Autonomiebegriff kann sich ferner auf die Mündigkeit als Säkularität, Weltlichkeit, auf die Anerkennung der „mündigen Welt" (*Dietrich Bonhoeffer*) beziehen (vgl. Säkularisierung).

Der außerordentlich vielschichtige Begriff Autonomie umfaßt mithin Selbstbestimmung (Freiheit), Selbstgesetzgebung und Eigengesetzlichkeit.

2. Philosophische Interpretation

Für die Griechen war Autonomie zunächst einmal ein *politischer* Begriff. Es ging um politische Unabhängigkeit der griechischen Stadtstaaten. Äußere politische Freiheit ist Autonomie; Gegenbegriff ist Tyrannis.

Im Augsburger Religionsfrieden bezeichnet Autonomie sodann als Rechtsbegriff die Territorialhoheit des Landesherrn. Autonomie war ein Rechtsbegriff, welcher die Befugnis der Staatsgewalt zur Gesetzgebung bezeichnet.

Erst durch *Kant* wird Autonomie zu einem Grundbegriff der Ethik. „Alle Philosophie ist Autonomie" (Opus postumum Akad.-Ausg. 21,106). In Kants Praktischer Philosophie wird Autonomie das oberste Prinzip der Sittlichkeit. Denn die Autonomie des Willens, d. h. die Selbstbestimmung des sittlich guten Willens bildet den Ausgangspunkt jeder Ethik. Der Mensch soll und kann sich als Vernunftwesen selbst bestimmen. „Denn Freiheit und eigene Gesetzgebung des Willens sind beide Autonomie, mithin Wechselbegriffe." (Grundlegung zur Metaphysik der Sitten, Akad. Ausg. 4,450). Polemisch grenzt sich Kant dabei gegen religiöse Fremdbestimmung als Heteronomie ab. Seit Kant wird zwischen einer autonomen, d. h. vernünftigen Begründung der Moral und einer religiösen, heteronomen Moralbegründung ein Gegensatz behauptet.

Das sahen Kritiker Kants schon früh. *F. von Baader* wandte gegen Kant ein: „Alle unsere neueren, seit Kant auf den Begriff einer solchen absoluten Autonomie gebauten Moraldoctrinen sind schon in ihrem Prinzip ... revolutionistisch, und eben so antimoralisch, als antireligiös."

Seit Kant gibt es die Auseinandersetzung um das Verhältnis von *Autonomie und Theonomie* (z. B. *Paul Tillich*). In der katholischen Theologie wurde ein Autonomismus bekämpft, ein „Weltbild ohne Gott". Das Argument lautet: Ohne Gott gibt es kein Ethos. Der Humanismus kann auch von sich aus einen Gegensatz zum religiösen Glauben vertreten. So unterscheidet *Erich Fromm* (Psychoanalyse und Ethik, 1954, S. 21 f.) scharf zwischen „autoritärer" Ethik, in der Normen und Gebote durch eine fremde Autorität gesetzt werden, und humanistischer Ethik, oder zwischen „autoritärem Gewissen" und „autonomem Gewissen".

3. Autonome Moral in der Katholischen Moraltheologie

Eine besondere Zuspitzung hat die Frage nach einer Autonomie der Moral in der neueren katholischen Moraltheologie gefunden. Dabei spielen verschiedene Aspekte eine Rolle. *Alfons Auer*, Autonome Moral und christlicher Glaube, 1971, hat die Debatte eröffnet. Dabei haben sich folgende Streitpunkte ergeben:

(a) Wie verhält sich die autonome Gewissensentscheidung des Christen zum Anspruch des Lehramtes auf Gehorsam? Die Kompetenz des Lehramtes in moralischen Fragen, vor allem der Sexualethik — ausgelöst durch die Enzyklika Papst Pauls VI. „Humanae vitae" (1968) zur Empfängnisregelung — wird angezweifelt. Wie verhalten sich die Evidenz ethischer Grundsätze und die Autorität des Lehramtes, „in moribus" verbindliche Weisung zu erteilen, zueinander?

(b) Ist die Ethik des Christen inhaltlich eine andere Ethik? Gibt es im Weltbezug eine spezifisch christliche Glaubensethik? A. Auer betont ausdrücklich: „Der Christ ist zunächst Mensch wie jeder andere auch; es gibt für ihn kein ethisches Einmaleins, kein eigenes ethisches Alphabet. Das Menschliche ist menschlich für Heiden wie für Christen. Wohl aber stellt die christliche Botschaft den Glaubenden in einen neuen Sinnhorizont" (S. 25). Auer geht davon aus, daß die menschliche Vernunft die Sachgesetzlichkeit der weltlichen Ordnungen vorfindet und begreifen kann: Man muß also nicht erst glauben, um ein sittlich verantwortlicher Mensch zu sein. Das berührt sich übrigens mit der reformatorischen Aussage, wonach das „Gesetz" jedermann bekannt sein kann. Der christliche Glaube bringt für die Ethik nichts material Neues hinzu. Er gibt nur eine neue Motivation, enthält eine stimulierende Kraft und stellt die Ethik in einen neuen Sinnhorizont des Vertrauens auf Gott. A. Auers Formel lautet: „Autonome Moral im christlichen Kontext."

Dagegen lautet der Einwand einer strengen Glaubensethik, damit werde die christliche Ethik dem Säkularismus ausgeliefert. Autonome Moral sei eine „Moral ohne Gott", eine Ethik „etsi deus non daretur". Es geht in der innerkatholischen Debatte zur autonomen Moral also um Grundsatzfragen: Gibt es ohne Glauben, ohne Christusoffenbarung gar kein Ethos? Oder anders gefragt: Worin besteht das Proprium christlicher Ethik materialiter, was ist der Beitrag christlichen Glaubens zur Ethik?

Autonomie ermöglicht jedenfalls — so das Anliegen der „autonomen Moral" — die Achtung der Eigenständigkeit weltlicher Lebensbereiche, der „Autonomie" der Welt (so auch das 2. Vatikanische Konzil!). Sie erlaubt eine Entklerikalisierung des weltlichen Lebens und die Anerkennung der Eigenständigkeit weltlicher Existenz. Daraus ergibt sich dann die Wendung hin zu einem säkularen Berufsethos. Ferner erschließt sich die Möglichkeit der Kooperation theologischer Ethik mit den Sozial- und Humanwissenschaften. Ethik wird selbst zur Humanwissenschaft. Schließlich wird die methodische Eigenständigkeit ethischen Argumentierens gewahrt.

A. Auer beruft sich für seinen heutigen Entwurf einer autonomen Moral auf *Thomas v. Aquin* und das naturrechtliche Denken. Für Thomas ist das Ethos in „inclinationes naturales", natürlichen Anlagen verankert. Naturrecht ist somit Vernunftrecht. Dabei geht es Auer um die „Vernünftigkeit", „Wahrheitsfähigkeit sittlicher Aussagen".

Tatsächlich ist das Autonomieprinzip jedoch überhaupt erst ein Denkanliegen der Aufklärung, der Kritik *Kants* an einer metaphysischen Grundlegung der Ethik. Die „autonome Moral" ist also vor allem das Ergebnis einer positiven katholischen Auseinandersetzung mit der *Aufklärung* und mit Kant. Erst Kant will die Ethik ausschließlich rational ohne Rückgriff auf die Autorität eines göttlichen Willens, der bestimmte positive Gebote setzt, begründen. Gegen dieses Pathos der sittlichen Freiheit, der Autonomie der Vernunft hatte im 19. Jahrhundert das kirchliche Lehramt in Rom seine Verurteilung Kants ausgesprochen. Die heutigen Vertreter einer Glaubensethik und die Anwälte einer metaphysischen Ethik verweisen in der Kritik der autonomen Moral auf eine Verfallsgeschichte (vgl. *B. Stöckle, K. Hilpert, H. U. von Balthasar, J. Ratzinger*). Die Namen dieser Verfallsgeschichte sind: *Kant, Schopenhauer, Ludwig Feuerbach, Nietzsche*. Wenn Ethik eine Erfahrungswissenschaft wie z. B. die Medizin sein soll (so Ludwig Feuerbach), dann ende dies — weil der Transzendenzbezug der Metaphysik fehle — in Eudämonismus, Hedonismus (Genußsucht) und Nihilismus (so bei Nietzsche), kurzum: im sittlichen Chaos.

Nun kann man mit einer solchen Genealogie (sie könnte auch ganz anders konstruiert werden!) faktisch nichts beweisen. Deutlich wird für die Position der autonomen Moral in der katholischen Moraltheologie freilich:

(a) An die Stelle von Autorität (vor allem des Lehramtes) tritt die Kritik der Vernunft.

(b) Das Subjekt erhält in der autonomen Ethik die Mittelpunktstellung: Ohne Freiheit, ohne persönliche Bindung kann es kein verantwortliches Ethos geben.

(c) Die Ethik wird um ihres universalen Anspruches willen rational, verwissenschaftlicht, säkular verstanden. Sie löst sich von Religion, Metaphysik, aber auch von Politik und Ideologie. Es geht unter dieser Perspektive um die Kommunikabilität sittlicher Einsichten und Forderungen.

Anfechtbar ist freilich Auers Unterscheidung von „Weltethos" und „Heilsethos". Wie wird nämlich Heilsethos überhaupt faßbar? Und ist das Christliche völlig identisch mit dem Humanum? Genügt eine vernünftige Analyse der „Natur" des Menschen, um Ethik zu begründen? Hier kehrt die alte Frage wieder, ob das Naturrecht zureichende Grundlage der Ethik sein kann. Die Frage nach der Autonomie der Moral führt also auf klassische Themen der Begründung ethischer Forderungen zurück.

§ 5. Autonomie

Autonomie stellt vor die Aufgabe, (einmal) die Achtung der Entscheidungsfreiheit des sittlichen Subjekts zu bedenken; (zum anderen) nötigt sie zu rationaler Argumentation, zum Einsichtigmachen ethischer Forderungen. Evidenz ist geboten um der Kommunikabilität mit anderen sittlichen Subjekten willen.

§ 6. Utilitarismus

1. Begriff

Eine Weise rein immanenter Begründung ethischer Forderungen strebt der sogenannte Utilitarismus an. Er beabsichtigt eine rein vernünftige, innerweltliche Legitimation moralischer Forderungen. Das Wort Utilitarismus ist abgeleitet von utilis, nützlich. Der ethische Maßstab ist das Nutzenprinzip. Der Utilitarismus ist die gängigste Form der Teleologie.

Die Leitfrage lautet: Was kommt bei einer Handlung als Ergebnis heraus, was bewirkt sie? Der Utilitarismus wurde erst in der Neuzeit programmatisch formuliert: Ethik soll nicht Verwirklichung eines metaphysischen Ordnungsprinzips sein, sondern rationales Kalkül des Nutzens, ein Abwägen von Glück und Lust. Sie soll dadurch berechenbar und rational werden. Der Utilitarismus wurde die Moraltheorie des sich emanzipierenden Bürgertums. Er ist eine empirische, pragmatische Theorie der Ethik. Man unterscheidet zwei Grundformen:

(a) Der *Handlungsutilitarismus* (bzw. Akt-Teleologie) fragt: Wem nützt eine Einzelhandlung?

(b) Der *Regelutilitarismus* orientiert sich an der Überlegung: Was sind die Folgen, wenn alle gleicherweise handeln? Es geht hier um das Problem der praktischen Universalisierbarkeit von Handlungsregeln.

Ein geläufiges Beispiel der Unterscheidung ist: Wenn ein Einzelner bei Nacht den Rasen überquert, dann schadet dies dem Rasen noch nicht, verkürzt freilich dem Einzelnen den Weg. Aber wenn viele dasselbe tun, dann wird der Rasen zerstört.

Oder: Wenn ein einzelner ein Versprechen nicht einhält, mag ihm das zwar nützen; wenn aber niemand mehr Versprechen einhält, dann wird grundsätzlich das Vertrauen zwischen den Menschen zerstört.

Vertreter des Utilitarismus waren: *Jeremy Bentham* (1748–1832) mit der Forderung: „Das größtmögliche Glück der größtmöglichen Zahl" müsse realisiert werden. Der Nutzen, nach dem eine Handlung beurteilt wird, ist der Lustgewinn aller. Das Kalkül mißt nach dem Nutzen und Glück (Lust) Einzelner (J. Bentham: Einführung in die Prinzipien von Moral und Gesetzgebung, London 1789). *John Stuart Mill* (1806–1873) modifiziert Benthams Argumentation: Der Nutzen sind geistige Genüsse.

Mill meint, es sei besser, ein unzufriedener Mensch zu sein als ein zufriedengestelltes Schwein (J. S. Mill, Utilitarismus, 1861).

Heute gibt es aufgrund der Schwierigkeit, das „utile" positiv zu definieren, einen umgekehrten, negativen Utilitarismus (z. B. *G. Adler-Karlsson*, Der Kampf gegen die absolute Armut, 1978). Aufgabe der Ethik ist demzufolge die Leidminderung.

Das utilitaristische Moralprinzip enthält vier *Teilprinzipien*. Nämlich:

(a) Ein Konsequenz-Prinzip: Handlungen sind nicht aus sich heraus, sondern von ihren Folgen her zu beurteilen.

(b) Der Nutzen geht nicht auf beliebige Werte und Ziele, sondern auf das an sich Gute (Utilitätsprinzip). Damit trifft *N. Hartmanns* Vorwurf des Wertnihilismus nicht mehr auf den Utilitarismus zu.

(c) Ein hedonistisches Prinzip: Ziel ist Verminderung von Leid, Vermehrung von Freude.

(d) Ein Sozialprinzip: Nicht das Glück bestimmter einzelner Individuen oder Gruppen ist ausschlaggebend, sondern das Wohl aller Betroffenen (statt egoistischen Selbstinteresses also das Wohl der Allgemeinheit).

2. Probleme des Utilitarismus

Die utilitaristische Argumentation ist nicht unumstritten. Ein bloßes Nutzenkalkül wäre Verneinung der Ethik.

Die Stärke des Utilitarismus ist jedoch die Verbindung von rationalem Kalkül mit empirischer Analyse. Es geht um die Kenntnis der Folgen einer Handlung und damit ihre Bedeutung für das Wohlergehen der Betroffenen. Daher wird diese Argumentation auch „consequentialism", „teleologisch" genannt. Offen ist, was wirklich der Nutzen, das utile, ist. Man kann in dieser Hinsicht differenzieren zwischen:

(a) egoistischem Utilitarismus (der das Privatinteresse betont) und einem altruistischen Utilitarismus (welcher die Folgen für *alle* davon betroffenen Menschen bedenkt), und

(b) hedonistischem Utilitarismus („Gut ist, was Lust und Freude macht") und nicht-hedonistischem Utilitarismus („Ideal-Utilitarismus"): Nützlich ist dann das sittlich Gute.

Da nur ein altruistischer und nicht hedonistischer Utilitarismus sittlich vertretbar ist, gerät ein so verstandener Utilitarismus in die Nähe der klassischen Wertethik, wie sie seit *Plato* und *Aristoteles* erörtert wird: Maßstab des sittlichen Handelns ist dann das Wohl-tun. Von der sittlichen Richtigkeit der Handlung zu unterscheiden ist dabei die Gesinnung der Person.

Eine heute umstrittene Frage ist, ob es eine unabhängig von den Folgen des Handelns in sich schlechte Tat („in se malum") gibt; das vertrat die klassische katholische Moraltheologie, wenn sie ein Verbot des Geschlechtsverkehrs ohne Zeugungsabsicht aussprach, oder *Kant* und *Fichte*, wenn sie die Unbedingtheit der Wahrheitspflicht einschärften.

Die Grenzen des Utilitarismus kann man folgendermaßen beschreiben:
(a) Ist der Mensch nur ein vernunftbestimmtes, kalkulierendes Wesen? Wie steht es um die Rationalität ethischer Entscheidungen? Hat der Mensch nur ein Recht auf Glück oder nicht auch Pflichten gegen sich selbst?
(b) Der Utilitarismus vermag Verteilungsprobleme nicht zu lösen: Ist der einzige Maßstab ethischen Handelns das Wohlergehen der Menschen?

Es bleiben also konkrete Probleme der Gerechtigkeit offen. Deshalb ist die Ergänzung durch einen am Prinzip der Gerechtigkeit orientierten Verteilungsmaßstab notwendig.

3. Der Eudämonismus

Der Utilitarismus greift auf alte Tradition zurück, nämlich auf den Eudämonismus.

Der *Begriff* Eudämonismus geht auf *Kant* zurück: Der Eudämonismus — so Kant — läßt sein Handeln nicht von Pflicht, sondern vom Ziel der Glückseligkeit bestimmt sein. Der Eudämonist ist also ein unsittlicher Egoist. Von Kant beeinflußt ist bis heute die deutsche Aversion gegen den englischen Utilitarismus. *Schleiermacher* meinte: „Der Eudämonismus bezieht sich auf eine niedere Persönlichkeit, die, weil alles in ihr zufällig ist, unter der Würde der Philosophie steht" (Brouillon zur Ethik, 1805/06). Dagegen erklärte die antike Ethik, das Ziel des Handelns sei das εὖ ζῆν (*Aristoteles*). Die Eudämonia ist identisch mit dem εὖ ζῆν geglückten Lebens und dem εὖ πράττειν, dem richtigen Handeln (Ethica Nicomachia 1095 a 19), mit dem gelungenen Leben. In dieser Tradition steht noch die Ethik des *Thomas von Aquin*.

Beim Eudämonismus ist zu erwägen:

(a) Man muß unterscheiden zwischen dem Eudämonismus als Motiv (Beweggrund) des Handelns (z. B. egoistisches Selbstinteresse) und als Ziel, Gegenstand des Handelns.
(b) Was heißt εὖ, gut, Eudämonismus? Hier gibt es mehrere Deutungsmöglichkeiten:
Einmal das Gute als eigene Lust (also ein Hedonismus, so *Epikur, John Locke, Bentham*).

Sodann die Verwirklichung des Guten, der Tugend (so *Sokrates, Platon, Aristoteles*).

Ferner: Es geht um einen Individual-Eudämonismus oder um einen Sozialeudämonismus (um das Wohl aller); dies ist erneut die Frage nach dem Verhältnis von Handlungsutilitarismus und Regelutilitarismus.

Die Diskussion um Eudämonismus und Utilitarismus endet also bei der Frage, ob die Ethik nicht eine bloße Antithese von deontologischer und teleologischer Argumentation überwinden muß und eine sinnvolle Kombination beider Argumentationsverfahren möglich ist. Die Schwierigkeit vergrößert sich noch, wenn man die Gerechtigkeit mit in die Überlegungen einbezieht.

§ 7. Gerechtigkeit

1. Begriff

Gerechtigkeit, iustitia, δικαιοσύνη sei hier ausschließlich als ethischer Begriff und als Grundwert menschlichen Zusammenlebens erörtert. Das paulinische Wort: „Der Gerechte wird aus Glauben leben" (Röm. 1,17) und Luthers Auffassung von „iustitia dei" werden hier nicht reflektiert. *Ethisch* verstandene Gerechtigkeit meint die Forderung, jedem das Seine zukommen zu lassen (suum cuique) oder anders: Gleiches grundsätzlich gleich zu behandeln.

Gerechtigkeit ist wegen der Berücksichtigung ungleicher Verhältnisse ein Verhältnis- oder ein Relationsbegriff. Die Frage lautet immer: Gerecht in Bezug auf was? Zu klären ist dann: An welchem Maßstab, an welcher Norm richtet sich Gerechtigkeit überhaupt aus? Was ist der inhaltliche Maßstab? Wer setzt diesen Maßstab? *Plato* definiert δικαιοσύνη als rechtliche Beschaffenheit (Res publ. IV, 433 a). „Das Seinige tun und nicht vielerlei treiben ist δικαιοσύνη". *Aristoteles* knüpft daran an und verdeutlicht: Gerechtigkeit hat es mit den sozialen Beziehungen der Menschen zu tun. Sie ist die Grundtugend, „daß jeder das Seinige tut und hat".

Ulpian faßt dies in die Formel: „iustitia est constans et perpetua voluntas ius suum cuique tribuendi" (Ulpian, Fragment 10).

Aber: Was ist „das Seinige"? Aristoteles unterschied zwei Grundformen der Gerechtigkeit, die später *Thomas v. Aquin* so formuliert hat: Man muß unterscheiden zwischen einer

(a) Gerechtigkeit bei der Austeilung von Gütern (*iustitia distributiva*): Jeder hat das Recht auf einen Paß, eine Wahlstimme; es geht um *gleiche* Bürgerrechte und -pflichten, und

(b) Gerechtigkeit beim Austausch von Waren und Leistungen. Dies ist die *iustitia commutativa*: Hier geht es um gerechten Preis, Marktgerechtigkeit.

Doch gibt es überhaupt eine *materiale* Gerechtigkeit? Oder enthält die Forderung nach Gerechtigkeit lediglich die Aufforderung zum *Ausgleich*, zur aequitas, Epikie, Billigkeit als Maß der Gerechtigkeit? Gerechtigkeit setzt auf alle Fälle ein wie immer begründetes Wechselverhältnis von Partnern voraus.

2. Theologiegeschichtliche Aspekte

Aus der Doppelung von antikem, aristotelischem Verständnis von Gerechtigkeit als Tugend — im Sinne der Rechtschaffenheit als Eigenschaft des Menschen — und alttestamentlich-paulinischem Verständnis von δικαιοσύνη θεοῦ als barmherzigem, zurechtbringendem Handeln Gottes erwächst die *mittelalterliche Problematik* der Zuordnung von iustitia dei und iustitia hominis.

Die theologisch entscheidende Frage im Blick auf Gottes Gerechtigkeit, auf das rechtfertigende Handeln Gottes lautet: Ist Gerechtigkeit eine *Eigenschaft* Gottes oder ein Kennzeichen seines *Handelns*, seiner Treue?

Diese Frage kann man auch formulieren als Antinomie von Gerechtigkeit und Barmherzigkeit Gottes. Dies war die Thematik der scholastischen und reformatorischen Rechtfertigungs- und Gnadenlehre.

Bei *Thomas* erfolgt in der Ethik die Aufnahme der aristotelischen Lehre von der sittlichen Tugend der Gerechtigkeit. Gerechtigkeit ist, so Thomas, beim Menschen erworbener habitus. Ihre nähere Bestimmung erhält sie durch den Bezug auf den Anderen — „est ad alterum" — und durch das Prinzip der Gleichheit — „debitum secundum aequalitatem".

Es gibt drei Arten von Gerechtigkeit: iustitia commutativa, distributiva und legalis. Die iustitia legalis ist die Gemeinwohlgerechtigkeit (STh II/II, 58 ff.). Theologisch wichtig ist die prägnante Unterscheidung von bürgerlicher und ewiger Gerechtigkeit: Gerechtigkeit ist ethisch gesehen Rechtschaffenheit, soteriologisch betrachtet Heil.

Bei *Luther* und *Calvin* wird noch schärfer unterschieden zwischen iustitia evangelica, spiritualis und iustitia civilis. Es ist also zwischen theologischer Rede von Gerechtigkeit *Gottes* und Gerechtigkeit als Verhalten des *Menschen*, Tugend, Wert zu differenzieren.

3. Probleme in der gegenwärtigen ethischen Diskussion

Bis heute ist man bei der Näherbestimmung von Gerechtigkeit kaum über *Aristoteles* hinausgelangt. Es gibt nur Modifikationen an aristotelischen Begriffen. So fragen Sozialisten, inwieweit Gerechtigkeit durch Gleichheit zu bestimmen sei. Worin freilich besteht Gleichheit? Ist das Ziel die Gleichheit der Ergebnisse, oder die Gleichheit der Chancen, oder die Gleich*wertigkeit* der Chancen, oder die Rechtsgleichheit, die formal bleibt, oder eine materiale Gleichheit, eine soziale Gleichheit? Ist Gerechtigkeit lediglich ein „soziales Ideal", ein Zielbegriff, eine regulative Idee?

H. Kelsen folgert aus dieser Aporie: „Absolute Gerechtigkeit ist ein irrationales Ideal" (Was ist Gerechtigkeit?, 1953, S. 40). Die scheinbar rationalen Definitionen von Gerechtigkeit sind nach ihm nur „völlig leere Formeln", welche der Rechtfertigung einer jeweils bestehenden Ordnung dienen sollen. Dahinter steht bei Kelsen eine relativistische Wertlehre; er ist Vertreter des Rechtspositivismus.

Heute brechen neue Fragen bei der Bewertung der Gerechtigkeit auf: Die ungleiche Verteilung der Güter auf der Erde wird zum Thema. Kann es je gelingen, eine vollkommene Gerechtigkeit zu verwirklichen? Ist vollkommene Gerechtigkeit auf Erden nicht eine Verheißung – und allenfalls die Beseitigung manifest ungerechter Strukturen ein ethisch realisierbares Ziel?

Einen Neuansatz zu einer „Theorie der Gerechtigkeit" hat *John Rawls* vorgelegt: „A Theory of Justice", 1972 (deutsch 1975). John Rawls will erneut Gerechtigkeit und Moral – wie vor ihm Platon, Aristoteles, Kant – aneinander binden. Er beabsichtigt eine Herleitung von Gerechtigkeitsprinzipien aus Moral. Dabei hat die Moral von den faktisch bestehenden Ungleichheiten abzusehen. Moral ist daher zu umschreiben aufgrund der Qualifikation von Individuen im Urzustand („original position"), in welchem über die Art des Gesellschaftsvertrages beschlossen wird, weil die Individuen hinter einem „Schleier des Nichtwissens" stehen, vor allem, was die eigene empirische Stellung in der Gesellschaft betrifft. In dieser Position des Nichtwissens sollen festgelegt werden: (a) die gleichen Rechte und Pflichten für alle, und (b) die Zulassung von Ungleichheiten nur zum Wohle aller, besonders der Schlechtergestellten, Benachteiligten.

Rawls geht es also (1) um die Definition des moralischen Gesetzes (defining the moral law) und (2) um die Definition von „principles of justice for institutions and individuals". Auch Rawls kann freilich, so wenig wie Kant, Gerechtigkeit und Moral stringent und evident verknüpfen. Er kann nur eine ideale, „nicht-empirische" Theorie formulieren. Infolge der Fiktion des „Urzustandes" fallen ideale Moralität und wirkliche Gerechtigkeit auseinander. Wichtig ist für Rawls jedoch die nicht-utilitaristische Fassung von Gerechtigkeit: Gerechtigkeit ist *Fairness*.

Die wesentlichen Aussagen von Rawls lauten:

> „Erster Grundsatz: Jedermann hat gleiches Recht auf das umfangreiche Gesamtsystem gleicher Grundfreiheiten, das für alle möglich ist.
> Zweiter Grundsatz: Soziale und wirtschaftliche Ungleichheiten müssen folgendermaßen beschaffen sein:

(a) Sie müssen unter der Einschränkung des gerechten Spargrundsatzes den am wenigsten Begünstigten den größtmöglichen Vorteil bringen, und
(b) Sie müssen mit Ämtern und Positionen verbunden sein, die allen gemäß fairer Chancengleichheit offenstehen." (J. Rawls S. 336).

Es folgen ferner zwei Vorrangsregeln: nämlich 1. der Vorrang der Freiheit, 2. der Vorrang der Gerechtigkeit vor Leistungsfähigkeit und Lebensstandard.

Rawls' Regeln zur Bestimmung von Gerechtigkeit sind zweifellos pragmatisch wichtig als „Klugheitsregeln", auch wenn sie für die theoretische Verbindung von Gerechtigkeit und Moral nicht zureichen. So stellt sich die Frage: Ist Gerechtigkeit überhaupt rational zu definieren? Ist jede Berufung auf Gerechtigkeit nur „Leerformel" zum Zwecke ideologischer Legitimation bestehender Machtverhältnisse? Es stellt sich also die Aufgabe der *Ideologiekritik*: Kann man Gerechtigkeit überhaupt theoretisch — wie Platon und Rawls es versuchen — losgelöst von den empirischen Verhältnissen bestimmen? Rawls will Gerechtigkeit als *Verfahrensgerechtigkeit* erfassen: Sie ist Fairness. In dieser Interpretation von Gerechtigkeit als Fairness steht er im Gegensatz zu der im angloamerikanischen Raum vorherrschenden normativen Ethik, dem Utilitarismus. Diesen Gegensatz sucht Rawls zugunsten seiner Auffassung zu entscheiden mit Hilfe einer rationalen Vorzugswahl, einem operationalen Prüfungsverfahren. Dieses Prüfungsverfahren kann man freilich nur unter idealen Bedingungen durchführen, weil empirische Sachverhalte die Ausgangsbedingungen verändern. Deshalb wird rational nur unter dem „Schleier des Nichtwissens" entschieden. Ziel der Entscheidung ist es, ein reflexives Gleichgewicht zwischen rational legitimierten Gerechtigkeitsprinzipien und reflektierten sittlichen Überzeugungen herzustellen. Dabei kann man Kritik üben an Rawls' Prämissen, etwa an der Vertragstheorie, die hinter der Fiktion einer „original position" steht.

An Rawls' Versuch einer vernünftigen Definition von Gerechtigkeit wird nochmals die Aporie erkennbar, vor welche die Idee der Gerechtigkeit führt. Gerechtigkeit entspricht einer ebenso ursprünglichen Sehnsucht des Menschen, wie sie zugleich ein schillerndes und vieldeutiges Phänomen ist. Eine wissenschaftlich annähernd vertretbare Bestimmung von Gerechtigkeit muß stets formal bleiben. In der gesellschaftlichen und politischen Auseinandersetzung kann Gerechtigkeit allenfalls approximativ errungen werden und vielfach nur (negativ) manifeste Ungerechtigkeit erkannt und beseitigt werden.

§ 8. Menschenwürde und Humanität

1. Begriff und Probleme

Die Achtung der Würde des Menschen ist eine Grundnorm modernen Verfassungsrechts und zugleich eine fundamentale ethische Forderung. Der Begriff *Menschenwürde* ist jung. Die klassische Formulierung lautete *„Humanität"*. Am Anfang des Grundgesetzes der Bundesrepublik Deutschland steht der Satz: „Die Würde des Menschen ist unantastbar. Sie zu achten und zu schützen ist die Verpflichtung aller staatlichen Gewalt" (Art. I, 1 GG). Daraus folgt: „Das Deutsche Volk bekennt sich darum zu unverletzlichen und unveräußerlichen Menschenrechten als Grundlage jeder menschlichen Gemeinschaft, des Friedens und der Gerechtigkeit in der Welt" (Art. I, 2 GG).

Menschenwürde ist die Grundlage menschlichen Zusammenlebens. Sie ist Grundnorm, Grundwert und Grundrecht in einem. In diesem Sinne spricht bereits *Cicero* von dignitas. (De off. I, 106: „dignitas est alicuis honesta et cultu et verecundia digna auctoritas").

Die christliche Tradition hat den aus stoischen Überlegungen stammenden Begriff der Würde des Menschen verbunden mit der *Gottebenbildlichkeit*, der imago dei: Der Mensch hat Würde, weil er imago dei ist. Ein christlicher Humanismus, in dem antikes, stoisches und biblisches Menschenverständnis sich verbunden haben, wird sodann in der Neuzeit verweltlicht, säkularisiert. Der Mensch hat als Vernunftwesen Würde.

Samuel v. Pufendorf leitet in seinem Naturrechtssystem aus der Menschenwürde den Gedanken der Gleichheit aller Menschen ab. Vermittelt durch *J. Wise* beeinflußt diese Idee die Gleichheitsaussage in der amerikanischen Menschenrechtsdeklaration 1776.

Menschenwürde ist dann wiederum bei *Kant* ein Schlüsselbegriff. In der „Grundlegung zur Metaphysik der Sitten" (1785) unterscheidet Kant zwischen „Würde" und „Preis". Würde hat nur etwas, das „über allen Preis erhaben ist, mithin kein Äquivalent verstattet" (Akad. Ausg. 4,434). Die Würde des Menschen besteht darin, daß der Mensch Selbstzweck, Zweck an sich selbst, innerer Wert, nicht aber Zweck für andere ist. Bedingung der Menschenwürde ist somit die Moralität: „Also ist Sittlichkeit und die Menschheit (d. h. das Mensch-Sein), sofern sie derselben fähig ist, dasjenige, was allein Würde hat" (4,435).

Der Grund der Würde des Menschen ist für Kant dessen *Autonomie*. „Würde" ist das „Prärogativ" des Menschen als eines vernünftigen Wesens, das zugleich andere Menschen als gleich anerkennt.

Um die Mitte des 19. Jahrhunderts wird dann Menschenwürde zum verbreiteten politischen Schlagwort. Frühe Sozialisten forderten ein „menschenwürdiges Dasein", ein menschenwürdiges Leben, menschenwürdige Zustände. *Ernst Bloch* greift diese Forderung auf: „es gibt sowenig menschliche Würde ohne Ende der Not, wie menschgemäßes Glück ohne Ende alter oder neuer Untertänigkeit." (E. Bloch, Naturrecht und menschliche Würde, 1961, S. 14).

Die Menschenwürde ist also ihrem Ursprung nach ein Begriff aus verschiedenen Quellen: der Stoa, der biblischen Rede von der imago dei, Kant und dem Sozialismus. Durch die Aufnahme in Verfassungstexte, auch an exponierter Stellung in der Allgemeinen Erklärung der Menschenrechte der UNO (Präambel und Art. 1), stellt sich die Frage nach der politischen Bedeutung und Verwirklichung der Menschenwürde. Erstmals positiv-rechtlich kodifiziert findet sich der Begriff wohl in der Verfassung von Irland, 1937.

Die Vielschichtigkeit des Begriffs fordert die Frage heraus: Ist Menschenwürde ein juristischer, ein meta-juristischer, ein ethischer Begriff?

Es handelt sich zweifellos um einen nachchristlichen, säkularen Begriff, der das Humanum beschreiben soll. Der Mensch hat um seiner Humanität willen Würde. Man darf das Wort Menschenwürde nicht exklusiv christlich deuten. Freilich enthält die Menschenwürde auch keine ausschließliche Festlegung auf Kants ethischen Ansatz. Menschenwürde ist eine unableitbare und unverfügbare Gegebenheit. Die Anerkennung der Menschenwürde *aller* Menschen ist eine Grundvoraussetzung für eine universale humane Ethik. Die Anerkennung der Menschenwürde ist ferner vorstaatliches, überpositives Recht. Man kann deshalb zutreffend auch von einem naturrechtlichen Elementarprinzip sprechen. Die Personwürde gründet in der Überzeugung, daß der Mensch von Natur ein vernunfthaftes und freiheitsbegabtes Wesen ist. Aus der Menschen*würde* werden sodann die Menschen*rechte* abgeleitet. Menschenwürde ist also kein Privileg, das der Staat gewährt, sondern sie eignet dem Menschen von Natur. Inwieweit Menschenwürde einer expliziten theologischen Begründung und Legitimation bedarf, ist strittig. Konkretisiert wird der Begriff Menschenwürde in der politischen Praxis jedenfalls mit Hilfe der einzelnen Menschenrechte und der Grundrechte.

Im politischen Bereich ging die Entdeckung der Menschenwürde hervor aus der neuzeitlichen Freiheitsgeschichte, welche den Menschen als unverfügbare Person gegen staatlichen Absolutismus und ideologischen Totalitarismus zu schützen bestrebt ist.

In das Grundgesetz der Bundesrepublik Deutschland wurde die Achtung der Menschenwürde aufgrund der Erfahrungen mit dem nationalsozialistischen Unrechtsstaat aufgenommen. Der Herrenchiemseer Entwurf zum Grundgesetz enthielt als ersten Satz die Feststellung: „Der Mensch ist nicht um des Staates willen da. Der Staat ist um des Menschen willen da." Weil man aber die Verfassung nicht mit einer Staatskritik beginnen lassen wollte, wurde die Orientierung an der Menschenwürde positiv formuliert. Allerdings macht der Schutz der Menschenwürde entsprechende staatliche Organisationsprinzipien erforderlich. Solche Organisationsprinzipien sind Sozialstaat, Gewaltenteilung und Grundrechtsschutz. Die Menschenwürde stellt vor allem die Grundlage der Persönlichkeitsrechte dar.

2. Menschenwürde und christliche Ethik

Die Stellung zur Menschenwürde ist die Probe darauf, wie man das *Verhältnis von Christianum und Humanum* in der Ethik bestimmt. Hat der Mensch allein von Gott her Würde, so ist die Kirche exklusiv der unersetzbare und unvertretbare Anwalt der Menschenwürde. Menschenwürde ohne Achtung der Religion, Ehrfurcht vor Gott kann es so gesehen nicht geben. Diese Überzeugung wirkt sich dann bei der Beurteilung der Religionsfreiheit aus, wenn den Nicht-Glaubenden, den Atheisten das Anrecht auf Menschenwürde bestritten wird, weil Würde nur transzendent, religiös zu begründen sei. Die bloße Vernunft hat dann nämlich letztlich keine Einsicht in die Menschenwürde.

Tatsächlich kann man aber die Geltung von Humanität nicht vom christlichen Glauben und dessen Anerkennung abhängig machen. Die Achtung der Menschenwürde ist vielmehr Fundamentalnorm in einer pluralistischen, säkularen Gesellschaft. Die Frage nach der Möglichkeit einer „Humanität ohne Gott" ist nicht auf dem Feld der Ethik auszutragen. In der Ethik geht es um die vernünftige Regelung von Beziehungen unter Menschen; diese Regelung ist nicht vom religiösen Glauben abhängig zu machen. Die religiöse Frage sollte sich orientieren an ethisch nicht lösbaren Kontingenzerfahrungen, wie Schuld, Leiden, Schicksal, der Theodizeefrage.

Aber auch die Frage eines „atheistischen Humanismus" (z. B. *Albert Camus, Gerhard Szczesny*) kann nicht damit beantwortet werden, atheistische Humanität sei zur Amoralität verurteilt. Die Aufgabe einer Humanisierung der menschlichen Beziehungen und Verhältnisse ist nicht von einer Glaubensvorgabe abhängig. Eine überzogene Inanspruchnahme der Humanität als Mittel der Heilsfindung macht diese freilich zur Religion, zur Ideologie. Der Humanitarismus *A. Gehlens* versteht Ethik als innerweltliche Heilsveranstaltung.

3. Humanität

Humanität ist nüchtern betrachtet die Orientierung am Wesen, an der „Natur" des Menschen; an dem, was Menschen gemeinsam ist, vor allen und trotz aller ideologischen, rassischen, religiösen und politischen Unterschiede und Gegensätze. Das lateinische Wort „humanitas", gebildet als Ableitung, Abstraktum von dem Adjektiv „humanus" — erstmals belegt in einer anonymen Schrift „Rhetorica ad Herennium" (ca. 84/83 v. Chr.), dann bei *Cicero* — beschreibt das Menschsein nicht wertneutral, sondern bestimmt es definitorisch als „die Summe der geistigen Normen und praktischen Verhaltensweisen, die den Menschen zum Menschen machen".

Dementsprechend vielfältig ist das Wortfeld vergleichbarer Begriffsbildungen wie „natura humana", „conditio moralis", „natura hominis", „mansuetudo", „dignitas", „cultura", „honesta" usw.

In der mittelalterlichen Tradition kommt als Gegenbegriff „divinitas" hinzu. *Humanitas* gewinnt nun vornehmlich die Bedeutung von „hinfälliger, schwacher, sterblicher Menschennatur", im Unterschied zu Gott.

Die Sicht des Menschen als humanum wird in der Neuzeit außerordentlich vielfältig. Man spricht von klassischem, kritischem, existentialistischem, atheistischem, aber auch christlichem Humanismus.

Das *Thema Humanismus und Christentum* weist weitreichende theologiegeschichtliche und fundamentaltheologische Perspektiven auf.

Die Definition von Humanität ist jedenfalls kein exklusives Vorrecht von Theologen. Aber es gibt menschenwürdige Staaten und Gesellschaften und menschenunwürdige. Dabei läßt sich eher ein Einverständnis über das erzielen, was menschen*un*würdig ist, als über das, was menschenwürdig ist. Denn was Menschenwürde, menschenwürdig meint, ist nicht vorweg definiert, sondern kann jeweils nur ermittelt werden mit Hilfe der Vernunft unter Beteiligung der Betroffenen. Die Menschenwürde, die Humanität als solche sind zwar kein christliches Spezifikum; wohl aber sollten Kirche und Theologie besonders sensibel für Verletzungen der Menschenwürde sein! Glaube und christliche Gemeinde stellen in diesem Fall so etwas wie ein „Gewissen" der Gesellschaft dar.

Im Grundgesetz ist Menschenwürde die „Fundamentalnorm". *Theodor Heuß* nannte diese Grundnorm eine „nicht begründete These". Humanität, Menschenwürde können nicht bewiesen, wohl aber anerkannt werden.
Das Staatsrecht schafft und gewährt nicht erst die Menschenwürde. Es findet sie vielmehr vor, um sie zu schützen. Die Besinnung auf Menschenwürde und Humanität als Grundorientierungen jeder Ethik führt wiederum vor die Ansatzfrage der Ethik: Ist Ethik gültig nur kraft religiöser Legitimation und aufgrund göttlicher Autorität oder kann sie als Ethik auf menschliche Erfahrung und Vernunft begründet werden?

§ 9. Erfahrung, Vernunft und Entscheidung

Für jede Ethik ist die Frage unausweichlich, worauf sie sich gründet, was sie legitimiert. *Dietmar Mieth* stellt auf dem Hintergrund der innerkatholischen Debatte um die autonome Moral die Frage: Ist die Vernunft oder ist der Glaube Quelle der Ethik?

1. Quellen der Ethik

Um diese Frage zu klären, muß man zwischen Quellen und normierenden Instanzen in der Ethik unterscheiden. Nach herkömmlicher Auffassung sind Quellen sittlicher Erkenntnis für Christen die Heilige Schrift, nach katholischer Lehre außerdem die kirchliche Tradition und die Vernunft. Normierende Instanz ist in der katholischen Sicht das kirchliche Lehramt. Die katholische autonome Moral stellt diese Zuordnung jedoch in Frage: Quelle ist nach ihr allein die sittliche Erfahrung, normierende Instanz die Vernunft; die Kirche bildet nur den Kontext des Glaubens. „Die Quelle der sittlichen Erkenntnis ist die Erfahrung, die normierende Instanz des Sittlichen ist die Vernunft" (so Dietmar Mieth, Quellen und normierende Instanzen in der christlichen Ethik, in: J. Blank, G. Hasenhüttl (Hg.), Erfahrung, Glauben und Moral, 1982, S. 36−50, Zitat S. 37).

Nach gängigem *evangelischem* Verständnis ist Quelle sittlicher Erkenntnis für Christen allein die Heilige Schrift: sola scriptura. Nun wird man die Schrift aber nicht *unmittelbar* als Quelle theologischer Ethik beanspruchen können. Die Bibel ist kein Gesetzbuch. Historisch-kritische Exegese und hermeneutische Überlegungen zeigen, daß die biblischen Aussagen zuerst einmal in ihrem jeweiligen geschichtlichen Kontext zu verstehen sind. Eine normative Funktion (einen usus normativus scripturae) können einzelne Bibelworte für die Ethik daher nicht beanspruchen. Die Bibel kann zwar sehr wohl Existenz erhellen, Leben deuten, Sinn erschließen, also Leben *verstehen* helfen. Sie hat dann eine illuminative, erhellende, illustrierende Bedeutung. Diese Existenzdeutung ist mit Hilfe von Erfahrung in Normen, Lebensanweisungen umzusetzen. Quelle der Ethik ist freilich auch nicht die bloße Vernunft. Ethische Einsicht entspricht zunächst der Erfahrung. Auch Vernunft kann Erfahrung nicht herstellen oder ersetzen, wohl aber soll sie und kann sie diese sichten und kritisch prüfen.

2. Das Problem ethischer Entscheidung

Eine konkrete ethische Entscheidung ist jedenfalls keine irrationale Setzung. Entscheidung, Krisis, decisio setzt vielmehr Klärung voraus. *Aristoteles* bezeichnet den Vollzug der Vorzugswahl in der Entscheidung über Recht und Unrecht als Krisis, κρίσις τοῦ δικαίου, Entscheidung für das ethisch Richtige (Eth. Nic. 1134 a 31; Pol. 1253 a 39). Die Entscheidung für das ethisch, sittlich Richtige (δίκαιον) ist nur aufgrund von Erfahrung und nach vernünftiger Abwägung möglich. Sie ist kein blinder dezisionistischer Entschluß. Wäre ethische Entscheidung nur ein radikaler Sprung ins Ungewisse — wie es gelegentlich z. B. in *Sören Kierkegaards* Existenzdialektik den Anschein hat —, dann reduzierte sich Ethik auf den faktischen Existenzvollzug, auf die *Subjektivität* der Entscheidung. Diese Subjektivität der Entscheidung läßt jedoch keinen Raum für Einsichten der Erfahrung und Erwägungen der Vernunft (so unter Kierkegaards Einfluß die Existenzphilosophie und die Dialektische Theologie).

> Kierkegaard behauptete einmal: „Nur in der Subjektivität gibt es Entscheidung, wogegen das Objektiv-werden-wollen die Unwahrheit ist. Die Leidenschaft der Unendlichkeit ist das Entscheidende, nicht ihr Inhalt; denn ihr Inhalt ist eben sie selbst." (Unwiss. Nachschrift SV 7,170).

Aufgrund ihrer Ablehnung der Erfahrung und dem Insistieren auf dem Akt der Entscheidung konnte die Dialektische Theologie in den 20er Jahren schwerlich eine materiale Ethik entwerfen. Auf die Forderung nach radikaler Entscheidung kann man zwar einen politischen Dezisionismus und den existentialistischen Entschluß zur Wahl begründen, aber keine argumentierende und reflektierende Ethik.

Ethik, sogar politische Ethik kann sich jedoch weder allein durch die *Form* der Entscheidung legitimieren (z. B.: Gesetze kommen zustande durch einen Akt des Gesetzgebers; Abstimmungen treffen Entscheidungen). Noch kann sie die Frage ausklammern, wie Inhalte von Entscheidungen *sachlich* zu begründen sind, *warum* man bestimmte Entscheidungen für wahr, nützlich, rechtmäßig hält. Das rein formal betrachtete Entscheidungsverfahren bewirkt zwar Entscheidungen, Dezisionen; aber es läßt ohne Orientierung an anderen Kriterien, Normen, Werten nur irrationale Entschlüsse, Zufälle zu.

3. Die Erfahrung in der Ethik

Gegen ein Verständnis von Glaube oder Offenbarung als Entscheidungsimpuls für menschliches Handeln wird heute die lebensweltliche Erfahrung wieder entdeckt. Zu beobachten ist eine Rehabilitierung der

§ 9. Erfahrung, Vernunft und Entscheidung

Erfahrung in der Theologie insgesamt (als Glaubenserfahrung) und in der Ethik (als sittliche Erfahrung). Erfahrung gründet in einer Art Lebensklugheit. Sie ist „praktisch".

Nach *Aristoteles* ist Erfahrung Geübtsein, Vertrautsein. Beim deutschen Wort Er-fahrung, er-fahren stellt sich das Bild des Wanderers, des Pilgers ein.

Aristoteles formulierte (Metaphysik 980 b 25 ff.): „Aus der Erinnerung geht bei den Menschen die Empirie hervor; erst viele Erinnerungen nämlich ein und derselben Sache ergeben die Fähigkeit (δύναμις) einer Erfahrung". Darauf fußt *Thomas v. Aquins* Axiom: „Experientia fit ex multis memoriis" (STh I q 54 a 5,2). Seit Aristoteles ist Erfahrung „erinnerte Praxis". Erfahrung war von Aristoteles bis hin zur Neuzeit die Fähigkeit, aus einzelnen Erfahrungen generelle Einsichten zu gewinnen.

Erst *Francis Bacon* versteht in der Neuzeit experientia, „Erfahrung" instrumental und empirisch: Experientia ist nur der Prozeß und die Methode der Gewinnung von Einsicht (für Aristoteles war sie der „Besitz" von Einsicht). Das Wort experimentum, abgeleitet von experiri, erforschen, erkunden, interpretiert nun Erfahrung. Empirie meint die experimentell überprüfbare oder gewonnene Erfahrung. Aber kann man denn Ethik experimentell, empirisch begründen? Führt dies nicht zu einem naturalistischen Fehlschluß?

Der Erfahrungsbegriff als solcher ist also höchst vieldeutig — auch wenn man *Kants* Sprachgebrauch gar nicht hinzunimmt. Er reicht von einer empiristischen Verifikation bis zur Gleichsetzung mit „innerer" Erfahrung. *Descartes* spricht von innerer Erfahrung als „intuition", *Pascal* vom „esprit de finesse", den er vom rationalen „esprit de geometrie" unterscheidet. Wissenschaftstheoretisch ist also der Erfahrungsbegriff ganz ungeklärt.

Heute hat der Erfahrungsbegriff eine doppelte Spitze:

(a) Er richtet sich einmal gegen eine spekulative Metaphysik; er vertritt dagegen das Prinzip der Nachprüfbarkeit durch Beobachtung und Experiment.

(b) Er ist zum anderen kritisch gegen Fremdbestimmung: Es geht um die *eigene* Erfahrung, die Unmittelbarkeit des Selbst-Erfahrenen. Auch Glaube begegnet nur „in, mit und unter Erfahrung". Erfahrung zielt auf Einverständnis. Der Glaube kann solcher Erfahrung sowohl widersprechen, sie aber auch bestätigen und sogar einen Erfahrungszuwachs bringen.

Nach *W. Dilthey* ist alle Wissenschaft „Erfahrungswissenschaft", nämlich entweder als experimentell überprüfbare Tatsachenwissenschaft oder als Geisteswissenschaft im Sinne des „Gesamterlebnisses der geistigen

Welt". Beide sind aber je in ihrer Art so „unvergleichbar", daß sie nicht miteinander identifiziert werden können.

H. G. Gadamer konstatiert angesichts dieser Sachlage, Erfahrung gehöre in der Philosophie zu den „unaufgeklärtesten Begriffen" (Wahrheit und Methode, 1965², S. 324). Diese Unschärfe des Erfahrungsbegriffes erschwert seinen Gebrauch in der Ethik.

Erfahrung kann verstanden werden im Sinne empirisch feststellbarer Sachverhalte. Ethik wäre dann eine Erfahrungswissenschaft in dem Sinne, daß sie sich auf das empirisch Belegbare, auf Daten, Fakten stützt (z. B. Umfragen, gesicherte Ergebnisse der Humanwissenschaften).

In diesem positivistisch eingeschränkten Sinne führt jedoch der Begriff Erfahrung in der Ethik nicht weiter. Erfahrung ist vielmehr für die Ethik als *Lebenserfahrung* bedeutsam. Entsprechend der Vielfalt von Deutungsmöglichkeiten von Leben wird der Erfahrungsbegriff damit vielschichtig und umfassend. In die Erfahrung geht nicht nur das ein, was diskursives Denken erfassen kann. Naturwissenschaftliches Erfahren sinnlich gegebener Gegenständlichkeiten, geschichtliche Wirklichkeitserfassung (*Dilthey*), dialogische Erfahrung (*M. Buber*), Grenzerfahrung (*K. Jaspers*) und Transzendenz- und Glaubenserfahrung führen zu je eigenen Einsichten.

Erfahrung verändert das Subjekt und kann als Lernen bezeichnet werden. Der einzelne Mensch lernt aus Erfahrung. In Sprache und Überlieferung verfestigt sich Erfahrung. Erfahrung ist das Sediment einer Gesellschaft. Bereits durch Sprache erhält der Einzelne Anteil an Erfahrungsmöglichkeiten. Kultur und Bildung werden sprachlich vermittelt. Ethisch verantwortlich denken und handeln lernt der Mensch durch die Mitteilung von Erfahrung.

Erst infolge der Fähigkeit, Erfahrung kritisch zu prüfen, also durch Normdistanz, Wahlmöglichkeit und Normenprüfung, kommt es freilich zu einem *kritischen*, selbständigen Umgang mit Erfahrung. Erst kritischer Umgang mit Erfahrung — nicht bloße Anpassung an herrschende Konventionen — ermöglicht Wahrnehmung von Verantwortung im Sinne von Gewissenserfahrung.

Die Vermittlung solcher Erfahrung ist das Ziel der Ethik. In der Gewissenserfahrung wird die Unvertretbarkeit des eigenen Ich und das unbedingte Verpflichtetsein erfahren. Ethos (die Lebensform) als menschliche Grundhaltung wird vor allem durch Erfahrung tradiert. Ethik (im Sinne einer reflektierenden Überlegung) übersetzt Ethos in normative Sätze. Inhalt des Ethos sind zunächst einmal Grundhaltungen, „Grundwerte", „Tugenden" — nicht einzelne normative Anweisungen. Gewissenserfahrungen beziehen sich auf „faktisch gelebte Überzeugungen".

Ein Ethos, das der Idee der Gerechtigkeit verpflichtet ist, beantwortet beispielsweise aber noch nicht Fragen nach den Kriterien der Verteilungsgerechtigkeit oder nach Bedingungen der (sozialen) Marktwirtschaft.

4. Die Vernunft in der Ethik

Welche Bedeutung kommt damit der Vernunft, der Rationalität überhaupt für die ethische Urteilsbildung zu? Vernunft, Rationalität als kritische Instanz, Argumentationsprinzip ist nicht nur zu verstehen im Sinne einer bloß formalen Vernunft, technischen Verstandes, instrumentaler Rationalität. Vernunft, kritische Vernunft, Vernunftinteresse, Vernunftprinzip beschreiben vielmehr den Entwurf einer Lebensweise, einer sozialen Praxis.

Kant erst entwickelte Vernunft als den Begriff freier Argumentation. „Vernunft" kann somit nicht als Zustand identifiziert werden, sondern meint eine *Weise*, Probleme zu lösen. Kant erklärt in der „Kritik der reinen Vernunft", es sei demütigend für die menschliche Vernunft, daß sie in ihrem reinen Gebrauche nichts ausrichte und sogar noch einer Disziplin bedürfe, „um ihre Ausschweifungen zu bändigen". Der größte und einzige Nutzen der Philosophie der reinen Vernunft sei „also wohl nur negativ; da sie nämlich nicht, als Organon, zur Erweiterung, sondern, als Disziplin, zur Grenzbestimmung dient, und, anstatt Wahrheit zu entdecken, nur das stille Verdienst hat, Irrtümer zu verhüten" (Kritik der reinen Vernunft, B 823): Voraussetzung des Gebrauchs der Vernunft ist die freie Argumentationsgemeinschaft. Denn kritisiert werden kann die Vernunft nur in ihrem Gebrauch. Unerläßlich ist die *Öffentlichkeit* des Vernunftgebrauchs.

So verlangt Kant:

„Die Vernunft muß sich in allen ihren Unternehmungen der Kritik unterwerfen, und kann der Freiheit derselben durch kein Verbot Abbruch tun, ohne sich selbst zu schaden und einen ihr nachteiligen Verdacht auf sich zu ziehen. Da ist nun nichts so wichtig, in Ansehung des Nutzens, nichts so heilig, das sich dieser prüfenden und musternden Durchsuchung, die kein Ansehen der Person kennt, entziehen dürfte. Auf dieser Freiheit beruht sogar die Existenz der Vernunft, die kein diktatorisches Ansehen hat, sondern deren Ausspruch jederzeit nichts als die Einstimmung freier Bürger ist, deren jeglicher seine Bedenklichkeiten ja sogar sein Veto, ohne Zurückhalten muß äußern können" (KrV B 766/767).

Man kann diesen freien Vernunftgebrauch auch das Apriori der Kommunikationsgemeinschaft (*K. O. Apel*) nennen.

Vernunft ist Prinzip der Argumentation, Prinzip diskursiver Verständigung.
Was Vernunft ist, kann daher nicht unmittelbar (abstrakt) bestimmt werden. Man kann sich in der Argumentation nur über etwas Bestimmtes, über eine bestimmte Meinung, eine bestimmte Norm verständigen. Inhaltliche Meinungen, Werte oder Normen sind aus der Vernunft nicht ableitbar. Vernunft ist somit in einem Argumentationsprinzip und zugleich Fallibilitätsanspruch, jedoch nicht „Substanz". „Vernunft ist nicht identifizierbar als Faktum, als Sachverhalt, als Ereignis, als Gegenstand, als bestimmte Meinung oder Norm. Man kann sagen, Vernunft zeigt sich in ihrem Gebrauche, sie zeigt sich als Möglichkeit reziproker Anerkennung und Verständigung, sie ist ihrem Wesen nach praktische Vernunft" (Ulrich Annacker, Vernunft, in: Handbuch philosophischer Grundbegriffe, 1974, VI. S. 1612). Vernunft hat aufgrund von Erfahrung und Überlieferung zu prüfen, was ethisch vertretbar ist. Die Überlegung, was ethisch vertretbar ist, ist in doppelter Hinsicht zu klären, nämlich (a) was sachlich, technisch realisierbar ist und (b) was menschlich „geht", zumutbar, was menschenwürdig ist.

§ 10. Deontologische und teleologische Argumentation

Die bisherigen Überlegungen sind zu ergänzen durch die Frage nach dem der Ethik angemessenen „vernünftigen" Argumentationsverfahren. Zunächst galt es, Grundbegriffe zu erläutern: Tugend, Sittengesetz, Pflicht, Autonomie, Gerechtigkeit, Menschenwürde, Humanität, Erfahrung und Vernunft. Dadurch sollte deutlich werden, daß Ethik nicht ein rationales Konstrukt ist, sondern von *Tradition* lebt und zehrt. Bereits die Sprache der Ethik ist Tradition, geprägte Erfahrung. Erst am Schluß solcher Überlegungen sei auf zwei typische Argumentationsverfahren eingegangen: Teleologie und Deontologie (vgl. hierzu auch oben Kap. I § 1, 4.3: Gesinnungs- und Verantwortungsethik).

1. Begriffe

Die *teleologische* Argumentation (abgeleitet von τέλος, Ziel) mißt ein Handeln am Ziel: am Ergebnis, an dem, was es bewirkt. Das Ziel (Telos) ist freilich kein eindeutiger Begriff. Telos kann sowohl (a) Zweck als auch (b) Folge, Konsequenz und schließlich (c) Erfolg, Effizienz bedeuten. Die erste wissenschaftliche Ethik, nämlich die des *Aristoteles*, war teleologisch angelegt. Ihr Ziel besteht im Streben nach dem höchsten Gut.

Die *deontologische* Argumentation ist begrifflich abgeleitet von τὸ δέον, die Pflicht, das Erforderliche, das Geforderte. Eine deontologische Ethik orientiert sich an Grundsätzen. Ihre Leitfrage ist: Was wird gesollt? Was soll ich wollen, und zwar unabhängig von empirisch-pragmatischen Erwägungen, ob es realisierbar ist? Das Beispiel einer deontologischen Argumentation ist *Kants* Ethik mit dem Pflichtgedanken und der Forderung des Kategorischen Imperativs. Deontologie beruft sich auf Gebote, Verbote, Moralprinzipien. Neben Kant wird in der Ethik als Vertreter der Deontologie vor allem der englische Ethiker und Altphilologe *David Ross* (1877–1971) genannt. Er stellte einen Katalog von prima-facie-Pflichten, unmittelbar einleuchtenden Forderungen auf. Ross kennt materiale Pflichten, z. B.: Versprechen sind zu halten; man darf niemand schädigen. Es gibt Wahrheitspflichten, Dankbarkeitspflichten,

Gerechtigkeitspflichten. Sie sind selbstevident. Solche Pflichten drängen sich beim ersten Eindruck, prima facie, als vernünftig auf, so wie wir überzeugt sind von der Vernunft der Mathematik.

Im Unterschied zu Kant ist Ross freilich kein Rigorist: Ob solche Pflichten in jeder Situation zu realisieren sind, ist für ihn eine eigene Frage. Anders als Kant anerkennt Ross auch die Möglichkeit von Pflichtenkollisionen (Beispiel Notlüge).

2. Zuordnung zur Theologie

Vor allem die theologische Ethik gilt traditionell als deontologische Ethik. Denn sie geht aus von Fragen wie den folgenden: Was ist der unbedingt geltende Wille Gottes? Was ist Gottes Gebot? Was ist die Forderung der Natur?

Wenn freilich die metaphysische Begründung der Ethik, also eine Ableitung konkreter Einzelforderungen aus Gottes Willen, Gottes Gebot, aus der Ordnung der Natur problematisiert wird, dann erhält die teleologische Argumentation den Vorzug. Ethik kann man dann nicht mehr aus der Struktur einer ewigen Seinsordnung, eines unveränderlichen Naturrechts, aus dem Naturgesetz begründen. Ethisches Handeln hat sich an seinen eigenen sittlichen Zwecken zu legitimieren.

Für den Wandel des Argumentationsverfahrens von einer deontologischen zu einer teleologischen Argumentation in der katholischen Moraltheologie seien exemplarisch genannt *Franz Böckle*, Fundamentalmoral, 1977, § 23. Zwei Typen der Begründung (S. 305–319); *B. Schüller*, Die Begründung sittlicher Urteile, 1980², S. 282–292: ,teleologisch' und ,deontologisch' als termini technici normativer Ethik.

Für die teleologische Argumentation wird die Verbindlichkeit eines Ethos mit der Erreichung und Verwirklichung bestimmter Werte begründet. Anders als in einer deontologischen Argumentation gibt es keinen „in sich schlechten Akt" (malitia absoluta intrinseca). Das klassische Beispiel einer solchen an sich schlechten Handlung, die ethisch verboten ist, auch wenn sie dem Nächsten nicht schadet, ist ein Geschlechtsverkehr ohne Zeugungsabsicht. Die Deontologie behauptet, es gebe menschliche Handlungen, die schlecht sind, weil sie naturwidrig sind.

Die teleologische Argumentation wird weithin mit der utilitaristischen Argumentation gleichgesetzt.

3. Zur Bewertung

Aufgrund der Diskussion um die Alternative von Teleologie oder Deontologie stellt sich die Frage, ob diese Alternative zwingend ist. Kommt man mit der Behauptung einer unausweichlichen Alternative nicht zu einer falschen Antithese? Bereits *Hegel* (Philosophie des Rechts, § 118, Zusatz, ed. Glockner, 7,178) bemerkte: „Der Grundsatz, bei den Handlungen die Konsequenzen verachten, und der andere, die Handlungen aus den Folgen beurteilen und sie zum Maßstab dessen, was gerecht und gut sei, zu machen, ist beides gleich abstrakter Verstand."

Die Wirklichkeit ethischer Urteilsbildung ist komplizierter, als daß die *Antithese* von Deontologie oder Teleologie zureichend wäre. Außerdem nötigt die Unverfügbarkeit des Schicksals zur Einsicht in die Grenzen des Machbaren: Eine der Habilitationsthesen Hegels lautet: „Principium scientiae moralis est reverentia fato habenda" (Erste Druckschriften, ed. Lasson (Meiner), Bd. 1, 1928, S. 405: „Der Anfang, das Prinzip der Moralwissenschaften ist die Ehrfurcht, die wir dem Schicksal entgegenbringen müssen.").

Man wird in einer argumentierenden Ethik deshalb vorrangig teleologisch verfahren, also ein Prüfen der Handlungsfolgen vornehmen. Aber es gibt Grenzen der teleologischen (und utilitaristischen!) Argumentation. So kann beispielsweise kein noch so guter Zweck die Verletzung der Menschenwürde als oberster Norm rechtfertigen: Das Folterverbot als oberster Grundsatz gilt unbedingt, „deontologisch". Oder: Gute Folgen für viele können nicht eine einzelne schlechte Tat erlauben (Joh. 11,50: „besser ein Mensch stirbt, als ein ganzes Volk verdirbt."). Keine Güterabwägung legitimiert die Vernichtung eines Einzelnen in der Absicht, andere abzuschrecken. Eine gemäßigte Deontologie, wonach auch die Folge einer Pflichterfüllung zu prüfen ist, und eine teleologische Argumentation, die nicht *alle* Handlungen ausschließlich von ihren Folgen her bestimmt, bilden keinen kontradiktorischen Gegensatz.

Zum Grundsatzstreit um teleologische oder deontologische Argumentation in der katholischen Moraltheologie ist zu vergleichen: *Franz Furger*, Was Ethik begründet. Deontologie oder Teleologie — Hintergrund und Tragweite einer moraltheologischen Auseinandersetzung, 1984. Ausgelöst wurde diese Debatte durch die Veränderungen der katholischen Moraltheologie seit dem 2. Vatikanischen Konzil: Sie wandte sich von einer juristisch geprägten Kasuistik ab und nahm rationale Argumentationsverfahren auch der angelsächsischen Ethik auf. Dies führt zur kritischen Frage, ob die Moraltheologie dadurch nicht selbst die Normen, die Moral überhaupt in bloßes Nutzenkalkül, Utilitarismus, Anpassung an die Zeit auflöse. Der katholische Philosoph *Robert Spaemann* übte solche

Kritik und fordert von einer kirchlichen Morallehre die Rückkehr zum Pflichtgebot, zur Deontologie. Die Universalteleologie führe zum bloßen Nutzenkalkül. Franz Furger erinnert dagegen an die klassische und mittelalterliche Forderung, die Klugheit („prudentia") solle „auriga virtutum", „Wagenlenker" in allen sittlichen Bestrebungen sein. Dies erlaubt es heute, pragmatisch-utilitaristische Überlegungen aufzunehmen, ohne einem eudämonistisch-egoistischen, hedonistischen Denken zu verfallen. Es kann sehr wohl eine „teleologische" Verantwortungsethik geben und nicht nur ein rationales reines Nutzenkalkül.

Andererseits gilt: Reine Deontologie gleitet leicht in unmenschlichen Rigorismus ab. Ein Beispiel solchen Rigorismus ist *Fichte*.

Fichte schrieb an seinen Freund Henrik Steffens, der seiner Frau nicht die volle Wahrheit über ihren Krankheitszustand sagen wollte: „Deine Wahrheit! Eine solche, die dem einzelnen Menschen gehört, gibt es nicht. Sie hat über dich, du nicht über sie zu gebieten. Stirbt die Frau an der Wahrheit, so soll sie sterben."

Keine Deontologie kommt außerdem völlig ohne Ausnahmeregeln aus!

Reine Teleologie verfällt andererseits leicht einem unkritischen Utilitarismus, kann also in einen pragmatischen Opportunismus abgleiten.

Nicht jede Teleologie reduziert sich aber auf bloße „Wohlfahrtsbilanzierung". Ethik ist also kein bloßes Abwägen einer instrumentellen Nützlichkeit (eines bonum utile), sondern teleologisch orientiert auf das sittlich Gute hin (das bonum morale). Zwischen Deontologien milderer Art und einer Teleologie, die nicht in einem bloßen utilitaristischen Konsequentialismus aufgeht, gibt es im konkreten Fall weithin Übereinstimmung.

Ethik zielt auf das, was man gut bzw. sittlich gut, wertvoll nennt. Das ist ihr Telos. Sie hat für die Erreichung dieses Zieles freilich plausible ethische Argumente beizubringen. Man kann also von einer „deontologisch begründeten Teleologie" (Furger, S. 53) sprechen. *„Deontologisch"* ist der unbedingte Anspruch, die Verpflichtung auf das sittlich Gute, die Grundentscheidung für das Sittliche; *„teleologisch"* ist dann die Anwendung der Grundsätze auf konkrete Situationen. Die sittliche Grundentscheidung kann deontologisch verstanden werden; die jeweilige Einzelentscheidung ist teleologisch zu begründen.

4. Ausblick

Der Überblick über ethische Grundbegriffe hat zugleich Aspekte aus der Geschichte der Ethik aufgegriffen. Dabei zeichnet sich eine Evolution ethischer Logik ab: Der Weg führt von der heteronomen Forderung

§ 10. Deontologische und teleologische Argumentation

einer autoritativ gegebenen *Gesetzesethik* zur *autonomen Selbstbindung* im ethischen Entschluß und zur *teleologischen Prüfung* eines Handelns. Aufgabenorientierung führt zu teleologischen Erwägungen, und das kann sogar heißen, zurück zu den Anfängen, zu Aristoteles. Mit den folgenden Überlegungen verlagert sich das Gewicht noch mehr als bisher auf gesellschaftliche Aspekte und inhaltliche Aussagen der Gegenwartsethik.

Exkurs: Zur Methode ethischer Urteilsfindung

Ein operationales Schema für die Bildung sittlicher Urteile hat 1977 *Heinz-Eduard Tödt* vorgestellt (Versuch zu einer Theorie ethischer Urteilsfindung, ZEE 21, 1977, S. 81–93). Tödt hat als methodisches Verfahren sechs Schritte der Urteilsfindung vorgeschlagen. Die sechs Schritte sind:

(1) Problemfeststellung: Worin besteht überhaupt das ethische Problem, inwiefern ist das Problem ein spezifisch ethisches — und nicht etwa ein ästhetisches, ein religiöses?

(2) Situationsanalyse: Untersuchung des realen ‚Kontextes'.

(3) Verhaltensalternativen: Welche anderen Handlungsmöglichkeiten gibt es; inwiefern gibt es andere Entscheidungsmöglichkeiten? (Beispiel: Wehrdienst oder Wehrdienstverweigerung).

(4) Normenprüfung: Welche Normen, Maßstäbe sind im vorliegenden Fall anzuwenden, heranzuziehen?

Aus der Berücksichtigung der Gesichtspunkte 1–4 folgt:

(5) der jeweilige Urteilsentscheid: Wie verhalte ich mich konkret, welche Entscheidung treffe ich im Einzelfall?

(6) Hinterher sollte und könnte eine rückblickende Adäquanzkontrolle prüfen, ob die Entscheidung richtig war.

Dieses methodische Vorgehen beschreibt ein sachlogisches Schema, nicht einen psychologischen Ablauf. Unter Zeitdruck muß unter Umständen rasch entschieden werden, ohne Rücksicht auf den psychischen Verlauf der Entscheidung. Tödts Schema ist ferner — z. T. gegen seine Intention — eine lediglich pragmatische Anleitung zur Urteilsfindung, keine umfassende ethische Theorie. Es ist sinnvoll als didaktische Anleitung, wird aber fragwürdig als übergreifende Theorie, in der die ethische Tradition mit ihrer Güter-, Tugend- und Pflichtethik insgesamt integriert werden müßte.

(1) Der Leitbegriff der Verantwortung und der Gedanke einer Verantwortungsethik ist im theoretischen Sinne zutreffender.

Vgl. zur Diskussion von Tödts Ansatz die Beiträge in ZEE 22, 1978: S. 181–187, *Otfried Höffe*, Bemerkungen zu einer Theorie sittlicher Urteilsfindung (H. E. Tödt); S. 188–199, *Christian Link*, Überlegungen zum Problem der Norm in der theologischen Ethik; S. 200—213, *Christofer Frey*, Humane Erfahrung und selbstkritische Vernunft = Schöpferische Nachfolge, Festschrift für Heinz Eduard Tödt, hg. von Christofer Frey/Wolfgang Huber, FEST, Texte und Materialien, Reihe A, Nr. 5, 1978, S. 115—137.

Eine erweiterte Fassung hat H. E. Tödt in dem Band „Perspektiven theologischer Ethik", 1988, S. 21—48, „Versuch einer ethischen Theorie sittlicher Urteilsfindung" veröffentlicht; darin wird besonders der Anspruch auf eine Theorie betont. AaO findet sich im Anschluß an *G. Picht*s philosophische Reflexion von Zeit ein weiterer Beitrag zur theoretischen Reflexion: S. 49—84, „Die Zeitmodi in ihrer Bedeutung für die sittliche Urteilsfindung."

(2)Tödts Urteilsschema ist in pragmatischer Hinsicht hilfreich, da es erlaubt, in methodischen Schritten ethische Entscheidungen kritisch zu reflektieren. Es gibt Erfahrungswerte an die Hand und stellt Verfahrensregeln auf. In dieser Hinsicht steht es in der aristotelischen Tradition der Vorzugswahl (προαίρεσις). Die Strebensethik geht auf Aristoteles zurück und wird heute wiederum intensiv unter dem Stichwort des praktischen Syllogismus diskutiert (vgl. Höffe, S. 183). Ein Urteilsverfahren ist jedoch in seinen sechs Schritten nicht spezifisch sittlich. Das Verfahren der sechs Urteilsschritte ist indifferent gegenüber der Sittlichkeit; und das Epitheton „ethisch" oder „sittlich" ist ohne weiteres durch „politisch", „rechtlich" oder „ökonomisch" zu ersetzen (Höffe, S. 185). Der Anspruch von Tödt, mit dem Verfahren sittlicher Urteilsfindung eine ethische Theorie oder eine Theorie des „Sittlichen" zu entwerfen, greift also zu weit. Die Frage nach der Eigenart sittlicher Prinzipien und ethischer Kriterien wird durch die methodischen Verfahrensschritte nicht beantwortet. Positiv zu vermerken ist jedoch (a) das Bestreben, nachprüfbare Verfahrensschritte aufzuzeigen, und damit (b) Vernunft in Gestalt der Tugend der Klugheit als ethisches Erkenntnisprinzip ins Recht zu setzen; damit knüpft die Operationalisierung des ethischen Urteils an die aristotelische Tradition an.

Der eigentlich strittige Punkt in diesem didaktischen Schema ist die Frage der *Norm* (vgl. dazu Kap. 4: Werte und Normen). Tödts methodischer Vorschlag greift auf die Fragestellung von Aristoteles in der Nikomachischen Ethik zurück: Schon für Aristoteles kennzeichnend ist das Zusammenspiel von charakterlicher und kognitiver Kompetenz: Das Zusammenwirken von Tugend (ἀρετή) und Vernunft (νοῦς) führt zu einem Urteil in Gestalt einer Vorzugswahl (προαίρεσις) (Höffe, S. 183). Das ethische Urteil gewinnt man darum nicht durch ein deduktives Verfahren der Ableitung aus obersten Grundsätzen. Der praktische Syllogismus in einem Urteilsbildungsverfahren begreift eine ethische Handlung als bewußte Willenshandlung. Das heißt: Sie entsteht in einer Verbindung von rationaler Reflexion und Willen, voluntativen und emotionalen Strebungen, Affekten.

Die Liebe bezeichnet Tödt innerhalb dieses Urteilsfindungsschemas freilich nicht als Norm, sondern als Meta-Norm, oder um es mit *A. Rich* zu sagen: Die Liebe ist nicht Maßstab, κριτήριον, Kriterion, sondern Urteilsinstanz, κριτής, richtende Instanz. Bei der Erörterung der Meta-Norm Liebe ist freilich nicht nur die Bedeutung der Liebe für die Interpretation sozialer Normen zu bedenken, sondern auch die Vereinbarkeit der Meta-Norm Liebe mit anderen Meta-Normen (z. B. Egoismus, Vergeltungsgedanke) zu reflektieren (vgl. Kap. II., § 10 Das Liebesgebot).

4. Kapitel

Normen und Werte

Den eigentlichen materialen Gegenstand der Ethik bezeichnet man heute häufig mit den Worten „Normen und Werte". Die Begriffe Werte und Normen werden erst seit relativ kurzer Zeit üblich. Die klassischen Formulierungen heißen: Gesetz, Gebot. Die Betonung von Werten und Normen hat zur Ursache den Wechsel von einer deontologischen Argumentation zur teleologischen.

§ 1. Werte

1. Begriff

Ein wesentliches Defizit der Wertediskussion ist die Unklarheit des Wertbegriffs. Das Wort Wert hat etwas Schillerndes an sich. Es trägt den Charakter eines „Chamäleons" (*Rudolf Otto*). Deshalb redet man häufig zugleich von „Normen" und Werten. Beschrieben wird mit diesem Wort ein Grundproblem jeder normativen Ethik, nämlich das Problem der sittlichen Orientierung. Statt von Normen und Werten spricht man darum auch von Maßstäben, „Richtlinien", Kriterien, „Maximen" ethischer Entscheidung (*A. Rich*), von Regeln, allgemeinen Grundsätzen. Über den Begriff der Regel kommt dann der Begriff Normen in die Diskussion. Normen sind Maßstäbe wertender Beurteilung. Es gibt erkenntniskritische, logische, juristische, ästhetische und ethische Normen. Normativ heißt wertend, urteilend. Wenn Ethik nur in der Grundhaltung der Entscheidung, im Pathos der Entscheidung ihre Aufgabe sieht, so kann sie auf Werte und Normen verzichten. Materiale Ethik wird dann freilich zur reinen Situationsethik.

Ebenso kann die Frage nach Werten und Normen in der Theologie dann ausgeklammert werden, wenn man einen exklusiv offenbarungstheologischen Ansatz der Ethik vertritt. Denn so wie von der Fundamentaltheologie die Frage nach der Religion des Menschen und nach einer Gotteserkenntnis außerhalb der Offenbarung abgelehnt wird, weil hier „natürliche" Theologie getrieben werde, so ist dann entsprechend die Frage nach Werten abzuweisen. Der christliche Glaube, evangelisch verstanden, fragt dann nicht nach Werten, sondern nach Gottes Wort, wie es in Jesus Christus offenbar ist. Die Frage nach „Werten" ist dann als „erzkatholisch" (*E. Jüngel*) abzulehnen und zu verwerfen. Die evangelische Kritik am Naturrecht wird umstandslos auf die Wertediskussion übertragen.

Wer in der evangelischen Ethik das Thema der Werte aufgreift und erörtert, sieht sich erheblichen Vorbehalten ausgesetzt. Diese Vorbehalte lassen sich historisch erklären: Von Hause aus ist Wert ein ökonomischer Begriff. Noch in Lexika Ende der 60er Jahre wird „Grundwert" einfach mit „Bodenwert" wiedergegeben. Seit *Adam Smith* spricht man von

Gebrauchswert, Tauschwert, Realwert. Auch in *Karl Marx'* politökonomischer Theorie ist Wert lediglich ein ökonomischer Begriff („Mehrwerttheorie" im „Kapital").

Balzac (l'illustre Gaudisart) kommentiert das Aufkommen des Begriffs „Wert" so: „Die Unordnung der Verhältnisse im Jahre 1830 brachte, wie jedermann weiß, viele alte Ideen ans Licht, die geschickte Spekulanten zu verjüngen versuchten. Insbesondere wurden seit 1830 die Ideen zu Werten; und wie ein Schriftsteller gesagt hat, der geistreich genug war, nichts zu publizieren, man stiehlt heute mehr Ideen als Taschentücher. Vielleicht werden wir eines Tages eine Börse für die Ideen haben. Aber schon jetzt, seien sie nun gut oder schlecht, werden die Ideen nach ihrem Kurswert notiert; man sammelt sie; man verkauft sie; man setzt sie um; sie bringen Zinsen. Wenn es keine Ideen zu verkaufen gibt, versucht die Spekulation, bloße Werte in Gunst zu setzen; man gibt ihnen die Konsistenz einer Idee und lebt von ihren Werten wie der Vogel von seinen Hirsekörnern. Lachen Sie nicht! Ein Wert gilt ebenso viel wie eine Idee in einem Land, wo man durch die Aufschrift der Sachen leichter verführt ist als durch seinen Inhalt ... Indem sie zu einem Gewerbebetrieb wurde, mußte die Intelligenz mitsamt ihren Produkten natürlicherweise dem Verfahren gehorchen, das von den gewerblichen Manufakturen angewendet wird."

2. Geschichte der Wertethik

Die Aufnahme des Wertbegriffs im 19. Jahrhundert seitens der philosophischen Ethik verdankt sich einer bestimmten historischen Konstellation. Die Erfolge von Naturwissenschaft und Technik prägen das Wirklichkeitsverständnis. Die Tradition metaphysischen Denkens wird prinzipiell in Frage gestellt. Ethik wird nicht länger auf Metaphysik, sondern pragmatisch begründet. In die Kritik der spekulativen Metaphysik wird die metaphysische Begründung des Naturrechts hineingerissen. Der Zusammenbruch des geschlossenen christlich-mittelalterlichen Weltbildes mit ihrem theologischen oder religiösen Ordnungssystem betrifft auch die Ethik. Gleichzeitig treten Sein und Sollen, Wissenschaft und Ethik, Fakten und Wertungen auseinander. Die Wissenschaft soll wertfrei sein. Um das vor allem von *Max Weber* mit Nachdruck verfochtene Postulat der Wertfreiheit der Wissenschaft wurde im Werturteilsstreit heftig gestritten.

Infolge der Trennung von Fakten und Wertungen sieht sich die Ethik jedenfalls genötigt, eine eigene Wertlehre zu entwickeln. Gegenstand der Ethik sind nicht Tatsachen, sondern Werte. Die Aufgabe der Ethik ist es, über die Richtigkeit einer „Wertung" zu befinden. Diese Werttheorien stehen freilich schon im Horizont der Kritik *Nietzsches* an der tradierten

Moral und der Forderung nach einer neuen Moral, einer „Umwertung aller Werte".

Den Wertbegriff hat *Rudolf Hermann Lotze* (1817—1881) in die Ethik eingeführt, sieht man von der Bestimmung der Würde des Menschen bei *Kant* als einzigartigem „Wert" ab. Lotze ist Vertreter eines kritischen Empirismus. Ihm geht es um exakte Beobachtung in Abgrenzung gegen den Idealismus und gegen Schellings Naturphilosophie. Die Frage nach Werten ist Zeichen und Indiz eines Wandels des moralischen Bewußtseins, einer Wertekrise. Wesentlich wird dabei die Frage nach der *Geltung* von Werten. Die Neukantianer *Wilhelm Windelband* (1848—1915) und *Heinrich Rickert* (1863—1936) haben die Fragestellung weiterentwickelt. An die Stelle der Ontologie als Grundlegung der Ethik tritt eine Anthropologie, welche eine Präferenzsetzung hinsichtlich von Lebensvollzügen ermöglichen soll.

Eine Werttheorie findet realiter die Wertungen immer schon vor. Sie kann deren Herkunft, Genese zwar erklären; aber sie kann die Werte nicht „begründen". Die Frage verlagert sich damit von der theoretischen Begründung auf deren Geltung. Wie kann man ermitteln, welche Werte richtig, welche Werte falsch sind? Die Geltungsfrage macht es unmöglich, bloß deskriptiv zu verfahren. Man muß wertend, präskriptiv, normativ in der Ethik verfahren. Die Geltungsfrage beantwortet Lotze mit dem Hinweis auf ein intuitives Wertefühlen. Nietzsche sieht Werte hingegen im Dienste von Interessen stehen. Er entlarvt die Berufung auf Werte als Mittel im Kampf ums Dasein. Bei den Neukantianern wird die Frage der Geltung zur Aufgabe der Legitimation mit Hilfe der „praktischen Vernunft".

Max Scheler (1874—1928) lehnte den Formalismus der Ethik Kants ab („Der Formalismus in der Ethik und die materiale Wertethik", 1913/ 1916). Zugleich will er den „empirischen Relativismus" überwinden, der Werte in ihrer Herkunft psychologisch und historisch erklärt. Dagegen richtet sich Max Schelers Entwurf einer materialen Wertethik. Die phänomenologische Beschreibung von Werterfahrungen führt zu einer intuitiven Wesensschau. Diese erfaßt ein „Wertapriori" und eine Wertordnung. Werte, so Max Scheler, bilden ein eigenes Reich hierarchisch abgestufter Qualitäten. Das Vorbild ist Platons Ideenlehre. Allerdings hat Werterkenntnis ihren Ort nicht im Rationalen, Kognitiven, sondern im Emotionalen. Das materiale Wertethos beruht auf einer Wesensschau. Die Absicht Schelers ist es, eine vom geschichtlichen Wandel und dem Relativismus freie, objektive Wertordnung und Rangordnung der Werte zu begründen. Dadurch soll die philosophische Ethik als „absolute Ethik" erneut möglich werden. Der Phänomenologie fällt die Aufgabe zu, die Evidenz des Wertapriori generell aufzuzeigen.

Max Schelers Wertethik ist ein bemerkenswerter, aber gescheiterter Versuch, den Relativismus und die Diskrepanz zwischen Sein und Sollen zu überwinden. Ähnlich wie Max Scheler konzipiert *Nicolai Hartmann* (1882—1950) seine Ethik (1949³): Werte haben eine „Seinsweise" nach Art „platonischer Ideen".

3. Probleme der Wertethik

Der Entwurf einer Wertethik ist Ausdruck einer Aporie. Sie ist zunächt Reaktion auf die Infragestellung der Ethik durch den Nihilismus. Auf diese Krise reagiert die Wertethik mit der Errichtung einer feststehenden absoluten Rangordnung, einer Wertehierarchie. Die Inhalte dieser Ethik, die Werte, sollen zeitlos feststehen und unabhängig vom geschichtlichen Wandel gelten. Aber kann man Werte aufgrund einer apriorischen Wesensschau erkennen? Kann Intuition eine Wissenschaft von Werten, eine „Axiologie" begründen? Kann es eine verbindliche ethische Orientierung außerhalb der Geschichte geben? Es ist aufgrund dieser Schwäche der Wertethik verständlich, daß ein existentielles Denken, die Existenzphilosophie, oder der Dezisionismus die Wertethik abgelöst haben. Die Entscheidung wird hier an der konkreten Situation gewonnen.

Auch die Ansätze zu einer Aufnahme des Wertgedankens seitens evangelischer Theologen — vor allem die Marburger *Wilhelm Herrmann* und *Rudolf Otto* — fielen der Kritik der Dialektischen Theologie zum Opfer. Die „Entscheidung" des Glaubens (*Rudolf Bultmann*) oder der „Gehorsam" gegenüber der Autorität des Wortes Gottes, dem Anspruch der Offenbarung (*Karl Barth*) läßt keinen Raum für eine Reflexion auf Werte.

Näherhin ist die Frage nach Werten Zeichen eines Wertekonflikts. Überlieferte religiöse und moralische Normen geraten in Spannung zu neuen Forderungen. Aus den Normenkonflikten erwachsen Gewissenskonflikte. In der 2. Hälfte des 19. Jahrhunderts war dies ein Konflikt zwischen dem neuentdeckten Wert des Subjektseins der Menschen und dem überlieferten Ordnungssystem. Im ausgehenden 20. Jahrhundert sind es Konflikte zwischen alten Werten, wie bürgerlichem Verhalten, Fleiß, Ordnung, Pflichterfüllung, und neuen Werten wie Umwelt, Frieden, Zukunft, Selbstbestimmung. Max Scheler suchte den Wertkonflikt zu lösen durch den Verweis auf eine vorgegebene objektive Wertordnung, eine „Werthierarchie". Wertvorstellungen in hierarchischer Reihung verhindern ein Wertchaos.

Doch neben der platonisierenden Werterkenntnis ist vor allem dieser Hinweis auf Werthierarchien fragwürdig. Man kann das Problem des faktischen gesellschaftlichen Pluralismus von Werten nicht durch einen metaphysischen Wertekosmos lösen. Denn wie kommen die ideal gedachten Werte überhaupt vom gedachten „Himmel" herab in die irdische Wirklichkeit? „Werte" sind immer ein sozialethisches und ethisch-politisches Thema. Das dokumentiert gerade auch die sog. Grundwertedebatte der 70er Jahre (vgl. unten § 3). Die Vorstellungen, was sittlich richtig oder sittlich falsch ist, sind in einem Verfahren der Konsensfindung zu ermitteln. Freilich können bloße Verfahrensregelungen nicht die Wertfrage ersetzen. Es geht durchaus um inhaltlich-materiale Kriterien. Sowohl Regeln moralischen Handelns wie das Handeln zielorientierend bestimmende Werte sind in der Ethik zu thematisieren. „Werte" weisen dann auf anzustrebende sittliche Ziele. Eine derartige Auffassung von Werten ist nicht mit Schelers Wertetheorie ineinszusetzen, sondern kann durchaus rational begründet werden.

(Vgl. als andersgearteten Ansatz, welcher der Wiener Tradition des kritischen Rationalismus verpflichtet ist: *Viktor Kraft*, Die Grundlage einer wissenschaftlichen Wertlehre, 1951²)

4. Die Diskussion zur Normenbegründung

Die Frage nach der Begründung von Werten führt in die jüngste Diskussion um eine Normenbegründung.

(Vgl. *Willi Oelmüller* (Hg.), Materialien zur Normendiskussion, 1978 ff., 3 Bde.)

Diese Frage der Begründung von Normen ist derzeit völlig im Fluß; die Diskussion ist unübersichtlich und unabgeschlossen. Aus der Vielzahl der Ansätze und Begründungsverfahren seien einige erwähnt.

(a) *Empirische Begründungen* leiten Normen aus Fakten ab: Die klassische metaphysische Naturrechtstheorie begründet derart ein Sollen durch den Verweis auf das Natürliche, das Naturgegebene. Etwas gilt als verboten, weil es naturwidrig sei. Neuerdings wird der Grundsatz „vivere secundum naturam" von der Soziobiologie (z. B. *R. Dawkins*) aufgenommen. Die Moral ist, dieser These nach, genetisch programmiert. Die Ethik ist ein Produkt der Evolution. Der Mensch als Überlebensmaschine ist auf Selbsterhaltung programmiert. „Gut" ist, was dem Überleben des Menschen dient. Da die Naturwissenschaften bestimmen, was die „Natur" des Menschen ist, definiert ein wissenschaftliches, biologisches Ethos zugleich das „ethische Wesen" des Menschen. Die Normen werden durch die Natur des Menschen gesetzt. Die Frage ist freilich, ob man auf diesem Wege überhaupt zu sittlichen Normen und Werten gelangen kann.

Die Gefahr des „naturalistischen" Fehlschlusses liegt bei dieser Art der Normenbegründung auf der Hand: Aus einem Sein wird ein sittliches Sollen abgeleitet. Aber Fakten sind als solche keine Normen.

(b) Die *transzendentale Begründung von Normen* greift Kants Ansatz bei der praktischen Vernunft auf. Vor allem *Hermann Krings* hat diese Normenbegründung vertreten. Der Ausgangspunkt ist die These, wonach der grundlegende sittliche Wert der Vollzug von Freiheit ist. Freiheit ist, in der Tradition Kants, „als das unbedingte Sittlichkeit begründende Moment im menschlichen Handeln" zu begreifen (Hermann Krings, Staat und Freiheit, in: Otto Kimminich, Was sind Grundwerte?, 1977, S. 97—113, Zitat S. 108). Normen, Pflichten entspringen der unbedingten Selbstbestimmung des Willens.

Freiheit bleibt jedoch ohne Selbstbindung leer. Deshalb fordert gerade die Wahrnehmung von Freiheit die Anerkennung von Normen. Freiheit bedarf des Rechtes und der Moral zur Gestaltung und Ordnung von Freiheit. Mit einer transzendentalphilosophischen Normenbegründung ist es zwar möglich, grundsätzlich die Notwendigkeit zu begründen, *daß* es Normen geben muß. Aber nicht zu begründen ist, *welche* Normen anzuerkennen sind. Bei der Begründung einzelner Normen kommt man ohne Rückgriff auf Geschichte und Erfahrung nicht aus. Dieses Problem ist in der politischen Grundwertediskussion erkannt worden, aber in der philosophischen Normenbegründungsdiskussion noch nicht zureichend erfaßt.

(c) Die *transzendentalpragmatische Normenbegründung* (*Karl Otto Apel*, *Jürgen Habermas*) geht davon aus, daß es heute keine für alle Menschen in gleicher Weise verbindliche letzte Instanz mehr gibt, die inhaltliche Normen setzen und legitimieren kann. Die Berufung auf den Willen des christlichen Erlöser- und Schöpfergottes, auf die Prinzipien eines zeitlos gültigen Naturrechts findet keinen allgemeinen Anklang mehr. Wenn man sich nun nicht mit bloßer Willkür und dezisionistischer Wahl begnügen und die Beliebigkeit sittlicher wie gesellschaftlich-politischer Entscheidungen vermeiden will, dann bleibt nichts anderes übrig, als in praktischen Diskursen vernünftig, rational zu ermitteln, was gelten soll. Im „herrschaftsfreien" Diskurs sind Normen zu begründen.

Bedingung für diese Begründung von Normen ist die Anerkennung der universalen Kommunikationsgemeinschaft als eines Vernunftapriori. Eine argumentative Normenbegründung kann nur erfolgen, wenn man zur Kommunikation und zum Diskurs bereit ist.

Das Problem der transzendentalpragmatischen Normenbegründung besteht nun darin, daß sich Werte in Verfahren auflösen. Kann man überhaupt von Inhalten abstrahieren (z. B. Menschenwürde, Menschenrechte)? *Max Horkheimer* (Zur Kritik der instrumentellen Vernunft, 1967, S. 32 f.) machte darauf aufmerksam, daß Menschenrechte ihre „geistige Wurzel" verloren hätten, wenn man sie nur unter der Perspektive der Subjektivierung, der Funktionalisierung und der Instrumentalisierung erfaßt. Es gibt identitätsbegründende Bestände und sittliche Errungenschaften, also „Werte", die weder mit den bislang entwickelten formalen Diskursverfahren und Diskursregeln zureichend legitimiert, „begründet" werden können noch gar aufgrund solcher Verfahren zur Disposition gestellt werden dürfen. Der erste kritische Einwand gegen die transzendentalpragmatische Normenbegründung richtet sich also gegen eine Rückführung materialer Werte auf formale Verfahrensregeln.

Ein zweiter Einwand richtet sich gegen die Diskurstheorie überhaupt: Ist es denn möglich, zeitlich unbegrenzt und herrschaftsfrei zu diskutieren, bis sich ein allgemeiner Konsens eingestellt hat? Muß nicht entschieden werden, oftmals unter Zeitdruck?

Als Ergebnis des Überblicks über die derzeitige philosophische Diskussion um ein Normenbegründungsverfahren ist keine allgemein anerkannte Argumentation festzustellen. Auch das Modell der transsubjektiven Beratung (vertreten von *Lorenzen, Schwemmer, Kambartel*) leistet diese Begründung nicht. Es liegt daher nahe, die Begründungsfrage aufzugeben und stattdessen von Akzeptanz, Anerkennung zu sprechen. Die Wertfrage wäre dann nur eine Frage von Lern- und Anpassungsprozessen der Gesellschaft. Aus der Begründungsfrage wird damit die Geltungsfrage.

5. Die Geltung von Werten

Die Geltungsfrage zum Kriterium von Normen zu machen, legt sich deshalb nahe, weil seit *Max Weber* (Gesammelte Aufsätze zur Wissenschaftslehre, 1973[4], S. 508) die Einsicht vorherrscht, daß es kein rationales oder auch empirisches wissenschaftliches Verfahren gibt, das eine Letztbegründung von Normen leisten könnte. Normen gelten deshalb dann als begründet, wenn sie durchgesetzt und anerkannt sind.

Ein Beispiel dafür ist die parlamentarische Mehrheitsentscheidung. Normen gelten, wenn und weil sie in parlamentarischen Abstimmungen beschlossen wurden. Man denke beispielsweise an die Entscheidung für den Bau eines Kernreaktors oder für eine bestimmte Außenpolitik.

Mit der Verlagerung der Begründungsfrage auf die Geltungsfrage ist freilich das ethische Problem noch nicht gelöst: Denn man kann nicht behaupten, die politische Inkraftsetzung begründe Normen auch sittlich. Auch bleibt zu bedenken, ob man über fundamentale Werte und Rechtsgüter überhaupt abstimmen kann.

(Vgl. *Hermann Lübbe*, Sind Normen methodisch begründbar? Rekonstruktion der Antwort Max Webers, in: Willi Oelmüller, Transzendental-philosophische Normenbegründung, 1978, S. 38—49)

Lübbe hat sich entschieden zum Verfechter der Position Max Webers gemacht: Er fordert die schlichte Unterscheidung von Normenbegründungsverfahren und Normendurchsetzungsverfahren und Normeninkraftsetzungsverfahren (S. 39). Politische und soziale Normen, so Lübbe unter Berufung auf Max Weber, sind nicht wissenschaftlich methodisch begründbar. Sie verdanken ihre Geltung dem Verfahren demokratischer Willensbildung. Die Mehrheitsentscheidung verleiht ihnen Geltung und Kraft.

Nun ist es zweifellos sinnvoll, zwischen politischer Entscheidung und wissenschaftlich begründbarer Moral zu unterscheiden. Moralische Einsicht verleiht als solche noch kein Mandat zu politischen Entscheidungen. Aber es ist problematisch, die Frage nach der sittlichen Evidenz von Normen zu verkürzen auf die ihrer faktischen politischen Geltung und Anerkennung. Tatsächlich beruhen Normen zunächst einmal auf Konvention und Sitte, auf Geschichte und Erfahrung. Sie gelten also bis zum Erweis ihres Gegenteils, ihrer Widerlegung. Die Primärvermutung der Vernünftigkeit gilt der Tradition. Man hat also, wie in dem Entwurf von *Descartes'* provisorischer Moral, zunächst einmal auszugehen von der Richtigkeit bewährter sittlicher Normen. Das Präjudiz der Richtigkeit gilt zunächst einmal dem, was sich in der historisch vorgegebenen Lebenswelt bislang bewährt hat.

Aber man soll sich andererseits nicht einfach traditions- und autoritätshörig tradierten Regeln blindlings unterwerfen. Die Möglichkeit des Normen*wandels* ist zu bedenken. „Alte" Werte können zu „neuen" Werten in Spannung und Konflikt geraten. In solchen Konflikten kann es freilich nicht um das kompromißlose Durchsetzen einer Sicht, sondern nur um die Findung vernünftiger Lösungen, vertretbarer, sachgemäßer Kompromisse gehen. Die Aufgabe einer rationalen Normenfindung und Normenbegründung bleibt bestehen. Sie wird umso dringlicher, weil Normen auf die Lebenswelt bezogen sind und es daher in der materialen Ethik keine „reinen" ethischen Normen gibt, die von der gesellschaftlichen

Wirklichkeit losgelöst zu erfassen wären. In der Ethik ist mit der Betonung der geschichtlichen Herkunft von Normen zugleich deren gegenwärtige Geschichtlichkeit betont.

Da Werte entwicklungsfähig und auslegungsbedürftig sind, ist eine geschichtlich verstandene Wertethik zugleich theologisch eine Gegenposition zu einer statischen Ordnungsethik. Anders als ein statisches Ordnungsdenken, das unwandelbare Vorgegebenheiten zur Basis der Argumentation macht, kann eine normative Ethik, welche Werte als Kondensat geschichtlicher Erfahrung betrachtet, auch den soziologisch konstatierbaren Wertewandel aufnehmen und neue Werte integrieren.

6. Wertethik aus theologischer Sicht

Für die theologische Ethik enthält freilich der Verzicht auf eine absolute Letztbegründung ein besonderes Problem. Denn auch eine theologische oder christologische Letztbegründung sittlicher Normen ist damit ausgeschlossen. Die sich dadurch neu ergebenden Fragestellungen veranschaulicht eindrücklich der theoretische Zugriff zur ethischen Diskussion der Gegenwart im „Handbuch der christlichen Ethik", Band I (1978, 1979^2). *Ludger Honnefelder* betont die ethische Rationalität der Neuzeit. Das Vernunftargument wird gegen das Autoritätsargument des römisch-katholischen Lehramtes ins Feld geführt. Seit Kant ist die Forderung an jede Ethik und deren Normen gestellt, diese müßten evident, kommunikabel, „vernünftig" und universal sein und gelten. Zugleich kehrt sich die Aufklärung mit ihrer anthropologischen Wende von der traditionellen Metaphysik ab. Die Folge ist ein Kompetenzverlust theologischer Ethik. Die theologische Ethik verliert den Anschluß an die neuzeitliche Vernunft- und Freiheitstradition. Glaubenswelt und Lebenswelt treten auseinander. Gegen die theologische Ethik stellt sich der Verdacht eines bloß theonomen Moralpositivismus ein. Sie wird zur Formulierung bloßer kirchlicher Binnenmoral. Es entsteht ein Moralschisma zwischen kirchlichem und humanem Ethos. Die Berufung auf die Vernunft kann angesichts dieser Sachlage gerade den Sinn haben, solchem Schisma zu wehren durch die Forderung, Gründe zu nennen und Einsicht zu vermitteln. Argumentative, vernünftige Normenbegründung hat dann den Sinn, über das Wünschenswerte, Gute, Richtige ein Einvernehmen herzustellen und dadurch Werte verbindlich zu machen.

Eine Grundvoraussetzung für die Anerkennung von Werten ist freilich die Überzeugung, daß die Welt, daß das Leben einen Sinn hat. *Charles S. Peirce* (Schriften II, Vom Pragmatismus zum Pragmatizismus, 1970,

S. 350) meint im Blick auf die Grundorientierung des Lebens: „Das einzige moralische Übel ist es, kein letztes Ziel zu haben."

Damit verbindet sich die Frage nach den Werten „Ethik" und „Religion". Der Ablehnung von Werten und Normen in der Ethik korrespondiert in der „Dialektischen Theologie" die Verwerfung der menschlichen Religion als „Unglaube". Die katholische Theologie war aufgrund ihres Offenbarungsverständnisses immer auch gegenüber dem Wertbegriff offener. Die Forderung nach einer „Umwertung aller Werte" bei *Nietzsche* ist wiederum bedingt durch seine Verkündigung des Todes Gottes. Die Thematik der Werte läßt sich also nicht von der Gottesfrage trennen.

Das wird besonders deutlich, wenn *Hans Jonas* die Notwendigkeit einer neuen Ethik mit einem objektiven Werteverständnis betont, welche das vom Werterelativismus und Nihilismus geschaffene Vakuum füllen soll, und er zur Begründung solcher unantastbarer Werte auf ein „Heiliges" verweist. Dieses Heilige soll bestimmte Güter und Werte tabuisieren (Das Prinzip Verantwortung, 1979). Zugleich freilich betont Hans Jonas, daß dieses Heilige nicht-religiös zu begründen sei, und zwar um dessen Anerkennung universal verbindlich machen zu können. Bei Hans Jonas steht jede religiöse Begründung von Werten im Verdacht des Subjektivismus und der Partikularität.

Gibt es aber nicht gleichwohl einen inneren Bezug von Religion und Wert? Dabei ist nicht daran zu denken, die Evidenz der Werte durch die Berufung auf eine theonome Autorität zu begründen. Das Christentum und die großen Weltreligionen begreifen Gott universal: Gott ist das Geheimnis der Wirklichkeit, die „Macht des Seins" (*Paul Tillich*). Ein universales Gottesverständnis muß freilich das merkwürdige Bündnis in Frage stellen, das evangelische Theologie des 20. Jahrhunderts gelegentlich mit dem Nihilismus und Wertrelativismus eingegangen ist: Man übernimmt dann Argumente der Moralkritik oder Religionskritik (z. B. Ludwig Feuerbachs), um damit die Unausweichlichkeit auf eine Offenbarung zu begründen, der man nur gehorsam folgen kann.

Der Universalitätsanspruch des Gottesgedankens und die Forderung nach einer Universalisierbarkeit von Werten und Normen bedingen sich wechselseitig.

§ 2. Universalismus und Relativismus der Werte

Ein Einwand gegen die universale Geltung von Normen und Werten ist der Hinweis auf die empirische Tatsache einer Relativität der Werte. Man kann faktisch heute nicht mehr Werte als universal gültig voraussetzen, wie dies in manchen naturrechtlichen Vorstellungen der Fall war. Wohl aber kann der *Anspruch* auf Universalisierbarkeit, auf universale Anerkennung gefordert werden. Universalisierbar, verallgemeinerungsfähig können Normen freilich nur kraft vernünftiger Argumentation werden.

Den Einwand gegen die Universalisierbarkeit von Normen haben vor allem Kulturanthropologen erhoben (vgl. dazu: *Rudolf Ginter*, Relativismus in der Ethik, 1978). Sie benennen Beispiele für einen Kulturrelativismus, indem sie einander ausschließende Verhaltensweisen und Wertungen anführen.

Belege dafür sind Monogamie und Polygamie als Norm bei verschiedenen Völkern. Der Schutz von Minderheiten wird von manchen Völkern praktiziert, von anderen entschieden abgelehnt (dafür bieten Ketzer- und Hexenverbrennung Anschauungsmaterial). Die unbedingte Forderung des Lebensschutzes steht im Widerspruch zur Kindstötung in Sparta oder zur Elterntötung bei Eskimos und Naturvölkern in Afrika.

Bei solchen kulturanthropologischen Vergleichen muß man freilich differenzieren zwischen „reinen" und „gemischten" Normen. Faktisch gelebte Normen sind *„gemischte" Normen*. Sie enthalten sowohl normative Ansprüche wie faktische Gegebenheiten. Faktisch gelebte und normativ Geltung beanspruchende Normen sind nicht identisch. Man verdeutlicht sich dies am Lebensschutz beim Schwangerschaftsabbruch. Eine wichtige Streitfrage dabei ist: Ist der Keimling schon Mensch oder sind frühe embryonale Stadien des Menschseins anders zu bewerten als menschliches Leben nach der Geburt? Aus der mangelnden „gleichen normativen Gültigkeit" ist daher nicht auf eine prinzipielle „normative Gleichgültigkeit" (Ginters, S. 11) zu schließen. Diesen Schluß zieht aber der prinzipielle ethische Relativismus. Er folgt aus der beobachteten kulturellen Vielfalt — einer deskriptiven Feststellung — normativ eine prinzipielle Relativität ethischer Normen und Werte. Der Bezug auf eine Vielfalt, ein „Relationismus" ist aber noch nicht der prinzipielle Relativismus.

Die entscheidenden Fragen sind: (a) Einmal: Muß nicht bei Kenntnis derselben Fakten ein unparteiischer Beobachter zu denselben Schlüssen kommen, was sittlich richtiges und was sittlich falsches Verhalten ist? Vorausgesetzt ist dabei freilich sowohl dieselbe Beurteilung der Fakten als auch eine Unparteilichkeit, eine Unvoreingenommenheit, die nicht eigene Interessen in die Entscheidung einmischt. Es geht hier also um die Analyse der gemischten Normen und damit um die Fähigkeit von Menschen, dieselben Tatbestände gleich zu beurteilen.

Damit stellt sich (b) im Blick auf die Universalisierbarkeit sittlicher Normen die Frage, ob die Universalisierbarkeit von Normen und Werten nicht zugleich Folge als auch Bedingung der Anerkennung eines jeden Menschen als meinesgleichen ist. Wenn Menschenwürde und Humanität unabhängig von Rasse, Geschlecht, Volkszugehörigkeit und sozialem Stand zu achten sind, so nötigt dies zur Anerkennung der Universalisierbarkeit von Normen und Werten, die diese Menschenwürde entfalten. Die Prämisse moralischen normativen Argumentierens ist die Überzeugung: „Er ist wie ich Mensch." Dann stellt sich aber die Frage an die Argumentation der Kulturrelativisten: Beruhen unterschiedliche ethische Urteile, Wertungen und Verhaltensweisen tatsächlich auf unterschiedlichen Werten und Normen und nicht vielmehr eher auf verschiedenen Faktendeutungen, einer anderen empirischen Sicht? Nicht die Werte selbst sind dann schlechthin „relativ", sondern der gesellschaftliche, kulturelle Kontext.

Dies zeigt sich gerade in der gegenwärtigen Wertediskussion an den Werten „Friede" und „Umwelt". Hier sind in der Regel nicht die Werte kontrovers, wohl aber sind Fakten strittig, z. B. auf welche Weise der Friede am besten gesichert werden kann oder welche Risiken die Nutzung der Kernenergie enthält. Bei einer gegensätzlichen Bewertung „gemischter" Normen ist zu prüfen, was dafür Ursache ist: eine Wertblindheit, ein Normengegensatz oder die gegensätzliche Faktenbewertung.

Die Begründungsfrage von Normen und Werten ist also daran zu messen, inwieweit diese universalisierbar, verallgemeinerungsfähig, mitteilbar sind. Dabei ist vorausgesetzt die „naturale Unbeliebigkeit der menschlichen Vernunft" (*Wilhelm Korff*).

§ 3. Zur Grundwertedebatte

1. Der parteipolitische Hintergrund

Die Grundwertediskussion, die nach 1975 geführt wurde, ist in ihrem gesellschaftlichen und politischen Kontext zu sehen.

(Vgl. *Günter Gorschenek*, Grundwerte in Staat und Gesellschaft, 1977; *Otto Kimminich*, Was sind Grundwerte?, 1977).

Der Begriff „Grundwerte" hat zunächst seinen Sitz im Leben in der Programmdiskussion der politischen Parteien. Das Godesberger Grundsatzprogramm der SPD (1959) erklärte programmatisch:

„Die Sozialisten erstreben eine Gesellschaft, in der jeder Mensch seine Persönlichkeit in Freiheit entfalten und als dienendes Glied der Gesellschaft verantwortlich am politischen, wirtschaftlichen und kulturellen Leben der Menschheit wirken kann.

Freiheit und Gerechtigkeit bedingen einander: Denn die Würde des Menschen liegt im Anspruch auf Selbstverantwortung ebenso wie in der Anerkennung des Rechts seiner Mitmenschen, ihre Persönlichkeit zu entwickeln und an der Gestaltung der Gesellschaft gleichberechtigt mitzuwirken. Freiheit, Gerechtigkeit und Solidarität, die aus der gemeinsamen Verbundenheit folgende gegenseitige Verpflichtung, sind die Grundwerte des sozialistischen Wollens.

Der demokratische Sozialismus, der in Europa in christlicher Ethik, im Humanismus und in der klassischen Philosophie verwurzelt ist, will keine letzten Wahrheiten verkünden – nicht aus Verständnislosigkeit und nicht aus Gleichgültigkeit gegenüber den Weltanschauungen und religiösen Wahrheiten, sondern aus der Achtung vor den Glaubensentscheidungen, über deren Inhalt weder eine politische Partei noch der Staat zu bestimmen haben."

„Freiheit, Gerechtigkeit und Solidarität" werden hier als „Grundwerte des sozialistischen Wollens" bezeichnet. Die Aufnahme des Grundwertegedankens hängt zusammen mit der Neubestimmung der Zielvorstellungen des Sozialismus. Das Ziel des Sozialismus ist nicht einfach mehr die Sozialisierung der Produktionsmittel. Die Sozialisierung ist Mittel. Ziel ist eine Gesellschaft, in der mehr Freiheit, Gerechtigkeit und Solidarität verwirklicht werden: eine menschenwürdige Gesellschaft. Dies setzt die Absage an eine dogmatische, objektive Geschichtstheorie voraus, nach welcher der Sozialismus notwendig kommt. Es ist dies der Bruch mit einem doktrinären Marxismus und dessen Geschichtsverständnis und vor allem mit der Revolutionstheorie. An die Stelle der Geschichtsphilosophie tritt nunmehr die Ethik.

Des weiteren wird der Vorstellung einer gemeinsamen Weltanschauung des Marxismus der Abschied gegeben. Das Godesberger Programm nennt drei Quellen des demokratischen Sozialismus in Europa: das Christentum, den antiken Humanismus und die Aufklärung. Bemerkenswerterweise werden der Marxismus und der wissenschaftliche Sozialismus nicht erwähnt. Das gemeinsame Ethos soll human, humanistisch und säkular sein. Grundlage ist die Anerkennung der Menschenwürde und der wechselseitigen Bezogenheit von Personalität und Sozialität sowie das Verständnis des Staates als eines freiheitlichen, demokratischen und sozialen Rechtsstaates. Gesellschaftlicher und weltanschaulicher Pluralismus und eine gemeinsame Orientierung an Grundwerten, eine universalisierbare Ethik schließen sich also nicht aus. Der Verweis auf Grundwerte enthält einen Rekurs auf ein staatsbürgerliches Ethos.

2. Die Grundwertedebatte von 1976:
das Staatsverständnis angesichts der Wertefrage

Die Aktualisierung der Grundwertediskussion seit 1976 hat mehrere Ursachen. Einmal kam es nach einer Phase der Entideologisierung der Politik und der Tendenz, an die Stelle demokratischer Willensbildung technokratische Sachentscheidungen zu setzen, zu einer Rückbesinnung auf geistige Grundlagen, „Werte" politischen Handelns. Zum anderen kam es zu einer Auseinandersetzung zwischen katholischem Episkopat und sozialliberaler Regierung und Koalition um die Strafrechtsreform. Im Wahljahr 1976 wurde am 7. Mai 1976 ein „Wort der deutschen Bischöfe zu Orientierungsfragen unserer Gesellschaft" veröffentlicht: „Gesellschaftliche Grundwerte und menschliches Glück". Darin wird ein Werteverfall beklagt, der sich besonders in der Bildungspolitik und in der Strafrechtsreform (Freigabe des Schwangerschaftsabbruchs, Novellierung des § 218 Strafgesetzbuch) und der Eherechtsreform zeige.

Der Bundeskanzler *Helmut Schmidt* antwortete auf die Kritik, indem er streng zwischen staatlichem Recht und gesellschaftlichem Ethos der Grundwerte unterschied. Grund*werte* sind nach ihm „innere Regulierungskräfte" der Gesellschaft (Gorschenek, S. 16, 20), „sittliche Grundhaltungen" (S. 19), „sittliche Grundauffassungen" (S. 21). Dem Staat kommt es allein zu, die Grund*rechte* der Bürger zu schützen. In religiösen und weltanschaulichen Fragen ist der Staat zur Neutralität verpflichtet.

Werthaltungen und sittliche Grundhaltungen werden in der Gesellschaft gelebt. Die Klage über den Verfall der Grundwerte kann deshalb nicht an den Staat gerichtet werden. Vielmehr sind zuerst die Kirchen nach der Wirksamkeit ihrer Verkündigung zu befragen. Es ist Aufgabe der Kirche, sich nach ihrem eigenen Beitrag zu befragen, inwiefern sie Grundwerte lebendig erhalten haben.

Mit dieser Stellungnahme hat sich die Fragestellung verlagert: Es geht nun um die Zuständigkeit von Staat, Gesellschaft und Kirche und um das Verhältnis von Recht und Ethos. Richtig an dieser Kritik H. Schmidts ist zweifellos, (a) daß der Staat in einer religiös pluralistischen Gesellschaft zu weltanschaulicher Neutralität verpflichtet ist, sowie (b) daß zwischen staatlichem Recht und gesellschaftlichem Ethos zu unterscheiden ist. Aber Ethos und Recht, Grundwerte und Grundrechte lassen sich sowenig radikal trennen wie Staat und Gesellschaft. Konflikte um das richtige Recht und um Rechtsreformen sind immer auch ethische Konflikte.

Die Debatte nach 1976 um die Grundwerte wurde verworren. Dazu trug die fehlende begriffliche Schärfe bei. Die scheinbare Klarheit des Wertbegriffs trug bei zur Verwirrung. Denn „Grundwert" ist lediglich eine politische Programmformel: „Grund" meint nämlich nicht „begründet" oder „begründend", sondern unterstreicht nur die Wichtigkeit dieser Werte. Grundwerte sind also die „Hauptwerte". Der Begriff „Grundwerte" aus der politischen Rhetorik gibt nur Problemhinweise, Richtungsangaben. Er ist ein Tendenzbegriff. Dieser unbestimmte Begriff „Grundwerte" verleitet dazu, alles, was man für wichtig hält, was einem „am Herzen" liegt, Grundwerte zu nennen. Helmut Schmidt bezeichnete als Grundwerte nur sittliche Haltungen, Tugenden. Andere begriffen Rechtsgüter wie Leben darunter. Ferner wurden fundamentale Institutionen (Ehe, Familie, Demokratie) „Grundwerte" genannt, sowie Werte wie Friede, Umwelt, Arbeit, ja sogar religiöse Werte, z. B. Sinn für das Transzendente.

Die fehlende Unterscheidung zwischen Rechtsgütern und Grundwerten, zwischen Menschenrechten und Grundhaltungen der Person hat verwirrend gewirkt (vgl. dazu kritisch z. B. *Franz Böckle*, Fundamentalmoral, 1977, S. 24, 253, 259). Rechte sind einklagbar, Grundhaltungen nicht.

(Vgl. zur Diskussion: *Karl Lehmann*, Versuch einer Zwischenbilanz der Grundwerte-Diskussion, in: Gorschenek, S. 158—172).

Die Debatte um die Verantwortlichkeit und Kompetenz des Staates wie um die Grenzziehung zwischen Recht und Ethos ist hier nicht im einzelnen nachzuzeichnen. Während der katholische Episkopat den staatlichen Gesetzgeber in die Rolle des Büttels drängen wollte, der sittliche Vorstellungen notfalls mit Rechtszwang durchzusetzen hat, wollte ihn Helmut Schmidt in der Abwehr solcher Forderungen auf die Rolle des Notars beschränkt sehen, der gesellschaftliche Vorstellungen nur registriert. Strittig war dann in der parteipolitischen Diskussion vor allem, welches Gewicht einzelnen ethischen Themen beizulegen ist: Was hat Vorrang: die Fragen von Ehe und Familie, des Schwangerschaftsabbruchs oder wirtschaftliche Themen wie Mitbestimmung, Recht auf Arbeit, Eigentumspolitik, Bodenrechtsreform? Welchen Stellenwert hat der Leistungsgedanke? Welche Bedeutung kommt der Umwelt zu?

3. Freiheit, Gerechtigkeit, Solidarität

Die parteipolitische Programmdebatte hat sich aufgrund der konfusen Diskussionslage auf die drei Grundwerte „Freiheit, Gerechtigkeit, Solidarität" konzentriert. Dabei zeigt sich freilich erneut die Schwäche des Grundwertebegriffs. Er wirkt leicht als Leerformel. Der Philosoph *Hermann Krings* unterschied zwischen Grundsätzen („Grundwerten"), Programmsätzen und konkreter politischer Pragmatik.

Grundsätze sind notwendig leer. Sie enthalten keine Aussagen über konkrete politische Ziele oder über Mittel und Wege zur Erreichung dieser Ziele. Sie geben nur eine allgemeine Richtungsangabe. Vergleichbar sind sie – bildlich gesprochen – einem Kompaß. Grundsätze oder auch „Grundwerte" können folglich niemals „verwirklicht" werden. Erst auf der Ebene von *Programmsätzen*, die eine Grundorientierung mit politischen Zielvorstellungen verbinden, und vor allem der *politischen Pragmatik*, die operationalisierbare Handlungsvorstellungen entwirft, werden „Werte" mit Sachfragen vermittelt. Erst zusammen mit einer Analyse der gesellschaftlichen Situation können „Grundwerte" konkrete normative Vorschläge entwickeln.

(Vgl. dazu z. B. „Grundwerte in einer gefährdeten Welt." Ausarbeitung der Grundwerte-Kommission beim SPD-Parteivorstand, 1977).

Außerdem kann strittig sein, welcher „Wert" den Vorrang haben soll: Steht die Freiheit oder die Gerechtigkeit oder die Solidarität in der Wertrangordnung obenan? Die drei Grundwerte sind der Parole der französischen Revolution „Freiheit, Gleichheit, Brüderlichkeit" entnommen. An die Stelle der fraternité tritt freilich die Solidarität. Die Grundwerte erweisen sich, bei näherem Zusehen, als durch einen kulturellen Zusammenhang vermittelt. Die Zahl der Grundwerte ist also prinzipiell

§ 3. Zur Grundwertedebatte 229

offen. Man kann auch fundamentale anthropologische Güter wie Leben oder Arbeit oder Toleranz „Grundwerte" nennen. Der Begriff selbst bezeichnet nicht mehr als eben eine Grundeinstellung zum Leben. Diese Grundeinstellung zum Leben findet der Staat mit seiner Rechtsordnung in der Tat vor. Der Staat *erzeugt* nicht Grundwerte. Wohl aber kann er die Geltung und Anerkennung von faktisch vorhandenen Grundwerten im konkreten Fall zu *schützen* genötigt sein. Der Staat ist kein wertblinder Golem, sondern er setzt bzw. schützt als Kultur-, Rechts-, Sozial- und Versorgungsstaat im gesellschaftlichen Bereich Rahmenbedingungen, welche nicht wertfrei und wertungsfrei sein können.

Die drei Grundwerte sind freilich in sich selbst keineswegs eindeutig. *Freiheit* ist ein höchst vielschichtiger Begriff. Er reicht von der politischen Freiheit über das philosophische Verständnis von Freiheit als „Wollenkönnen" bis hin zur religiösen Deutung der Freiheit vor Gott, des servum arbitrium. „Äußere" und „innere" Freiheit überschneiden sich. Die Vielschichtigkeit des Freiheitsbegriffs verführt leicht zu Äquivokationen, zu einem persuasiven Gebrauch des Wortes. *Gerechtigkeit* ist ein, wie schon gezeigt wurde (vgl. 3. Kap. § 7), schwer zu definierender Begriff. Vor allem bleibt bei der Frage nach Gerechtigkeit als Wertungsmaßstab, als Norm die Frage des Maßstabes offen. Was heißt Gerechtigkeit: materiale oder formale Gleichheit, Gleichheit der Ergebnisse, der Chancen oder nur Gleichwertigkeit der Chancen?

Das Wort *Solidarität* ist emotional besetzt. Von Hause aus ist es ein Begriff der Arbeiterbewegung, die Klassensolidarität forderte. Der Appell an Solidarität benennt ein Ziel und ein Mittel. Ziel ist die Hilfe, die „tätige Nächstenliebe". Als Mittel kann Solidarität Ausdruck eines emotionalen Zusammengehörigkeitsgefühls sein. Über die Solidarität der Gesinnung hinaus geht die Solidarität des Handelns. Solidarität des Handelns kann freilich auch als Gruppenzwang eingesetzt werden. Solidarität als ethischer Wert ist etwas anderes als Solidarität als politisches Kampfmittel, Instrument. Ethisch verstanden bezeichnet Solidarität die sittliche Grundentscheidung für den Altruismus und gegen den Egoismus.

Ein kurzer Blick zeigt schon, daß keiner der drei Grundwerte für sich genommen eindeutig und unmißverständlich ist. Wenn nun formelhaft gesagt wird, daß die drei Grundwerte sich gegenseitig ergänzen, bedingen und erfordern, dann wird daran erkennbar, daß es auf den rechten Umgang, den Gebrauch der Grundwerte ankommt.

Die Grundwerte formulieren ein humanes, weltliches Ethos. Die katholische Kirche kann dieses Ethos mit Hilfe der Tradition des Naturrechts interpretieren. Für die lutherische Sicht sind sie eine Erscheinungsform des Gesetzes im primus usus, im politicus usus legis.

Im christlichen Verständnis entspricht ferner der Freiheit der Dienst, der Gerechtigkeit die Barmherzigkeit und der Solidarität die grenzenlose Liebe, die Feindesliebe. Zwischen christlichem Glauben und Grundwerteethos gibt es also sowohl Entsprechungen wie Differenzen. Ehe die Frage aufgegriffen werden kann, ob und wieweit evangelische Kirche und Theologie auf die politisch-weltliche Grundwertedebatte überhaupt eingehen können, ist freilich nochmals die Frage nach Ursache und Anlaß dieser Diskussion aufzugreifen.

4. Wertekrise in der Gegenwart?

Die Grundwertedebatte stellte die Frage, ob sie eine *Orientierungskrise* oder eine *Steuerungskrise* der modernen Gesellschaft anzeigt. Wäre es eine Orientierungskrise, dann wäre in der Tat vom Schwund sittlichen Bewußtseins, von der Verkümmerung des Gewissens, kurzum vom „Wertezerfall" zu reden.

Dies ist freilich keine neuzeitliche Erscheinung. Bereits Platon beklagt im „Staat" den sittlichen Niedergang. Und in der Urgeschichte heißt es: „Das Dichten und Trachten des menschlichen Herzens ist böse von Jugend an" (Gen. 8,21).

Bei einer Steuerungskrise hingegen werden zwar ethische Normen nach wie vor als gültig anerkannt. Aber ihre Umsetzung in gesellschaftliches Handeln mißlingt.

Die Kinderfeindlichkeit einer Gesellschaft hätte dann ihre Ursache nicht in erster Linie im Wertewandel, sondern in gesellschaftlichen Strukturveränderungen. Einer Steuerungskrise kann man nicht mit ethischen Appellen allein begegnen; es bedarf gesellschaftlicher Strukturreformen. Freilich wird man auch in einer Steuerungskrise auf eine grundsätzliche Orientierung, eine Lebensanschauung mit Wertvorstellungen nicht verzichten können.

Die Ursache einer Wertekrise aufzuzeigen ist jedenfalls eine Aufgabe der Zeitdiagnose und Situationsanalyse. Das Aufkommen neuer Werte, beispielsweise ein verändertes Wahrnehmen der Umwelt, ist heute nicht zu verkennen. Ebenso kann es einen Wandel des Arbeitsethos und der Einstellung zu Arbeit und Leistung geben. Es wäre aber verfehlt, nur in der einfachen Alternative von Orientierungskrise oder Steuerungskrise, von Veränderungen des ethischen Bewußtseins oder gesellschaftlichem Wandel zu denken. Auch wird man zu überlegen haben, ob eine Orientierungskrise zu bewältigen wäre durch eine rein lehrhafte Vermittlung von Werten. Man wird hier auf die Bedeutung einer personalen Vermittlung, auf den Wert von Vorbildern und Leitbildern hinweisen müssen. Die Praxis vorgelebten Lebens überzeugt mehr als Werttheorien, vor allem und gerade in der Erziehung. Damit stößt man auf das, was christlicher Glaube in „Werte", Worte wie Nachfolge oder vorbildlich gelebte Liebe faßt.

Solche Praxis gelebten Glaubens kann jedoch nicht der Orientierung an normativen Kriterien entraten. Allerdings reicht es nicht zu, Wertetafeln aufzustellen und appellativ zu vermitteln. Denn Wertkrisen sind gleichzeitig Sinnkrisen, Vertrauenskrisen. Damit stellt sich die Aufgabe, Werte in einer gesamten Lebens- oder Weltanschauung zu erfassen. Nietzsches Wertverständnis beispielsweise ist eingebettet in ein Gesamtverständnis der Wirklichkeit. Ein Gesamtverständnis der Wirklichkeit, eine Lebens- oder Weltanschauung steht freilich immer im Verdacht der *Ideologisierung*. Der Ideologievorwurf wird gerade auch immer wieder gegen eine Wertethik erhoben. Er legt sich auch deshalb nahe, weil im Begriff Wert, wertvoll Interessen mitangesprochen sind, u. a. auch ökonomische Interessen; es gibt z. B. aber auch ästhetische Interessen.

Analog zur Ideologiekritik in der Erkenntnistheorie stellt sich damit für die Ethik die Notwendigkeit, eine kritische Werttheorie zu entwickeln. Zur Ideologie werden Werte jedenfalls immer dann, wenn sie verabsolutiert zu letzten Werten erklärt werden oder wenn eine Klasse, eine Gruppe, eine Partei oder auch eine Kirche, eine Religion einen Monopolanspruch auf Wertdeutung und Wertauslegung erhebt. Aus der Orientierung an der Lebensdienlichkeit für den Menschen wird dann ein Heilsanspruch. Gerade ein evangelischer Ansatz der Ethik, welcher auf die Unterscheidung von Gesetz und Evangelium drängt, kann freilich die Thematik der Grundwerte nicht nur kritisch, sondern auch positiv aufgreifen.

5. Werte in theologischer Sicht

Damit ergibt sich die Frage der theologischen Deutung von Werten und Normen. Werte und Normen sind allgemeinmenschliche Phänomene, Grundgegebenheiten. Evangelische Theologen behaupten, es bestehe ein fundamentaler Gegensatz zwischen der „wertlosen Wahrheit" des Evangeliums und der Tyrannei der Werte (so *Eberhard Jüngel*, Wertlose Wahrheit? Christliche Wahrheitserfahrung im Streit gegen die „Tyrannei der Werte", in: Sepp Schelz (Hg.), Die Tyrannei der Werte, 1979, S. 47—75).

Der Begriff „Tyrannei der Werte" stammt von dem Staatsrechtler *Carl Schmitt* (in: S. Schelz, „Die Tyrannei der Werte", S. 11—41). Schmitt ist Dezisionist und vertritt *Hobbes'* Grundsatz: „Auctoritas, non veritas facit legem". Deswegen lehnt er jede Beachtung einer überpositiven Wertordnung oder eines Naturrechts ab. Eine überpositive Wertordnung stellt für ihn die Geltung der Verfassung in Frage. Schmitt bestreitet die juristische Verwendbarkeit des Wertbegriffs; darüber kann man in der Tat nachdenken! Darüber hinaus freilich kritisiert er den Wertbegriff prinzipiell: Wer Wert sagt, muß auch Unwert sagen. Jede Wertung schließt nach ihm eine Abwertung, eine Negation ein. Es gibt die Tendenz der Verdrängung anderer Werte aus dem Wertgefühl. Jede Wertverwirklichung sei immer auch wertzerstörend.

Dazu verweist C. Schmitt auf *Nicolai Hartmann*, „Die Tyrannei der Werte und ihre Schranke in der Wertsynthese" (Ethik, 1926, S. 523—526, 1949³, S. 574—579). In der Tat beschreibt N. Hartmann den Wertkonflikt und die Wertkonkurrenz, aufgrund derer alle „materiale Wertethik antinomischen Charakter annehmen" muß. Aber anders als Schmitt, der daraus die Notwendigkeit der Entscheidung folgert, schließt Hartmann daraus auf das Erfordernis einer Wertsynthese, einer Güterabwägung, eines Kompromisses zwischen verschiedenen Werten, Pflichten, Forderungen.

Sodann meint Tyrannei der Werte bei N. Hartmann zutreffend die Verabsolutierung einzelner Werte. „Jeder Wert hat — wenn er einmal Macht gewonnen hat über eine Person — die Tendenz, sich zum alleinigen Tyrannen des ganzen menschlichen Ethos aufzuwerfen, und zwar auf Kosten anderer Werte, auch solcher, die nicht material entgegengesetzt sind." Es gibt einen Fanatismus der Gerechtigkeit, der sich an den Grundsatz hält: „Fiat iustitia, pereat mundus." Es gibt einen Fanatismus der Wahrhaftigkeit, der Vaterlandsliebe, der Demut. Auch die Nächstenliebe kann übersteigert werden zur Selbstpreisgabe. Nicolai Hartmann meint, daß nur durch eine Synthese der Werte die Tyrannei der Werte vermieden werde.

Eberhard Jüngel schließt sich in der Kritik des Wertbegriffs der Argumentation von Carl Schmitt an. Er lehnt den Wertbegriff entschieden ab. Das Evangelium als freimachende Wahrheit sei „wertlose Wahrheit" (unter Berufung auf Joh. 14,6). „Christliche Wahrheitserfahrung ist radikale Infragestellung der Rede von Werten und des Denkens in Werten" (S. 60). Die Alternative dazu ist dann entweder ein rein situationsethischer Ansatz, der auf jede normative Reflexion verzichtet und fordert, „das Gute selbstverständlich (zu) tun" (S. 72). Allein — dieses selbstverständliche Gute kann dann nicht normativ-kritisch bedacht werden. Die andere Möglichkeit ist, daß statt relativer, geschichtlich gewonnener Einsichten und Wahrheiten die absolute Wahrheit des Evangeliums zum Maß normativer Ethik wird. Die Alternative heißt dann entweder evangelischer Antinomismus oder evangelischer Nomismus. Dies hängt zusammen mit einem protestantischen Mißtrauen gegen das Gesetz.

§ 3. Zur Grundwertedebatte

6. Die evangelisch-katholische Grundwerteerklärung von 1979

Eine gemeinsame Erklärung des Rates der Evangelischen Kirche in Deutschland und der Deutschen Katholischen Bischofskonferenz „Grundwerte und Gottes Gebot", 1979, hat dagegen einen Zugang zur Werte- und Grundwertethematik aus der Tradition christlicher Ethik gesucht. In 3 Teilen werden erörtert: „A. Die Frage nach den Grundwerten im Kontext von Gesellschaft und Kirche. B. Die Gebote Gottes. C. Das Angebot des christlichen Glaubens und die sittliche Forderung". Diese Erklärung entwirft keine Grundwertetheorie, sondern legt den Dekalog zeitbezogen und aktuell aus.

Gottes Gebot (im Singular) ist zunächst einmal Gottes Heilsangebot, sein Heilswille. Deshalb wendet sich die Erklärung nicht zuerst an den Staat und den Gesetzgeber, sondern an die Christen und Bürger.

„Das Wort der Kirchen wendet sich zunächst an die Christen. Es will ihnen Gottes Anspruch und Gottes Zuspruch vermitteln. Es wendet sich aber zugleich an die ganze Gesellschaft, weil der Anruf und die Verheißung der Zehn Gebote allen Menschen gelten" (S. 20).

Der Schlüsselbegriff für den Zugang zur Grundwertediskussion ist die „Evidenz des Sittlichen". Die gläubige Existenz des Christen ist gewiß im Horizont des Evangeliums noch umfassender zu verstehen. Das läßt sich an der Auslegung der ersten drei Gebote des Dekalogs zeigen. Aber die Gebote des Dekalogs können, soweit sie das Verhältnis zum Nächsten, zum Mitmenschen ansprechen, Lebenseinsichten entschlüsseln. Dabei ist nicht die besondere Kompetenz und Autorität eines kirchlichen Lehramtes in Anspruch zu nehmen. In dieser Hinsicht greift die Erklärung die Intention der Autonomie der Moral auf. Die Zehn Gebote enthalten „Maßstäbe einer menschenwürdigen Gesellschaft". Sie sind freilich als Gebote Gottes in dem gesamten Horizont des christlichen Glaubens auszulegen. Christliches und Menschliches bilden keinen Gegensatz. Der Glaube antwortet auf eine Sinn- und Vertrauenskrise nicht mit der Einschärfung oder gar Verschärfung von Geboten, sondern mit dem Angebot des Evangeliums, mit einer Heilszusage, mit der Verheißung der Treue Gottes, welche menschliches Vertrauen schafft und ermöglicht. Dieses dem Glauben gewährte Gottvertrauen ermächtigt zu Taten der Liebe gegenüber dem Mitmenschen, zum Tun des Richtigen. Um das Richtige zu finden, sind Werte und Normen als Beurteilungskriterien und Orientierungsmaßstäbe erforderlich.

§ 4. Kompromiß und Güterabwägung im Normenkonflikt

Hält man Normenkonflikte und Pflichtenkollisionen für möglich und unvermeidbar, dann fällt dem Kompromiß eine wichtige Aufgabe gerade in der Ethik zu. Güterabwägungen werden erforderlich. Eine absolute Ethik, die mit der Autorität letzter Wahrheit auftritt, muß Kompromisse und Güterabwägung als Verstoß gegen den unbedingten Sollensanspruch des Sittlichen ablehnen. Der Kompromiß hat jedoch eine besondere Bedeutung für das politische und gesellschaftliche Handeln.

1. Problementfaltung

Die Denkschrift der EKD „Frieden wahren, fördern und erneuern" (1981) fordert dazu auf, „Bereitschaft für Kompromisse zu wecken." Sie begründet diese Aufforderung folgendermaßen:

> „Die politische Auseinandersetzung ist in den letzten Jahren immer schwieriger geworden. Der Graben zwischen politischen Standpunkten wird immer tiefer; politische Begriffe und Positionen werden gleichsam religiös aufgeladen. Der Kompromiß wird diffamiert, als würden durch Kompromisse in jedem Falle wirkliche Lösungen vertagt oder verhindert. In der Bereitschaft zum Kompromiß zeigt sich jedoch der Wille, miteinander und füreinander zu leben."

Die Nötigung, Kompromisse einzugehen, wird in der Denkschrift doppelt begründet, nämlich mit der Bereitschaft zum Dialog, wie mit der Komplexität der Wirklichkeit. Kompromisse fördern die Bereitschaft zum Zuhören; man darf darum nicht den eigenen Standpunkt verabsolutieren und soll eine Polarisierung der politischen Auseinandersetzung vermeiden. Ausdrücklich wird erklärt:

> „Diesem Gebot unterliegt auch die politische Predigt. So kann sich Bereitschaft zur Übereinkunft und zu politischen Kompromissen öffnen. Unterschiede und Gegensätze müssen ohne gegenseitige Diffamierung ausgetragen werden".

Ein Kompromiß hat es also mit Dialogfähigkeit, mit Kooperation zu tun. Dahinter steht freilich noch eine tiefere Sicht der Wirklichkeit. Die Realität ist widersprüchlich. „Möglichkeiten des Irrtums und die Rela-

§ 4. Kompromiß und Güterabwägung im Normenkonflikt 235

tivität aller irdischen Lösungen" sind zu beachten; zu bedenken ist ferner „die Möglichkeit eigenen Versagens und eigener Schuldverstrickung."
Kompromisse sind also veranlaßt durch die Widersprüchlichkeit der Wirklichkeit. Aus der Widersprüchlichkeit der Wirklichkeit erwachsen Konflikte. Der Kompromiß ist eine Möglichkeit der Konfliktregelung, indem er einen Interessenausgleich als Konsensfindung auf rationaler Grundlage anstrebt. Kompromiß heißt nämlich: Übereinkunft, Ausgleich, Vergleich. Das Wort „Compromissum" ist abgeleitet von compromittere = versprechen. *Georg Simmel*, Soziologie, Untersuchungen über die Formen der Vergesellschaftung, 1958[4] (S. 250) meinte, der Kompromiß sei „eine der größten Erfindungen der Menschheit." Er bildet die Grundlage freiheitlicher Demokratie. Denn er hat es zu tun mit der Wahrnehmung von Wirklichkeit. Alle Wirklichkeit ist „relativ" und komplex. Deswegen sind Konflikte möglich. Es kann zu Pflichtenkollisionen kommen, zu Konflikten z. B. zwischen Wahrheit und Liebe (Beispiel: Wahrheit am Krankenbett!) oder zwischen Toleranz und Wahrheit. Eine Konkurrenz verschiedener Werte, „Güter", ist durchaus möglich.

Nikolaus Monzel unterscheidet begrifflich: Ein *interpersonaler* Kompromiß ist ein Vorgang zwischen verschiedenen Menschen, ein sozialer Vorgang (inter personas). Ein *intrapersonaler* Kompromiß erfolgt als Ausgleich unterschiedlicher Interessen in einem Menschen (intra personam) (Nikolaus Monzel, Der Kompromiß im demokratischen Staat. Ein Beitrag zur politischen Ethik, Hochland 51, 1959, S. 248—264). *W. Trillhaas* meint: „Das Kompromißproblem deutet immer auf eine Ausnahmesituation" (ZEE 4, 1960, S. 359).

Anders als eine dogmatistische Wirklichkeitsdeutung kann die Ethik nicht prinzipiell kompromißfeindlich sein. Dichotomische Weltbilder werden zumeist dogmatisch konstruiert. Die Ethik hingegen steht immer wieder vor der Erfahrung von Pflichtenkollisionen, vor der Konkurrenz unterschiedlicher Werte, unterschiedlicher sittlicher Ansprüche. Diese Konkurrenz ist als Normenkonflikt (z. B. dem Konflikt zwischen Wahrheit und Liebe) wie als Rollenkonflikt möglich. *Luthers* Unterscheidung von Christperson und Amtsperson in der Zweireichelehre berücksichtigt solche Rollenkonflikte.

Kant hingegen bestreitet solche Konfliktmöglichkeit: Eine „Kollision der Pflichten und Verbindlichkeiten" sei „gar nicht denkbar". Denn die Pflicht gilt bedingungslos. Wenn es jedoch keine reinen, absoluten Normen, sondern nur gemischte, „empirische" Normen gibt, sind Pflichtenkollisionen nicht zu vermeiden. *W. D. Ross* hält deshalb eine Kollision von „prima facie duties" für möglich. Denn die „actual duty", die konkrete Verpflichtung ist nach Ross nicht aus einem allgemeinen Regelsystem ableitbar. Sie muß in der Situation jeweils mit Hilfe von Regeln der Klugheit ermittelt werden. Solche Klugheitsregeln sind Mittel zur Bestimmung des sittlich Richtigen. Sie leiten an zur Güterabwägung.

Derartige Wertvorzugsregeln können z. B. folgendermaßen lauten: Der Vorrang eines sittlichen Gutes vor einem nicht-sittlichen Gut ist zu beachten. Zu bedenken ist: Welcher Mensch ist näher, wer ferner (proximus)? Das Wohl eines Einzelnen und das Wohl vieler, aller ist zu berücksichtigen. Das ist ein Grundgedanke des Regelutilitarismus.

Zu beachten ist ferner die Dringlichkeit: Was muß sofort getan werden, was ist aufschiebbar (z. B. Lebensrettung!)? Der Zeitfaktor ist einzubeziehen.

Endlich ist zu bedenken: Rechtspflichten gehen vor (freien) Liebespflichten.

Oft freilich ist nur eine Übelabwägung möglich: Was ist das kleinere, was das größere Übel?

Wenn Kompromisse für die Ethik so wichtig sind, was macht dann allerdings vielfacher Auffassung zufolge den Kompromiß verdächtig? Es sind dies die „faulen" Kompromisse: Man zieht nicht-sittliche (z. B. materielle) Güter sittlichen Werten vor. Man geht den bequemen Weg. Andererseits gilt Kompromißlosigkeit als Zeichen der Standfestigkeit. Ein rigoristisches Festhalten von Grundsätzen verwirft folglich den Kompromiß.

Oder man verabsolutiert die Geltung einer Norm — ohne Beachtung der Wirklichkeit und ihrer Komplexität und ohne Rücksicht auf die Interessen anderer.

2. Theologische Deutungen des Kompromisses

(a) *Helmut Thielicke* hat aufgrund dieser Sachlage eine „Theologie des Kompromisses" entworfen (Theologische Ethik II/1, 1965³, S. 56—201). Nach Thielicke ist der Kompromiß aus mehreren Gründen wichtig.

Eine Ethik ist realitätsbezogen zu konzipieren. Nicht das ethische Wollen — Kants „guter Wille" —, sondern die Möglichkeit ethischer Verwirklichung ist Thielickes Thema. Wenn es jedoch um die Gestaltung der Wirklichkeit geht, sind der Möglichkeit einer Realisierbarkeit Zugeständnisse zu machen. „Das Sollen findet seine Grenze an der Eigengesetzlichkeit der zur Verfügung stehenden Mittel. Jede realistische Ethik ist darum eine Ethik des Kompromisses" (Nr. 158, S. 59).

Thielicke entfaltet seine Ethik methodisch anhand von Grenzfällen und Konfliktsituationen. Beispiele sind der Konflikt zwischen politischen

Möglichkeiten und ethischen Erwägungen beim Staatsmann. Konflikte zwischen Wahrheit und Liebe stellen den klassischen Beispielfall dar: Eine schwerkranke Mutter fragt nach ihrem sterbenden (toten) Kind; und wer ihr die Wahrheit sagt, muß damit rechnen, daß die offene Mitteilung der Wahrheit die Frau tötet (Nr. 339, S. 111). *Fichte* sagte dazu schroff: „Stirbt die Frau an der Wahrheit, so laß sie sterben". Der sittliche Rigorismus läßt somit keine Erwägungen der Liebe gelten. Weitere Paradigmen aus der ethischen Tradition bilden die Notlüge, die Steuermoral, die diplomatische List.

Der Kompromiß ist Thielicke zufolge das Signum der gefallenen Welt, Folge des Sündenfalls. In einer gefallenen Welt sind die Beziehungen in Staat, Recht und Wirtschaft infralapsarisch zu regeln. Dabei kommt man nicht am Thema des Kompromisses vorbei. Die Ordnung dieser Welt ist eine noachitische Ordnung: In der gefallenen Welt kann der Mensch niemals schuldlos und integer bleiben. Soweit Thielickes Beschreibung des Phänomens, der man zustimmen kann.

Er gibt dem Phänomen des Kompromisses darüber hinaus jedoch eine heilsgeschichtliche Deutung. Der Mensch kann und darf Kompromisse schließen, weil Gott selbst einen „Kompromiß" mit der Welt schloß. Gottes Gesetz ist ein „Kompromiß". „Das Gesetz stellt sich ... auf den Boden der durch den menschlichen Fall geschaffenen Tatsachen" (Nr. 651, S. 192). Gott „akkomodiert" sich der Struktur der gefallenen Welt. Diese Anpassung Gottes erspart zwar nicht das Schuldigwerden, erlaubt dem Menschen aber, Kompromisse zu schließen: „Wir lernen den Kompromiß von hier aus als einen bedingten und begrenzten, als einen nicht in sich gerechtfertigten, sondern als einen von der göttlichen Geduld lebenden und darum ‚in re' geraden fragwürdigen, aber ‚in spe' möglichen Kompromiß verstehen" (Nr. 668, S. 196).

Eine Begründung des Kompromisses erfolgt gleichfalls durch den Verweis auf das Evangelium. Die Mitte des Evangeliums ist nämlich die „Kondeszendenz Gottes in Jesus Christus" (Nr. 670, S. 197). Gott nimmt die Welt an, wie sie ist; darum können auch Christen sich in ihrem Handeln an die Bedingungen dieser Welt anpassen. Auch der Kompromiß fällt unter Gottes Rechtfertigung. Das Weltgesetz ist allerdings nicht endgültig; es ist vorläufig, durch die Eschatologie in Frage gestellt und begrenzt. Durch diese Begrenzung soll ein Mittelweg zwischen Weltverachtung und Welthörigkeit gefunden werden. Eine theologische Deutung des Kompromisses hat sich nach zwei Seiten hin abzugrenzen: Sie hat (a) den Radikalismus abzulehnen, der sich über den gegebenen Weltzustand und das Gesetz der Weltordnung hinwegsetzt und sittlichen Radikalismus vom Christen fordert. (b) Sie hat aber auch einen Kompromißgeist zu vermeiden, der dem Gesetz des geringsten Widerstandes folgt und meint, man müsse eben mit den Wölfen heulen.

„Während der Radikalismus eine vorweggenommene Eschatologie ist, betreibt der Kompromißgeist eine illegitime Prolongierung der Welt. Er weiß nicht um ihr Ende, um ihre Grenze, um ihre Fragwürdigkeit und um den Infragestellenden" (Nr. 685, S. 201).

Thielickes theologische Deutung des Kompromisses ist also Folge seiner reformatorischen Sicht von Sünde und Rechtfertigung. Die ethische Bewertung des Kompromisses beruht nicht bloß auf rationalen und pragmatischen Erwägungen, sondern ist eine Folgerung aus dem reformatorischen Wirklichkeitsverständnis.

(b) An Thielicke übt deshalb von der Position katholischer Moraltheologie und einer rationalen Analyse aus Kritik: *Hans-Josef Wilting*, Der Kompromiß als theologisches und als ethisches Problem. Ein Beitrag zur unterschiedlichen Beurteilung des Kompromisses durch H. Thielicke und W. Trillhaas, 1975. Er kritisiert vor allem Thielickes theologischen Ansatz. Thielicke vertrete das reformatorische Verständnis von Sünde: Weil der Mensch ganz und gar Sünder sei, könne er nicht richtig handeln. Damit sei aber das Axiom „Sollen setzt Können voraus" außer Kraft gesetzt. Der Mensch könne gar nicht sittlich gut handeln: „Er soll, aber er kann nicht".

Sodann bestreite Thielicke, daß wegen der totalen Verderbtheit durch die Sünde der Mensch das Gesollte auch erfüllen könne. Der Mensch sei also völlig unfähig zum sittlich Guten. Deswegen werde für ihn der Kompromiß so wichtig. Hingegen ist der Mensch nach katholischer Sicht durchaus befähigt, sittlich richtig zu handeln.

An Wiltings Beurteilung Thielickes wird eine konfessionelle Differenz sichtbar: Nach Thielicke stehen Mensch und Welt unter der Sünde; Konflikte von Normen und Zielen sind Folge des Sündigseins der Wirklichkeit, der „Sünde in der Welt". Kompromisse zur Konfliktbeilegung sind darum Zeichen des Zustandes der Welt. Nach Wiltings Überzeugung kann dagegen die rationale Prüfung von sogenannten Pflichtenkollisionen mit Hilfe von Wertvorzugsregeln den Konflikt auflösen. Eine Auflösung von Normenkonflikten kann rational begründet, legitimiert, „gerechtfertigt" werden, ohne daß der Mensch notwendig schuldig wird. Daher ist Ethik ohne Vergebung, ohne Verweis auf Gottes „Rechtfertigung" möglich, indem sie rationale Abwägungen von Wertvorzügen vornimmt, ein vernünftiges Kalkül anstellt.

§ 4. Kompromiß und Güterabwägung im Normenkonflikt 239

(c) Anders als Thielicke argumentiert *Wolfgang Trillhaas*: „Kompromiß ist eine freie Vereinbarung unter gegenseitigem Verzicht auf bestimmte Interessen, um dadurch ein höheres gemeinsames Gut zu sichern" (Evang. Staatslexikon, 1966¹, Sp. 1113—1116, Sp. 1114). Für Thielicke spiegelt sich im Kompromiß die Struktur der Wirklichkeit. Er ist Tribut an die „gefallene Wirklichkeit". Trillhaas beschreibt dagegen ein Verfahren kommunikativer Verständigung. Er scheidet folgerichtig bei der Behandlung des Kompromißproblems die Pflichtenkollision als „Entweder—Oder-Entscheidung" aus den Überlegungen aus. Es geht ihm nicht um die Frage, ob der Kompromiß die „Ausweglosigkeit aller menschlichen Schuld", ihre Unvermeidbarkeit (so Thielicke) aufzeigt, sondern um die Frage, ob es sittlich legitime und zulässige Möglichkeiten des Interessenausgleichs gibt. Daher handelt er den Kompromiß unter der Überschrift „Ethik der Demokratie" ab. Das Ethos der Demokratie folgt dem Grundsatz: „Wir wollen und müssen miteinander und füreinander leben". Kompromiß bedeutet hier im Wortsinn: Übereinkunft, Ausgleich, Vergleich.

Im römischen Zivilrecht war Kompromiß die Vereinbarung zweier streitender Parteien, sich dem Spruch eines Schiedsrichters zu unterwerfen. Im römischen Sprachgebrauch war das Wort von Hause aus ein Begriff des Prozeßrechtes. Genauso kennt das Zivilrecht Vergleiche als Mittel des Interessenausgleichs und damit das Instrument des Kompromisses. Im Völkerrecht ist die Vereinbarung, der Friedensschluß die Alternative zum Diktat einer Seite. In der Demokratie ist die Mehrheitsentscheidung eine Weise der Kompromißfindung. Man spricht sogar vom Verfassungskompromiß. Der politische Kompromiß dient also dem Ausgleich zwischen Interessen unterschiedlicher Gruppen — weithin je für sich genommen berechtigten Interessen — um des Friedens willen. Eine einseitige Durchsetzung von Interessen führt zum Streit, äußerstenfalls zum Bürgerkrieg. Für einen Ausgleich ist oftmals ein Verzicht bei beiden Seiten erforderlich. Die Sorge um die gemeinsame Zukunft macht dabei den Ausgleich geradezu zur Pflicht. Um des Miteinanderlebens willen bedarf es des Willens zur Vereinbarung. Zu Zugeständnissen fordert auch Jesus auf: Der Jünger Jesu soll sich mit dem anderen vertragen, da wir gemeinsam unterwegs sind zum Richter (Mth. 5,25) (vgl. Mth. 24,45 ff., die Mahnung zur Wachsamkeit und Klugheit angesichts des ausstehenden Gerichts. Luk. 16,1—9 rät, sich mit dem ungerechten Mammon Freunde zu schaffen).

Kompromißregeln sind Klugheitsregeln (so Trillhaas). Dabei geht es nicht um die Orientierung an idealen, absoluten Pflichten (deontologisch), sondern um das Zusammenleben mit anderen (teleologisch). Kompromiß ist somit Folge der gesellschaftlichen Existenz des Menschen, Instrument interpersoneller, zwischenmenschlicher Kommunikation. Daher ist das eigentliche Feld des Kompromisses die Politik, nicht eigentlich die Ethik. Eine Demokratie kann nur funktionieren, wenn man einen Ausgleich zwischen verschiedenen Gruppeninteressen herzustellen bereit ist.

Hier stellt sich dann allerdings die Frage, ob alle Bürger ihre Interessen gleichberechtigt einbringen können und wie es um den Minderheitenschutz steht. Es geht also um institutionelle Voraussetzungen einer freien, demokratischen Willensbildung. Dafür ist freilich auch die demokratische Tugend der Toleranz und Kompromißbereitschaft, der Fairneß und Dialogbereitschaft Voraussetzung. Bedingung ist ferner die Achtung eines Minimums an Wertkonsens, die Anerkennung von Grundwerten und der Menschenwürde. In einer pluralistischen Gesellschaft kann ein Ausgleich von Interessengegensätzen nur durch Kompromisse gelingen. (Ebenso im Völkerrecht: Wenn man Konflikte gewaltlos lösen will, kann dies nur auf dem Weg von Kompromissen, z. B. Verträgen, gelingen.)

Dabei besteht freilich die Gefahr dilatorischer Formelkompromisse, indem durch auslegbare Formulierungen Spannungen überdeckt, Entscheidungen verschoben werden. Freilich sind auch solche Formelkompromisse gelegentlich sinnvoll, weil sich manchmal Probleme im Lauf der Zeit von allein erledigen. Ein pragmatisches Verständnis von Politik bedingt also den Verzicht darauf, durch politisches Handeln das Absolute zu verwirklichen.

(d) *Dietrich Bonhoeffer* (Ethik, 1984[10], S. 135 ff.) wendet sich gegen zwei extreme Formen christlicher Ethik, nämlich den Radikalismus und den Kompromißgeist. Dagegen unterscheidet Bonhoeffer zwischen Vorletztem und Letztem im christlichen Leben. „Die radikale Lösung sieht nur das Letzte und in ihm nur den völligen Abbruch des Vorletzten" (S. 135). Das Vorletzte, Irdische wird hier in seinem Eigenrecht mißachtet. „Radikalismus entspringt immer einem bewußten oder unbewußten Haß gegen das Bestehende. Christlicher Radikalismus, weltflüchtiger oder weltverbessernder, kommt aus dem Haß gegen die Schöpfung" (S. 137). Der Kompromiß trennt „das letzte Wort von allem vorletzten prinzipiell" (S. 136). Er entspringt immer dem Haß gegen das Letzte. „Christlicher Kompromißgeist kommt aus dem Haß gegen die Rechtfertigung des Sünders aus Gnaden allein" (S. 138).

Bonhoeffers Unterscheidung von Vorletztem und Letztem ist hilfreich. Allerdings wird man um der begrifflichen Klarheit willen besser zwischen

§ 4. Kompromiß und Güterabwägung im Normenkonflikt

Kompromißbereitschaft und Kompromißsucht unterscheiden. *A. Rich* (Radikalität und Rechtsstaatlichkeit, 1978) unterscheidet ferner zwischen Radikalismus und Extremismus. Der Radikalismus geht den Dingen an die Wurzel; er ist sprachlich von radix abgeleitet. Es kann eine radikale Liebe, Hingabe geben, ein bis zum Letzten reichendes Eintreten für andere Menschen, aber keine „extreme" Liebe. Denn der Extremismus ist abgeleitet von Extremum — das Äußerste, die Verästelung. Er treibt die Dinge einseitig auf die Spitze. Eine kommunikative Ethik kann weder wertfrei noch extremistisch sein wollen, wohl aber kompromißbereit, und zugleich radikal, entschieden für das Gute eintreten.

3. Ethische Bewertung des Kompromisses

Aus der Sicht der Ethik sind durchaus Grenzen des Kompromisses und die Fragwürdigkeit prinzipieller Kompromißneigung zu betonen. Als problematische Aspekte des Kompromisses sind zwei Möglichkeiten herauszustellen:

(a) Eine entschlossene prinzipielle Kompromiß*losigkeit* erlaubt oder fordert gar eine einseitige Interessenwahrung, nämlich die Durchsetzung des eigenen Standpunkts — am Schluß gar mit Hilfe der Gewalt.

(b) Eine prinzipielle Kompromiß*sucht*, Neigung zu „faulen" Kompromissen, zu Kompromissen aus Bequemlichkeit, aus Resignation geht auch den Preis des Verzichts auf sittliche Werte und Güter ein.

Der berechtigte Kern einer Kritik am Kompromiß ist darin gegeben, daß es unvertretbare, unerlaubte Kompromisse gibt. „Unerlaubt" heißt: etwas Unaufgebbares wird aufgegeben. Solche Kompromisse können letztlich vom Gewissen nicht verantwortet werden. Die katholische Morallehre unterscheidet zwischen erlaubten und unerlaubten Kompromissen herkömmlich mit Hilfe einer Güterabwägung aufgrund von Wertvorzugsregeln. Ein niederes Gut wird einem höheren geopfert; das Umgekehrte ist dagegen unerlaubt. Der Kompromiß wird zum rationalen ethischen Kalkül in einer Wertordnung. „Ohne eine Orientierung an einer objektiven Wertrangordnung wäre das Kompromißhandeln reine Willkür, also das Gegenteil von sittlich verantwortbarem Tun" (Monzel, S. 259).

Vorausgesetzt ist dabei, daß es objektive Maßstäbe gibt, an denen sich die Zulässigkeit eines Kompromisses bemessen läßt:

Z. B.: Auf austauschbare Güter und Werte kann man eher verzichten, als auf Dinge und Werte, die eine eigene Würde haben. Ein kleines Übel darf man in Kauf nehmen, wenn abzusehen ist, daß dadurch ein größeres Übel vermieden wird. Das war schon scholastischer Grundsatz in der These von einer „actio cum duplici effectu", einer Handlung mit Doppelwirkung. Das bekannteste Beispiel ist: Ein Medikament, das das Leben der Mutter rettet, aber zum Schwangerschaftsabbruch führt, darf man verabreichen. Sodann sind manchmal niedere Güter (leibliches Leben) wichtiger als höhere (Geistesbildung). *Thomas v. Aquin* (STh II, 2 q 30 a 3): „Es ist dringlicher, einen Verhungernden zu speisen, als ihn zu unterrichten, so wie es ja auch nach dem Philosophen (Aristoteles) für einen Notleidenden besser ist, zu Besitz zu kommen, als zu philosophieren".

Die katholische Tradition ordnet also den Kompromiß ein in die Güterabwägung unter Voraussetzung einer objektiven Güter- und Werteordnung: Die Rangordnung ist vorgegeben. Der handelnde Mensch hat ihr zu folgen und sie auf den konkreten Einzelfall anzuwenden. Wendet er sie richtig an, ist das Handeln richtig und der Handelnde integer, schuldlos.

Am deutlichsten hat sich diese Ansicht im *Probabilismus* ausgeformt. Der Probabilismus war das zwar umstrittenste, aber geschichtlich einflußreichste Moralsystem innerhalb der katholischen Sittenlehre. Es bietet eine Lösung des Konflikts zwischen prinzipieller Gesetzesforderung und konkretem Verhalten durch Ausbau eines Systems von Rechts- und Klugheitsregeln an. Dadurch wird für jeden denkbaren Fall eine lückenlose, kasuistische Anweisung möglich. Entstanden ist der Probabilismus in der Auseinandersetzung zwischen den Verfechtern laxerer oder absoluter Anwendung von Moralprinzipien. Jesuiten vertraten einen Probabilismus zuerst in der Abweisung der strengeren Moral der Dominikaner. Der Probabilismus geht aus vom Grundsatz: „si est opinio probabilis licitum est eam sequi, licet probabilior opposita est". Ein *Tutiorismus* dagegen fordert, man habe den sichersten (und das sind im allgemeinen die strengeren) Grundsätzen zu folgen. (Vertreter des Tutiorismus waren die Jansenisten). Zwischen Probabilismus und Tutiorismus gibt es freilich mancherlei Übergänge und Schattierungen. Voraussetzung beider Ansätze ist die Annahme, daß Normen in einer objektiven Wertordnung vorgegeben und erkennbar sind.

Dagegen hat evangelische Ethik bei ihrer Bewertung des Kompromisses zu bedenken:

(a) Gewiß sind Güterabwägungen zwar wichtig. Aber nicht alle Konflikte sind endgültig und stets durch ein Abwägen der Wertordnung zu lösen. Entscheidungen fallen vielmehr in unübersichtlichen Situationen. Der Kompromiß hat es mit dem situationsbezogenen Urteil zu tun. Dabei kann rationales Abwägen helfen, ebenso wie demokratische Verfahren. Aber dies kann nicht völlig einwandfreie sittliche und vernünftige Entscheidungen garantieren.

(b) Problematisch ist der Rückgriff auf eine angeblich objektive Wertordnung. Dies folgt schon aus der Einsicht in die Geschichtlichkeit und Wandelbarkeit von Werten und Normen.

§ 4. Kompromiß und Güterabwägung im Normenkonflikt

(c) Dann aber tritt erneut die theologische Frage zutage, ob nicht doch die Doppeldeutigkeit der Wirklichkeit und der Kompromiß einander bedingen. Der christliche Glaube ermächtigt zum Handeln; er vermittelt aber nicht den Maßstab einer objektiven Ordnung. Er befreit zum vernünftigen Abwägen zwischen Verzichtbarem und Unverzichtbarem. Aber er garantiert eben gerade nicht eine sittliche Irrtumslosigkeit, sondern ermöglicht im Konfliktfall die „Schuldübernahme" (D. Bonhoeffer).

Kompromisse sind also unter zwei Gesichtspunkten zu betrachten: einmal unter dem ihrer sittlichen Legitimität, Zulässigkeit, zum anderen als Hinweis auf das „simul peccator et iustus" — das Sein des Menschen in der gefallenen Schöpfung.

Der Glaube an Gottes Rechtfertigung erlaubt keine grenzenlose Kompromißsucht; aber er läßt es zu, Kompromisse einzugehen, in der Hoffnung, daß Gottes Macht menschlichen Fehlentscheidungen überlegen ist und daß der Glaubende wegen Gottes Geduld kompromißfähig sein kann.

Exkurs: Grenzmoral

Der Begriff „Grenzmoral" soll ein Verhalten beschreiben, in dem Individuen oder Gruppen das herrschende Ethos unterschreiten, jedoch nur soweit, daß Fortbestand und Funktion der Gesellschaft insgesamt nicht gefährdet werden. Das Phänomen „Grenzmoral" stellt sich vor allem in Umbruch- und Krisenzeiten, angesichts eines Wertewandels. Geprägt hat den Begriff *Götz Briefs* (Art. Sozialform und Sozialgeist der Gegenwart, Handwörterbuch der Soziologie, 1931, S. 162). Grenzmoral bezeichnet das niedrigste Maß, Niveau von Moral, das allgemein als verpflichtend gilt. Briefs ging von einer Beobachtung im kapitalistischen Wirtschaftssystem aus: Im Kapitalismus hat der am wenigsten von moralischen Skrupeln Umgetriebene im Wettbewerb Vorteile. Briefs spricht von einer Konkurrenzprämie für den Unmoralischsten (Steuerhinterziehung, Lieferung von Waren schlechter Qualität, Ausbeutung der Arbeitnehmer). Nach Briefs bezeichnet Grenzmoral die Grenze zwischen Gemeinschaftsmoral und Fremdmoral. Sie ist eine „Mindestmoral", ein Geringstmaß an „Verkehrsmoral" im Kapitalismus. Der Bonner Moraltheologe *Werner Schoellgen* hat 1946 ein Gesetz der Grenzmoral formuliert: In Krisenzeiten der Gesellschaft hat das Ethos die Tendenz zu einer Minimalisierung (Schwarzmarkt, Hamstern, „Organisieren", Kohlediebstahl). Man muß freilich prüfen, inwieweit diese These von einem Gesetz der Grenzmoral, von einem Absinken des ethischen Niveaus, Standards generell zutrifft. Schoellgen spricht von einer „Ethos-Entropie" (Entropie — Energieverlust). Es ist aber wichtig, die gesellschaftliche Bedingtheit eines Ethos zur Kenntnis zu nehmen. (Von dieser Beobachtung geht Briefs zunächst aus.) Individuelle Moral hängt von gesellschaftlichen Bedingungen, vom Niveau einer Gruppe ab.

Viele Belege weisen darauf hin. Genannt sei z. B. eine *„Fremdmoral"*. D. h. Fremden gegenüber gelten andere Grundsätze als bei Gruppenmitgliedern. Kannibalismus gegen Stammesfremde kommt vor; Stammesangehörige fallen dagegen unter das Tötungsverbot. Bereits Aristoteles meinte, Barbaren (Nicht-Griechen) seien Jagdwild für den Sklavenfang (Politik I/5, 1254 b). Ein Krieg gegen Barbaren, um sie zur Sklaverei zu zwingen, ist „von Natur" aus ein gerechter Krieg (Polit. I/8, 1256 b).

Oder im Mittelalter lag das Zinsmonopol bei den Juden (weil sie von der Binnenmoral ausgenommen waren). Das Gleichnis vom barmherzigen Samariter kann ebenfalls für die Unterscheidung von Fremdmoral und Binnenmoral herangezogen werden (Lk. 10,25 ff.), die Jesus freilich gerade bestreitet.

Jede Binnengruppe hat eine festgelegte Moral, eine Lebensordnung. Die Universalität des Liebesgebots wendet sich dagegen.

Briefs und Schoellgen sehen in der Grenzmoral eine Angleichung an die Fremdmoral. Unter gesellschaftlichem Druck orientiert sich das Ethos am eben noch Erlaubten, Zulässigen. Hierin manifestiere sich eine Sozialpathologie (Schoellgen). Gemessen wird die Grenzmoral freilich an einem Ideal von Gemeinschaftsmoral.

Bei Briefs enthält die Beschreibung der Grenzmoral eine Kritik am Kapitalismus und an der anonymen Kräften überlassenen Marktwirtschaft. Anstelle eines Gemeinschaftsethos sei in dieser Wirtschaftsform ein „partikulares Sozialethos auf gruppenindividualistischer Basis" getreten. Bei Schoellgen kommt hinzu eine Kritik an der Wandlung der Sexualnormen.

Nun ist zweifellos zutreffend, wenn auf die Abhängigkeit des Verhaltens des Einzelnen von Gruppeninteressen und einem Gruppenethos hingewiesen wird. (Darin berührt sich die Thematik der Grenzmoral mit der Chiffre „Eigengesetzlichkeit"). Aber es ist schwerlich von einer „*Logik* der Grenzmoral" zu sprechen; mit dieser Redeweise erweckt man den Eindruck, das ethische Niveau sinke zwangsläufig. Dagegen empfiehlt es sich, nach den gesellschaftlichen, kulturellen und sozialen Ursachen des Wertewandels zu suchen. Eine Schwarzmarktwirtschaft, eine korrupte Gesellschaft ist der Nährboden für eine Grenzmoral. Wer einer reinen Gruppenmoral entgegenwirken will und die Differenzierung zwischen Fremdmoral und Binnenmoral ablehnt, die z. B. Kolonialismus und Rassismus legitimieren sollte, muß auf dem Universalisierbarkeitsprinzip der Ethik bestehen und die Zuordnung von Sachgemäßheit, Sachlichkeit und ethischer Wertung bedenken.

Vermutlich ist zudem der Begriff der Grenzmoral dem ökonomischen Begriff des Grenznutzens nachgebildet worden; auch der Grenznutzenbegriff ist freilich nicht objektivierbar, weil Nutzendifferenzen nicht meßbar sind. Für die Vorzugswahl spielen jedoch bei Ökonomie und Ethik Erwägungen des Nutzens eine Rolle (vgl. oben 3. Kap. § 6: Utilitarismus).

Literatur: W. Schoellgen, Grenzmoral, 1946; G. Briefs, Grenzmoral in der pluralistischen Gesellschaft, in: E. v. Beckerath u. a. (Hg.), Wirtschaftsfragen der Freien Welt, 1957, S. 97—108.

5. Kapitel

Quellen christlicher Ethik

Evidenz, nicht die Bibel

Im folgenden Kapitel werden wichtige Traditionen und Erfahrungen christlicher Ethik vorgestellt. Die Überschrift „Quellen" ist bildhaft, metaphorisch zu verstehen. Quelle bezeichnet zunächst einmal den Grund, die Herkunft, den Ursprung. Aus einer Quelle (fons) geht Wasser hervor. In diesem Sinne kann man von „Quellen des Glaubens", von einer „Quelle des Lebens" sprechen. Der Satz: „Die Furcht des Herrn ist eine Quelle des Lebens" (Sprüche Salomonis 18,4), spricht so von einer lebendigen Quelle.

Sodann werden als „Quellen" die Nachrichten, Urkunden, Fundgruben, also Texte bezeichnet, die Überlieferung vermitteln. In diesem Sinne wird im folgenden Kapitel auf Grundlagentexte verwiesen.

Schließlich eröffnet geschichtliche Erfahrung ethische Einsicht. Daher sind geschichtliche Rückblicke für die Orientierung in der Ethik unerläßlich. Ethik beruft sich nämlich auf Erfahrung. Erfahrung wird sprachlich überliefert. Sie ist damit tradierbar geworden. Für jede christliche Ethik ist die Orientierung an Tradition wesentlich. Im folgenden sollen daher zentrale Einsichten aus der Überlieferungsgeschichte evangelischer Ethik dargestellt werden.

Üblicherweise wird erklärt, evangelische Ethik habe ihren Grund in der Heiligen Schrift; sie legitimiere sich daher nur durch die Berufung auf die Autorität des biblischen Zeugnisses. Diese Argumentation ist allerdings nur solange ohne weiteres stichhaltig, als man die Schrift uninterpretiert als wörtlich inspirierte Anweisung versteht. Der Fundamentalismus beruft sich in dieser Weise auf die formale Autorität der Schrift. Wird freilich die Bibel historisch-kritisch ausgelegt und die hermeneutische Aufgabe der Auslegung des Zeugnisses wahrgenommen, so kann das Schriftwort nicht mehr einfach zu akzeptierende Autorität sein. Die Schrift wird vielmehr gehört als Ruf zum Glauben, d. h. sie bezeugt das Evangelium. Das überlieferte und geschriebene Schriftzeugnis ist Quelle des Glaubens, „Heilsbrunnen".

Die Konkordienformel („Vom summarischen Begriff, der Regel und Richtschnur, nach der alle Lehre beurteilt (werden soll)") äußert sich als einziges lutherisches Bekenntnis zur Autorität der Schrift. Die Heilige Schrift bleibt „der einzige Richter und die einzige Regel und Richtschnur (iudex, norma et regula), nach der als dem einzigen Prüfstein (Lydius Lapis) alle Lehren gemessen und beurteilt werden sollen und müssen, ob sie gut oder böse, richtig oder unrichtig sind". Die Schrift ist, im Bild gesagt, klar, so wie der Marktbrunnen in der Öffentlichkeit steht (*Luther* WA 18,606,37 ff.; 607,14). Sie ist „Heilsbrunnen". Aber sie ist nicht unfehlbare Norm.

Gerade in ethischer Hinsicht bedarf die Schrift der Auslegung. Ihre Aussagen sind als Zeugnisse, Modelle gelebten Glaubens zu beachten, stellen jedoch keine unfehlbaren Leitsätze und Normen dar. Zwar ist das neutestamentliche Zeugnis erste Darstellung christlichen Lebens und darum als Beschreibung des Christseins zu bedenken. Aber die Christenheit ist nicht starr ein für allemal auf diese Lebensform festgelegt. Denn die grundsätzliche Intention des biblischen Zeugnisses war nicht die Verkündigung einer neuen Ethik, sondern die Heilszusage, und in den ethischen Aussagen sind vielfach Gut aus Judentum und Heidentum übernommen worden. Die Bibel ist somit Quelle der Glaubenserfahrung. Eine biblizistische Argumentation in der Ethik wäre jedoch Ausdruck von Heteronomie. Allein die Evidenz legitimiert Ethik. Man kann in diesem Sinn von einem *usus didacticus*, einer Erschließungsaufgabe der Bibel sprechen, aber nicht von einem usus normativus.

im NT: ethischer Pluralismus

§ 1. Zur Geschichte christlicher Ethik

1. Biblische Voraussetzungen der christlichen Ethik

Die wichtigsten ethischen Aussagen im Neuen Testament sind: das Doppelgebot der Liebe (Mk. 12,30f.; Lk. 10,27), die Antithesen der Bergpredigt (Mth. 5,21 ff.), Jesu Wort über die Ehe (Mk. 10 par), Jesu Gesetzeskritik (Mk. 2,7). Dazu kommen die paulinischen Paränesen. Dabei wurden für die Folgezeit besonders wirksam Römer 13, die Aussagen über die Obrigkeit, und die Behandlung der Sklavenfrage.

Die Haustafeln (Kol. 3,18 ff.; Eph. 5,22 ff.; 1. Petr. 2,13 ff.) geben ethische Anweisungen. Eine zusammenfassende Ethik findet man im NT nicht: das Liebesgebot (Mk. 12,38 f.; Lk. 10,27), die Gesetzeskritik Jesu Mk. 2,7, die Tugend- und Lasterkataloge, die paulinische Paränese und die nachpaulinischen Haustafeln sind Texte, die zwar explizit ethische Themen behandeln. Aber auch der ganze 1. Korintherbrief läßt sich als ein Modell christlichen Verhaltens exegetisieren.

Wolfgang Schrage, Ethik des Neuen Testaments, 1982, 1989[5] (vgl. ders., Art. Ethik IV. Neues Testament, TRE X, 435—462), betont die theologische Grundlegung der Ethik: Das Verhältnis von Eschatologie und Ethik, das Doppelgebot der Liebe, christologische Ethik bei Paulus, das Gebot der Bruderliebe im johanneischen Schrifttum. Die neutestamentliche Ethik sei „situationsbezogene kontextuelle Ethik" (TRE X, 435,35). Einen festen Normenbestand an ethischen Anweisungen enthält das Neue Testament hingegen nicht. Es gibt in den Einzelanweisungen einem ethischen Pluralismus Raum. Allein die theologische Grundorientierung ist einheitlich. Vgl. ferner S. Schulz, Neutestamentliche Ethik, 1987, E. Lohse, Theologische Ethik des Neuen Testaments. 1988.

Bei den nachapostolischen Schriften, z. B. den Apostolischen Vätern, werden ethische Anweisungen vor allem im Zusammenhang mit asketischen Vorschriften gegeben. Verbreitet ist das Zwei-Wege-Schema (Wahl zwischen dem Weg der Gerechtigkeit und der Ungerechtigkeit, dem Weg der Reinheit und der Unreinheit, dem Weg zum Leben und dem Weg zum Tode. — Didache I, 1—6; V, 1; VI, 1—2; Pastor Hermae mandata VIII, 1—4. 7—10.12; Barnabasbrief, 18—20).

Das Zweiwegeschema hat seine Herkunft in der literarischen und volkstümlichen Weisheitstradition des Judentums. Es hat in der populären Ethik eine nachhaltige Wirkungsgeschichte gehabt: Der Pietismus hat mit dem Bild vom breiten Weg der Weltkinder und dem schmalen Weg der Frommen ethische Gesinnungsbildung betrieben. Die Entgegensetzung von bildlich gestalteten Tugend- und Lasterkatalogen übt einen anschaulichen Dualismus von gut und böse ein. Für Kompromisse und Güterabwägung ist hier kein Raum.

Ein besonderes Problem neutestamentlicher Ethik ist die Sklavenfrage.

Die Sklavenfrage im Neuen Testament.

Die Urchristenheit hat die Sklaverei als Institution vorgefunden und nicht grundsätzlich in Frage gestellt (vgl. 1. Kor. 7,20—22; Philemonbrief). Die Mahnung des Apostels Paulus „jeder bleibe in dem Stande, in dem er berufen worden ist" bezeichnet man als „ungeheuerlichen Zynismus" (*Joachim Kahl*). Paulus hat sich in der Tat nicht für die Sklavenbefreiung eingesetzt; darin unterscheidet er sich nicht von seinen Zeitgenossen (etwa den stoischen Philosophen). Paulus ist weder ein Anwalt der Sklavenemanzipation noch der Frauenemanzipation (vgl. 1. Kor. 11,3 ff.).

(Vgl. zum Thema: *Siegfried Schulz*, Gott ist kein Sklavenhalter. Die Geschichte der Sklaverei, 1972).

In der Antike war die Sklaverei üblich. Sklaven galten nicht als Menschen, sondern als Sache und beseeltes Werkzeug (ὄργανον ἔμψυχον). Iuvenal (6. Satire) fragt: „Bist du verrückt? Ist denn der Sklave überhaupt ein Mensch?" Vedius Pollio verwendete Sklaven als Fischfutter für seine gefräßigen Muränen im Zuchtteich. Sklaven hatten nicht einmal das Recht auf ein eigenes Begräbnis, da ihnen ihr eigener Körper nicht gehörte. Zwar vertrat die Stoa die Humanitätsidee für jedermann: „Ob einer auch Sklave ist, so ist er doch darum, o Herr, nicht minder Mensch wie du" (Philemon Fragmente 109). Aber die Institution der Sklaverei wurde nicht angetastet. Seneca selbst besaß zahlreiche Sklaven.

Das Alte Testament unterschied streng zwischen hebräischen und heidnischen Sklaven. Hebräische Sklaven wurden (nach Ex. 21,2) im 7. Jahr frei. Die Essener lehnten die Sklaverei ab.

Paulus unterschied zwischen Gemeindeordnung (Gal. 3,27 f.; 1. Kor. 12,13 f.) und Sozialordnung (1. Kor. 7,20 f.; Philemonbrief). Mit der Unterscheidung von Heilsordnung und Weltordnung bezog er faktisch dieselbe Stellung wie die Stoa und die Mysterienreligionen: Sklaven sind nur religiös, aber nicht sozial gleichgestellt. Eine evangelisch begründete Sozialrevolution gibt es bei Paulus nicht. Faktisch geht er mit seinem „christlichen Patriarchalismus" (S. Schulz) zurück hinter die Einsicht der Essener (keine Sklavenhaltung) und des Alten Testaments (Freilassung hebräischer Sklaven nach einer bestimmten Frist).

Man kann dies mit der Naherwartung erklären. Aber auch die nachpaulinische Haustafelethik (Kol. 3,22 ff.; Eph. 6,5 ff.; 1. Tim. 6,1 ff.; 1. Petr. 2,18—24) nimmt die Ordnung der Sklaverei hin. *Augustin* meinte: „Christus hat nicht aus Sklaven freie Menschen gemacht, sondern aus schlechten Sklaven gute Sklaven" (Enarr. in Ps. 124,7). Die Kirche wurde im Mittelalter und dann in den amerikanischen Kolonien selbst zur Sklavenhalterin. Die „frühkatholische Sozialmetaphysik" (S. Schulz) mit ihrem Ordnungsdenken legitimierte die Sklaverei.

Die Abschaffung der Sklaverei wurde erst Ende des 18. Jahrhunderts programmatisch gefordert, vor allem von Mennoniten, Quäkern, Methodisten. Hier wurde die Reichs-Gottes-Botschaft zu einem Aufruf weltverändernder Liebe.

Am Beispiel der Sklaverei läßt sich verdeutlichen: (a) Das Evangelium enthielt keine gesellschaftsverändernde Programmatik; sodann: (b) Anhand der Sklaverei läßt sich die neuzeitliche Aufgabe der Sozialethik als einer Kritik inhumaner Institutionen veranschaulichen. Zwar brachte das Christentum in vielen Fällen eine Humanisierung des Sklaveseins, aber keine Abschaffung des Instituts der Sklaverei. Zur Aufhebung der Sklaverei führten am Ende des Altertums wie im 18. Jahrhundert vornehmlich ökonomische Gründe. In England nahm die Antisklavereibewegung der Methodisten ab 1780 einen Aufschwung, nachdem die Regierung der USA nach 1776 die Sklaveneinfuhr aus politischen Gründen verboten hatte. Die Lahmlegung des englischen Sklavenhandels erfolgte zuerst als wirtschaftlicher Boykott.

Man darf Paulus sicherlich nicht an neuzeitlichen menschenrechtlichen Maßstäben messen. Immerhin war für ihn der Sklave kein Nichtmensch. Grundsätzlich nötigt die Sklavenfrage jedoch zu den Fragen: (a) Was ist der Inbegriff neutestamentlicher Botschaft? Ist das Evangelium Anleitung zur Gesellschaftskritik? (b) Unter welchen Bedingungen werden gesellschaftliche Reformen möglich? Was bewirkt eine Veränderung von Institutionen?

2. Ethik in der Alten Kirche und im Mittelalter

Von den Kirchenvätern wurden vor allem einzelne Probleme christlichen Verhaltens diskutiert, wie die Stellung des Christen zum Kriegsdienst, das geziemende Verhalten der Frau, die Art der Kleider, die man tragen soll, ob ein Christ sich am Würfelspiel beteiligen dürfe u. dgl. mehr.

Beispiel: *Tertullian* (gest. 220): „De spectaculis" gegen den Besuch heidnischer Theateraufführungen von Christen; „De corona": Die Bekränzung und der Soldatenstand sind mit dem Christsein unvereinbar; De patientia, De poenitentia, De virginibus velandis: Jungfrauen sollen nie unverschleiert zum Gottesdienst kommen; De exhortatione castitatis: Keuschheit; De pudicitia: Scham, u. a. mehr. Tertullian repräsentiert freilich nur in besonderer Weise den Typus ethischer Abhandlungen bei den Kirchenvätern!

Der *Begriff* Ethik wird für eine christliche Abhandlung wohl erstmals um 361 von *Basilius von Caesarea* benutzt: Ἀρχὴ τῶν ἠθικῶν (MPG 31, S. 691–888). Die Schrift sammelt unter dem Titel „Prinzipien der Ethik" etwa 80 Regeln für eine christliche Lebensführung. Systematischer durchgeführt und für die Geschichte der christlichen Ethik wegweisend und einflußreich wurde die 391 von *Ambrosius von Mailand* veröffentlichte Abhandlung „De officiis ministrorum" (MPL 16, 25–188). Sie ist vermutlich die erste systematische Monographie über christliche Ethik. In Titel und Anlage ist sie der Schrift Ciceros „De officiis" nachgebildet, in der Cicero das Ideal der römischen virtus beschreibt.

Ansonsten bleibt es bei moralisierendem Gelegenheitsschrifttum. Eine Ausnahme bildet *Augustins* Werk über die Moral der katholischen Kirche „De moribus ecclesiae catholicae et de moribus Manichaeorum" (MPG 32, S. 1309–1378), eine sorgfältig durchdachte Synthese von platonischer und neutestamentlicher ethischer Reflexion. Tugend (platonisch verstanden) wird definiert als „nichts anderes als vollkommene Liebe zu Gott" im (neutestamentlichen) Sinne.

Außer den Abhandlungen über ethische Einzelprobleme sind andere Literaturgattungen für die Gestaltung der christlichen Ethik sehr wichtig geworden: Die Mönchsregeln — älteste Regel: Benedicti Regula (CSEL 75) —; erbauliche Schriften; die Beichthandbücher der Iroschotten mit ihrer gesetzlichen Festlegung von Bußstrafen für jedes Vergehen; kirchenrechtliche Vorschriften. Ethische Vorschriften finden sich zahlreich in den Kanones der Konzile. Diese befaßten sich nicht nur mit kirchenrechtlichen Fragen im engeren Sinn, sondern auch mit Fragen der kirchlichen Disziplin vor allem hinsichtlich der Bußordnung (Verhalten des Christen gegenüber Heiden; Ehe- und Gesellschaftsmoral; darf ein Christ Kriegsdienst leisten, Handelsgeschäfte betreiben, Wuchergeschäfte führen, Zinsnehmen? usw.). Man darf und kann für diese Zeit Kirchenrecht und Ethik nicht trennen. Kirchenrechtliche Vorschriften kodifizierten moralische Normen durch das Bußinstitut. Das *Bußinstitut* übt mittels der *Beichte* die kirchliche Moral ein; Beichthandbücher sind zugleich ethische Ratgeber, in denen kasuistisch Verhaltensvorschriften gegeben werden. Im Mittelalter haben Kanonessammlungen und Poenitentialbücher im allgemeinen mehr Einfluß auf die christliche Ethik ausgeübt als theologische Monographien. Das Decretum Gratiani — eine Sammlung von Rechtsvorschriften durch den Kamaldulensermönch *Gratian* in Bologna Mitte des 12. Jahrhunderts — ist die große Zusammenstellung von Rechts- und Moralnormen des Mittelalters.

Aber nicht nur das Mittelalter vermittelte die Ethik anhand von Beispielsammlungen und Fallauslegungen. In der nachreformatorischen lutherischen Kirche legte *Dedekenn* (gest. 1628) den „Thesaurus consiliorum et decisiorum" vor, in denen Gutachten und Entscheidungen von Theologen und theologischen Fakultäten zu einzelnen dogmatischen und ethischen Fragen mitgeteilt werden. (Bei ethischen Fragen handelt es sich vor allem um eherechtliche Dinge — Ehescheidung —, aber auch um Fragen des Zinsnehmens, des Kleideraufwandes, des Kriegsrechts u. a. mehr.)

Philipp Jakob Spener hat in Briefen und Ratschlägen ebenfalls als ethischer Ratgeber gewirkt (Theologische Bedenken, Halle 1700, Consilia et iudicia theologica, 1709, Letzte theologische Bedenken, 3 Bde.). Allerdings ist aus seinen Anweisungen oftmals nichts Genaues zu entnehmen, weil Adressat und damit Anlaß des Ratschlags nicht genannt, manchmal sogar verschleiert sind.

Als Beispiel pietistischer Gewissensberatung ist Spener aber ein überaus instruktives Modell. Vergleichbar solchen „consilia" sind heute öffentliche Stellungnahmen, „Denkschriften" der evangelischen Kirche. Sie sprechen konkrete Fragestellungen und Situationen, „Fälle" an, sind also auf ihre Art „kasuistisch".

Das maßgebende Werk theologischer Ethik im Mittelalter ist die schon erwähnte Secunda secundae der Summa theologica von *Thomas v. Aquin*, in der in 189 Quaestiones (Fragen und Antworten) eine theologische Tugendlehre entwickelt wird, beispielsweise Probleme des Kriegs, aber auch der asketischen Vollkommenheit besprochen werden.

3. Reformation und Neuzeit

In der Reformation sind zu nennen: Neben *Luthers* Auslegung des Dekalogs im Großen und Kleinen Katechismus ist sein Sermon „Von den guten Werken" 1520 (WA 6, S. 196—276) eine theologische Grundlegung. Der Sendbrief an Papst Leo X. „Von der Freiheit eines Christenmenschen" 1520 (WA 7,12—38 = Clemen 2, S. 1—27) ist der Ansatz der Sozialethik Luthers. Daneben sind seine Schriften Von Kaufhandlung und Wucher (1524), Von weltlicher Obrigkeit (1523), Ob Kriegsleute auch im seligen Stand sein können (1526), Vom ehelichen Leben (1522) zu nennen.

Calvins Ethik findet sich im Buch 3 der Institutio religionis Christianae (in Form einer Dekalogauslegung). Die altprotestantischen Autoren haben ihre Ethik im Rahmen ihrer theologischen Systeme mitbehandelt. Eine Ausnahme bildet die „Epitome theologiae moralis" (1634) des *Georg Calixt* (1586–1656). Nach Calixt ist das Subjekt der christlichen Ethik der homo renatus. Calixt gilt deshalb als Begründer der theologischen Ethik als gesonderter Disziplin. Die Aufklärung hat dann stärker als die Dogmatik die Ethik bearbeitet, vor allem als Anweisung zu Tugend und Glückseligkeit.

Im 19. Jahrhundert sind zu nennen: an evangelischen Autoren: *Friedrich Schleiermacher* (Schleiermacher konzipiert die philosophische Ethik unter Rückgriff auf Plato in der Dreiteilung: Güterlehre (das Sittliche als Produkt), Tugendlehre (das Sittliche als Kraft) und Pflichtenlehre (das Sittliche als Formel der Verwirklichung) („Grundlinien einer Kritik der bisherigen Sittenlehre", 1803; „Die christliche Sitte nach den Grundsätzen der evangelischen Kirche im Zusammenhang dargestellt", 1843). Auf Schleiermacher gehen wesentliche theologische Entscheidungen der evangelischen Ethik zurück, wie die Möglichkeit einer Einbeziehung der Ethik in die Dogmatik, der Sittenlehre in die Glaubenslehre, die Betonung des beschreibenden, indikativen Charakters evangelischer Ethik (im Unterschied zum imperativischen, fordernden Charakter der Ethik Kants), die Verbindung von Kirchenverständnis und Ethik, von Gotteslehre und Gebot Gottes.

Schleiermacher folgend behandelt *Karl Barth* die Ethik innerhalb der Dogmatik.

(Vgl. KD II/2. Auf das Kapitel 7 „Gottes Gnadenwahl" folgt das Kap. 8 „Gottes Gebot". Das entspricht der Reihenfolge von Evangelium und Gesetz. In der Schöpfungslehre (KD III, 4) Kap. 12 „Das Gebot Gottes des Schöpfers" behandelt Barth als ethische Themen Feiertag, Bekenntnis, Gebet, Ehe, Volk, Schutz des Lebens, Arbeit, Ehre.

Schleiermachers Schema (Güter-, Tugend-, Pflichtenlehre) folgt auch *Richard Rothe* (1799–1867), von dem dann das Standardwerk der theologischen Ethik der 2. Hälfte des 19. Jahrhunderts stammt: Theologische Ethik, 5 Bände, 2. Aufl. 1867–1871. Rothe entwirft spekulativ eine Theorie der christlichen Kultur. Bekannt ist vor allem seine These, wonach die Kirche im Kulturstaat, im „christlichen" Staat aufgehen soll und eine Verchristlichung der Welt Ziel ethischer Vollendung ist.

Nach diesem allgemeinen Überblick über die Geschichte der christlichen Ethik sind die besonders bedeutsamen Quellen gesondert zu be-

§ 1. Zur Geschichte christlicher Ethik

trachten. Es geht dabei um besonders wirksam gewordene und bis heute für normativ erachtete Texte. Der Dekalog repräsentiert dabei beispielhaft alttestamentliches Ethos, die Bergpredigt steht für die neutestamentliche Überlieferung der Weisung Jesu. Der reformatorische Ansatz einer evangelischen Ethik wird anhand von Aussagen Luthers dargestellt.

§ 2. Der Dekalog

1. Der Dekalog als Thema der christlichen Katechetik

Der Dekalog ist eine, nicht die einzige Form des alttestamentlichen Ethos. Man kann etwa auch auf Micha 6,8 („Es ist dir gesagt, Mensch, was gut ist und was der Herr von dir fordert, nichts als Recht üben und die Güte lieben und demütig wandeln vor deinem Gott") oder Amos 5,14 („Suchet das Gute und nicht das Böse, damit ihr lebet!", vgl. Amos 5,24) als Kernstellen verweisen. Aus der Verbindung von Lev. 19,18.32.34 mit Dtn. 6,5 ergibt sich ferner das Doppelgebot der Liebe, der Nächsten- und der Gottesliebe. Das alttestamentliche Ethos kann man nicht auf den Dekalog reduzieren.

Der Dekalog hat in der katechetischen Tradition des Abendlandes einen besonderen Rang erhalten. Seit *Augustin* hat er eine zentrale Stellung in der Glaubensunterweisung inne. Besonders *Luther* hat ihm einen ersten Platz in seinen Katechismen zugewiesen. Im Aufriß der Abfolge von Dekalog, Glaubensbekenntnis (Apostolikum), Vaterunser, Sakramente tritt eine theologische Konzeption zutage: Die Abfolge erläutert, was der Christ tun und woher er es nehmen soll. Die Stellung des Dekalogs im reformierten Heidelberger Katechismus (wie im Catechismus Romanus) *nach* der Darlegung des Glaubens zeigt eine andere Konzeption. Die Ethik wird hier als Tat des Menschen der Dogmatik nachgeordnet („Von des Menschen Dankbarkeit"). Es geht hier um die Reihenfolge von „Gesetz und Evangelium" (Luther) oder „Evangelium und Gesetz" (reformiert). Luther hat bereits im „Sermon von den guten Werken" (1520) die guten Werke anhand des Dekalogs beschrieben und entfaltet.

In der Begründung der Geltung des Dekalogs gehen *Luther* und die reformierte Sicht (*Calvin*) unterschiedliche Wege. Luther begründet die Geltung „naturrechtlich", anthropologisch. Der Dekalog ist in jedem menschlichen Herzen eingeschrieben. Abgesehen von dieser natürlichen Bindung ist Mose der „Juden Sachsenspiegel" (WA 16,378). Die heilsgeschichtlichen Verweise auf den geschichtlichen Kontext werden getilgt, nämlich die Errettung aus der Knechtschaft in Ägypten, das Bilderverbot, der Sabbat. Statt der Begründung des 1. Gebots auf eine Geschichtsaussage: „Ich bin der Herr, dein Gott, der ich dich aus dem Lande Ägypten, aus dem Sklavenhause herausgeführt habe" (Ex. 20,2) fragt Luther ganz allgemein: „Was heißt einen Gott haben oder was ist ein Gott?" In der Tradition des Luthertums erhält der Dekalog deshalb den Anschein, als sei er aufgrund seiner universalen Gültigkeit zeitlos, unveränderbar, eine Sammlung statischer Axiome.

Die reformierte Theologie, besonders Calvin, betonten dagegen dessen geschichtliche Herkunft. Der geschichtliche Kontext wird in die reformierte Ethik und Gesetzgebung hineingenommen. Dadurch entsteht eine Tendenz zur Theokratie. Auch müssen die national-jüdischen Züge im Alten Testament, die in eine andere geschichtliche Situation hineingehören, generalisiert, allegorisiert, zum Teil spiritualisiert werden. So symbolisiert dann die Knechtschaft in Ägpyten die Knechtschaft unter der Sünde.

Die christliche Ethik ist immer wieder in Form einer Dekalogauslegung vorgetragen worden.

Vgl. neuerdings z. B.: *Hans Georg Fritzsche* „Evangelische Ethik", 1961, 1966³, und bewußt reformierte Tradition aufnehmend *Jan Milič Lochman*, Wegweisung der Freiheit. Abriß der Ethik in der Perspektive des Dekalogs, 1979, sind dafür neuere Beispiele. Die evangelisch-katholische Erklärung „Grundwerte und Gottes Gebot", 1979, legt ebenfalls den Dekalog zugrunde.

2. Der Dekalog im Alten Testament

Der klassische, ethische Dekalog ist im Alten Testament an zwei Stellen überliefert (Ex. 20,2—17 und Dtn. 5,6—21 f.). Die Zehnzahl, „Zehnworte" ergibt sich aus mnemotechnischen Gründen.

Der Begriff „Zehnworte" findet sich Ex. 34,28; Dtn. 4,13; 10,4. Die beiden Dekalogfassungen unterscheiden sich an mehr als 20 Stellen voneinander. Wirkliche Varianten finden sich beim Sabbatgebot: Ex. 20,21 begründet die Sabbatruhe schöpfungstheologisch (vgl. Gen. 2,2 f.); Dtn. 5,15 mit der Erinnerung an das Sklavesein in Ägypten legt einen sozialen Akzent auf die Sabbatruhe.

Einen Urtext zu rekonstruieren oder das Alter des Dekalogs festzustellen, ist zwar das stete Bemühen der alttestamentlichen Forschung, aber ein aussichtsloses Unterfangen. Es gibt sicher in die Frühzeit Israels zurückreichende Elemente des Dekalogs (vgl. die Reihen in Hosea 4,2; Jeremia 7,9). Aber in seiner jetzigen Form ist er ein spätes Mischgebilde. Das „Haus" im 10. Gebot verweist auf das Kulturland.

Auf eine andere Eigenart hat besonders die Ethik hinzuweisen: Gottesrecht und Menschenrecht, kultische und ethische Verbote bzw. Gebote sind im Dekalog untrennbar verklammert.

Das 1. Gebot, „Ich bin der Herr dein Gott", ist die Grundlage des gesamten Dekalogs. Kultische Gebote und ethische Vorschriften sind unlösbar verknüpft. Die Verteilung der Gebote auf zwei Tafeln, Gottesverehrung und Ethos, ist legendär und willkürlich. Die Inhalte der 2. Tafel sind weder exklusiv israelitisch noch spezifisch religiös gebunden. Die Gebote von der Elternehrung an (4. Gebot lutherischer Zählung) sind weder „volksgebunden israelitisch" noch „gottgebunden jahwistisch" (gegen A. Alt, Kleine Schriften I, S. 323). Auch kann man aus der Knappheit der Form und der Vollständigkeit des Inhalts keine Schlüsse auf den theologischen Gehalt ziehen. *Albrecht Alt* sah in der sprachlichen Form der knappen Gebote ein „apodiktisch formuliertes Recht" des Jahwebundes. Vergleiche mit anderen Reihen aus altorientalischen Lebens- und Textbereichen lassen die Prohibitive des Dekalogs freilich als normative Gebote des täglichen Lebens erscheinen. Die ursprüngliche nationale und religiöse Gebundenheit erweist sich dann als Fiktion. *E. Gerstenberger* benennt als Ursprungsort des Dekalogs ein Sippenethos. Auch wenn die Lokalisierung des Dekalogs im Sippenethos eine Verengung darstellen sollte, so ist doch der Inhalt in der Tat als allgemeinmenschlich zu interpretieren. Der apodiktische Stil ist urmenschlich. Der Sitz im Leben des Dekalogs ist trotz der Selbstvorstellungsformel des 1. Gebotes wohl kaum ausschließlich der Bundesfestkult Israels. Der Exklusivitätsanspruch Jahwes ist das spezifisch Israelitische am Dekalog. In den sakralen Umschluß einbezogen ist sodann die Lebensordnung. Die Gestaltung dieser Lebensordnung kann auch weisheitlich begründet werden.

3. Die zehn Gebote in ihrer heutigen Bedeutung

Bei der Einzelauslegung der Gebote ist jeweils der historische Kontext zu bedenken. Im Unterschied zur Tradition der Dekalogauslegung des Luthertums dürfen die Gebote nicht als zeitlose Axiome verstanden werden, sondern sind in ihrer Geschichtlichkeit zu bedenken. Dabei treten für die ethische Überlegung die Grundforderungen israelitischen Bekenntnisses zurück. Alle zehn Gebote sind nicht Bedingungen des Bundes, auch nicht im Sinne eines tertius usus legis für die Bundesgenossen, sondern personale Anrede. Sie sind freilich als Glaubensaussagen grundlegend für die Lebensordnung Israels. *Augustin*, der das Bilderverbot ausklammerte, weil es die Christen nicht mehr betreffe, bezeichnete das 1. bis 3. Gebot als fas (Gottesrecht) und das 4. bis 10. Gebot als Menschenrecht (ius).

Das *1. Gebot* fordert die Anerkennung der Exklusivität und Personalität Jahwes. Das Fremdgötterverbot enthält keine theoretische Negation der Existenz anderer Götter; es statuiert in einer Welt des Polytheismus lediglich die Monolatrie. Das Bilderverbot (2. Gebot, reformierte Zählung) ist nomadisches Erbe. Auch die vorislamischen Araber kannten ein Bilderverbot. Der Dekalog nimmt jedoch keine rationale Bilderkritik vor, wie später Deuterojesaja (Jes. 41,6 f.; 44,9—20; 46,1—7), welcher die Götter für Nichtse erklärt. Das Bilderverbot ist kennzeichnend für das alttestamentliche Weltverständnis. Die Wirklichkeit darf nicht als „gottdurchlässig" verstanden werden. Allerdings ist aus dem Gebot kein prinzipielles Verbot des Anthropomorphismus zu entnehmen. Vielmehr verbietet das Gebot, sich Jahwes mit Hilfe von Bildern, idola zu bemächtigen. Man kann heute diese Kritik an idola ausweiten zur Ideologiekritik, zu einer „negativen" Theologie. Die Bedeutung des Bilderverbotes für die theologische Gesamtdeutung von Wirklichkeit wäre eingehender zu bedenken.

Das *2. Gebot* (lutherischer Zählung) schützt Gottes Namen vor Mißbrauch. Gottes Name ist Träger von Macht. Namensmagie bemächtigt sich in Fluch, Zauber und Schwur des Trägers des Namens.

Das *3. Gebot*, das Sabbatgebot, wird unterschiedlich begründet. Ex. 20,11 begründet das Gebot protologisch-kosmologisch, Dtn. 5,15 heilsgeschichtlich. Von Hause aus war der Sabbat ein Tabutag, der durch das Verbot aller Arbeit gekennzeichnet war; er hatte in altisraelitischer Zeit mit der Ausübung des priesterlichen Kultes Israels (des Opferkultes) nichts zu tun. In der Exilszeit wurde die Einhaltung des Sabbats, neben der Beschneidung, zum Bekenntniszeichen des Israeliten.

Die erste Christenheit verlegte den Sonntag auf den 1. Tag der Woche, den Erinnerungstag an Ostern (vgl. Acta 20,7; Didache 14,1) und hob die gesetzliche Sabbatheiligung auf. Luther betonte positiv die Heiligung des Sonntags durch den Besuch des Gottesdienstes und das Hören der Predigt. Die altreformierte Sabbatethik betonte dagegen das Ruhegebot und dessen Verbindlichkeit. Von hier aus wäre eine Ethik des Sonntags zu entwickeln; freilich müßte gegen puritanische Tradition deutlich werden, daß und wie Gott Herr der Zeit ist und durch die Unterbrechung der Alltagsarbeit Ordnung und Gliederung in die Zeit des Menschen bringt. Die schöpferische Unterbrechung durch den Feiertag gewährt dem Menschen Zeit und ist Erweis der Treue und Gnade Gottes. Eine theologische Deutung des Feiertagsgebotes wird zwar auch das menschliche Bedürfnis nach Ruhe und Erholung beachten, aber den Feiertag vor allem als Gelegenheit zum menschlichen Gottesdienst zu deuten haben.

Mit dem *4. Gebot* erfolgt der Übergang zu den Grundnormen der israelitischen Sozialordnung. Dieses Gebot richtet sich, wie alle anderen Gebote, an Erwachsene, nicht an Kinder. Der Bezug ist die Großfamilie. *Luthers* Interpretation mit Hilfe der patria potestas internalisiert das Gebot auf eine problematische Weise. Eine besondere Rolle spielt dabei das Verständnis von kabed, ehren. Eine Tradition lutherischer Auslegung bringt das Verb in Beziehung zur kabod Jahwes. Die Eltern werden dann als Repräsentanten der Ehre Gottes verstanden. Das Wort „ehren" meint freilich im Urtext nicht die Anerkennung der elterlichen Autorität, die innere Zustimmung zu einer patriarchalischen Ordnung. Es sichert vielmehr den Alten, deren Arbeitskraft und Leistungsfähigkeit nachläßt, die Versorgung. Das Verbot des Elternfluches (vgl. Ex. 21,17; Lev. 20,9; Spr. 20,20; 30,11; vgl. Jer. 20,14 f.) untersagt das Ausstoßen aus dem Sippenverband. Den alten Eltern darf nicht die Lebensgrundlage, die Nahrung entzogen werden. Das 4. Gebot schützt das Lebensrecht der Eltern. Es wird ihnen ihr Platz in der Gemeinschaft gesichert. Die Gleichbehandlung von Vater und Mutter richtet sich zugleich gegen die Diskriminierung der Frauen.

Luther hat in der Auslegung des 4. Gebotes im Katechismus den Schutz des Gebotes ausgedehnt auf vier Arten von Vätern; neben den leiblichen Eltern bezieht sich das Gebot auf die Lehrherren und Meister.

„Aus der Eltern Oberkeit fließt und breitet sich aus alle andere. Denn wo ein Vater nicht allein vermag sein Kind aufzuziehen, nimmt er einen Schulmeister dazu" (WA 30 I, 152).

Das 4. Gebot bezieht sich ferner auf die weltliche Obrigkeit, den Landesherrn als Landesvater, und die geistlichen Väter, die Prediger. Luther verinnerlicht dadurch das patriarchalische Herrschafts- und Gesellschaftssystem. Den Vätern ist in der inneren Haltung der Ehrerbietung zu begegnen. Das 4. Gebot sanktioniert eine personale, vorbürokratische, vorrationale Herrschaftsstruktur.

Das 4. Gebot ist heute von dieser Interpretation wieder zurückzuführen auf seinen ursprünglichen Sinn eines Schutzes des Lebensrechtes der „alten" Eltern. In der modernen Industriegesellschaft geht es weniger um eine innerliche Haltung der Anerkennung der Alten, sondern erneut um deren soziale Sicherung und soziale Anerkennung. Im Verhältnis der Generationen soll nicht das Recht des Stärkeren herrschen. Das Gebot hat seine Funktion im Dienst des Zusammenlebens.

§ 2. Der Dekalog

Das *5. Gebot* thematisiert ausdrücklich den Lebensschutz, und zwar für jeden Mitmenschen. Es verbietet, unschuldiges Blut zu vergießen (Sprüche 6,17). Das Verb razach untersagt nicht jede Art von Tötung. In Israel gab es trotz des 5. Gebotes die Todesstrafe und das Töten im Krieg. Im heiligen Krieg war der Blutbann üblich. Das Wort razach bezeichnet das Morden oder Töten eines persönlichen Gegners. Untersagt ist zunächst im 5. Gebot die Rechtshilfe in eigener Sache, die Blutrache. Das Wort läßt sich freilich nicht auf den sprachlichen Unterschied im Deutschen zwischen morden und töten zurückführen. Morden meint vorsätzlich und heimtückisch töten. Das 5. Gebot wendet sich gegen jedes ungesetzliche, gemeinschaftswidrige Töten. Die apodiktische Formulierung reflektiert nicht über begründete Ausnahmen und Grenzfälle.

Heute ist nicht nur das Töten im Krieg oder die Todesstrafe in Auslegung dieses Gebotes neu zu bedenken, sondern auch die Möglichkeit einer Schädigung des Lebens anderer durch indirekte, strukturelle Gewalt, durch Ausbeutung aufgrund lebenszerstörender Strukturen.

Das *6. Gebot* „Du sollst nicht ehebrechen" handelt weder von Monogamie und Polygamie noch von der Sexualität schlechthin. Es schützt nur die legitime Ehe des Israeliten gegen einen Einbruch von außen. Aus dem antiken Charakter des Dekalogs ist zu entnehmen, daß ein Mann nur eine fremde Ehe, die Frau die eigene Ehe brechen kann. Ex. 22,15 f. bewertet die Verführung einer unverlobten Tochter als Eigentumsdelikt. Die Frau und die Verlobte sind zur Treue verpflichtet. Der Mann kann nur eines anderen Mannes Ehe brechen, hingegen nicht die eigene Ehe (vgl. Gen. 39,10 f.). Zu vergleichen ist in Sprüche 5 die Warnung vor der „fremden" Frau. Die fremde Frau ist die verheiratete Israelitin, nicht die Ausländerin.

Das 6. Gebot schützt die Ehe als soziale Einrichtung. Es richtet sich nicht gegen das sexuelle Begehren an sich, fordert also nicht eine Gesinnung (wie Mth. 5,28), sondern verbietet die ehebrecherische Tat. Erwägungen wie die *Schleiermachers* (in seiner romantischen Phase), wonach für jeden Mann nur eine Frau bestimmt sei (und umgekehrt), liegen ganz fern. Aufgrund seines Individualitätsgedankens meint dann Schleiermacher, eine Ehe mit dem falschen Ehepartner sei gar keine Ehe. Da die Urfassung des Gebotes nur die Ehe als Institut schützt, finden sich darin keine Aussagen über Unzuchtsünden, Unkeuschheit, also sexuelle Fehlhandlungen und die Unauflöslichkeit der Ehe. Man kann aus diesem Gebot keine generelle Norm über die Bewertung der Sexualität entnehmen.

Das *7. Gebot* „Du sollst nicht stehlen" ist exegetisch umstritten. Denn einmal ist es in der Reihenfolge fehl am Platz, da die anderen Gebote den Israeliten selbst und nicht eine Sache betreffen; zum anderen überschneidet es sich thematisch mit dem 9. und 10. Gebot. *Albrecht Alt* („Das Verbot des Diebstahls im Dekalog", in: Kleine Schriften I, S. 333—340) hat deshalb vermutet, daß das Gebot ursprünglich nicht den Diebstahl überhaupt, sondern nur den Menschenraub untersagt habe. Es schützt danach den freien israelitischen Mann vor Versklavung. Nachstellungen gegenüber abhängigen und unfreien Personen wie Frauen, Kindern und Sklaven fallen dann unter das 10. Gebot. Alt verweist als Beleg seiner Vermutung auf Ex. 21,16 und Dtn. 24,7. Das 7. Gebot hätte danach zunächst nur dem Israeliten das Grundrecht der physischen Freiheit gesichert. Daraus ergibt sich dann ein sinnvolles Gefälle, angefangen beim 5. Gebot: Leben, Ehe, Freiheit, Ehre und Besitz des Israeliten stehen unter Jahwes Schutz.

In seiner jetzigen Formulierung verbietet das 7. Gebot freilich nicht nur den Menschenraub, sondern alle Eigentumsdelikte. Damit ist es aber abhängig vom Wandel des Eigentumverständnisses.

In der nomadischen Zeit war in Israel Eigentum an Vieh der eigentliche Vermögenswert. Darum wird Viehdiebstahl mit einer höheren Ausgleichszahlung geahndet. Nach der Landnahme wird Grundeigentum der eigentliche Vermögenswert (vgl. Lev. 25,23 b). In vorexilischer Zeit konnte nur der freie Israelit Land besitzen. Der Landbesitz verpflichtet jedoch zu sozialkaritativem Handeln. Eigentum ist Lehen Jahwes. Daher ist im 7. Gebot nicht der römisch-rechtliche Eigentumsbegriff mit dem „ius utendi, fruendi et abutendi" zugrunde zu legen. Das Verbot des Diebstahls zielt allein auf die Sicherung der materiellen Existenzgrundlage.

Die heutige Auslegung des 7. Gebotes steht vor erheblichen Schwierigkeiten. Denn sie hat bei einer konkreten Anwendung den Wandel der Eigentumsarten und den Funktionswandel von Eigentum zu beachten. Privateigentum und öffentliches Eigentum, personengebundenes Gebrauchs- und Verbrauchseigentum und Großeigentum an Produktionsmitteln sind zu unterscheiden. Außerdem ist zwischen materiellem und immateriellem Eigentum (wie Versicherungen, Aktien, Rentenanwartschaften) zu differenzieren. In der Industriegesellschaft und im Sozialstaat ist ein Funktionswandel des Eigentums evident. Eine enge individualethische Auslegung des Diebstahlverbotes greift zu kurz. Die sozialethische Dimension von Eigentum ist mitzubedenken. Ist Eigentum als solches Diebstahl (*Proudhon*)? *Luther* sah die größten Diebe begünstigt durch die Wirtschaftsordnung. Man kann dann von Diebstahl „von oben" und Diebstahl „von unten" sprechen.

Heute kann man dann fragen: Sind die Strukturen des Weltmarktes Ursache von Diebstahl? Bezeichnenderweise wird das Eigentumsgebot in den Antithesen der Bergpredigt nicht ausgenommen. Heute ist dieses Gebot neu zu formulieren, etwa in der Weise: „Du sollst nicht nur zu deinem eigenen Vorteil auf Kosten deiner Mitmenschen leben". Positiv formuliert lautet dies dann: „Du sollst deinem Nächsten alle möglichen Entwicklungschancen öffnen" (*D. von Oppen*). Das Gebot ist also dahingehend auf gewandeltes Eigentumsverständnis und neue Eigentumsverhältnisse hin auszulegen, daß dieses Gebot grundsätzlich verwehrt, anderen zu schaden und auf Kosten anderer zu leben.

Das *8. Gebot* „Du sollst kein falsches Zeugnis reden wider deinen Nächsten" hat seinen ursprünglichen Sinn im Rechtsleben. Es verbietet dem Israeliten, vor Gericht als „Lügenzeuge" aufzutreten. Das Wort Lügenzeuge gehört in die forensische Situation der Gerichtssprache (vgl. Numeri 35,30 f.; ferner Ps. 27,21; Spr. 6,19; 12,17; 14,5; 29,5.9; 25, 18). Das falsche Zeugnis meint die falsche Parteiaussage vor Gericht. Das 8. Gebot schützt Recht und Ehre des freien Israeliten. Es enthält keine prinzipielle Ächtung der Lüge. Rechtsfähigkeit war ein Grundrecht jedes freien Israeliten (vgl. Ruth 4, Jeremia 26). Die israelitische Rechtsgemeinde ist der Ort dieses Gebotes. Der Lügenzeuge begeht einen Rechtsbruch.

Der Dekalog enthält kein Verbot der Lüge (*Ludwig Köhler*). Das Alte Testament nimmt anderwärts die Verletzung der Wahrhaftigkeit ungewöhnlich leicht (vgl. 1. Könige 22,20 ff.; Jer. 38,24—27). Verglichen damit hat das ägyptische Totenbuch, das prinzipiell die Lüge verbietet, ein verfeinertes sittliches Urteil. Der Dekalog richtet sich ausschließlich am Nutzen oder Schaden für den Mitmenschen aus und vertritt nicht ein allgemeines Prinzip der Wahrhaftigkeit; anders *Kant*: „Über ein vermeintliches Recht aus Menschenliebe zu lügen". Maßstab ist der Schutz des Nächsten.

Die Auslegung hat freilich nicht ohne sachlichen Grund die Reichweite des Gebotes erweitert. Es geht dann generell um den rechten Umgang mit dem Wort, um den Schutz des guten Rufes, der Ehre des Nächsten. *Luther* sieht im 8. Gebot eine doppelte Intention angelegt: Einmal fordert es von Zeugen und Richtern Unparteilichkeit vor Gericht. Zum anderen verbietet es Verleumdung. Es richtet sich gegen die aggressive, auf Schädigung des Nächsten gehende Täuschung. Bei Luther bringt dies das Gebot in die Nähe des Verbotes des Mißbrauchs des Namens Gottes.

Heute geht es angesichts möglicher Eingriffe in den persönlichen Bereich um den öffentlichen Schutz des Vertrauensbereichs der Person, um die durch „öffentliche" Lüge und Propaganda erfolgende Schädigung. Auch die Ehre und der gute Ruf des Menschen sind soziale Güter.

Das *9. und 10. Gebot* „Du sollst nicht begehren" scheint diesen Bezug auf den Schutz des Nächsten aufzugeben. Verboten ist dann eine bestimmte Gesinnung. Vor allem die Übersetzung der Septuaginta von „Chamad" mit „epithymein" versteht darunter ein Gesinnungsdelikt, die Herzensregung des begehrlichen Wollens. In seiner ursprünglichen Formulierung bezieht sich das Wort Chamad jedoch auf ein „an sich bringen", „im Trüben fischen" (Achans Diebstahl); es bezeichnet die Inbesitznahme einer begehrten Sache (vgl. Ex. 34,24; Psalm 68,27). Ursprünglich enthält das Gebot das Verbot der Manipulation zu Lasten des Nächsten.

Der Dekalog schützt von Hause aus die Rechte des freien Israeliten: Leben, Ehe, physische Freiheit, Ehre, Besitz. Er war keine Anleitung zur Gewissenserforschung, kein Beichtspiegel — wie in Luthers Erklärung des Dekalogs in den Katechismen —, sondern regelt äußeres Verhalten. Zunächst war er der Verhaltenskodex der israelitischen Sippe. Die Lebensgemeinschaft steht unter Jahwes Schutz und Forderung. Maßstab ist das Recht des Nächsten, nicht die eigene Gesinnung. An dieses Gebot kann dann die Aufforderung zur Nächstenliebe anschließen. Dabei stellt sich freilich die Frage, ob es zwischen den jeweils Nächsten eine Rangordnung gibt. Der Dekalog untersagt Handlungen und fordert nicht eine Gesinnung. Die Septuagintaübersetzung bringt beim 9. und 10. Gebot bereits eine Verinnerlichung. Auch Dtn. 5,21 ersetzt dann das Verb chamad durch „hitawah", das eine Willensregung bezeichnet. Der Verinnerlichungsprozeß wird fortgesetzt in den Antithesen der Bergpredigt (Mth. 5,21 ff.) und im paulinischen Verständnis von epithymia (Röm. 7,7; Gal. 5,16).

Luthers Auslegung macht dann den Dekalog zum Mittel der Gesinnungserforschung. Zwischen Luther und Israel steht dabei die Beichtpraxis des Mönchtums und *Augustins* Auslegung von Sünde als concupiscentia und amor sui. Der Dekalog verbietet, so Luther, nicht nur den Nächsten schädigende Handlungen, sondern untersagt bestimmte Herzensregungen, Willensbewegungen.

Diese Auslegungsgeschichte kann man nicht übersehen und negieren. Aber es ist heute mit Hilfe historischer Einsichten nach der Bedeutung des Dekalogs für eine normative Ethik zu fragen.

4. Ausblick

Der Dekalog gibt nicht auf *alle* ethischen Fragen eine Antwort. Er ist nicht das „Grundgesetz" christlicher Ethik. Wohl aber ist er ein notwendiges Korrektiv gegen die Spiritualisierung christlichen Glaubens und Lebens. Er schützte zunächst die soziale Integrität der Gemeinschaft in Israel, indem er die fundamentalen Lebensrechte des Mitmenschen, des Nächsten sicherte. Von Hause aus ist er keine Anleitung zur sittlichen Selbstvervollkommnung, noch nicht einmal Anweisung für die Selbsterkenntnis und Selbstbeurteilung. Die Gemeinschaftsfähigkeit und die Kultfähigkeit des Israeliten sind zu wahren. Wichtig ist also, daß ein Israelit am Leben Israels teilnehmen kann. Wegen dieses elementaren Lebensbezuges hat der Dekalog in der Folgezeit sich als so außerordentlich wirksam erwiesen. Die konkrete Anwendung und Interpretation auf die jeweilige Lage muß jedoch jeweils neu vollzogen werden. Polygamie und Sklaverei, auch die Begrenzung des Gebotes der Nächstenliebe auf den Israeliten, den Volksangehörigen waren im Dekalog historisch-kulturell bedingt und bedurften der Entgrenzung durch die Ethik. Das Bilderverbot wurde in vielen christlichen Kirchen gestrichen; das Sabbatgebot wurde im Christentum im Kern verändert. Es erweist sich dabei als weiterführend, daß der Dekalog in den meisten Geboten nur negativ formuliert: Dadurch wird lediglich manifestes Unrecht ausgeschlossen. Allein ein Verbot vermag Allgemeingültiges auszusagen. Die positiv konkrete Entscheidung ist damit freigegeben. Der Grundbestand ethischer Maximen kann nur abgrenzend in Form des Prohibitivs formuliert werden. Der Dekalog wurde durch diese allgemeine Formulierung zur Magna Charta des „Rechtes des Nächsten" (*Erik Wolf*). Das Recht des Nächsten, sein Lebensrecht muß in jeder Zeit positiv neu bestimmt werden. Aber die Bestimmung von Lebensrechten des Menschen, von Nächstenrechten kann nicht beliebig, willkürlich sein.

Der Verhaltensforscher *Wolfgang Wickler*, Die Biologie der zehn Gebote, 1971, verweist auf natürliche Grundlagen der Moral. Der Mensch als Naturwesen fußt in der Tat auf einer biologischen Basis. Sittliche Normen müssen diese natürliche Basis beachten. Inwieweit Wicklers Aufweis moral-analogen Verhaltens von Tier und Mensch trägt, ist zu prüfen und eingehend zu erörtern. Für die Dekaloggebote sieht er folgende Analogien: Das Tötungsverbot (5. Gebot) richtet sich gegen eine innerartliche Aggression. Das Verbot der Lüge (8. Gebot) dient dem Schutz gegenseitiger Verständigung und untersagt bewußte Irreführung des Partners. Das Diebstahlverbot (7. Gebot) sichert einen persönlichen

Lebensbereich und schützt das „Revier". Das Verbot des Ehebruchs (6. Gebot) schützt die sexuelle Partnerschaft und stellt Sexualität in den Dienst der Partnerschaft. Das Gebot der Elternehrung (4. Gebot) gewährleistet Traditionsvermittlung durch das Vererben erworbener Eigenschaften.

Nun kann man gewiß den Dekalog nicht aus der biologischen Natur des Menschen herleiten. Er ist kulturell vermittelt. Auch Luthers Hinweis, daß die ethischen Forderungen des Dekaloges allgemeinmenschlich sind, ist erneut zu bedenken. Dadurch wird der Dekalog nicht zu einer absoluten, abstrakten Norm. Er vermittelt Menschheitserfahrungen. Diese Erfahrung ist dann freilich situationsbezogen auf neue Verhältnisse und Anforderungen hin auszulegen. Auch die Bergpredigt, als neutestamentliches Gegenstück zum Dekalog, ist nicht zeitlos, überzeitlich zu verstehen.

§ 3. Die ethische Deutung der Bergpredigt

Die Bergpredigt hat in den letzten Jahren erneut die Aufmerksamkeit auf sich gezogen. In der Friedensdiskussion wurde die Verbindlichkeit der Bergpredigt für politisches Handeln kontrovers diskutiert: Spricht die Bergpredigt nur den einzelnen Christen an; ist sie Gemeindeethik — oder ist sie ein politisches Manifest? Muß man Politik und Glaube trennen oder will die „Regierungserklärung Jesu" (*Kurt Scharf*) die Welt politisch ordnen? Ist die Bergpredigt nur für einige „sittliche Bergsteiger" (*L. Ragaz*) wegweisend?

1. Das Problem

In der Diskussion der politischen Verbindlichkeit der Bergpredigt sammelt sich wie in einem Brennpunkt die in der Christenheit heute strittige Frage nach dem, wie das Zeugnis der Heiligen Schrift das Leben des Hörers beansprucht. Zielt die Bergpredigt auf den Glauben des Hörers, ist sie in diesem Sinne „Gesinnungsparänese", oder beansprucht sie normative Geltung als ethische und politische Theorie? Im folgenden geht es nur um die ethische Anwendbarkeit der Bergpredigt. Die Aussagen dieser „Rede der Reden" (*H. Weder*) weist, wie der Inhalt zeigt, weit über die Ethik hinaus. Die Bergpredigt ist jedenfalls eine „irritierende Größe" (*Hans Dieter Betz*, Die Makarismen der Bergpredigt, ZThK 75, 1978, S. 3—19).

Sie ist irritierend aus zwei Gründen: a) vom Inhalt her, b) von der historischen Entstehung her. Es lassen sich eine Reihe Schichten voneinander abheben: Jesus selbst, die vormatthäische Gemeinde, Matthäus selbst. Die Bergpredigt gleicht einem „Juwel", das eine wechselvolle Geschichte hinter sich hat und dann weithin als fertiger Komplex ins Mth.ev. eingefügt wurde. „Wie bei Edelsteinen oft, so liegt auch der Ursprung dieses Juwels in geheimnisvollem Dunkel. Es ist deutlich, daß viele Hände an ihm gearbeitet und geschliffen haben. Je nach Beleuchtung schimmert es mal in dieser, mal in jener Farbe" (Betz, S. 4).

Ihr ursprünglicher historischer Ort war das frühe Judenchristentum (Mitte 1. Jhdt.). Sie entstand noch innerhalb des Judentums.

Dafür sprechen folgende Indizien: 5,17—20: Gesetz ist voll zu erfüllen — ἐλάχιστος im Himmelreich: (Mth. 5,19): „Paulus" heißt lateinisch: Klein — gering

— Mth. 7,21—23: Die Ablehnung der Herr, Herr Sager: Das könnte Abgrenzung gegen die Kyrios-Christologie der hellenistischen Gemeinde sein. Die Gemeinde ist auf Petrus gegründet (vgl. Mth. 16,18 mit Mth. 7,24 f.: Haus auf dem Felsen). Die Bergpredigt hat keine explizite Christologie. Die Nähe der Bergpredigt zur jüdischen Weisheitsliteratur und zu Jakobusbrief und Didache ist nicht zu übersehen.

Die Bergpredigt ist jedenfalls mit Hilfe der paulinischen (und lutherischen) Antithese von Gesetz und Evangelium nicht zureichend zu erfassen. (Das betont auch *Carl Friedrich von Weizsäcker*, Der Garten des Menschlichen, 1977[2], S. 450 ff.; 488 ff.).

Gandhi (in seiner Selbstbiographie) und der Marxist *Milan Machovec* erklären: Die Bergpredigt ist der Inbegriff des Christentums. Am Christentum sei nur die Bergpredigt wahr. Daraus folgt dann der Einwand, daß die Christen nicht tun, was diese Rede lehrt.

Die Frage, wie die Bergpredigt zu verstehen sei, hat die Geistes- und Theologiegeschichte von Anfang an beschäftigt. Vom „sermo domini in monte" redete schon *Augustin* (TRE V, 603,48 — Bezug auf 5,1 f. und 7,28 f.). Seit dem 16. Jahrhundert ist dann „Bergpredigt" ein gängiger Begriff.

2. Inhalt und Aufbau

Die Bergpredigt ist wie andere Redekomplexe im Mth.ev. (Kap. 10; 13; 18; 23; 24 f.) eine Komposition des Evangelisten aus Spruchgut, das er bereits in seiner Überlieferung vorfand. Nach herrschender Lehre (anderer Ansicht z. B. *Hans Thilo Wrege*) stammt das Spruchgut überwiegend aus der Logienquelle Q, einiges auch aus judenchristlicher Sonderüberlieferung (= vormatthäische Gemeinde) (z. B. Mth. 5,17—20: Jesus als der Vollender des Gesetzes). Schon in Q waren, wie ein Vergleich von Mth. 5—7 mit Lk. 6 (Feldrede) zeigt, die Logien Jesu programmatisch zusammengestellt. Mth. hat also mit überliefertem Gut gearbeitet, das weithin schon in Q zusammengestellt war. Er stellt es unter das Thema der „Gerechtigkeit, die besser ist als die der Schriftgelehrten und Pharisäer" (insgesamt ist im Mth.ev. eine antipharisäische Tendenz zu beobachten, vgl. die Abgrenzung in Mth. 23) und gestaltet sie zu einer „katechismusartigen Jüngerrede" aus (RGG[3] I, 1047). Mth. versteht die christliche Gerechtigkeit als Vollkommenheit des Menschen (Mth. 5,48; 19,21: τέλειος — vgl. den status perfectionis des Mönchs im Mittelalter; eine Mönchsethik). δικαιοσύνη heißt bei ihm die Rechtschaffenheit des Menschen (nicht wie bei Paulus Gottes Heilstat). Bei Mth. stehen sodann

§ 3. Die ethische Deutung der Bergpredigt

das Verhalten der Jüngergemeinde und das Endgericht in enger Verbindung.

„Die Bergpredigt wird damit zu einer ›Proklamation der von Gott verfügten Einlaßbedingungen‹" (*H. Windisch*, Der Sinn der Bergpredigt, 1937²) für die kommende Gottesherrschaft, die Jesus als Lebensweisung und als Norm des auch die Jünger erwartenden Endgerichts verkündet (vgl. zum Aufbau die Analogie des Katechismusschemas der Didache: Did. 1—6: Gesetzessprüche, Did. 8: Fasten und Gebet; Did. 11—13: Warnung vor falschen Propheten; Did. 16: eschatologischer Abschluß).

Die acht Seligpreisungen (Mth. 5,3—12) sind sorgfältig gestaltet. Sie sind Einlaßgebote nach Art eines „christlichen Tugendkatalogs" (*Martin Dibelius*). Dabei ist besonders strittig, welche Makarismen auf Jesus selbst zurückgehen, was Q-Fassung ist, was matth. Redaktion ist. Die 5.—7. Seligpreisungen sind Sondergut des Mth.ev. Nur der Heilsruf (Makarismus) für die Armen (die physisch Armen) und die Weinenden und Hungernden (5,3—6) geht wohl auf Jesus selbst zurück.

Die Bibelworte vom Salz und vom Licht und von der Stadt auf dem Berge sind Jüngerbelehrung und Überleitung zur Gesetzesauslegung (5,13—16). 5,17—48 bringt Jesu Gesetzesauslegung. Gerahmt ist die Gesetzesinterpretation durch 5,17—19: die programmatische Betonung der bleibenden Gültigkeit des mosaischen Gesetzes. Dies enthält judenchristliche Polemik gegen die gesetzesfreie Richtung des hellenistischen Judentums (also auch gegen Paulus!). 5,18 f. lehrt die Inspiriertheit der Tora ohne alle Abstriche — ein Gedanke, der mit Jesu eigener Stellung zum Gesetz schwerlich vereinbar ist (Mk. 7 Korban; Mk. 2 Sabbatgebot). 7,12 faßt dann freilich alle vorangehenden Gebote Jesu in der Goldenen Regel zusammen, die im Sinne des Liebesgebots verstanden wird.

Die eigentliche Gesetzesauslegung enthalten die 6 Antithesen (5,21—48). Sie werden jeweils eingeleitet mit: „Ihr habt gehört, daß zu den Alten gesagt ist ... Ich aber sage euch". Inhalt der Antithesen sind: Vom Töten, vom Ehebruch, von der Ehescheidung, vom Schwören, von der Wiedervergeltung, von der Feindesliebe. Ein Vergleich mit den drei bei Lukas überlieferten Antithesen (Feindesliebe, Wiedervergeltung, Ehescheidung) zeigt, daß Mth. die Antithesen überarbeitet hat. (Sie sind also in ihrer jetzigen Gestalt sicherlich nicht genuin jesuanisch formuliert!).

6,1—18 enthält Anweisungen für die Frömmigkeitsübungen der Jünger. 6,1 enthält eine neue redaktionelle Überschrift. Es folgen Worte über Almosen (6,2—4), Gebet (6,5 f.,9—15: das Vaterunser), Fasten (6,16—18). Das Vaterunser stellt die Mitte, das Zentrum der Bergpredigt dar. Danach folgt die Stellung zu den irdischen Gütern (6,19—34: „himmlische und irdische Schätze"). Danach kommen Sprüche vom Richten (7,1—5), das schwer deutbare Logion von der Entweihung der Heiligen (7,6) und von der Gebetserhörung (7,7—11). Einen ersten Abschluß bildet die Goldene Regel (7,12) — bezogen auf die materiale Ethik. Einen zweiten Abschluß bilden vier eschatologische Spruchgruppen: Von der engen Pforte (7,13 f.), vom Baum und den Früchten (7,15—20, von Mth. verstanden als Warnung vor falschen Propheten), die Warnung vor dem Herr-Herr-Sagen (7,21—23), das Doppelgleichnis vom Hausbau (7,24—27). Mth. bekämpft also Pseudopropheten, wohl christliche Pneumatiker, die von der Befolgung von „Gesetz und Propheten" sich frei dünken (5,17 ff.). Dabei mißt er das Verhalten des Propheten an der Ethik.

Im Rahmen des Mth.ev. schildert die Bergpredigt Jesus als „Messias des Wortes", danach 8,1—9,35 als „Messias der Tat" (so *Julius Schniewind*). Mth. 4,23 und 9,35 fassen Worte und Heilungstaten Jesu programmatisch als Einheit zusammen. Die Bergpredigt trägt also messianischen Charakter. Darauf verweist auch die Moses-Typologie. Der Berg ist wohl die Entsprechung zum Sinai, wobei nach Mth. Moses und Christus nicht Alternativen sind (vgl. 5,17—20), sondern einander positiv entsprechen. Alternativen sind Mose und Christus dann für Paulus (Röm. 5,14; 2. Kor. 3; Gal. 3,19 ff.) und Johannes (1,17). Die Seligpreisungen lassen jedoch erkennen, wie eng die Forderungen, die Auslegungen des Willens Gottes, mit dem Kommen der Gottesherrschaft zusammenhängen. Der Wille Gottes wird in den Makarismen zuerst als Heilsangebot gegenwärtig. Aber dieser Wille beansprucht den Menschen ganz: er beansprucht sein Herz. Das sagen die Antithesen mit der Dekalogverschärfung. Nicht erst der Mord, Ehebruch, der Falscheid — bereits das Schimpfwort, der Zorn, der lüsterne Blick, die legale Ehescheidung, das Schwören, die gesetzlich begrenzte Vergeltung sind wider Gottes Willen. Die Nähe der Gottesherrschaft fordert ein von Grund auf neues Tun des Menschen.

3. Zur Auslegungsgeschichte der Bergpredigt

3.1 Das perfektionistische Verständnis

Eine perfektionistische Auslegung versteht die Bergpredigt als politisches und soziales Programm der Weltgestaltung. Sie soll wörtlich befolgt werden (vor allem die Antithesen). Die Bergpredigt ist dann Norm, Gesetz für jeden Christen. Ihre Geltung beruht auf der formalen Autorität Jesu.

§ 3. Die ethische Deutung der Bergpredigt

Vertreter dieser Deutung waren u. a.: *Franz von Assisi*, die sog. Schwärmer der Reformationszeit (z. B. *Sebastian Franck*, *Hans Denck* — gest. 1525), die Mennoniten. Mit Berufung auf die Bergpredigt verwerfen sie das Privateigentum, die Eidesleistung, Staat und Kriegsdienst, staatliche Rechtspflege (Todesstrafe). Diese Berufung auf die Bergpredigt wird in Art. 16 der Confessio Augustana verworfen.

Die reformatorische Ablehnung der Position der Schwärmer muß in der Sache überprüft werden in zweifacher Hinsicht:
a) Sind „gerechte Kriege", Todesstrafe heute noch ethisch zu legitimieren?
b) Gilt das „in talibus ordinationibus caritatem exercere", „ordinationes" „conservare" (Ordnungen bewahren), heute noch so kategorisch: Ist es für den Christen ausreichend, die bürgerlichen Pflichten zu erfüllen? Kann Liebe nicht gebieten, auch Ordnungen zu verändern, also Strukturreformen zu veranlassen?

Eine schwärmerische Auslegung der Bergpredigt versteht diese als Ordnungsprinzip einer besseren, heilen Welt: So vor allem Graf *Nikolaiewitsch Tolstoi* (1828—1910). Tolstoi ethisiert den christlichen Glauben; von der russisch-orthodoxen Kirche wurde er als Häretiker exkommuniziert. Tolstoi lehnt Staat und Kirche als Einrichtungen völlig ab. Denn diese beseitigen das Übel in der Welt nicht, sondern dämmen es nur ein. Christliches Handeln muß daher gegen kirchliche und staatliche Ordnung geschehen. Der Christ hat von Mth. 5,39 als Grundsatz auszugehen: „Du sollst dem Übel nicht widerstehen". Staat, Recht, Eigentum und Kultur sind Versuche und Veranstaltungen der Gesellschaft, um dem Übel zu wehren. Aber dadurch wird das Übel gerade bestätigt und erst gekräftigt.

Bei Tolstoi wird die Bergpredigt als Anleitung zu einer „Art Technik der Passivität", zu einer „Metaphysik der moralischen Ökonomie" (G. Bornkamm). Wer auf Eigentum, Ehe, Staat verzichtet, führt das Ende einer verkehrten Welt herbei. Die Bergpredigt befreit durch das Gebot der Passivität vom Übel und vernichtet, überwindet dadurch die böse Welt. Tolstoi sucht in ihr die Lösung des Eheproblems (Kreutzersonate) und der Gewaltanwendung. Die Bergpredigt leitet zur Passivität an, zum Untergang und zur Verneinung der Welt, ruft auf zum Rückzug aus den weltlichen Ordnungen.

Karl Marx versteht sie dagegen als revolutionäres Manifest, das Aktivität fordert. Er hält sie der kapitalistisch-christlichen Gesellschaft als Anklage vor:

„Straft nicht jeder Augenblick eures praktischen Lebens eure Theorien Lügen? Haltet ihr es für Unrecht, die Gerichte in Anspruch zu nehmen, wenn ihr übervorteilt werdet? Aber der Apostel schreibt, daß es Unrecht sei. Haltet ihr euren rechten Backen dar, wenn man euch auf den linken schlägt, oder macht ihr nicht einen Prozeß wegen Realinjurien anhängig? Aber das Evangelium verbietet es. Handelt der größte Teil eurer Prozesse und der größte Teil der Zivilgesetze nicht vom Besitz? Aber es ist euch gesagt, daß eure Schätze nicht von dieser Welt sind" (Karl Marx, Ges. Ausg. I, S. 246).

Inspiriert von Karl Marx hat *Karl Kautsky* Jesus als Revolutionär gegen Besitz, Gesellschaft und staatliches Regime gewürdigt und als Anwalt der Entrechteten und Unterdrückten dargestellt (wie vor ihm die Jakobiner der französischen Revolution Jesus als „le bon sansculotte" beanspruchten).

Leonhard Ragaz, Die Bergpredigt Jesu. Revolution der Moral. Revolution der Religion. Magna Charta des Reiches Gottes, 1945 (Furche. Stundenbuch 102, 1971) legt die Bergpredigt als Entwurf einer neuen, gewaltlosen, staatsfreien, genossenschaftlich-demokratischen Gesellschaftsordnung aus. Diese Gesellschaft ist gekennzeichnet vom franziskanischen Armutsideal. Die Bergpredigt ist das Grundgesetz des „Reiches Gottes". Das Reich Gottes kommt nicht erst am Ende der Tage, in der Wiederkunft Christi. Es soll auf Erden anfangsweise verwirklicht werden durch den Kampf gegen Militarismus, Staatszwang, Kapitalismus, Völkerhaß. Die Bergpredigt ist Einweisung in diesen Kampf.

Ein solches Verständnis der Bergpredigt bleibt allerdings Utopie, Schwärmerei. In der Tat ist sie bei Marx nur halb verstanden: Sie fordert nicht nur neue Ordnung, sondern neues Herz, neue Gesinnung, neue „Affekte". Außerdem wird sie in dieser Deutung zum theoretischen Programm der Welterneuerung. Richtig an der perfektionistischen Sicht ist aber die Feststellung: Die Bergpredigt will *getan, verwirklicht* werden. Die Frage ist nur: Wie und von wem getan werden?

3.2 Die mittelalterlich-katholische Auslegung

Die mittelalterliche Auslegung vertrat die These: Die Bergpredigt ist nur von den Vollkommenen zu erfüllen: Mth. 19,21 (Jesu Rat an den reichen Jüngling, wenn du vollkommen sein willst, verkaufe alles, was du hast) und 5,48 (die Jünger sollen vollkommen sein wie ihr himmlischer Vater) begründen eine Unterscheidung von *praecepta* und *consilia evangelica*. Praeceptum ist das, was für jeden Menschen verbindlich ist, das Naturrecht, der Dekalog. Die Consilia, die evangelischen Räte sind in „statu perfectionis" zu befolgen.

Die drei Mönchsgelübde Armut, Gehorsam, Keuschheit sind consilia. *Thomas v. Aquin* (STh I, 2 q. 108) betont: Die Räte gehören nur zum "bene esse", nicht zum "esse" des Christseins. Die Bergpredigt vertritt also eine höhere Stufe der Moral als der naturrechtlich gedeutete Dekalog. Sie zielt auf die Unterdrückung der drei stärksten affektiven Mächte im Menschen: Besitz, Macht, Sexualität (C. F. v. Weizsäcker, Der Garten des Menschlichen, S. 499). *Bonaventura* veranschaulicht dies so:

> "Als er dies die Apostel lehren wollte, stieg er auf den Berg hinauf und sprach nicht die unvollkommene Menge, sondern seine Jünger an, die er zum Gipfel der Vollkommenheit zu erheben beschlossen hatte" (zit. bei Goppelt, Die Bergpredigt und die Wirklichkeit dieser Welt. Calwer Hefte 96, 1968 S. 16).

Exegetisch ist heute die Deutung der Bergpredigt als Vollkommenheitsethik und die Unterscheidung von Gebot und Rat auch von katholischen Exegeten aufgegeben. Die Reformation verwarf mit der schwärmerischen auch die scholastische Auslegung der Bergpredigt, z. B. in CA 16: Evangelische Vollkommenheit ist nicht außerhalb der weltlichen Ordnungen, sondern in diesen zu suchen. Daher ist dem Christen nicht Weltflucht geboten. Die Bergpredigt ist keine lex specialis nur für die Vollkommenen. Sie richtet sich an jeden Christen.

Ein neuerer Vertreter dieser Deutung ist der Exeget *Karl Bornhäuser*. Die Bergpredigt richtet sich nicht an das Volk; sie ist Jüngerbelehrung. Zeitgeschichtlich ist sie vom Rabbinismus her zu erklären und deswegen nicht unbegrenzt gültig. Sie gilt also nur historisch begrenzt und für einen beschränkten Kreis.

3.3 Das reformatorische Verständnis

Grundlegend entwickelt *Luthers* Schrift "Von weltlicher Obrigkeit" 1523 die reformatorische Deutung. Exegetisch ist ihr Ausgangspunkt die Spannung zwischen Röm. 13, der Einsetzung der Obrigkeit durch Gott einschließlich des Strafamtes, und Mth. 5,39: "Dem Übel nicht widerstehen". Wie ist die Anerkennung von Ehe, Staat, Eigentum als "ordinationes dei" mit den Forderungen der Bergpredigt, den Antithesen zu vereinbaren? Luther löst die Spannung mit Hilfe der Zweireichelehre: Der Christ im Amt, als Weltperson, hat dem Übel zu widerstehen. Als Christperson hat er dagegen für seine Person zu leiden, das Übel zu ertragen. Die Bergpredigt ist also keine Anweisung für die Ordnung weltlicher Verhältnisse. Dazu führt Luther aus:

> "Also gehet denn beides fein miteinander, daß du zugleich Gottesreich und der Weltreich genug tust, äußerlich und innerlich, zugleich Übel und Unrecht leidest und doch Übel und Unrecht strafest zugleich dem Übel nicht widerstehest und doch widerstehst. Denn mit dem einen siehst du auf dich und auf das deine,

mit dem andern auf den Nächsten und auf das Seine. An dir und an dem deinen hältst du dich nach dem Evangelium und leidest Unrecht als ein rechter Christ für dich. An dem andern und an dem Seinen hältst du dich nach der Liebe und leidest kein Unrecht für deinen Nächsten, welches das Evangelium nicht verbietet, ja vielmehr gebietet am andern Ort" (Cl. 2,370,16—25).

Die Zweireichelehre interpretiert die Bergpredigt mit Hilfe von Fundamentalunterscheidungen: „äußerlich" — „innerlich", coram hominibus — coram mundo; Gesetz und Evangelium; Glaube und Werke; Person und Tat. Die Bergpredigt ist kein Weltgestaltungsprogramm, sondern Anleitung zur Gewissenserforschung, lex accusans.

Die lutherische Orthodoxie lehrt nachdrücklich diese Sicht: Die Bergpredigt ist ein Sündenspiegel, der dem Menschen die totale Verderbnis vorhält. Die Bergpredigt wird also gedeutet vom paulinischen Verständnis des Nomos (Gesetzes) her: Sie soll Buße, Reue, Vergebung wirken. Sie betrifft nur die iustitia spiritualis, regelt aber nicht die iustitia civilis. So deutet im 20. Jhdt. der Exeget *Gerhard Kittel*. Nach paulinisch-lutherischer Deutung soll die Bergpredigt Christus nur als Erlöser (redemptor), aber nicht als Gesetzgeber (legislator) verkünden.

An der Frage der Erfüllbarkeit der Bergpredigt scheiden sich freilich traditionell evangelische und katholische Exegeten: Katholische Exegeten (mit *Chrysostomus*) erklären die Bergpredigt für erfüllbar; evangelische Exegeten (unter Berufung auf *Paulus*): Sie ist unerfüllbar. Die paulinisch-lutherische Auslegung der Bergpredigt freilich „vermengt die Lage, in die uns die Forderung versetzt, mit ihrer Auslegung" (RGG³ I, 1041). Die Bergpredigt wird auf diese Weise zudem nicht historisch, sondern dogmatisch gedeutet. Das ist nicht grundsätzlich unzulässig, birgt aber die Gefahr in sich, daß man nicht mehr den Wortlaut des Textes selbst hört, sondern ein Vorverständnis leitend wird.

3.4 Die Deutung der Bergpredigt als Gesinnungsethik im Kulturprotestantismus

Der Kulturprotestantismus will Luthers Zweireichelehre zeitgerecht aufnehmen. Die Bergpredigt wendet sich demzufolge nur an die Gesinnung, nicht an die Tat. Wichtig ist *Kants* Einfluß: Nichts ist gut zu nennen als allein ein guter Wille. Als Beispiel sei genannt: *Friedrich Naumann* (1860—1919).

Naumann kam 1898 auf einer Palästinareise zur Einsicht, daß er bis dahin fälschlich Jesus als Wegbereiter des sozialen Fortschritts verstanden und beansprucht habe. Es fiel ihm nämlich der miserable Straßenzustand in Palästina auf.

Wenn aber Jesus „irdischer Helfer, der alle Arten menschlicher Nöte sieht", sein sollte, dann hätte ihm das auch auffallen müssen. Aber der irdische Jesus hatte offensichtlich kein Interesse am sozialen Fortschritt (vgl. Fr. Naumann, Werke I, 1964, S. XXVI). Naumann entwirft eine Art „Theologie der schlechten Wege" (eine „Theologie des Straßenbaus"). „Jesus ging und ritt auf solchen Wegen, ohne etwas für ihre Besserung zu tun! ... Das ganze Land hängt von seinen Wegen ab. Wer sozial denken gelernt hat, muß diese Wege als Gegenstand christlichen Handelns ansehen. Sprach nun Jesus zu diesen Wegen: Geduld? oder sprach er: Erneuerung?" (Naumann I, S. 547).

Die Begegnung mit dem Land Palästina führte bei Naumann zu einer großen Wende. Der junge Pfarrer Naumann hatte in einer kleinen Schrift 1894 „Jesus als Volksmann" abgebildet und die Autorität der Bergpredigt für die Sozialreform beansprucht. In den „Briefen über Religion" 1903 vertritt er nun eine nationalstaatliche Machtpolitik. Er erklärt, man müsse darauf verzichten, „grundlegende Staatsfragen in der Bergpredigt entschieden zu sehen" (Werke I, S. 626). „Wir konstruieren unser staatliches Haus nicht mit den Zedern vom Libanon, sondern mit den Bausteinen vom römischen Kapitol" (W. I, S. 625). Naumann stellt hier eine schroffe Alternative auf: entweder Bergpredigt und Tolstoi oder Bismarck, entweder Politik oder Ethik.

Zwar hält er fest: „Das Leben braucht beides: die gepanzerte Faust und die sanfte Hand Jesu, beides je nach Ort und Zeit" (W. I, S. 619). Für solche Trennung von politischem Handeln und sittlicher Gesinnung in der Privatsphäre beruft Naumann sich ausdrücklich auf Luther, der gelehrt habe, zwischen geistlichen und weltlichen Dingen klar zu scheiden. Aber stärker als Luthers Einfluß hat *Max Webers* Unterscheidung von „Verantwortungsethik" und „Gesinnungsethik" und seine Orientierung der Politik an der Idee des „nationalen Machtstaates" auf Naumann gewirkt. Mth. 7,24 nennt freilich ausdrücklich die Tat und nicht die bloße Gesinnung als Maßstab der richtigen Erfüllung der Bergpredigt.

Wie Friedrich Naumann betont *Wilhelm Herrmann*, daß die Bergpredigt in uns nur dieselbe Gesinnung wie in Jesus erwecken wolle, die ethische Entscheidung aber nach heutigen Maßstäben zu treffen sei. Der Kulturprotestantismus versteht die Bergpredigt zudem nur individualethisch.

3.5 Die eschatologische Deutung

Johannes Weiß und *Albert Schweitzer* stellen Jesu Botschaft in den Horizont der Naherwartung des Reiches Gottes. Die Bergpredigt sei eschatologisch zu verstehen. Sie enthält eine Ethik der Krise, eine „Interimsethik". Sie ist das Gesetz des Ausnahmezustandes bis zur Katastrophe des Weltendes. Für die Zwischenzeit propagiert sie einen sittlichen Heroismus. Einen solchen Heroismus kann man in apokalyptischer Spannung praktizieren. Schwindet die apokalyptische Naherwartung, dann verliert auch die Bergpredigt ihre Kraft.

Diese Deutung steht und fällt mit der apokalyptischen Geschichtssicht. Die Bergpredigt ist freilich nicht erfüllt vom „Brandgeruch der kosmischen Katastrophe" (so A. Schweitzer). Sie hat keine apokalyptische Temperatur, sondern verkündet den Willen des nahegekommenen Gottes. Die Geltung und Erkenntnis des Gotteswillens ist in der Bergpredigt präsentisch verstanden. Gott beansprucht den Menschen in der Gegenwart ganz.

Wenn die mittelalterliche Auslegung einschränkte, die Bergpredigt gilt „nur" für die Vollkommenen, demgegenüber die reformatorische Deutung eingrenzt, sie will „nur" Sündenerkenntnis wecken, oder die liberale Deutung betont, sie betrifft „nur" die persönliche Gesinnung, erklärt nun die konsequent-eschatologische: Sie gilt „nur" angesichts des nahen Weltendes. Alle solche „nur"-Sätze sind freilich Einschränkungen.

3.6 Die existentiale Deutung

R. Bultmann, der die konsequente Eschatologie ersetzte durch die existentiale Deutung der Eschatologie im Sinne der Geschichtlichkeit der Existenz, sieht die Bergpredigt als Einweisung des Menschen „in sein Jetzt als in die Stunde der Entscheidung für Gott" (Theologie des NT, 1961[4], § 2,5, S. 21; ähnlich: *Martin Dibelius*, Jesus, 1960[3], S. 95 f.).

Jesu Ethik sei keine Ethik der Weltgestaltung, sondern Entscheidungsruf, der den Einzelnen in das Jetzt (νῦν) seiner Begegnung mit dem Nächsten weist und unmittelbar vor Gott verantwortlich macht. Diese Auslegung formalisiert die Bergpredigt: Sie abstrahiert von ihren konkreten Aussagen und versteht sie als Appell an den Glaubensgehorsam bzw. als radikalisierte Ethik des Gehorsams. Es kommt dann nur auf das „Daß" des Gehorsams, aber nicht auf die einzelnen Inhalte an. Nicht was der Christ zu tun hat, sondern *daß* er sich entscheiden muß, ist ihre Botschaft. Solche Entscheidungsethik steht der Gesinnungsethik nahe.

3.7 Die christologische Auslegung

Dagegen macht sich eine christologische Auslegung anheischig, die Bergpredigt unverkürzt in Kraft zu setzen, behält aber ihre Erfüllung allein Jesus Christus vor.

§ 3. Die ethische Deutung der Bergpredigt

Vertreter dieser Deutung sind: *Eduard Thurneysen*, Die Bergpredigt, 1936; *Dietrich Bonhoeffer*, Nachfolge, 1937, 1950; *Karl Barth*, KD II/2, S. 766 ff.; *Werner Schmauch*, Reich Gottes und menschliche Existenz nach der Bergpredigt, in: W. Schmauch/E. Wolf, Königsherrschaft Christi, ThExh NF 64, 1958, S. 5—19.

Die christologische Auslegung berührt sich mit *Luthers* und *Calvins* Verständnis der Bergpredigt. Jesus wird dargestellt „als Bringer des messianischen Reiches mit seiner neuen Gerechtigkeit" (Thurneysen, S. 14). Die Bergpredigt verkündigt ein von Christus erfülltes Gesetz, die Gnade, die ihrerseits den Menschen vollkommen und vollständig beansprucht. Man versteht sie nicht, wenn man sie moralisch oder mystisch auslegt. *Barth* nennt sie eine „Ortsangabe und Grundlegung" (II, 2, S. 778), d. h. sie ist Hinweis auf den in Christus offenbarten Gnadenbund. Sie gibt keine kasuistische Anweisung für Einzelfälle des christlichen Lebens, sondern setzt dessen „Rahmen" (II, 2, S. 765, 780 f.), indem sie konkret die Grundbeziehung Gottes zum Menschen verkündigt.

Wie Barth betont *Bonhoeffer*: Die Bergpredigt ist vom Ruf und der Verheißung Jesu her zu verstehen. Bonhoeffer schärft freilich nachdrücklich ein, daß Jesus seine Gemeinde in die sichtbare Nachfolge ruft:

„Flucht in die Unsichtbarkeit ist Verleugnung des Rufes. Gemeinde Jesu, die unsichtbare Gemeinde sein will, ist keine nachfolgende Gemeinde mehr" (S. 66).

Zugleich freilich fügt Bonhoeffer bei der Auslegung von Mth. 5,17—20 (der vollkommenen Gesetzeserfüllung) hinzu:

„Die Erfüllung des Gesetzes, von der Jesus spricht, kann ... nicht anders geschehen, als daß Jesus als Sünder ans Kreuz geschlagen wird. Er selbst als der Gekreuzigte ist die vollkommene Erfüllung des Gesetzes. Damit ist gesagt, Jesus Christus und er allein erfüllt das Gesetz, weil er allein in der vollkommenen Gemeinschaft Gottes steht" (S. 71).

Der Gehorsam des Nachfolgenden hat die Verheißung der Gemeinschaft mit Christus. Dazu verweist Bonhoeffer auf Gal. 2,20: „Nicht mehr ich lebe, sondern Christus lebt in mir" (S. 102). Er folgert daraus: „Die Gnade Jesu fordert den Täter, das Tun wird so die rechte Demut, der rechte Glaube, das rechte Bekenntnis zur Gnade des Berufers" (S. 129).

Die christologische Deutung trifft sich in dieser Hinsicht mit dem lutherischen Verständnis der Bergpredigt. Nur daß die reformatorische Interpretation stärker den negativen Aspekt des Unvermögens des Menschen, die christologische Interpretation stärker den positiven Aspekt des von Christus erfüllten Anspruchs und der Verheißung heraushebt, an der die Glaubenden teilhaben sollen.

3.8 Erwägungen zur Auslegungsgeschichte

Richtig an der christologischen Deutung ist die Einsicht, daß man die Bergpredigt theologisch nicht verstehen kann, wenn man sie nur begreift als Sammlung von Einzelanweisungen und wenn man von der Person dessen absieht, der hier spricht. Ihr Anspruch beruht auf der Vollmacht Jesu. Das gilt vor allem für die Seligpreisungen. Die Gefahr der christologischen Auslegung ist allerdings, daß sie ein christologisches *Prinzip* heranzieht (z. B. Bonhoeffer: „Das Kreuz ist die Erfüllung des Gesetzes" (Mth. 5,17)). Die einzelnen Logien werden dann dem theologischen Gedanken der Verheißung des „neuen" Menschen subsumiert. Die Verheißung sagt dann nur eines: Wir werden neue Menschen sein durch den Glauben an die von Christus geschenkte neue Gerechtigkeit. Eine prinzipielle Reflexion entschärft so die Radikalität der Einzelforderungen. Die Christologie verdrängt überdies die ethische Beanspruchung und Überlegung.

Die Bergpredigt ist nicht Christusverkündigung, sondern „geläuterte und radikalisierte Weisheitslehre" (*Windisch*); sie ist verbunden mit einer „prophetisch-eschatologischen Heils- und Gerichtsverkündigung", die aber nicht mit der paulinischen Erlösungslehre zu verbinden und zu vermengen ist. Die Bergpredigt stellt die Lehre des historischen Jesus als Heils- und Unheilsprophezeiung und als Gehorsamsethik dar. Der Jesus der Bergpredigt hält deren Vorschriften für erfüllbar. Er proklamiert eine unpolitische, ebionitische Werkgerechtigkeit. Die Einlaßsprüche Mth. 5,20 und 7,21 geben die Bedingungen für den Eintritt der Jünger in das Himmelreich an.

5,20: „Ich sage Euch, es sei denn eure Gerechtigkeit besser als die der Schriftgelehrten und Pharisäer, so werdet ihr nicht in das Himmelreich kommen". 7,21: „Es werden nicht alle, die zu mir sagen: Herr, Herr! in das Himmelreich kommen, sondern die den Willen tun meines Vaters im Himmel".

Die Parallele zur Bergpredigt ist nicht die paulinische Gesetzes- und Rechtfertigungslehre, sondern die jüdische Weisheitslehre (z. B. Jesus Sirach 6,32; 15,15—17; 51,2—7). Die Weisheitslehre appelliert an Vernunft und Willen des Menschen.

4. Zur Exegese der Bergpredigt

Wie kommt man angesichts der irritierenden Vielfalt der Deutungen überhaupt zu einem exegetischen Einverständnis über die Bergpredigt? Die Aporie ist nur durch einige differenzierende Überlegungen zu überwinden.

§ 3. Die ethische Deutung der Bergpredigt

(a) Die Bergpredigt ist im Rahmen des Gesamtverständnisses des Mth.ev., dessen Christologie, Ekklesiologie, Gesetzeslehre zu sehen. Sie vertritt eine ganz bestimmte Theologie: Sie ist Weisheitslehre, nicht paulinische Rechtfertigungs- und Gnadenpredigt. Nach *Windisch* enthält die Bergpredigt sogar nur ein geläutertes, humanistisches, radikalisiertes, vereinfachtes Judentum, das sich im Bekenntnis zu Jesus vollendet. Man wird freilich gegen die Sicht Jesu als bloßen Weisheitslehrer bei Mth. auf das λύτρον-Wort vom Lösegeld (Mth. 20,28) hinweisen müssen. Auch ist die Bergpredigt nicht aus Jesu Verkündigung der Gottesherrschaft und des Anbruchs der Heilszeit herauszulösen. Aber sie ist nicht selbst Verkündigung der Gottesherrschaft, sondern ein die Gottesherrschaft für das Verhalten der Christen zur Anwendung bringender „urchristlicher Katechismus" (*J. Jeremias*). Sie ist ein Stück urchristlicher Didache, darin vergleichbar dem Jakobusbrief. Als solche ist sie auf judenchristliche Verhältnisse zugeschnitten, insofern also situationsgebunden. Zudem ist sie auch thematisch unvollständig, also kein Handbuch und Ratgeber für alle Lagen des Lebens. Sie will an Beispielen zeigen, wie sich das neue Leben des Christen, die totale Beschlagnahmung durch die Nachfolge Jesu konkret auswirkt.

Richtig am perfektionistischen Verständnis der Bergpredigt ist die Einsicht, daß sie getan, praktiziert werden soll. Problematisch wird diese Feststellung freilich, wenn die paradigmatische Bedeutung verkannt und aus der Bergpredigt eine zeitlos gültige Norm, ein unveränderliches Gesetz gemacht wird. Die Bergpredigt repräsentiert ein auch aus der Didache bekanntes Christentum der Armen und Wandernden. Das Christsein wird weniger als „Lehre" (wie bei Paulus) denn als „Weg" verstanden. Dabei gibt es eine Neigung zum Verzicht, zur Askese. Diese Anweisung für eine Gemeinde der Armen und Wanderradikalen kann man in Syrien, außerhalb der Städte suchen.

Vieles von dem, was ursprünglich für ein Christentum in Syrien kennzeichnend war, floß dann in die Mönchsbewegung ein. Das Mönchtum ist Träger des Christentums als Lebensform. „Ohne Klöster wäre die gesamte antike und christliche Tradition in den Stürmen der Völkerwanderung weithin verlorengegangen" (*Schweizer*, Die Bergpredigt, 1982 S. 97). Die Bergpredigt enthält das Ethos einer bestimmten Gemeinde und ihrer Ordnung. Schon ein Vergleich mit der lukanischen Feldrede (Luk. 6,20 ff.) zeigt Veränderungen durch den kontextuellen Bezug auf eine andere Gemeinde, die hellenistische Gemeinde: Die Bergpredigt ist Lebensanweisung für eine bestimmte Gemeinde.

Zu erörtern ist, inwieweit die Einweisung in die Praxis der Nachfolge in dieser Gemeinde gesetzlich sich übertragen läßt auf eine Großkirche, eine Volkskirche in einer nachchristlichen Gesellschaft. Welche Rolle spielen dabei Lebensverhältnisse und Situationsbedingungen?
Soll die Christenheit eine kritische, asketische Elite, „Vorhut" in der Gesellschaft, der Menschheit sein?

(b) Die Bergpredigt enthält mehrere Schichten: Man unterscheidet (so *E. Schweizer, G. Strecker* u. a.): (1) die Stimme Jesu selbst. Er begegnet im Ruf zum Vater, in der Unmittelbarkeit des Abba; (2) eine mit dem Judentum streng verbundene Gemeinde (Mth. 5,18 f.); (3) eine Orientierung am Zwischenmenschlichen, ein nicht nur der eigenen Bruderschaft zugewandtes Verhalten: In den Worten von der Feindesliebe und dem Nichtrichten erfolgt eine Abgrenzung gegen den Zelotismus, gegen revolutionäres Handeln. (4) Vor Matthäus und durch Matthäus selbst erfolgen Abgrenzungen gegen Strömungen der Gesetzlosigkeit und falschen Prophetie, welche die Gemeinde bedrohen und die Gnade billig machen.

Die Vielzahl der Deutungen, der Facettenreichtum des „Juwels" Bergpredigt hat seine Ursache in der Gestalt, in der Mehrschichtigkeit der Bergpredigt selbst. Ein mehrschichtiger Text bietet Anhalt für unterschiedliche Interpretationen, Deutungen.

Vgl. z. B. *Carl Friedrich von Weizsäcker*, Der Garten des Menschlichen, 1977².
Er unterscheidet drei „Schichten" in der Bergpredigt:
„Die erste ist die Allgemeingültigkeit der Ethik, der kategorische Imperativ. Die zweite ist, daß die Ethik in der Gesinnung liegt, und nicht im äußeren Handeln. Die dritte ist der Indikativ der Seligpreisungen, im Unterschied zum Imperativ der Gebote" (S. 450). Weizsäcker übersetzt 5,3 (πτωχοὶ τῷ πνεύματι): „Selig sind die Bettelmönche, denn für sie ist das Reich der Himmel da" (490/ 493). Bettelmönche gibt es auch im Buddhismus; (dies ist ein nicht schlüssiger Bezug).
Die Ethik findet Weizsäcker in Mth. 7,12, in der Goldenen Regel: „Alles, was ihr wollt, daß euch die Leute tun sollen, das tut ihr ihnen auch". Das ist der Grund-Satz einer allgemeinen Ethik, einer „Ethik ... auch ohne Religion, außerhalb des religiösen Zusammenhangs" (S. 450), einer Ethik der Vernunft (vgl. Kant).

(ad 1) Die Goldene Regel findet sich bereits bei *Konfuzius* und antiken Autoren (Tobias 4,16). Die Goldene Regel ist also empirisch nachweisbar eine sittliche Grundregel der Menschheit, eine Klugheitsregel. Sie beruht auf einem „consensus moralis". Sie enthält die Aufforderung, den Standpunkt des Anderen einzunehmen. Sie besticht durch Einfachheit und

§ 3. Die ethische Deutung der Bergpredigt

Plausibilität. Die Goldene Regel gebietet die wechselseitige Respektierung der Menschen untereinander.

(Vgl. auch *Hans Reiner*, Die Goldene Regel, in: Grundlagen der Sittlichkeit, 1974; s. auch ders., Die Goldene Regel und das Naturrecht, Studia Leibnitiana Bd. IX, 2, 1977, S. 231–254.)

Sie ist eine „Einfühlungsregel" („Stelle dich auf den Standpunkt des anderen"), eine „Autonomieregel" (Sei selbst verantwortlich), eine „Gegenseitigkeitsregel" (Wie du mir, so ich dir — als sittliche Pflicht), und lehnt die Vergeltungsrache ab.

(ad 2) Die „Gesinnung" als Grundorientierung findet Weizsäcker in den Antithesen. Die Antithesen verwerfen Haß, bösen Blick, Begehren. Aber auch die Makarismen: „Selig sind die Trauernden, denn sie werden getröstet werden" (5,4) sprechen die Affekte an. Die Seligkeit der Trauerarbeit wird in Blick genommen. Ebenso ist Mth. 5,7 (Barmherzigkeit) heranzuziehen. Es geht um die Bewältigung der Affekte. „Affekte sind unterlassene Handlungen" (498). Jesus geht es um den „vernünftigen" Affekt. Neuzeitliche und reformatorische Kritik an der Bergpredigt sieht diesen „Kern der Sache nicht, die Disziplinierung der Affekte, ihre Indienstnahme für ein höheres Ich" (499). Das war hingegen gerade die Einsicht des Mönchtums, des Buddhismus, der Hindu: Um der Wahrnehmung eines Höheren willen muß man sich mit den eigenen Affekten auseinandersetzen. Das geschieht heute in der Zuwendung zur Meditation und östlichen Mystik. Ethos und Gesinnungsanruf sind Forderungen.

(ad 3) Die Seligpreisungen enthalten einen Indikativ. Der Mensch erlangt Frieden und Freiheit nicht kraft eigener Leistung, Anstrengung. Die Seligpreisungen verheißen ein „Freiwerden von den Folgen meiner Fehler — auch das Freiwerden von den Folgen der Traumata, die mir andere angetan haben ..." (452).

„Die Moral, die den Trost dieses Indikatives der Seligkeit nicht hat, muß fordern bis zum Unmenschlichen, oder sie belügt sich selbst. Nur der, der das Geschenk bekommt, den anderen und sich lieben zu können, kann eigentlich die moralische Forderung an eine Stelle setzen, wo sie lebendig macht und nicht tötet. Der rein Moralische kann ja sich nicht lieben, er haßt ja sich, gerade weil er an sich gebunden bleibt, und deshalb muß er von den Anderen das Unerfüllbare verlangen, denn er kann nun auch sich nicht lieben. Das scheint mir in der Bergpredigt gewußt. Das ist es, was meine Hindu-Freunde oder meine buddhistischen Freunde anspricht, so daß sie sagen: Jesus war ein Wissender. Er war eine Inkarnation des Göttlichen. Wie hätte er sonst so sprechen können, wenn er das nicht gewußt hätte. An dieser Stelle kann ich kein Bedürfnis haben, diese Freunde noch zum Christentum zu bekehren. Wozu sollte das dienen!" (453).

5. Zur aktuellen ethischen Diskussion

Welchen Sinn kann die Berufung auf die Bergpredigt heute bei ethischen Kontroversen und politischen Debatten haben (z. B. in der Friedensfrage)? Die Bergpredigt war immer wegen der Radikalität ihrer Forderungen die Grundlage des Protests gegen die Verweltlichung der Kirche (z. B. *Franz von Assisi*, Waldenser, Schwärmer im 16. Jhdt., auch heute).

Die Gefahr solcher Berufung auf die Bergpredigt ist jedoch eine doppelte: (a) Man kann die zeitbezogenen Anweisungen der Bergpredigt zu absoluten, zeitlosen Forderungen machen: Die Bergpredigt wird dann Gesetz der Weltordnung. (b) Man kann die radikale Forderung der Bergpredigt abschwächen und relativieren.

In der aktuellen Friedensdiskussion hat vor allem *Franz Alt*, Frieden ist möglich, Die Politik der Bergpredigt, 1983, die Bergpredigt für aktuelle politische Entscheidungen beansprucht. Diese Legitimation einer politischen Position durch die Berufung auf die Bergpredigt hat heftigen Widerspruch erfahren und zu Debatten geführt (vgl. *Manfred Hättich*, Weltfrieden und Friedfertigkeit? Eine Antwort an Franz Alt, 1983).

Die Kommentare von *Georg Strecker*, Die Bergpredigt, Ein exegetischer Kommentar, 1984[1], 1985[2] und von *Ulrich Luz*, Das Evangelium nach Matthäus (Mt. 1–7), EKK I, 1, 1985, arbeiten dagegen die theologische Intention der Bergpredigt heraus. Luz stellt auch sehr schön und ausführlich die Auslegungsgeschichte dar. Die Bergpredigt zielt gewiß auf die Praxis. Aber welche Praxis ist gemeint? Es geht doch wohl zuerst um die Lebensordnung der Gemeinde Jesu, die „Stadt auf dem Berge", „Salz der Erde", „Licht der Welt" sein soll. Jesu Ethik enthält eine fundamentale Infragestellung der Welt; sie ist „Kontrastethik, vom Anbruch des Gottesreiches her formuliert, das anders ist als die Welt" (Luz, S. 419).

In der Tat läßt sich mit der Bergpredigt die Welt nicht regieren: Das Ehescheidungsverbot (5,32f.) kann nicht staatliches Gesetz werden. Das Schwurverbot (5,33–37) gibt nicht die Berechtigung, auf staatliche Rechtspflege generell zu verzichten. Die Urfassung 5,37 (vgl. Jak. 5,12) fordert ein undialektisches Ja und Nein, das Gebot absoluter Wahrhaftigkeit. Ist dies in einer Welt, in der die Macht des Bösen herrscht, realistisch? Das Problem stellt sich also nicht erst beim Gewaltverzicht, bei den letzten beiden Antithesen.

Aber: Die Bergpredigt ist auch nicht ohne Folgen für das Leben des Christen in der Welt.

Vgl. *Peter Noll*, Jesus und das Gesetz, SgV 253, 1968. Noll stellt als Jurist für Jesu Verhalten und Verkündigung fest: Jesus durchbricht alles gesetzliche Denken. Das Recht soll dem Menschen dienen, nicht einer abstrakten Theorie. Es soll nicht starr sein, sondern muß auf Situationen bezogen werden. Die *Generalklausel* (bei Jesus das „Liebesgebot") ist allen anderen Normen übergeordnet, so daß diese von daher korrigiert werden können.

Die Bergpredigt verbietet jede Diskriminierung des anderen; sie stellt den Schwachen unter die „höchstinstanzliche Willkür" Gottes. Gerade eine nicht-gesetzlich verstandene Bergpredigt fordert also zu eigener Verantwortung heraus. Die Bergpredigt ist dann zwar „Gesinnungsparänese", freilich nicht zu einer Gesinnung, die folgenlos bleibt, sondern die ihre eigenen Folgen bedenkt. Sie ist jedoch nicht normative Theorie der Politik. Sowohl bei christlich motivierter Gewaltlosigkeit wie beim Eidesverbot, beim Ehescheidungsverbot hat ethische Reflexion prüfend zu unterscheiden zwischen

(1) Liebe als Gesinnung und als Tat. Dabei ist zu erwägen: Welches konkrete Handeln ist richtig, um Liebe zu verwirklichen?

(2) Was sind die Folgen einer Tat?

(3) Was heißt in der jeweiligen Situation Gewalt, Ehebruch, Eidesleistung?

Keine historisch-kritische Exegese kann diese gegenwärtige ethische Reflexion ersetzen. Jede Exegese kann nur Korrektiv, nicht Grundlage eigenen Urteils sein (Sie hat eine kritische, nicht eine konstitutive Funktion). Gerade Mth. 7,12 räumt das Recht einer von Weisheit geprägten Vernunftethik, des common-sense des Allgemeinmenschlichen ein. Aber sie stellt diese Vernunftethik in den Horizont des absoluten Willens (und der bedingungslosen Barmherzigkeit 5,2 ff.) Gottes.

Zwischen Nachfolgeethik der Bergpredigt und vernünftiger Ethik (Naturrecht), die nachfragt, was dem Nächsten dient, gibt es in diesem Fall freilich keinen absoluten Gegensatz. Die Bergpredigt ist das Wort Jesu, das menschliche Denkvoraussetzungen sprengt. Jesus identifizierte sich mit keiner der religiösen und politischen Gruppierungen seiner Umwelt. Er entwarf zudem keine ethischen und politischen Programme. Für das Leben im Glauben gibt es keine Patentlösungen. Auch die Bergpredigt ist kein solches Programm. Die Verlegenheit der gegensätzlichen Deutungen belegt dies eindrücklich. Die Bergpredigt ist nicht fundamentalistisch als absolute Norm verbindlich zu machen oder kasuistisch auszulegen. Die Prägnanz und Radikalität, die aus dem Gebot der Feindesliebe unzweideutig spricht, kann man aber auch nicht durch historische Interpretation und Relativierung einfach entschärfen. Jesu Umkehrruf verkündet die universale Geltung wie die Priorität des Liebesgebotes. Die Liebe überwindet die Alternativen, unter welche die „Antithesen" gestellt wurden.

Solche Alternativen sind: Gesinnung und Handeln; individualethisch verbindlich, aber sozialethisch nicht brauchbar; nur für den Privatbereich der Person, aber nicht für das öffentliche Leben, das „Amt" gültig; ein Bußruf (usus elenchticus legis), aber keine Handlungsanweisung; Anweisung nur für eine Elite, aber nicht für das Volk.

Zwar gibt die Bergpredigt kein „politisch, juristisch zu deduzierendes Handlungskonzept, durch das Staaten und Völker regiert werden können", an die Hand (Strecker, S. 190). Aber sie ist ein Wegweiser, der das Leben als Geschenk Gottes und die Liebe als die das Böse überwindende Macht erkennen läßt. In diesem Sinne ist die Bergpredigt zwar keine Norm für Ethik und Politik, wohl aber deren stete Beunruhigung, indem sie auf den Grund verweist und so „radikal" den Überschuß der Liebe geltend macht. Die Bergpredigt nennt die von Gott verfügten „Einlaßbedingungen" ins Gottesreich, welches „das Ende einer von Menschen — machbaren — Geschichte und damit das Ende aller menschlichen Politik bedeutet" (*M. Hengel*, Das Ende aller Politik, EK 14, 1981, S. 688). Sie enthält zwar nicht das Programm einer von allen Menschen gemeinsam zu verantwortenden rationalen Politik des Friedens. Dennoch stellen die Antithesen mit der Infragestellung der Ordnung dieser Welt immer wieder eine notwendige Anfrage, eine Provokation, einen Protest gegen deren faktische Verfaßtheit und Ordnung dar. Gewaltverzicht wird „ein Kontrastzeichen des Reiches Gottes" (Luz, S. 304). Es geht in der Bergpredigt ferner um die Praxis des Christseins und zugleich um die Gründung alles menschlichen Handelns in den ihm vorausgehenden Zuwendungen Gottes zum Menschen (vgl. Mth. 5,3—12). Mit der Goldenen Regel (7,12) bietet die Bergpredigt, die diese Regel vom Liebesgebot her versteht, unbeabsichtigt einen Ansatz für die Übersetzung der Praxis des Glaubens in rational-kommunikables Verhalten.

§ 4. Der Ansatz der Ethik bei Martin Luther

Der Ansatz der Ethik Luthers erwächst aus dem Verständnis der Rechtfertigung und der darin gewährten Freiheit eines Christenmenschen. Den Schlüssel zu seiner Ethik bietet das reformatorische Freiheitsverständnis. Das Handeln des Christen in der Welt ist Erweis christlicher Freiheit; es geschieht aus Dankbarkeit für die geschenkte Gnade. Diese theologische Zuordnung von Rechtfertigung und Ethik hat Konsequenzen für die Einschätzung der Guten Werke. In der Schrift „Von der Freiheit eines Christenmenschen", 1520, unterscheidet Luther den Glauben, der vor Gott Freiheit gewährt, und die Liebe, die den Christen für den Nächsten in Dienst nimmt: „Ein Christenmensch ist ein freier Herr aller Dinge und niemandem untertan im Glauben". „Ein Christenmensch ist ein dienstbarer Knecht aller Dinge und jedermann untertan in der Liebe".

Die paradoxe Formel von unbeschränkter Freiheit im Glauben und ebenso unbegrenzter Dienstbarkeit in der Liebe fußt auf einer anthropologischen Grundsicht: Der Unterscheidung von Glaube und Liebe entspricht eine anthropologische Grundunterscheidung von innerlich und äußerlich und die christologische Unterscheidung von Evangelium als Predigt von der Gabe (dem donum, dem sacramentum), die Christus bringt, vom Gebot der Forderung. Der Mensch ist *vor* Gott als Mensch allein durch die Verheißung bestimmt. Allein das Wort macht Gewissen und Seele frei; kein äußeres Werk vermag solche Freiheit zu gewähren. Die innerliche Freiheit äußert sich dann in guten Werken. Maßstab des guten Werkes ist der Nutzen des Mitmenschen, nicht die Vergewisserung der eigenen Seligkeit und Frömmigkeit.

Luther läßt im Freiheitstraktat innerhalb einer Ethik der Freiheit und der Selbstverantwortung darum Raum für utilitaristisches Denken, freilich für einen altruistischen Utilitarismus. In der Liebe übt sich der Christ in Mitmenschlichkeit. Christliche Freiheit ist nicht die absolute Freiheit des autonomen Subjekts, sondern „kommunikative" Freiheit. Solche Freiheit kann eingehen auf die konkreten Anforderungen der Situation. Sie setzt im Umgang mit der Welt, coram hominibus die menschliche Vernunft ins Recht.

Für die Ethik Luthers sind Fundamentalunterscheidungen, wie Glaube und Werke, Person und Werk, Glaube und Liebe, innerlich und äußerlich, Reich der Welt und Reich Christi grundlegend. Anders als für die mittelalterliche Frömmigkeit sind gute Werke nicht Verdienste, aufgrund derer der Mensch Heil bewirken kann. Im Unterschied zu *Calvin* sind Werke auch nicht Zeichen der Erwählung (syllogismus practicus). Die unlösliche Zusammengehörigkeit von Heil und menschlichem Handeln ist damit in Frage gestellt. Vor Gott ist der Mensch nicht frei; er hat im Gottesverhältnis einen gebundenen Willen (servum arbitrium), weil der Mensch, der vor Gott steht, immer Sünder ist. In der Weltgestaltung hat hingegen der Mensch die Freiheit, das liberum arbitrium, das ihn zwischen gut und böse, zwischen falschem und richtigem Handeln zu unterscheiden und zu entscheiden erlaubt. Der Mensch kann in der Welt Mitarbeiter Gottes, cooperator dei sein. Die zweite Tafel des Dekalogs enthält Maßstäbe, Kriterien für die Gestaltung des menschlichen Zusammenlebens.

Aus Luthers theologischem Neuansatz folgt ein bestimmter *Lebensstil*. Die Einstellung zur Welt kann man „Weltfrömmigkeit" nennen. Der Glaube ermöglicht einen unbefangenen Umgang mit der Welt. Die Einzelanweisungen Luthers zu ethischen Fragen seiner Zeit waren zeitbezogen. Luther war kein Theoretiker der Ethik, sondern weithin ein seelsorgerlich bestimmter Ratgeber. Deshalb sind auch seine konkreten Empfehlungen kontextabhängig. Das ist zu berücksichtigen im Blick auf seine z. T. sehr problematischen Stellungnahmen und Äußerungen zu politischen und sozialen Problemen (z. B. zum Bauernkrieg, zur Toleranz, über die Juden) wie auch auf die individualethischen Ratschläge, vor allem zum Verhalten in der Ehe und zur Sexualität. Auch die sogenannte Zweireichelehre enthielt kein geschlossenes sozialethisches Prinzip. Die Weltlichkeit des reformatorischen Ethos prägt gleichwohl das bürgerliche Leben. Politik und Wirtschaft werden von klerikaler Bevormundung freigesetzt.

Entscheidend ist die Gewissensentscheidung der Betroffenen. Der Ort des Dienstes der Christen in der Welt ist der Beruf. Während im Mittelalter die vocatio, die Berufung das Privileg des Klerikers und Mönchs war, die ihn aus der Welt herausrief, ist nun die Welt, der Alltag der Ort christlichen Lebens. Die lutherische Sicht des weltlichen Berufs ist ferner eine Veranschaulichung des Allgemeinen Priestertums aller Gläubigen; gerade der Freiheitstraktat lehnt eine mittlerische Funktion des Priesteramtes ab und lehrt die Unmittelbarkeit des Gottesverhältnisses.

§ 4. Der Ansatz der Ethik bei Martin Luther   287

Die Folge aus dem Berufsgedanken ist ein Arbeitsethos. Dieses Arbeitsethos ist freilich noch nicht säkularisiert, so daß Arbeit schlechthin zur Bedingung des Menschseins würde. Auch die Einschätzung der Ehe als „weltlich" Ding ist Ausdruck der Weltfrömmigkeit. In den drei Ständen („Hierarchien", „Orden"), nämlich Ehe und Haus, politischem Leben und Gemeinde soll der Christ Gott dienen. Über allen drei Ständen steht und geht jedoch der „allgemeine Orden der christlichen Liebe".

Gegen Luthers Ethik und vor allem gegen das Luthertum wird der Vorwurf des Quietismus, des Konservativismus und der Doppelmoral erhoben. Besonders *Ernst Troeltsch* (in den „Sozia11ehren") und, seine Argumente aufnehmend, *Karl Barth* haben das Luthertum kritisiert, weil es geistliches und weltliches Regiment unterschieden und damit die „Eigengesetzlichkeit" von Politik und Wirtschaft freigesetzt habe. Dieser Vorwurf ist insoweit berechtigt, als Luthers patriarchalische Gesellschaftsdeutung (vgl. seine Auslegung des Elterngebotes) und sein Obrigkeitsverständnis eine konservative, erhaltende Tendenz enthält. Außerdem hat das landesherrliche Kirchenregiment die kritische, „prophetische" Mahnung einer unabhängigen Kirche weitgehend zum Verstummen gebracht. Ein Sündenpessimismus, welcher die Aufgabe politischer Macht faktisch ausschließlich darin sah, dem Bösen zu wehren, und den Staat als remedium peccati begriff, stützte Untertanenmentalität, obrigkeitsstaatliches Denken und patriarchalische Gesellschaftsstrukturen. Die Trennung von Glaube und Politik ließ überdies zu, den neuzeitlichen Macht- und Gewaltstaat zu legitimieren. Der Preis einer „Weltfrömmigkeit" ist dann eine Verinnerlichung des Ethos, welche nur noch ein persönliches Gewissen, aber keine allgemeine, öffentliche Moral mehr kennt.

Die reformatorische Orientierung der Ethik an Vernunft und Humanität, am primus usus legis, verpflichtet andererseits das Ethos zur Sachlichkeit und Nüchternheit und ermöglicht es, die Geschichtlichkeit der Welt und damit auch die Wandlungen von Sitte und Kultur anzunehmen. Die theologische Ethik kann dann mit gutem Gewissen pragmatisch und offen verfahren. Der Verzicht auf die Selbstrechtfertigung, die Freiheit gegenüber dem Gesetz gibt schöpferischer Spontaneität und Kreativität in der Ethik Raum.

Die Wirkung der Reformation und besonders Martin Luthers auf die Ethik ist nicht primär in Einzelinhalten und Normen aufweisbar. Zwar hat sich die Reformation im Verständnis von Beruf und Arbeit, in der Neubewertung der Ehe als weltlich Ding (und geistlicher Stand), die Absage an Zölibat und Mönchtum und der Bestimmung der Aufgabe der weltlichen Obrigkeit deutlich von der mittelalterlichen Welt geschieden. Aber die Emanzipation der Ethik vom christlichen Glauben hat erst die *Aufklärung* mit dem Autonomiegedanken vollzogen. Der eigentümliche Beitrag reformatorischen Glaubens zur Ethik ist die Neufassung des Weltverständnisses. Der „Neubau der Sittlichkeit" (*Karl Holl*) aufgrund von Luthers Rechtfertigungsverständnis besteht nicht in einer neuen materialen Ethik, in neuen Normen, sondern in einem neuen Umgang mit dem Leben, in der Unbefangenheit und Selbständigkeit, in die hinein er das Handeln des Christen entläßt. Reformatorischer Rechtfertigungsglaube ermächtigt zu Taten der Liebe und ist insofern befreiend für die Ethik. Die Reformation gibt der Ethik in ihrer theologischen Anthropologie eine neue Grundlegung.

6. Kapitel

Sozialethische Grundfragen

Sozialethik befaßt sich mit den Sozialstrukturen. Ihr Gegenstand sind die sozialen Ordnungen und Gebilde, die Strukturen des Zusammenlebens, die *Institutionen*. Sozialethische Themenfelder sind folglich die institutionellen Aspekte des Schutzes von Leben und Gesundheit, die Regelung der sexuellen Beziehungen in Ehe, Familie und sexueller Partnerschaft, der Schutz von Natur und Umwelt, die politische Umwelt, die Wirtschaft und die Kultur. Auch Kirche als soziale Organisation ist eine Institution.

Ehe jedoch auf die einzelnen Themenfelder eingegangen werden kann, sind einige grundlegende Fragen sozialethischer Interpretation aufzugreifen.

Wenn Ethik sich auf die Reflexion der Konstitution des sittlichen *Subjekts* beschränkt oder lediglich den Bezug zum Mitmenschen bedenkt, stellen sich diese Fragen noch nicht. Erst durch die Versachlichung und Strukturierung bzw. *Objektivierung* der sozialen Beziehungen in institutionellen Vermittlungen brechen diese Fragen tatsächlich auf. Es geht hier um objektive Güter. Diese Fragen betreffen ferner allgemeinmenschliche und gesellschaftliche Aspekte; es sind dies keine genuin und exklusiv „christlichen" Themen, vielmehr geht es um die Erfüllung *menschlicher Grundbedürfnisse*. Da freilich diese Bedürfnisse niemals isoliert betrachtet werden können, besteht auch bei weltlichen Institutionen wie Ehe, Eigentum oder Staat ein fundamentaler Bezug zur Religion und die Notwendigkeit einer religiösen Interpretation.

Die Schwierigkeit dieser Interpretation wird deutlich, wenn man sieht, in welch problematischer Weise in der ersten Hälfte des 20. Jahrhunderts die sozialethische Fragestellung aufgegriffen wurde, nämlich in Form einer Ordnungstheologie, und warum sich diese Thematisierung als unzulänglich erwiesen hat.

§ 1. Die Aporien einer „Theologie der Ordnungen"

Die „Theologie der Ordnungen" bezeichnete Ehe und Familie, Eigentum und Staat als Ordnungen Gottes. Dabei blieb strittig, ob diese Ordnungen idealtypisch als intakte Schöpfungsordnungen oder als von der Sünde bestimmte Erhaltungsordnungen zu begreifen sind. Heute ist weithin der Begriff Ordnungen durch das Wort Institutionen ersetzt.

1. Der Ordnungsgedanke bei Luther und im Luthertum

(1) Der Begriff Ordnung ist nicht eindeutig. Einerseits ist er ein deskriptiver Begriff: Ordnung beschreibt einen sinnvollen Zusammenhang, die Struktur einer Seinsgegebenheit. Andererseits ist Ordnung seit den Vorsokratikern ein normativer Begriff: Er enthält den Anspruch auf Geltung einer Ordnung. Die Ordnung des Kosmos „soll" eine bestimmte Gestalt beinhalten. Ebenso wird der mittelalterlich-scholastische Ordo-Begriff verstanden: Ordnung, ordo meint die Hinordnung alles Seienden auf Gott als Endzweck. Diese Ordnung bildet sich dann ab in der Gesellschaft, so daß als Konsequenz eine hierarchische Struktur des Lebens, die Integration des Menschen in die Ordnung des Seins und der Gesellschaft gefordert wird. Eine „Theologie der Ordnungen" kam freilich erst im 19. Jahrhundert auf. Sie entstand unter dem Einfluß des Organismusgedankens der Romantik: Die Volksordnung wird nunmehr zur Schöpfungsordnung erklärt.

Ein historischer Rückblick ist geboten. Eine klassische Formulierung des Verhältnisses von christlichem Glauben und weltlicher Existenz enthält *Art. 16 der Confessio Augustana*: „Von der Polizei und weltlichem Regiment". „De rebus civilibus". (Polizei meint Politeia − Staatsordnung, vgl. *Theodor Reinkingks* Buchtitel „Biblische Policey"). „Von Polizei und weltlichem Regiment wird gelehrt, daß alle Obrigkeit in der Welt und geordnete Regiment und Gesetze gute Ordnung, von Gott geschaffen und eingesetzt sind, und daß Christen mögen in Obrigkeit, Fürsten- und Richteramt ohne Sünde sein, nach kaiserlichen und anderen üblichen Rechten Urteil und Recht sprechen, Übeltäter mit dem Schwert strafen, rechte Kriege führen, streiten (d. h. prozessieren), kaufen und verkaufen, aufgelegte Eide tun, Eigenes haben, ehelich sein" etc.

Auf eine Einzelinterpretation dieses Artikels ist hier nicht einzugehen. Man muß z. B. fragen, ob heute noch unter Berufung auf CA 16 dem Staat das Recht zur Todesstrafe zuzuerkennen ist, oder wie es um das iustum bellum im Atomzeitalter steht. Es stellt sich auch das Problem des religiösen Eides in einer säkularisierten Gesellschaft, u. a. Auch die Möglichkeit des Rechtsverzichts (1. Kor. 6) ist zu erörtern.

Hier geht es allein um die Grundaussage: „De rebus civilibus": „quod legitimae ordinationes civiles sunt bona opera dei". Das besagt: Rechte weltliche Ordnung ist Gottes Werk (opus dei), sein Schöpfungswerk; deswegen soll der Christ sich in diese Ordnung einfügen. Die Aussage vollzieht eine doppelte Abgrenzung.

(a) Gegen Wiedertäufer, Schwärmer, Anabaptisten, „qui interdicunt haec civilia officia christianis", wird betont, die weltlichen Ordnungen seien „ordinatio divina", Anordnung Gottes, mandatum dei. Die Wiedertäufer untersagten nämlich unter Berufung auf die Bergpredigt den Christen Heirat, Besitz, die Übernahme eines Richteramtes, den Kriegsdienst, die Inanspruchnahme weltlicher Gerichte, die Mitwirkung im Staat. Dagegen betonen die Reformatoren grundsätzlich: Christlicher Glaube ist nicht Weltflucht. (D. h. freilich nicht, daß sie im einzelnen gegen die Schwärmer recht haben, etwa wenn sie die Todesstrafe legitimieren). Christlicher Glaube setzt frei zu verantwortlichem Handeln *in* der Welt; er verlangt nicht Rückzug *aus* der Welt. Die Bergpredigt ist also nicht zeitlos gültiges Weltgesetz (wie z. B. bei *Tolstoi*).

(b) Daneben verfolgt der Artikel noch eine andere Absicht. Gegen eine Mönchsethik mit der Unterscheidung von *evangelischen Räten* (consilia evangelica) und *naturrechtlichen Geboten* (praecepta) wird die *Einheit des christlichen Ethos* betont. Christliche Vollkommenheit (perfectio evangelica) besteht nicht in Weltflucht. Christliche rechte Vollkommenheit sei vielmehr allein „rechte Furcht vor Gott und rechter Glaube aus Gott" (so CA 16). Das Evangelium lehre nicht ein äußerlich, zeitlich, sondern ein innerlich ewig Wesen und Gerechtigkeit. Es wird folglich zwischen iustitia externa, civilis und iustitia interna, spiritualis, zwischen bürgerlicher Gerechtigkeit und Glaubensgerechtigkeit unterschieden. Daher wird erklärt: „Interim non dissipat politiam aut oeconomiam, sed maxime postulat conservare tamquam ordinationes dei et *in* talibus ordinationibus exercere caritatem". („Es (das Evangelium) schafft weltliche Regierungsgewalt, Staatsordnung und Ehestand nicht ab, sondern will, daß man dies alles als wahrhaftige Ordnungen Gottes anerkennt und in diesen Lebensbereichen christliche Liebe erweist ...") Daraus folgt dann die Gehorsamspflicht des Christen gegenüber der weltlichen Obrigkeit. Dieser Gehorsam hat freilich seine Grenzen an der Clausula Petri (Acta

§ 1. Die Aporien einer „Theologie der Ordnungen" 293

5,29): „Gott mehr gehorchen als den Menschen". Wiederum ist die Absicht deutlich, eine Zweistufenethik abzuwehren. Daher wird ein weltliches Berufsethos gefordert. Der Ort des Dienstes ist im Alltag, in der Profanität zu suchen.

Zugleich enthält CA 16 spezifische Probleme, welche die Sozialethik des konfessionellen Luthertums prägten:

(a) Einmal wird programmatisch gefordert: „in talibus ordinationibus exercere caritatem". Das enthält den Gedanken der Ein- und Unterordnung. Eine Strukturveränderung, eine Reform von Strukturen ist nicht im Blick. Der konservative Grundzug des Luthertums ist damit festgelegt. Jede Revolution wird grundsätzlich abgelehnt (z. B. noch bei *Walter Künneth*). Vorausgesetzt ist somit eine statische Gesellschaftsordnung. Das Phänomen eines dynamischen Gesellschaftswandels kommt nicht in Blick.

(b) Bezogen ist dieses Ordnungsdenken auf ein hierarchisches, ständisches Gesellschaftsgefüge.

Man kann dazu auf Luthers Dreiständelehre verweisen: Die tres ordines, hierarchiae, status: Ministerium ecclesiasticum, magistratus politicus, oeconomia, der Lehr-, Nähr-, Wehrstand haben eine ständisch geschichtete Gesellschaft vor Augen. Aufgenommen ist CA 16 in der Konkordienformel Art. 12 „Von anderen Rotten und Sekten", vor allem in 12,8: „Unleidliche Artikel in der Polizei", sowie „in der Haushaltung" (12,13).

(2) *Luther* übernimmt aus dem Spätmittelalter die *Dreiständelehre*. Die Dreiständelehre ist ein von der Zweireichelehre unabhängiges Sozialordnungsprinzip. Luther lehrt, Gott habe drei Stände in der Welt eingesetzt; in bewußter Polemik gegen Rom nennt er sie auch: Hierarchien (Von den Konciliis und Kirchen, 1539, WA 50,652), Ehe, Obrigkeit (noch nicht „Staat"), Kirche. Der status oeconomicus umfaßt das Haus als Wirtschafts- und Produktionseinheit; in der agrarisch-handwerklichen Gesellschaft gehören Gesinde und Gesellen zum Haushalt. Sie unterstehen dem Hausvater.

Die drei Hierarchien sind Stiftungen Gottes, zusammen mit dem Menschen geschaffene „concreatae" (WA 40 II, 222 f.). Sie stellen die drei Grundordnungen des sozialen Lebens in der Christenheit dar. „Gott hält über solchen Ständen, daß sie müssen bleiben — sonst könnte die Welt nicht stehen" (WA 31 I, 400,1). In ihnen und durch sie handelt Gott verborgen: sie sind larvae dei, Larven Gottes (WA Br 9,610,47). Daraus erwächst dem Christen die Pflicht, diese Stände zu erhalten.

Luthers Ständegedanke verknüpft sich außerdem mit der Autoritätsstruktur des Patriarchalismus, wie sie z. B. in der Auslegung des 4. Gebotes im Großen

Katechismus (1529) vorausgesetzt ist. Unter den Schutz des 4. Gebots werden vier Arten von Vätern gestellt: die leiblichen, die geistlichen (Prediger), die politischen (Obrigkeit, „Landesvater"), die Herren und Meister im Beruf (Hausvater). „Aber die heiligen orden und rechte stiffte (Stiftungen) von Gott eingesetzt sind diese drey. Das priester ampt, Der Ehestand, Die weltliche Oberkeit" (Luthers Bekenntnis: Vom Abendmahl Christi, 1528, WA 26,504 = Clemen 3,510,17 f.).

Daraus folgt ferner: Wer in diesen Ordnungen tätig wird, übt einen Gottesdienst aus, vollbringt „heilige werke".

„Darumb das solche drey stiffte odder orden ynn Gotts wort und gebot gefasset sind. Was aber ynn Gotts wort gefasset ist, das mus heilig ding sein, denn Gotts wort ist heilig und heiliget alles, das an yhm und ynn yhm ist" (Cl. 3,510,30 ff.).

Über den drei Orden steht freilich der „gemeine", d. h. der allgemeine Orden der christlichen Liebe.

Positiv zu würdigen ist die Lehre von den Ordnungen und den Ständen deshalb, weil sie — gegen den mittelalterlichen Klerikalismus gerichtet — zur Weltlichkeit befreit. Problematisch ist die vorausgesetzte patriarchalische Autoritätsstruktur, die Sanktionierung einer Standesgesellschaft. Durch die Ständelehre wird der Berufsgedanke zum Grundprinzip traditioneller lutherischer Sozialethik. Nach Luthers Weltverständnis sind die drei Stände „natürliches Recht", allgemeinmenschlich. Gottes Schöpferwillen gilt Christen und Nichtchristen. Ehe und Obrigkeit als Stiftungen Gottes kennen daher auch die Heiden. Sie wissen nur nicht, daß sie von Gott eingesetzt sind, daß durch sie Gott in der Welt verborgen „wider den Teufel" (WA 50,652,14) kämpft. Die Dreiständelehre war das Gliederungsprinzip in der Sozialethik des Luthertums.

In der lutherischen Orthodoxie (z. B. bei *Johann Gerhard*) wurde die Dreiständelehre aus der Sozialethik in die Kirchenverfassung übertragen: Es erfolgt eine Funktionsänderung; die drei Stände sollen in der Kirche zusammenwirken, z. B. bei der vocatio ins Pfarramt. Die Obrigkeit, welche das Patronatsrecht ausübt, bestellt den Pastor; der status ecclesiasticus, die Theologen prüfen die Eignung; das Volk gibt die Zustimmung, und sei es nur durch Schweigen.

Die zugleich soziologische wie theologische Voraussetzung der Ständelehre ist freilich: (a) Die Rangordnung, die Hierarchie der Stände steht fest; es besteht keine gesellschaftliche, soziale, horizontale Mobilität; ein „Elitenwechsel", ein „sozialer Wandel" ist nicht im Blick. (b) Man wird in einen Stand hineingeboren, sucht sich ihn nicht selbst frei aus. Die Ausnahme ist die Vocatio zum Predigtamt. Ein Berufswechsel ist in der Regel nicht vorgesehen.

Erschüttert wurde die altlutherische Ständeethik (als Sozialethik) (einmal) durch den industriellen Wandel, die Strukturveränderungen der

§ 1. Die Aporien einer „Theologie der Ordnungen" 295

„Industriegesellschaft", und (sodann) durch die Gleichheitsidee der Aufklärung. Die Aufklärung versteht die Gesellschaft nicht mehr als ständisch geschichtetes System, sondern als Vertrag der Freien und Gleichen. (3) Neu aufgenommen und formuliert wurde der Ordnungsbegriff im *Luthertum des 19. und 20. Jahrhunderts. G. C. A. Harleß* (1806—1893), welcher die erste konfessionell lutherische Ethik veröffentlichte (Christliche Ethik, 1842, 1893 8. Auflage), entwarf erstmals eine Ordnungstheologie: Familie, Staat und Kirche sind „Grundformen irdischer, gottgeordneter Gemeinschaft", also Schöpfungsordnungen. Der reformierte Theologe *Emil Brunner*, „Das Gebot und die Ordnungen" (1932), formulierte als erster eine Ethik im Kontext der dialektischen Theologie. Die Ethik beruht nach ihm auf zwei wesentlichen Fundamenten: (a) auf Gottes Gebot, dem in der Schrift geoffenbarten Liebesgebot, und (b) den Schöpfungsordnungen: Ehe und Familie, Arbeit und Wirtschaft, Staat und gegebenenfalls Kulturgemeinschaft (Wissenschaft, Kunst). Emil Brunner teilt den status oeconomicus auf in Ehe und Familie und in Wirtschaft. Unklar bleibt die Zahl der Ordnungen sowie ihre Abgrenzung voneinander (z. B. Staat von Kultur).

Brunner betont nachdrücklich: Dem Menschen sind die Ordnungen in der Welt vorgegeben. Ihre Eigenart hat er darum in der Wirklichkeit zu suchen und zu finden, nicht der Bibel zu entnehmen.

Ähnlich argumentiert auf lutherischer Seite *Paul Althaus*: „Theologie der Ordnungen", 1935[2]. Ordnungen sind supralapsarische Schöpfungsordnungen, durch die Sünde nicht verdorbene Schöpfungswerke Gottes. Arbeit und Staat sind schon im Paradies eingesetzt. Dagegen lehrt *Walter Künneth*: sie sind infralapsarische Erhaltungsordnungen, Notverordnungen, mit denen Gott den Chaosmächten wehrt, „remedium peccati". In *Helmut Thielickes* „Theologischer Ethik" findet sich ein Vermittlungsvorschlag: Die Ehe ist im Paradies gestiftete Schöpfungsordnung. Staat, Eigentum, Wirtschaft sind Akkomodationen, Anpassungen Gottes an die gefallene Welt, also Notverordnungen, Erhaltungsordnungen.

2. Probleme der Ordnungstheologie

Die theologische Begründung und soziologische Beurteilung der Ordnungen ist umstritten. Die theologische Begründung lautet: Der „Welt" sind seit der Schöpfung bestimmte unabänderliche Grundstrukturen durch Gott eingeprägt. *Werner Elert* formuliert, daß das „Seinsgefüge" zugleich ein „Sollgefüge" ist. Daraus folgt eine „Eigengesetzlichkeit" der Ordnungen von Staat, Wirtschaft, Ehe.

Das 19. Jahrhundert betonte vor allem den Gedanken der Volksordnung, den Volksnomos. Diese Theologie des Volkes, des Volkstums hat dann im Kirchenkampf den Ordnungsgedanken diskreditiert. So erklärt der Ansbacher Ratschlag der lutherischen Theologen (*Werner Elert, Paul Althaus*):

„Das Gesetz, nämlich der unwandelbare Wille Gottes (FC Epitome VI, 6), begegnet uns in der Gesamtwirklichkeit unseres Lebens, wie sie durch die Offenbarung Gottes ans Licht gesetzt wird. Er bindet jeden an den Stand, in den er von Gott berufen ist, und verpflichtet uns auf die natürlichen Ordnungen, denen wir unterworfen sind, wie Familie, Volk, Rasse, d. h. Blutszusammenhang ... Indem uns der Wille Gottes ferner stets in unserem Heute und Hier trifft, bindet er uns auch an den bestimmten historischen Augenblick der Familie, des Volkes, der Rasse, d. h. an einen bestimmten Moment ihrer Geschichte".

Daraus zog man 1934 die konkrete Folgerung:

„In dieser Erkenntnis (d. h. weil wir als Christen Gott erkennen) ehren wir mit Dank gegen Gott jede Ordnung, also auch jede Obrigkeit, selbst in der Entstehung, als Werkzeug göttlicher Erhaltung": „In dieser Erkenntnis danken wir als glaubende Christen Gott dem Herrn, daß er unserem Volk in seiner Not den Führer als frommen und getreuen Oberherrn gesandt hat und in der nationalsozialistischen Staatsordnung ‚gut Regiment', ein Regiment mit Zucht und Ehre bereiten will".

Die Ordnungstheologie diente also ideologisch der Legitimation des Nationalsozialismus als Gottesordnung. Rasse, Volkstum sind Schöpfungsordnungen. Das schließt eine Zustimmung oder zumindest unkritische Haltung zu den Nürnberger Gesetzen zur Reinerhaltung der deutschen Rasse, zum Arierparagraphen, zum Antisemitismus mit ein.

Aus dem Widerspruch der Barmer theologischen Erklärung (1934) und der christologisch begründeten Ethik *K. Barths* gegen dieses neulutherische Ordnungsdenken ergab sich die bis heute nachwirkende Antithese von Ordnungstheologie und christologischem Ansatz. Es ist dies eine vornehmlich aus der jüngsten Kirchengeschichte zu verstehende Konstellation.

Kritisch ist sodann zu fragen: Was offenbart die innerweltliche Ordnung als *Gottes* Ordnung? Paul Althaus argumentiert: Schöpfungsordnungen beruhen auf einer Kenntnis der „Uroffenbarung" Gottes. Aber kann die gefallene Schöpfung Gottes Willen überhaupt offenbaren? Gibt es intakte, von der Sünde nicht erfaßte „Inseln" der Schöpfung in einer im übrigen heillosen Welt?

Lutherische Theologie spricht heute im allgemeinen nicht mehr von „Schöpfungsordnungen", sondern von „Erhaltungsordnungen", „Not-

§ 1. Die Aporien einer „Theologie der Ordnungen"

verordnungen", mit denen Gott die Welt erhält: *Walter Künneth* erklärt, die ‚Erhaltungsordnung' sei wesenhaft eine „Interimsordnung", eine „Zwischenordnung", welche die Zeit zwischen Fall und Vollendung, zwischen Anbruch der Welterlösung in Jesus Christus und seiner Parusie überbrücken soll. Auch sei die Erkenntnis der Weltordnung als „Erhaltungsordnung" Gottes ein „Verkündigungsurteil". Man dürfe das Ordnungsgefüge also nicht einfach als „ontische Gegebenheit" verstehen. Aber das Ordnungsgefüge enthalte als solches dennoch die Forderung nach einem „ethischen Seinsgefüge", „das auf die Verankerung in einer anderen Dimension hinweist und ihre metaphysische Begründung durchscheinen läßt".

Damit ist zwar die Annahme einer Integrität der Schöpfung preisgegeben. Geblieben ist freilich nach wie vor die Metaphysizierung des Ordnungsgedankens. Es gibt ewige, unveränderliche soziale Ordnungen. *Paul Tillich* kritisiert solche Überlegungen zurecht als „Ursprungsmythos".

Die Frage ist außerdem: *Welche* Ordnungen sind überhaupt unveränderlich? *Warum* sind Ehe, Familie, Staat Ordnungen Gottes — warum nicht die Sklaverei? Gehört das Privateigentum dazu? (auch das Privateigentum an Produktionsmitteln?) Die Ordnungstheologie selbst enthält keine Kriterien dafür, welche Ordnungen, Strukturen Gottesordnungen sind und welche nicht. So lehren die Burenkirchen, die Rassentrennung, Apartheid sei „Schöpfungsordnung".

Weiterhin ist unklar: Besteht ein grundsätzlicher Gegensatz zwischen „natürlichen" Ordnungen und künstlichen, von Menschen gemachten gesellschaftlichen Organisationen? Die technische Zivilisation kennt vor allem Organisationen geschichtlicher und damit veränderbarer Art.

Sodann ist zu erörtern: Sind Ordnungen *in sich* unwandelbar? Man denke an den Wandel vom Patriarchat zur partnerschaftlichen Ehe, zur Gleichberechtigung von Mann und Frau, den Wandel vom Obrigkeitsstaat, der Monarchie zur Demokratie. Heute herrscht weithin die Meinung: Alle gesellschaftlichen Strukturen sind veränderbar; sie sind nicht unveränderliche, ewige Ordnungen.

Schließlich ist der Mißbrauch der Ordnungstheologie zur Legitimation nationalistischer und rassistischer Ideologie im Dritten Reich evident (vgl. neben dem Ansbacher Ratschlag: *Wilhelm Stapel*, Die Lehre vom Volksnomos; *Friedrich Gogarten*, Ist Volksgesetz Gottesgesetz?, 1933).

3. Alternative Denkansätze

Aufgrund der Probleme und historischen Belastung der Ordnungstheologie ist es verständlich, daß nach Alternativen zur problematischen Ordnungstheologie gesucht wurde.

(a) *Karl Barth* handelt unter der Überschrift „Freiheit in der Gemeinschaft" (KD III, 4, S. 345—349, § 54, Abschn. 3) über „Die Nahen und die Fernen". Barth unterscheidet zwischen denen, mit denen man durch gemeinsames biologisches Erbgut, gemeinsame Sprache und Kultur verbunden ist, und der übrigen Menschheit. Sicher gibt es Mentalitätsunterschiede zwischen Menschen unterschiedlicher Herkunft; aber solche Mentalitätsunterschiede sind relativ. Aus ihnen läßt sich nicht exklusiv eine Abgrenzung gegen Menschen anderer Hautfarbe, Sprache oder kultureller Überlieferung herleiten.

Barth betont zurecht, daß die exklusive Bindung des Christen an Volk, Rasse, Kulturkreis eine häretische Erfindung sei. Denn diese Häresie setze an die Stelle Gottes, des Vaters aller Menschen, einen Völkergott, den Gott der Deutschen, der Weißen. Barth erinnert auch mit Recht daran, daß die Entdeckung des Volkes als einer „Schöpfungsordnung" Gottes eine unverhältnismäßig junge theologische Novität sei. Noch die großen theologischen Nachschlagewerke vor 1914 (RGG, 1. Auflage, Protestantische Realenzyklopädie) kennen sie ebensowenig wie *Albrecht Ritschl* oder die Ethiker der Ritschl-Schule (*Wilhelm Herrmann, Theodor Häring*). Auch kann man bei manchen Staaten fragen (z. B. USA, UdSSR, Schweiz), ob sie überhaupt ein eigenes Volk repräsentieren. Die Volksidee mit ihrem Chauvinismus entdeckte die Romantik am Anfang des 19. Jahrhunderts. In den Befreiungskriegen wurde „Nation" zum ideenpolitischen Begriff. *Herder* redete zuerst vom „Volksgeist": Das war freilich eine noch an der Menschheit orientierte Anschauung. Volk ist für Herder nur Durchgangsstufe zur Humanität. *Fichte* (8. Rede an die deutsche Nation) nennt dann das Volk eine besondere Entwicklung des Göttlichen: „Es ist Göttliches in ihm erschienen... es wird auch Göttliches aus ihm hervorbrechen". *Ernst Moritz Arndt* (1769—1860) lehrt den Stolz auf die Eigentümlichkeit des eigenen Volkes und den Haß auf das Fremde. „Auch das Christentum verdammt diese Lehre nicht, sondern je stolzer, fester und auf ihn selbst gegründeter ein Mann und ein Volk steht, desto einfältiger, frommer und christlicher werden sie sein".

Die religiöse Verherrlichung des Volkes ist freilich keine deutsche Eigentümlichkeit. Es gibt einen Panslawismus. *Dostojewski* schreibt in den „Dämonen": „Gott ist die synthetische Persönlichkeit eines ganzen Volkes von seinem Anfang

§ 1. Die Aporien einer „Theologie der Ordnungen"

bis zu seinem Ende ... Da es nur eine Wahrheit gibt, so kann auch nur ein einziges Volk den einzigen wahren Gott haben ... Das einzige Gott-trägervolk aber — das sind wir, das russische Volk".

Der Franzose *Leon Bloy* meinte in seinem Roman „Suer du sang" (Blutschweiß, 1914): „Frankreich ist in solchem Maße das erste unter den Völkern, daß alle anderen, welche es auch sein mögen, sich hochbeglückt fühlen müssen, wenn ihnen erlaubt wird, das Brot seiner Hündlein zu essen. Wenn dieses glücklich ist, ist der übrige Teil der Welt hinreichend glücklich, wenn er (der Rest der Welt) auch diese Glückseligkeit mit der Dienstbarkeit oder dem Verlöschen bezahlen muß. Wenn dieses aber leidet, dann ist es Gott, der leidet, der furchtbare Gott, der für die ganze Erde im Blutschweiß, Todesangst aushält". (Zit. nach Art. Volk, H. H. Schrey, ESL, 1956², 1090)

Solche völkische Theologie ist Hybris, Anmaßung und Frevel und ein Verstoß gegen die Menschenwürde. Die Ordnungstheologie wurde durch das Bündnis mit der Volkstumsideologie zutiefst diskreditiert. Die Volkstumsideologie war freilich Geschichtsideologie. *Paul Althaus* beschwor die „Gratia historica", die „deutsche Stunde" der Kirche. Weil Ordnungstheologie, wie bei Althaus, sich mit romantischer Geschichtsdeutung verband, geriet der Begriff „Ordnung" überhaupt in Mißkredit.

Wenn *Karl Barth* diese zutiefst problematischen Aspekte der Ordnungstheologie deutlich erkannte, zog er selbst allerdings eine weitreichende — und durchaus ebenfalls kritisch zu erörternde! — Konsequenz: Seine Ethik orientiert sich *einseitig* an der Personalität des Menschen und blendet institutionelle Gegebenheiten weitgehend aus. Karl Barth lehnt eine selbständige Schöpfungslehre ab. Nur durch die Versöhnung, die Christologie ist ein Zugang auch zur Schöpfung möglich. Darum kann es auch keine selbständigen Schöpfungsordnungen neben dem göttlichen Gebieten im Wort geben (KD III, 4, S. 20—24). Dennoch räumt auch K. Barth ein:

„Wenn Gott und Mensch sich begegnen, so wie es in Gottes Wort offenbar ist, dann werden bestimmte Bereiche und Verhältnisse sichtbar, in denen diese Begegnung stattfindet ... Man könnte diese (Bereiche und Verhältnisse) wohl auch Ordnungen nennen. Aber das Mißverständnis, als ob sie doch auch so etwas wie Gesetze, Vorschriften, Imperative seien, müßte dann ganz ausgeschaltet bleiben. Sie sind Bezirke, in welchen Gott gebietet und in welchen der Mensch gehorsam oder ungehorsam ist, nicht aber Gesetze, gemäß welchen Gott gebietet und der Mensch gut oder böse handelt" (KD III, 4, S. 31).

Barth kennt also Ordnungen als *Phänomene*; er nennt sie die „Horizontale" (neben der Vertikalen des göttlichen Gebietens), und zwar im Sinne der „Stetigkeit, Kontinuität und Konstanz des göttlichen Gebietens und des menschlichen Handelns" (III, 4,19). Das Substantiv „Konstante" vermeidet Barth freilich. Er spricht nur recht unbestimmt von einer „Konstanz der Horizontalen". Die Konstanten sind ferner keine Imperative: Nach Barth gibt es keine Ordnungen, die einen ethischen Anspruch neben und außerhalb des Gebotes Gottes erheben könnten. Sie beschreiben nur einen Raum, einen Bereich, in welchem Gottes gebietendes Wort ergeht. Schöpfungsordnung heißt dann „die Ordnung, das heißt der besondere Bereich göttlichen Gebietens und menschlichen Handelns, in welchem hier der dem Menschen in Jesus Christus gnädige Gott auch als Schöpfer gebietet, und dort der Mensch, dem Gott in Jesus Christus gnädig ist, auch als sein Geschöpf vor ihm steht und durch sein Gebot geheiligt und befreit werden soll" (III, 4, S. 49). Diese Erkenntnis der Schöpfungsordnung als Bereich des Gebietens Gottes ist nur in Jesus Christus (noetisch) möglich; aber (ontisch) besteht dieser Bereich auch außerhalb dieser Erkenntnis.

Barth stellt vier Elemente der Konstanten, „Horizontalen" in seiner Ethik vor (KD III, 4):

(1) „Freiheit vor Gott" (das Leben in Verantwortung vor Gott),
(2) „Freiheit in der Gemeinschaft" (die Mitmenschlichkeit, mit dem Sonderfall: Ehe),
(3) „Freiheit zum Leben" — das Lebensrecht der ganzen einheitlich leibseelischen Person,
(4) „Freiheit in der Beschränkung" — die Befristung des Lebens durch den Tod.

Bemerkenswerterweise sind diese Konstanten Grundelemente des Personseins, aber keine überindividuellen Ordnungen. Barth denkt — ähnlich wie Bultmann — ausschließlich personzentriert. Daraus folgt eine Fremdheit gegenüber dem Phänomen der Institutionen!

Dazu kommt die Schwierigkeit, mit Hilfe seines Prinzips der analogia fidei sozialethische Strukturen zu ermitteln.

Das Defizit der Barth'schen Theologie im Blick auf Ordnungen, Institutionen zeigt sich also daran, daß er zwar das Phänomen der Konstanten, Horizontalen nicht leugnen kann, es aber nicht vermag, dieses Phänomen auf den Begriff zu bringen und theologisch oder ethisch zu interpretieren. Solche begriffliche Schwäche ist Indiz für eine Aporie der Barth'schen Theologie. Man kann von Institutionenblindheit sprechen. Es bleibt die Frage offen: Gibt es soziale Strukturen, Gegebenheiten, die zum Menschsein gehören und auch außerhalb des Evangeliums in ihrer Bedeutung für das Menschsein erkennbar sind?

(b) *Dietrich Bonhoeffer*. Bonhoeffer teilt Barths Kritik an der Offenbarungslehre der Ordnungstheologie. Er hat freilich (1932) gelegentlich selbst den Begriff „Erhaltungsordnungen" benutzt. Später spricht er nicht von Ordnung, sondern schlägt den Begriff *„Mandat"* vor (Ethik, 1949, S. 70—74; 222—226). Der Mandatsbegriff wird christologisch begründet:

„Unter ‚Mandat' verstehen wir den konkreten in der Christusoffenbarung begründeten und durch die Schrift bezeugten göttlichen Auftrag, die Ermächtigung und Legitimierung zur Ausrichtung eines bestimmten göttlichen Gebots, die Verleihung göttlicher Autorität an eine irdische Instanz" (S. 222 f.).

Für die exegetische Begründung wird auf Kol. 1,16 verwiesen. Die Kosmokratorchristologie bekennt: der Kosmos, alles Geschaffene ist durch Christus und auf Christus hin geschaffen und hat seinen Bestand allein in Christus. Der Mandatsbegriff soll die Beziehung der Welt auf Christus herausstellen. Christliche Verantwortung in der Welt „besteht in der Ausrichtung der konkreten Gestalt der göttlichen Mandate auf ihren Ursprung, ihren Bestand und ihr Ziel in Jesus Christus" (S. 71).

Das Wort Mandat soll folglich an die Stelle folgender Begriffe treten: „Ordnung" (dieses Wort betont zu sehr die Zuständigkeit); „Stand" (der Begriff ist heute unverständlich). Das Wort „Amt" ist profanisiert worden und wird zu sehr institutionell-bürokratisch verstanden.

Daher prägt Bonhoeffer den neuen Begriff „Mandat". Der Mandatsbegriff soll den Bezug auf den Mandatar, den Auftraggeber unterstreichen. Konkret: Christus als Kosmokrator ist Mandatar. Bonhoeffer nennt vier Mandate: Arbeit, Ehe, Obrigkeit, Kirche (S. 70). Dabei differenziert Bonhoeffer zwischen dem faktischen Gegebensein der Mandate und ihrer konkreten Gestaltung in der Geschichte (70). Die Geschichtlichkeit ist also bei der Verwirklichung der Mandate zu beachten.

Sodann betont er, daß die Mandate nur in ihrem Miteinander und Füreinander, im Zusammenwirken, also gemeinsam göttliche Mandate sind (S. 222): Sie sind aufeinander bezogen.

Bonhoeffers Ausführungen zu den Mandaten sind jedoch aphoristisch und fragmentarisch. Manche Theologen sahen in Bonhoeffers Mandatsschrift gleichwohl die Lösung des Ansatzes des sozialethischen Problems.

(Vgl. z. B. *J. Weißbach*, Christologie und Ethik bei Dietrich Bonhoeffer, ThExh NF 131, 1966; *Jürgen Moltmann*, Herrschaft Christi und soziale Wirklichkeit nach D. Bonhoeffer, ThExh NF 71, 1959; seit der „Theologie der Hoffnung" vertritt Moltmann freilich einen anderen Ansatz).

Es gibt freilich auch hier einige schwerwiegende Einwände:

(1) Problematisch ist die Zuordnung der Mandate zum regnum Christi. Die Kosmokratorchristologie des Kolosserbriefes ist nur auf dem Hintergrund der Gnosis zu verstehen und recht spekulativ angelegt. Die exegetische Basis ist also zu prüfen.

Sodann: Die Kirche gehört zwar nach dem Neuen Testament in explizit christologische Zusammenhänge; sie ist Leib Christi. Aber die Mandate Arbeit, Ehe, Obrigkeit sind gerade nicht nur christologisch zu verstehen und zu legitimieren.

(2) Der phänomenologische Einwand fragt: Warum werden gerade diese drei weltlichen Mandate (und nicht z. B. auch das „Eigentum") neben dem geistlichen Mandat der Kirche genannt? Wie ist die Auswahl sachlich zu begründen?

Warum kann man die Kirche überhaupt als Mandat bezeichnen: Ist sie Mandat als Organisation, Institution? Als communio sanctorum, fidelium, als Glaubensgemeinschaft kann sie doch schlecht Mandat sein; hier gilt: credo ecclesiam. Also: Der Mandatsbegriff deckt die konkreten Phänomene nicht.

(3) Grundsätzlich ist zu erwägen: Empfiehlt es sich überhaupt, einen eigenen, besonderen theologischen Begriff wie Mandat zu prägen; warum schließt man sich nicht dem allgemeinen, beispielsweise einem sozialwissenschaftlichen Sprachgebrauch an? Bedarf die christliche Ethik einer eigenen theologischen oder christlichen Sprache? Es ist dies das hermeneutische und sprachliche Problem! Warum soll man nicht einen allgemeinüblichen Begriff verwenden?

In Bonhoeffers theologischer Entwicklung löst außerdem das Wort Mandat den Begriff „Kollektivperson" ab, mit dem er in seiner Dissertation „Sanctorum communio" die Kirche als überindividuelle Persongemeinschaft bezeichnet hatte. Der Begriff „Kollektivperson" stammt von Bonhoeffers Lehrer *Reinhold Seeberg* und soll das bezeichnen, was *Hegel* „objektiven Geist" nannte: nämlich überindividuelles Gebilde. Bonhoeffer hat den institutionellen Aspekt in der Bedeutung für die Sozialethik richtig erkannt. Fragwürdig ist freilich (a) der Begriff des Mandats als solcher und (b) dessen christologische Begründung.

4. Zur Beurteilung der Ordnungstheologie

Der Überblick über eine am Begriff der Ordnung orientierte Sozialethik und die Versuche, diesen Begriff zu vermeiden oder zu ersetzen, enden aporetisch. Das Phänomen der Ordnungen ist sicherlich auch theologisch wichtig. Aber es ist nicht unmittelbar mit dem Evangelium,

§ 1. Die Aporien einer „Theologie der Ordnungen" 303

dem Kerygma, der Heilsbotschaft zu verbinden. Eine exegetische Neubesinnung auf den Ordnungsgedanken brachte die alttestamentliche Erforschung der Weisheit (vgl. z. B. *Gerhard von Rad*, Weisheit in Israel, 1970). Neben der Soteriologie, dem Zeugnis vom Heilsgeschehen (Exodus, Rettung) kennt schon Israel eine kosmische Weltordnung. Die weisheitliche Ordnung sei „die Konstante in der Geschichte" (G. v. Rad, S. 368). In der Wirrnis des Einmaligen, Kontingenten gibt es auch Gleichbleibendes, das sich Wiederholende, nämlich Grundstrukturen, Grundgegebenheiten des Menschseins.

Darauf macht auf ihre Art und Weise eine Ordnungstheologie aufmerksam. Problematisch ist die Gefahr der Statik, des Konservatismus. Es entsteht eine „Stiftungsmetaphysik" (*W. D. Marsch*), welche die Ordnung ideologisch überhöht. Evangelische Ethik kann aber andererseits nicht „reine" Situationsethik sein. Es gilt, Grundgegebenheiten, Grundbeziehungen des Menschseins zu berücksichtigen. Diese bestehen auch vor und außerhalb der Heilsoffenbarung. So ist faktisch die Staatlichkeit oder eine Ordnung des Rechts vorhanden. Dabei ist die konkrete Staatsform ebensowenig wie die konkrete Gestalt von Ehe und Familie oder die Ordnung der Wirtschaft im einzelnen durch Offenbarung festgelegt.

Ethisch ist jedoch herauszustellen, daß solche Ordnungen eine Nichtbeliebigkeit von Entscheidungen bedingen: Die Grundvoraussetzungen menschlichen Zusammenlebens sind vorgegeben. Überindividuelle Vorgaben (Strukturen, Institutionen) sind als solche unbeliebig, in der einzelnen jeweiligen Ausformung allerdings geschichtlich variabel. Sie sind ferner Christen und Nichtchristen gleicherweise vorgegeben; und sie fordern Beachtung (vgl. das Thema der Eigengesetzlichkeit). Verwiesen sei auf die Eigentumsordnung; eine Institutsgarantie des Eigentums (nicht des konkreten Besitzes) ist erforderlich um der Rechtssicherheit willen. Oder man kann die Wirtschaftsordnung, etwa die Ordnungsprinzipien einer Marktwirtschaft nennen. Eine Rechtsordnung schafft geregelte Rechtsbeziehungen zwischen Menschen.

Die Gestalt der Ordnungen ändert sich. Ein Verzicht auf jede Ordnung führt aber zu Rechtsunsicherheit, zu Anarchie. *Johannes XXIII.* formulierte in „Mater et magistra": „Pax est tranquillitas ordinis". Echte Ordnung bedarf freilich der Annahme, des Konsens seitens der Beteiligten und Betroffenen.

§ 2. Institutionentheorien

Anstatt von Ordnungen wird neuerdings von Institutionen gesprochen. Das Wort Institution ist abgeleitet von institutio, „Einrichtung". Der Institutionenbegriff ist von der Kulturanthropologie geprägt (z. B. B. *Malinowski*, 1884—1942). Ausgangspunkt ist die Frage nach „Grundbedürfnissen", den „basic needs" von Menschen. Vor allem *Arnold Gehlen* (1904—1976) hat den Institutionenbegriff formuliert. Institutionen gestalten die Kultur als zweite Natur des Menschen. Sie sind auf Dauer gestellte Einrichtungen, die als solche eine kontinuierliche Bedürfnisbefriedigung gewährleisten, und sie sind von Tradition geprägt. Institutionen — gedacht sei beispielsweise an Rechtsstaat oder Monogamie — sind keine bloß rationalen Konstrukte, sondern von Erfahrung und Geschichte bestimmte Strukturen.

Der Begriff Institution wird freilich recht unterschiedlich verstanden. Wegen der Vielfältigkeit des Sprachgebrauchs ist von Institutionentheorien (im Plural) zu reden. Es gibt zumindest drei Auffassungen von Institution: (1.) eine soziologische, (2.) eine juristische, (3.) eine rechtstheologische.

1. Die unterschiedlichen Theorien

1.1 Soziologisch

Erstmals wird in der Soziologie der Institutionenbegriff thematisch bei *Emile Durkheim* (1858—1917), nach welchem der Soziologie die Aufgabe zufällt, die sozialen Institutionen, die sozialen Tatsachen (faits sociaux) zu analysieren. Heute ist wirkungsgeschichtlich die Formulierung der Institutionentheorie durch *Arnold Gehlen* und *Helmut Schelsky* bedeutsam.

(A. Gehlen, Mensch und Institutionen, in: Anthropologische Forschung rde. 138, 1961, S. 69—77; ders., Urmensch und Spätkultur, 1956. H. Schelsky, Über die Stabilität von Institutionen, besonders Verfassungen, in: Auf der Suche nach Wirklichkeit, 1974, Taschenbuch 1979, S. 38 ff.; ders., Ist die Dauerreflexion institutionalisierbar? Zum Thema einer modernen Religionssoziologie (1957), 1979, S. 268 ff. Vgl. ferner: Art. Institution, TRE 16, 1987, S. 206—220 (*H. E. Tödt*).

§ 2. Institutionentheorien 305

Institutionen sind demzufolge soziale Einrichtungen. *Hegel* faßt sie unter das Stichwort „objektiver Geist"; darunter versteht er Recht, Sitte, Familie, Staat. Gehlen und Schelsky gehen freilich nicht wie Hegel vom „Geist" aus, sondern von der biologischen Konstitution des Menschen: Das führt sie zur Untersuchung stereotyper Modelle menschlicher Verhaltensfiguren, eben der Institutionen. Das Verständnis von Institutionen wird also im Rahmen einer anthropologischen Verhaltenslehre entwickelt. Der Mensch ist ein weltoffenes Wesen. Seine Weltoffenheit hat aber zur Kehrseite „die Reduktion und Verunsicherung des Instinktlebens, die Plastizität und Flüssigkeit auch der Instinktqualitäten" (Gehlen, S. 70): Der Preis für die Weltoffenheit ist eine Instinktunsicherheit. Angesichts dieser Instinktunsicherheit bilden Institutionen wie Ehe oder Eigentum ein überpersönlich vorgefundenes Muster der Entlastung. Institutionen bieten Halt wie ein „Geländer". „Solche kulturellen Verhaltensmuster oder Institutionen bedeuten für das Individuum eine Entlastung von allzu vielen Entscheidungen, einen Wegweiser durch die Fülle von Eindrücken und Reizen, von denen der weltoffene Mensch überflutet wird" (S. 71).

Wenn Institutionen den Menschen bei der Bewältigung lebenswichtiger Aufgaben oder Anlässe entlasten, wirken sie gerade als verfestigte Verhaltensmuster stabilisierend. Durch diese Leistung einer lebenswichtigen Entlastung setzen sie Energien frei, welche in kulturelle und geistige Aktivitäten umgesetzt werden können. Eine Sprengung oder Erschütterung von Institutionen — z. B. in geschichtlichen Katastrophen, Revolutionen, Zusammenbrüchen des Staates — hat bei den betroffenen Menschen eine fundamentale Verunsicherung zur Folge.

Die Desorientierung betrifft einmal die geistigen und moralischen Maßstäbe, Normen; es kommt zu einer Normenkrise. Die Verunsicherung äußert sich zum anderen in der affektiven Verarbeitung der Unsicherheit als Trotz oder Angst oder Reizbarkeit. Denn durch den Zerfall der Institutionen wird wieder das subjektive Verhalten, die Entscheidungen des Einzelnen freigesetzt und beliebig. Institutionen nehmen dem Einzelnen nicht mehr seine Entscheidung ab, zeichnen sie nicht mehr vor.

Auch für die Mobilität und Überzeugungskraft von *Ideen* spielen Institutionen eine fundamentale Rolle. Gehlen weist darauf hin, daß Ideensysteme die Zeit nur überdauern können, wenn sie in Institutionen inkorporiert sind. So gibt es ohne das stabile Gefüge von Rechtsinstitutionen (Gerichten, Verwaltungsbehörden, Rechtsausschüssen der Parlamente, Rechtsabteilungen der Industriefirmen) keine dauernde Pflege des Rechts. Das bloße Rechtsgefühl — ohne Rechtsinstitutionen — ist „eine unzuverlässige, bloß affektive und ausdrucksarme Instanz" (76).

Oder: Ohne Kirche wäre das Christentum als religiöse Bewegung längst Vergangenheit; ohne kommunistische Partei wäre auch der Marxismus eine längst vergessene Idee wie der Proudhonismus. Ohne Kunstmarkt werden Kunstwerke nicht der Öffentlichkeit vermittelt. Institutionen erst gewährleisten Stabilisierung von Ideen. *Hegels* These von der „Selbstbewegung der Idee" ist allerdings wirklichkeitsfremd. Die eigentliche Leistung von Institutionen ist nach Gehlens Theorie *Entlastung* und *Stabilisierung*. Er argumentiert von der empirischen Anthropologie her. Institutionalität ist ein menschliches Grundfaktum. Aber der Mensch hat für diese Entlastung durch Institutionen durchaus einen Preis zu zahlen, den Preis der Entfremdung: So ergibt sich z. B. ein Zwiespalt zwischen der Idee der Gerechtigkeit und der positiven Rechtspraxis der Rechtsinstitutionen. Die Geistlosigkeit der Kirche ist ein weiteres Beispiel; oder die Unfähigkeit zum dialektischen Denken in marxistischen Parteien, im institutionellen Marxismus; oder das ästhetische Desinteresse des Kunstmarkts.

Hier wird die Spannung zwischen Institution und Idee offenkundig.

Außerdem sind Institutionen nicht nur Inkorporation, Verkörperung von Ideen, sondern Kodifikationen von Machtverhältnissen und Interessen.

Die Ambivalenz von soziologisch verstandenen Institutionen ist damit unübersehbar: Einerseits erfüllen soziale Institutionen gegenüber der menschlichen Antriebsstruktur drei Funktionen:

„1. Sie (die Institution) befriedigt einen Minimalanspruch vitaler, biologisch determinierter Grundbedürfnisse;
2. sie *ist* die von Menschen selbst geschaffene und selbst aufrechterhaltene Dauerbefriedigung künstlicher, abgeleiteter Bedürfnisse;
3. sie wirkt als Versachlichung von eigenem Wirklichkeitsgehalt führend und formend auf die abgeleiteten und darüber hinaus auf die vitalen Bedürfnisse zurück" (Schelsky, 1979, S. 44).

Andererseits: Stabilisierung besagt auch Minimalisierung der Ansprüche, Trivialisierung der Bedürfnisbefriedigung.

„Institutionalisierung ist ... eine Stabilisierung von Verhaltensweisen als Trivialisierung und Banalisierung, und umgekehrt bildet erst ein Verhalten, das diesen Zustand erreicht hat, die Grundlage für neue stabile Institutionen" (289).

Nur Handlungen, die „selbstverständlich" sind, können institutionell gesteuert, befriedigt werden. Nur eine Orientierung von Ansprüchen der Institutionen am Normalverhalten, am Durchschnittsmenschen, macht eine Affektentlastung möglich.

Max Weber sprach bereits von der „Veralltäglichung des Charismas" in der Kirchenbildung. Man kennt die Trivialität der bürgerlichen Ehe. Bekannt sind auch der Einfluß der Abonnenten, des Durchschnittsgeschmacks auf den Spielplan eines Theaters, einer Konzertdirektion. Schöpferisches Handeln, schöpferische Leistung kann man gerade nicht institutionalisieren. Sie sprengen einen institutionellen Rahmen, werden deswegen oft als „revolutionär" erfahren.

Die notwendige Banalisierung und Trivialisierung von Bedürfniserfüllung in Institutionen macht diese zu Gebilden, deren Härte und Unbeweglichkeit kreatives Denken und Handeln hemmt. In Institutionen wird zugleich die Entfremdungserfahrung gemacht. Soweit die kulturanthropologische Argumentation.

Kritik wurde an der Gehlen/Schelsky'schen Institutionentheorie aus folgenden Gründen geübt: (a) Die Institutionentheorie kann zur restaurativen Kulturkritik werden. (b) *Günter Rohrmoser* (Stillstand der Dialektik, Marxismusstudien 5, 1964, S. 49—58) stellt kritisch fest: Gehlen negiere das Subjektsein des Menschen; für ihn sollen die Institutionen das Individuum „konsumieren". Der Mensch wird nachgerade zynisch von den Institutionen vereinnahmt: Institutionen legitimieren sich selbst als Entfremdungsmechanismen. Institutionen ist nämlich — so Gehlen — eo ipso der Vorrang vor der Freiheit, dem Subjektsein des Individuums einzuräumen. Sie werden zu einem eigenen Überbau.

Als Institutionentheorie wird in der Soziologie auch die *„strukturell-funktionale Theorie"* von *Talcott Parsons* oder die v. a. durch *Ralf Dahrendorf* verbreitete Rollentheorie bezeichnet. Die *Rollentheorie* charakterisiert nämlich eine Rolle als institutionelle Position, einen „Status". Dem Status entsprechen bestimmte Rollenerwartungen, ein Anspruch von Verhaltensnormen (z. B. Beamte und gesellschaftliche Erwartungen an einen Beamten). Dazu kommen „Sanktionen" bei Nichterfüllung von Rollenerwartungen. Soziale Beziehungen werden somit formuliert als Rollenbeziehungen. Auch die Rollentheorie sucht zu erklären, wie gesellschaftliche Wert- und Normvorstellungen in einem „Sozialisierungsprozeß" entstehen, führt aber die Nötigung, einen Sozialisierungsprozeß wahrzunehmen, nicht zurück auf die konstitutionelle Weltoffenheit des Menschen. Die Rollentheorie beschreibt nur deskriptiv den Prozeß der „Vermittlung" zwischen Individuum und Gesellschaft.

Institutionen sind also „gesellschaftliche Universalien"; sie haben „lebenswichtige Bedeutung". *Offene Fragen* sind bislang (a) die Legitimation von Institutionen (was legitimiert Eigentum, Staatsgewalt?), (b) die geschichtliche Wandelbarkeit, Wandlungsfähigkeit: Müssen Institutionen zu „Gehäusen der Hörigkeit" werden, zur „totalen" Institution führen, die den Menschen vollständig vereinnahmt (z. B. Gefängnisse, Intensivstation im Krankenhaus, Parteibindung — auch Kirchen: „Ein Christ ist immer im Dienst")?

1.2 Der juristische Institutionenbegriff

Die juristische Verwendung des Wortes Institution ist älter als die soziologische. Unter der Überschrift „Institutionen des römischen Rechts" werden Grundfiguren der Rechtsordnung (Untersuchungsverfahren, Prozeßarten etc.) behandelt. Der als Jurist ausgebildete *Johannes Calvin* betitelte sein Hauptwerk „Institutio religionis christianae"! (Institutio = Unterricht, Einrichtung).

Eingeführt wurde der Institutionenbegriff in die neuere Staats- und Verfassungslehre in Frankreich (*L. Duguit*, 1859—1929; *M. Haurriou*, 1856—1920): Im Gegensatz zu metaphysischen Ordnungstheorien wird der Staat nicht als göttliche oder naturrechtliche Ordnung verstanden, sondern als Integrationszentrum des Gesellschaftsprozesses. In Deutschland entstand in den 20er Jahren eine dynamische Staatslehre, welche der französischen Institutionentheorie nahesteht. *Hermann Heller* begriff den Staat als „organisierte Handlungs- und Wirkungseinheit". *Rudolf Smend* interpretierte den Staat als „Prozeß ständiger Erneuerung" durch Integration seitens der Bürger und gesellschaftlicher Gruppen (sog. Integrationstheorie). Ein institutionelles Rechtsdenken macht die Verfassungslehre anpassungsfähiger an die politischen und gesellschaftlichen Wandlungen, als dies eine zeitlose, metaphysische Ordnungstheorie vermag.

Wenn diese Integrationstheorie aber nicht zugleich von einer kritischen politischen Theorie begleitet wird, so führt auch sie zur Anpassung an bestehende Verhältnisse. Man fragt dann nicht nach dem „richtigen" Recht, sondern nur nach dem faktisch „geltenden" Recht.

Der Unterschied zwischen soziologischer und juristischer Institutionenlehre läßt sich so kennzeichnen: Die soziologische Theorie fragt nach Verhaltensweisen und sozialen Einrichtungen in ihrer Bedeutung für den Menschen als gesellschaftliches Wesen; die juristische Theorie fragt nach der Geltung rechtlicher Normen, nach ihrem Geltungsgrund in Verfassungs- und Staatswirklichkeit. Bislang gibt es keine überzeugende Vermittlung beider Fragestellungen.

Die Sachlage wird noch komplizierter, wenn man die 3. Fragestellung hinzunimmt, eine Theologie des Rechts.

1.3 Der rechtstheologische Institutionenbegriff

Im theologischen Sprachgebrauch steht man vor einer nahezu babylonischen Begriffsverwirrung.

Der Gegenbegriff zu Institution war z. B. „Ereignis": vgl. *J. J. Leuba*, Institution und Ereignis, 1957. Leuba stellt das institutionelle Denken des Katholizismus als Polarität dem Ereignishaften des Protestantismus gegenüber.

Es wird hier nur auf die Diskussion des Institutionenbegriffs seit 1949 (bis ca. 1961) im Göttinger Rechtsgespräch Bezug genommen (zuletzt dann in Heidelberg an der Forschungsstätte der Evangelischen Studiengemeinschaft). Anlaß des Gesprächs war zunächst einmal

(a) die Erfahrung der Rechtsfremdheit des Protestantismus im Kirchenkampf. Es ging um die Frage des „Rechts" im Kirchenrecht. Man spricht von einer „Rechtstheologie" und erörtert die Frage: Wie ist Recht theologisch zu begründen? Ist Recht nur faktisch gesetzte, positivierte Macht?

(b) Dazu kommt die Einsicht in das Ungenügen des Ordnungsbegriffs.

Parallel liefen Arbeiten am Familienrecht (in der Eherechtskommission der EKD). Hier zeigten sich konkret Mängel und Unzulänglichkeiten des ordnungstheologischen Ansatzes, nämlich die mangelnde Offenheit für den sozialen Wandel der Familienstruktur.

Gleichzeitig gibt es eine ökumenische Naturrechtsdiskussion. Manche Fragestellungen waren freilich Scheinfragen, z. B. die Alternative von christologischer oder trinitarischer Begründung des Rechts. Die Hauptfrage ist nämlich nicht: Ist Jesus Christus allein oder ist der dreieinige Gott Schöpfer, Stifter des Rechts, sondern es ist grundsätzlicher zu fragen: Ist das Recht überhaupt eine *göttliche* Stiftung, Setzung, oder ist es nur *menschliche* Einrichtung, eine zweckgebundene, pragmatische, damit am Nutzen zu messende Einrichtung (z. B. zur Verhinderung von Sozialschädlichkeit)?

Die Ansicht war 1956: Institutionen sind „Stiftungen" Gottes. Der Erkenntnisgrund ihres Stiftungscharakters — nicht ihres Vorhandenseins als solchen! — ist die Offenbarung der Bibel (im AT und NT). Institutionen sind freilich sowohl ontologisch wie theologisch zu verstehen. *Ontologisch* heißt: als Wirklichkeit, *theologisch*: als Stiftung durch das Wort, „wenn anders die Theologie des geschehenden Wortes mit der theologischen Ontologie identisch ist". Man postulierte deshalb eine Ontologie des aktualen Wortes Gottes. Daraus folgte: Eine Erkenntnis der Institutionen gibt es keinesfalls „mittels einer Analytik ihrer phänomenalen Strukturen" aus sich selbst heraus, sondern allein durch den Glauben aus dem stiftenden Wort Gottes. Institutionen sind freilich auch nicht abstrakt ableitbar aus einem theoretischen Prinzip, sondern in ihrer Geschichtlichkeit nur „im" Raum phänomenaler Wirklichkeit zu erkennen. Die zusammenfassende Definition lautet:

a) Institutionen sind Ausdruck typischer Beziehungsformen, die weitgehend gestaltungsfähig, aber im Grundriß vorgegeben sind.
b) Die Verwirklichung bedarf eines Aktes der Annahme. Dieser Akt hat Entscheidungscharakter und ist als solcher eine Hingabe. Durch den Vollzug von Annahme und Hingabe werden Institutionen nicht erst geschaffen.
c) Die Institutionen sind in ihrem Grundriß unverfügbar. Sie können zwar beschrieben und in Einzelheiten ausgestaltet, aber nicht abschließend definiert werden.
d) Die Institutionen beziehen sich auf diejenigen Grundverhältnisse menschlichen Daseins, die den höchsten Grund der Existenzialität besitzen.
e) Die Wirklichkeit von Institutionen ist nicht nur ein Zustand, sondern ein Vorgang. Im Stiftungscharakter der Institutionen ist die Einheit von Zustand und Vorgang beschlossen. Der Versuch, beide Momente voneinander zu lösen, verfehlt den Tatbestand.
f) „Die Stiftung Gottes nimmt den Menschen in Verantwortung" (*Hans Dombois* (Hg.), Recht und Institution, 1956, S. 72).

Konkrete Anwendungen dieses Institutionenverständnisses sind: Eigentum (*Rolf Peter Calliess*, Eigentum als Institution, 1962), Grundrechte als Institution (*P. Häberle*, Die Wesensgehaltsgarantie des Art. 19 II GG, 1962), Kirche (*Hans Dombois*, Das Recht der Gnade, 1961), Ehe (*Dombois/Schumann*, Familienrechtsreform, 1955).

Auch diese Versuche einer Konkretion überzeugen nicht von der Stringenz des theologischen Institutionenbegriffs. Die Rechtstheologie behauptet eine strukturelle Einheit von Stiftung Gottes und Annahme durch den Menschen, actio dei und reactio hominis, die dann zu einem „status" führt. Es ist dies die formelhafte Trias: *actio dei, reactio hominis, status*. Die Intention dieser Formel ist, daß sowohl die geschichtliche Gestaltungsfähigkeit wie die Unverfügbarkeit der Institutionen in ihrem Grundriß (d. h. als menschliche Universalien) beachtet werden sollen.

Ungelöste Aporien dieses Institutionenverständnisses sind:

(a) Wie verhält sich theologische Erkenntnis der Institutionen allein aufgrund der heilsgeschichtlichen Offenbarung zu ihrer faktischen Vorfindlichkeit im phänomenalen Dasein? Es ist dies die Erkenntnisfrage.

(b) Unklar bleibt das Verhältnis der Institutionen als Stiftungen Gottes zur menschlichen Verwirklichung, zur „Annahme". Kann man von einer „Eigenständigkeit" der Institutionen sprechen oder geht es um „Gottesgesetzlichkeit"? Das Verhältnis von theologischer und anthropologischer Begründung ist strittig.

(c) Die Unterscheidung „derjenigen Grundverhältnisse menschlichen Daseins, die den höchsten Grad der Existentialität besitzen", von anderen Institutionen überzeugt nicht. Gibt es „Fundamentalinstitutionen" wie Ehe, Staat, und weniger wichtige Institutionen, abgeleitete Institutionen (z. B. Großbetrieb, Marktwirtschaft, Gewerkschaft)? Steht die Zahl der Institutionen fest? Gibt es eine Hierarchie von Institutionen?

2. *Institutionen in sozialethischer Sicht*

Eine sozialethische Theorie der Institutionen kann nicht rechtstheologisch, sondern nur anthropologisch argumentieren. Denn wo und wann hätte denn Gott Ehe und Staat überhaupt „gestiftet": im Paradies, am Sinai, in Kreuz und Auferstehung Christi? Möglich ist nur eine Herleitung aus der institutionellen Verfaßtheit des Menschseins. Der Mensch bedarf als Vernunft- und Sozialwesen der Kommunikation. Institutionen sind Mittel, Medien der Kommunikation und zugleich „concreata", „mitgestiftet" für den Menschen; sie sind kein Selbstzweck. Eine „Entschlüsselung" und Deutung von Institutionen mit Hilfe des Gottesgedankens ist allerdings sinnvoll, selbst wenn der Glaubenssatz einer ‚Stiftung' der Institutionen durch Gott nicht stringent zu belegen und aufzuweisen ist: Anthropologische Gegebenheiten können theologisch *interpretiert* werden, nämlich anhand der Grundsicht, welche die Bibel über das Verhältnis von Gott, Mensch und Welt aussagt.

Zu bedenken ist allerdings auch die *Ambivalenz* der Institutionen: Jeder Mensch unterliegt einem Zwang zur Kommunikation und will Freiheit *in* der Kommunikation. Eine Spannung zwischen Entlastung und Entfremdung ist also nicht zu übersehen. Die Entfremdung erfährt einen Verlust an Freiheit; Entfremdung entspricht der theologischen Dialektik von Schöpfung, Erhaltung der Welt und Sünde.

Gegen Gehlen ist somit geltend zu machen, daß der Mensch an Institutionen ein doppeltes Interesse hat: Er hat einmal
(a) ein Interesse an Selbsterhaltung, Bedürfniserfüllung, an Daseinsvorsorge durch Familie, Staat, also an Entlastung; aber auch
(b) ein Interesse an Freiheit, Selbstbestimmung und Selbstverwirklichung. Beide Interessen können legitimerweise ein gleiches Recht beanspruchen.

Das Thema „Herrschaft" und deren Korrelat „Freiheit" darf bei der Diskussion der Institutionen gerade nicht ausgeklammert werden — wie

Gehlen dies tut. Konkret folgt daraus: Erforderlich ist eine Unterscheidung von menschenwürdigen Institutionen, in denen der Mensch seine Identität, sein Subjektsein zu wahren vermag, und von unmenschlichen Mechanismen der Entfremdung.

Dieser anthropologische Bezug ermöglicht auch eine Unterscheidung von *Fundamentalinstitutionen* und *abgeleiteten Institutionen*. Fundamentalinstitutionen sind strukturell unentbehrlich: Genannt seien Familie (sie leistet in der Sprache der Verhaltensforschung Brutpflege), Arbeit, Eigentum, Wirtschaft (Lebensunterhalt), Staat (Schutz vor gesellschaftlicher Anarchie). Auch Fundamentalinstitutionen sind freilich geschichtlich wandlungsfähig. Dies ergibt sich aus einer Beachtung der historischen und phänomenologischen Vielfalt der Gestaltung der Institutionen. Die strikte Antithese einer „Ethik der Ordnung" (des Bewahrens) zu einer „Ethik der Veränderung" ist dadurch überholt. Vielmehr begreift Sozialethik aufgrund des Bezuges der Institutionen auf anthropologische Grundsachverhalte diese als gesellschaftliche Universalien. Das steht gerade nicht im Gegensatz zur Beachtung der Historizität, der Tradition von Normen und Institutionen; sie sind gestaltgewordene Erfahrung. Konkrete Institutionen sind in der Geschichte entstandene Artefakte, „Kunstgebilde", Konstrukte. Die strukturelle Institutionalität des Menschen und die geschichtliche Variabilität von Institutionen bilden keinen Gegensatz. Das Beziehungsgefüge an sich ist freilich eine strukturelle Gegebenheit.

Damit ist (gegen Barth) die Intention der „Theologie der Ordnung" aufgenommen, freilich in veränderter Form.

Wolf-Dieter Marsch (in: H. Schelsky, Zur Theorie der Institutionen, 1970, S. 127 ff.) hat gezeigt, wieso das Institutionengespräch in der EKD damals (1956) letztlich ohne konkretes Ergebnis blieb: Man kann nicht die Staatstheorie oder das Verständnis von Ehe oder von Eigentum aus *einer* übergreifenden Theorie der Institutionen ableiten. Das Modell der Institutionen war zunächst die Ehe (so auch bei *Ernst Wolf*: Er veranschaulicht das Gefälle von Stiftung Gottes — Annahme des Menschen am Vorgang Heirat, mit der Folge des Status: Ehestand). Dennoch bleibt die Aufgabe bestehen, menschliches Leben in institutionellen Bezügen zu bedenken. Als Beleg dafür seien die Sprache als Institution der Verständigung oder die Rechtsordnung genannt. Institutionen sind nicht beliebig verfügbar, frei manipulierbar. Sie haben eine das Leben „ordnende" Funktion, eine „Sinn"bedeutung. (Das wußte bereits die alttestamentliche Weisheit, wenn sie Konstanten menschlichen Lebens beschrieb).

Neuerdings ist das Verständnis für „Ordnungen" wieder größer. Die ökologische Krise macht deutlich: Über die Ordnung der *Natur* kann der Mensch nicht beliebig verfügen. Der Mensch sollte diese Ordnung, den Kreislauf der Natur, folglich kennen, wahren, achten. Damit bekommt im Blick auf die Ordnung der Umwelt der Schöpfungsgedanke neues Gewicht: Es gibt Ordnungen, Grundverhältnisse in Geschichte und Natur, die nicht aus der Kontingenz, Einmaligkeit des Heilsgeschehens, dem „Eph' hapax" des Christusgeschehens, dem „Einmal und ein-für-allemal" herzuleiten sind. Zu berücksichtigen sind Grundstrukturen menschlichen Lebens als Leben in einer Umwelt und als Leben in mitmenschlichen Bezügen, wie als Leben in einer Geschichte.

Die Ethik der Institutionen ist bei den einzelnen Themen (Ehe, Familie, Staat, Wirtschaft, Arbeit, Kultur, Natur) näher zu entfalten. Dabei ist sowohl der Sinnbezug der jeweiligen Institution wie die Problematik der geschichtlichen Institutionalisierung von menschlichen Grundgegebenheiten kritisch zu reflektieren. In jedem Fall sind die strukturellen Bedingungen des gesellschaftlichen Zusammenlebens von Menschen, die „Institutionen" sozialethisches Thema.

§ 3. Die sozialethische Grundfrage der Eigengesetzlichkeit

Institutionen stellen Sachanforderungen. Der Umgang mit Institutionen fordert zur Beachtung von Sachgesetzlichkeiten auf. Im äußersten Fall spricht man sogar von einem „Zwang". Damit stellt sich aufgrund des Eigengewichts von Institutionen und Strukturen das umstrittene sozialethische Thema der „Eigengesetzlichkeit": Wie sind ethische Forderungen, Postulate mit Sacherfordernissen zu vereinbaren? Verabsolutiert man die Forderung der Eigengesetzlichkeit, so wird Ethik schlechthin unmöglich. Wenn (angeblich) Sachzwang herrscht und *alle* Entscheidungen dadurch determiniert sind, dann sind ethische Wertungen ausgeschlossen.

Der *Begriff* Eigengesetzlichkeit stammt wohl aus der Sozialwissenschaft um 1916. Vermutlich hat ihn *Max Weber* geprägt: Die Sozialwissenschaft soll wirtschaftliche, soziale Gesetze erforschen. Sie bildet „Idealtypen", Modelle, deren Strukturen Gesetzmäßigkeiten erkennen lassen. Hier ist jedoch nicht der Begriffsgeschichte nachzugehen – so interessant und erhellend sie ist –, sondern es sind Problemaspekte zu erörtern.

1. Problemaspekte

Die Grundthese einer einseitig den Gesichtspunkt der Eigengesetzlichkeit vertretenden Position lautet: Einzelne Lebensgebiete, wie Wirtschaft, Politik, Kunst, unterstehen strikt „eigenen" Gesetzen und folgen ihrer immanenten Sachlogik; sie haben deswegen Autonomie.

(a) Gemeint sein kann damit die *Ablösung der Lebensgebiete* – z. B. Wirtschaft, Kultur, Politik – *von kirchlicher Bevormundung und christlicher Tradition*. Ein Beispiel ist der methodische Atheismus der Wissenschaft in der Aufklärung. In der Renaissance emanzipiert sich die Kunst von kirchlicher Zielsetzung. *Macchiavelli* lehrt in „Il principe" eine Eigengesetzlichkeit der Politik: Maßstab politischen Handelns ist die Staatsräson.

Ursprünglich beinhaltet dies eine Emanzipation der Gesellschaft und des Staates von klerikaler Bevormundung sowie eine Emanzipation von biblischer Normierung. Eigengesetzlichkeit fordert so gesehen eine Säkularisierung, säkulare Autonomie; eine christliche Politik, eine christli-

§ 3. Die sozialethische Grundfrage der Eigengesetzlichkeit

che Naturwissenschaft (kopernikanisches Weltbild) werden abgelehnt. Mit dieser These von der Eigengesetzlichkeit als Anerkennung der Säkularität steht allerdings die Frage nach der Leistungsfähigkeit und den Grenzen der Vernunft auf dem Prüfstand! Kritisch hat z. B. *Max Horkheimer* die Grenzen einer instrumentellen Vernunft erörtert, die nur der Sachlogik verpflichtet ist.

(Vgl. *Max Horkheimer*, Zur Kritik der instrumentellen Vernunft, 1967; *Jürgen Habermas*, Theorie und Praxis, 1971; ders., Erkenntnis und Interesse, 1973)

(b) Davon zu unterscheiden ist Eigengesetzlichkeit als *organisatorische Selbständigkeit*. Die einzelnen Lebensgebiete fordern ein Recht auf eigene Gestaltung und Entfaltung. Es soll z. B. keine Verzweckung der Kunst mit moralischen oder propagandistischen Absichten erfolgen (L'art pour l'art). Echte Wissenschaft soll sich allein an der Wahrheitsforschung und Wirklichkeitsbeobachtung ausrichten und sich nicht in den Dienst fremder Interessen (z. B. Politik, Technik, Militär) stellen. Wirtschaft hat sich an wirtschaftlichen Regeln zu orientieren (z. B. Markt, Rentabilität).

Eine solche Forderung nach Achtung der organisatorischen Selbständigkeit, nach Freiheit von Fremdbestimmung ist im Ansatz berechtigt. Fremdbestimmte Kunst und Wissenschaft verkümmern. Eine wirtschaftliche Regeln souverän mißachtende Wirtschaftsordnung stagniert und wird unproduktiv. Nur in einer totalitären Gesellschaft kann man zudem alle Lebensgebiete gleichschalten und zentral steuern und reglementieren wollen; nur ein Totalstaat kann die Eigengesetzlichkeit der Lebensgebiete souverän mißachten.

Allerdings darf diese Eigengesetzlichkeit der Lebensgebiete nur relativ sein. *Relativ* heißt: bezogen auf den übergreifenden Zusammenhang, auf das Gemeinwohl. Probleme ergeben sich freilich bei der Abgrenzung der einzelnen Lebensgebiete (z. B. Staat und Wirtschaft). Die Gefahr der Hypertrophie eines Lebensbereiches über alle anderen droht etwa nach dem Grundsatz: Alles für die Wirtschaft. Einer Verabsolutierung eines Lebensgebietes auf Kosten anderer wie einer Isolierung von anderen Lebensgebieten ist zu wehren, z. B. mit Hilfe des Prinzips der Öffentlichkeit, durch Kontrolle, durch Machtbalance, durch Gewaltenteilung. Zu achten ist freilich das Recht *relativer* Selbständigkeit jedes Lebensgebietes, seine legitime Autonomie. Dies gilt auch für die Ethik. Auch sie soll nicht religiös oder ideologisch instrumentalisiert werden.

(c) Eigengesetzlichkeit kann auch als unentrinnbarer Zwang begriffen werden. Damit kommen wir zum eigentlich ethischen Problem. Dies ergibt sich aufgrund der *Bestreitung* jeder *Kompetenz der Ethik* für andere

Lebensgebiete. Es geht also um die Emanzipation der als eigengesetzlich verstandenen modernen Gesellschaft von der Ethik überhaupt. Politik, Wirtschaft, Wissenschaft, Technik haben demzufolge gar nichts mit Moral zu tun. Hier herrscht vielmehr „technischer Sachzwang".

(*Arnold Gehlen*, Studien zur Anthropologie und Soziologie, 1962, 1971^2; Moral und Hypermoral. Eine pluralistische Ethik, 1970^2, v. a. S. 95 ff. *Helmut Schelsky*, Der Mensch in der technischen Zivilisation, in: Auf der Suche nach der Wirklichkeit, 1965, S. 444 ff.; 452 ff.).

Technik ersetzt Ethik, Technokratie verdrängt Demokratie und Politik. Das technische oder wirtschaftliche Argument setze sich — so wird behauptet — wertfrei, automatisch, eigengesetzlich durch. Eine politische Steuerung der autonom gewordenen Systeme von Forschung, Technik, Ökonomie, Verwaltung usw. sei faktisch nicht mehr möglich.

(Vgl. zur Kritik: *Jürgen Habermas*, Technik und Wissenschaft als Ideologie, ed. suhrkamp 287, 1968, S. 115 f.).

Es bleibt freilich der Einwand: Wer setzt Prioritäten? Die These vom immanenten Sachzwang verfügbarer Technik verschleiert naturwüchsige Interessen und vorwissenschaftliche Dezisionen. Am Anfang von technischen Vorhaben stehen nämlich immer menschliche — und damit von der Ethik zu diskutierende! — Entscheidungen oder Fehlentscheidungen, z. B. zur Kernenergie, zur Bildungspolitik. Eine Berufung auf die bloße Eigengesetzlichkeit wird in diesem Fall zur Ideologie; sie soll eine Suche nach Alternativen abblocken. Man behauptet dann von Entwicklungen, die man nicht haben *will*, daß man sie nicht machen *könne*.

In diesem Sinne äußert sich die Denkschrift der EKD, „Aufgaben und Grenzen kirchlicher Äußerungen zu gesellschaftlichen Fragen", 1970, Nr. 25: „Oft wird das Argument der Sachgesetzlichkeit gerade dann von Praktikern in Politik und Wirtschaft als Vorwand gebraucht, wenn man das Gebotene und auch Mögliche unterläßt, weil man es in Wahrheit nicht will."

Es geht dann grundsätzlich um die Kompetenz der Ethik überhaupt. Diese Kompetenz ist aber nicht theologisch vorauszusetzen, sondern argumentativ zu gewinnen.

2. Neuere Positionen zur Eigengesetzlichkeit

Eine „Eigengesetzlichkeit der Politik" hat *Friedrich Naumann* vertreten („Briefe über Religion", 1903) — freilich noch ohne Verwendung des Begriffs Eigengesetzlichkeit:

§ 3. Die sozialethische Grundfrage der Eigengesetzlichkeit

„Neben dem Evangelium gilt es Forderungen der Macht und des Rechts, ohne die die menschliche Gesellschaft nicht existieren kann" (S. 66). „Einen Staat, der nicht das Knochengerüst des Militarismus hätte, gibt es nicht" (XXIV. Brief). „Wir konstruieren unser staatliches Haus nicht mit den Zedern vom Libanon, sondern mit den Bausteinen vom römischen Kapitol ... Deshalb fragen wir Jesus nicht, wenn es sich um Dinge handelt, die ins Gebiet der staatlichen und volkswirtschaftlichen Konstruktion gehören" (XXV. Brief).

In der Politik herrschen nach ihm die Kampfgesetze der Macht, in der Wirtschaft das Kampfgesetz des Konkurrenzprinzips: Es geht um das Überleben des Stärksten, wie es ein Sozialdarwinismus lehrt.

Max Weber vertrat die These einer ethischen Neutralität der Macht: Leben ist Kampf ums Dasein. Der Stärkere behauptet sich. Daraus folgt der Rückzug des Christentums auf Gesinnung und Innerlichkeit. Die „Welt" folgt ihren eigenen Gesetzen.

Diese These enthält zwei Aussagen: (Einmal): Christlicher Glaube verfügt über keine Normen, die unmittelbar auf Wirtschaft, Gesellschaft anwendbar wären. In dieser Hinsicht stimmen der Theologe Naumann und der Soziologe Weber überein. (Zum anderen): Die Ordnung der weltlichen Bereiche ist „eigengesetzlich" in dem Sinne, daß sie sich überhaupt ethischer Normierung entzieht. Eigengesetzlich heißt dann: ethisch wertfrei, also prinzipiell „amoralisch".

Dies ist eine sehr weitreichende und fragwürdige Aussage. Dahinter steht u. a. *Kants* Unterscheidung von Naturgesetz und Sittengesetz, von Natur und Ethos.

Kant meint, die Gesetzgebung durch Naturbegriffe sei nur theoretisch, d. h. eine Setzung praktischer Vernunft. In der Natur herrschen Zwang, Determination, Kausalität. Der Mensch ist folglich in der Sinnenwelt nicht frei, sondern Naturgesetzen unterworfen. Der Mensch ist nur im Bereich des Nicht-Sinnlichen, des Sittlichen frei. Diese Freiheit sittlichen Handelns ist ein Postulat der praktischen Vernunft („Du kannst, denn du sollst"). Die Naturgesetze sagen, was geschieht — und zwar in der Sinnenwelt (Kant: in der Welt der „Erscheinungen"). Das Sittengesetz sagt, was geschehen soll: es stellt Imperative auf.

Daran schließt sich die Frage an: Gehören Gesellschaft, Wirtschaft, Politik etc. zum Bereich naturgesetzlicher Kausalität oder unter den Imperativ des Sittengesetzes? Welcher Art sind hier „Gesetze"? Kant wollte zweifellos die Gesellschaft nicht dem Bereich des Naturgesetzes zuordnen (vgl. seinen „Entwurf zum ewigen Frieden"). Auch gesellschaftliches Handeln ist ihm zufolge nach Maßstäben des Sittengesetzes zu beurteilen. Aber dann stellt sich die Frage: Begrenzen nicht natürliche

Gesetze, technische Zwänge, objektive Gegebenheiten die Möglichkeit sittlichen Handelns? (Das ist der klassische Einwand gegen Kants Friedensschrift). Ist nicht jedes andere als naturgesetzliches Handeln Utopie?

3. Der geistesgeschichtliche Hintergrund der Fragestellung

„Eigengesetzlichkeit" ist eine moderne Begriffsprägung und als Problem erst durch die *Aufklärung* gestellt. Eigengesetzlichkeit ist vor allem ein *sozialwissenschaftlicher* Begriff: Die Gesellschaftstheorie beansprucht, genauso wissenschaftlich, objektiv zu sein wie die Naturwissenschaften.

Luther betonte zwar auch, das Evangelium lehre nicht, wie die Welt zu regieren, die Wirtschaft zu gestalten sei. Das müsse die Vernunft tun. Die Norm der Weltgestaltung ist aber für ihn das natürliche, vernünftige Gesetz. Daher haben auch die Heiden gute, vernünftige, also vorbildliche Staatsordnungen. Die Vernunft kann das Gesetz in seinem ersten Gebrauch (usus politicus, civilis legis) erkennen. Inbegriff natürlichen Gesetzes ist der Dekalog. Freilich macht Luther Einschränkungen.

Er unterscheidet „praecepta", Gebote, welche die Vernunft erkennen kann, und „promissa" (Verheißungen), die nur aufgrund der Christusoffenbarung zu erkennen sind. Das Evangelium hebt das „natürliche Recht" nicht auf, „sondern befestigt (es) als Gottes Ordnung und Geschöpf" (WA 50,633). Aber der möglichen Erkenntnis des Gesetzes entspricht nicht die Wirklichkeit: Die Gewissen, das helle Licht der Vernunft, sind beim Sünder verfinstert. Mose bringt deshalb den Dekalog als Erinnerung an das natürliche Gesetz. Auch Christus erinnert an das natürliche Gesetz (Mth. 7,12 — Goldene Regel). Letztlich wird von Luther das „Gesetz" im Bezug auf das Evangelium verstanden — wenngleich er die *eigenständige* Vernunftdimension des Gesetzes ebenfalls beachtet. Insbesondere meint „lex" bei Luther allerdings *ethisches* Gesetz und einen *Sollen*anspruch, nicht das naturwissenschaftliche Gesetz. Das „Natürliche" ist für ihn nicht an einer aufgeklärten Kausalität von Natur („naturwüchsig") orientiert, sondern an der Schöpfung. Darum gilt der Dekalog auch in Politik und Wirtschaft. Luthers Auffassung von Eigengesetzlichkeit ist noch nicht neuzeitlich!

Anders als der Zeitgenosse Luthers, *Nicolo Macchiavelli* (1469—1527, „Il principe"), hat Luther also nie einer reinen Eigengesetzlichkeit des Politischen gehuldigt. Auch die Staatsräson erlaubt Fürsten nicht, zu lügen, zu heucheln, zu morden, zu rauben, solange der Fürst nur Erfolg hat. Die moderne Auffassung von der schroffen, gar jeglichen ethischen Normen entzogenen Eigengesetzlichkeit von Politik und Wirtschaft entstammt nicht der Reformation, sondern der Renaissance. Die Leistung der Reformation ist es allerdings gewesen, eine Eigenständigkeit der Welt in dem Sinn zu betonen, daß der einseitige kirchliche Anspruch auf potestas directa oder indirecta in Staat und Gesellschaft bestritten wurde.

Diese Sicht der Welt hat die *katholische Kirche* erst im *II. Vaticanum* mit der Anerkennung der Autonomie der Gesellschaft und der Wissenschaften übernommen (Gaudium et spes Nr. 36). Das Konzil erklärt, es haben alle Einzelwirklichkeiten ihren „festen Eigenstand, ihre eigene Wahrheit, ihre eigene Gutheit, sowie ihre Eigengesetzlichkeit und ihre eigenen Ordnungen, die der Mensch unter Anerkennung der den einzelnen Wissenschaften und Techniken eigenen Methoden achten muß".

Unerläßliche Bedingung ist freilich, daß auf eine „wirklich wissenschaftliche Weise" und „gemäß den Normen der Sittlichkeit" vorgegangen wird; dann könne es auch keinen Konflikt zwischen Glaube und Wissenschaft geben — wie beim Fall „Galilei". 1633 zwang die Inquisition Galilei, dem kopernikanischen Weltbild abzuschwören. Das biblische Weltbild wurde gegen Gesetze der Natur ausgespielt.

Der Hinweis auf Luthers Verständnis einer *relativen* Eigengesetzlichkeit, das zwar den Klerikalismus ablehnt, aber gleichwohl ethische Normen für die Weltgestaltung als unabdingbar ansieht, lenkt den Blick auf die *Problematik* der neuzeitlichen Auffassung von Eigengesetzlichkeit. Politisch wird seit der Renaissance die Staatsraison zur einzigen Maxime politischen Handelns. Wirtschaftlich führt im 18. Jahrhundert die Eigengesetzlichkeit der Wirtschaft zur Herausbildung des kapitalistischen Wirtschaftsprinzips: Wirtschaft hat sich um Gewinn, Profitmaximierung um jeden Preis zu bemühen. Noch vor 200 Jahren konnte man für Geld eben nicht alles „kaufen" (z. B. keine Adelstitel!). Bei Luther bildete den Gegensatz zum Gesetz als allgemeinmenschlichem Phänomen das Evangelium. In der Neuzeit ist der Gegensatz zum Gesetz der Zufall, die Kontingenz. Maßstab dieses Gesetzesverständnisses ist die naturwissenschaftliche, physikalische Kausalität.

Die Zeit der Suche und Entdeckung sozialer, ökonomischer und politischer Gesetze wurde das 19. Jahrhundert, in welchem das naturwissenschaftliche Denken herrschte. *Auguste Comte* formulierte sein Dreistadiengesetz: Der soziale Fortschritt kommt gesetzmäßig, zwangsläufig. *Karl Marx* ging im „Vorwort zur Kritik der politischen Ökonomie" 1859 vom eigengesetzlichen Ablauf der Produktionsbedingungen und -verhältnisse aus. Auch der Sozialismus kommt naturgesetzlich. Die Verelendung des Proletariats, die Kapitalakkumulation sind unveränderbare Gesetze. Der Glaube an die Geschichtsgesetze bestimmte das 19. Jahrhundert. Eine positivistische, technokratische Argumentation ist Comte und Marx gemeinsam.

4. Zwischenüberlegung: Zur Bewertung der „Eigengesetzlichkeit" als sozialwissenschaftlicher Leitidee

Wie ist dieses Verständnis einer Eigengesetzlichkeit sozialer, gesellschaftlicher Abläufe erkenntniskritisch zu beurteilen? Der Gesetzesbegriff hat in den exakten Wissenschaften (Naturwissenschaften) und in den Wissenschaftem vom Menschen (Geschichts- und Sozialwissenschaften) jeweils einen verschiedenen Geltungsgrad und Sinn: Soziale und ökonomische Gesetze sind keine „natürlichen" Gesetze, sondern lediglich Feststellung konstanter Beziehungen zwischen beobachteten Erscheinungen. *Max Weber* (Wirtschaft und Gesellschaft, 1925, S. 9) bemerkt: „Die Gesetze, als welche man manche Lehrsätze der verstehenden Soziologie zu bezeichnen gewohnt ist, sind durch Beobachtung erhärtete, typische Chancen eines bei Vorliegen gewisser Tatbestände zu gewärtigenden Ablaufs von sozialem Handeln". Gesetze gelten hier nicht unbedingt, sondern nur unter bestimmten Voraussetzungen. Max Weber spricht darum statt vom Gesetz vom „Idealtypus"; Idealtypus ist eine von empirischen Bedingungen absehende rationale Konstruktion sozialer, wirtschaftlicher Zusammenhänge. Idealtypische Betrachtung kann Konsequenzen bestimmter sozialer, ökonomischer Maßnahmen prognostizieren. Derartige Prognosen sind unentbehrlich: Welche Wirkung, Folgen wird eine bestimmte Maßnahme voraussichtlich haben?

Allerdings ist der subjektive Blickpunkt des Beobachters, des Analytikers bei der Fragestellung und dem Ergebnis mitzubedenken. Eine völlige Objektivität der Gesetze (und damit der ihnen beigelegte Charakter unbedingter Zwangsläufigkeit) besteht nicht einmal in der Naturwissenschaft.

Berücksichtigt man diese Einschränkungen, ist das Bemühen um die Entdeckung, Erkenntnis ökonomischer und sozialer Gesetze zulässig und notwendig. Die Suche nach sozialen Gesetzen impliziert die Frage nach der „Rationalität des Sozialen" und nach der Erkennbarkeit dieser Rationalität; vgl. z. B. das Problem der Quantifizierbarkeit, Meßbarkeit des Ökonomischen (Wirtschaftsprognosen, Berechnung der Folgekosten einer Änderung des Sozialversicherungssystems etc.). Nachdrücklich muß aber darauf hingewiesen werden, daß derartige berechenbare, meßbare soziale und wirtschaftliche Gesetze relativ sind; relativ heißt: bezogen auf vorgegebene Strukturen. Eine Veränderung in den Strukturen führt deswegen zur Veränderung der „Gesetze". Nur sehr wenige sozialwissenschaftlich gewonnene Gesetze spiegeln bleibende, zeitlose Gegebenheiten wider; die meisten sind milieu- und epochengebunden. Die wenigen nicht milieu- und epochengebundenen Gesetze sind Ausdruck der conditio humana, der menschlichen Natur. Soziale, ökonomische Gesetze sind beeinflußbar. Was beeinflußt werden kann, kann dann aber auch ethisch bewertet werden.

Die Verwendung des Gesetzesbegriffes in den Sozialwissenschaften enthält die Gefahr, daß man Postulate mit Fakten verwechselt. Sie dient oft der Verschleierung von Interessen.

5. Sozial- und wirtschaftsethische Konkretion

Hier sei nicht das Problem der Eigengesetzlichkeit in der Politik, das Verhältnis von Macht und Moral besprochen.

Dazu *Helmut Thielicke* (Theologische Ethik II/2, Nr. 423—886, S. 88—172).

Zur Eigengesetzlichkeit in der *Wirtschaft* äußert sich *Friedrich Karrenberg* (Gestalt und Kritik des Westens, 1959, S. 103 ff.)

Die Annahme einer völligen Unberechenbarkeit und prinzipiellen Irrationalität des wirtschaftlichen und sozialen Geschehens ist Karrenberg zufolge unzutreffend (S. 109). Es gibt sehr wohl Zusammenhänge funktionaler Art, die durchschaubar und rational vorhersehbar sind. Man kann häufig volkswirtschaftliche Konsequenzen bestimmter wirtschaftlicher Entscheidungen durchaus exakt berechnen (Aufwertung, Inflation, Rezession etc.) (S. 111).

Es gibt Karrenberg zufolge ferner so etwas wie ein Gesetz von Angebot und Nachfrage oder Gesetze der Standortbestimmung, Gesetze des relativen Transportwiderstandes (die Marktgröße ist abhängig von Entfernungen), ein Gesetz der sinkenden Erträge für Urproduktion Rohstoffgewinnung. *Adolph Wagner* sprach vom „Gesetz der wachsenden Ausdehnung der öffentlichen, insbesondere der Staatstätigkeit". Es gibt sozialpsychologische Gesetze (Gesetz der Sättigung; massenpsychologische Wirkung der Reklame etc.). Alle diese Faktoren sind zweifellos sozialethisch relevant. Aber sie gelten nicht zeitlos und absolut.

Überholte Gesetze aus der Geschichte sind z. B. *Malthus'* Gesetz vom sinkenden Bodenertrag mit seiner darauf gebauten Folgerung vom sinkenden Nahrungsspielraum, oder *Lassalles* ehernes Lohngesetz, wonach Löhne sich immer am Existenzminimum orientieren. *Marx'* These von der Monopolbildung (Kapitalakkumulation und -konzentration) kann noch eingeschränkt Geltung beanspruchen, wenngleich es nicht als ein „unentrinnbares" Gesetz anzusehen ist.

Karrenberg klassifiziert solche Phänomene als

(a) echte Naturgesetze (Gesetze der äußeren Natur): Begünstigung bzw. Benachteiligung durch Lage, Klima, Landschaft, Grenzen, Bodenbeschaffenheit, Bodenschätze. Aufgabe der Sozialpolitik ist es, derartige Benachteiligungen auszugleichen.

(b) geschichtliche Gesetze. Beispiele sind: Die geschichtliche, kulturelle Formung des homo oeconomicus; die Wirtschaftsgesinnung des neuzeitlichen, kapitalistischen Menschen. Geschichtlich bedingt ist das heute in der modernen Wirtschaft herrschende ökonomische Rationalitätsprinzip, das Sparprinzip.

Die Zweckbestimmung der Wirtschaft war auch bei *Luther* nur die Nahrungsbeschaffung; also die Befriedigung äußerer Bedürfnisse.

Die Anschauungen von Ehe und Familie oder von Arbeit, Geld, Eigentum, Partizipation (Mitbestimmung) sind geschichtlich geprägt. Man spricht geradezu von einem Gesetz der „Grenzmoral", wonach der sittliche Maßstab sich am Minimum orientiert (z. B. der unreellste Kaufmann ist der erfolgreichste!). Unbestreitbar ist, daß jede Wirtschaft geschichtliche, gesellschaftliche, kulturelle Rahmenbedingungen zu beachten hat. Dafür gibt es in den Entwicklungsländern reiches Anschauungsmaterial: religiöse Tabus, Lebensgewohnheiten, Kastenordnungen, Familienstrukturen.

(c) Gesetzmäßigkeiten, die in der Natur des Menschen begründet sind.

Man kann Menschen durchaus überfordern – technisch, organisatorisch, sittlich, physisch (Ernährung!). Ein Überdrehen der Steuerschraube läßt die Steuermoral sinken. Oder das Entstehen eines Schwarzmarktes ist Folge eines nicht funktionierenden Wirtschaftssystems. Ohne ein gewisses Maß an Freiheit und Selbstverantwortlichkeit der Wirtschaftenden funktioniert kein Produktions- und Wirtschaftssystem. Vermutlich gehört zu den Konstanten des wirtschaftlichen Verhaltens das Streben des Menschen nach persönlichem Erfolg.

Aus solchen Beobachtungen ergeben sich für Karrenberg zwei Folgerungen.

(a) Zu verdeutlichen ist, daß die Berufung auf Eigengesetzlichkeit oft mißbraucht wird: „Die Theorie der Eigengesetzlichkeit dient nicht selten zur Bemäntelung rein naturhafter Motive der Selbsterhaltung und Selbstgeltendmachung" (118), also der Interessenwahrung. Gesellschaftliches Handeln folgt keinem blinden Naturzwang, sondern untersteht menschlichem Willen und Vermögen.

(b) Daher ist eine sozialethische Verantwortung für Gesellschaftsgestaltung und Wirtschaftssystem zu erkennen. Dabei sind natürliche Bedingungen und geschichtliche Erfahrung, Grenzen der Manipulierbarkeit und der Anpassungsfähigkeit des Menschen in Rechnung zu setzen. Nicht alles Handeln ist freilich determiniert; es gibt einen Spielraum der Gestaltung. Jedes System hat offene Stellen, an denen man ansetzen kann; es ist entwicklungsfähig. Voraussetzung solcher Gestaltung sind Sachkunde und politischer Wille.

Hinzu kommt überdies die Nötigung, künftige Folgen heutiger Entscheidungen vorherzusehen. Zukunftsprognose wird ethische Aufgabe.

Vgl.: *Georg Picht*, Prognose, Utopie, Planung, 1967.

Aber keine wissenschaftliche Disziplin kann für sich allein diese Aufgabe lösen. Überdies ist die Gefahr der Sekundärwirkungen und der ungewollten Nebenfolgen zu bedenken (Beispiel: „Atomstaat").

Eine Veranschaulichung dieser Überlegungen zur Relativität von Eigengesetzlichkeit im Kontextbezug bietet die Umstellung auf Planwirtschaft (Zentralverwaltungswirtschaft) in sozialistischen Ländern. Sie geschieht durch Verstaatlichung der Produktionsmittel und staatliche Wirtschaftslenkung. Die Planwirtschaft war nicht notwendiges Ergebnis eines dialektischen Entwicklungsprozesses, sondern beruht auf politischen Entscheidungen. Mit ihrer Hilfe sollte zunächst die Industrialisierung des weiten russischen Raumes gelingen.

Dasselbe gilt von der „freien" Marktwirtschaft. Die Annahme ist empirisch nicht zutreffend, Preise würden sich auf dem Markt „naturgesetzlich", „rein wirtschaftlich" bilden, und deswegen sei jede wirtschaftspolitische Einflußnahme auf die Preisbildung unsinnig. Es ist ein Vorurteil, Preise bildeten sich völlig „eigengesetzlich". Die Annahme eines „Preismechanismus" wurzelt im Vertrauen auf eine harmonia praestabilata. Marktentscheidungen sind freilich keineswegs wertfrei. Preise werden nämlich definiert in einem Bezugssystem; in diesem System werden Prioritäten gesetzt (z. B. durch Subventionen für landwirtschaftliche Erzeugnisse, Zölle, Luxussteuern u. a.). Es gibt keine in der Sachlogik liegende Zwangsläufigkeit eines Preissystems. Das Preisgefüge ist grundsätzlich offen.

Grundentscheidungen lassen sich freilich nicht beliebig aufheben und revidieren. Daraus ergibt sich eine hohe Verantwortung für Grundsatzentscheidungen: Deren Folgen ergeben sich dann sachlogisch; die Grundentscheidung selbst ist jedoch durch keinen Sachzwang determiniert. Jeder wirtschaftlich wirklich bedeutungsvolle Tatbestand entstammt einem menschlichen Entschluß. Die Folgen unserer Entschlüsse — auch unserer Fehlentscheidungen — sind freilich zwangsläufig. „Das erste steht uns frei, beim zweiten sind wir Knechte" (Goethe).

Diese Überlegungen muß eine vernünftige, humane Ethik anstellen, die über Zielvorstellungen gesellschaftlichen Handelns einen Konsens in der Gesellschaft erreichen will. Die einzige Alternative zur vernünftigen Diskussion bietet nur die irrationale, inhumane Sprache der Gewalt. Kurzum, solche ethische Reflexion auf die Komplexität der Eigengesetzlichkeit ist kein Privileg, kein Proprium theologischer Ethik. Worin besteht dann aber überhaupt der theologische Beitrag?

6. Theologische Sozialethik und Eigengesetzlichkeit

Die bisherigen Überlegungen ergeben:

(a) Eine relative „technische" Eigengesetzlichkeit ist auch von der Theologie anzuerkennen. Die Wirtschaft muß funktionsfähig sein. Auch Theologie kann nicht bestreiten, daß ethische Programme, Programmatik auf ihre soziale, ökonomische, politische Durchführbarkeit hin zu untersuchen sind. Die dafür erforderliche Sachkenntnis hat die Vernunft zu ermitteln. Dabei ist jedoch die technische Realisierbarkeit nicht oberstes und einziges Kriterium. Vielmehr lautet die Leitfrage: Für welchen Zweck sind welche Mittel erforderlich?

(b) Im Blick auf die gesellschaftlichen Aufgaben der Wirtschaft zeigt sich, daß diese an der Wohlfahrt aller, an der Ermöglichung eines „guten Lebens" für jedermann, am Gemeinwohl orientiert sein muß. Es gibt keine spezifisch christlichen inhaltlichen Zielvorstellungen in der Ökonomie oder Gesellschaftspolitik, sondern nur menschliche, vernünftige Ziele und Konzeptionen.

Im einzelnen hat die evangelische Theologie in unterschiedlicher Weise das Problem der Eigengesetzlichkeit bedacht.

Im Umkreis der *Barth*'schen Theologie wird prinzipiell jede Eigengesetzlichkeit bestritten.

So betont *H. D. Wendland*, die Christenheit habe der Welt die Theonomie zu verkünden und müsse daher die Lehre von der Eigengesetzlichkeit des Staates, der Wirtschaft, der Politik ablehnen, „die mit der Privatisierung des Glaubens, mit der Preisgabe der Welt an die Herrschaft der autonomen Vernunft gekoppelt ist, welche sowohl dem westlichen Nihilismus als dem östlich kollektivistisch-totalitären Bolschewismus oder dem Nationalsozialismus den Weg gebahnt haben" (Die Kirche in der modernen Gesellschaft, 1958², S. 160).

Unklar bleibt bei einer solchen Sicht allerdings, *wie* sich der Christusglaube auf weltliche Wirklichkeiten auszuwirken hat.

Anders sieht es *Wolfgang Trillhaas*; er nennt diese Chiffre „eines der wichtigsten und noch völlig ungelösten Probleme der christlichen Sozialethik" (Der Beitrag des Luthertums zur heutigen Sozialethik, in: Glaube und Gesellschaft, 1966, S. 75). Denn es geht dabei um das Verhältnis von Sachgerechtigkeit und theologischem Urteil überhaupt. Dabei kann weder eine biblizistische Argumentation noch die Gegenwartsprophetie die argumentative Suche nach dem Sachgemäßen ersetzen. „Es gibt auch keinen direkten Weg vom ‚Wort Gottes' zur Sozialethik, ganz abgesehen davon, daß dieses ‚Wort Gottes' oft nur das Wort des auslegenden Theologen ist" (S. 77). Vielmehr gelte es, die Wahrheit des Glaubens, soweit sie Wahrheit auch für die ‚Welt' ist, in die Sprache der Vernunft zu übersetzen.

Es stellt sich hier wiederum das Problem des Ansatzes der Ethik. Dabei ist allerdings zu fragen: Kann Sachgemäßheit das *einzige* Kriterium einer Ethik sein?

Zu beachten bleibt:

(1) Es ist grundsätzlich zwischen relativer und absoluter Eigengesetzlichkeit zu unterscheiden. Relative Eigengesetzlichkeit meint die Beachtung der jeweils notwendigen Sachanforderungen. Absolute Eigengesetzlichkeit ideologisiert diesen Grundsatz: Eigengesetzlichkeit bedeutet dann „Sachzwang" schlechthin. Eherne, unveränderbare Gesetzmäßigkeiten, Gesellschaftsabläufe, Geschehensabläufe gelten als unabänderlich und unbeeinflußbar. Dazu sagt die EKD-Denkschrift („Aufgaben und Grenzen kirchlicher Äußerungen zu gesellschaftlichen Fragen", 1970, Nr. 25) richtig: „Dieser Einwand (des Sachzwangs) rührt an die Grundlagen jeder Ethik; denn wenn die Geschichte nach ehernen, unausweichlichen Gesetzmäßigkeiten abliefe, dann wären ethische Überlegungen sinnlos. Dem kann eine Kirche, die den lebendigen Gott verkündigt, niemals zustimmen." Vielmehr ist dem Menschen die Suche nach Ursachen, Bedingungen und Beeinflußmöglichkeiten von gesellschaftlichen, wirtschaftlichen Entwicklungen aufgegeben. Die Berufung auf unentrinnbare Sachzwänge, auf eine absolute Eigengesetzlichkeit ist eine neuzeitliche Gestalt, eine Variante des uralten Schicksalsglaubens, des Fatalismus.

(2) Dabei fordert die Sozialethik allerdings keine „Doppelmoral" (so der Vorwurf von *Ernst Troeltsch* und *Georg Wünsch*). Der Vorwurf der Doppelmoral richtet sich gegen das Luthertum, dieses überlasse aufgrund der Unterscheidung der zwei Reiche die Welt der Eigengesetzlichkeit und beschränke den Glauben auf reine Innerlichkeit, Privatmoral. *Karl Barth* übernahm diesen Vorwurf von Troeltsch. Dagegen ist daran festzuhalten: In der Welt, in Wirtschaft, Politik etc. gilt keine andere Ethik,

wird nicht Unmoral zu Moral, sondern gelten allenfalls ethische Ansprüche in anderer Weise, d. h., sie sind anders zu verwirklichen.

Ziehen wir ein *Fazit*: Der christliche Glaube übt Kritik an einer verabsolutierten, ideologisch verstandenen Eigengesetzlichkeit. Aber er akzeptiert die Wahrnehmung von berechtigten Sachanforderungen, begreift Verantwortung als Sach-Verantwortung und anerkennt Weltlichkeit, die Säkularität von Institutionen und Strukturen. Die reformatorische Unterscheidung von Gesetz und Evangelium und die Zweireichelehre mit ihrer Unterscheidung von Reich der Welt und Reich Christi stellt eine Grundlage dar, die relative, legitime Eigengesetzlichkeit und Autonomie in der Gesellschaft theologisch zu verstehen. Allerdings ist in Folge der Veränderung des Gesetzesverständnisses in der Neuzeit und der Verfestigung von gesellschaftlichen Gesetzmäßigkeiten zum Sachzwang die Aufgabe einer kritischen Sozialethik noch dringlicher geworden.

§ 4. Sozialethik als Verantwortungsethik

1. Die Fragestellung

Ordnungen und Institutionen sind dem Bereich des Gegebenen, der Schöpfung, des Natürlichen zuzuordnen. Versteht man freilich Sozialethik als „Veränderungwissenschaft" (*Jürgen Moltmann*), so werden Zielvorstellungen nicht an dem Gegebenen und dessen Gestaltung ausgerichtet, sondern an der neuen Gesellschaft: Der Fortschritt, die „neue Gesellschaft" wird zum eigentlichen Maßstab. Fortschritt als solcher ist freilich Bewegung um der Bewegung willen. An die Stelle der Beachtung und Bewahrung des mit der Schöpfung dem Menschen und der Welt Vorgegebenen tritt dann eine unbedingte Verpflichtung zur Veränderung der Welt. Vor allem die „Theologie der Revolution" greift diese Sicht der Gesellschaft programmatisch auf. Leitbilder solcher Veränderung sind das Reich Gottes als ethisch zu verwirklichendes Ziel und die Utopie.

Auf die theologische Bedeutung dieser Argumentation für die Ethik ist an späterer Stelle noch zurückzukommen. Vornehmlich unter dem Einfluß von *Ernst Blochs* „Prinzip Hoffnung" wurde die christliche Eschatologie transformiert in eine innerweltliche Sozialutopie. Inwieweit die christlichen Bekenntnisaussagen des Credo, der Glaube an die Auferstehung der Toten und das ewige Leben überhaupt in eine ethische Anweisung zu übersetzen sind, bleibt jedoch strittig. Der eschatologische Entwurf einer Sozialethik verflüssigt gleichsam alle festen Strukturen. Der Grundsatz „societas semper reformanda" löst Institutionen in Veränderungsprozesse hinein auf.

Dagegen sucht eine Auffassung von Sozialethik als Verantwortungsethik zwar durchaus auch dem gesellschaftlichen Wandel und der Dynamik dieses Wandels Rechnung zu tragen. Aber die Notwendigkeit des Wandels wird innerweltlich, nicht eschatologisch begründet. Auch eine Verantwortungsethik begreift sich als Zukunftsethik. *Hans Jonas* hat das „Prinzip Verantwortung" ganz bewußt als Gegenentwurf zu Ernst Blochs „Prinzip Hoffnung" angelegt. Verantwortung ist ein allgemeiner Begriff, über dessen Herkunft aus dem christlichen Glauben nachzudenken ist. Und Verantwortung wird konstituiert durch konkrete Aufgaben und meint die Erfüllung von Zukunftsaufgaben unter Berücksichtigung der institutionellen Bedingungen.

2. Deutungen der Verantwortungsethik

2.1 Walter Schulz, „Philosophie in der veränderten Welt" (1972), hat die Ethik unter den Leitbegriff „Verantwortung" gestellt. Er sieht die Aufgabe einer zeitgemäßen Ethik „nicht mehr unter dem Gesichtspunkt einer privaten Innerlichkeitsmoral stehen, auch wenn sie, wie wir meinen, an dem fundamentalen Gegensatz von Gut und Böse unbedingt festhalten muß. Notwendig für die Ethik ist die Ausrichtung an konkreten Sachproblemen unter dem Aspekt der Zukunft" (S. 10).

Verantwortung ist also nach zwei Seiten hin abzugrenzen, einmal gegen eine bloß technische Rationalität, zum anderen gegen eine Beschränkung der Ethik auf das ethische Subjekt, wonach Ethik bloß in der Reflexionshandlung des Individuums besteht. Die Umstrukturierung der ethischen Fragestellung ergibt sich einmal aus der Erkenntnis der Mitmenschlichkeit als Grundgegebenheit des Menschseins sowie aus den heute von der wissenschaftlich-technischen Zivilisation gestellten Zukunftsaufgaben.

Traditionell war die ethische Selbstexplikation das Thema der Ethik. Ethik war eine Form des Selbstbezuges. So haben *Kant*, *Fichte* Ethik im Sinne einer Reflexion auf die Möglichkeit verstanden, frei handeln zu können. Die Philosophie der Subjektivität bedenkt den „ethischen Selbsteinsatz" (Schulz, S. 705). Der Mensch konstituiert sich selbst durch seine sittliche Entscheidung: Sittliches Verhalten ist Tathandlung des Ich (J. G. Fichte).

Einen neuen Akzent setzt einmal *Martin Buber* mit dem Hinweis auf die dialogische Struktur der Ich-Du-Beziehung: Dialogische Ethik vollzieht sich als antwortende, ver-antwortende Beziehung im Gegenüber zu einem Du. Es ist dies eine Ethik der Mitmenschlichkeit. Zum anderen begreift *Max Weber* die moderne Welt als Herausforderung an eine Verantwortungsethik. Der Gegenbegriff ist bei Max Weber Gesinnungsethik. Walter Schulz übt allerdings zu Recht Kritik an Webers Trennung von Verantwortungsethik und Gesinnungsethik: „Aber Weber denkt undialektisch. Er übertreibt ständig in reine Extreme und verzerrt die Sachlage zu einer Eindeutigkeit, die es realiter nicht gibt" (S. 717). Die Trennung beruht auf einem Idealtypus, auf Steigerung von Merkmalen, wie es sie in der Wirklichkeit nicht gibt: Weber hat Schulz zufolge zwar recht, wenn er kritisch die Weltlosigkeit reiner Innerlichkeit herausstellt und daher reine Gesinnungsethik ablehnt. Weber sieht darüber jedoch nicht, daß der Mensch dennoch mit *beiden* Möglichkeiten, der Gesinnungs- *und* Verantwortungsethik, ständig lebt und leben muß. Jedes Sicheinlassen auf die Realität muß zumindest zwischen gut und böse unterscheiden, also ein Gewissensurteil treffen und damit eine „Gesinnung" ins Spiel bringen.

Die Denkschrift der EKD „Frieden wahren, fördern und erneuern" hat aufgrund derartiger Überlegungen die Kontroverse im Blick auf das Verhältnis von Ethik und Politik knapp angesprochen: Es sei bei der politischen Aufgabe der Friedenssicherung immer zu bedenken, „daß jede Ethik auf Verantwortung bezogen ist. Die Frage ist nicht, ob wir aus Gesinnung oder aus Verantwortung handeln, sondern welche Verantwortung wir aus welcher Gesinnung heraus wahrnehmen" (S. 65 f.).

Anknüpfend an W. Schulz ist herauszustellen: Der Begriff Verantwortung stellt also (a) die Frage nach dem Subjekt, dem Träger ethischer Verantwortung. Verantwortung hat es zu tun mit Zuständigkeiten, Kompetenzen. (b) Verantwortung bezieht sich ferner auf Antworten, Relationen; ein Mensch, der sich verantwortet, steht jemandem gegenüber. Er trägt Verantwortung vor einer Instanz, der er Rechenschaft schuldet. (c) Verantwortung wird konstituiert durch Sachanforderungen. Man ist verantwortlich für etwas. Im Verantwortungsbegriff sind also berücksichtigt (1) das Subjekt der Verantwortung, (2) Verantwortung als relationaler Bezug, (3) die Verantwortung für Aufgaben, Sachverhalte.

2.2 Den *Begriff* „Verantwortungsethik" hat *Max Weber* (1864—1920) geprägt. Die Antithese von Verantwortungsethik und Gesinnungsethik formuliert sein Vortrag „Politik als Beruf" (1919) als polemische Formel: „Es gibt auf dem Feld der Politik zwei Arten von Todsünden: Unsachlichkeit und Verantwortungslosigkeit. Das Ethos der Politik gilt der ‚Sache' (nicht der persönlichen Eitelkeit) des Politikers." Jedoch fügt Max Weber hinzu: „Wie die Sache auszusehen hat, in deren Dienst der Politiker Macht erstrebt und Macht verwendet, ist Glaubenssache". Im Dienst seiner „Sache" wendet der Politiker erforderlichenfalls auch Mittel der Gewalt an.

Kann man aber ein solches gewaltsames Durchsetzen von Politik mit Ethik, vor allem mit der Ethik der Bergpredigt vereinbaren? Max Webers Antwort war eindeutig:

„Mit der Bergpredigt — gemeint ist: die absolute Ethik des Evangeliums — ist es eine ernstere Sache, als die glauben, die diese Gebote gerne zitieren. Mit ihr ist nicht zu spaßen. Von ihr gilt, was man von der Kausalität in der Wissenschaft gesagt hat: Sie ist kein Fiaker, den man beliebig halten lassen kann, um nach Befinden ein- und auszusteigen. Sondern: ganz oder garnicht, das gerade ist ihr Sinn, wenn etwas anderes als Trivialitäten herauskommen soll" (M. Weber, Soziologie, Weltgeschichtliche Analysen, Politik ³1964, S. 173).

Nur in einer „akosmischen Liebesethik" (173) (also welt-los) kann man darauf verzichten, dem Übel mit Gewalt zu widerstehen. Der Politiker dagegen muß, will er verantwortlich handeln, dem Übel notfalls auch mit Gewalt entgegentreten. Auch die kompromißlose Wahrheitspflicht gilt für den Politiker nur eingeschränkt. Max Weber wendet sich angesichts der Versailler Verhandlungen ausdrücklich gegen ein Schuldeingeständnis Deutschlands (zur Ursache des 1. Weltkriegs), da dieses den Erfolg (aus deutscher Sicht!) von Friedensverhandlungen beeinträchtigen könnte. Die Frage für den Politiker lautet: Fördert die Aussage den Erfolg? Der Verantwortungsethiker ist dazu bereit, „daß man für die (voraussehbaren) Folgen seines Handelns aufzukommen hat" (S. 175). Dagegen gilt für den gesinnungsethisch Handelnden:

> „Verantwortlich fühlt sich der Gesinnungsethiker nur dafür, daß die Flamme der reinen Gesinnung, die Flamme z. B. des Protests gegen die Ungerechtigkeit der sozialen Ordnung, nicht erlischt. Sie stets neu anzufachen, ist der Zweck seiner, vom möglichen Erfolg her beurteilt, ganz irrationalen Taten, die nur exemplarischen Wert haben können und sollen" (S. 175).

Der Verantwortungsethiker sieht hingegen auf die bösen oder üblen Folgen einer Handlung. Er rechnet dabei mit den „durchschnittlichen Defekten der Menschen" (S. 175).

Weber hält beide Maximen prinzipiell für unvereinbar. Der Verantwortungsethiker erwägt, mit welchen, auch gefährlichen Mitteln er seine Zwecke erreichen kann. Für den Gesinnungsethiker spielt die Zweck-Mittel-Frage gar keine Rolle. „Der Gesinnungsethiker erträgt die ethische Irrationalität der Welt nicht. Er ist kosmisch-ethischer ‚Rationalist' " (S. 177).

Hinter Verantwortungsethik und Gesinnungsethik stehen also letztlich unterschiedliche Einstellungen zur Wirklichkeit. Max Weber wollte damals seine Hörer zu Nüchternheit und Sachlichkeit erziehen:

> „Die Politik bedeutet ein starkes langsames Bohren mit Leidenschaft und Augenmaß zugleich" (S. 185). Zu ihr berufen ist nicht der, welcher heißen Herzens sich engagieren will, sondern man muß sich „wappnen mit jener Festigkeit des Herzens, die auch dem Scheitern aller Hoffnungen gewachsen ist" (S. 185).

Verantwortungsethik ist also teleologische Argumentation. Gesinnungsethik entspricht einer absoluten deontologischen Argumentation. Darüber hinaus steht (vgl. *W. Schluchter*, Wertfreiheit und Verantwortungsethik, 1971) hinter Max Webers Unterscheidung generell die Frage nach dem Verhältnis von Wissenschaft und Ethik: Kann man ethische Verantwortung wissenschaftlich begründen oder beruht sie rein auf einer persönlichen Entscheidung, einer Dezision? Wie läßt sich überhaupt wissenschaftliche Rationalität („Wertfreiheit") mit Werten verbinden? Max Weber gibt auf diese Frage keine überzeugende Auskunft. Seine Position als solche ist kaum mit theologischen Fragestellungen zu vermitteln.

2.3 Dietrich Bonhoeffer (1906—1945) hat in seiner nachgelassenen Ethik fragmentarische Überlegungen zur „Struktur verantwortlichen Lebens" hinterlassen. Diese Überlegungen entstanden, als Bonhoeffer den Schritt in die Verschwörung gegen Hitler getan hatte. Es geht ihm um Verantwortung *für* die Welt, und zwar in einer „mündigen" Welt. Bei Bonhoeffer sind „Stellvertretung" und „Wirklichkeitsgemäßheit" Leitbegriffe. In der *Stellvertretung* handelt ein Mensch an der Stelle eines anderen (z. B. der Vater, der Lehrmeister, der Staatsmann). Diese Stellvertretung als menschliches Phänomen führt Bonhoeffer freilich unmittelbar auf die Stellvertretung im Sühnetod Christi zurück.

Eine derart exklusiv christologische Interpretation ist freilich problematisch. Denn für Bonhoeffer ist theologisch gesehen allein christusgemäßes Handeln wirklichkeitsgemäßes Handeln. Damit wird es schwierig, zu klären, inwiefern Verantwortung überhaupt an Sachanforderungen zu messen ist.

Bei Bonhoeffer ist das Verständnis von Verantwortung, anders als bei Max Weber, ferner gewonnen am Konfliktfall, an der Ausnahmesituation des Widerstandes: „Die außerordentliche Notwendigkeit appelliert an die Freiheit der Verantwortung." Verantwortung hat man im freien Wagnis, sogar in der Durchbrechung anerkannter Gültigkeit wahrzunehmen. Darum gehört bei Bonhoeffer zur Verantwortung die Bereitschaft zur Schuld*übernahme*. In seiner Ethik ist Verantwortung eindeutig kein Thema individueller Lebensführung, sondern Aufgabe gemeinsamen Lebens und kommunikativen Handelns. Im Unterschied zu Max Weber versteht Bonhoeffer Verantwortung theologisch. Das verbindet Bonhoeffers Verständnis von Verantwortung mit dem von Georg Picht.

2.4 Georg Picht (Wahrheit, Vernunft, Verantwortung, 1969, S. 318— 342: Der Begriff der Verantwortung; S. 343—372: Struktur und Verantwortung der Wissenschaft im 20. Jahrhundert) formuliert:

„Die Vernunft kann die Wahrheit, die für sie konstitutiv ist, nur erkennen, indem sie Zukunft antizipiert. Ermöglicht und erzwungen wird die Antizipation von Zukunft im menschlichen Denken durch die geschichtlichen Aufgaben, die diesem Denken gestellt sind. Deswegen läßt sich im Bereich einer nicht mehr metaphysisch, sondern vom Wesen der Zeit her begriffenen Wahrheit die innere Möglichkeit von Vernunft nur aus der Verantwortung für seine zukünftige Geschichte begründen" (Vorwort S. 8).

Pichts Leitfrage ist die der Konstitution von Verantwortung. Der Ursprung von Verantwortung liegt in dem Sprachgebrauch des römischen Rechts. Verantworten, „respondere", „responsio", „responsum" bezeichnet als terminus technicus die forensische Rechtfertigung vor Gericht.

Geantwortet wird auf eine Anklage in der Form der Verantwortung. Vor Gericht kann man jedoch nur für seine Taten haftbar gemacht werden. Der Gedanke der Verantwortung auch für das Denken entstammt der christlichen Vorstellung eines letzten Gerichts. *Paulus* spricht von eschatologischer Verantwortung: „Wir müssen alle offenbar werden vor dem Richterstuhl Christi, auf daß ein jeglicher empfange, nach dem er gehandelt hat bei Leibesleben" (2. Kor. 5,10). Aus dieser eschatologischen Verantwortung vor Gottes Richterstuhl wird Verantwortlichkeit in der Philosophie der Neuzeit zurückgespiegelt in das Zentrum eigener Subjektivität, ins eigene Gewissen: Die Erwartung eines letzten Gerichts war der Ursprung der Vorstellung von einer moralischen Verantwortung.

Die philosophische Tradition hat im Zuge der Säkularisierung die Verantwortung vor Gott uminterpretiert in eine Verantwortung vor sich selbst, in die Idee einer *Selbst*verantwortung. Seit *Descartes* verantwortet das denkende Subjekt sich vor sich selbst, vor dem eigenen Gewissen. Damit wird das Selbstsein, die autonome Vernunft, die Freiheit zur Bedingung der Möglichkeit von Verantwortung. Verantwortung wird damit zur Kategorie, zum Prinzip (im Sinne von: Grundlage) einer Individualethik. Moralisch ereignet sich, so gesehen, Entscheidung. Sie wird zur zeitlosen inneren Bewegung. Verantwortung ist orientiert am moralischen Subjekt.

Dagegen sieht Picht Verantwortung erwachsen aus Aufgaben der Zeit und Geschichte. Er verlagert damit das Gewicht von der Verantwortung *vor* einer Instanz auf die Verantwortung *für* die gegenwärtigen und zukünftigen Folgen gegenwärtiger Gedanken, Handlungen und Unterlassungen. Es geht um Verantwortung für ein Geschehnis. Die Frage nach der Struktur von Verantwortung als Vor-sorge führt zur Frage nach den *Subjekten* von Verantwortung. Das individuelle Dasein ist in der wissenschaftlich-technischen Zivilisation umgriffen von Verantwortung für den Weltfrieden, für das Überleben der Menschheit, für die Energie- und Ressourcenversorgung künftiger Generationen, für die Erhaltung der ökologischen Überlebensfähigkeit in universalen Verweisungszusammenhängen. Die heutige Verantwortung für die künftige Geschichte ist gewachsen mit dem Anwachsen des verfügbaren Machtpotentials und der Ausdehnung der Macht des Menschen über die gesamte Natur.

Picht veranschaulicht die Problematik an der „Struktur und Verantwortung der Wissenschaft im 20. Jahrhundert". Paradigmen sind für ihn die Anwendung der Atomphysik beim Bau der Atombombe und die Aufgabe der Sicherung der Welternährung. Die Beschreibung der Verantwortung wird dabei aporetisch: Der Universalität der Aufgabe von Verantwortung entspricht mitnichten die Fähigkeit zur Wahrnehmung von Verantwortung. Die Aufgabe der Verantwortung für die zukünftige Geschichte, die aus der Macht der Menschen zur Veränderung der Welt entspringt, findet heute keinen entsprechenden kollektiven Träger von Verantwortung mehr vor. Verantwortung wird dadurch subjektlos, anonym. Ein Subjekt einer Verantwortung künftiger Geschichte, die von der Sicherung der Ernährung einer wachsenden Weltbevölkerung, von der Erhaltung der Umwelt und des Friedens bestimmt sein wird, findet sich nicht. Diese Verantwortung übersteigt auch die Zuständigkeit und Haftbarkeit von Nationalstaaten und souveränen Regierungen.

Daraus folgt: Verantwortung könnte in der Tat nur noch weltweit, ökumenisch wahrgenommen werden. Der Begriff der individual-ethisch verstandenen Verantwortung ist durch die Entwicklung von Wissenschaft, Politik und Gesellschaft faktisch ad absurdum geführt. Die Theorie selbst ist heute in der Wissenschaft die „radikalste Form der Praxis" (vgl. Kernforschung, Gentechnik). Denn „das Verhalten, das moralische Bewußtsein und die Verantwortungsfähigkeit der Individuen werden in einem Maße, über das wir uns nur selten Rechenschaft ablegen, durch kollektive Prozesse, durch die ökonomische Entwicklung und durch den Gang der Politik beherrscht" (S. 345).

Der Spielraum individueller Entscheidungen und individueller Verantwortung ist dadurch begrenzt. Aber es gibt bislang kein Subjekt kollektiver Verantwortung, das faßbar wäre und haftbar gemacht werden könnte. Wissenschaft und Wissenschaftler bilden beispielsweise kein kollektives Handlungssubjekt. Auch die Wissenschaft ist letztlich nicht der Vernunft mächtig. Aber ebenso gilt: „Kein Einzelner kann sich heute mehr anmaßen, einen Zusammenhang, von dessen Aufklärung vermutlich unsere ganze Zukunft abhängen wird, selbst in seinen elementarsten Gegebenheiten noch zu übersehen" (S. 349). Eine Apparatur, einen Apparat kann man hingegen nicht zur Verantwortung ziehen. Picht beendet seine Analyse resigniert: „Es gibt die Aufgaben, die wir nicht leugnen können. Es gibt die in diesen Aufgaben vorgezeichneten Möglichkeiten menschlicher Verantwortung. Aber es gibt, wie sich zeigte, bisher kein Subjekt, das diese mögliche Verantwortung übernehmen könnte" (S. 349). Er schließt darum mit dem Postulat, es müßten neue Formen institutionalisierter Verantwortung geschaffen werden (S. 369 f.).

Später, anfangs der 80er Jahre, klingt es bei Picht noch skeptischer und resignierter: Die christlichen Kirchen und ihre Theologie hätten zwar die eschatologische Verantwortung in die Weltverantwortung umgedeutet. „Welt" ist dabei freilich kein Verantwortungsbereich außerhalb der Kirche, sondern Wirkung der Verweltlichung, welcher der christliche Glaube selbst über den numinosen Kosmos gebracht hat. Picht mahnt nachdrücklich die christlichen Kirchen und Theologien: „Sie dürfen von Weltverantwortung nur reden, wenn sie bereit seien, für die Folgen ihrer eigenen Lehre und ihres eigenen Handelns einzustehen". Verantwortung wird nach ihm übernommen im Horizont der Zeit. Während die zeitlose Wahrheit „der Metaphysik sich durch die Negation der Zeit konstituiert, entsteht Verantwortung durch die Wahrnehmung der konkreten Zeit. Verleugnung und Versäumnis von Verantwortung ist damit die Mißachtung dessen, was die Zeit uns auferlegt und abfordert. Die Beherrschung der Erde erlaubt dem Menschen nicht die rücksichtslose Ausbeutung seines Verantwortungsbereiches".

Genau bei dieser Fragestellung setzt gleichfalls das „Prinzip Verantwortung" von Hans Jonas an.

2.5 Hans Jonas (geb. 1903), Das Prinzip Verantwortung. Versuch einer Ethik für die technologische Zivilisation, 1979, will, anders als Bonhoeffer, Verantwortung als rein humane Aufgabe beschreiben, also als Ansatz einer nichtreligiösen Ethik. Jonas entwirft als Philosoph eine Ethik, welche die Bedingungen technischer Zivilisation und die ökologische Krise unter dem Leitmotiv „Verantwortung" aufzugreifen sucht. Ausgangspunkt ist auch bei ihm die Ausweitung menschlichen Handelns infolge der Ausweitung technischer Machbarkeit und deren Folgen. Die Folgen sind die Verletzlichkeit der Natur und die zeitliche Unüberschaubarkeit heutigen Handelns. Jonas ergänzt darum *Kants* kategorischen Imperativ: Ich soll heute nicht nur wollen, daß die Maxime meines Handelns Grundlage einer allgemeinen Gesetzgebung sein kann; er fordert: „Schließe in deine gegenwärtige Wahl die zukünftige Integrität des Menschen als Mit-Gegenstand deines Wollens ein" (S. 36).

Ethik ist heute notwendig Zukunftsethik. Dabei grenzt sich Jonas scharf gegen die Utopie ab. Das „Prinzip Verantwortung" ist für ihn ein

Gegenbegriff zum „Prinzip Hoffnung" von *Ernst Bloch* und im Marxismus. Es geht nicht um utopische Veränderung und Neugestaltung, sondern um Verantwortung für das Gegebene. Nicht der Entwurf einer besseren, vollkommenen Welt, sondern eine „Heuristik der Furcht" (S. 63) ist daher wegweisend. Die Konsequenz lautet, „daß der Unheilsprophezeiung mehr Gehör zu geben ist als der Heilsprophezeiung" (S. 70). D. h.: Es geht in einer Ethik der Verantwortung gerade nicht um die Erfüllung eschatologischer Verheißungen, sondern um die Verhinderung irreversibler Schäden.

Die *Pflicht* zur Zukunft ist für Jonas dadurch zu begründen, daß es eine Menschheit geben soll. Um diesen nicht-metaphysischen Imperativ, daß es auch künftig Menschen geben soll, jedoch zu erfüllen, muß man die Rahmenbedingungen dafür schaffen (die Erhaltung der Natur als Umwelt, Bewahrung der Ressourcen). Bei Jonas erwächst Verantwortung aus der Macht des Menschen und stellt ein nicht-reziprokes Verhältnis dar.

Wie bei Bonhoeffer sind Eltern und Staatsmann die Paradigmen der Verantwortung (S. 184 ff.): Sie handeln an der Stelle anderer, für diese „stellvertretend". Sie handeln ferner auf den Horizont der Zukunft hin: Ihre Aufgabe ist Erziehung zum Erwachsensein, Vor-sorge, Vorhersicht.

Bei Jonas enthält der Appell an Verantwortung eine elitäre, undemokratische Tendenz. Die Askese, die „Frugalität" muß vom Staat notfalls erzwungen werden.

Jonas will ferner eine Ethik ohne Transzendenz begründen. Ob es Verantwortung ohne Religion, ohne Vertrauen zu Gott geben kann, ist aber eine offene Frage. Der Forderung von Jonas, man müsse ein „Heiliges" anerkennen, ohne an Gott zu glauben, fehlt die Begründung. Die Gefahr der prinzipiellen Absage an die Utopie ist ferner, daß jeder Ausblick fehlt und damit jeder Antrieb zur Veränderung stillgelegt ist. Dagegen fordert Verantwortung gerade zum Handeln in Solidarität mit den Aufgaben und Nöten der Zeit heraus. Der christliche Glaube weckt Verantwortungsbereitschaft, indem er zum Leben ermutigt.

2.6 Das ökumenische Leitbild einer *„Verantwortlichen Gesellschaft"* (Weltkirchenkonferenz Amsterdam 1948) zielt auf humane, universalisierbare Anforderungen, wie Menschenrechte als Teilhabe an der Verantwortung für Mitmenschen, und auf Institutionen, gesellschaftliche Ordnungen, die Verantwortung möglich machen. Das Programm der „Verantwortlichen Gesellschaft" nimmt die institutionelle Ordnung der Gesellschaft als sozialethische Aufgabe wahr:

„Eine verantwortliche Gesellschaft ist eine solche, in der Freiheit die Freiheit von Menschen ist, die sich für Gerechtigkeit und öffentliche Ordnung verantwortlich wissen, und in der jene, die politische Autorität oder wirtschaftliche Macht besitzen, Gott und den Menschen, deren Wohlfahrt davon abhängt, für ihre Ausübung verantwortlich sind".

Verantwortliche Gesellschaft ist danach (1) ein allgemeinverständliches Postulat, (2) ein vielseitiger Begriff (Person und Gesellschaft, Freiheit und Gerechtigkeit werden aufeinander bezogen), (3) ein kritischer Begriff (es geht um Kontrolle der Macht), (4) eine dynamische Leitvorstellung, kein starres Prinzip.

Denn welche Gesellschaft kann je von sich behaupten, eine wahrhaft verantwortliche Gesellschaftsordnung bereits verwirklicht zu haben? „Verantwortlich" heißt aber nicht „herrschaftslos"; wohl aber fordert dieser Begriff eine *Beschränkung* von Herrschaft, nämlich die rechtliche, demokratische Legitimation, Konstitution und Kontrolle von Macht. „Verantwortliche Gesellschaft" stellt nicht das Ideal einer christlichen Gesellschaft auf, sondern enthält einen kritischen Maßstab für jede Gesellschaft: Sie ist synonym zu *menschenwürdiger* Gesellschaft. Diese Gesellschaft ist eine geschichtlich sich wandelnde Gesellschaft, die auf neue technische und soziale Herausforderungen zu antworten hat. Die ökumenische Konferenz „Glaube, Wissenschaft und die Zukunft" in Boston (1979) erweiterte deshalb das Leitwort „Verantwortliche Gesellschaft" zur Zielvorstellung von einer just, participatory and sustainable society, einer gerechten, Teilhabe gewährenden und ökologischen, überlebensfähigen Gesellschaft.

3. Ausblick

Der Begriff der Verantwortung ist ein Schlüsselwort heutiger evangelischer Sozialethik. Denn der Begriff verweist einmal auf den Zukunftsbezug. Verantwortungsethik ist Zukunftsethik. Sodann enthält der Begriff die Frage nach dem Subjekt der Verantwortung, nach Zuständigkeit, Kompetenz, Macht. Das Wort Verantwortung orientiert sich ferner sowohl an kommunikativen Beziehungen zu anderen Menschen wie an Sachaufgaben. Und in diesem Begriff überschneidet sich schließlich ein allgemeinmenschlicher, humaner Anspruch mit der christlichen Überzeugung von der Verantwortung des Menschen vor Gott. Die Vielfalt ethischer Perspektiven wie der prozessuale und dynamische Charakter der Gesellschaft können berücksichtigt werden. Verantwortungsethik kann nur kommunikative und dialogische Ethik sein, welche die

Einsicht in individuelle Verpflichtung mit institutionellen Bedingungen vermittelt.

Wolfgang Huber (Sozialethik als Verantwortungsethik, in: Festgabe für Stephan H. Pfürtner, Ethos des Alltags, 1983, S. 55—75) entwirft im Anschluß an Max Weber eine „Entwicklungslogik ethischer Weltbilder". Der mittelalterliche Katholizismus vermittelte in einer Gesetzesethik fest umrissene Normen. Der Protestantismus vollzieht die Wendung zum religiösen und ethischen Subjekt. An die Stelle des Fremdzwangs tritt dadurch ein Selbstzwang. Die autonome Subjektivität, eine Gesinnungsethik ersetzt die Gesetzesnorm. Kant ist der eindrucksvollste Repräsentant solcher Gesinnungsethik. Für die Gesinnungsethik ist das zentrale Thema die individuelle Lebensführung. Diese Gesinnungsethik stößt in der technisch-wissenschaftlichen Zivilisation jedoch an erkennbare Grenzen und Schranken. Sozialethik hat daher nicht nur die innere Gewissensentscheidung des Einzelnen zu bedenken, sondern zugleich Handlungsfolgen und Handlungsbedingungen in der äußeren Lebenswelt in die Überlegungen einzubeziehen. Dadurch wird dann die Sozialethik zur Soziallehre, zur Theorie der gesellschaftlichen Institutionen und Ordnungen.

§ 5. Katholische Soziallehre

Die katholische Soziallehre kann hier nicht in ihrer Geschichte und in ihren Einzelheiten umfassend dargestellt werden. Lediglich ihr Ansatz ist zu erörtern. Während evangelische Sozialethik wegen des Pluralismus ihrer Methoden und Positionen als disparat gilt, scheint die katholische Soziallehre ein geschlossenes System darzustellen. Freilich ist innerhalb der katholischen Soziallehre heute vieles kontrovers. Grundsätzlich wird sie von der „Politischen Theologie" und der „Theologie der Befreiung" in Frage gestellt. Ebenso bestreiten neopositivistische Sozialwissenschaftler und Kritiker, daß die katholische Soziallehre überhaupt Wissenschaft sei. Denn sie sei normative, wertende Soziallehre. Wissenschaft könne aber nur deskriptiv, beschreibend sein; sie dürfe nicht präskriptiv, wertend sein.

Oswald von Nell-Breuning erklärte, die ganze Soziallehre sei eine Frage des Menschenbildes. *H. J. Wallraff* nennt sie ein „Gefüge offener Sätze". Im folgenden sollen dargestellt werden:
1. Die Prinzipien der katholischen Soziallehre: Sie fußt auf einem Naturrecht, erhebt also den Anspruch, allgemein rational einsichtig zu sein. Voraussetzung der Soziallehre ist eine Sozialmetaphysik.
2. Die päpstlichen Sozialenzykliken. Authentischer Interpret des Naturrechts, des natürlichen Sittengesetzes ist das kirchliche Lehramt. Grundtexte der katholischen Soziallehre sind daher die päpstlichen Sozialenzykliken.

Literatur: Texte zur katholischen Soziallehre, 1975, hg. vom Bundesverband der Katholischen Arbeitnehmer-Bewegung (KAB), mit einer Einführung von Oswald von Nell-Breuning. Oswald von Nell-Breuning, „Baugesetze der Gesellschaft", 1968.

1. Die sozialphilosophische Grundlage

Die „Baugesetze der Gesellschaft" sind nach der Anschauung der katholischen Soziallehre allgemeine, natürliche, gesellschaftliche Gesetze, Strukturgesetze des menschlichen Zusammenlebens. Katholische Soziallehre ist Sozialphilosophie, nicht Sozialtheologie. Sie greift zurück auf die thomistische Unterscheidung von Natur und Gnade und bezieht sich auf den aristotelischen metaphysischen Grundsatz: Der Mensch ist „ens individuale et sociale". Personwürde ist die Grundlage der Grundwerte. Auch Gemeinschaftsbeziehungen haben eine metaphysische Grundlage: Sie wurzeln in der Wesensnatur des Menschen. Gemeinschaftsbeziehungen haben ontologischen Charakter, sind zeitlose Strukturen. Diese zeitlosen Strukturen sind Prinzipien des Seins und zugleich des Sollens. Daher gilt der Grundsatz ‚agere sequitur esse'. Katholische Soziallehre argumentiert, daß Gott als Schöpfer der Natur bestimmte Prinzipien und Normen, eine Ordnung eingestiftet habe. Kraft des natürlichen Lichts der Vernunft kann jeder Mensch diese Normen und Prinzipien gesellschaftlichen Zusammenlebens des Menschen einsehen. Formulierungen dieser gesellschaftlichen Strukturgesetze sind das Naturrecht und die aristotelische Gerechtigkeitsidee. Das Naturrecht stellt erkenntnismäßig eine Natur und menschlicher Gemeinschaft eingestiftete Ordo, Seinsordnung fest. Die Gerechtigkeitsidee dient als regulatives Prinzip zur Regelung zwischenmenschlicher Beziehungen. Der Mensch ist „rationalis creatura". Das Naturgesetz, lex naturalis, ist eine irradiatio (Einstrahlung), insitio (Einwohnung) der lex aeterna im Menschen. Deswegen ist das Naturrecht als Vernunftrecht nicht bloßes Gedankengebilde, menschliche Konstruktion, Artefakt, sondern Ausdruck objektiver Wesensverhältnisse.

Nach der Lehre der Päpste ist diese thomistische Naturrechtslehre Fundament, Prinzip der Soziallehre. Das Offenbarungswort bringt lediglich Bestätigung der Vernunft- und Naturordnung. Daher ist das Naturrecht die sozialmetaphysische Grundlage.

Pius XII. betont: „Das Naturrecht ist das Fundament, auf dem die Soziallehre der Kirche ruht". *Johannes XXIII.*: „Nach ihr (der natürlichen Ordnung) sollen die menschlichen Beziehungen gestaltet werden entsprechend den allgemeinen Grundsätzen, die sich aus der Natur der Dinge sowie den konkreten Verhältnissen des menschlichen Zusammenlebens ergeben, wie aus dem spezifischen Charakter der Zeit. Die Grundsätze sind deshalb für alle annehmbar."

Der Anspruch des Naturrechts ist daher, eine gemeinsame Basis für Christen und Nichtchristen zu bieten. Anscheinend ist es weltanschaulich neutral und damit eine geeignete Wertbasis auch für eine weltanschaulich pluralistische Gesellschaft. Das staatliche Gesetz des Gesetzgebers wird von der Kirche auf das Naturrecht verpflichtet.

Die grundsätzlichen Argumente für und gegen das Naturrecht sind hier nicht zu wiederholen (siehe oben, Kapitel II, § 7). Die unterschiedliche Bewertung der ontologischen, seinsmetaphysischen Grundlage des

Naturrechts hat freilich Folgen für die Begründung und Normierung sozialen und politischen Handelns. Während das Naturrecht ontologisch verstanden wird, ist Gerechtigkeit ein Formalprinzip.

Der Sollensanspruch läßt sich in der Soziallehre in 3 Sozialprinzipien ausformulieren: 1. Personprinzip, 2. Solidaritätsprinzip, 3. Subsidiaritätsprinzip.

1.1 Personalitätsprinzip. Das Personprinzip geht davon aus, daß „der Mensch der Träger, Schöpfer und das Ziel aller gesellschaftlichen Einrichtungen ist" (Mater et magistra, Nr. 219). Die Kath. Soziallehre richtet sich zwar auf das Gemeinwohl aus, orientiert sich also an der rechten Ordnung des gesellschaftlichen Ganzen. Aber Grund und Mitte, Ausgangspunkt und Grenze der Soziallehre ist die Person, die Menschenwürde. Deshalb setzt sie bei der Person als ens sociale an und leitet davon die Sozialprinzipien ab.

Die Person existiert sowohl im Alleinsein wie im Mitsein, im Selbststand und in der Gemeinschaft. Individualnatur und Sozialnatur des Menschen bilden eine Spannungseinheit. Kraft seiner Individualnatur verfügt der Mensch über Freiheit, kann er Initiative zum gesellschaftlichen Handeln ergreifen. Aber der Mensch ist nicht selbstgenügsames Individuum oder einsame Monade. Er ist ens sociale, wesenhaft, naturgemäß, ontologisch gemeinschaftsbezogen. Der Mensch kann sich gerade als eigenständige und selbstverantwortliche Person nur in der Gemeinschaft entfalten. Daher ist es möglich, gerade aus der Wesensnatur des Menschen eine Soziallehre zu begründen, nämlich mit Hilfe der Prinzipien Subsidiarität und Solidarität.

1.2 Solidaritätsprinzip. Ausgangspunkt ist: Kein Mensch existiert isoliert; er ist wesenhaft, „von Natur" ens sociale: Die Gemeinschaft führt zu Zusammenschlüssen, zu Ehe, Familie, Staat, freien Organisationen. Ontologisch vorgegeben ist eine wechselseitige Beziehung von Person und Gemeinschaft. Das Solidaritätsprinzip enthält zunächst eine Darlegung der gegenseitigen Zuordnung von Mensch und Gemeinschaft. Das Solidaritätsprinzip ist Seinsprinzip, angelegt schon in der Leibnatur des Menschen: Der Mensch verdankt sein Leben dem gemeinsamen Handeln zweier Menschen, der Geschlechtsgemeinschaft. Aber auch die Geistnatur des Menschen ist auf Austausch angelegt. Das Solidaritätsprinzip ist ein in der Menschennatur verankertes logisches und ontologisches Seinsprinzip. Dieses Seinsprinzip stellt aber auch zugleich ein Sollensprinzip dar. Als Seinsprinzip beinhaltet es Gemeinverstrickung und Gemeinhaftung der Menschen untereinander und füreinander. Als Sollensprinzip fordert es die Verantwortung des Menschen für das Gemeingut (das, was alle gemeinsam betrifft) und das Gemeinwohl (das, was allen nützt). Das Gemeinwohl ist freilich kein absoluter höchster Wert, dem dann das Wohl der Einzelperson in jedem Fall zum Opfer zu bringen wäre. Das Solidaritätsprinzip bleibt auf das Personprinzip bezogen. Das Solidaritätsprinzip wird verstanden als Mittelweg zwischen zwei Extremen, dem Individualismus, der nur das Individuum gelten läßt, und dem Kollektivismus, der das Eigenrecht des Individuums mißachtet. Aus der Gemeinverstrickung ergibt sich ferner eine Gemeinhaftung: Der Versorgungsstaat, die Sozialpflichtigkeit des Eigentums sind Folgen der Solidarität. Das Solidaritätsprinzip kann ferner auch antikapitalistisch angewandt und ausgelegt werden (z. B. *Franz Klüber*).

Das Solidaritätsprinzip schließt das Gemeinwohlprinzip und das Ganzheitsprinzip ein. Der Mensch ist Glied eines größeren Ganzen, von Familie, Kommune, Staat, Volk, Menschheit. Die Gesellschaft wird als gegliedertes Ganzes, als Organismus gesehen. Der *Solidarismus* verwirft Klassenhaß und Klassenneid. Die Gesellschaft entwickelt sich also nicht durch Konflikte (gegen marxistische Klassenkampftheorie und liberales Konkurrenzmodell), sondern durch organisches Zusammenwirken. Damit kann man dann auch Unterschiede, Ungleichheiten natürlich erklären und legitimieren, analog der verschiedenen Wertigkeit und Bedeutung der einzelnen Organe für den Körper des Menschen.

Das Gemeinwohl wird bewirkt durch organisches Zusammenwirken aller Beteiligten. Daher tritt die kath. Soziallehre nachdrücklich für Mitbestimmung ein (bei unterschiedlicher Wertung der Parität). Eine Grenze katholischer Soziallehre besteht jedoch in der Unterbewertung des Konflikts in seiner Bedeutung für die Veränderung der Gesellschaft. Der Solidarismus kann dazu verleiten, gesellschaftliche Antagonismen einzuebnen, statt sie zum Austrag kommen zu lassen. Denn Organismusvorstellungen können zur Sanktion des Status quo führen.

1.3 Subsidiaritätsprinzip. Die Kehrseite des Solidaritätsprinzips, aber auch dessen konkrete Anwendung ist das Subsidiaritätsprinzip. Es wurde der eigentliche kontroverstheologische Streitpunkt. Formuliert wurde es von *Pius XI.* in Quadragesimo anno (1931). Dort wird es als oberster sozialphilosophischer Grundsatz bezeichnet (Nr. 79):

„Wie dasjenige, was der Einzelmensch aus eigener Initiative und mit seinen eigenen Kräften leisten kann, ihm nicht entzogen und der Gesellschaftstätigkeit zugewiesen werden darf, so verstößt es gegen die Gerechtigkeit, das, was die kleineren und untergeordneten Gemeinwesen leisten und zum guten Ende führen können, für die weitere und übergeordnete Gemeinschaft in Anspruch zu nehmen; zugleich ist es überaus nachteilig und verwirrt die ganze Gesellschaftsordnung. Jedwede Gesellschaftstätigkeit ist ja ihrem Wesen und Begriff nach subsidiär; sie soll die Glieder des Sozialkörpers unterstützen, darf sie aber niemals zerschlagen oder aufsaugen."

Das Subsidiaritätsprinzip ist zu verstehen im Sinne eines Zuständigkeitsprinzips: Es soll die Träger der Verantwortung, der Kompetenz namhaft machen. Dabei gibt es einen innerkatholischen Auslegungsstreit. O. *von Nell-Breuning* übersetzt subsidiär mit: „Hilfreicher Beistand" (Baugesetze, S. 90 f.). Das meint: nicht Notbehelf, Ersatz, Lückenbüßer, sondern Anleitung zur Selbsthilfe, also „hilfsweise", nicht „aushilfsweise". Aber die Übersetzungsfrage ist kontrovers. Heißt „Gravissimum illud principium": „*der* oberste sozialphilosophische Grundsatz" (*Gustav Gundlach S. J.*) oder „*ein* höchst schwerwiegendes Prinzip" (*A. F. Utz, O. P.*)? Die Übersetzung entscheidet über die Rangordnung des Subsidiaritätsprinzips innerhalb der katholischen Soziallehre. Die Rangordnung hat für die praktische Gesellschafts- und Sozialpolitik weitreichende Folgen.

Auch das Subsidiaritätsprinzip gilt als sozialmetaphysischer Grundsatz: Es ist ein Seinsgrundsatz, der Selbstverantwortlichkeit ethisch unterstreicht und begründet. Katholische Autoren suchen die Geltung des Subsidiaritätsprinzips auch in außermenschlicher Natur aufzuweisen. Der Kosmos beruhe auf sinnvollem Zusammenwirken kleiner Einheiten. Andere Soziallehrer (Utz) weisen freilich Analogien aus diesem Naturbereich zurück. Das Subsidiaritätsprinzip fußt auf dem scholastischen Axiom: „Omne agens agendo perficitur". Jedes auf Tätigkeit angelegte Wesen kann nur durch Handeln sein Dasein mit Sinn erfüllen: Jede Selbstverwirklichung erfolgt durch Selbstbetätigung. Dies gilt besonders für den Menschen: Er bedarf der Entfaltung körperlicher, geistiger, sittlicher Kräfte und Anlagen. Dieser sozialmetaphysische Sachverhalt führt zur sozialethischen Forderung: Jeder Mensch, jede kleine menschliche Gemeinschaft *soll* selbständig handeln können. Die größere Gemeinschaft, der Staat darf nur „subsidiär" eingreifen, wenn die Kräfte des Einzelnen und der kleineren Gemeinschaft zu schwach sind. Die Initiative und die Eigenkräfte des Einzelnen sind zu schützen und zu fördern. Die Gemeinschaft soll durch Daseinsvorsorge dem Einzelnen nur die „Grundchance" der Persönlichkeitsentfaltung sichern, aber ihm nicht alle Initiative wegnehmen. Es geht um den Schutz des „Rechts der kleineren Lebenskreise".

In gleicher Weise forderte *Abraham Lincoln*: „Die Regierung hat für die Bevölkerung das zu besorgen, wonach die Menschen ein Bedürfnis haben, was sie aber selbst nicht tun können (oder) doch, auf sich selbst gestellt, nicht ebensogut selber tun können. In all das, was die Menschen ebensogut selber tun können, hat die Regierung sich nicht einzumischen." Auch *Marx* forderte, der Sozialismus habe im Menschen das Selbstgefühl der Freiheit zu erwecken.

Problematisch wird es, wenn das Subsidiaritätsprinzip zu dem sozialmetaphysischen Grundaxiom schlechthin wird. Diese Schwierigkeit sieht auch O. von Nell-Breuning (S. 82), wenn er erklärt, das Subsidiaritätsprinzip liefere ein Unterscheidungsmerkmal, indem es kläre, wer zuständig sei (Kompetenz) und wer die Entscheidung zu treffen habe. Sein Vorzug sei, daß es allgemeingültig sei. Der Vorzug fordere aber seinen Preis, der darin besteht, „daß seine Anwendung nicht ganz einfach ist, vielmehr große Behutsamkeit und Besonnenheit erfordert" (Baugesetze, S. 82).

Auf die strittige konkrete Anwendung des Subsidiaritätsprinzips ist hier nicht einzugehen. Im Elternrecht und der Schulpolitik, in der Sozialpolitik (Familienlastenausgleich), in der Sozialversicherung, bei der Mitbestimmung spielt es auch für die aktuelle politische Auseinandersetzung in der Bundesrepublik Deutschland eine große Rolle. Die Gefahr eines Mißbrauchs des Subsidiaritätsprinzips durch einen Verbandsegoismus ist zudem nicht zu übersehen.

1.4 Ein weiterer wesentlicher Grundbegriff ist *Gemeinwohl,* lat. bonum commune, bzw. „Wohl der Allgemeinheit", „Gemeinnutz", „Öffentliches Interesse". Eine totalitäre Fassung lautet: „Gemeinnutz geht vor Eigennutz", „recht ist, was dem Volke nützt".

Das Gemeinwohl ist ein alter Schlüsselbegriff katholischer Soziallehre. Ideengeschichtlich stammt das Wort aus der griechischen Polis. *Aristoteles* hat es in die Rechts- und Staatsphilosophie eingeführt. Nach Aristoteles ist erster Zweck des Staates nicht die Machtentfaltung, sondern die Aufrichtung einer geistigen und sittlichen Ordnung, in welcher die Bürger ihre politische Existenz finden können. Dabei ist das κοινόν, das allgemeine Wohl mehr als die Summe der Einzelinteressen. Aus der aristotelischen Philosophie übernahm die Scholastik den Gedanken des bonum commune, der utilitas communis; und von dort gelangte dieser Begriff in die katholische Soziallehre. *Thomas von Aquin* sagt vom Gemeinwohl, es sei im Vergleich mit anderen Werten „göttlicher", weil von ihm die anderen Lebenswerte des Menschen abhängen (In Eth. 1,2,30; STh II/2 q 31,3). Gemeingut und Gemeinwohl sind also ein Wert, der

Vorrang vor anderen Werten hat; „bonum commune potius est bono privato, si sit eiusdem generis" (STh II/2 q 152 a 4). Ebenso urteilt Papst *Leo XIII.*: „Das Gemeinwohl ist in der Gesellschaft nach Gott das erste und letzte Gesetz" (Au milieu, Breve an den französischen Klerus, 16. 2. 1892). Gemeinwohl ist daher das Kriterium für das Verhalten des einzelnen gegenüber der Gesellschaft: Das Tun des Einzelnen soll dem „gemeinen Nutzen" dienen oder zumindest nicht widersprechen. Für die katholische Sozialehre als Sozialmetaphysik ist das Gemeinwohl sowohl Voraussetzung für die rechte Entfaltung der Persönlichkeit wie ein von der Gemeinschaft zu verwirklichender Wert.

Dadurch ergibt sich eine Nähe zur aufgeklärten Sozialphilosophie (*Jean Jacques Rousseau*: „volonté generale", *Jeremy Bentham*: „the greatest happiness of the greatest number").

Wie die aufgeklärte Harmonievorstellung ist die katholische Sozialehre der Überzeugung, das Gemeinwohl sei natürlich zu verwirklichen. Gemeinwohl wurzelt in der metaphysischen sittlichen Weltordnung. Von der Aufklärung unterscheidet sich die katholische Sozialehre aber, indem sie das Gemeinwohl nicht nur als ethische Aufgabe, sondern als ontologische Vorgabe betrachtet. (Vgl. *J. Messner*, Das Gemeinwohl, Idee, Wirklichkeit, Aufgaben, 1967.) „Das Gemeinwohl ist die durch die gesellschaftliche Verbundenheit bedingte größtmögliche, der Bestimmung der Menschennatur zugeordnete Glückserfüllung der Gesellschaftsglieder in ihrer größten Zahl" (Messner, S. 39).

Ein Unterschied zum aufgeklärten Gesellschaftsverständnis besteht auch darin, daß die menschliche Bestimmung nicht nur Glückserfahrung, sondern Gottesverehrung sein soll. Das Gemeinwohlprinzip ist sodann faktisch identisch mit der Gerechtigkeit als naturrechtlichem Grundprinzip. Es ist in einem Idee, Wirklichkeit, Aufgabe, d. h. ontologische Wesenheit, praktische Realität, sozialethisches Ziel.

Kritisch ist zu fragen: Welches sind konkret die Gemeinwohlwerte? Wie sind sie zu erkennen? Die Katholische Sozialehre schwankt hier zwischen empirischer Tatsachenfeststellung und normativem Anspruch. Der Gemeinwohlgedanke als solcher ist abstrakt, „inhaltsleer". Entscheidend ist, wer definieren soll, was dem Gemeinwohl entspricht. Das Gemeinwohl ist jedenfalls eine regulative Idee: es fordert die Verwirklichung einer gerechten humanen Gesellschaft.

2. *Die Sozialenzykliken*

Die wesentlichen Texte der katholischen Sozialehre sind die päpstlichen Sozialenzykliken. Die Frage ist, ob diese Rundschreiben Sozialphilosopie oder Sozialtheologie enthalten und wie weit die lehramtliche Verbindlichkeit reicht.

Enzyklika heißt: litterae encyclicae. Es sind dies päpstliche Rundschreiben an den Gesamtepiskopat oder an einen einzelnen Bischof, die dem päpstlichen Lehramt Ausdruck verleihen. Unfehlbar sind sie nur, soweit in ihnen bereits definierte Glaubenswahrheiten enthalten sind. Wirtschaftliche Irrtümer und politische Fehlurteile (hinsichtlich z. B. Kapitalismus und Sozialismus) finden sich in ihnen vielfach. Seit Papst *Leo XIII.* wurden Enzykliken das Mittel, die Soziallehre, Morallehre und politische Theorie der katholischen Kirche verbindlich auszusprechen und festzulegen.

2.1 Leo XIII. (1878—1903) vollzog die Öffnung zur modernen Gesellschaft: Er beendete den Kulturkampf mit Bismarck, führte den englischen Katholizismus aus dem Ghetto; geistig tritt er ein in die Auseinandersetzung mit dem Liberalismus (Liberale als Antiklerikale in Frankreich) und Sozialismus. Erster Hinweis auf die Gefahren des Sozialismus findet sich in der Enzyklika Quod Apostolici muneris, 1878. Die erste — bedeutende — Sozialenzyklika ist Rerum novarum, 1891: Sie soll die längst schon vorhandene katholisch-soziale Bewegung kirchenamtlich sanktionieren und legitimieren.

Rerum novarum (RN) (Die Sucht nach Neuerungen). Bereits 1878 (Quod Apostolici muneris) warnte Leo XIII. vor der „todbringenden Seuche des Sozialismus". Am Anfang von RN steht die Ablehnung der sozialistischen Eigentumslehre, d. h. der Sozialisierung als schwerwiegendem Irrtum. Das Recht zum privaten Besitz habe der Mensch von Natur. Kritik wird auch an der Forderung nach Staatsfürsorge (Sozialstaat!) geübt.

„Es ist auch kein Grund vorhanden, die allgemeine Staatsfürsorge in Anspruch zu nehmen. Denn der Mensch ist älter als der Staat, und darum besaß er das Recht auf Erhaltung seines körperlichen Daseins, ehe es einen Staat gegeben hat" (Nr. 6).

Betont wird der Vorrang des Individuums und der Familie vor dem Staat; erforderlich ist daher Selbsthilfe, nicht Staatshilfe (vgl. Nr. 9):

Die häusliche Gesellschaft „ist älter als jegliches andere Gemeinwesen, und deshalb besitzt sie unabhängig vom Staate ihr innewohnende Rechte und Pflichten".

Das Arbeitsverhältnis muß freilich ein Familienleben ermöglichen. Daraus folgen Forderungen nach Arbeitszeitbegrenzung, nach menschenwürdiger Arbeit, eine Ablehnung der Sonntags- und Kinderarbeit. Ferner wird ein familiengerechter Lohn verlangt. Das Lohnproblem wird in RN 34 allerdings nur vage umschrieben.

RN lehrt — nach der Ablehnung der sozialistischen Lösung —, eine christliche Sicht der Sozialgestaltung in der Gesellschaft; verwirklicht werden kann sie nur im Zusammenwirken von Kirche, Staat, Arbeitgebern und Arbeitnehmern. Verteidigt wird freilich die natürliche Ungleichheit des Menschen (RN 14); darum ist der Klassenkampf abzulehnen.

Der Staat soll gesetzliche Voraussetzungen für die Gestaltung des Arbeitslebens schaffen (Nr. 29, Rechtsschutz). Arbeitgeber und Arbeitnehmer sollen organisch bei der gegenseitigen Hilfe zusammenwirken. Staatliche Gesetze sind am Naturrecht zu messen.

„... staatliche Gesetze und Anordnungen besitzen inneren Anspruch auf Gehorsam nur, insofern sie der richtigen Vernunft und damit dem ewigen Gesetz Gottes entsprechen" (Nr. 38).

Daraus folgt: Das Koalitionsrecht der Arbeiter ist Naturrecht. Allerdings wird verlangt, die Religion solle das Fundament der Arbeitervereine bilden (Nr. 43, 37). „Ohne Zuhilfenahme von Religion und Kirche ist kein Ausgang aus dem Wirrsal zu finden." Das führt zur Forderung nach konfessionellen Gewerkschaften und löste nach 1900 in Deutschland den Gewerkschaftsstreit aus.

Rerum novarum war antirevolutionär gemeint. Der Sozialismus wird explizit verurteilt. Nur implizit und indirekt wird am Kapitalismus Kritik geübt, z. B. im Aufruf zur Achtung der Menschenwürde, in der Kritik menschenunwürdiger Arbeitsverhältnisse, unzureichenden Lohnes, im Eintreten für Koalitionsfreiheit der Arbeiter. Rerum novarum ist dennoch die Magna Charta (so QA 39, MM 26) katholischer Sozialarbeit! Denn die höchste kirchliche Autorität billigt offiziell, „approbiert" die katholische Arbeiterbewegung.

2.2 Pius XI. (1922—1939). Das Leitmotiv seines Pontifikats formuliert bereits die 1. Enzyklika „Ubi arcano", 1922: „Pax Christi in regno Christi." „Ubi arcano" begründete die Katholische Aktion. Die Katholische Aktion soll der verlängerte Arm der Hierarchie im öffentlichen Leben sein:

„Sie gehört nicht der irdischen, sondern der übernatürlichen Ordnung an, sie ist nicht politischer, sondern religiöser Natur. Und dennoch muß sie mit vollem Recht als soziale, gesellschaftliche Bewegung bezeichnet werden."

Damit ist der politische Katholizismus (Zentrum!) legitimiert, gegen demokratischen Laizismus, Säkularismus.

Quadragesimo anno (QA) (1931). Die Enzyklika erschien zum 40jährigen Jubiläum von 1891, Rerum Novarum. Entfaltet werden die katholischen Sozialprinzipien. Ausdrücklich verdammt wird der Sozialismus: „Es ist unmöglich, gleichzeitig guter Katholik und wirklicher Sozialist zu sein" (Nr. 120). Auch für die damalige SPD gilt: „Der Gegensatz zwischen sozialistischer und christlicher Gesellschaftsauffassung ist unüberbrückbar" (RN 118). Der Sozialismus sieht nämlich die Gesellschaft nur als Zweckveranstaltung; er muß zwar nicht notwendig atheistisch sein, profaniert aber die Gesellschaft. Daraus folgt ferner die Ablehnung der katholischen Religiös-Sozialen. Noch schärfer ist die Verwerfung des Kommunismus. „Der Kommunismus ist in seinem innersten Kern schlecht, und es darf sich auf keinem Gebiet mit ihm auf Zusammenarbeit einlassen, wer immer die christliche Kultur retten will" (Divini redemptoris, 1937). RN hat die Arbeiterfrage als Teilfrage herausgegriffen. QA geht es um die Gesamtordnung der Gesellschaft (Subsidiaritätsprinzip, berufsständische Ordnung). Zeitgeschichtlicher Hintergrund war 1931 die Weltwirtschaftskrise, die Massenarbeitslosigkeit, allgemeine Existenzunsicherheit. (Zum Einfluß *Oswald von Nell-Breunings* vgl. seine Erinnerungen in: Wie sozial ist die Kirche?; vgl. auch die Sozialmetaphysik *Gustav Gundlachs*).

Inhalt von QA
 I. Segensreiche Wirkung von Rerum Novarum (16–40)
 II. Kompetenz der Kirche gegenüber Gesellschaft und Wirtschaft (41–43), Einzelthemen der Soziallehre: Eigentum (44–52), Kapital und Arbeit (53–63), Lohngerechtigkeit (69–75), Neue Gesellschaftsordnung (76–98)
 III. Wandlungen seit Leo XIII.: Wandlungen im kapitalistischen Wirtschaftssystem und im Sozialismus.

QA anerkennt gemischte Gewerkschaften — sofern sie das Naturrecht beachten und den katholischen Mitgliedern volle Gewissensfreiheit lassen.

Die Kompetenz des Lehramtes gilt nicht für Regelungen technischer Art, sondern ist verbindlich nur in allem, was das Sittengesetz betrifft (QA 41). Die Eigenständigkeit wirtschaftlicher Abläufe darf aber nicht zur These führen, die Wirtschaft stehe außerhalb des Sittengesetzes (Nr. 42).

„Alle Einzelziele wirtschaftlicher Art, Sozial- und Individualziele" seien eingereiht zu sehen „in die große Gesamtordnung der Ziele", „womit sie für uns ebensoviele Stufen werden, auf denen wir hinaufsteigen bis zum letzten Ziel und Ende aller Dinge, zu Gott, dem höchsten unendlichen Gut" (Nr. 43).

Das Eigentum ist vom Naturrecht geschützt. Aber jetzt wird bewußt unterschieden zwischen Eigentumsrecht und Eigentumsgebrauch (Nr. 47). Eine Enteignung ist unzulässig, aber die Einschränkung des Eigentumsgebrauchs ist möglich, wenn es das Gemeinwohl erfordert (sog. Sozialisierungsbescheid, Nr. 49).

Wichtig ist das Stichwort „Entproletarisierung des Proletariats", „redemptio proletariarum" (59). Ziel der Ordnungspolitik ist die Entschärfung der Klassengegensätze. Darum wird der Klassenkampf verworfen und stattdessen Vermögensbildung (Nr. 61) und familiengerechter Lohn (Nr. 71) empfohlen. Für die Lohnermittlung gibt es drei Kriterien: (1.) Lebensbedarf des Arbeiters und der Arbeiterfamilie (Nr. 71), (2.) Lebensfähigkeit des Unternehmens (Nr. 72), (3.) Allgemeine Wohlfahrt (Nr. 74).

Das umstrittenste Stück ist das *Subsidiaritätsprinzip* (Nr. 79) „Ordinum mutua conspiratio" (Nr. 81 ff.), die „Berufsständische Ordnung".

O. v. Nell-Breuning übersetzt: „Leistungsgemeinschaft". Sie soll ein *dritter Weg* gegenüber kapitalistischem Konkurrenzprinzip und Klassenkampf sein. Pius XI. hatte freilich große Vorbehalte gegen die Demokratie. Deshalb empfiehlt er damals vermutlich den Ständestaat. Die Heilung aller wirtschaftlichen und sozialen Schäden (1931: Jahr der Weltwirtschaftskrise!) sei nur von der sittlichen Erneuerung zu erhoffen (Nr. 98, 127 ff., 132), einer „Erneuerung der Wirtschaft im christlichen Geist" (Nr. 136).

Quadragesimo anno enthält eine sehr differenzierte Sicht sozialer und wirtschaftlicher Probleme. In ihr ist die katholische Soziallehre als geschlossenes Konzept entworfen, dessen Gegner der Sozialismus ist. Sie verpflichtet die „wahre" Gesellschaft auf das „christliche Naturrecht" und lehnt den demokratischen Pluralismus ab.

2.3 Pius XII. (1939—1958). Eugenio Pacelli schrieb keine Enzyklika, hielt aber viele Ansprachen zu sozialen, politischen, moralischen Problemen. Allein 1939—1941 waren es 189 feierliche Ansprachen. Scharf ausgeprägt ist der Antikommunismus. 1949/50 ergingen zwei Dekrete des Hl. Offizium, die nicht nur Mitglieder in Kommunistischen Parteien, sondern auch die bloße Zusammenarbeit mit der KPD mit Exkommunikation bedrohte (Katholiken in der CSSR, Ungarn und Polen).

2.4 Johannes XXIII. (1958—1963) ist der Konzilspapst. Seine Enzykliken sind: Mater et magistra (1961) (MM) — Pacem in terris (1963 — Friedensenzyklika). Deutlich ist der Klimawechsel. MM referiert nur noch die historische Verurteilung des Sozialismus und Kommunismus, erneuert sie aber nicht ausdrücklich selbst (Nr. 34). Ansonsten werden breit die Grundsätze und Einzelbestimmungen der katholischen Soziallehre wiederholt. „Die Soziallehre, die die katholische Kirche überliefert und verkündet, bleibt ohne Zweifel für alle Zeiten in Geltung" (MM 218). Neue Schwerpunkte sind Landwirtschaft (123—156) und Entwicklungshilfe. Johannes XXIII. war Bauernsohn; eine Fülle z. T. wirtschaftlich zweifelhafter agrarpolitischer Ratschläge werden von ihm gegeben. Erstaunlicherweise erwähnt Johannes XXIII. das Problem der Bodenreform aber nicht (Paul VI. erwähnt es dann in Populorum Progressio).

Inhalt von Mater et magistra:
   Teil I. Rückblick auf die Tradition katholischer Soziallehre seit Rerum Novarum (10—50)
     II. Die traditionellen sozialethischen Themen (51—122), z. B. Arbeitsentgelt, Eigentum, Mitbestimmung etc.
    III. Neue Themen. 1. (123—156) Landwirtschaft (vgl. Landwirtschaftsdenkschrift der EKD, Erntedankfest 1965). 2. Entwicklungshilfe. Ausdehnung des Gemeinwohlgedankens auf die Weltebene (157—211)
    IV. Pastorale Mahnung (216—264): „Die Neuordnung des gesellschaftlichen Lebens in der Wahrheit, der Gerechtigkeit und der Liebe."

Verglichen mit RN und QA bringt MM keinen inhaltlichen Neuansatz. Es ändert sich aber der Stil: Die autoritative Sprache der Pius-Päpste fehlt. Johannes XXIII. spricht eher pastoral, seelsorgerlich. MM ist weniger gesetzliche Direktive als Sozialpredigt. Ihre Vorzüge sind Offenheit und Kommunikationsbereitschaft (etwa zum Sozialismus, zur UNO hin). Die Schwäche dagegen sind unpräzise, konturlose Aussagen, Allgemeinplätze. Sowohl Kapitalisten wie Sozialisten können sich auf die grundsätzlichen Mahnungen berufen, auch wenn sie selbst eine ganz andere Praxis beabsichtigen und durchführen. O. v. Nell-Breuning weist darauf hin, daß mit MM bei verbaler öffentlicher Anerkennung der Niedergang der katholischen Soziallehre im Sachlichen beginnt.

2.5 Paul VI. (1963—1978). Populorum Progressio 1967 (PP). Populorum Progressio betont die negativen Auswirkungen des kapitalistischen Wirtschaftssystems auf die unterentwickelten Länder. Es löste deshalb innerkatholische Kontroversen aus. In Deutschland stand die Kontroverse unter dem Stichwort: „Ist die katholische Soziallehre antikapitalistisch?" (Hg. von *Anton Rauscher*, 1968). Die New York Times bezeichnete die Enzyklika als „fast marxistisch". Die Prawda brachte Auszüge und zustimmende Kommentare. Der Vorwurf der Unternehmerseite lautete: Der Papst sei zur marxistischen Kapitalismuskritik übergelaufen. Drei Punkte erregten besonders Anstoß:

1. Die Schärfe der Betonung der Sozialgebundenheit des Eigentums und die Zulässigkeit der Enteignung bei gemeinwohlwidrigen Verhältnissen, besonders im Blick auf die Latifundienwirtschaft (Ziff. 23/24).

„Und zu allem kommt der Skandal schreiender Ungerechtigkeit nicht nur im Besitz der Güter, sondern noch mehr in deren Gebrauch. Eine kleine Schicht genießt in manchen Ländern alle Vorteile der Zivilisation, und der Rest der Bevölkerung ist arm." Das führt zur Folgerung: Eine Enteignung zugunsten des Gemeinwohls ist erlaubt. „Das Privateigentum ist also für niemand ein unbedingtes und unumschränktes Recht" (ius supremum nullique condicioni subiectum Nr. 23). Das enthält eine Absage an die Unantastbarkeit und Heiligkeit des Privateigentums und erlaubt besonders eine Enteignung ungenutzten Grundbesitzes, von Latifundien (Nr. 24).

2. Das harte Urteil über das laissez-faire Prinzip des Manchesterkapitalismus (Nr. 26).

Kritisiert wird die liberalkapitalistische Anschauung, „wonach der Profit der eigentliche Motor des wirtschaftlichen Fortschritts, der Wettbewerb das oberste Gesetz der Wirtschaft, das Eigentum an den Produktionsmitteln ein absolutes Recht ohne Schranken, ohne entsprechende Verpflichtungen der Gesellschaft gegenüber darstellt" (Nr. 26). Gegen solche Maßnahmen sei daran zu erinnern, „daß die Wirtschaft ausschließlich dem Menschen zu dienen hat" (Nr. 26).

3. Die Aussage, daß unter gewissen äußersten Umständen auch ein gewaltsamer Umsturz gerechtfertigt sein kann (Ziff. 30/31).

Es ist die Frage der Revolution, wenn ungerechte Zustände zum Himmel schreien (Nr. 30). „Trotzdem: Jede Revolution — ausgenommen im Falle der eindeutigen und lange dauernden Gewaltherrschaft, die die Grundrechte der Person schwer verletzt und dem Gemeinwohl des Landes ernsten Schaden zufügt — zeugt neues Unrecht, bringt neue Strömungen des Gleichgewichts mit sich, ruft neue Zerrüttung hervor. Man kann das Übel, das existiert, nicht mit einem noch größeren Übel vertreiben" (Nr. 31). Daher plädiert die Enzyklika für gewaltlose Reformen (Nr. 32).

Katholische Interpreten betonen, Populorum Progressio gelte nur für Entwicklungsländer (Lateinamerika), nicht aber für entwickelte Industriegesellschaften.

§ 5. Katholische Soziallehre 351

Dazu kommen innerkatholische Rivalitäten: RN ist inspiriert vom sozialen Katholizismus Frankreichs (Schule von Angers der französischen Liberal-Katholiken). QA stand hingegen unter deutschem Einfluß (Königswinterer Kreis; vgl. O. von Nell-Breuning, Wie sozial ist die Kirche?, 1972, S. 99 ff.). RN war gegenüber der Wiener katholisch-sozialen Schule Karl Freiherr von Vogelsangs zurückhaltend. Anton Orel beanspruchte dagegen QA für den österreichischen Ständestaat. PP trägt die Handschrift des französischen Reformkatholizismus (P. Lebret). War darum die Kritik besonders heftig in Deutschland?

Wichtig an Populorum Progressio ist die Infragestellung eines Laissez-faire-Prinzips des Welthandels und Weltmarkts und der Hinweis auf strukturelle Nachteile für Entwicklungsländer. „Entwicklung ist nicht einfach gleichbedeutend mit wirtschaftlichem Wachstum" (Nr. 14). Erkannt ist ferner die Gefährdung des Weltfriedens durch Sozialrevolutionen. Entwicklung ist deswegen der neue Name für Friede (Nr. 76). Wichtiger als wirtschaftlicher Erfolg sei wahrer Humanismus (z. B. Nr. 18: Hierarchie der Werte; Nr. 20: Um ein menschliches Leben; Nr. 34: „Jedes Programm zur Steigerung der Produktion hat nur so weit Berechtigung als es dem Menschen dient.").

Inhalt: I. Der umfassende Fortschritt des Menschen (6—42)
II. Die solidarische Entwicklung der Menschheit (43—87): Kampf gegen den Hunger (45 ff.). Handelsbeziehungen sind nach Recht und Billigkeit zu ordnen, nicht bloß nach Macht (56 ff.). Die Forderung nach einer Weltautorität (Nr. 78).

Zur Geburtenkontrolle wird nur erklärt, der Staat dürfe keine Geburtenbeschränkung dekretieren. „Ohne das unabdingbare Recht auf Ehe und Zeugung gibt es keine Würde des Menschen" (Nr. 37). Es unterbleibt damit eine eindeutige Stellungnahme zum Bevölkerungswachstum.

Allerdings: Der Einfluß des Ost-West-Gegensatzes auf den Nord-Süd-Gegensatz bleibt ausgeklammert (z. B. Rüstung statt Entwicklungshilfe).
Außerdem werden die Zollpolitik, Zollschranken, Subventionen als Hemmnisse der Wirtschaft in den Entwicklungsländern und die Rückwirkung von strukturellen Änderungen auf dem Weltmarkt auf die Binnenwirtschaft der Industrieländer nicht angesprochen.

Kurzum: Populorum Progressio versucht zwar, die Probleme radikal und klar zu sehen, macht aber keine präzisen oder gar radikalen Lösungsvorschläge. Ist mit dieser Enzyklika die Tradition katholischer Soziallehre am Ende?

2.6 Weiterhin bleibt zu verweisen auf das *2. Vatikanische Konzil*, vor allem die *Pastoralkonstitution über die Kirche in der Welt von heute, Gaudium et spes*, 1965. Die Pastoralkonstitution hat freilich ein viel weiteres Thema als nur die Soziallehre.

1971: Octogesima adveniens, Schreiben Papst *Pauls VI.* an Kardinal Roy (80 Jahre Rerum Novarum).

Ebenfalls 1971 wurde das Dokument der römischen Bischofssynode „*De iustitia in mundo*" „Gerechtigkeit in der Welt" beschlossen, welches das Problem weltweiter Ungerechtigkeit anspricht. Zur „Sendung der Kirche" gehöre es nicht, „fertige Lösungen anzubieten, um im sozialen, ökonomischen und politischen Bereich die Gerechtigkeit in der Welt zu verwirklichen", wohl aber, „für die personale Würde und die Grundrechte des Menschen einzutreten und zu kämpfen" (Nr. 38): Damit ist die Freiheit der Laien von hierarchischer Bevormundung betont.

Insgesamt ist die Katholische Soziallehre heute kein fertiges, abgeschlossenes System mehr: „Die Soziallehre der Kirche erwächst geschichtlich aus dem, was das gesellschaftliche Leben an Fragen, insbesondere an Streitfragen aufwirft, und was es an Nöten und Ungerechtigkeiten erzeugt" (O. v. Nell-Breuning in KAB, S. 11).

Vgl. zur Gesamtbeurteilung: Oswald von Nell-Breuning, Die katholische Soziallehre – Aufstieg, Niedergang und bleibendes Verdienst: ein Rückblick auf ihre Leistung und ihr Versagen in acht Jahrzehnten, in: ders., Wie sozial ist die Kirche?, 1972, S. 71–96. Ein sehr selbstkritischer Rückblick! Der Höhepunkt ist für ihn QA – trotz der als unglücklich und mißverständlich bezeichneten Ausführungen zum Sozialismus und zur berufsständischen Ordnung – wegen der soliden ökonomischen Kenntnisse (S. 80). Der Niedergang beginne mit Mater et magistra (S. 83), weil es hier zu viele detaillierte, technische und praktischpolitische Ratschläge gäbe (S. 85). Enttäuschend sei Populorum Progressio (S. 88), weil „aus der Froschperspektive der Entwicklungsländer geschrieben". Insgesamt fordert Oswald von Nell-Breuning wirtschaftlichen Realismus.

Evangelische Sozialethik kann die in den Enzykliken unterstellte formale Autorität des Lehramtes nicht anerkennen. Viele Vorschläge und Überlegungen der katholischen Soziallehre können freilich argumentativ überzeugen und sind deshalb gemeinsame Einsicht in sachliche Erfordernisse.

2.7 Johannes Paul II. Mit der ersten Enzyklika *Redemptor hominis* (15. 3. 1979) (RH) erfolgt eine stärkere Hinwendung zur Sozialtheologie. Nicht die „Soziallehre" mit ihren philosophischen (naturrechtlichen) Prämissen, sondern der theologisch-ekklesiologische Aspekt wird betont.

Dadurch treten philosophisch-naturrechtliche und soziologisch-empirische Argumente zurück. Themenkreise von „Redemptor hominis" sind: Christus, der Mensch, die Kirche. Die Erlösung hat Auswirkung auf die Würde des Menschen. Daraus folgt die Ablehnung des Atheismus. Erstmals wird der Begriff „Entfremdung" durch einen Papst aufgenommen (RH 15): Er fordert zu einer „entsprechenden Entwicklung im sittlichen Leben und in der Ethik" heraus. Zentraler Sinn ist die Herrschaftsaufgabe des Menschen über die sichtbare Welt, „im Vorrang der Ethik vor der Technik, im Primat der Person über die Dinge, in der Überordnung des Geistes über die Materie" (RH 16). Der Mensch darf nicht zum Objekt, zum Sklaven der Dinge werden (16). Die Sendung der Kirche steht im Dienst der Wahrheit über den Menschen. RH vertritt nicht ein Sozialprogramm, sondern eine „Lebenstheologie".

Daran schließt *Laborem Exercens*, 14. September 1981, theologisch an (90. Jahrestag von „Rerum novarum") (LE). Die Besonderheit von LE ist eine „Theologie der Arbeit". Betont wird der *Vorrang* der Arbeit vor allen Dingen (Kapital). Den Hintergrund bilden Erfahrungen der polnischen Situation (Gewerkschaftsbewegung „Solidarnice", „Solidarität").

Die 5 Teile von Laborem exercens sind:
  I. „Einführung"
  II. „Die Arbeit und der Mensch." — Hier wird die anthropologische Grundfrage erörtert.
  III. Der Konflikt zwischen Arbeit und Kapital im gegenwärtigen Abschnitt der Geschichte
  IV. Die Rechte des arbeitenden Menschen
  V. Elemente für eine Spiritualität der Arbeit.

Zugrundegelegt ist dabei ein sehr weiter Arbeitsbegriff: Arbeit ist nicht nur Wirtschaftsfaktor, nicht nur Industriearbeit. Jede humane Tätigkeit, „jedes menschliche Tun" ist Arbeit. Arbeit ist Kennzeichen des Menschseins, Arbeit trägt das Merkmal der Person. Arbeit ist folglich der Schlüssel der sozialen Frage (LE 3). Von daher wird Stellung genommen zu Rechten auf Arbeit (Arbeitslosigkeit) und Rechten aus Arbeit (Humanität der Arbeitswelt, „Humanisierung" der Arbeit). Eine besondere Betonung hat die theologische Sicht der Arbeit (Teil II). Der Mensch soll Subjekt der Arbeit sein, so daß Arbeit nicht nur als objektiver Wirtschaftsfaktor gesehen wird. Materialistische und ökonomische Strömungen bedrohen die rechte Wertordnung (7).

Arbeit ist ein „bonum arduum", ein schwieriges Gut (Thomas v. Aquin, STh I/II q 40 a 1). Das zeigen besonders die folgenden Teile, in denen es um die Gestaltung der Arbeitsgesellschaft geht. Das Arbeitsverständnis von Laborem exercens ist hier nicht zu diskutieren. Zu fragen ist aber, ob sich alle sozialen und wirtschaftlichen Themen und Probleme auf die Frage der Arbeit zurückführen lassen.

Inwieweit mit Laborem exercens und vor allem mit der Kontroverse um die Befreiungstheologie ein grundsätzlicher Wandel der katholischen Soziallehre sich abzeichnet, ist bislang noch offen.

Das ist auch im Blick auf die Enzyklika zur Entwicklungshilfe zu sagen: *„Sollicitudo rei socialis"* (Die soziale Sorge der Kirche) (30. Dezember 1987). Sie ruft zwanzig Jahre nach „Populorum progressio" zu einem Engagement mit dem Ziel einer „wahren Entwicklung des Menschen und der Gesellschaft, welche die menschliche Person in allen Dimensionen achten und fördern soll", auf. Die paränetische Mahnung erinnert an die bekannten Forderungen nach weltweiter Gerechtigkeit, enthält aber keine theoretische Weiterführung der Soziallehre.

7. Kapitel

Grenzen der Ethik

§ 1. Handeln und Erleiden

Die Ethik hat es mit sehr vielen und wichtigen Phänomenen und Formen des Lebens zu tun, aber sie reflektiert gerade nicht das Ganze des menschlichen Lebens. Ethik ist nicht die Lehre vom Ganzen des Lebens. Ethik hat das *Handeln* und Verhalten des Menschen zu bedenken. Das Handeln ist gewiß ein wichtiges Element der Humanität. Aber Humanität ist nicht allein durch Handeln zu bestimmen und zu definieren. Neben dem Handeln gehört das *Leiden*, das *Erleiden* zu den wesentlichen Elementen des Menschseins: Der Mensch gestaltet nicht nur seine Welt; er erleidet zugleich ein *Schicksal*. Zum Menschsein gehört nicht allein die Aktivität des homo faber, sondern ebenso die Passivität des homo patiens. Zum Menschsein gehört ferner die Frage nach der *Identität* hinzu. Identität ist nicht allein subjektiv durch Handeln herstellbar, sondern wird in der Begegnung mit Mitmenschen erfahren. Identität und Leiden sind neben dem Handeln Grundfragen jeder Anthropologie (vgl. dazu umfassend: *Wolfhart Pannenberg*, Anthropologie in theologischer Perspektive, 1983).

Auch die religiöse Frage, die Frage nach Gott und nach Vertrauen im und zum Leben, hat ihren Sitz nicht vornehmlich in der ethischen Frage nach den Maßstäben und Zielen menschlichen Handelns. Sie entspringt zunächst der Einsicht in die durch Handeln nicht zu bewältigende Kontingenz menschlichen Lebens und Erleidens. Der Mensch hat sich nicht selbst produziert. Er ist ins Leben, ins Dasein geworfen. Immer wieder erlebt er sich selbst als Geheimnis. Daraus entsteht das Bedürfnis, solche Kontingenz, die theoretisch nicht zu lösen ist, durch praktisches Handeln zu bewältigen. Aber die Wirklichkeit des Lebens setzt den menschlichen Bemühungen und Anstrengungen der Lebensbewältigung Grenzen. Diese Begrenzungen hat auch die Ethik zu beachten. Zu den Grenzerfahrungen gehören die Endlichkeit und der Tod des Menschen, unerklärliches und unbegreifliches Leiden, das unerklärbare Böse, die Schuld und die Schuldverstrickung in der Geschichte.

Angesichts dessen sprachen die Griechen von tragischem Geschick und Tragik. *Tragik* nennt man heute oft eine Lebensanschauung, welche die Grundbeschaffenheit von Leben und Welt aus der Sicht des Pessimismus und Nihilismus entschlüsselt und denkt. *Schopenhauer* meinte, im Tragischen stelle sich der Unwert des Lebens dar. Die antike Tragödie, die den Aufstieg und Fall des Helden schilderte, deutete Tragik freilich anders: Das Leben des Helden wird durch Grenzverletzung (Hybris) und Schicksal (Ate) bestimmt. Der tragisch scheiternde Held verletzt tragisch-schuldhaft die heilige Ordnung der Götter. Dies ist im Motiv des Götterneides dargestellt. Das Schicksal (Ate) bewirkt Verblendung, Geistesverwirrung. Die tragische Weltsicht, die ein schuldhaft-schicksalhaftes Scheitern des Menschen schildert, meint freilich etwas anderes als das christliche Sündenverständnis. Tragik ist Schicksal; der Mensch wird durch das Schicksal in unvermeidliche Konflikte verstrickt.

Der christliche Glaube hat wegen seines Glaubens an Gott, den Schöpfer und Erlöser, und aufgrund seines Sündenverständnisses den antiken Schicksalsgedanken abgelehnt. Die Schicksalsmächte (στοιχεῖα τοῦ κόσμου) sind in Christus entmachtet (Röm. 8,28). Eine metaphysische Sinndeutung des Lebens, welche das Schicksal als unbegreifliche Macht begreift, ist mit dem Glauben an Gott und dessen unwandelbare Treue nicht vereinbar. Fatalismus und Determinismus sind darum vom Christentum zurückgewiesen worden. Die moira, ate, heimarmene, ananke, das fatum sind für die christliche Theologie negativ besetzte Begriffe. *Calvin* (Inst. I, 16,8) wendet sich sogar ausdrücklich schon gegen den Gebrauch des Wortes fatum. Gott ist nach christlicher Lebensdeutung die einzige das Leben beherrschende Macht.

Von philosophischer Seite ist das Problem des Schicksals nur in wenigen Untersuchungen bedacht worden.

(Vgl. *Joachim Konrad*, Schicksal und Gott. Untersuchungen zur Philosophie und Theologie der Schicksalserfahrung, 1947; *Georg Simmel*, Brücke und Tür, 1957, S. 8–16: Das Problem des Schicksals).

Unter „Schicksal" ist die Gesamtheit der Bedingungen zu verstehen, die wir nicht durch eigene Tätigkeit hervorbringen. Schicksalhaft vorgegeben sind dem Menschen die Bedingungen der „äußeren" wie der „inneren" Natur (Geschlecht, Anlage, Rasse usw.) und geschichtliche Vorgaben (Klassen-, Volkszugehörigkeit, politischer Lebensraum usw.). Das Schicksal setzt der weltverändernden Praxis Grenzen.

Der Idealismus dagegen — exemplarisch sei *J. G. Fichte* genannt — entwickelte die Welt aus dem Subjekt. Er mußte daher den Schicksalsgedanken vernachlässigen. Die grenzenlose Freiheit des Subjekts, seine Subjektivität konstituiert überhaupt erst die Welt.

Ein pantheistisches Weltgefühl, das von der Einheit des kosmischen Geschehens überzeugt ist, hat für den Schicksalsgedanken ebenfalls keinen Raum. Der Rationalismus sträubt sich gegen die Dunkelheit des Schicksals, gegen Unerklärbares.

§ 1. Handeln und Erleiden

Ebenso lehnt eine Offenbarungstheologie, welche die Verborgenheit Gottes, den deus absconditus, nicht kennen will, die Vorstellung von einem Schicksal ab.

Zur Struktur des Schicksalsbegriffs gehört, daß das Schicksal das Leben durch ein „Ereignis" formt. Der Zufall an sich ist noch nicht Schicksal. Zufall kann jedoch zum Schicksal werden, indem es zu einer Synthese mit der eigenen Erlebnis- und Erkenntniswelt kommt. Nicht der Zufall, sondern die Aufnahme des Schicksals in das eigene Dasein macht ein Ereignis zum „Schicksal".

Georg Simmel hat zurecht darauf aufmerksam gemacht, daß der Mensch das Schicksal nicht abschaffen kann. Menschen können nur *unter* einem Schicksal stehen, unter dem Schicksal zerbrechen oder *über* dem Schicksal stehen, indem sie mit ihm zu leben fähig werden. *Odo Marquard* stellt die Frage nach dem „Ende des Schicksals? Einige Bemerkungen über die Unvermeidlichkeit des Unverfügbaren". Im Zeitalter der Machbarkeit, der Technik, der politischen Strategie und der Daseinsvorsorge scheint das Ende des Schicksals gekommen zu sein. Denn ist nicht das Ende des Schicksals gekommen, wenn die Menschen ihr Schicksal selbst machen? Und ist nicht im Zeitalter des A-Theismus (*Dorothee Sölle*), nach dem „Tod Gottes", der unablässige Kampf gegen Leiden und Schicksal Christensache und ethische Pflicht? Wenn die Macht menschlicher Freiheit von der Ohnmacht Gottes zehrt und die Autonomie des Menschen von der Depotenzierung Gottes lebt, wird eine „Omnipotenztheologie" (Marquard) unvermeidbar; die Ethik als Handlungsanweisung würde dann zur Grundbedingung des Christentums. Dagegen erinnert Marquard jedoch zurecht an die Unverfügbarkeit der Vorgaben. Unverfügbar sind vorgegebene Lebensbedingungen, ja die Komplexität des Lebens überhaupt. Ferner bleiben die Folgen des Handelns unverfügbar: Wir stoßen gerade in der technisch-wissenschaftlichen Zivilisation an Grenzen menschlicher Vorhersehbarkeit und menschlicher Vorsehung. Die Neuzeit kann nicht die Augen vor der Einsicht verschließen, daß der Mensch auch nicht durch die Technik Herr des Schicksals ist. Ethik und Theologie haben daher das Schicksal wiederzuentdecken. Schicksal ist das, was uns als Menschen unverfügbar vorgegeben und als zu achten aufgegeben ist, was die Grenzen unserer Aktivität setzt und dennoch unser Dasein als menschliches formt.

§ 2. Das Ende des Lebens

Das menschliche Leben ist endlich, befristet. Alles menschliche Leben ist „Sein zum Tode" (*M. Heidegger*). Der Mensch weiß um die Endlichkeit seiner Existenz. Die Lebenszeit des Menschen ist befristete Zeit. Während das Tier verendet, *weiß* der Mensch um sein Ende. Er kann den Tod bewußt vorweg erfahren. Das Wissen um den eigenen Tod ist für das Menschsein wesentlich. Der Mensch kann dieses Wissen freilich verdrängen. *Georg Simmel* beurteilt die Verdrängung des Todesbewußtseins als vitale List: „Das Leben ist in den Formen, in denen wir leben, gerade nur auf dieser Basis des Wissens um die Tatsache (sc. des Todes) und des Nichtwissens um ihren Zeitpunkt möglich." Bereits *Epikur* beschrieb die Nicht-Erfahrbarkeit des eigenen Todes: „Das schauerlichste Übel, der Tod, geht uns nichts an. Denn solange wir sind, ist der Tod nicht da; und wenn er da ist, sind wir nicht da." Das Wissen um die Endlichkeit des menschlichen Lebens setzt auch dem menschlichen Handeln Schranken und Grenzen. „Es geht dem Menschen wie dem Vieh; wie dies, so stirbt er auch, und haben alle einerlei Atem, und der Mensch hat nichts mehr als das Vieh" (Koh. 3,19).

Zwar gibt es die Möglichkeit der Selbsttötung. Aber inwiefern die Selbsttötung bewußte Tat ist, ist in der Suizidforschung, dem Bemühen um Selbstmordverhütung, zum Teil strittig. Wenn man den Suizid und die Selbstmordverhütung als spezifisch ethisches Thema ausklammert (vgl. dazu Band II), so ist der Tod als solcher kein eigenes und originäres Thema der Ethik. Die Fragen eines Weiterlebens nach dem Tode, der Hoffnung über den Tod hinaus, der Auferweckung der Toten oder auch der Unsterblichkeit der Seele sind gerade nicht durch menschliche Tätigkeit zu beantworten. Mit *Martin Luther* ist angesichts des Todes nur von der „spes purissima in purissimum deum" (WA 5,166,16–19), der alleinigen Hoffnung auf den einzigen Gott zu sprechen. Das Thema Tod hat seinen legitimen Ort in der Dogmatik, in der Eschatologie und in der christlichen Hoffnung.

Dennoch ist der Tod gerade als *Grenze* ethischen Handelns auch notwendig ein Thema der Ethik, und zwar in dreifacher Hinsicht:

(1) Einmal gilt es, zwischen dem unvermeidlichen, unausweichlichen Tod und Sterbenmüssen und dem vorzeitigen, dem vermeidbaren, dem

§ 2. Das Ende des Lebens   361

zu bekämpfenden Tod zu unterscheiden. Das Wissen um die Unausweichlichkeit des Todes, um das „Ende" verpflichtet den Menschen gerade dazu, alles zu tun, was das Ende nicht zu einem vorzeitigen Geschehen werden läßt. Der Kampf der Medizin gegen einen vermeidbaren Tod gewinnt hier seinen begründeten Antrieb. Das Bemühen um Selbstmordverhütung wie die sittliche Stigmatisierung der Todesstrafe erwächst aus dem Wissen, daß der Mensch sich und anderen den Tod nicht geben soll, daß der Tod vielmehr ein *Übel* ist, dessen Herr allein Gott ist. Und nicht zuletzt ist der Kampf gegen Armut, Hunger, Not und Elend der Welt inspiriert von der Verpflichtung des Menschen, alles zu tun, was den Tod verhindert. Der Tod ist ein Feind des Menschen — aber der Tod ist der letzte Feind, der gerade nicht den Sieg behält (1. Kor. 15,55—57). Der Kampf gegen den Tod ist die Kehrseite des Kampfes, des Ringens für ein menschenwürdiges, ein menschliches Leben.

(2) Die Philosophie hat zu allen Zeiten zu einer „commemoratio mortis", zum Bedenken des Endes angehalten („respice finem"). Die Ethik wird damit in einen *Sinnhorizont* gestellt. Die ethischen Weisungen verpflichten angesichts des Todes über den Tod hinaus: Im Neuen Testament wird dem menschlichen Verhalten eine letzte Verbindlichkeit im Ausblick auf ein letztes Gericht beigemessen. „Wir müssen alle offenbar werden vor dem Richterstuhl Christi, damit jeder seinen Lohn empfange für das, was er getan hat bei Lebzeiten, es sei gut oder böse" (2. Kor. 5,10). Die Unterscheidung von gut und böse ist damit in einen eschatologischen Horizont gerückt. Die Werke, die Taten der Menschen werden im Jüngsten Gericht gemessen (Röm. 2,6 f.; 1. Kor. 3,13—15; vgl. Jak. 2,17 ff.; Apk. 14,13; 20,12; Mth. 16,27). Hebräer 9,27 heißt es kurz und prägnant: „Es ist dem Menschen bestimmt, einmal zu sterben, danach aber das Gericht."

Wiederum ist hier nicht die theologische Grundfrage zu klären, wie sich Gericht und Errettung, „ewige" Verdammnis oder Apokatastasis panton miteinander vereinbaren lassen. In der Tat bleibt für den Glauben und für die Ethik eine Aporie: Wird die Verdammnis zum letzten Wort, so wird Gott zu einem unbarmherzigen Gerichtsherrn, zu einem Rachegott. Verstärkt wird dieses Gottesbild dann noch, wenn eine Lehre von der Gnadenwahl die praedestinatio gemina, die Erwählung zum Guten, zum Heil und die Erwählung zur Verdammnis, zum Bösen vertritt. Denn in der ewigen Verdammnis des bösen Menschen siegt dann definitiv die Macht des Bösen. Umgekehrt droht die Annahme einer Allversöhnung das irdische Handeln gleich-gültig zu machen. Wenn es keine „Hölle" gibt und jeder unvermeidlich in den „Himmel" kommt, wird auch der

Ernst irdischer Entscheidungen zwischen gut und böse relativiert. Diese Aporie kann nur ausgehalten werden, wenn die christliche Rede von Gericht und Heil nicht als verallgemeinernde Theorie begriffen wird, sondern als Glaubenszusage, die der einzelne Glaubende für sich vernimmt. Lohn und Strafe, also der Ausblick auf ein letztes, „jüngstes" Gericht begründen zwar nicht mehr sachlich das konkrete Handeln. Die Furcht vor Strafe und die Erwartung einer Belohnung sind kein sittlich vertretbares Handlungsmotiv; das hat *Kant* eindrücklich gezeigt. Aber gerade die Unabgeschlossenheit aller irdischen Existenz, welche der Tod bewirkt, gibt dem menschlichen Leben seine eigene Dringlichkeit.

(3) Die Einstellung zum Tod bestimmt zugleich die *Einstellung zum Leben* und das Verhalten im Leben. Christlicher Glaube vertraut auf die Zusage Gottes, der seine Treue über den Tod hinaus verspricht und festhält. In diesem Glauben unterscheidet sich die christliche Haltung gegenüber dem Tod vom stoischen Ideal der Apathie und Unerschütterlichkeit (Ataraxie). Der Stoiker meint, dem Tod mit Würde begegnen zu können, weil der Tod Schicksal, fatum ist. Für den Christen ist der Tod „der Sünde Sold" (Röm. 6,23). Der Tod ist Gericht über den Sünder — nicht bloß unerklärliches Verhängnis. *Martin Luther* hat bei der Auslegung des 90. Psalmes festgestellt: „Wäre der Todesschrecken unter Gottes Grimm nicht, so wäre der Tod wahrhaftig eine Art Schlaf" (WA 40 III, 549). Ob die in der evangelischen Theologie vielfach üblich gewordene Unterscheidung von Tod des Sünders und natürlichem Tod (so z. B. *Emil Brunner, Paul Althaus, Helmut Thielicke*) die Spannung zwischen natürlichem Lebensende und Tod als Gericht, die im Neuen Testament enthalten ist, aufzulösen vermag, muß offenbleiben. Zu einem natürlichen Verständnis des Todes aus der Sicht christlichen Glaubens gehört jedenfalls die Einsicht hinzu, daß der Tod nicht abzulösen ist vom Wissen um das Sündersein des Menschen. Gewiß ist die Drohung mit Tod und letztem Gericht zutiefst fragwürdig. Lohn und Strafe sind keine Handlungsmotive (so mit Nachdruck z. B. *Schleiermacher*). Das Bild des zürnenden, strafenden, „rächenden" Gottes ist kritisch zu befragen. Transzendente Beweggründe des innerweltlichen Handelns sind nach der Aufklärung für die Ethik nicht tragend. Aber ebenso fragwürdig ist die Hoffnung, es könne den Anstrengungen des Menschen, vor allem der medizinischen Forschung gelingen, den Tod abzuschaffen. Sehen wir bei dieser Hoffnung davon ab, ob sie eine Utopie der Hoffnung überhaupt wäre oder nicht vielmehr angesichts der Bevölkerungsentwicklung ein Alptraum, ein Schreckgespenst: Sie ist als Hoffnung sicher unrealistisch. *Ernst Bloch* (Das Prinzip Hoffnung, 1959, S. 1297—1391) erwartet von

§ 2. Das Ende des Lebens

der Weltveränderung die Überwindung des Todes. In einer befreiten, humanen Gesellschaft ist auch das einzelne Individuum, der revolutionäre, „rote" Held aufbewahrt, „eingeschreint" im kollektiven Bewußtsein. Diese Hoffnung vermag, so E. Bloch, die Angst vor dem Tod zu verdrängen, auch wenn der Tod für ihn als „härteste Gegen-Utopie" bestehen bleibt.

Man kann nun gewiß versuchen, die *Angst vor dem Tod* zurückzudrängen, durch menschliches Handeln und gesellschaftliche Tätigkeiten. Aber kein progressives gesellschaftliches Handeln vermag die Grenze des Todes als solche aufzuheben. Diese Grenze beschränkt die Ethik auf das Tun des Menschenmöglichen. Sie läßt Ethik bescheiden werden. Dies wußte schon der Psalmist, wenn er Gott anruft: „Lehre uns bedenken, daß wir sterben müssen, auf daß wir klug werden" (Ps. 90,12). Diese Sicht des Todes hat in der Ethik Konsequenzen, z. B. im Blick auf die Altersverlängerung, Sterbe-Hilfe und die gentechnischen Utopien einer positiven Eugenik, der „Menschenzüchtung".

§ 3. Der Sinn des Lebens

Die Sinnfrage ist von Hause aus zwar keine theologische (so *Gerhard Sauter*), aber eine grundmenschliche und als solche auch eine theologisch bedeutsame Frage. Die Frage nach dem Sinn des Lebens ist auch keine ethische Frage. Denn Sinn ist nicht dasselbe wie Zweck. Zweck ist etwas praktisch zu Verwirklichendes. Sinn ist zudem nicht Nutzen, also das, was der Utilitarismus als Handlungsmaßstab benennt. Die Sinnfrage überschreitet den rein rationalen Bereich. „Von allen überlieferten Themen der Philosophie ist dieses Thema: Die Frage nach dem ‚Sinn des Lebens' das geläufigste" (*Leszek Kolakowski*). Sinn fragt nach dem Warum und Wozu, nach Ursache und Ziel. Die Sinnfrage transzendiert das positiv Gegebene und Bestehende. Der Sinn eines Lebens, der Sinn einer Biographie kann von außen dem Menschen nicht mitgeteilt werden. Man kann nur beispielsweise einem Kranken sagen, *daß* das Leben einen Sinn hat, und daß es diesen Sinn unter allen äußeren Umständen und Bedingungen behält. Aber kein Mensch kann einem anderen definitiv erklären, *was* der Sinn ist.

An der Sinnfrage kann man einen subjektiven und einen objektiven Aspekt unterscheiden. Unter *subjektivem* Aspekt fragt der Mensch existentiell nach dem Sinn seines eigenen Lebens. Die existentielle Frage lautet dann: Wozu lebe ich, wofür lebe ich? *Albert Camus* hat diese Frage so gestellt (im „Mythos von Sisyphos"), daß das einzige zentrale philosophische Thema der Selbstmord sei, die Frage, warum ich überhaupt lebe. Die Frage nach dem Sinn bricht auf angesichts eigener Endlichkeit, angesichts des Todes, eigener Schuld, eigenen Versagens. Diese Frage ist eine existentielle Frage. Sie kann nicht objektiv-distanziert, rein wissenschaftlich beantwortet werden. Es ist dies nun, theologisch gesprochen, die mich persönlich angehende Frage nach Heil und Rechtfertigung, nach Vertrauen und Hoffnung, nach Annahme und Vergebung. Die Sinnfrage hat in dieser Hinsicht immer auch eine soteriologische Ausrichtung.

Unter *objektivem* Aspekt kann nach dem Sinn und Ziel von Geschichte, der Menschengeschichte überhaupt gefragt werden. Dies ist eine Fragestellung der Geschichtsphilosophie: Wohin bewegt sich die menschliche Geschichte? Gibt es einen Fortschritt der Menschheit? Gibt es ein Ziel, eine innerweltliche Vollendung der Geschichte, etwa in einem Reich der Freiheit? Der Marxismus hat seine geschichtliche Kraft weithin aus der Sinngebung von Geschichte gewonnen. Die schöpferischen Quellen seiner Wirksamkeit waren die Geschichtsdeutung. Man kann auch anders fragen: Ist Geschichte eine Manifestation, eine Offenbarung Gottes, oder der Inbegriff des Absurden, die Geschichte von Verbrechen, des Bösen, symbolisch faßbar in den Namen Auschwitz und Hiroshima?

Solche Probleme der Sinndeutung sind keine von der Ethik zu beantwortende Frage. Aber sie begrenzen das ethische Fragen.

Theodor W. Adorno hat zurecht die Sinnfrage als eine eminent theologische Frage begriffen: „Leben, das Sinn hätte, fragte nicht danach" (Negative Dialektik, 1966, S. 367). *Ludwig Wittgenstein* äußerte sich in demselben Sinn: „An einen Gott glauben, heißt sehen, daß es mit den Tatsachen der Welt noch nicht abgetan ist. An Gott glauben, heißt sehen, daß das Leben einen Sinn hat" (Schriften 1, 1960, S. 167). *Paul Tillich* und *Albert Einstein* haben deswegen die Sinnfrage mit der Religion verbunden. Paul Tillich meinte, religiös sein heiße leidenschaftlich nach dem Sinn des Lebens fragen. Einstein bemerkte, wer die Antwort auf die Frage nach dem Sinn des Lebens gefunden habe, sei ein religiöser Mensch. Eine theologische Interpretation wird freilich korrigierend hinzufügen: Der Mensch kann sich den Sinn nicht selbst geben. Sinn wird ihm gegeben, von außen her mitgeteilt. Theologisch gesprochen: Sinn wird als Verheißung zugesprochen. Die Verkündigung des Evangeliums kann so zum Zuspruch, zur Zusage von Sinn werden.

Dietrich Bonhoeffer (Widerstand und Ergebung, 1970, S. 426) hat das Evangelium auf diese Weise ausgelegt: „Wir meinen, weil dieser oder jener Mensch lebt, habe es auch für uns Sinn zu leben. In Wahrheit ist es aber doch so: Wenn die Erde gewürdigt wurde den Menschen Jesus zu tragen, wenn ein Mensch wie Jesus gelebt hat, dann und nur dann hat es für uns Menschen einen Sinn zu leben ... Der unbiblische Begriff des Sinnes ist ja nur eine Übersetzung dessen, was die Bibel ‚Verheißung' nennt."

Dietrich Bonhoeffers nichtreligiöse Interpretation biblischer Begriffe legt Evangelium als Sinngebung aus. Die Sinnfrage ist damit (in ihrem subjektiven wie in ihrem objektiven Aspekt) auf die Gottesfrage zu beziehen, aber nicht mit ihr gleichzusetzen. Auch ist es fraglich, ob Gott als Instanz zu verstehen ist, die Sinngebung gewährleistet. Damit würde die Verborgenheit Gottes (und seines Handelns) verkannt und unterbewertet. Aber die Sinnfrage gehört zu den Grundfragen des Menschseins, und sie ist nicht durch ethisches Handeln zu beantworten und zu lösen.

§ 4. Das Leiden und die Theodizeefrage

Die Sinnfrage verschärft sich noch angesichts von Leiden und unbegreiflichem Schicksal. *Georg Büchner* bezeichnet als motivierenden Stachel der Religionskritik den „Fels des Leidens" (Dantons Tod III, 1). Gegen eine christliche Leidensverherrlichung, einen Masochismus wird heute allerdings zu Recht Einspruch erhoben und Protest eingelegt. Wenn z. B. *Calvin* (Predigten über das Buch Hiob, 1950, S. 45) das Leiden so erklärt: „Alles Unglück unseres gegenwärtigen Lebens ist die Frucht unserer Sünden", so ist diese Erklärung zutiefst fragwürdig. Eine theologische Leidensverbrämung, eine „sadistische Theologie" (*D. Sölle*) benutzt folgendes Argumentationsmuster: (1) Gott ist der allmächtige Herr. In seiner Allmacht lenkt er die Welt und verhängt Leid. (2) Gott handelt nicht grundlos; er ist gerecht. Darum kann (3) alles Leiden nur Strafe für die Sünde sein. Denn Gott kann nicht „grundlos", ungerecht quälen, leiden lassen.

Diese Argumentationsfigur wird kritisiert von *D. Sölle*, Leiden (Themen der Theologie), 1973; *Ulrich Hedinger*, Wider die Versöhnung Gottes mit dem Elend. Eine Kritik des christlichen Theismus und A-theismus, 1972.

Ernst Blochs messianische Hoffnung auf Überwindung des Leidens und die darin enthaltene Gesellschaftskritik trägt und beflügelt solchen Protest gegen das Leiden. Jede Erklärung von Leiden, jede Theodizee gelten angesichts dieses Protests als repressiv. Denn Leidensdeutung und Theodizee verführen zur Apathie. Leiden ist aber − so der Einspruch − Anlaß zum Lernen, Aufforderung zum Kampf, Anlaß zum Protest.

Der Protest gegen christliche Leidensverherrlichung und Sinngebung unbegreiflichen Leides und Schmerzes hat vielfach recht − so recht wie *Hiobs* Weigerung, die Leidensverklärung seiner Freunde hinzunehmen. Aber er schießt über das Ziel hinaus, wenn er das Unverfügbare bestreitet und die Beseitigung des Leidens für eine Aufgabe menschlicher Anstrengung und menschlichen Willens hält. Dem widersprechen schon die Einsichten des philosophischen Denkens (vgl. *Walter Sparn*, Leiden − Erfahrung und Denken. Materialien zum Theodizeeproblem, TB 67, 1980). Theodizee ist ein philosophisches, ein allgemein-menschliches Thema, nicht primär eine theologische (dogmatische) Fragestellung.

§ 4. Das Leiden und die Theodizeefrage

Das Wort *Theodizee* hat *Leibniz* 1697 — etwas holprig — gebildet aus Worten von Röm. 3,5. Theodizee soll heißen: Rechtfertigung Gottes. Leibniz wollte nachweisen, daß diese Welt die „beste aller Welten" sei (Essais de théodicée sur la bonté de Dieu, la liberté de l'homme et l'origine du mal", 1710). Dazu mußte er die seit *Hiob* und *Epikur* gestellte Frage beantworten, wie das physische Übel und das moralische Böse in der Welt in Einklang zu bringen sind mit Gottes Allmacht, Allgüte und Allweisheit.

Diese neuzeitliche Fassung der Theodizeefrage ist dadurch verursacht, daß in der Neuzeit infolge der Aufklärung an die Stelle der Prädestinationsanfechtung („bin ich erwählt?") die Frage tritt: „Wie kann Gott das Böse zulassen, wie kann Gott so handeln?" Das Dasein und die Güte Gottes sollen angesichts der in der Welt vorfindlichen Übel gerechtfertigt werden. Es ist dies eine durch existentielle Erfahrungen der Lebenswirklichkeit sich aufdrängende Frage, auf die Leibniz freilich eine rein theoretische Antwort geben wollte.

Kant („Über das Mißlingen aller philosophischen Versuche in der Theodizee", 1791) hat das Ungenügen der Leibniz'schen Argumente und die Problematik des Optimismus aufgedeckt. Jede apologetische Legitimation Gottes mißlingt notwendig. Sie ist auch mit dem christlichen Zutrauen zur Rechtfertigung des Gottlosen schwerlich zu vereinen.

Dennoch bleibt die Theodizeefrage als existentielle Anfrage bestehen. *Albert Camus* hat angesichts des Leidens unschuldiger Kinder die Frage nach der Liebe Gottes gestellt („Die Pest"). Für Camus widerlegt das Elend der Welt die Existenz Gottes und macht den Atheismus plausibel. *Tilmann Moser* („Gottesvergiftung", 1976, 1977[3]) sieht in Isaaks Opferung und Jesu Kreuzestod den Ausdruck der personifizierten „Lebensfeindlichkeit" christlichen Glaubens: „Seltsam, seltsam — keiner von den Predigern hat je den Verdacht geschöpft, daß vielleicht nicht mit uns, sondern mit dir etwas nicht stimmt, wenn du vor lauter Menschenliebe deinen Sohn schlachten lassen mußtest, und uns gibst du ihn dann zu trinken und zu essen, wie es heißt zur Versöhnung." (S. 21)

Die Theodizeefrage wird in der Neuzeit dadurch verschärft, daß man nicht nur an grausamen Zügen im Gottesbild Anstoß nimmt, sondern das Gutsein der Welt als Ziel menschlicher Praxis denkt. Das Gute wird als vom Menschen zu verwirklichende Aufgabe gedacht; die Ursache des Bösen wird dann im ethischen Versagen gesucht. Das Gegenteil von Tätigkeit, nämlich die Erfahrung des Leidens kann dann nur noch wahrgenommen werden als ungerechtfertigte Einschränkung.

Die Theodizeefrage stellt sich freilich religionsgeschichtlich betrachtet erst dann ein, wenn Gott auf die sittliche Ordnung bezogen gesehen wird, und also zwischen Ethik und Gottesglauben überhaupt Beziehungen bestehen und gesehen werden. Der Gottesgedanke kann auch von der Sittlichkeit losgelöst werden: Gott steht dann eo ipso außerhalb der Moral. Die Unterscheidung von gut und böse muß überhaupt nicht mit Gott zu tun haben, wenn Moral nur für Menschen gilt. Besteht weiterhin ein göttlicher Dualismus zwischen gutem und bösem Gott (wie im Manichäismus, in der Gnosis), so gibt es gleichfalls kein Theodizeeproblem. Ebenso gibt es kein Theodizeeproblem, wenn das Diesseits, diese Welt grundverdorben sind, also Gott von der Welt getrennt gesehen wird.

Die Frage nach der „Gerechtigkeit" Gottes ist also verbunden mit dem *Schöpfungs*gedanken. Nur wenn die Welt *Gottes* Werk, *Gottes* Schöpfung ist, wird die Frage nach dem mysterium iniquitatis, wird die Frage: „Unde malum?" unausweichlich.

Freilich wird die Theodizeefrage noch existentieller und bedrängender erfahren, wenn nicht Gott sich vor dem Forum menschlicher Vernunft, sondern wenn der sündige Mensch sich vor dem Forum Gottes zu rechtfertigen hat. Nicht die Suche nach einer „moralischen Weltordnung" wie bei Leibniz, die Idee einer „harmonia praestabilata", in der auch das Übel als „malum physicum" und „malum morale" seinen Platz hat, erweist sich somit theologisch als Sinn der Theodizeefrage. Die teleologische Betrachtungsweise wird nämlich coram deo zutiefst fragwürdig. Auch nach dem Scheitern aller metaphysischen Reflexion auf das Verhältnis Gottes zum Bösen, in welche die christliche Theologie mit ihrer Denkgeschichte hineinverwickelt ist, bleibt freilich die existentielle *Anfechtung*. Die Zweifel angesichts der Wirklichkeitserfahrung sind rational nicht zu beheben. Jede vernünftige Erklärung für ein „sinnloses" Schicksal und unbegreifliches Leiden bleibt unbefriedigend. Auch die von *Hegel* gegebene Auskunft, das unbegreifliche Einzelschicksal müsse im Ganzen, in der Menschheitsgeschichte insgesamt gesehen werden, ist kein Trost und keine Erklärung für den Betroffenen selbst. Die Theodizeefrage ist wissenschaftlich objektivierbar, auch theologisch objektiv also nicht zu lösen. Sie ist eine Lebensfrage. Lebensfragen von dieser Art sind *religiöse* Fragen, die sich einer theoretisch-spekulativen Klärung versagen und nur im persönlichen Glauben aufgenommen werden können. Diese Fragen können keine Lösung finden, sondern es bleibt allein die Hoffnung auf Erlösung. Weder die Antinomien der Prädestination (praedestinatio ad malum oder Allversöhnung) noch die Theodizeefrage sind theoretisch zu entscheiden. Es bleibt die Erfahrung, daß in diesen Antinomien „Gott wider Gott" steht. Sowohl die Spannung zwischen der Allmacht Gottes

§ 4. Das Leiden und die Theodizeefrage 369

und der Schuld des Menschen wie die Spannung zwischen Gottes universaler Gnade und der doppelten Prädestination bleiben als unbegreifliche Antinomien bestehen. Diese Antinomien werden von der Lebenserfahrung bestätigt: Es genügt dafür, als Symbol auf „Auschwitz", den Namen für namenloses Leid und millionenfachen Mord, zu verweisen.

Leiden und Theodizeefragen verweisen auf Grenzen des Menschseins und des menschlich Erklärbaren, und oftmals auch des Sagbaren. Es bleiben Geheimnisse, mysteria, die Zeichen dessen sind, daß Gott selbst das „Geheimnis der Wirklichkeit" ist. Dieses rational Unbegreifliche läßt am Ende nur den Lobpreis der Gnade angesichts der Rätsel der Welt übrig (Röm. 8,38—39; 11,33—36). Damit ist freilich das in der Ethik Aussagbare weit überholt.

§ 5. Schuld und Vergebung

Eine weitere Grenze der Ethik ist im Phänomen der Schuld markiert.

Heinrich Heine sah seine Zeit so:
„Es wächst heran ein neues Geschlecht
Ganz ohne Schminke und Sünden
Mit freiem Gedenken, mit freier Lust —
Dem werde ich alles verkünden."
(D. Sternberger, Heinrich Heine und die Abschaffung der Sünde, Frankfurt 1976, Suhrkamp tb 308, S. 288).

Mit dem Schwinden des Schuldgefühls, des Schuldbewußtseins wäre demnach auch die Wirklichkeit von Sünde und Schuld zu Ende gekommen. *Friedrich Nietzsche* kennzeichnete im „Antichrist" (Nr. 49, ed. Schlechta II, 121 f., vgl. III, 879 ff. „Zur Genealogie der Moral") Sünde als „Selbstschändungsform des Menschen par excellence". Und *Gottfried Benn* schrieb (Brief an seine Tochter, 1949, zit. bei L. Perlitt, Verborgener und offenbarer Gott, in: R. Grimm, W. D. Marsch, Kunst im Schatten Gottes, 1962, S. 142 f.): „Niemals hat mich die Frage Schuld und Sünde und Jenseits überhaupt beschäftigt, diese Fragen waren für mich einfach nicht vorhanden. Ich kann mir absolut nichts dabei denken."

Solcher manifesten Bestreitung von Schuld und der Möglichkeit des Redens von Schuld im Zeitbewußtsein steht ein ebenso manifestes Bekenntnis von Schuld und der Aufruf zur Versöhnung in *kirchlichen* Äußerungen entgegen. Z. B. hat die Stuttgarter Schulderklärung vom 18./19. Oktober 1945 eine Schuld der Kirche bekannt und gegenüber Vertretern des Ökumenischen Rates der Kirchen ausgesprochen:

„Wir sind für diesen Besuch um so dankbarer, als wir uns mit unserem Volke nicht nur in einer großen Gemeinschaft der Leiden wissen, sondern auch in einer Solidarität der Schuld. Mit großem Schmerz sagen wir: Durch uns ist unendliches Leid über viele Völker und Länder gebracht worden. Was wir unseren Gemeinden oft bezeugt haben, das sprechen wir jetzt im Namen der ganzen Kirche aus: Wohl haben wir lange Jahre hindurch im Namen Jesu Christi gegen den Geist gekämpft, der im nationalsozialistischen Gewaltregiment seinen furchtbaren Ausdruck gefunden hat, aber wir klagen uns an, daß wir nicht mutiger bekannt, nicht treuer gebetet, nicht fröhlicher geglaubt und nicht brennender geliebt haben ..."

Diese Stuttgarter Schulderklärung hat nach ihrem Bekanntwerden in der deutschen Öffentlichkeit eine heftige Diskussion ausgelöst.

§ 5. Schuld und Vergebung

Vgl. *Martin Greschat*, Die Schuld der Kirche, Studienbücher zur kirchlichen Zeitgeschichte, Bd. 4, 1982;
Martin Greschat (Hg.), Im Zeichen der Schuld. 40 Jahre Stuttgarter Schuldbekenntnis, 1985;
Martin Honecker, Geschichtliche Schuld und kirchliches Bekenntnis. Die sogenannte Stuttgarter Schulderklärung, TZ 42, 1986, S. 132—158;
Gerhard Besier, Gerhard Sauter, Wie Christen ihre Schuld bekennen. Die Stuttgarter Schulderklärung 1945, 1985.

Die Stuttgarter Schulderklärung ist zweifellos in mancher Hinsicht nicht klar und eindeutig formuliert:

(1) Es ist nicht immer eindeutig angegeben, *wer* das Subjekt des Bekennens von Schuld ist, wer also das redende „Wir" ist: Ist es der Rat der EKD, der sich an die Besucher aus der Ökumene wendet, sind es die evangelischen Christen, ist es das gesamte deutsche Volk? Es ist nicht durchgängig auszumachen, in wessen Namen überhaupt gesprochen wird.

(2) Mit der Frage, wer das redende Subjekt ist, verbindet sich die sehr viel schwerwiegendere Frage nach dem Charakter dieser Schulderklärung: Ist sie ein kirchliches Bekenntnis, mit dem sich Christen an Mitchristen mit der Bitte um Vergebung wenden, oder ist sie ein politisches Schuldeingeständnis? *Hans Asmussen* betonte damals den kirchlichen, „priesterlichen" Charakter der Stuttgarter Erklärung. Andere, vor allem *Martin Niemöller*, sahen in ihr ein „prophetisches" Zeugnis gegenüber der Welt mit politischem Gewicht. Die Frage nach dem Verhältnis von politischer Schuld und kirchlichem Bekenntnis blieb offen. Hinter dieser Frage steht die Kriegsschuldfrage, welche im Versailler Friedensvertrag bereits eine zentrale Rolle gespielt hatte.

(3) Dies führt zur Frage, ob es eine Kollektivschuld Deutschlands, eine Gesamtschuld des deutschen Volkes gibt, oder ob Schuld nicht immer nur individuell sein kann. Papst *Pius XII.* hat 1946 die Vorstellung von einer Kollektivschuld entschieden zurückgewiesen.

Karl Jaspers, Die Schuldfrage. Ein Beitrag zur deutschen Frage, 1947[4], unterscheidet kriminelle Schuld, politische Schuld, moralische Schuld und metaphysische Schuld. Für kriminelle Schuld ist um der konkreten Verantwortlichkeit willen die Schuld, der Schuldanteil des Einzelnen nachzuweisen. Für politische Schuld, politisches Versagen gibt es eine politische Mithaftung und Mitverantwortung. Man kann hier von „Kollektivhaftung" sprechen. Moralische Schuld zu beurteilen steht allein dem Gewissen zu: Moralische Schuld zu erkennen und einzugestehen ist eine Sache zwischenmenschlicher Begegnung, nicht aber politischer Stellungnahme. Man kann allenfalls von „Kollektivscham" sprechen. Noch mehr freilich entzieht sich metaphysische Schuld der politischen Beurteilung. Sie kann allein vor Gott erkannt und bekannt werden. Das Reden von „Kollektivschuld" ist also problematisch.

(4) Die Problematik wird am *Wort* „*Schuld*" faßbar. Das Wort Schuld kann in der lateinischen Sprache mit drei Worten wiedergegeben werden: (a) culpa; culpa bedeutet moralisches Versagen, Verfehlung, Verbrechen; (b) obligatio, im Sinne von Verpflichtung, Haftung; und (c) debitum, das Geschuldete.

Damit sind die Dimensionen der *Zeit* angesprochen. Schuld hat es mit Vergangenheit (culpa), mit Gegenwart (obligatio) und mit Zukunft (debitum) zu tun, mit dem, was zukünftig an Wiedergutmachung, Verpflichtung einzulösen ist. Ob man freilich moralisches Versagen eingesteht oder künftige Verpflichtungen eingeht und übernimmt, macht einen Unterschied von erheblicher Bedeutung aus.

(5) Schließlich fußt die Stuttgarter Erklärung auf einer geschichtlichen Bewertung des Dritten Reiches: Was waren die Ursachen politischen und geschichtlichen Versagens, des NS-Unrechtsregimes und der Terrorherrschaft? War dies eine unvermeidliche Entwicklung deutscher Geschichte, eine Frage des deutschen Nationalcharakters, ein unbegreifliches, „dämonisches" Geschehen, in welchem der Ungeist des Nationalsozialismus die Menschen verblendete, etwa der „Geist des Säkularismus", oder ein Versagen der Verkündigung der Kirche, oder eine auch sonst im 20. Jahrhundert sich ausbreitende Erscheinungsform totalitärer Herrschaft und Macht?

Jede Interpretation der Stuttgarter Schulderklärung stößt damit auf ein verwirrendes Geflecht historischer, politischer, ethischer und theologischer Probleme. Die rechtliche, völkerrechtliche, moralische und theologische Bewertung kann dabei sehr unterschiedlich ausfallen. Das ethische Phänomen der Schuld ist jedenfalls nicht zu übersehen. Dabei geht es einmal um die individuelle Verantwortlichkeit, die Zurechenbarkeit von Schuld im Sinne von culpa, und zum anderen um Schuld als historisches Erbe, obligatio und debitum, die jedem geschichtlich Handelnden vorgegeben sind. Nur wer nicht in der Geschichte lebt, ist „schuldlos". Dabei stößt die Suche nach Ursachen menschlichen Versagens und menschlicher Schuld häufig, freilich nicht immer, auf Grenzen des rational Erklärbaren. Andererseits liegt bei einem Schuldbekenntnis eine doppelte Versuchung sehr nahe: (Einmal) besteht die Versuchung, die Schuld genetisch wegzuerklären, indem man nach Gründen für das Versagen, die Verfehlung sucht. Aus der Erklärung der Schuld wird eine

§ 5. Schuld und Vergebung 373

Ent-schuldigung. Die Schuldfrage wird „entsorgt", durch *Entschuldigungsgründe* beseitigt.

(Zum anderen) droht die Versuchung, die eigene Schuld dadurch zu bewältigen, daß man die „Schuld der Anderen" in die Bewertung und Betrachtung einbezieht. Die „Schuld der Anderen" kann dabei sowohl ablenkend von der eigenen Schuld herangezogen werden, als auch stellvertretend für den unbußfertigen, verhärteten Schuldigen bekannt werden. Es ist dies in jedem Fall eine „pharisäische Haltung" (vgl. Lk. 18,9—14). Durch Schuldverdrängung wie durch Schuldzuweisung sichert man sich selbst in jedem Fall ein gutes Gewissen.

Mit der Einsicht in die Realität von Schuld stehen wir freilich unverkennbar erneut vor Grenzen der Ethik. Denn weder historische Kausalitätsforschung noch psychologische Analyse der Freiheit des Menschen vermag die menschliche Fehlbarkeit letztlich zu klären. Schuld ist dann aber eigentlich kein Thema der Ethik, auch nicht ein Thema der politischen Moral. Denn Ethik befaßt sich mit dem Guten, insofern es getan werden soll. Das *Böse* ist nicht Ziel des Handelns und daher kein eigenständiges ethisches Thema. Die ethische Forderung gilt unabhängig von Schuld und ist von ihr gewissermaßen unbetroffen. Der Mensch hingegen ist ontologisch immer schon von Schuld betroffen (*M. Heidegger*, Sein und Zeit, 1927, § 58). *Paul Ricœur* (Die Fehlbarkeit des Menschen, Phänomenologie der Schuld, Bd. I, Symbolik des Bösen, Phänomenologie der Schuld, Bd. II, 1971) läßt die Möglichkeit des Bösen in der Verfassung des Menschen eingezeichnet sein. Eine solche Sicht birgt allerdings die Gefahr, konkrete Schuld (etwa im 3. Reich) zu metaphysizieren. Der Mensch ist immer fehlbar. Seine Fehlbarkeit entspringt dem Zwiespalt zwischen Einsicht und Affekt. Weil der Mensch im Affektiven zerbrechlich ist, kann er schuldig werden.

Die anthropologische Deutung der Möglichkeit von Schuld löst freilich die je konkrete Frage nach der Herkunft von Bösem, von schuldhafter Verfehlung nicht. Ricœur kann nur in Metaphern, Symbolen, mit Hilfe der Sprache des Mythos Schuld sagbar werden lassen. Damit wird aber erneut erkennbar, daß und wieso Schuld in einer rational reflektierenden Ethik heimatlos ist. Der ursprüngliche Ort des *Schuldbekenntnisses* liegt im religiösen Vollzug, im Akt des Bußbekenntnisses und des freisprechenden, lösenden Wortes der Vergebung. Dieser Akt ist ein Ereignis des Glaubens. Deshalb kann man Schuldbekenntnisse und Buße letztlich nicht organisieren, veranstalten. Schulderklärungen kann man einfordern und erzwingen. Daß der Mensch „Erscheinungsfeld" böser Ereignisse und Urheber des Bösen, Opfer und Täter in einem ist, vermag aber nur

Religion auszusagen. Im christlichen Symbol der „*Erbsünde*" wird diese Einsicht und Erfahrung der Realität des Bösen und des Selbstwiderspruches erfaßt. Keine menschliche Tat, sondern nur ein Akt des Erbarmens kann menschlicher Schuld vorläufig ein Ende setzen. Schuld verweist auf Erlösung, auf Vergebung.

Nicolai Hartmann hat als Philosoph gegen die Verzeihung im Namen der Ethik Einspruch erhoben: „Die Sehnsucht nach Erlösung ist ein Zeichen inneren Bankrotts. Die Religion baut ihr Erlösungswerk gerade auf diesem Bankrott, dem moralischen Gebrochensein, auf. Die Erlösung entmündigt den Menschen tatsächlich, mutet ihm die Preisgabe der Freiheit zu." (N. Hartmann, Ethik, 1962[4], S. 354). Dagegen setzt Hartmann die vielfach bekannte Maxime: „Sei schuldig, so viel du willst, und trage die Schuld in Ehren, nur sorge, daß das Gute geschehe" (S. 820).

N. Hartmann hat hellsichtig die Grenzen ethischer Möglichkeit in der Schuldfrage erkannt. Schuldbekenntnis und Schuldannahme überschreiten die Ethik. Nur durch Vergebung, durch Freispruch, aber nicht durch die eigene Freiheitstat kann der Schuldzusammenhang durchbrochen werden. Auch das Böse kann freilich aus einem Menschen nichts anderes machen als einen Menschen. Damit sind wir freilich auf Unverfügbares zurückgeworfen. *Hegels* These: „Principium scientiae moralis est reverentia fato habenda" (Erste Druckschriften, ed. G. Lasson, PhB 62, 1928, S. 404 f.), d. h.: der Anfang der Ethik sei die Ehrfurcht, die wir dem Schicksal schulden, erweist sich als wahr. Aber es ist dies keine moralische Wahrheit, sondern eine religiöse, theologische Einsicht.

Die Erinnerung an Schuld kann Aufforderung zu besserem Handeln sein („Wiedergutmachung"). N. Hartmanns Absicht ist es, darauf aufmerksam zu machen, daß Schuldigwerden zum Schuldbewußtsein und zur besseren Tat, wenn möglich zur Wiedergutmachung führen soll. So gesehen ist die Auseinandersetzung mit der Schuldfrage ein eminent ethisches Thema. Die theologische Tradition spricht von der Aufgabe des Gesetzes als „lex accusans", das dem Menschen seine Schuld, Sünde bewußtmacht. Das „Gesetz" kann dem Gewissen die Schuld bewußtmachen, aber es vermag nicht von Schuld freizusprechen. Der Freispruch des Gewissens ist dem Wort des Evangeliums vorbehalten. Das Evangelium, die Verheißung der Rechtfertigung aus Gnaden wirkt Vergebung der Sünden, Schuldvergebung. *Vergebung* bezieht sich auf Sachverhalte, die in der Ethik auch bedacht werden, ist aber keine ethische Aufgabe, sondern Voraussetzung und Grenze ethischen Handelns und Verhaltens.

Vergebung im eigentlichen Sinne kann Ethik nicht schaffen. Auch *Versöhnung* im religiösen Sinne der Wiederherstellung des Gottesverhält-

§ 5. Schuld und Vergebung

nisses, der Herzensänderung, der inneren Umkehr ist letztlich kein Gegenstand der Ethik, sondern verweist in eine andere Beziehung, in die Beziehung zu Gott. Was in Politik und Ethik, gerade auch von kirchlichen Erklärungen, „Versöhnung" genannt wird, meint zumeist nichts anderes als Verständigung, Wiedergutmachung, Schaffung von Gerechtigkeit und Frieden, Beseitigung der Folgen von Unrecht und Unfrieden, Überwindung des Hasses und der Feindschaft. Wenn aber Versöhnung nur zu einer bloß innerweltlichen Handlungsaufgabe für den Christen wird, dann ist Religion, Theologie bewußt oder unbewußt in Ethik transformiert, aufgehoben. Das Wort von der „Vergebung" von Schuld erinnert darum an Grenzen des Ethischen. Denn Vergebung wird sogar für den Fall im Evangelium verheißen, daß Wiedergutmachung und Handeln versagen müssen. Vergebung setzt zwar Geschichte, Geschehenes voraus und macht es nicht ungeschehen; sie verheißt aber eine Zukunft jenseits des von Menschen Machbaren und des dem Menschen Verfügbaren. Sie durchbricht damit die Maßstäbe und Wertungen der Ethik und bewirkt nicht Handlungsorientierung und Handeln, sondern Glauben.

Bibliographie

Eine vollständige Bibliographie zur evangelischen Ethik ist nicht angestrebt. Für weitere bibliographische Angaben sei auf die einschlägigen Artikel verwiesen in der Theologischen Realenzyklopädie (TRE, Berlin 1974 ff.), der 7. Auflage des Evangelischen Soziallexikons (ESL, Stuttgart 1980) und der 3. Auflage des Evangelischen Staatslexikons (EStL, Stuttgart 1987). Die entsprechenden katholischen Nachschlagewerke sind: Staatslexikon (StL 7. Auflage, 5 Bände, Freiburg/Br. 1985 ff.) und Katholisches Soziallexikon (KSL, 2. Auflage, Graz 1980).

Kurze Literaturhinweise enthalten auch: O. Höffe (Hg.), Lexikon der Ethik, München 1986, 3. Auflage, sowie: B. Stöckle (Hg.), Wörterbuch christlicher Ethik, Freiburg/Br. 1975.

Bibliographische Angaben enthält ferner fortlaufend die Zeitschrift für evangelische Ethik (ZEE, Gütersloh 1957 ff.). Heranzuziehen sind ferner die drei Bände des „Handbuch der christlichen Ethik" (Hg. A. Hertz u. a., 1979 ff.).

1. Kapitel: Ethik, Begriff und Fragestellung

I. Zum gesamten Kapitel

Albert, H., Kritische Vernunft und menschliche Praxis, Stuttgart 1978.
Althaus, P., Grundriß der Ethik, Erlangen 1931 ²1953.
Antes, P., Ethik in nichtchristlichen Kulturen, (Ethik. Lehr- u. Studienbücher, Bd. 3) Stuttgart 1984.
Barth, K., Die kirchliche Dogmatik, vor allem KD II,2; III,4 Zollikon/Zürich 1932 ff.
ders., GA. II/1. Ethik I (Vorl. Münster 1928), hg. v. D. Braun, Zürich 1973.
ders., Rechtfertigung u. Recht, Zollikon 1938.
ders., Christengemeinde u. Bürgergemeinde, Zollikon 1946.
ders., Rechtfertigung u. Recht. Christengemeinde u. Bürgergemeinde, Zollikon/ Zürich 1970 ³1984.
Bäuerle, D. und H. Kramer, Ethisch denken und handeln. Grundlegung christlicher Erziehung und Lebenspraxis, Düsseldorf 1980.
Bender, W., Ethische Urteilsbildung, (Ethik. Lehr- und Studienbücher, Bd. 1). Stuttgart 1986.

Bonhoeffer, D., Ethik, hg. v. E. Bethge, München 1949 ^{10}1984.

Brunner, E., Das Gebot u. die Ordnungen. Entwurf einer protestantisch-theologischen Ethik, Tübingen 1932 ^{4}1978.

Dilschneider, O., Die evangelische Tat. Grundlagen und Grundzüge der evangelischen Ethik, Gütersloh 1940.

Elert, W., Das christliche Ethos. Grundlinien der lutherischen Ethik, Tübingen 1949.

Ermecke, G., Die natürlichen Seinsgrundlagen der christlichen Ethik, Paderborn 1985.

Fleischer, H., Ethik ohne Imperativ. Zur Kritik des moralischen Bewußtseins, Frankfurt 1986.

Fletcher, J., Moral ohne Normen?, (orig. engl. Situation Ethics, the New Morality, 1966) Gütersloh 1967.

ders., Leben ohne Moral?, (orig. engl. Moral Responsibility), Gütersloh 1969.

Frey, C., Die Ethik des Protestantismus von der Reformation bis zur Gegenwart, GTB 1424, Gütersloh 1989.

Fritzsche, H.-G., Lehrbuch der Dogmatik, IV. Ekklesiologie — Ethik — Eschatologie, Berlin (DDR) 1986.

Ginters, R., Werte und Normen. Einführung in die philosophische und theologische Ethik, Göttingen und Zürich 1982.

Green, R. M., Religious Reason: The Rational and Moral Basis of Religious Belief, Oxford 1978.

Grewel, H., Brennende Fragen christlicher Ethik. Göttingen/Zürich 1988.

Gustafson, J. M., Protestant and Roman Catholic Ethics, Chicago 1980.

ders., Ethics from a Theocentric Perspective I, Chicago 1981.

Hertz, A., W. Korff, T. Rendtorff und H. Ringeling, (Hg.), Handbuch der christlichen Ethik. Band 3: Wege ethischer Praxis. Freiburg und Gütersloh 1982.

Hilpert, K., Ethik und Rationalität. Untersuchungen zum Autonomieproblem und zu seiner Bedeutung für die theologische Ethik. Düsseldorf 1980.

Holmes, A. F., Wege zum ethischen Urteil. Grundlagen und Modelle. Vorwort v. Helmut Burkhardt, Wuppertal 1987.

Huber, W., Folgen christlicher Freiheit. Ethik und Theorie der Kirche im Horizont der Barmer Theologischen Erklärung, Neukirchen—Vluyn ^{2}1985.

Jonas, H., Das Prinzip Verantwortung. Versuch einer Ethik für die technologische Zivilisation, Frankfurt 1979.

Jüngel, E., Erwägungen zur Grundlegung evangelischer Ethik im Anschluß an die Theologie des Paulus, in: ders., Unterwegs zur Sache, S. 234—245, München 1972.

Kerber, W., (Hg.), Sittliche Normen: Zum Problem ihrer allgemeinen und unwandelbaren Geltung. Mit Beiträgen von W. Ernst, J. Fuchs, F. Furger, K. Hörmann u. a., Düsseldorf 1982.

Kluxen, W., Ethik des Ethos, Freiburg—München 1974.

Köhler, H., Ethik nach den Prinzipien evangelischer Theologie, München/Salzburg 1975.
Korff, W., Theologische Ethik, Freiburg 1975.
Kreck, W., Grundfragen christlicher Ethik, München 1975 ³1985.
Kussäther, H., Was ist gut und böse? Zur Grundlegung einer Ethik, Neukirchen–Vluyn 1979.
Kutscherau, F. v., Grundlagen der Ethik, Berlin 1982.
Lochman, J. M., Wegweisung der Freiheit. Abriß der Ethik in der Perspektive des Dekalogs, Gütersloh 1979.
Løgstrup, K. E., Norm und Spontaneität, Tübingen 1989.
Lohse, E., Die Ethik der Bergpredigt und was sie uns heute zu sagen hat, Hannover 1984.
Luhmann, N. und S. Pfürtner, (Hg.), Theorietechnik und Moral, Frankfurt 1978.
Luthardt, D. D. Chr., Kompendium der theologischen Ethik, Leipzig ³1921.
MacIntyre, A., Der Verlust der Tugend. Zur moralischen Krise der Gegenwart, Frankfurt 1987.
ders., Geschichte der Ethik im Überblick, Königsstein 1984.
Mayer, E. W., Ethik. Christliche Sittenlehre, Gießen 1922.
Mieth, D., Zeitgemäße Unzeitgemäßheiten. Grundzüge einer neuen Tugendlehre, Düsseldorf 1982.
Mieth, D. und F. Compagnoni, (Hg.), Ethik im Kontext des Glaubens, Freiburg 1978.
Moltmann, J., Herrschaft Christi u. soziale Wirklichkeit nach D. Bonhoeffer, (ThExNF 71), 1959.
Müller, A. D., Ethik, Berlin 1937.
Otto, R., Aufsätze zur Ethik, hg. v. J. S. Boozer, München 1981.
Oyen, H. v., Botschaft u. Gebot, Gütersloh 1962.
ders., Ev. Ethik, Gütersloh, I 1952, II 1957 ²1966, III 1964 ²1968.
Pannenberg, W., Ethik u. Ekklesiologie, Göttingen 1977.
Patzig, G., Ethik ohne Metaphysik, ²1984.
Purtill, L. R., Grundfragen der Ethik, Düsseldorf 1977.
Quervain, A. de, Ethik, 4 Bde., Zürich 1945–46.
Reiner, H., Norm und Werturteil. Grundprobleme der Ethik, Stuttgart 1979.
Rendtorff, T., Ethik. Grundelemente, Methodologie u. Konkretionen einer ethischen Theologie, 2 Bde., Stuttgart 1980/81.
Renz, H. und F. W. Graf, (Hg.), Troeltsch-Studien, bes. Bd. 3, Gütersloh 1982.
Rotter, H., (Hg.), Heilsgeschichte und ethische Normen, Freiburg 1984.
Schinzer, R., Ethik ohne Gesetz. Christlich urteilen und handeln, Göttingen 1985.
Schlatter, A., Die christliche Ethik, Calw/Stuttgart 1914 ⁵1986.
Schleiermacher, F. D. E., Christliche Sittenlehre, Einleitung, (1826/27), hg. v. H. Peiter, Stuttgart 1983.
ders., Die christliche Sitte; aus dem Nachlaß, hg. v. L. Jonas, Berlin 1843, ²1884.
Schmitt, C., E. Jüngel und S. Schelz, Die Tyrannei der Werte, Hamburg 1981.
Søe, N. H., Christliche Ethik, München 1949 ³1965.

Sölle, D., Phantasie und Gehorsam, Überlegungen zu einer zukünftigen christlichen Ethik, 1968 [11]1986.
Spaemann, R., Moralische Grundbegriffe, München 1987.
Schrage, W., Ethik des Neuen Testaments, Göttingen 1981 [5]1989.
Schrey, H. H., Einführung in die Ethik, Darmstadt [2]1972.
ders., Einführung in die Evangelische Soziallehre, Darmstadt 1973.
Schüller, B., Die Gründung sittlicher Urteile, Typen ethischer Argumentation in der katholischen Moraltheologie, 1973.
ders., Pluralismus in der Ethik, Münster 1988.
Schwartz, W., Analytische Ethik und christliche Theologie. Zur methodischen Klärung der Grundlagen christlicher Ethik, Göttingen 1983.
Schweitzer, W., Freiheit zum Leben. Grundfragen der Ethik, Stuttgart 1959.
Thielicke, H., Theologische Ethik. Bd. I Prinzipienlehre, Tübingen 1958 [5]1981; II/1. Mensch und Welt, 1959 [5]1986; II/2. Ethik des Politischen 1959 [4]1987; III Ethik der Gesellschaft, des Rechtes, der Sexualität und der Kunst, 1964 [2]1968.
Tillich, P., GW II, Christentum u. Soziale Gestaltung. Frühe Schriften zum Religiösen Sozialismus, hg. v. R. Albrecht, Stuttgart 1962.
Tödt, H.-E., Das Angebot des Lebens. Theologische Orientierung in den Umstellungskrisen der modernen Welt, Gütersloh 1978.
ders., Perspektiven theologischer Ethik, München 1988.
ders., Der Spielraum des Menschen. Theologische Orientierung in den Umstellungskrisen der modernen Welt, Gütersloh 1979.
ders., Versuch zu einer Theorie ethischer Urteilsfindung: ZEE 21 (1977) 81−93.
Trillhaas, W., Ethik, Berlin [3]1970.
Vierzig, S., Das Böse, Stuttgart 1984.
Weber, H. und D. Mieth, (Hg.), Anspruch der Wirklichkeit und christlicher Glaube. Probleme und Wege theologischer Ethik heute, Düsseldorf 1980.
Wiebering, J., ‚Handeln aus Glauben' − Grundriß der theologischen Ethik, Berlin 1981.
Wils, J.-P., Sittlichkeit und Subjektivität. Zur Ortsbestimmung der Ethik im Strukturalismus, in der Subjektivitätsphilosophie und bei Schleiermacher, Freiburg (Schweiz) 1987.
Wolf, U., Das Problem moralischen Sollens, Berlin 1984.
Wünsch, G., Theologische Ethik, Berlin/Leipzig 1925.
Wyss, D., Strukturen der Moral, Göttingen 1968.
Zwei Kirchen − eine Moral? Beiträge von O. Bayer u. a., Regensburg 1986.

II. Literatur

a) Zur neutestamentlichen Paränese

Browning, D., Religious Ethics and Pastoral Care, Philadelphia 1983.
Handbuch der christlichen Ethik, A. Hertz u. a. (Hg.), (Kap. 2, Teil I, Problem der Schriftgemäßheit der Ethik, v. J. Becker), S. 243 ff., bes. S. 252 ff., Freiburg und Gütersloh 1982.

Bultmann, R., Das Problem der Ethik bei Paulus, in: Das Paulusbild in der neueren deutschen Forschung, S. 179–199, Darmstadt 1964.

Joest, W., Gesetz und Freiheit, Göttingen 1951 ⁴1968.

Kertelge, K., Ethik im NT, Reihe: Quaestiones disputatae, Freiburg–Basel–Wien 1984.

Lohse, E., Theologische Ethik des Neuen Testaments, Stuttgart/Berlin 1988.

Merk, O., Handeln aus Glauben (Marburger Theologische Studien 5), Marburg 1968 (Lit.).

Schnackenburg, R., Die sittliche Botschaft des NT, (Handbuch der Moraltheologie VI), München ²1962.

Schrage, W., Die konkreten Einzelgebote in der paulinischen Paränese, Gütersloh 1961.

ders., Die Ethik des NT, (NTD Ergänzungsreihe 4), S. 155 ff., 266 ff., Göttingen 1982.

Schulz, S., Neutestamentliche Ethik, Zürich 1987.

Strecker, G., Handlungsorientierter Glaube, S. 17–35, Stuttgart 1972.

Suhl, A., Der Philemonbrief als Beispiel paulinischer Paränese, Kairos 15, S. 167–279, 1973.

Wendland, H. D., Ethik des NT (Grundrisse zum NT, NTD Ergänzungsreihe 4), S. 49–88, Göttingen 1970.

b) Zum Verhältnis von Dogmatik und Ethik

Gill, R., A Textbook of christian Ethics, Edinburgh 1985.

Ebeling, G., Zum Verhältnis von Dogmatik und Ethik, in: ZEE 26 (1982), S. 10–18.

ders., Wort und Glauben II, S. 1–55, Tübingen 1969.

Handbuch der christlichen Ethik, A. Hertz u. a. (Hg.), Bd. I, Teil II, Kap. 2/III v. H. J. Birkner, S. 281–296, Freiburg und Gütersloh 1978.

Okayama, L., Zur Grundlegung christlicher Ethik. Theologische Konzepte der Gegenwart im Lichte des Analogie-Problems, Berlin–New York 1977.

Pannenberg, W., Die Krise des Ethischen und die Theologie, in: ThLZ 87 (1962), S. 7–16.

ders., Ethik und Ekklesiologie, S. 41–54, Göttingen 1977.

Rendtorff, T., Der ethische Sinn der Dogmatik; zur Neuformulierung des Verhältnisses von Dogmatik und Ethik bei K. Barth, in: ders. (Hg.), Die Realisierung der Freiheit, Beiträge zur Kritik der Theologie K. Barths, S. 119–134, Gütersloh 1975.

Theiner, J., Die Entwicklung der Moraltheologie zur eigenständigen Disziplin, Regensburg 1970.

Tödt, H.-E., Zum Verhältnis von Dogmatik und theologischer Ethik, ZEE 26 (1982), S. 29–39.

Wiebering, J., Handeln aus Glauben, S. 23 ff., Berlin (DDR) 1981.

c) Zur Ethik als theologische Disziplin

Bäuerle, D. und H. Kramer, Ethisches Denken und Handeln, Düsseldorf 1980.
Ginters, R., Werte u. Normen, Einführung in die philosophische und theologische Ethik, Göttingen und Zürich 1982.
Gleixner, H., Die Relevanz christlichen Glaubens für die Ethik, ThGl 76 (1986), S. 307—323.
Kreck, W., Ethik, S. 15—21, München 1975 ³1985.
Rendtorff, T., Ethik Bd. 1, S. 19—25, Stuttgart 1980/81.
Weber, H. und D. Mieth, (Hg.), Anspruch der Wirklichkeit und christlicher Glaube. Probleme und Wege theologischer Ethik heute, Düsseldorf 1980.

2. Kapitel: Theologische Voraussetzungen der Ethik

§ 1. Die christliche Freiheit

Adler, H. G., Die Freiheit des Menschen, Tübingen 1976.
Barth, K., Das Geschenk der Freiheit. Grundlegung evangelischer Ethik, ThSt 39, Zollikon 1953.
ders., Kirchliche Dogmatik IV/3, S. 533—779, Zollikon 1959.
Baur, J., Freiheit und Emanzipation. Ein philosophisch-theologischer Traktat, Stuttgart 1974.
Bayer, O., Zugesagte Freiheit. Zur Grundlegung theologischer Ethik, Gütersloh 1980.
ders., Umstrittene Freiheit. Theologisch-philosophische Kontroversen, Tübingen 1981.
Bossle, L., (Hg.), Freiheit und christliche Soziallehre, Köln 1977.
Brakelmann, G., Freiheit konkret. Über Wahrheit und Wirklichkeit eines Schlagworts, Gütersloh 1979.
Bultmann, R., Die Bedeutung des Gedankens der Freiheit für die abendländische Kultur, in: ders., Glaube und Verstehen. Ges. Aufsätze Bd. 2, S. 274 ff., Tübingen 1952.
Ebeling, G., Frei aus Glauben, SgV 250, Tübingen 1968.
Ginters, R., Freiheit und Verantwortlichkeit, Düsseldorf 1977.
Gollwitzer, H., Forderungen der Freiheit, München 1962.
Greshake, R., Geschenkte Freiheit. Einführung in die Gnadenlehre, Freiburg—Basel—Wien 1977.
Huber, W., Folgen christlicher Freiheit. Ethik und Theorie der Kirche im Horizont der Barmer theologischen Erklärung, Neukirchen—Vluyn 1983.
Joest, W., Gesetz und Freiheit, Göttingen ⁴1968.
Jonas, H., Augustin und das paulinische Freiheitsproblem. Eine philosophische Studie zum pelagianischen Streit, Göttingen 1965.
Jüngel, E., Zur Freiheit eines Christenmenschen. München ²1981.

Käsemann, E., Der Ruf der Freiheit, Tübingen ⁵1972.
Kasper, W., Christliche Freiheit und neuzeitliche Autonomie, in: Menschenwürdige Gesellschaft, Hg. Salzburger Hochschulwochen, S. 73 ff., Graz 1977.
Lecler, J., Geschichte der Religionsfreiheit im Zeitalter der Reformation, 2 Bde., Stuttgart 1965.
Marsch, W. D., Die Folgen der Freiheit, Gütersloh 1974.
Niederwimmer, K., Der Begriff der Freiheit im NT, Berlin 1966.
Pannenberg, W., Gottesgedanke und menschliche Freiheit, Göttingen 1972.
Pesch, O. H., Frei sein aus Gnade. Theologische Anthropologie, Freiburg 1983.
Pröpper, Th., Erlösungsglaube und Freiheitsgeschichte, München 1985.
Rohrmoser, G., Emanzipation und Freiheit, München 1970.
Schlumbohm, J., Freiheitsbegriff und Emanzipationsprozeß, Göttingen 1973.
Schwartländer, J., (Hg.), Modernes Freiheitsethos und christlicher Glaube, München–Mainz 1981.
Vorster, H., Das Freiheitsverständnis bei Thomas von Aquin und Martin Luther, Göttingen 1965.
Weippert, G., Sündenfall und Freiheit, Hamburg 1933.

§ 2. Das christliche Verständnis von Sünde

Barth, K., Gott und das Nichtige, in: KD III/3, S. 327–425, Zürich ³1979.
Baumann, U., Erbsünde? Ihr traditionelles Verständnis in der Krise heutiger Theologie, Freiburg i. Br. 1970.
Brunner, E., Dogmatik Bd. II, S. 100–145, Zürich ³1972.
Dexinger, F. u. a., Ist Adam an allem schuld? Erbsünde oder Sündenverflochtenheit? Innsbruck 1971.
Dubarle, A.-M., Unter der Sünde verkauft, Düsseldorf 1963.
Ebeling, G., Dogmatik des christlichen Glaubens Bd. 1, S. 356–375, Tübingen 1979.
Echternach, H., Die lutherische Erbsündenlehre – als ökumenische Verheißung, Amsterdam 1973.
Eichinger, W., Erbsündentheologie. Rekonstruktion neuerer Modelle und eine politisch orientierte Skizze, EHS. T 138, Frankfurt–Bern 1980.
Freund, G., Sünde im Erbe. Erfahrungsinhalt und Sinn der Erbsündenlehre, Stuttgart 1979.
Gestrich, C., Die Wiederkehr des Glanzes in der Welt. Die christliche Lehre von der Sünde und ihre Vergebung in gegenwärtiger Verantwortung, Tübingen 1989.
Groß, J., Entwicklungsgeschichte des Erbsündendogmas seit der Reformation. Geschichte des Erbsündendogmas Bd. 4, München, Basel 1972.
Häring, H., Das Problem des Bösen in der Theologie, (Grundzüge 62), Darmstadt 1985.
Knierim, R., Die Hauptbegriffe für Sünde im AT, Gütersloh 1965.
Kroetke, H., Sünde und Nichtiges bei Karl Barth, Tht 30, Berlin 1971.

Künneth, W., Die Lehre von der Sünde, Gütersloh 1927.
Leroy, H., Zur Vergebung der Sünden, Stuttgart 1974.
Otto, R., Sünde und Urschuld, München 1932.
Pannenberg, W., Aggression und theologische Lehre von der Sünde, in: ZEE 21 (1977), S. 161–173.
ders., Anthropologie in theologischer Perspektive, Göttingen 1983.
Pieper, J., Über den Begriff der Sünde, München 1977.
Regnier, J., Der moderne Mensch und die Sünde, Würzburg 1959.
Ricouer, P., Phänomenologie der Schuld, 2 Bde., Freiburg, München 1971.
Scharbert, J., Prolegomena eines Alttestamentlers zur Erbsündenlehre, Freiburg 1968.
Schmitz-Moormann, K., Die Erbsünde. Überholte Vorstellung – bleibender Glaube, Olten, Freiburg i. B. 1969.
Schwintek, M., Die Kirche der Sünder, Berlin 1969.
Sievernich, M., Schuld und Sünde in der Theologie der Gegenwart, FTS 29, Frankfurt 1982.
Weber, O., Grundlagen der Dogmatik Bd. I, S. 640–695, Neukirchen–Vluyn 1977.
Wegmann, H., Das Rätsel der Sünde, Bern 1937.
Weger, K.-H., Theologie der Erbsünde, Freiburg, Basel, Wien 1970.

§ 3. Gesetz und Evangelium

Althaus, P., Gebot und Gesetz, BFChTh 46,2, Gütersloh 1952.
ders., Grundriß der Dogmatik, S. 125–130, Gütersloh (1929) ^{5}1959.
Andersen, W., Ihr seid zur Freiheit berufen, Neukirchen 1964.
Barth, K., Evangelium und Gesetz, Th Ex NF 50, ^{3}1961, (Th Ex 32, München 1935).
Bayer, O., Gesetz und Evangelium, in: M. Brecht/R. Schwarz (Hg.), Bekenntnis und Einheit der Kirche. Studien zum Konkordienbuch, S. 155–173, Stuttgart 1980.
Berge, W., Gesetz und Evangelium in der neueren Theologie, AVTh RW 2, Berlin 1958.
Bommer, J., Gesetz und Freiheit im Katholizismus, München 1963.
Bring, R., Gesetz und Evangelium und der dritte Gebrauch des Gesetzes in der lutherischen Theologie, 1943 (SLAG 1).
Brunner, P., Gesetz und Evangelium. Versuch einer dogmatischen Paraphrase, in: Bemühungen um die einigende Wahrheit (Aufs.), S. 74–96, Göttingen 1977.
Büchsel, H., Gesetz und Evangelium, Hamburg 1922.
Ebeling, G., Erwägungen zur Lehre vom Gesetz, in: Wort und Glaube I, S. 255–293, Tübingen ^{3}1967.
Elert, W., Zwischen Gnade und Ungnade. Abwandlungen des Themas Gesetz und Evangelium, München 1948.

Haendler, K. und E. Kinder, Gesetz und Evangelium. Beiträge zur gegenwärtigen theologischen Diskussion, WdF 142, Darmstadt 1968.

Heintze, G., Luthers Predigt von Gesetz und Evangelium, 1958, (FGLP 10. R., Bd. II).

Iwand, H. J., Gesetz und Evangelium (1937), in: ders., Nachgelassene Werke IV, (Hg. W. Kreck), S. 11–230, München 1964.

ders., Evangelium und Gesetz, in: ders., Nachgelassene Werke IV, S. 441–451, München 1964.

Kinder, E., Gottes Gebote und Gottes Gnade im Wort vom Kreuz, München 1949.

Klappert, B., Erwägungen zum Thema: Gesetz und Evangelium bei Luther und K. Barth, in: Th Beitr 7 (1976), S. 140–157.

ders., Promissio und Bund. Gesetz und Evangelium bei Luther und Barth, 1976. (FS ÖTh 34).

Krötke, W., Das Problem „Gesetz und Evangelium" bei Werner Elert und Paul Althaus, Zürich 1965.

Peters, A., Gesetz und Evangelium, 1981 (HST 2).

Soehngen, G., Gesetz und Evangelium. Ihre analoge Einheit. Theologisch. Philosophisch. Staatsbürgerlich, Freiburg, München 1957.

Walther, C. F. W., Die rechte Unterscheidung von Gesetz und Evangelium, St. Louis 1946.

§ 4. Rechtfertigung und Heiligung

Althaus, P., Die lutherische Rechtfertigungslehre und ihre heutigen Kritiker, Berlin 1951.

Barth, K., Kirchliche Dogmatik IV/1, § 61: Des Menschen Rechtfertigung, Zollikon 1953. Kirchliche Dogmatik IV/2, S. 565ff., § 66: Des Menschen Heiligung, Zollikon 1955.

ders., Rechtfertigung und Heiligung, in: ZZ 5 (1927), S. 281–309.

Bonhoeffer, D., Nachfolge, München [11]1976.

Dantine, W., Die Gerechtmachung der Gottlosen, München 1959.

Etzold, O., Rechtfertigung heute, Stuttgart 1985.

Härle, W. und E. Herms, Rechtfertigung. Das Wirklichkeitsverständnis des christlichen Glaubens. (Ein Arbeitsbuch), Göttingen 1980 (UTB 1016).

Hempel, Ch., Rechtfertigung als Wirklichkeit. Ein katholisches Gespräch: Karl Barth – Hans Küng – Rudolf Bultmann und seine Schule, EHS.T 55, Frankfurt, Berlin 1976.

Kertelge, K., Rechtfertigung bei Paulus. Studien zur Struktur und zum Bedeutungsgehalt des paulinischen Rechtfertigungsbegriffs, [2]1971 (NTA NS 3).

Kinder, E., Die evangelische Lehre von der Rechtfertigung, QKK Bd. 1, Lüneburg 1957.

Koeberle, A., Rechtfertigung und Heiligung, Leipzig [4]1938.

Lackmann, M., Zur reformatorischen Rechtfertigungslehre, Stuttgart 1953.

Lohff, W. und Ch. Walther, Rechtfertigung im neuzeitlichen Lebenszusammenhang. Studien zur Neuinterpretation der Rechtfertigungslehre, Gütersloh 1974.

Lütgert, W., Die Lehre von der Rechtfertigung durch den Glauben, Berlin 1903.

Maron, G., Kirche und Rechtfertigung, Göttingen 1969.

Pesch, O. H., Theologie der Rechtfertigung bei Martin Luther und Thomas v. Aquin, Mainz 1967.

Pesch, O. H. und A. Peters, Einführung in die Lehre von Gnade und Rechtfertigung, Darmstadt 1981.

Pfnuer, V., Einig in der Rechtfertigungslehre? Die Rechtfertigungslehre der Confessio Augustana (1530) und die Stellungnahme der katholischen Kontroverstheologie zwischen 1530 und 1535, Wiesbaden 1970.

Pöhlmann, H. G., Rechtfertigung, Gütersloh 1971.

Rüttgardt, J. O., Heiliges Leben in der Welt. Grundzüge christlicher Sittlichkeit nach Ph. J. Spener, 1978 (APG 16).

Schmidt, K. D., Lutherische und katholische Rechtfertigungslehre, Lüneburg 1946.

Subilia, V., Die Rechtfertigung aus Glauben. Gestalt und Wirkung vom Neuen Testament bis heute. Göttingen 1981.

Wolf, E., Die Rechtfertigungslehre als Mitte und Grenze reformatorischer Theologie, Ev Th 9, S. 298–308, München 1949/50. = Peregrinatio, Bd. 2, S. 11–21, München 1965.

§ 5. Askese und christliche Ethik

Auer, A., Die philosophischen Grundlagen der Askese, Salzburg 1946.

Bodamer, J., Der Weg zur Askese als Überwindung der technischen Welt, Hamburg ²1957.

Bohren, R., Fasten und Feiern, Neukirchen 1973.

Furger, F., Freiwillige Askese als Alternative, in: C. K. Kaltenbrunner (Hg.), Überleben und Ethik, S. 77–90, München 1976.

Gründel, J., (Hg.), Triebsteuerung? Für und Wider die Askese, München 1972.

Hengstenberg, H. E., Christliche Askese, Heidelberg ³1948.

Kaftan, J., Die Askese im Leben der evangelischen Christen, Potsdam 1904.

Lindworsky, J., Psychologie der Askese, Freiburg 1936.

Müller-Schwefe, H. R., Vom zuchtvollen Leben, Hamburg 1959.

Schjelderup, K., Die Askese. Eine religionspsychologische Untersuchung, Berlin, Leipzig 1928.

Wenke, K. E. und H. Zillessen, (Hg.), Neuer Lebensstil, verzichten oder verändern? Opladen 1978.

§ 6. Gute Werke

Althaus, P., Die christliche Wahrheit Bd. II, S. 457–470 (§ 66), Gütersloh 1948.

Barth, K., Kirchliche Dogmatik IV/2, S. 660 ff., Zollikon 1955.

Joest, W., Gesetz und Freiheit, Göttingen ⁴1968.

Merk, O., Handeln aus Glauben. Die Motivierung der paulinischen Ethik, Marburg 1968.

Weber, O., Grundlagen der Dogmatik II, S. 356 ff., Neukirchen–Vluyn (1962) ⁵1977.

§ 7. Das Naturrecht

Arndt, A., Rechtsdenken in unserer Zeit. Positivismus und Naturrecht, Tübingen 1955.

Becker, K. H., Was ist Naturrecht? Stuttgart, Berlin 1964.

Bloch, E., Naturrecht und menschliche Würde, Frankfurt/M. 1961.

Böckenförde, E. W. und F. Böckle, (Hg.), Naturrecht in der Kritik, Mainz 1973.

Böckle, F., (Hg.), Das Naturrecht im Disput, Düsseldorf 1966.

Breuer, H., Sozialgeschichte des Naturrechts, Opladen 1983.

Brunner, E., Gerechtigkeit, eine Lehre von den Grundgesetzen der Gesellschaftsordnung, Zürich 1943.

Fuchs, J., Lex Naturae. Zur Theologie des Naturrechts, Düsseldorf 1955.

Herr, Th., Zur Frage nach dem Naturrecht im deutschen Protestantismus der Gegenwart, München, Paderborn, Wien 1972.

ders., Naturrecht aus der kritischen Sicht des Neuen Testaments, München, Paderborn, Wien 1976.

Höffe, O., Naturrecht ohne naturalistischen Fehlschluß, Wien 1980.

Kelsen, H., Naturrechtslehre und Rechtspositivismus, Berlin 1928.

Laun, A., Die naturrechtliche Begründung in der neueren katholischen Moraltheologie, Wien 1973.

Maihofer, W., Naturrecht oder Rechtspositivismus? Darmstadt ²1972.

Messner, J., Moderne Soziologie und scholastisches Naturrecht, Wien 1961.

Müller, A. u. a. (Hg.), Natur und Naturrecht, (Köln 1972), Freiburg (Schweiz) 1972.

Peschke, K. H., Naturrecht in der Kontroverse. Kritik evang. Theologie an der kath. Lehre von Naturrecht und natürlicher Sittlichkeit, Salzburg 1967.

Rommen, H., Die ewige Wiederkehr des Naturrechts, Leipzig 1936, München ²1947.

Ryffel, H., Das Naturrecht. Ein Beitrag zu seiner Kritik und Rechtfertigung vom Standpunkt grundsätzlicher Philosophie, Bern 1944.

Schelauske, H. D., Naturrechtsdiskussion in Deutschland. Ein Überblick über zwei Jahrzehnte: 1945–1965, Köln 1968.

Stadtmüller, G., Das Naturrecht im Lichte der geschichtlichen Erfahrung, Recklinghausen 1948.

Steubing, H., Naturrecht und natürliche Theologie im Protestantismus, Göttingen 1932.

Strauss, L., Naturrecht und Geschichte, Stuttgart 1956, Neue Ausg. Frankfurt/M. 1977.
Welzel, H., Naturrecht und materiale Gerechtigkeit, Göttingen ⁴1962.
Wolf, E., Das Problem der Naturrechtslehre, Karlsruhe ³1964.

§ 8. Das Gewissen

Bärenz, R., Das Gewissen, Würzburg 1978.
Blühdorn, J., (Hg.), Das Gewissen in der Diskussion, WdF 37, Darmstadt 1976.
Blum, E. u. a., Das Gewissen, Zürich, Stuttgart 1958.
Böckle, F., Gesetz und Gewissen, Luzern, Stuttgart 1965.
Bremi, W., Was ist Gewissen? Zürich 1934.
ders., Die Gewissensfrage: Wissenschaftler antworten, Stuttgart 1972.
Ebeling, G., Theologische Erwägungen über das Gewissen, in: Wort und Glaube, S. 429–446, Tübingen I ²1962.
Eckstein, H. J., Der Begriff der Syneidesis bei Paulus, WUNT R 2. 10, Tübingen 1983.
Engelmayer, O. u. a., Gewissen und Gewissensbildung, Donauwörth 1970.
Fuchs, J., Das Gewissen, Düsseldorf 1979.
Furger, F., Gewissen und Klugheit, Luzern 1965.
Golser, K., Gewissen und objektive Sittenordnung, Wien 1975.
Griesl, G., Gewissen, Augsburg 1970.
Hild, H., H. Huth und K.-A. Odin, Das christliche Gewissen. Von der Verantwortung der Christen, Göttingen 1982.
Holzhey, H., (Hg.), Gewissen? Basel 1975.
Jacob, G., Der Gewissensbegriff in der Theologie Luthers, Tübingen (1929) 1966.
Klier, G., Gewissensfreiheit und Psychologie, Berlin 1978.
Mokrosch, R., Das religiöse Gewissen, Stuttgart 1979.
Nickel, E. und U. O. Sievering, (Hg.), Gewissensentscheidung und demokratisches Handeln, Frankfurt/M. 1984.
Nowak, A. J., Gewissen und Gewissensbildung heute in tiefenpsychologischer und theologischer Sicht, Wien, Freiburg, Basel 1978.
Petrilowitsch, N., (Hg.), Das Gewissen als Problem, WdF 66, Darmstadt 1966.
Podlech, A., Das Grundrecht der Gewissensfreiheit und die besonderen Gewaltverhältnisse, Berlin 1969.
Scholler, H., Die Freiheit des Gewissens, Berlin 1958.
Schomerus, H., Das befreite Gewissen, München 1967.
Stelzenberger, J., Syneidesis, conscientia, Gewissen. Studie zum Bedeutungswandel eines moraltheologischen Begriffes, Paderborn 1963.
ders., Syneidesis im NT, Paderborn 1961.
Stocker, H. G., Das Gewissen, Bonn 1925.
Sustar, A., Gewissensfreiheit, Zürich 1967.
Ziegler, J. G., Vom Gesetz um Gewissen, Freiburg, Basel, Wien 1967.

§ 9. Nachfolge

Betz, H. D., Nachfolge und Nachahmung Jesu Christi im Neuen Testament, Tübingen 1967.

Bonhoeffer, D., Nachfolge, München (1937) ¹¹1976.

Bouwman, G., Folgen und Nachfolgen im Zeugnis der Bibel, Salzburg 1965.

Drescher, H. G., Nachfolge und Begegnung, Gütersloh 1972.

Feifel, E., Der pädagogische Anspruch der Nachfolge Christi, Donauwörth 1968.

Hemmerle, K., Theologie als Nachfolge, Freiburg, Basel, Wien 1975.

Hengel, M., Leiden in der Nachfolge Jesu, in: H. Schulze (Hg.), Der leidende Mensch, Neukirchen 1974.

ders., Nachfolge und Charisma, BZNW 34, Berlin 1968.

Schulz, A., Nachfolgen und Nachahmen. Studien über das Verhältnis der neutestamentlichen Jüngerschaft zur unchristlichen Vorbildethik, StANT 6, München 1962.

ders., Unter dem Anspruch Gottes. Das neutestamentliche Zeugnis von der Nachahmung, München 1967.

§ 10. Das Liebesgebot

Balthasar, H. U. v., Glaubhaft ist nur Liebe, München ^{4}1977.

Biser, E. u. a., Prinzip Liebe. Perspektiven einer Theologie, Freiburg i. Br. 1975.

Bornkamm, G., Das Doppelgebot der Liebe, in: Gesammelte Aufsätze III, S. 37–45, München 1968.

Friedrich, J., Gott im Bruder? Stuttgart 1977.

Nissen, A., Gott und der Nächste im antiken Judentum. Untersuchungen zum Doppelgebot der Liebe, WUNT 15, Tübingen 1974.

Nygren, A., Eros und Agape I/II, Gütersloh 1930/37.

Pieper, J., Über die Liebe, München ^{4}1977.

Rahner, K., Das „Gebot" der Liebe unter den anderen Geboten, in: Schriften zur Theologie V, S. 494–517, Einsiedeln, Zürich, Köln 1962.

ders., Über die Einheit von Nächsten- und Gottesliebe, in: Schriften zur Theologie VI, S. 277–298, Einsiedeln, Zürich, Köln 1965.

ders., Was heißt Jesus lieben? Freiburg ^{2}1984.

Ratzinger, J., Über die christliche Brüderlichkeit, München 1960.

Schrage, W., Ethik des Neuen Testaments, GNT 4, S. 69–88, Göttingen 1982.

Theißen, G., Gewaltverzicht und Feindesliebe, in: Studien zur Soziologie des Urchristentums, WUNT 19, S. 160–197, Tübingen 1979.

Warnack, V., Agape. Die Liebe als Grundmotiv der neutestamentlichen Theologie, Düsseldorf 1951.

Welte, B., Die Dialektik der Liebe. Gedanken zur Phänomenologie der Liebe und zur christlichen Nächstenliebe im technologischen Zeitalter, Frankfurt/M. 1973.

3. Kapitel: Ethische Grundbegriffe

§ 1. Tugend

Betz, O., (ed.), Tugenden für heute. Zwischen Möglichkeit und Wirklichkeit, München 1973.

Bollnow, O. F., Wesen und Wandel der Tugend, Frankfurt/M. 1958.

Chauchard, P., Untugend der Tugenden – Tugend der Untugenden, Düsseldorf 1967.

Hartmann, N., Ethik, Berlin/Leipzig (1926) ⁴1962.

Klomps, H., Tugenden des modernen Menschen, Augsburg 1970.

Lohff, W., Die theologische Bedeutung der Tugendlehre O. F. Bollnows: ZEE 2 (1958), S. 334–346.

MacIntyre, A., Der Verlust der Tugend. Zur normativen Krise der Gegenwart, Frankfurt a. M./New York 1987.

Pieper, J., Das Viergespann. Klugheit – Gerechtigkeit – Tapferkeit – Maß, München (1964) ²1977.

Rahner, K. und B. Welte, (ed.), Mut zur Tugend. Über die Fähigkeit, menschlicher zu leben, Freiburg i. Br. 1979.

Scheler, M., Zur Rehabilitierung der Tugend: ders., Vom Umsturz der Werte. Abhandlungen und Aufsätze, S. 13–31, Berlin ⁴1955.

Schüller, B., Die Begründung sittlicher Urteile. Typen ethischer Argumentation in der katholischen Moraltheologie, S. 299–305, Düsseldorf (1973) ²1980.

Stöckle, B., Rechtfertigung der Tugend heute: StZ 192 (1974), S. 291–304.

§ 2. Gesetz und Norm

Althaus, P., Gebot und Gesetz. Zum Thema „Gesetz und Evangelium", Gütersloh 1952.

Brunner, E., Das Gebot und die Ordnungen. Entwurf einer protestantisch-theologischen Ethik, Tübingen (1932) ⁴1939.

Fletcher, J., Moral ohne Normen?, Gütersloh 1967.

Ginters, R., Werte und Normen. Einführung in die philosophische und theologische Ethik, Göttingen/Düsseldorf 1982.

Gründel, J. und H. van Oyen, Ethik ohne Normen? Zu den Weisungen des Evangeliums, Herder 1970.

Kelsen, H., Allgemeine Theorie der Normen, Wien/Mainz 1979.

Kinder, E. und K. Haendler, (ed.), Gesetz und Evangelium. Beiträge zur gegenwärtigen theologischen Diskussion, Darmstadt 1968.

Korff, W., Norm und Sittlichkeit. Untersuchungen zur Logik der normativen Vernunft, Mainz 1973.

Løgstrup, K. E., Die ethische Forderung, Tübingen (1959) ²1968.

Oelmüller, W., (ed.), Materialien zur Normendiskussion. Bd. 1–3, Paderborn/München/Wien 1978/79.

Pieper, A., Pragmatische und ethische Normenbegründung. Zum Defizit an ethischer Letztbegründung in zeitgenössischen Beiträgen zur Moralphilosophie, Freiburg i. Br./München 1979.

Riedel, M., Norm und Werturteil. Grundprobleme der Ethik, Stuttgart 1979.

Thielicke, H., Theologische Ethik I. Prinzipienlehre, Tübingen (1958) ³1965.

§ 3. Kasuistik

Denecke, A., Wahrhaftigkeit. Eine evangelische Kasuistik. Auf der Suche nach einer konkreten Ethik zwischen Existenzphilosophie und katholischer Moraltheologie, Göttingen 1972.

Pribilla, M., Klugheit und Kasuistik: StZ 133 (1938), S. 205–216.

Seelhammer, N., Situationsethik und christliches Gewissen: TThZ 62, S. 80–90, (1953).

Thielicke, H., Das Problem der Konkretheit in der evangelischen Ethik. Die Unmöglichkeit einer Kasuistik: H.-H. Schrey/H. Thielicke (ed.), Christliche Daseinsgestaltung, IX–XXVII, Bremen 1971.

Troost, A., Casuistiek en Situatie Ethiek, Diss. Utrecht, 1958.

§ 4. Pflicht

Bollnow, O. F., Einfache Sittlichkeit. Kleine philosophische Aufsätze, Göttingen 1947.

Horneffer, E., Angewandte Ethik. Eine Pflichtenlehre der Gegenwart, Bielefeld 1951.

Löwith, K., Das Individuum in der Rolle des Mitmenschen. Ein Beitrag zur anthropologischen Grundlegung der ethischen Probleme, München 1928.

Moritz, M., Studien zum Pflichtbegriff in Kants kritischer Ethik, Den Haag 1951.

Reiner, H., Pflicht und Neigung, Meisenheim/Glan ²1973.

Scheler, M., Der Formalismus in der Ethik und die materiale Wertethik. Neuer Versuch der Grundlegung eines ethischen Personalismus, Bern ⁴1954.

§ 5. Autonomie

Auer, A., Autonome Moral und christlicher Glaube, Düsseldorf 1971.

Czuma, H., Autonomie. Eine hypothetische Konstruktion praktischer Vernunft, München 1974.

Hengstenberg, H.-E., Autonomismus und Transzendenzphilosophie, Heidelberg 1950.

Honecker, M., Konzept einer sozialethischen Theorie. Grundfragen evangelischer Sozialethik, Tübingen 1971.

ders., Sozialethik zwischen Tradition und Vernunft, Tübingen 1977.

Ihmels, L., Theonomie und Autonomie, Leipzig 1903.

Kuitert, H. M., Autonomie: een lastige laatkomer in de ethiek, Amsterdam 1989.

Rohrmoser, G., Emanzipation und Freiheit, München 1970.

Ronneberger, F. u. a., (ed.), Autonomes Handeln als personale und gesellschaftliche Aufgabe. Ergebnisse aus der Arbeit des Sonderforschungsbereiches 22 für Sozialisations- und Kommunikationsforschung an der Univ. Erlangen-Nürnberg, Opladen 1980.

Schlumbohn, J., Freiheitsbegriff und Emanzipationsprozeß. Zur Geschichte eines politischen Wortes, Göttingen 1973.

Thielicke, H., Theologische Ethik II/2. Ethik des Politischen, Tübingen (1959) ²1966.

Welker, M., Der Vorgang Autonomie. Philosophische Beiträge zur Einsicht in theologische Rezeption und Kritik, Neukirchen—Vluyn 1975.

§ 6. Utilitarismus

Adler-Karlsson, G., Der Kampf gegen die absolute Armut, Fischer-Taschenbuch 4201, Hamburg 1978.

Gorovitz, S., (ed.), John Stuart Mill. Utilitarianism, Indianapolis 1971, (mit neueren Diskussionen).

Höffe, O., (ed.), Einführung in die utilitaristische Ethik. Klassische und zeitgenössische Texte, München 1975.

Hoerster, N., Utilitaristische Ethik und Verallgemeinerung, Alber (1971) ²1977.

Mill, J. St., Der Utilitarismus, (1861) Stuttgart 1985.

Quinton, A., Utilitarian Ethics, New York 1973.

Schüller, B., Neuere Beiträge zum Thema „Begründung sittlicher Urteile": J. Pfammatter/F. Furger (ed.), Theologische Berichte 4. Fragen christlicher Ethik, S. 109—181, Benzinger 1974.

§ 7. Gerechtigkeit

Barth, K., Rechtfertigung und Recht, Zollikon 1938.

Brunner, E., Gerechtigkeit. Eine Lehre von den Grundgesetzen der Gesellschaftsordnung, Zürich (1943) ³1981.

Bühler, P., Kreuz und Eschatologie. Eine Auseinandersetzung mit der politischen Theologie im Anschluß an Luthers theologia crucis, Tübingen 1981.

Frey, C., Gerechtigkeit. Theologisch-ethische Überlegungen zu einer fundamentalen Norm, WPKG 1977, S. 458—475.

Heckel, H., Recht und Gerechtigkeit, Stuttgart 1955.

Jüngel, E., Freiheitsrechte und Gerechtigkeit: ders., Unterwegs zur Sache, S. 246—256, München 1972.

ders., Gottes umstrittene Gerechtigkeit: ebd., S. 60—79.

Kelsen, H., Was ist Gerechtigkeit?, Wien (1953) ²1975.

Kriele, M., Kriterien der Gerechtigkeit. Zum Problem des rechtsphilosophischen und politischen Relativismus, Berlin 1963.

Nef, H., Gleichheit und Gerechtigkeit, Zürich 1941.

Pieper, J., Über die Gerechtigkeit, München (1953) ⁴1965.

Rawls, J., Eine Theorie der Gerechtigkeit, Frankfurt/M. 1975 (englisch 1971).
Sauer, W., Die Gerechtigkeit. Wesen und Bedeutung im Leben der Menschen und Völker, Berlin 1959.
Thielicke, H., Theologische Ethik III. Ethik der Gesellschaft, des Rechtes, der Sexualität und der Kunst, Tübingen 1964.
Tillich, P., Liebe, Macht, Gerechtigkeit, Tübingen 1955.
Walz, H. H. und H.-H. Schrey, Gerechtigkeit in biblischer Sicht. Eine ökumenische Studie zur Rechtstheologie, Zürich/Frankfurt a. M. 1955.
Weber, H. E. und Ernst Wolf, Gerechtigkeit und Freiheit, München 1949.
Wolf, Erik, Rechtsgedanke und biblische Weisung. Tübingen 1948.

§ 8. Menschenwürde und Humanität

Asheim, I., (ed.), Humanität und Herrschaft Christi. Zur ethischen Orientierung heute. Aus der Arbeit der Theol. Kommission des Lutherischen Weltbundes 1964—1969, Göttingen 1969.
Barth, K., Die Menschlichkeit Gottes, Zollikon 1956.
ders., Humanismus, Zollikon 1950.
Bollnow, O. F., Die Forderung der Menschlichkeit. Rede bei der feierlichen Immatrikulation am 24. Nov. 1960, Tübingen 1961.
Brunner, E., Die Grenzen der Humanität. Habilitationsvorlesung an der Universität Zürich, Tübingen 1922.
Honecker, M., Das Recht des Menschen. Einführung in die evangelische Sozialethik, Gütersloh 1978.
ders., Menschenrechte in der Deutung evangelischer Theologie: „aus politik und zeitgeschichte", Beilage zu „Das Parlament" B 36/1979, S. 7—25.
Huber, W. und H. E. Tödt, Menschenrechte. Perspektiven einer menschlichen Welt, Stuttgart/Berlin (1977) ²1978.
Leibholz, G. u. a., (ed.), Menschenwürde und freiheitliche Rechtsordnung. FS W. Geiger, Tübingen 1974.
Lilje, H., Atheismus, Humanismus, Christentum. Der Kampf um das Menschenbild unserer Zeit, Hamburg (1961) ³1965.
Lochman, J. M. und J. Moltmann, (ed.), Gottes Recht und Menschenrechte. Studien und Empfehlungen des Reformierten Weltbundes, Neukirchen—Vluyn (1976) ²1977.
Rendtorff, T. und A. Rich, (ed.), Humane Gesellschaft. Beiträge zu ihrer sozialen Gestaltung, Hamburg/Zürich 1970.
Röhring, K. und H. Schulze, (ed.), Gesellschaft ohne Humanität? Zur Frage nach der Menschlichkeit in der Gesellschaft, Göttingen 1971.
Rohrmoser, G., Humanität in der Industriegesellschaft, Göttingen 1970.

§ 9. Erfahrung, Vernunft und Entscheidung

Albert, H., Traktat über kritische Vernunft, Tübingen (1969) ⁴1980.
Betz, O., (ed.), Zugänge zur religiösen Erfahrung, Düsseldorf 1980.

Egenter, R., Erfahrung ist Leben. Über die Rolle der Erfahrung für das sittliche und religiöse Leben des Christen, München 1974.

Höffe, O., Strategien der Humanität. Zur Ethik öffentlicher Entscheidungsprozesse, Freiburg i. Br./München 1975.

Honecker, M., Liebe und Vernunft: ZThK 68 (1971), S. 227–259.

ders., Erfahrung und Entscheidung. Zur Begründung einer theologischen Ethik: ZThK 75 (1978), S. 485–502.

ders., Konzept einer sozialethischen Theorie, Grundfragen evangelischer Sozialethik, Tübingen 1971.

Horkheimer, M., Zur Kritik der instrumentellen Vernunft, Frankfurt a. M. (1967) ²1974.

Jüngel, E., Gott als Geheimnis der Welt. Zur Begründung der Theologie des Gekreuzigten im Streit zwischen Theismus und Atheismus, Tübingen ⁵1986.

Korff, W., Norm und Sittlichkeit. Untersuchungen zur Logik der normativen Vernunft, Mainz 1973.

Laing, R. D., Phänomenologie der Erfahrung, Frankfurt a. M. 1977.

Nygren, A., Die Gültigkeit der religiösen Erfahrung, Gütersloh 1922.

Picht, G., Prognose – Utopie – Planung. Die Situation des Menschen in der Zukunft der technischen Welt, Stuttgart (1968) ³1971.

Schnädelbach, H., Rationalität. Philosophische Beiträge, Frankfurt a. M. 1984.

Sölle, D., Die Hinreise. Zur religiösen Erfahrung. Texte und Überlegungen, Stuttgart 1975.

§ 10. Deontologische und teleologische Argumentation

Frankena, W. K., Analytische Ethik. Eine Einführung, München (1972) ³1981.

Furger, F., Was Ethik begründet? Deontologie oder Teleologie – Hintergrund und Tragweite einer moraltheologischen Auseinandersetzung, Benzinger 1984.

Hartmann, N., Teleologisches Denken, Berlin 1951.

Schüller, B., Die Begründung sittlicher Urteile. Typen ethischer Argumentation in der katholischen Moraltheologie, Düsseldorf 1973.

4. Kapitel: Normen und Werte

§ 1. Werte

Schmidt, C., E. Jüngel und S. Schelz, Die Tyrannei der Werte, Hamburg 1979.

§ 2. Universalismus und Relativismus der Werte

Ginters, R., Relativismus in der Ethik, Düsseldorf 1978.

Schmidt, C., E. Jüngel und S. Schelz, Die Tyrannei der Werte, Hamburg 1979.

§ 3. Zur Grundwertedebatte

Böckenförde, E.-W., Der Staat als sittlicher Staat, Pforzheim 1978.
Gorschenk, G., (ed.), Grundwerte in Staat und Gesellschaft, München 1977.
Grundwerte und Gottes Gebot. Gemeinsame Erklärung des Rates der Evangelischen Kirche in Deutschland und der Deutschen Bischofskonferenz, Gütersloh 1979.
Honecker, M., Protestantismus als kritisches Prinzip. Gesichtspunkte zur Diskussion um die Grundwerte: EK 11 (1978), S. 398–401.
Kimminich, O., (ed.), Was sind Grundwerte? Zum Problem ihrer Inhalte und ihrer Begründung, Düsseldorf 1977.
Meyer, Th., (ed.), Grundwerte und Gesellschaftsreform, Frankfurt a. M. 1981.
Raabe, F., (ed.), Der Streit um die Grundwerte: KuG 37, 1977.
Schlei, M. und J. Wagner, (ed.), Freiheit – Gerechtigkeit – Solidarität. Grundwerte und praktische Politik, Bonn–Bad Godesberg 1976.
Spieker, M., Grundwerte und Menschenbild, Köln 1979.
Stimpfle, J., Die Grundwerte in der Sicht der katholischen Kirche, Stuttgart 1979.

§ 4. Kompromiß und Güterabwägung im Normenkonflikt

Bonhoeffer, D., Ethik, München (1949) ^{10}1984 passim.
Bühl, W. L., (ed.), Konflikt und Konfliktstrategie. Ansätze zu einer soziologischen Konflikttheorie, München (1972) ^{2}1973.
Ebeling, G., Die Notwendigkeit der Lehre von den zwei Reichen: ders., Wort und Glaube, S. 407–428, Tübingen (1960) ^{3}1967.
Sohn, W., Der soziale Konflikt als ethisches Problem, Gütersloh 1971.
Steubing, H., Der Kompromiß als ethisches Problem, Gütersloh 1955.
Thielicke, H., Theologische Ethik II/1. Mensch und Welt, Tübingen (1959) ^{3}1965.
Wiltig, H.-J., Der Kompromiß als theologisches und als ethisches Problem. Ein Beitrag zur unterschiedlichen Beurteilung des Kompromisses durch H. Thielicke und W. Trillhaas, Düsseldorf 1975.

5. Kapitel: Quellen christlicher Ethik

§ 1. Zur Geschichte christlicher Ethik

Blackey, R., History of Moral Science, 2 Bde., London ^{2}1836.
Böckle, F., Fundamentalmoral, München 1977.
Bollnow, O. F., Wesen und Wandel der Tugenden, Frankfurt/M. 1958.
Brandt, R. B., Ethical Theory, Englewood Cliffs, N. Y., 1959.
Dempf, A., Ethik des Mittelalters, München 1927.
Dihle, A., Die goldene Regel. Eine Einführung in die Geschichte der antiken frühchristlichen Vulgärethik, Göttingen 1962.

Dittrich, O., Die Systeme der Moral. Geschichte der Ethik vom Altertum bis zur Gegenwart, 4 Bde. (nicht abgeschlossen), Leipzig 1922–1932.

Elert, W., Morphologie des Luthertums II (Soziallehren und Sozialwirkungen des Luthertums), München ³1965.

Feuerlein, E., Die Sittenlehre des Christentums in ihren geschichtlichen Hauptformen, Tübingen 1855.

ders., Die philosophische Sittenlehre in ihren geschichtlichen Hauptformen, 2 Bde., Tübingen 1857/59.

Fichte, I. H., Die philosophischen Lehren von Recht, Staat und Sitte in Deutschland, Frankreich und England von der Mitte des 18. Jh. bis zur Gegenwart (System der Ethik, 1. Teil), Leipzig 1850.

Gass, W., Geschichte der christlichen Ethik, 3 Bde., Berlin 1881–1887.

Gerlitz, P. u. a., Ethik, in: TRE, Bd. 10, 1980, S. 396 ff.

Gustafson, J. M., Protestant and Catholic Ethic, Chicago 1978.

Henning, L. v., Prinzipien der Ethik in historischer Entwicklung, Berlin 1824.

Hirsch, E., Geschichte der neueren evangelischen Theologie im Zusammenhang mit der allgemeinen Bewegung des europäischen Denkens, 5 Bde., Gütersloh 1949, ⁵1975.

Howald, E., A. Dempf und Th. Litt, Geschichte der Ethik vom Altertum bis zum Beginn des 20. Jh., München 1978.

Jodl, Fr., Geschichte der Ethik als philosophische Wissenschaft, 2 Bde., Stuttgart/Berlin ³1920/23.

Kluxen, W., Philosophische Ethik bei Thomas v. Aquin, Mainz 1964.

Höffe, O., (Hg.), Lexikon der Ethik, München ³1986.

MacIntyre, A., A short History of Ethics, London ³1968.

Marheineke, Ph. K., Allgemeine Geschichte der christlichen Moral in den der Reformation vorhergehenden Jahrhunderten, Sulzburg 1806.

Meiners, C., Allgemeine kritische Geschichte der älteren und neueren Ethik oder Lebenswissenschaft, 2 Bde., Göttingen 1800/01.

Miethke, J., Ockhams Weg zur Sozialphilosophie, Berlin 1969.

Neander, A., Vorlesungen über Geschichte der christlichen Ethik, hg. v. D. Erdmann (Theol. Vorl. 5), Berlin 1864.

Oyen, H. van, Ethik des AT (Geschichte der Ethik, Bd. 2), Gütersloh 1967.

Riedel, M., (Hg.), Rehabilitierung der praktischen Philosophie, 2 Bde., Freiburg 1974.

Ritter, J., Metaphysik und Politik, Frankfurt/M. 1969.

Sidgwick, H., Die Methoden der Ethik, 2 Bde., Leipzig 1909.

Stäudlin, C. F., Geschichte der Sittenlehre Jesu, 4 Bde., Göttingen 1799/1823.

ders., Geschichte der philosophischen, hebräischen und christlichen Moral im Grundrisse, Hannover 1806.

ders., Geschichte der christlichen Moral seit dem Wiederaufleben der Wissenschaften, Göttingen 1803.

ders., Geschichte der Moralphilosophie, Hannover 1822.

ders., Geschichte der Lehre vom Gewissen, Halle 1824.

ders., Geschichte der Vorstellungen und Lehren vom Eide, Göttingen 1824; vom Selbstmorde, Göttingen 1824; von der Ehe, Göttingen 1826; von der Freundschaft, Hannover 1826.

Stockmeier, P., Geschichtliche Implikationen des christlichen Ethos, in: Die Grenzen des menschlichen Ethos, hg. v. F. Rauh/C. Hörgl, Düsseldorf 1975, S. 11−28.

Trillhaas, W., Ethik, Berlin ³1970.

Troeltsch, E., Die Soziallehren der christlichen Kirchen und Gruppen (Ges. Schriften 1), Tübingen ³1923.

Vorländer, F., Geschichte der philosophischen Moral, Rechts- u. Staatslehre der Engländer u. Franzosen mit Einschluß Machiavellis u. einer kurzen Übersicht der moralischen u. socialen Lehren der neueren Zeit überhaupt, Marburg 1885/1964.

Wagner, Fr., Geschichte des Sittlichkeitsbegriffs, 3 Bde., (MBTh 14, 19, 21) 1928/36.

Wentscher, M., Geschichte der Ethik, Berlin 1931.

ders., Ethik, 2 Bde., Leipzig 1902/05.

Werner, K., Grundriß einer Geschichte der Moralphilosophie, Wien 1859.

Wette, W. M. L. de, Allgemeine Geschichte der christlichen Sittenlehre, 2 Bde., Berlin 1819/21.

Ziegler, Th., Geschichte der Ethik, 2 Bde., I Bonn 1882, II Straßburg 1886, ²1892.

Zöckler, O., Die Tugendlehre des Christentums geschichtlich dargestellt in der Entwicklung ihrer Lehrformen mit besonderer Rücksicht auf deren zahlensymbolische Einkleidung, Gütersloh 1904.

§ 2. Der Dekalog

Alt, A., Die Ursprünge des israelitischen Rechts (1934) in: Kl. Schr. I, München ⁴1968.

Barth, K., KD III/4, Zürich ³1963.

Ben Chorin, Sch., Die Tafeln des Bundes, Tübingen 1979.

Crüsemann, F., Bewahrung der Freiheit, KT 78, München 1983.

Elert, W., Das christliche Ethos, Hamburg ²1961.

Fritzsche, H.-G., Die Anfänge der christlichen Ethik im Dekalog, in: ThLZ 98 (1973), S. 161−170.

ders., Evangelische Ethik. Die Gebote Gottes als Grundprinzipien christlichen Handelns, Berlin ²1963.

Gerstenberger, E., Wesen und Herkunft des „apodiktischen Rechts", WMANT 20, Neukirchen 1965.

Hossfeld, F.-L., Der Dekalog, OBO 45, Göttingen 1982.

Locher, G. W., Das Problem der Autorität der Zehn Gebote, Bern 1968.

ders., Der Geltungsgrad der Zehn Gebote, in: ZEE 13 (1969).

Lochman, J. M., Wegweisung der Freiheit. Abriß der Ethik in der Perspektive des Dekalogs, Gütersloh 1979.

Oyen, H. v., Ethik des Alten Testaments, GdE 2, Gütersloh 1967.

Reicke, B., Die Zehn Worte in Geschichte und Gegenwart, Tübingen 1973.

Röthlisberger, H., Kirche am Sinai. Die Zehn Gebote in der christlichen Unterweisung, Zürich/Stuttgart 1965.

Schlüngel-Straumann, H., Der Dekalog — Gottes Gebote? SBS 67, Stuttgart 1973.

Stamm, J. J., Der Dekalog im Lichte der neueren Forschung, Bern/Stuttgart ²1962.

ders. und M. E. Andrew, The Ten Commandments in Recent Research, SBT II/2, London 1967.

§ 3. Die ethische Deutung der Bergpredigt

Ackermann, J., Tolstoi und das NT, Leipzig 1927.

Alt, F., Frieden ist möglich. Die Politik der Bergpredigt, München/Zürich ²³1986.

ders., Liebe ist möglich. Die Bergpredigt im Atomzeitalter, München/Zürich ⁷1987.

Aukrust, T., Bergpredigt II. Ethisch, in: TRE 5, 1980, S. 618 ff.

Barth, G., Bergpredigt I. Im NT, in: TRE 5, 1980, S. 603 ff.

Bayer, O., Sprachbewegung und Weltveränderung. Ein systematischer Versuch als Auslegung von Mt. 5, S. 43—48, in: Zugesagte Freiheit, Gütersloh 1980, S. 60—76.

Berner, U., Die Auslegung der Bergpredigt im 20. Jahrhundert, Diss. Theol. Göttingen 1978, ²1983.

Böhme, W., Dem Übel nicht widerstehen, in: Ziviler Ungehorsam? Überlegungen zur Ethik der Bergpredigt, Karlsruhe 1984.

Davies, W. D., Die Bergpredigt, dt. München 1970.

Eichholz, G., Auslegung der Bergpredigt, Neukirchen—Vluyn ⁵1982.

Hättich, M., Weltfrieden durch Friedfertigkeit?, München 1983.

Heim, K., Die Bergpredigt Jesu. Für die heutige Zeit ausgelegt, Tübingen 1946.

Hoffmann, P. und V. Eid, Jesus von Nazareth und eine christliche Moral, Freiburg u. a., ²1976.

Jeremias, J., Die Bergpredigt, Stuttgart 1959.

Käsemann, E., Bergpredigt, eine Privatsache? in: Aktion Sühnezeichen (Hg.), Christen im Streit um den Frieden, Freiburg 1982, S. 74—83.

Ljungman, H., Das Gesetz erfüllen, Lund 1954.

Lohfink, G., Gesetzeserfüllung und Nachfolge. Zur Radikalität des Ethischen im Matthäus-Evangelium, in: H. Weber (Hg.), Der ethische Kompromiß, Freiburg/Wien 1984, S. 15—58.

Moltmann, J., (Hg.), Nachfolge und Bergpredigt, München 1982.

Niebuhr, R., Moral Man and Immoral Society, New York 1932.

Nigg, W., Das ewige Reich, Zürich 1954.

Pokorny, P., Der Kern der Bergpredigt, Hamburg 1969.
Scharffenorth, G., Die Bergpredigt in Luthers Beiträgen zur Wirtschaftsethik. Erwägungen zur Theorie ethischer Urteilsbildung, in: C. Frey/W. Huber (Hg.), Schöpferische Nachfolge, Heidelberg 1978, S. 177—204.
Schweizer, E., Die Bergpredigt, Göttingen 1982.
ders., Das Evangelium nach Matthäus, Göttingen ^{15}1981.
Soiron, Th., Die Bergpredigt Jesu, Freiburg 1941.
Strecker, G., Der Weg der Gerechtigkeit, FRLANT 82, Göttingen ^{2}1966.
Thielicke, H., Theologische Ethik I, Tübingen ^{2}1958.
Törnvall, G., Geistliches und weltliches Regiment bei Luther, München 1947.
Wendland, H. D., Ethik des NT, Göttingen 1970.
Windisch, H., Der Sinn der Bergpredigt, Leipzig 1929, ^{2}1937.

§ 4. Der Ansatz der Ethik bei Martin Luther

Althaus, P., Die Ethik Martin Luthers, Gütersloh 1965.
ders., Luthers Lehre von den beiden Reichen im Feuer der Kritik, in: LJB 1957, Jg. 24, S. 40—68.
Barge, H., Luther und der Frühkapitalismus, Gütersloh 1951.
Bornkamm, H., Luthers Lehre von den zwei Reichen im Zusammenhang seiner Theologie, Gütersloh 1958.
Brunstäd, F., Gesammelte Aufsätze, hg. v. E. Gerstenmaier und C. G. Schweitzer, Berlin 1957.
Diem, H., Luthers Lehre von den zwei Reichen, Beiheft 5 zur Ev. Theol. 1938.
Duchrow, U., Christenheit und Weltverantwortung. Traditionsgeschichte und systematische Struktur der Zweireichelehre, Stuttgart 1970, ^{2}1983.
ders., (Hg.), Zwei Reiche und Regimente. Ideologie oder evangelische Orientierung? Gütersloh 1977.
ders. und W. Huber, (Hg.), Die Vorstellung von zwei Reichen und Regimenten bis Luther, Gütersloh 1970, ^{2}1978.
Ebeling, G., Luther. Einführung in sein Denken, Tübingen ^{3}1978.
ders., Leitsätze zur Zweireichelehre, ZThK 69 (1972), S. 331—349.
ders., Die Notwendigkeit der Lehre von den zwei Reichen, in: Wort und Glaube I. Tübingen ^{3}1967, S. 407—428.
Elert, W., Morphologie des Luthertums II. Soziallehren und Sozialwirkungen des Luthertums, München ^{3}1965.
Gänssler, H. J., Evangelium und weltliches Schwert. Hintergrund, Entstehungsgeschichte und Anlaß von Luthers Scheidung zweier Reiche oder Regimente, Wiesbaden 1983.
Gogarten, F., Luthers Theologie, Tübingen 1967.
Hakamies, A., „Eigengesetzlichkeit" der natürlichen Ordnungen als Grundproblem der neueren Lutherdeutung, Witten 1971.
Hasselmann, N., (Hg.), Gottes Wirken in seiner Welt. Zur Diskussion um die Zwei-Reiche-Lehre, 2 Bde., Hamburg 1980.

Heckel, J., Im Irrgarten der Zweireichelehre, München 1957 (ThExh. NF 55).
Hillerdal, G., Gehorsam gegen Gott und Menschen. Luthers Lehre von der Obrigkeit und die moderne evangelische Staatslehre, Göttingen 1955.
Honecker, M., Sozialethik zwischen Tradition und Vernunft, Tübingen 1977.
ders., Thesen zur Aporie der Zweireichelehre, in: ZThK 78 (1981), S. 128–140.
ders., Die Weltverantwortung des Glaubens, in: K. Lehmann (Hg.), Luthers Sendung für Katholiken und Protestanten, Zürich 1982, S. 71–93.
Iserloh, E., „Mit dem Evangelium läßt sich die Welt nicht regieren". Luthers Lehre von den beiden Regimenten im Widerstreit, in: Aus der Lutherforschung. 3 Vorträge, Opladen 1983, S. 49 ff.
ders. und G. Müller, Luther und die politische Welt, Stuttgart 1984.
Jacob, G., Weltwirklichkeit und Christengemeinde. Wider eine falsche Zweireichelehre, Stuttgart 1977.
Jüngel, E., Zur Freiheit eines Christenmenschen. Eine Erinnerung an Luthers Schrift, München 1978.
Kattenbusch, F., Luthers Lehre vom unfreien Willen und der Prädestination nach ihren Entstehungsgründen untersucht, Göttingen 1875.
Kinder, E., Das Evangelium und die Ordnungen des menschlichen Gemeinschaftslebens. Einführung in Luthers Schriften zur Sozialethik, in: M. Luther, Ausgewählte Werke 5, H. H. Borchert, G. Merz (Hg.) (= Münchner Lutherausgabe), 1962, S. 371–393.
ders., Luther und die politische Frage, Neuendettelsau 1952.
Köstlin, J. Th., Luthers Theologie in ihrer geschichtlichen Entwicklung und ihrem inneren Zusammenhange, Stuttgart 1863, vollst. neu bearb. 1901.
Kunst, H., Evangelischer Glaube und politische Verantwortung. Martin Luther als politischer Berater seiner Landesherrn und seine Teilnahme an Fragen des öffentlichen Lebens, Stuttgart 1976.
Lau, F., Luthers Lehre von den beiden Reichen, Berlin 1952.
Luthardt, C. E., Die Ethik Luthers in ihren Grundzügen, Leipzig 1867.
Mehlhausen, J. und E. Wolf, Luther/Sozialethik im Luthertum, in: ESL, [7]1980, S. 846–854.
Mühlen, K. H. zur, Arbeit VI, in: TRE 3, 1978, S. 635–639.
Pannenberg, W., Luthers Lehre von den zwei Reichen, in: Ethik und Ekklesiologie, Göttingen 1977, S. 97–114.
Rogge, J. und H. Zeddies, (Hg.), Kirchengemeinschaft und politische Ethik. Ergebnis eines theologischen Gespräches zum Verhältnis von Zwei-Reiche-Lehre und Lehre von der Königsherrschaft Christi, Berlin/Ost 1980.
Sauter, G., (Hg.), Zur Zwei-Reiche-Lehre Luthers, München 1973. (Mit einer Bibliographie).
Schrey, H. H., (Hg.), Reich Gottes und Welt. Die Lehre Luthers von den zwei Reichen, Darmstadt 1969.
Thielicke, H., Theologische Ethik. II,2 Ethik des Politischen, Tübingen [3]1974. III,3 Ethik der Gesellschaft, Tübingen [2]1968.

Tödt, H.-E., Gerechtigkeit, Recht, Naturrecht und Liebe bei M. Luther. Ein Kapitel aus der Ethik-Vorlesung des WS 1977 in Heidelberg, in: H. Albertz/ J. Thomsen (Hg.), Christen in der Demokratie, Wuppertal 1978, S. 15—24.

Törnvall, G., Geistliches und weltliches Regiment bei Luther, München 1947.

Wingren, G., Luthers Lehre vom Beruf, dt. München 1952.

ders., Beruf, in: TRE 5, 1980, S. 657—671.

Wolf, E., Die „Lutherische Lehre" von den zwei Reichen in der gegenwärtigen Forschung, ZevKR 6 (1959), S. 255—273.

Wolf, G., (Hg.), Luther und die Obrigkeit, Darmstadt 1972.

6. Kapitel: Sozialethische Grundfragen

I. Allgemeines

Althaus, P., Religiöser Sozialismus. Grundfragen der christlichen Sozialethik, Gütersloh 1921.

Brunstäd, F., Ist eine Sozialethik der Kirche möglich?, Berlin 1933.

Cormann, G. und F. Rudolph, Katholische Soziallehre. Evangelische Sozialethik, München/Wien 1968.

Hakamies, A., Georg Wünschs evangelische Sozialethik, Marburg 1975.

Hillerdal, G., Kirche und Sozialethik, Gütersloh 1963.

Honecker, M., Konzept einer sozialethischen Theorie. Grundfragen evangelischer Sozialethik, Tübingen 1971.

ders., Sozialethik zwischen Tradition und Vernunft, Tübingen 1977.

Huber, W., Kirche und Öffentlichkeit, Stuttgart 1973.

Karrenberg, F., Gestalt und Kritik des Westens. Beiträge zur christlichen Sozialethik heute, Stuttgart 1959.

ders., Stand und Aufgaben christlicher Sozialethik, Stuttgart 1951.

Katterle, S., Sozialwissenschaft und Sozialethik. Logische und theoretische Probleme praktischer Sozialwissenschaften, besonders christlicher Soziallehren, Göttingen 1972.

Landesarbeitsgemeinschaft f. politische u. soziale Bildung, Arbeit und Leben. NRW ... (Hg.), Menschenwürdige Gesellschaft nach katholischer Soziallehre, evangelischer Sozialethik, demokratischem Sozialismus, Düsseldorf 1960.

Nell-Breuning, O. von und H. Lutz, Katholische und evangelische Soziallehre. Ein Vergleich. Hg. v. H. Budde, Recklinghausen 1967.

Rauscher, A., (Hg.), Das Humanum und die christliche Sozialethik. Referate und Diskussion auf der gemeinsamen Studientagung evangelischer und katholischer Sozialethiker am 30. u. 31. Mai 1969.

Rich, A., Aufrisse. Vorarbeiten zum sozialethischen Denken, Zürich 1970.

ders., Christliche Existenz in der industriellen Welt. Eine Einführung in die sozialethischen Grundfragen der industriellen Arbeitswelt, Zürich/Stuttgart ²1964.

ders., Wirtschaftsethik, Gütersloh 1984.

Schilling, O., Theologia. Christliche Gesellschaftslehre, Freiburg 1926.

Schmitt, H., Demokratische Lebensform und religiöses Sendungsbewußtsein. Eine philosophische Analyse zur evangelischen Sozialethik, München (usw.) 1976.

Schrey, H. H., Einführung in die evangelische Soziallehre, Darmstadt 1973.

Schulze, H., Theologische Sozialethik. Grundlegung, Methodik, Programmatik, Gütersloh 1979.

Schweitzer, W., Die menschliche Wirklichkeit in soziologischer und sozialethisch-theologischer Sicht, ZEE 3, 1959, S. 193−220.

Spiegel, Y., Hinwegzunehmen die Last der Beladenen, Einführung in die Sozialethik, München 1979.

Troeltsch, E., Die Soziallehren der christlichen Kirchen und Gruppen, Tübingen 1912 (Neudruck ²1965).

Walther, Ch., Theologie und Gesellschaft. Ortsbestimmung der evangelischen Sozialethik, Zürich/Stuttgart 1967.

Weber, H., Theologie−Gesellschaft−Wirtschaft. Die Sozial- und Wirtschaftsethik in der evangelischen Theologie der Gegenwart, Göttingen 1970.

Weber, M., Die protestantische Ethik I. Eine Aufsatzsammlung. Hg. v. J. Winkkelmann, Hamburg ³1973.

ders., Die protestantische Ethik II. Kritiken und Antikritiken. Hg. v. J. Winkkelmann, Gütersloh ⁴1982.

Wendland, H.-D., Einführung in die Sozialethik, Berlin/New York ²1971.

ders., Grundzüge der evangelischen Sozialethik, Köln 1968.

ders., Die Kirche in der modernen Gesellschaft. Entscheidungsfragen für das kirchliche Handeln im Zeitalter der Massenwelt, Darmstadt 1973.

Wendland, J., Handbuch der Sozialethik. Die Kulturprobleme des Christentums, Tübingen 1916.

Wenke, K.-E., (Hg.), Probleme sittlichen Urteilens. Ansätze und Grundzüge evangelischer Sozialethik in der Gegenwart. Beiträge von M. Bartelt, K. Kaiser (u. a.), Bochum 1986.

Wildermuth, A. und A. Jäger, (Hg.), Gerechtigkeit. Themen der Sozialethik, Tübingen 1981.

Wolf, E., Sozialethik. Theologische Grundfragen. Hg. v. Th. Strohm, Göttingen ²1982.

Wünsch, G., Evangelische Wirtschaftsethik, Tübingen 1927.

II. Zu den einzelnen Paragraphen

§ 1. Die Aporien einer „Theologie der Ordnungen"

Althaus, P., Theologie der Ordnungen, Gütersloh ²1935.

Barth, H., Die Idee der Ordnung, Erlenbach−Zürich 1958.

Barth, K., Ethik 1, Zürich 1973.
ders., KD III, 4, Zürich ³1969.
Brunner, E., Das Gebot und die Ordnungen, Zürich ⁴1978.
Elert, W., Morphologie des Luthertums Bd. 2, München ³1965.
Foucault, M., Die Ordnung der Dinge. Eine Archäologie der Humanwissenschaften, Frankfurt/M. 1971.
Gässler, F., Der Ordo-Gedanke unter besonderer Berücksichtigung Augustinus und Th. v. Aquin, Diss. phil., Freiburg 1950.
Harleß, G. C. A., Christliche Ethik, Stuttgart 1845³.
Hartmann, N., Ordo amoris. Zur augustinischen Wesensbestimmung der Sittlichkeit, in: Wissenschaft und Weisheit (1955), S. 1 ff., S. 108 ff.
Hengstenberg, H. E., Freiheit und Seins-Ordnung, Stuttgart 1961.
Höffner, J., A. Verdroß und F. Vito, Naturordnung in Gesellschaft, Staat, Wirtschaft, Innsbruck 1961.
Honecker, M., Konzept einer sozialethischen Theorie, Tübingen 1971.
ders., Das Problem der Eigengesetzlichkeit, in: ZThK 73, (1976), S. 92—130.
Klose, A. u. a., (Hg.), Ordnung im sozialen Wandel, Berlin 1976.
ders., Die Katholische Soziallehre, Graz 1979.
Krings, H., Ordo. Philosophisch-historische Grundlegung einer abendländischen Idee, Halle 1941. Hamburg ²1982.
Kuhn, H., Freiheit und Ordnung, in: Ideologie — Hydra der Staatenwelt, Köln 1985, S. 482 ff.
ders., Der platonische Ursprung. Das Gute und die Ordnungen, in: Das Sein und das Gute, München 1962, S. 201 ff.
ders. und F. Wiedmann, (Hg.), Das Problem der Ordnung, Meisenheim 1962.
Maihofer, W., Vom Sinn menschlicher Ordnung, Frankfurt/M. 1956.
Manz, L., Der ordo-Gedanke. Ein Beitrag zur Frage des mittelalterlichen Ständegedankens (VSWG Beih. 33), Stuttgart 1937.
Martin, A. v., Ordnung und Freiheit, Frankfurt/M. 1956.
Muhs, K., Die Prinzipien der Freiheit und das System der natürlichen Ordnung, Berlin 1950.
Ritschl, A., Unterricht in der christlichen Religion, Bonn 1875.
Schmidt, K. D., Die Bekenntnisse und grundsätzlichen Äußerungen zur Kirchenfrage 2, Göttingen 1935 (Ansbacher Ratschlag S. 102 ff.).
Schleiermacher, F., Die christliche Sitte, Sämtliche Werke 1, 12, hg. v. L. Jonas aus handschriftl. Nachlaß u. nachgeschriebenen Vorlesungen, Berlin ²1884.
Schrey, H. H., Einführung in die evangelische Soziallehre, Darmstadt 1973.
ders., (Hg.), Glaube und Handeln, Bremen 1956.
Schütte, H. W., Theologie der Ordnungen, in: W. Schmidt (Hg.), Gesellschaftliche Herausforderung des Christentums, München 1970, S. 59—68.
Schwer, W., Stand und Ständeordnung im Weltbild des Mittelalters, Paderborn 1934.
Troeltsch, E., Die Soziallehren der christlichen Kirchen und Gruppen (Ges. Schriften 1), Tübingen ³1923.

Utz, A. T., Die Welt der Ordnung in christlicher Sicht, in: Ethische und soziale Existenz, Walberberg 1983, S. 61–66.

Weber, M., Wirtschaft und Gesellschaft, Tübingen ⁵1970.

Wiesner, W., Die Lehre von der Schöpfungsordnung, Gütersloh 1934.

Wolf, E., Zur Dialektik von menschlicher und göttlicher Ordnung. Rechtstheologische Interpretation von Mk. 12, 13–17, in: Rechtstheologische Studien, Frankfurt/M. 1972, S. 212–226.

§ 2. Institutionentheorien

Apel, K. O., A. Gehlens „Philosophie der Institutionen" und die Metainstitution von Sprache, in: Transformation der Philosophie 1, Frankfurt/M. 1973, S. 197 ff.

Berger, P. L. und Th. Luckmann, Die gesellschaftliche Konstruktion der Wirklichkeit. Eine Theorie der Wissenssoziologie, Frankfurt/M. ²1970.

Callies, R. P., Eigentum als Institution, München 1962.

Campenhausen, H. Frhr. v., Kirchliches Amt und geistliche Vollmacht in den ersten drei Jahrhunderten, Tübingen ²1963 (BHTh 14).

Coser, L. A., Geedy Institutions. Patterns of Undivided Commitment, New York 1974.

Dombois, H., Das Recht der Gnade, Bd. 1, Witten 1961; Bd. 2, 1974; Bd. 3, Bielefeld 1983.

ders., Recht und Institution. Zweite Folge. Arbeitsbericht und Referate aus der Institutionenkommission der Ev. Studiengemeinschaft, Witten 1969.

Dreier, R., Rechtstheorie und Rechtstheologie. Zu den Bedingungen der Möglichkeit eines Dialogs zwischen Jurisprudenz und Theologie, in: E. L. Behrendt (Hg.), Rechtsstaat und Christentum 1, Münster 1982, S. 63–87.

Dubiel, H., Identität und Institution, Düsseldorf 1973.

Dullaart, L., Kirche und Ekklesiologie, München 1975.

Durkheim, E., Die Regeln der soziologischen Methode, Neuwied ⁶1980.

Ellul, J., Die theologische Begründung des Rechts, München 1948 (BEvTh 10).

Foerster, W., Thomas Hobbes und der Puritanismus. Grundfragen seiner Staatslehre, Berlin 1969 (Beitr. z. polit. Wiss. 8).

Frankena, W., Analytische Ethik, München 1972.

Gehlen, A., Anthropologische Forschung, Reinbeck 1961.

ders., Der Mensch. Seine Natur und Stellung in der Welt, Bonn 1950.

ders., Studien zur Anthropologie und Soziologie, Neuwied ²1971.

ders., Urmensch und Spätkultur, Bonn 1956. Frankfurt/M. ⁴1977.

Gierke, O. v., Das Wesen menschlicher Verbände (1902), in: Pluralismus. Konzeption und Kontroversen, F. Nuscheler (Hg.), München 1976, S. 49–59.

Goffman, E., Asyle, Frankfurt/M. 1972.

Groser, M., Sozialökonomische Theorien der Verbände, in: W. Dettling (Hg.), Macht der Verbände – Ohnmacht der Demokratie? München 1976, S. 81–104.

Habermas, J., Technik und Wissenschaft als Ideologie, Frankfurt/M. ¹⁰1979.

Hasenhüttl, G., Herrschaftsfreie Kirche. Sozio-theologische Grundlegung, Düsseldorf 1974.

Haurriou, M., Die Theorie der Institution und der Gründung und zwei andere Aufsätze, in: R. Schnur (Hg.), Institution und Recht, Berlin 1965.

Heckel, M., Staat und Kirche nach den Lehren der evangelischen Juristen Deutschlands in der ersten Hälfte des 17. Jahrhunderts, München 1968 (JusEcc 6).

Höffe, O., Ethik und Politik, Frankfurt/M. 1979.

Honecker, M., Das Problem der Eigengesetzlichkeit, in: ZThK 73 (1976), S. 92−130.

Huber, W., Folgen der christlichen Freiheit. Ethik und Theorie der Kirche im Horizont der Barmer theologischen Erklärung, Neukirchen−Vluyn 1983.

Hubig, Chr., (Hg.), Ethik institutionellen Handelns, Frankfurt/M. 1982.

Jonas, F., Die Institutionenlehre Arnold Gehlens, Tübingen 1966.

Kehl, M., Kirche als Institution, Frankfurt/M. 1976.

Klein, H. D., Vernunft und Wirklichkeit 2, Wien 1975.

Klostermann, F., Kirche − Ereignis und Institution, Wien/Freiburg/Basel 1976.

Krings, H., System und Freiheit 1980.

Kühn, U., Kirche, Gütersloh 1980.

Lau, E., Interaktion und Institution, Berlin 1978.

Lepsius, R. M., Modernisierung als Institutionenbildung. Kriterien institutioneller Differenzierung, in: W. Zapf (Hg.), Probleme der Modernisierungspolitik, Meisenheim 1976, S. 17 ff.

Liebrucks, B., Sprache und Bewußtsein 1, Frankfurt/M. 1964.

Lipp, W., Institution und Veranstaltung. Zur Anthropologie der sozialen Dynamik, Berlin 1968.

ders., Institution. Reflexion und Freiheit. H. Schelskys Institutionenlehre, in: H. Baier (Hg.), H. Schelsky. Ein Soziologe in der Bundesrepublik, Stuttgart 1986, S. 78−95.

ders., Institutionen − Mimesis oder Drama? Gesichtspunkte zur Neufassung einer Theorie, in: ZSoz 5 (1976), S. 360 ff.

ders., Kultur, dramatologisch, in: ÖZS 9 (1984), S. 8−25.

Luckmann, Th., Rationalität der Institutionen im modernen Leben, in: Lebenswelt und Gesellschaft, Paderborn u. a., 1980, S. 190−206.

Luhmann, N. und St. H. Pfürtner, Theorietechnik und Moral, Frankfurt/M. 1975.

Malinowski, B., Die Dynamik des Kulturwandels, Wien/Stuttgart 1951.

ders., Eine wissenschaftliche Theorie der Kultur und andere Aufsätze, dt. Frankfurt/M. 1975.

Marsch, W. D., Institution im Übergang, Göttingen 1970.

Maurer, W., Luthers Lehre von den drei Institutionen und ihr mittelalterlicher Hintergrund, München 1970.

Parsons, T., Beiträge zur soziologischen Theorie, hg. v. D. Rüschemeyer, Darmstadt ³1973.

ders., Gesellschaften. Evolutionäre und komparative Perspektiven, Frankfurt/M. 1975.

ders., Einige Grundzüge einer allgemeinen Theorie des Handelns, in: H. Hartmann (Hg.), Moderne amerikanische Soziologie, Stuttgart 1967, S. 153 ff.

Patzig, G., Der Unterschied zwischen subjektiven und objektiven Interessen und seine Bedeutung für die Ethik, in: Theologia cum Praxi. Akten des 3. internationalen Leibnizkongresses 1, Wiesbaden 1980, S. 171 ff.

Rendtorff, T., Ethik, Stuttgart u. a., Bd. 1, 1980.

ders., Zum sozialethischen Problem der Institution; besonders im Verhältnis von Staat und Gesellschaft, in: Glaube und Gesellschaft, 1966, S. 42—58.

Schelsky, H., (Hg.), Zur Theorie der Institution, Düsseldorf ²1973 (Interdisziplinäre Studien 1).

ders., Über die Stabilität von Institutionen besonders Verfassungen (1952), wiederabgedruckt in: R. Schnur (Hg.), Institution und Recht, Darmstadt 1968, S. 265—293.

ders., Ist die Dauerreflexion institutionalisierbar? in: ZEE 1, (1957), S. 153—174.

Scheuner, U., Der Staat und die intermediären Kräfte, ZEE 1, (1957), S. 30 ff.

Schmitt, C., Über die drei Arten des rechtswissenschaftlichen Denkens, Hamburg 1934.

Schnur, R., (Hg.), Institution und Recht, Darmstadt 1968.

Schulze, H., Theologische Sozialethik, Gütersloh 1979.

Schwarz, R., Luthers Lehre von den drei Ständen und die drei Dimensionen der Ethik, in: LuJ 45 (1978), S. 15—34.

Selznick, P., Institutionen und ihre Verwundbarkeit in der Massengesellschaft, in: W. Lipp (Hg.), Konformismus — Nonkonformismus, Darmstadt 1975, S. 320 ff.

Spencer, H., The Study of Sociology. Einf. v. T. Parsons, Ann Arbor/Mich., 1961.

Tödt, H. E., Die Bedeutung von Luthers Reiche- und Regimentenlehre für die heutige Theologie und Ethik, in: N. Hasselmann (Hg.), Gottes Wirken in seiner Welt. Zur Diskussion um die Zweireichelehre, Hamburg, Bd. 2, 1980, S. 52—126.

ders., Institution, in: TRE 16, 1987, S. 206—220.

Türk, K., Soziologie der Organisation, Stuttgart 1978.

Tyrell, H., Gewalt, Zwang und die Institutionalisierung von Herrschaft. Versuch einer Neuinterpretation von Max Webers Herrschaftsbegriff, in: R. Pohlmann (Hg.), Person und Institution. H. Schelsky gewidmet, Würzburg 1980, S. 59 ff.

Weber, M., Wirtschaft und Gesellschaft, Tübingen (1921), ⁵1972.

Wiese, L. v., Ethik der sozialen Gebilde, Frankfurt/M. 1961.

Willms, B., Funktion — Rolle — Institution. Zur polit-theoretischen Kritik soziologischer Kategorien, Düsseldorf 1971.

Wolf, E., Sozialethik. Theologische Grundfragen, hg. v. Th. Strohm, Göttingen 1975.

Zentgraf, M., Die theologische Wahrnehmung von Institutionen. Eine Untersuchung zum Problem einer theologischen Theorie der Institutionen unter Berücksichtigung sozio-philosophischer und rechtswissenschaftlicher Institutionentheorie, ev. theol. Diss. Bonn 1983.

§ 3. Die sozialethische Grundfrage der Eigengesetzlichkeit

Barth, K., Christengemeinde und Bürgergemeinde, Zürich 1946.

ders., Eine Schweizer Stimme, Zürich ¹1945, ²1948.

Brunner, E., Das Gebot und die Ordnungen, Zürich ⁴1978.

ders., Gerechtigkeit. Eine Lehre von den Grundgesetzen der Gesellschaftsordnung, Zürich 1943.

Brunstäd, F., Eigengesetzlichkeit des Wirtschaftslebens, Leipzig 1925.

Deutelmoser, A., Luther, Staat und Glaube, Jena 1937.

Hakamies, A., „Eigengesetzlichkeit" der natürlichen Ordnungen als Grundproblem der neueren Lutherdeutung, Witten 1971.

ders., Der Begriff „Eigengesetzlichkeit" in der heutigen Theologie und seine historischen Wurzeln, in: STL 24 (1970), S. 117–129.

Honecker, M., Das Problem der Eigengesetzlichkeit, in: ZThK 73 (1976), S. 92–130.

Huber, W., „Eigengesetzlichkeit" und „Lehre von den zwei Reichen", in: N. Hasselmann (Hg.), Gottes Wirken in seiner Welt 2, Hamburg 1980, S. 27–51.

Kaiser, K., Zum Problem der Eigengesetzlichkeit der Wirtschaft, in: Die Mitarbeit 19 (1970), S. 227–237.

Karrenberg, F., Das Problem der „Eigengesetzlichkeit", in: Gestalt und Kritik des Westens, Stuttgart 1959, S. 103–133.

ders., Versuchung und Verantwortung in der Wirtschaft, Stuttgart 1954.

Künneth, W., Politik zwischen Dämon und Gott, Berlin 1954.

Landmesser, F. X., Die Eigengesetzlichkeit der Kultursachgebiete, München 1926.

Naumann, F., Briefe über die Religion, Berlin 1903.

Ritter, G., Die Dämonie der Macht, München ⁶1948.

Søe, N. H., Christliche Ethik, München 1949, S. 166 ff., S. 330 ff.

Thielicke, H., Theologische Ethik I, Nr. 10–35. 136–181. 1783–1851, II, 2,2, S. 88 ff., Nr. 423–866. Tübingen ²1966.

Tödt, H. E., Die Bedeutung von Luthers Reiche- und Regimentenlehre für heutige Theologie und Ethik, in: N. Hasselmann (Hg.), Gottes Wirken in seiner Welt, Hamburg, Bd. 2, 1980, S. 52–126.

Weber, H., Theologie, Gesellschaft, Wirtschaft, Göttingen 1970.

Wendt, S., Gibt es eine Eigengesetzlichkeit des Wirtschaftslebens? Wilhelmshaven 1954.

Wünsch, G., Die Bergpredigt bei Luther. Eine Studie zum Verhältnis von Christentum und Welt, Tübingen 1920.

ders., Evangelische Ethik des Politischen, Tübingen 1936.

ders., Evangelische Wirtschaftsethik, Tübingen 1927.

§ 4. Sozialethik als Verantwortungsethik

Bonhoeffer, D., Ethik, München ⁸1975.

Claessens, D., Rolle und Verantwortung, in: Angst, Furcht und gesellschaftlicher Druck und andere Aufsätze, S. 102–115, Dortmund 1966.

Dirks, W., Gesinnung und Verantwortung, in: A. Battke (Hg.), Atomrüstung — christlich zu verantworten? S. 25–30, Düsseldorf 1982.

Duchrow, U., Christenheit und Weltverantwortung. Traditionsgeschichte und systematische Struktur der Zweireichelehre, Stuttgart 1970.

Ebeling, G., Theologie und Verkündigung. Ein Gespräch mit R. Bultmann, bes. S. 104 f., Tübingen 1962.

ders., Hauptprobleme der protestantischen Theologie der Gegenwart, in: ZThK 58 (1961), S. 123–136.

Fetscher, I., Individuelle Freiheit und soziale Verantwortung. Ihre Probleme in marxistischer und christlicher Sicht, in: E. Kellner (Hg.), Schöpfertum und Freiheit in einer humanen Gesellschaft, S. 205–220, Wien u. a. 1969.

Gemper, B. B., (Hg.), Religion und Verantwortung als Elemente gesellschaftlicher Ordnung, Siegen 1983.

Hertz, A., W. Korff, T. Rendtorff und H. Ringeling, (Hg.), Handbuch der christlichen Ethik, Bd. 3, Wege ethischer Praxis, S. 177 ff., Freiburg 1982.

Honecker, M., Perspektiven christlicher Gesellschaftsdeutung, Gütersloh 1981.

ders., Weltliches Handeln unter der Herrschaft Christi. Zur Interpretation von Barmen 2, ZThK 69 (1972), S. 72–99.

ders., Die Weltverantwortung des Glaubens, in: K. Lehmann (Hg.), Luthers Sendung für Katholiken und Protestanten, S. 71–93, Zürich 1982.

Hospers, J., Verantwortlichkeit für Handlungen und Verantwortlichkeit für den eigenen Charakter als den Ursprung der Handlungen, in: R. Ginters (Hg.), Freiheit und Verantwortlichkeit, S. 64–82, Düsseldorf 1977.

Huber, W. und H. E. Tödt, Menschenrechte, Stuttgart 1977.

Huber, W., Sozialethik als Verantwortungsethik, in: Ethos des Alltags. FS S. Pfürtner, Hg. A. Bondolfi/W. Heierle u. a., S. 55–76, Zürich, Einsiedeln, Köln 1983.

Ingarden, R., Über die Verantwortung, Stuttgart 1970.

Jonas, H., Das Prinzip Verantwortung, Frankfurt/M. 1979.

Karrenberg, F., Verantwortung und Möglichkeiten des einzelnen in der modernen Gesellschaft, in: Sozialwissenschaft und Gesellschaftsgestaltung, Festschrift für G. Weisse, S. 228–248, Berlin 1963.

Löwith, K., Das Individuum in der Rolle des Mitmenschen, München 1928.

Otto, R., Das Gefühl der Verantwortlichkeit, in: J. S. Boozer (Hg.), Rudolf Otto. Aufsätze zur Ethik, S. 143–174, München 1981.

Pannenberg, W., Die Bestimmung des Menschen, Göttingen 1978.

Picht, G., Verantwortung des Geistes, Stuttgart 1969.

ders., Wahrheit, Vernunft, Verantwortung, Stuttgart 1969.

Przybylski, H., Grundzüge und Perspektiven evangelischer Ethik bei H. E. Tödt, in: K. E. Wenke (Hg.), Probleme sittlichen Urteilens, S. 127–151, Bochum 1986.

Rehrl, S., (Hg.), Christliche Verantwortung in der Welt der Gegenwart, Salzburg/München 1982.

Schmidt-Relenberg, N., Über Verantwortung. Ein Beitrag zur Soziologie des Alltags-Klischees, KfS 22 (1970), S. 251–264.

Schulz, W., Philosophie in der veränderten Welt, Pfullingen ⁴1980.
Scott, M. B. und S. M. Lyman, Verantwortungen, in: H. Steinert (Hg.), Symbolische Interaktion, S. 294–314, Stuttgart 1973.
Ströker, E. u. a., (Hg.), Ethik der Wissenschaften? München 1984.
ders., Ich und die anderen. Zur Frage der Mitverantwortung, Frankfurt/M. 1984.
Trillhaas, W., Ethik, S. 133–182, Berlin ³1970.
Weber, M., Gesammelte Aufsätze zur Wissenschaftslehre, Tübingen ²1951.
Weischedel, W., Das Wesen der Verantwortung, Frankfurt/M. ³1972.
Würthwein, E. und O. Merk, Verantwortung, Stuttgart u. a. 1982.

§ 5. Katholische Soziallehre

Dreier, W., Sozialethik, Düsseldorf 1983.
Furger, F., Christ und Gesellschaft, Freiburg 1978.
Höffner, J., Christliche Gesellschaftslehre, Kevelaer ⁸1983.
ders., Gesellschaftspolitik aus christlicher Weltverantwortung, Münster/Regensburg 1966.
Jostock, P., Der deutsche Katholizismus und die Überwindung des Kapitalismus. Eine ideengeschichtliche Skizze, Regensburg 1932.
Klose, A., Die katholische Soziallehre. Ihr Anspruch, ihre Aktualität, Graz (usw.) 1979.
Klüber, F., Katholische Gesellschaftslehre. Bd. 1, Osnabrück 1968.
ders., Katholische Soziallehre und demokratischer Sozialismus, Bonn ²1979.
Langner, A., (Hg.), Theologie und Sozialethik im Spannungsfeld der Gesellschaft, München 1974.
Monzel, N., Die katholische Kirche in der Sozialgeschichte. Von den Anfängen bis zur Gegenwart. Hg. v. T. Herweg u. K. H. Grenner, München/Wien 1980.
ders., Solidarität und Selbstverantwortung. Beiträge zur christlichen Soziallehre, München 1959.
ders., Katholische Soziallehre. Aus dem Nachlaß hg. v. T. Herweg unter Mitarbeit v. K. H. Grenner, Köln 1965–1967.
Nell-Breuning, O. von, Baugesetze der Gesellschaft. Gegenseitige Verantwortung – Hilfreicher Beistand, Freiburg (usw.) 1969.
ders., Aktuelle Fragen der Gesellschaftspolitik, Köln 1970.
ders., Gerechtigkeit und Freiheit. Grundzüge katholischer Soziallehre, München ²1985.
ders., Wie sozial ist die Kirche? Leistung und Versagen der katholischen Soziallehre, Düsseldorf 1972.
ders., Soziallehre der Kirche. Erläuterungen der lehramtlichen Dokumente, Wien ³1983.
ders., Texte zur katholischen Soziallehre. Die sozialen Rundschreiben der Päpste und andere kirchliche Dokumente. Mit einer Einführung v. O. von Nell-Breuning und J. Schasching. Hg. v. Bundesverband der Katholischen Arbeitnehmerbewegung Deutschlands (KAB), Kevelaer ⁷1989.

ders., Wirtschaft und Gesellschaft heute. Bd. 1—3, Freiburg 1956—1960.
Oelinger, J., Christliche Weltverantwortung, Köln 1968.
Pfürtner, S. H. und W. Heierle, Einführung in die katholische Soziallehre, Darmstadt 1980.
Rauscher, A., Personalität, Solidarität, Subsidiarität, Köln 1975.
Roos, L., Befreiungstheologien und katholische Soziallehre. 1. und 2., Köln 1985.
Schasching, J., Die soziale Botschaft der Kirche von Leo XIII. bis Johannes XXIII. Im Auftrag hg., Innsbruck (usw.) 1962.
Schneider, L., Subsidiäre Gesellschaft. Implikative und analoge Aspekte eines Sozialprinzips, Paderborn 1983.
Utz, A. F., Ethische und soziale Existenz. Ges. Aufsätze aus Ethik und Sozialphilosophie 1970—1983. Hg. v. H. B. Streithofen, Walberberg 1983.
ders., Sozialethik. Mit internationaler Bibliographie. T. 1—T. 2, Heidelberg (usw.) 1958—1963.
Vorgrimmler, H., Katholische Soziallehre, in: Katholisches Soziallexikon. Hg. v. A. Klose (u. a.), Innsbruck (usw.) ²1980, Sp. 1306—1317.
Wallraff, H. J., Katholische Soziallehre — Leitideen der Entwicklung? Eigenart, Wege, Grenzen, Köln 1975.
Weber, W., Der soziale Lehrauftrag der Kirche, Köln 1975.
ders., Person in Gesellschaft. Aufsätze und Vorträge vor dem Hintergrund der christlichen Soziallehre 1967—1976, München (usw.) 1978.

7. Kapitel: Grenzen der Ethik

§ 1. Handeln und Erleiden

Engelhardt, P., (Hg.), Zur Theorie der Praxis, Mainz 1970.
Habermas, J., Theorie und Praxis, Neuwied—Berlin 1963.
Strecker, G., Handlungsorientierter Glaube, Stuttgart 1972.

§ 2. Lebensende

Aries, P., Geschichte des Todes, München, Wien 1980.
Barth, K., KD, Bd. III/4, S. 366—683, Zollikon/Zürich 1951.
Eibach, U., Recht auf Leben — Recht auf Sterben, Wuppertal ²1977.
Fuchs, W., Todesbilder in der modernen Gesellschaft, Frankfurt 1969.
Jüngel, E., Tod, Stuttgart/Berlin 1972, ³1985.
Kaiser, O. und E. Lohse, Tod und Leben, Stuttgart, Berlin, Köln, Mainz 1977.
Rahner, K., Zur Theologie des Todes, Freiburg 1958.
Thielicke, H., Leben mit dem Tod: Der Sinn des Sterbens und seine Bewältigung, Tübingen 1980.
Wolff, H. W., Die Anthropologie des AT, München 1973, ⁴1984.

§ 3. Der Sinn des Lebens

Barth, K., KD, III/3, S. 139 ff., 183 ff., Zollikon/Zürich 1950.
Reiner, H., Der Sinn unseres Daseins, Tübingen ²1964.
Sauter, G., Was heißt nach Sinn fragen? Eine theologisch-philosophische Orientierung, Göttingen 1982.
Simmel, G., Das Problem des Schicksals, Brücke und Tür. Essays, 1957, S. 8–16.
Thielicke, H., Schuld und Schicksal, Gedanken eines Christen über das Tragische, Berlin 1936, ²1953.
Tillich, P., Philosophie und Schicksal: KantSt 34 (1929), S. 300–311.

§ 4. Das Leiden und die Theodizeefrage

Gerstenberger, E. und W. Schrage, Leiden, in: Biblische Konfrontationen, Bd. 4, Stuttgart/Berlin/Köln/Mainz 1977.
Hedinger, U., Wider die Versöhnung Gottes mit dem Elend, Zürich 1972.
Kitamori, K., Theologie des Schmerzes Gottes, Göttingen 1972.
Krause, B., Leiden Gottes – Leiden der Menschen, Eine Untersuchung zur KD Karl Barths, Stuttgart 1980.
Moltmann, J., Der gekreuzigte Gott, München 1972.
Schottroff, L. und D. Sölle, Das Kreuz – Baum des Lebens, Stuttgart 1987.
Sölle, D., Leiden, Stuttgart/Berlin 1973, ⁶1984.
Sparn, W., Leiden, Erfahrung und Denken. Materialien zum Theodizeeproblem, München 1980.
Thaidigsmann, E., Identitätsverlangen und Widerspruch, Kreuzestheologie bei Luther, Hegel und Barth, München 1983.

§ 5. Schuld und Vergebung

Besier, G. und G. Sauter, Wie Christen ihre Schuld bekennen – Die Stuttgarter Erklärung 1945, Göttingen 1985.
Drewermann, E., Strukturen des Bösen, Die Urgeschichte in exegetischer psychoanalytischer und philosophischer Sicht, 3 Bde., Paderborn 1981 f.
Hertz, A. u. a., (Hg.), Handbuch der christlichen Ethik, Bd. 3, S. 130 ff., Freiburg/Gütersloh 1982.
Heidegger, M., Sein und Zeit, Tübingen 1927, §§ 58–62.
Honecker, M., Geschichtliche Schuld und kirchliches Bekenntnis, ThZ 42, 1986, S. 132–158.
Kierkegaard, S., Abschließende unwissenschaftliche Nachschrift zu den philosophischen Brocken, bes. § 3 im Abschnitt: Das Pathetische, Gütersloh 1982.
Rahner, K., Schuld und Schuldvergebung als Grenzgebiet zwischen Theologie und Psychotherapie, in: ders., Schriften zur Theologie II. S. 279–297, Einsiedeln 1955.
Ricoeur, P., Symbolik des Bösen, Phänomenologie der Schuld, Freiburg/München 1971.
Stein, E., Schuld im Verständnis von Tiefenpsychologie und Religion, Olten u. Freiburg i. Br. 1978.

Sachregister

Abstraktion 171
Actus duplici effectu 242
Affekt 152 f., 163, 272, 281
Agape 155 f.
Altes Testament 257
Amt 301
Amt und Person 284
Analogie (analogia entis) 31 f., 117, 122
Analytische Ethik 36 f.
Angst 363
Ansbacher Ratschlag 296
Anthropologie 80 f., 122, 223, 288, 305 f., 353, 357
Anthropomorphismus 259
Antinomismus 63
Antithesen 269 f.
Apokalyptik 147, 276
Apokatastasis panton 361
Apriori der Kommunikationsgemeinschaft 201
Arbeit 287, 353 f.
Arbeiterfrage 353
Argumentationsprinzip 201
Armut 148
Askese 89, 90 ff., 105, 279
Atheismus 194, 359
Aufklärung 87, 112, 117 f., 179, 182, 288
Ausdruckshandlung 19
Autarkie 44, 179
Autonome Moral 22, 197
Autonomie 30, 43, 136, 159, 167 f., 176 f., 179 ff., 288, 314 f., 319
Autorität 135
Axiologie 216
Axiome, mittlere 13

Bedürfnis 306
Begehren 264
Begründung 37
Begründung, theologische 6, 24
Beichte 173 f., 252
Bekenntnisschriften, lutherische 135
Bergpredigt 15, 267 ff., 292, 329
Beruf 287
Besonnenheit 162
Bevölkerungswachstum 351
Bewußtsein 128
Bibel 197, 246
Bilderverbot 259, 265
Bildungswissen 35
Billigkeit (Epikie) 112, 119, 163
Binnenmoral 245
Biologie 217
Biologie und Ethik 265
Böse, das
Böses, radikal 51
Buddhismus 105, 281
Bund 71, 77 f., 258, 277
Buße 65, 99, 173, 252, 274, 373

Caritas 122
Christologie und Ethik 148, 277, 302, 353
Christusrecht 120, 124
Confessio Augustana 24
Confessio 291

Dekalog 17, 94, 98, 233, 256 ff.
Demokratie 239
Denkschriften 253
Deontologie 159, 203 ff., 239, 330
Determinismus 43
Dialogik 328

Diebstahlsverbot 262
Diskurs, herrschaftsfreier 218
Dispens 174
Dogma 20
Dogmatik 20
Dogmatik und Ethik 25, 254
Doppelmoral 9, 287, 325
Dreistadiengesetz 319
Dreiständelehre 293 f.
Dualismus 368
Duplex usus legis 61

Ehebruch 261
Ehre 263
Eid 263
Eigengesetzlichkeit 179, 275, 287, 314 ff.
Eigenliebe 153
Eigentum 122, 262, 348
Elternehrung 260
Elterngebot 258
Emanzipation 30, 250, 314
Empirie 199
Enteignung 350
Entelechie 115
Entfremdung 51, 311, 353
Entscheidung 198, 216, 276
Entscheidungsfreiheit 43
Entwicklungshilfe 349, 354
Enzyklika 345
Epikie s. Billigkeit
Erbsünde 53, 374
Erfahrung 197 ff.
Erfahrungswissenschaft 199
Erfolgsethik 16
Erhaltungsordnung 237, 295
Erkenntnis 123
Erleiden 357
Erlösung 374
Erlösungswissen 35
Eros 155
Eschatologie, konsequente 275
Essener 90
Ethik 3, 162, 164 f.

Ethik und Rechtfertigung 60
Ethische Theologie 30
Ethos 4, 162, 200 f., 204, 221, 279
Eudämonie 162
Eudämonismus 164, 186 f.
Evangelium 41, 81 f., 232, 237, 375
Evangelium und Gesetz 24, 31 f., 70 f.
Evidenz 233
Evolution 217
Existenzialismus 198

Fairneß 240
Familie 345
Fehlschluß, naturalistischer 218
Feiertag 259
Feindesliebe 154, 269
Formalismus 178, 191
Fortschritt 327
Freiheit 43 ff., 221, 285 f., 311, 317, 374
Freiheit des Gewissens 130, 229
Fremdmoral 244
Freundschaft 155, 164
Friede 142, 234, 267, 282
Fundamentalmoral 244
Fundamentaltheologie 23, 27
Fundamentalunterscheidungen 286

Gebot 78, 233, 318
Gebot Gottes 204
Gebot und Gesetz 74
Gehorsam 166, 172, 276
Gemeinschaft 342
Gemeinwohl 341, 343 f., 350
Gerechtigkeit Gottes 189
Gerechtigkeit 108 f., 113, 124 f., 163, 186 f., 188 ff., 229 f., 268, 352
Gericht 101 f., 361 f.
Gericht, jüngstes 102
Geschichte 81, 332, 364, 372
Geschichtlichkeit 112
Gesellschaftskritik 110
Gesellschaftsvertrag 190

Gesetz 61 ff., 114 f., 126, 166 ff., 171 f., 204, 211, 269, 282, 318 ff.
Gesetz und Evangelium 28, 60 ff., 119, 133, 135, 256, 273, 326
Gesetze, wirtschaftliche 321
Gesetzesethik 337
Gesetzmäßigkeit 322
Gesinnung 89, 164, 274, 281
Gesinnungsethik 15 f., 178, 328, 337
Gewalt 350
Gewaltlosigkeit 283
Gewerkschaften 347
Gewissen 126 ff., 167, 173, 195, 216, 274, 286
Gewissenskonflikt 138
Glaube 131, 199, 211
Glaube und Sünde 53
Glaube und Werke 94
Glaubenslehre 25
Gleichheit 189, 192
Glück 4, 162, 184
Gnade 149
Gnade und Werke 97
Gnade, billige 85
Gnesiolutheraner 75, 99
Goldene Regel 280
Gottesbild 54
Gottebenbildlichkeit 48 f., 192
Gotteserfahrung 134
Gottesherrschaft 269
Gottesliebe 153
Gottgleichheit 149
Grenzfälle 236
Grenzmoral 244 f., 322
Grundgesetz 141, 192
Grundrechte 192
Grundsätze 228
Grundwerte 213, 225 ff.
Gruppenethos 245
Gut, höchstes 23
Gute Werke 94 ff.
Gute, Gut 161, 217
Güterabwägung 175, 241

Güterlehre 254
Güterordnung 241

Handeln 357 f.
Handlungsutilitarismus 184
Haß 152, 240
Haustafeln 249
Hedonismus 185
Heidelberger Katechismus 100
Heil 150
Heiligung 72, 86 f.
Heiligungsbewegung 87 f.
Heilsethos 182
Heilsgewißheit 92
Herrschaft 311, 336
Heteronomie 179
Hoffnung 327, 362
Humanismus und Christentum 195
Humanität 81, 192, 195 f.
Humanität und christlicher Glaube 22

Idealismus 136, 147, 154
Idealtypus 320
Ideen 305
Identität 357
Ideologie 110, 231, 305
Ideologiekritik 191, 259
Imperativ 77
Indikativ 281
Indikativ und Imperativ 25
Individualethik 8 ff., 332 f.
Individualismus 85, 117
Innerlichkeit 325
Innerweltliche Askese 92
Institution(en) 10, 289, 290, 304 ff.
Institutionentheorie 304 ff.
Intuition 216

Kapitalismus 244, 350
Kastration 122
Kasuistik 170 ff., 253
Katechismus, urchristlicher 279
Kategorischer Imperativ 177

Sachregister

Kirche 302, 334
Kirchenkritik 148
Kirchenrecht 173
Klugheit 206
Klugheitsregeln 236, 239
Kollektivschuld 371 f.
Kompetenz der Ethik 315
Kompromiß 234 ff.
Konkordienformel 99 f., 248
Konsequentialismus 185
Konservativismus 109
Konvention 220
Konvergenzargumentation 159
Kosmos 114
Kriegsdienstverweigerungsrecht 141
Kriterien 156, 209, 210, 213
Kritik, historische 247
Kulturprotestantismus 274

Lasterkataloge 17
Lebensende 360
Lebenserfahrung 200
Lebensrechte 261
Lebensstil 286
Lebensstil, alternativer 92
Leerformel 121
Legalität 176
Legitimation 5, 14, 219
Lehramt 123, 182, 347
Leiden 359, 366 ff.
Leistung 191
Leistungsfrömmigkeit 103
Leistungsgemeinschaft 348
Leistungswissen 35
Liberalismus 118
Liebe 210
Liebe und Glaube 104
Liebesgebot 41, 152 ff., 283, 295
Logos 112
Lohn 101, 167, 348, 362
Lust 184
Luthertum 325
Lüge 175, 263

Macht 317
Makarismen 281
Mandat 301 f.
Marktwirtschaft 323
Marxismus 39, 271, 319, 365
Maßstab 157
Mehrheitsentscheidung 220
Mennoniten 141, 251, 271
Menschenrechte 193, 219
Menschenwürde 192 ff., 219, 336
Meta-Ethik 5
Methode der Ethik 20
Methode ethischer
 Urteilsfindung 208 f.
Methodenpluralismus 36
Methodismus 87
Methodisten 251
Mitarbeiter Gottes 85
Monogamie 122
Moral 3 f.
Moralität 176
Moralprinzip 203
Moraltheologie, katholische 170, 172, 180
mortificatio carnis 147
Motivation 152
Mönchsgelübde 135, 272
Mönchsregeln 252
Mönchtum 279, 286, 292

Nachahmung, imitatio 145
Nachfolge 145 ff., 277, 280
Nachfolge Christi 145
Nationalsozialismus 296
Natur 111, 313
Natur der Sache 123
Natur und Gnade 69, 117
Naturalismus 137
Naturgesetze 166, 317
Naturrecht 73, 107 ff., 181, 193, 217 f., 230, 283, 339
Naturrecht, antikes 111
Nächstenliebe 153, 264
Neigung 154, 177

Neopositivismus 33
Neue Moral 7
Neukantianismus 215
Nihilismus 222
Norm 8, 152, 166, 168 f., 209, 284
Normen 13, 208, 211, 223
Normenbegründung 217
Normenkonflikt 234, 235
Normenwandel 220
Notlüge 175

Offenbarung 71, 81
Offenbarung und Ethik 31, 339
Ordnung(en) 115, 117, 237, 291, 295
ordo 115, 117
ordo salutis 87
Organisation 312
Ostkirche 91

Paraklese 17, 73
Paränese 16 f., 77, 101 f., 165, 267, 283
Parusie 251
Passivität 106
Patriarchalismus 301
Patriarchalismus, christlicher 250, 260, 293
peccatum regnans/peccatum regnatum 55
Perfektionismus 88, 270
Person 10, 336
Person und Werk 103
Personalethik 9 f.
Personalethos 8
Personalitätsprinzip 340
Personwürde 117, 193, 339
Pflicht 154, 159, 164, 176 f., 203 f., 239
Pflichten, bedingte 178
Pflichtenkollision 178, 235
Pflichtenlehre 252, 254
Philippisten, Philippismus 75, 99, 124
Pietismus 87, 105, 147, 253
Planung 323

Politik 240, 329
Politik und Bergpredigt 282
Politik und Eigengesetzlichkeit 321
Politik und Ethik 317
Polygamie 122
Positivismus 121
Pragmatik, politische 228
Predigt, politische 234
Preismechanismus 323
Prinzipien 13
Prinzipienethik 11 ff.
Privatmoral 325
Probabilismus 242
Prognose 323
Proletariat 348
Prophetie 371
Provisorische Moral 14, 220
Psychoanalyse 137

Quäker 141, 251
Quellen der Ethik 247 f.
Quietismus 105 f., 287

Radikalismus 237, 240, 282
Radikalität 283
Rassismus 297
Rationalität 201, 221, 320, 330
Recht 121
Recht des Nächsten 265
Recht und Ethos 227
Recht und Sittlichkeit 170
Rechtfertigung 52, 57, 83 ff., 139, 148
Rechtsnorm 109
Rechtspositivismus 121, 124, 171, 190
Rechtssicherheit 108
Rechtstheologie 309
Reformation 156
Regel 168
Regelutilitarismus 184
Relationismus 223
Relativismus 223
Religion 34
Religionskritik 222, 366

Sachregister

Religiöser Sozialismus 147, 272, 347
Revolution 109, 350

Sabbat 172, 259
Sachethos 8
Sachgemäßheit 325
Sachgerechtigkeit 121
Sachlogik 323
Sachzwang 8, 314
Säkularismus 347, 372
Schicksal 205, 357 ff., 374
Schmerz 366
Schöpfung 114, 115, 368
Schöpfungsoffenbarung 121
Schöpfungsordnung 291, 295
Schrift 197, 247, 311
Schriftautorität 135
Schuld 139, 235, 370 ff.
Schuldbekenntnis 373
Schuldgefühl 137
Schuldübernahme 243, 331
Selbstbeherrschung 161
Selbsttötung 360
Selbstverantwortung 332
Selbstzucht 163
Sexualethik 180
Sexualmoral 7
Sinn, Sinnfrage 361, 364 f.
Sinnlichkeit 53
Sitte 220
Sittengesetz 317
Sittenlehre 25
Situation 11
Situationsethik 7, 11 f., 232
Sklavenfrage (im NT) 249 f.
Sklaverei 116, 262
Solidarismus 341
Solidarität 229
Solidaritätsprinzip 340
Sonderethik 88
Sonntag 259
Soteriologie 278
Soteriologie und Ethik 29
Sozialethik 8 ff., 150

Sozialisierung 345
Sozialismus 346, 347, 348
Sozialismus, demokratischer 225
Soziallehre, katholische 338 ff.
Sozialprinzip 185
Sozialrevolution 351
Sozialwissenschaften 320
Spezifik 21
Spontaneität 97, 153
Sprachkritik 19
Staat und Werte 226
Staatsräson 318
Stand, Stände 294, 301
Standesethik 294
Status 307
Stellvertretung 331, 335
Stiftungsmetaphysik 303
Stoa 113, 129, 172, 193, 362
Strukturell Böses 54
Strukturell-funktionale Theorie 307
Strukturelle Sünde 58
Stuttgarter Schulderklärung 370 f.
Subjektivität 198, 328
Subsidiaritätsprinzip 341 f., 348
Sünde 29, 50 ff., 66, 81, 115, 238, 287, 318, 358
Sünde und Freiheit 44
Sündenvergebung 83
Symbolhandeln 145, 151
Syneidesis 128
Synteresis 131

Tapferkeit 162
Technik 39, 334
Technokratie 39, 316
Teleologie 159, 203
tertius usus legis 63, 74 f.
Teufel 134
Theodizee 366 ff.
Theologie und Ethik 24
Theonomie 180, 324
Theorie der Ethik 208
Tod 66, 134, 360
Tod Gottes 222

Todsünde 101
Toleranz 45, 240
Tötung 19
Tötungsverbot 261
Tradition 197
Transzendenz 335
Tridentinum 85, 100, 173
Triebverzicht 93
Tugend 4, 93, 161 ff., 200, 209, 227
Tugenden, übernatürliche 164
Tugendkataloge 17
Tugendlehre 23, 254
Tutiorismus 242

Universalisierung 184
Universalität 223
Ursprungsmythos 297
Urteil, ethisches 6
Utilitarismus 184 ff., 205, 285, 344, 364
Utopie 327, 335
Übel 361
Übung 199

Vaticanum II 118, 319, 352
Verantwortliche Gesellschaft 335
Verantwortung 208
Verantwortung, menschliche 12
Verantwortungsethik 15 f., 327 ff.
Veränderungswissenschaft 327
Verdammnis 361
Verdienst 95
Verfahrensgerechtigkeit 191
Verfassung 308
Vergebung 370, 374 f.
Vergeltung 102
Verhalten 357
Verheißung 78
Vernunft 112 f., 197, 201 f., 206, 209, 218, 283, 315, 331 f.
Vernunft und Offenbarung 117
Vernunftmoral 124
Vernunftrecht 116

Versöhnung 374
Verständigung 202
Volk 291, 298 f.
Vollkommenheit 268, 273
Vorletztes und Letztes 240
Vorzugswahl 209
Völkerrecht 110, 118

Wahrhaftigkeit 174, 237
Wahrheit 175, 231, 263
Wahrheit, doppelte 34
Wandel 327
Wehrdienstverweigerung (Kriegsdienstverweigerung) 140 f.
Wehrpflicht 141
Weisheit 162
Weisheit Israels 303
Weltethos 182
Weltfrömmigkeit 286
Werke 101
Wert 213 ff.
Wertapriori 215
Werte 211 ff.
Wertekrise 230
Wertrelativismus 222
Wertethik, materiale 169, 215
Wertfreiheit 38, 214
Werturteil 19
Wesen, essentia 121
Widerstand 139
Wiedergutmachung 374
Wirklichkeitserfahrung 81
Wirtschaft und Eigengesetzlichkeit 321
Wissenschaft 35
Wissenschaftsethik 37 ff., 333
Wissenschaftstheorie 36
Wort Gottes 79

Zucht 93
Zwei-Wege-Schema 249
Zweireichelehre 28, 273, 326

Personenregister

Adler-Karlsson, G. 185
Adorno, Th. W. 365
Agricola, J. 65
Aiken, H. D. 4 f.
Alberti 119
Alexander v. Hales 131
Alt, A. 258, 262
Alt, F. 282
Althaus, P. 13, 71, 73 f., 295 f., 299, 362
Ambrosius v. Mailand 114, 252
Amsdorf, N. v. 99
Antonius 91
Apel, K. O. 201, 218
Aristoteles 3 f., 44, 149, 155, 161 ff., 185 ff., 198 f., 203, 209, 343
Arndt, E. M. 298
Arnold v. Brescia 146
Arnold, G. 105
Asmussen, H. 371
Auer, Alfons 22, 180 ff.
Augustin 11, 22 f., 44 f., 49, 53, 70, 114 f., 120, 131, 156, 167, 174, 251 f., 256, 258, 264, 268

Baader, F. v. 180
Bacon, F. 199
Balthasar, H. U. v. 182
Balzac, H. de 214
Barth, K. 11 ff., 20, 24, 26 ff., 30 ff., 46 ff., 51, 60, 64, 70 ff., 77, 79, 100, 102, 117, 120, 123 f., 126, 216, 254, 277, 287, 298 ff., 325
Basilius v. Caesarea 252
Benn, G. 370
Bentham, I. 184, 186, 344
Berge, W. 74

Besier, G. 371
Betz, H. D. 267
Birkner, H.-J. 24 ff.
Bloch, E. 110, 193, 327, 335, 362 f., 366
Bloy, Leon 299
Blumhardt, C. 147
Blumhardt, J. C. 147
Böckle, F. 124, 204, 227
Bollnow, O. Fr. 165
Bonaventura 132, 273
Bonhoeffer, D. 12, 85, 127, 139, 147 ff., 179, 240, 243, 277 f., 301 f., 331, 365
Bornhäuser, K. 273
Bornkamm, G. 130, 271
Briefs, G. 244
Brunner, E. 13, 74, 295, 362
Buber, M. 12, 105, 200, 328
Buchman, F. 88
Büchner, G. 366
Bultmann, R. 12, 51, 216, 276

Calixt, G. 25, 254
Callies, R. P. 310
Calvin, J. 25, 62, 76 f., 88, 124, 189, 254, 256 f., 277, 286, 308, 358, 366
Camus, A. 46, 194, 364, 367
Cicero 4, 112 f., 129, 170, 176, 192, 195
Claudius, M. 105
Clemens v. Alexandria 91, 148
Comte, A. 319 f.
Cyprian 114

Dahrendorf, R. 307
Dawkins, R. 217

Dedekenn, G. 253
Denck, H. 271
Denecke, A. 174
Descartes, R. 14, 16, 199, 220, 332
Dibelius, M. 131, 269, 276
Dilthey, W. 199 f.
Dombois, H. 310
Dostojewski, F. 298
Duguit, L. 308
Durkheim, E. 304

Ebeling, G. 20 f., 27 ff., 61, 63, 66, 73 f., 79, 126, 138
Eckhart, Meister 132
Einstein, A. 365
Elert, W. 13, 63, 71, 73 f., 295 f.
Epiktet 17, 44, 90
Epikur 186, 360, 367

Fénelon 105
Feuerbach, L. 182
Fichte, J. G. 44, 136, 176, 186, 206, 237, 298, 328, 358
Flaccius 99
Fletcher, J. 11
Fox, J. 132
Franck, S. 271
Francke, A. H. 87
Franz v. Assisi 146, 271, 282
Freud, S. 92, 137 f.
Frey, C. 209
Fritzsche, H. G. 257
Fromm, E. 180
Furger, F. 205 f.

Gadamer, H. G. 200
Gaius 113
Galilei, G. 61, 319
Gandhi, M. 268
Gehlen, A. 195, 304 ff., 316
Gerhard, J. 294
Gerson 133
Gerstenberger, E. 258
Ginters, R. 223

Gloege, G. 85
Goethe, J. W. 136, 323
Gogarten, F. 134, 297
Gorschenek, G. 225 f.
Gratian 253
Greschat, M. 371
Grotius, H. 117
Gundlach, G. 342, 347
Guyon, J. M. 105

Habermas, J. 218, 315 f.
Häberle, P. 310
Häring, T. 298
Hättich, M. 282
Hahn, O. 38
Harleß, G. C. A. 295
Hartmann, N. 185, 216, 232, 374
Haurriou, M. 308
Hebbel, F. 127
Hedinger, U. 366
Hegel, G. F. W. 44, 54, 136 f., 140, 168, 205, 302 f., 368, 374
Heidegger, M. 50, 138 f., 360, 373
Heine, H. 370
Heintze, G. 79
Heller, H. 308
Hengel, M. 284
Heraklit 111
Herder, J. G. 298
Herrmann, W. 27, 150, 216, 275, 298
Heuss, Th. 141, 196
Hieronymus 132
Hilpert, K. 182
Hirscher, J. B. von 173
Hobbes, Thomas 123, 232
Höffe, O. 208
Holl, K. 23, 126, 128, 288
Honecker, M. 371
Honnefelder, L. 221
Horkheimer, M. 152, 219, 315
Huber, W. 209, 337

Irenäus 48, 167
Iuvenal 250
Iwand, H.-J. 73

Jaspers, K. 200, 371
Jeremias, J. 279
Joest, W. 56, 74 f.
Johannes XXIII. 303, 339, 349
Johannes Chrysostomus 274
Johannes Paul II. 352
Jonas, H. 222, 327, 334 f.
Jüngel, E. 80, 213, 231 f.

Kahl, J. 250
Käsemann, E. 42, 103
Kähler, M. 26
Kallikles 111
Kambartel, F. 219
Kant, I. 16, 43 f., 51, 61, 102, 127, 136 f., 147, 149 f., 154, 164, 167 ff., 174, 176 ff., 182, 186, 192 f., 199, 201, 203 f., 215, 235 f., 263, 274, 317 f., 328, 334, 362, 367
Karlstadt 64
Karrenberg, F. 321 f.
Kautsky, K. 272
Kelsen, H. 190
Kepler, J. 61
Kierkegaard, S. 149, 198
Kimminich, O. 225
Kittel, G. 274
Klappert, B. 79
Klein, J. 170 f.
Klüber, F. 341
Knoll, A. M. 122
Köhler, L. 263
Kohnstamm, M. 10
Kolakowski, L. 364
Konrad, J. 358
Konfuzius 280
Korff, W. 124, 224
Kraft, V. 217
Kraus, H.-J. 77
Krings, H. 218, 228
Künneth, W. 13, 293, 295, 297
Kutter, H. 147

Laktanz 114
Lassalle, F. 321

Lehmann, K. 227
Lehmann, P. L. 12, 24
Leibniz, G. W. 367 f.
Leo XIII 344 f., 347
Leuba, J. J. 309
Liguori, A. v. 24
Lincoln, A. 343
Link, C. 208
Linsemann, F. X. v. 173
Lochmann, J. M. 257
Locke, J. 118, 186
Løgstrup, K. E. 12
Lorenzer 219
Lotze, R. H. 215
Lübbe, H. 220
Luther, M. 45 f., 49 f., 52, 54 ff., 62 ff., 74 ff., 78 ff., 83 ff., 89, 91, 93 ff., 102 ff., 119 f., 123 ff., 128, 130, 133 ff., 138 f., 147, 150, 156, 189, 235, 248, 253, 256 f., 260, 262 ff., 266, 273 ff., 277, 285 ff., 293 f., 318 f., 322, 360, 362
Luz, U. 282, 284

Macchiavelli, N. 314, 318
Machovec, Milan 268
MacIntyre, A. 165
Major, G. 99
Malinowski, B. 304
Malthus, Th. R. 321
Mann, Th. 105
Marcion 62, 64, 78
Marcuse, H. 45, 110
Marquard, O. 359
Marsch, W. D. 303, 312
Marx, K. 3, 214, 271 f., 319 ff., 343
Melanchthon, Ph. 24 f., 62 f., 76, 87, 98 ff., 119, 124, 178
Menius, J. 99
Messner, J. 344
Mieth, D. 197
Mill, J. S. 184 f.
Mörlin, J. 76
Molinos, M. v. 105

Moltmann, J. 301, 327
Monzel, N. 235
Moore, G. E. 6, 36
Moser, T. 367
Müller, E. 10
Müntzer, Th. 85, 110, 132, 146 f.

Naumann, Fr. 274 f., 316 f.
Nell-Breuning, O. v. 338, 342 f., 347 ff., 352
Newman, H. 159
Niemöller, M. 371
Nietzsche, Fr. 17, 92, 126, 137, 164 f., 182, 214 f., 220, 370
Noll, P. 282
Noth, M. 77
Nygren, A. 23, 155

Oelmüller, W. 217
Oldendorp 119
Oldham 12
Oppen, D. v. 263
Origenes 91, 131, 148
Otto, R. 213, 216

Pannenberg, W. 357
Parsons, T. 307
Pascal, B. 199
Paul, J. 107
Paul VI. 349, 352
Paulus 17, 29, 44, 53, 62, 69, 72 f., 78 f., 101 f., 120, 123, 129 ff., 147, 172, 250 f., 274, 332
Peirce, Ch. S. 221
Pelagius 149
Philo v. Alexandria 48, 90, 129, 155
Picht, G. 209, 323, 331 ff.
Pius XI. 341, 346, 348
Pius XII. 7, 339, 348, 371
Platon 18, 90, 155, 162, 164, 185, 187 f.
Plotin 155
Proudhon, P.-J. 262
Pufendorf, S. v. 118, 124, 192

Quervain, A. de 77

Rad, G. v. 77, 303
Radbruch, G. 108
Ragaz, L. 147, 267, 272
Ratzinger, J. 182
Rauscher, A. 350
Rawls, J. 190 f.
Reiner, H. 281
Reinhardt, F. L. 20
Reinkingk, Th. 291
Rendtorff, T. 26, 30 f.
Rich, A. 9, 156, 210, 213, 241
Rickert, H. 215
Ricoeur, P. 373
Ritschl, A. 58, 150, 298
Robinson, J. A. T. 11
Rogge, J. 144
Rohrmoser, G. 307
Ross, W. D. 178, 203 f., 235 f.
Rothe, R. 27, 30, 254
Rousseau, J.-J. 118, 121, 344

Sailer, J. M. 173
Sartre, J.-P. 45 f.
Sauter, G. 364, 371
Scharf, K. 267
Scheler, M. 16, 35, 85, 105, 169, 215 f.
Schelsky, H. 38, 304 ff., 316
Schille, G. 144
Schiller, F. 177
Schleiermacher, F. 26, 45, 58, 168, 186, 254, 261, 362
Schlink, E. 73 f.
Schluchter, W. 330
Schmauch, W. 277
Schmidt, H. 226 ff.
Schmitt, C. 231 f.
Schniewind, J. 270
Schoellgen, W. 244 f.
Scholem, G. 105
Schopenhauer, A. 3, 92, 105, 138, 182, 358
Schrage, W. 249

Schrenk, E. 88
Schüller, B. 17 ff., 204
Schulz, S. 250
Schulz, W. 328 f.
Schumann, F. K. 310
Schweitzer, A. 275 f.
Schweizer, E. 279 f.
Schwemmer, O. 219
Seeberg, R. 302
Seneca 17, 44, 123, 129, 131 f., 250
Shakespeare, Wm. 127
Simmel, G. 235, 358 ff.
Smend, R. 308
Smith, A. 213
Smith, R. P. 87 f.
Søe, H. N. 74
Sölle, D. 85, 359, 366
Sokrates 129, 161, 187
Sophokles 112, 155
Spaemann, R. 205
Spencer, H. 137
Sparn, W. 366
Spener, Ph. J. 87, 105, 253
Stapel, W. 297
Stöckle, B. 182
Strecker, G. 280, 282, 284
Strunk, R. 145
Süsterhenn, A. 109
Szczesny, G. 194

Tersteegen, G. 105
Tertullian 251 f.
Thielicke, H. 13, 73 f., 236 ff., 295, 321, 362
Thomas a Kempis 146
Thomas v. Aquin 23, 115 ff., 132, 164, 181, 186, 188 f., 199, 242, 253, 272, 343
Thomasius, Chr. 118, 124
Thurneysen, E. 277
Tillich, P. 26, 51, 84, 128, 139, 180, 222, 297, 365

Tödt, H.-E. 208 ff., 304
Tolstoi, N. 271, 292
Topitsch, E. 40, 121
Trillhaas, W. 235, 238 f., 324
Troeltsch, E. 30, 287, 325
Twesten, A. 83

Ulpian 113, 188
Utz, A. F. 342

Vischer, F. Th. 3
Visser't Hooft, W. A. 7
Vitoria, F. de 110

Wagner, A. 321
Wallraff, H. J. 338
Weber, Max 14 ff., 38 f., 92, 124, 178, 214, 219 f., 275, 307, 314, 317, 320, 328 ff.
Weder, H. 267
Weiß, J. 275
Weißbach, J. 301
Weizäcker, C. Fr. v. 92, 157, 268, 273, 280 f.
Wendland, H. D. 324
Wesley, J. 87
Wickler, W. 265
Wilting, H.-J. 238
Windelband, W. 215
Windisch, H. 269, 278 f.
Wingren, G. 73
Wise, J. 192
Wittgenstein, L. 33 ff., 365
Wolf, Erik 116, 119, 265
Wolf, Ernst 79, 124, 150, 312
Wolff, Chr. 118, 167
Wrege, H. T. 268
Wünsch, G. 325

Zinzendorf, N. L. v. 105
Zwingli, H. 18

de Gruyter Lehrbücher – Theologie

Werner H. Schmidt
Einführung in das Alte Testament
4., erweiterte Auflage
Oktav. X, 394 Seiten. 1989. Gebunden DM 52,-   ISBN 3 11 012160 3

Georg Fohrer
Geschichte der israelitischen Religion
Oktav. XVI, 435 Seiten. 1969. Gebunden DM 54,-   ISBN 3 11 002652 X

Johann Maier
Geschichte der jüdischen Religion
Von der Zeit Alexander des Großen bis zur Aufklärung
mit einem Ausblick auf das 19./20. Jahrhundert
Oktav. XX, 641 Seiten. 1972. Gebunden DM 78,-   ISBN 3 11 002448 9

Philipp Vielhauer
Geschichte der urchristlichen Literatur
Einleitung in das Neue Testament, die Apokryphen
und die Apostolischen Väter
Oktav. XXII, 814 Seiten. Durchgesehener Nachdruck. 1978.
Gebunden DM 82,-   ISBN 3 11 007763 9

Helmut Köster
Einführung in das Neue Testament
im Rahmen der Religionsgeschichte und Kulturgeschichte
der hellenistischen und römischen Zeit
Oktav. XX, 802 Seiten. Mit 1 Faltkarte. 1980. Gebunden DM 82,-
ISBN 3 11 002452 7

Walter Schmithals
Einleitung in die drei ersten Evangelien
Oktav. XII, 494 Seiten. 1985. Gebunden DM 58,-   ISBN 3 11 010263 3

Preisänderungen vorbehalten

Walter de Gruyter Berlin · New York

de Gruyter Lehrbücher – Theologie

Bo Reicke
Neutestamentliche Zeitgeschichte
Die biblische Welt 500 v. bis 100 n. Chr.
3., verbesserte Auflage
Oktav. X, 351 Seiten inkl. 5 Tafeln. 1982. Gebunden DM 48,–
ISBN 3 11 008662 X

Konfessionskunde
Herausgegeben von Friedrich Heyer
Mit Beiträgen von H. Chadwick, H. Dombois, K. Chr. Felmy,
G. Gassmann, W. Hage, W. Küppers, M. Lienhard, F. v. Lilienfeld,
D. Müller, D. Reimer, M. Schmidt, K. Schmidt-Clausen und H. Stahl
Oktav. XVI, 864 Seiten. 1977. Gebunden DM 98,–   ISBN 3 11 006651 3

Wolfgang Trillhaas
Dogmatik
4. Auflage
Oktav. XVI, 543 Seiten. 1980. Gebunden DM 68,–   ISBN 3 11 008423 6

Wolfgang Trillhaas
Ethik
3., neu bearbeitete und erweiterte Auflage
Oktav. XX, 578 Seiten. 1970. Gebunden DM 60,–   ISBN 3 11 006415 4

Wolfgang Trillhaas
Religionsphilosophie
Oktav. X, 278 Seiten. 1972. Gebunden DM 48,–   ISBN 3 11 003868 4

Dietrich Rössler
Grundriß der Praktischen Theologie
Oktav. XIII, 573 Seiten. 1986. Gebunden DM 68,–   ISBN 3 11 010778 3

Preisänderungen vorbehalten

Walter de Gruyter Berlin · New York

Printed in Great Britain
by Amazon.co.uk, Ltd.,
Marston Gate.